Zu diesem Buch

Erfahrungsberichte und Situationsbeschreibungen von Frauen und Männern als Eltern, zusammengefaßt und sensibel kommentiert von den Autorinnen von «Unser Körper – Unser Leben», machen alle Konsequenzen deutlich, die mit der einmaligen Entscheidung zum Eltern-Sein oder auch Nicht-Eltern-Sein verbunden sind. Dieses Buch begleitet Eltern in allen Entwicklungsphasen ihrer Kinder.
  Es macht Vorschläge zu
  gemeinsamer Kinderversorgung und -erziehung,
    es untersucht die Familienstrukturen in unserer Gesellschaft,
      und es informiert über die Möglichkeiten von Selbsthilfe und Hilfe durch Institutionen.
Die Auffassung der Autorinnen von elterlicher Verantwortung folgt nicht einschüchternden, unerfüllbaren Normen, sondern allein der Idee partnerschaftlicher Erziehung, in der Gefühle keine Abhängigkeiten sind. Das Buch berücksichtigt jede Form des Eltern-Seins, denn es zitiert leibliche Elternpaare, Adoptiv- und Stiefeltern, ledige, verwitwete und auch homosexuelle Elternteile. Es bezieht auch diejenigen ein, die sich entschieden haben, keine Eltern zu sein. Seine Philosophie ist es, den einzelnen darin zu bestärken, im Bewußtsein des Zusammenlebens mit anderen in seinem ganz persönlichen Leben den eigenen Weg des Eltern-Seins zu finden. Es ist ein Buch zur Emanzipation, und es macht sehr viel Spaß, es zu lesen.

Als rororo lieferbar:
«Unser Körper – Unser Leben» (rororo sachbuch 7271/7272); «Wie wie werden – was wir fühlen». Ein Handbuch für Jugendliche über Körper, Sexualität, Beziehungen» (rororo sachbuch 7676, Dez. '82

The Boston Women's Health Book Collective

unsere kinder

unser leben

ourselves and our children

ein handbuch von eltern für eltern

Aus dem Amerikanischen
übersetzt und bearbeitet
von Ulla Ernst, Erica Fischer
und Inge Wacker

Rowohlt

21.–28. Tausend November 1982

Deutsche Erstausgabe
Veröffentlicht im Rowohlt Taschenbuch Verlag GmbH,
Reinbek bei Hamburg, Oktober 1981
Die Originalausgabe wurde 1978 vom Boston Women's Health Book
Collective unter dem Titel «Ourselves and Our Children» im
Verlag Random House, New York, veröffentlicht
Redaktion der deutschen Ausgabe Kerstin Lorenzen
Umschlagentwurf DIE GRAFIKFRAUEN, München
Copyright © 1981 by Rowohlt Taschenbuch Verlag GmbH,
Reinbek bei Hamburg
«Ourselves and Our Children» Copyright © 1978 by The Boston
Women's Health Book Collective, Inc.
Veröffentlicht von Random House, New York
Satz Times (Linotron 404)
Gesamtherstellung Clausen & Bosse, Leck
Printed in Germany
1280-ISBN 3 499 17441 3

Inhaltsverzeichnis

Einleitung
9

Warum interessieren wir uns für Eltern? Wen stellen wir uns unter Müttern und Vätern als ganzen Menschen vor? Wer sind wir, die Autorinnen?

An die deutschen Leserinnen und Leser von «Unsere Kinder – unser Leben»
34

Kapitel 1
Kinder – ja oder nein
35

Will ich überhaupt ein Kind? · «Nein, wir wollen kein Kind» · «Ja, wir wollen jetzt ein Kind» · Schwanger werden · Unfruchtbarkeit · Adoption · Kinder aus einer früheren Ehe · Wie viele Kinder wollen wir haben?

Kapitel 2
Die ersten Jahre oder
Aller Anfang ist schwer
62

Wir werden Eltern · Die Mutter in mir · Der Vater in mir · Elternschaft und Partnerschaft · Wir sehen auf die anderen und sie auf uns · Die letzten Vorbereitungen · Der große Augenblick ist gekommen
Das erste Jahr – zwischen Glückseligkeit und Katastrophe · Bin ich eine Rabenmutter? · Wir kommen aus den Depressionen nicht mehr heraus · Elternsein ist ganz neu für uns · Sind wir auch gute Eltern? · Die Beziehung zum Partner ändert sich weiter · Wir haben weder Lust noch Zeit für Sex · Unser erster Geburtstag als Eltern · Sie waren schön, diese ersten Jahre · Die Schwierigkeiten sind noch nicht vorbei · Wir müssen unseren Kindern Grenzen setzen · Wir helfen unseren Kindern, damit sie sich einmal selbst helfen können · Unsere Kinder haben ‹nur› einen bestimmten Platz in unserem Leben · Wie können wir die verschiedenen Bereiche in Einklang bringen? · Arbeit und Kinderversorgung

Kapitel 3
Die mittleren Jahre 124

Unsere Verantwortung · Die Selbständigkeit unserer Kinder · Ihre Unabhängigkeit · Stolz auf ihre Entwicklung · Sie kommen mit allem zu uns · Erste Trennungen: unsere Kinder im öffentlichen Leben · Unsere Wertvorstellungen werden hinterfragt · Müssen wir streng sein? · Wir wollen auch mal allein sein · Sollen wir all unsere Gefühle zeigen? · Auch unsere Wut muß heraus · Wir lieben auch noch andere Menschen · Sex ist nicht mehr wie früher · Die Sexualität unserer Kinder

Kapitel 4
Teenager 154

Mit ihnen leben · ...und mit uns selbst · Wie erleben wir dieses Alter als Frauen · ...und als Männer · Unsere Partnerbeziehung · Wie gehen wir jetzt mit dem Thema Sexualität um? · Müssen wir immer noch Grenzen setzen? · Emotionale und räumliche Trennung: ihre und unsere · Der Einfluß der Frauenbewegung auf unsere Rolle als Eltern

Kapitel 5
Eltern erwachsener Kinder 193

Unsere Kinder gehen von uns weg · Was geht mit der Trennung einher? · Wie erleben wir sie? · Entfremdung und neues Zueinanderfinden · Auf Besuch · Kinder als Stütze · Wie leben wir weiter? · Freiheit und Verantwortung · Liebe und Streit · Alleinstehende Eltern · Wir werden Großeltern · Alt werden

Kapitel 6
Gemeinsame Kinderversorgung und -erziehung 228

Mit wem sind wir selbst groß geworden? · Der soziale Umkreis bei der gemeinsamen Kinderversorgung · Wie fangen wir an mit der Aufgabenverteilung? · Die Elemente echter geteilter Kinderversorgung · Besondere Probleme dabei für Mütter · ...und für Väter · Aus der Sicht der Kinder · Wie und mit wem teilen sich alleinerziehende Eltern die Aufgaben? · Geteilte Kinderversorgung und -erziehung nach einer Scheidung oder Trennung

Anmerkungen

272

Kapitel 7
Familien 274

Eltern: Eltern ihrer Kinder, selbst Kinder ihrer Eltern und Erwachsene in der Gemeinschaft mit anderen · Die Familie als Gefüge · Einblicke in das Familienleben · Auswirkungen bei Veränderungen · Die Familie als Übungsplatz · Familienideologie und Wirklichkeit · Verschiedene Arten von Familien · Allein erziehen · Familien in Trennung · Wenn's ums Geld geht · Es ist gar nicht so schlecht, Kinder allein aufzuziehen · Stiefeltern · Homosexuelle Eltern · Vormundschaft · Coming out, offen zu seiner Homosexualität stehen · Intimität · Rollenvorbilder für Kinder homosexueller Eltern · Kernfamilien, Familiengemeinschaften, Wohngemeinschaften

Kapitel 8
Familie und Gesellschaft 333

Die Absonderung von Kindern und deren Pflegepersonen · Auf dem Weg zu einer elternfreundlichen Gesellschaft? · Individualistisches Denken gegen das Familien- und Gesellschaftsinteresse · Leistungsgesellschaft und Ungleichheit · Sexismus
Gesellschaftliche Institutionen und unsere Möglichkeiten, sie zu nutzen oder nicht · Eltern und Berufstätigkeit · Arbeitszeit und Anfangszeiten · Zukunftspläne für Beruf und Familie · Kinder in der Arbeitswelt · Kinderbetreuung am Arbeitsplatz, Teilzeitbeschäftigung und flexible Arbeitszeiten · Die tatsächlichen Bedürfnisse von Eltern und deren Berücksichtigung im öffentlichen Bewußtsein und in der Arbeitswelt · Institutionalisierte Kinderbetreuung und elterlicher Einfluß · Eltern und die Schule · Das Fernsehen · Der Einfluß der Gesellschaft auf den Gesundheitszustand in Familien · Gesetze, familienzentrierte Gesundheitsfürsorge, Eltern und das Gesundheitswesen, ambulante Behandlung und Klinikaufenthalt

Anmerkungen 385

Kapitel 9
Selbsthilfe und Hilfe durch Institutionen 387

Hilfe einholen · Informelle Hilfe · Die Familie · Nachbarn · Der Arbeitsplatz · Organisierte informelle Hilfe · Hilfe nach der Geburt (die «Doula») · Spielgruppen · Babysitterdienste · Kinderbetreuung gegen Bezahlung · Zentren für Eltern und Kinder · Selbsthilfegruppen und Selbsterfahrungsgruppen

Hilfe durch Institutionen · Informelle Hilfsmöglichkeiten nicht vergessen · Es gibt keine Patentlösung · Der Mythos um Ärzte, Therapeuten und Experten · Gesellschaftliches Bewußtsein in sozialen Einrichtungen · Einige Tips für den Umgang mit Institutionen 416

Informationstext zum Nachschlagen bei verschiedenen Situationen und Problemen der verschiedenen Altersstufen 416

1. Schwangerschaft, Geburt und die ersten Monate danach · 2. Der Elternalltag · 3. Wo bekomme ich Informationen, wer hilft mir weiter oder kann mich beraten? · 4. Kinderbetreuung · 5. Teenager · 6. Behinderte Kinder · 7. Krankheit, Mißhandlung, juristische Probleme und andere Krisensituationen · 8. Therapie

Anmerkungen 461

Adressenliste 462

Bücherliste 481

Die Übersetzerinnen 486

Register 487

Einleitung
Wendy Coppedge Sanford

Dieses Buch ist eine Einladung an Mütter und Väter, solche, die es bald sein werden und diejenigen, die sich fragen, ob sie selbst Kinder haben oder welche adoptieren sollen. Unsere Einladung ist ungewöhnlich und für Eltern eher seltsam: *Mach dir Gedanken über dich selbst!* Wer bist du? Was willst du vom Leben? Wo stehst du gerade in dieser lebenslangen Beziehung als Kind von Eltern und als Mutter oder Vater eines eigenen Kindes? Wie hat sich dein Leben durch die Kinder verändert? Wie haben sich deine Arbeit, deine Beziehungen, deine sozialen und politischen Interessen, deine eigene Kindheit, deine Selbsteinschätzung verändert? Welchen Einfluß hat die Gesellschaft auf dein Erleben? Ist es ein positiver oder negativer Einfluß? Wo findest du die stärkste Unterstützung?
Als wir vor zwei Jahren in einer Frauengruppe anfingen, über unser Leben mit unseren Kindern zu reden, waren alle diese Fragen für uns neu und bis zu einem gewissen Grad beunruhigend. «Unsere Kinder – Unser Leben» ist das Ergebnis einer gründlichen Durchforstung aller Fragen über Elternschaft. Wir haben gemeinsam diskutiert und mit mehr als zweihundert Müttern und Vätern ausführliche Interviews gemacht. Erst allmählich fanden wir eine Sprache für diese neuen Gedanken und Empfindungen. Es ist uns klar, daß die Diskussion nicht abgeschlossen ist, sondern daß jede/r Leser/in sie mit eigenen Erfahrungen bereichern wird.
Das Buch beginnt mit der Hauptentscheidung, ob und wann wir Kinder bekommen sollen; die erste Hälfte verfolgt das Leben von Eltern von Anfang an: Schwangerschaft, Adoption, «Übernehmen» von Kindern aus früheren Ehen des Partners, bis die Kinder groß sind und aus dem Haus drängen und wir Eltern von ‹Er-wachsenen› sind. Die vier letzten Kapitel beschäftigen sich mit der Analyse bestimmter Erfahrungen und Bedürfnisse von Eltern: Gemeinsame Elternschaft, das heißt, beide Eltern teilen sich die Aufgaben der täglichen Fürsorge und Erziehung der Kinder; verschiedene Formen des Zusammenlebens in der Familie; soziale Institutionen und öffentliche Meinung, die Eltern beeinflussen; Möglichkeiten der Veränderung, die von einigen Eltern bereits erarbeitet wurden; die Hilfe, die Eltern nötig haben, und die Möglichkeiten, sich selbst und einander zu helfen; und schließlich die verschiedenen institutionalen und informellen Hilfsmittel und Institutionen, an die sich Eltern wenden

Steve Smith/David Alexander Studio

können. Dieses Buch ist eines dieser Hilfsmittel. Du kannst es als Nachschlagewerk verwenden oder zu bestimmten Zeiten, wenn du gerade Hilfe suchst, kapitelweise und nicht unbedingt in einem durch von vorne bis hinten lesen.
Wir entschlossen uns, das Buch zu mehreren zu schreiben, weil wir glauben, daß die komplexe und vielfältige Erfahrung von Elternschaft von mehreren Autorinnen besser dargestellt werden kann. Alle Kapitel wurden von einer oder zwei Hauptautorinnen geschrieben. Natürlich geht jede von ihren eigenen Ansichten, Interessen und der emotionalen Atmosphäre aus, die von ihrer persönlichen Erfahrung als Mutter bestimmt sind. Jedes Kapitel wurde zusätzlich von den anderen Gruppenmitgliedern und auch von Personen außerhalb der Gruppe gelesen, bevor es endgültig in Druck ging. Wir haben alle unserem Thema gegenüber eine ähnliche Einstellung, dennoch gab es bisweilen Meinungsverschiedenheiten, besonders wenn es darum ging, was nun für das Buch wirklich wichtig sei. Wir haben versucht, dem Buch ein einheitliches Gefüge zu geben und dennoch die Eigenständigkeit jedes einzelnen Beitrages zu wahren. Die Einheitlichkeit – sofern eine solche da ist – kommt nicht von einer einheitlichen Stimme, sondern von dem Glauben, daß viele Stimmen zusammen der Wahrheit näherkommen können.

Die Idee eines Buches über Eltern und Kinder geht ursprünglich auf die Zusammenarbeit von Ruth Bell, Joan Ditzion, Paula Doress und Nancy Hawley zurück. Diese vier trafen einander zwei Jahre regelmäßig, ihre Vorstellungen wurden immer konkreter, bis sie Gestalt annahmen. Bevor wir zu schreiben begannen, kam Wendy Sanford, unsere spätere Herausgeberin, zur Gruppe. Sie übernahm die Koordination und war die eigentliche Hebamme unserer Ideen und Wörter. Jane Pincus war bei früheren Treffen ein paarmal dabeigewesen, zog dann aber aus unserer Gegend weg. Dennoch half sie uns bei der Schreibarbeit. Wir sechs hatten schon als Co-Autorinnen von «Our Bodies – Ourselves» («Unser Körper – Unser Leben», Rowohlt Taschenbuchverlag 1980) zusammengearbeitet. Mit der Zeit wurde unser Projekt immer umfangreicher, und wir brauchten Hilfe. Vier weitere Frauen boten ihre Mitarbeit an: Alice Ryerson aus Chicago empfahl uns nicht nur dringend, ein Kapitel über Eltern von erwachsenen Kindern zu schreiben, sie schrieb es auch selbst. Dann kamen noch Jeanne Speizer, Peggy Wegman und Dennie Wolf zu unserer Elterngruppe. Ohne ihre Mitarbeit hätten wir es nicht geschafft.

Die Eltern, mit denen wir sprachen, kommen zum Großteil aus Boston und Umgebung. Sie sind Freunde von Freunden von Freunden. Die Leute, die wir befragt haben, stammen größtenteils aus der mittleren oder gehobenen Mittelschicht, dennoch leben sie alle in ganz verschiedenen Familiensituationen: Sie sind in der Mehrheit Weiße; einige wenige gehören Minderheiten an; sie sind verheiratet oder geschieden oder leben allein; sie sind heterosexuell oder homosexuell; sie leben in Kleinfamilien oder Wohngemeinschaften, am Stadtrand, auf dem Land oder in der Stadt. Eines aber haben fast alle gemeinsam: Ob sie nun berufstätig sind oder nicht, alle nehmen aktiv Anteil am Leben ihrer Kinder, und es ist ihnen ein Bedürfnis, über Rolle und Aufgaben von Eltern nachzudenken. Unsere «Interviews» waren informelle Gespräche – wir wollten keine Statistiken aufstellen, sondern neue Einsichten gewinnen, Gefühle und Erfahrungen aufspüren.

Ehe wir uns mit dem Thema selbst auseinandersetzen, wollen wir ein paar wesentliche Fragen stellen: Warum interessieren wir uns für Eltern? Was stellen wir uns unter Eltern als ganzen Menschen vor? Wer sind wir, die Autorinnen – von welchem Blickwinkel aus betrachten wir das Leben?

Warum interessieren wir uns für Eltern?

Wir haben bei uns selbst und anderen ein überstarkes Bedürfnis festgestellt, über die Probleme von Eltern zu reden – nicht darüber, wie wir sein sollen, sondern was es überhaupt bedeutet, Kinder großzuziehen. Das wollen die meisten wissen, die sich überlegen, ob sie Kinder haben sollen

Owen Franken/Stock, Boston

oder wollen. Und diese Frage stellen sich auch die meisten Eltern. Wir wollen einfach hören, daß es den anderen ähnlich geht wie uns, daß wir mit unseren Sorgen nicht allein sind. Wir brauchen die Erfahrungen von Eltern, die grundsätzlich gern und im wesentlichen problemlos Eltern sind; aber auch von solchen, die große Schwierigkeiten haben und sich bisweilen hoffnungslos gefangen fühlen; von Eltern, die ihre Kinder lieben, denen aber die tägliche Arbeit mit ihnen keine Freude macht. Wir wollen auch wissen, wie andere es schaffen, Beruf, Ehe, Liebe, Freundschaft und Kinder zu vereinen.
Dieses Buch will Eltern anregen, miteinander zu reden, und ihnen das Gefühl vermitteln, nicht allein zu sein.
Als wir zehn Frauen miteinander zu diskutieren begannen, entdeckten

wir, daß wir alle mit bestimmten Vorstellungen über Kindererziehung groß geworden waren. Wir gingen alle von der unausgesprochenen Vorstellung aus, selber einmal Kinder zu bekommen und sie auch gut erziehen zu können. Daß wir «gute Eltern» sein würden, wenn wir selbst «erwachsen» wären, schien uns selbstverständlich. Ebenso selbstverständlich schien uns der Gedanke, daß wir als Erwachsene keine wesentlichen Entwicklungen und Veränderungen oder gar irgendwelche Lebenskrisen durchmachen würden; und daß «gute Eltern» selbstlos und ohne größere Probleme, Widersprüche oder Abneigungen für ihre Kinder dasein müßten. Was für ein Anspruch! Die Wirklichkeit sah anders aus. Der Mythos von den «guten Eltern» paßte so gar nicht auf unsere Erfahrungen: Einerseits war es viel schwerer – es gab so viele Konflikte, Ungewißheiten, Fallen – andererseits aber auch leichter – wir lernten durch die Kinder ungeheuer viel. Die Arbeit mit Kindern kann unendlich befriedigend sein. Dennoch schlich sich in unsere Gespräche mit anderen Eltern immer wieder die Vorstellung von den «idealen Eltern» ein. Viele unserer Fehler oder Ängste wagten wir nicht sofort auszusprechen. Tiefe Freuden unterdrückten wir. Es dauerte geraume Zeit, bis wir zueinander das nötige Vertrauen hatten, auch über unsere Schuldgefühle offen zu reden. Gerade durch die Diskussionen konnten wir die ungeheure Last dieses Mythos abschütteln, uns mit unseren Unzulänglichkeiten anfreunden und uns wie einer der interviewten Väter offen eingestehen: «Manchen Menschen gelingt eben manches besser.»

Außerdem stellten wir fest, daß wir durch unsere Gespräche mit anderen Eltern über unsere Sorgen und Bedürfnisse eine ganz neue Einstellung gegenüber Institutionen und gesellschaftlichen Verhaltensformen bekamen: viele dieser Institutionen erschweren das Leben von Eltern und Kindern. Wir stellten fest, daß andere Gesellschaften und Kulturen andere Erziehungsformen haben, daß unsere «institutionalisierte» Form der Beziehung zwischen Eltern und Kindern und im weiteren Sinne zwischen Eltern – Kindern – Gesellschaft keineswegs die einzig richtige und mögliche ist. Um es klarer zu sagen: Gewisse Strukturen unserer Gesellschaft sind von Sexismus, Rassismus oder der Vorliebe für die technische Betrachtung unserer Erde, von Profitinteressen und Konkurrenzzwängen getragen und schaffen eine «Institution» von Elternschaft, die unsere wirklichen Erfahrungen mit unseren Kindern einengt; die unsere Möglichkeiten einer befriedigenden, freudvollen Elternerfahrung vorweg schmälert. In diesem Buch wollen wir Veränderungen von Rollen und sozialen Strukturen vorschlagen, die uns helfen können, unsere Elternschaft als integrale, nährende Erfahrung zurückzufordern. Wir meinen, daß die beste soziale und politische Kritik die direkte Folge von dem sein sollte, was Eltern über sich selbst sagen.

Sind wir egoistisch, wenn wir über uns selbst nachdenken? Widerspricht

die Beschäftigung mit uns selbst dem Mythos von den selbstlosen, sich aufopfernden Eltern? Gilt, was eine Mutter von vier Teenagern sagt:

«Ich komme mir selbstsüchtig vor, wenn ich von mir spreche. In meinem Bekanntenkreis darf eine Mutter nur durch ihre Kinder von sich sprechen.»

Aber die Frage der Selbstsucht tritt in den Hintergrund, wenn wir erkennen, wie gewinnbringend diese Selbstbesinnung für die Kinder und das gesamte Familienleben ist. Wenn auch der Gedanke an das Wohl der Kinder keineswegs unser Hauptmotiv war, über unsere eigenen Bedürfnisse nachzudenken, so sahen wir doch, daß es auch ihnen half, wenn wir uns um uns selbst entsprechend kümmerten. Eine Mutter von vier Kindern drückt dies so aus:

«Ich glaube, ich muß mich als Mutter sicher fühlen, ich brauche mein eigenes Ich und das Gefühl, geschätzt zu werden – vielleicht durch eine Arbeit außerhalb des Hauses oder eine politische Tätigkeit. Wenn ich das nicht habe, werden mir die Kinder so wichtig, als wären sie eine bloße Verlängerung meines Ich. Wenn ich nur an die Parties denke, auf denen wir herumgesessen und über nichts anderes geredet haben als über die Schulerfolge unserer Kinder und wie herrlich sie sich entwickeln. Wenn wir nur durch die Erfolge der Kinder erfolgreich sind

und nichts für uns allein haben, dann sollten wir ernsthaft fragen: ‹Ist das gut für mich? Ist es für die Kinder gut?› Denn früher oder später wird es für die Kinder zu einer Belastung und hindert sie daran, sich frei zu entfalten.»
Manche haben Angst, daß sie dadurch ihre Kinder vernachlässigen könnten. Wir glauben jedoch, Kinder werden weitaus weniger vernachlässigt, wenn die Bedürfnisse ihrer Eltern – nach Unterstützung, Freundschaft, einer interessanten Beschäftigung, Sicherheit, Gesundheit, Wissen, Unterhaltung, mehr Zeit für sich selbst – befriedigt werden.
Als wir anfingen, uns über uns selbst Gedanken zu machen und uns als eigenständige Persönlichkeiten zu sehen, konnten wir auch unsere Kinder als unabhängige, selbständige, von uns getrennte Persönlichkeiten achten, die so wie wir Anspruch auf Anerkennung haben. Erst dann konnten wir uns ihnen gegenüber anders verhalten und uns von einigen Rollenzwängen der Beziehung Mutter-Kind oder Vater-Kind oder, was vielfach noch schlimmer ist, geschlossene Elternfront-Kind befreien. Wir sind ihre Eltern; dazu gehört absolute Verantwortung, die Notwendigkeit eines Grenzenziehens (um nicht das unangenehme Wort der Disziplinierung zu verwenden), gehören die Hoffnungen, Mühen und Freuden, die damit verbunden sind. Wir sind wie unsere Kinder in unserer Entwicklung nicht abgeschlossen, sondern wollen uns für Veränderungen öffnen. Wenn wir ihnen unsere Schwächen als unfertige Menschen zeigen, wird es uns auch gelingen, ihnen ein realistischeres Bild vom Menschsein überhaupt zu vermitteln.

Wen stellen wir uns unter Müttern und Vätern als ganzen Menschen vor?

Daß Eltern neben ihren Erziehungsaufgaben auch noch andere Lebensbereiche haben, daß sie sich als ganze Menschen verwirklichen können sollen, ist eine zentrale Idee unseres Buches. Unserer Meinung nach verläuft diese Entwicklung für Mütter und Väter nicht gleich. Die meisten Frauen, die Kinder haben wollen oder bereits haben, sehen sich selbst als Hauptverantwortliche. Ob sie nun gleichzeitig Geld verdienen oder nicht, sie meinen fast selbstverständlich, Kindererziehung sei eigentlich ihre Hauptaufgabe, ihr ‹Ganztagsjob›. Gerade Mütter, die ihren Beruf aufgeben, um ganz für die Kinder dazusein, brauchen Aufgaben, Interessen, Geselligkeiten und schöpferische Aktivitäten neben der Arbeit mit den Kindern und im Haushalt. Um die nötige Zeit für politische Arbeit, Gymnastikstunden, Nachbarschaftsprojekte, Lektüre oder Meditation oder einfach für sich selbst zu finden, müssen sich Mütter gegen den zwar relativ jungen, aber erstaunlich tief verwurzelten Mythos von der «guten Mutter», die immer für ihre Kinder da ist, auflehnen. Sie müssen lautstark sagen, daß es

Burk Uzzle/Magnum

eine unmenschliche Anforderung ist, tagaus, tagein mit kleinen Kindern allein gelassen zu sein, egal wie sehr sie die Kinder lieben.

Berufstätige Mütter wiederum müssen sich von den Schuldgefühlen, nicht genug Zeit für die Kinder zu haben, befreien, die ihnen der Mythos von der «guten Mutter» auferlegt. Die Arbeit im Haushalt muß aufgeteilt werden, sonst fällt ihnen neben dem Beruf noch die ganze Last der Hausarbeit zu, und sie hetzen ‹nach der Arbeit› nach Hause, nur um dort weiterzuschuften. Berufstätige Mütter müssen noch stärker darum kämpfen, Raum und Zeit für sich selbst zu finden, andere Lebensbereiche zu erforschen oder ihren Interessen nachzugehen.

> «Was mir im Leben am schwersten fällt, ist, all diese Rollen zu vereinen: eine gute Ehefrau, eine gute Mutter und im Beruf tüchtig zu sein; das Gleichgewicht zwischen diesen Aufgaben zu bewahren und das Wesentliche in meinem Leben nicht aus den Augen zu verlieren, nicht in einer der Rollen völlig aufzugehen, mich als ganzen Menschen zu verlieren.»

Die Probleme der Väter sehen anders aus. Sie müssen *die* Eigenschaften in sich stärken, die ihnen von unserer Gesellschaft und Kultur nicht zugesprochen werden: Einfühlungsvermögen und Geduld mit Kindern und die Aufgabe des Nährens. Dazu bedarf es der Kraft, sich gegen die stereotypen Vorstellungen aufzulehnen, daß Väter ihre Liebe vorrangig darin zeigen, für die Familie finanziell zu sorgen; oder daß Männer von Natur aus weniger als Frauen mit der Gabe des Nährens ausgestattet sind. Für Väter bedeutet es, an der täglichen Sorge und Arbeit im Haushalt stärker teilzunehmen, sich für die damit verbundenen Freuden, aber auch Schattenseiten zu öffnen.

Berufstätige Mütter und Väter müssen darum kämpfen, am Arbeitsplatz als Eltern, also als Arbeiter, die zugleich Eltern sind, anerkannt zu werden und nicht umgekehrt – wie von ihnen erwartet wird – ihre Identität als Eltern zu Hause zu lassen. Flexiblere Arbeitszeit, Kindergärten oder Krabbelstuben am Arbeitsplatz und Karenzurlaub für Mütter *und* Väter gehören zu den wesentlichen Forderungen berufstätiger Eltern. Wir können nicht individuelle Veränderungen anstreben, ohne die Gesellschaft zu verändern, deren ökonomische Strukturen und Mythen über die Aufgaben von Eltern es unmöglich machen, Neues auszuprobieren.

Wir werden sehr ausführlich darüber sprechen, wie Mütter und Väter ihre Rollen verändern und sich die verschiedenen Arbeiten aufteilen können, weil das unserer Erfahrung nach Müttern, Vätern *und* Kindern hilft, sich zu freieren und vielschichtigeren Persönlichkeiten zu entwickeln. Wenn du vom Gegenteil überzeugt bist und meinst, Mütter und Väter hätten zwei voneinander völlig getrennte Arbeitsbereiche und jeder sollte nur tun, was ihm seine Rolle vorschreibt, dann werden dir wahrscheinlich viele unserer Änderungsvorschläge absurd vorkommen. Wir müssen an dieser Stelle anmerken, daß wir nicht beanspruchen, für alle Eltern zu sprechen. Wenn wir von gemeinsamer oder besser geteilter Elternschaft sprechen, so meinen wir damit die Vorstellungen, die aus unseren eigenen Erfahrungen entstanden sind. Wir würden uns freuen, von dir zu erfahren, was du für sinnvoll hältst und was deiner Meinung nach nicht realisierbar erscheint.

Wer sind wir, die Autorinnen – von welchem Blickwinkel aus betrachten wir das Leben?

Kulturelle Einflüsse, die Form der Familie, finanzieller Status, geographische Lage, ethnischer Hintergrund und vieles andere bestimmen unser Leben. Dementsprechend sind auch die Erfahrungen von Eltern verschiedener Schichten und Länder unterschiedlich. Da dies auch für uns und unser Buch gilt, müssen wir ein wenig von uns selbst berichten. Wir wollen von uns als Einzelpersonen und als Gruppe erzählen, damit du

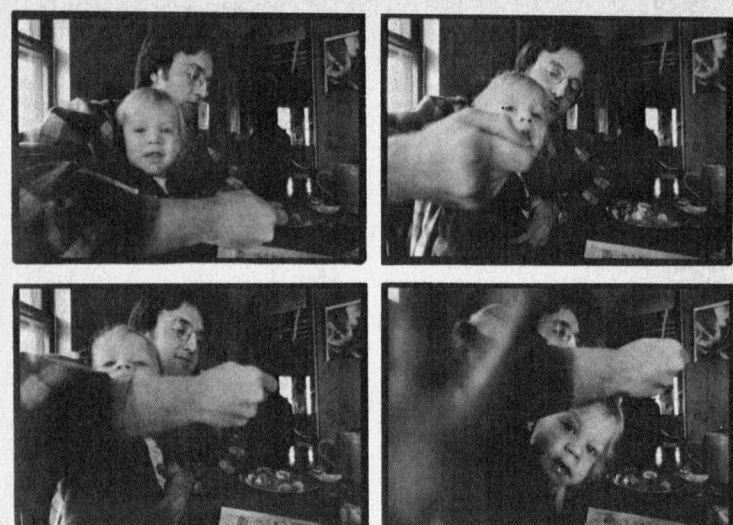

eine Vorstellung von unseren Idealen, Werten und unserem Weltbild bekommst. Dann kannst du unser Buch vielleicht wie einen Dialog mit uns lesen. Als Gegenleistung solltest du deine eigenen Wertvorstellungen unter die Lupe nehmen: Welche Erfahrungen und Sehnsüchte bringst du zum Thema ‹Elternschaft› mit?

Wir sind alle Eltern. Das ist sehr wichtig. Wir schreiben dieses Buch nicht als weltfremde Experten oder Wissenschaftler, sondern einfach als Eltern. Unser Buch stammt aus dem reichen Repertoire täglichen Umgehens mit Kindern – monotone Arbeit, heftige Gefühlskämpfe, intime Augenblicke, äußerste Gereiztheit, verschlafene Küsse, Langeweile, Panik, Faszination, Selbstzweifel und Staunen. Aus der Verquickung mit diesen Empfindungen kommt unserer Meinung nach die wahre Erfahrung.

Wir haben zusammen dreiundzwanzig Kinder im Alter von einem bis fünfunddreißig Jahren. Deshalb stecken in diesem Buch die verschiedenen Charakteristika, Ratlosigkeiten und Weisheiten, die jede Altersstufe unserer Kinder auszeichnen. Da alle Kinder bis auf eine Ausnahme noch bei uns leben, schreiben wir mit dem Reichtum der Erfahrungen, die wir als Mütter, berufstätige Frauen, Partnerinnen, Liebhaberinnen, Töchter unserer Eltern, Freundinnen von uns selbst und anderen tagtäglich machen.

Da wir als Eltern und, wie gesagt, nicht als Professionelle schreiben, werden wir, sooft es geht, unser Augenmerk darauf richten, wie Eltern einander und sich selbst helfen können, um die Belastungen der Elternschaft durchzustehen. Streckenweise geben wir dabei auch die Meinung von Wissenschaftlern wieder, besonders im Kapitel «Selbsthilfe und Hilfe durch Institutionen», in erster Linie gehen wir jedoch von der Überzeugung aus, daß wir uns selbst am besten helfen können – indem wir einander zuhören, auf die Kinder anderer Frauen aufpassen, eine Mahlzeit kochen, auf der Straße auf jedes Kind achten, einen Teenager bei uns aufnehmen, damit er/sie zur eigenen Familie mal ein bißchen Abstand bekommt, oder eine Selbsthilfegruppe bilden. Die wesentliche Fähigkeit, die Eltern entwickeln sollen, ist der Mut, andere um Hilfe zu bitten. Wir sehen in den Eltern- und Kindergruppen, die auf Privatinitiative zurückgehen, eine wichtige politische Bewegung. Nur gemeinsam können wir auf die verschiedenen Institutionen unserer Gesellschaft Druck ausüben (zum Beispiel Krankenhäuser, Wochenstationen, Schulen, Kindergärten) und dadurch die Interessen und Bedürfnisse von Eltern und Kindern durchsetzen. Wir müssen zusammenarbeiten, damit wir diese Institutionen wirklich eltern- und kindergerecht verändern können.

Unsere persönlichen Erfahrungen als Eltern haben dieses Buch mit geprägt. In erster Linie die Einstellung, daß wir unsere Kinder nicht sich selbst überlassen wollen, daß wir eine verantwortungsvolle Aufgabe haben, daß die liebevolle Fürsorge für die Entwicklung jedes Kindes wichtig ist und daß wir uns bei dieser Arbeit selbst weiterentwickeln und lernen. Vielleicht haben wir manchmal übertrieben: Wie viele ‹moderne› Eltern machen wir uns wahrscheinlich zu große Sorgen, ob wir auch «gute Arbeit leisten». Aber das liegt nicht nur an unserem Hang zum Perfektionismus; es ist die Antwort darauf, daß wir in einer Gesellschaft leben, die uns Eltern zuwenig unterstützt: Wir machen uns Sorgen, weil wir gerade bei wesentlichen Fragen allein gelassen werden.

Wir alle sind ‹neben den Kindern› berufstätig, manche von uns nur stundenweise, andere ganztags, je nach Alter unserer Kinder. Wenn wir auch alle aus mehr oder weniger zwingenden materiellen Gründen berufstätig sind, ist es uns doch auch ein Bedürfnis, außerhalb des Hauses eine Arbeit zu haben. Wir gehören zu der steigenden Anzahl von Müttern, die aus Not, Neigung oder beidem einen Beruf ausüben wollen, selbst wenn die Kinder noch klein sind. Wir sind Schriftstellerinnen, Therapeutinnen, Lehrerinnen, Beamtinnen, pädagogische Beraterinnen, arbeiten an einer Universität oder als Künstlerinnen. Eine Reihe von Tiefeninterviews, die in Kalifornien durchgeführt wurden, wies nach, daß selbst Mütter mit einer schlecht bezahlten, eintönigen Arbeit weniger zu Depressionen neigten und sich wohler fühlten als Mütter in derselben Gegend, die wegen ihrer kleinen Kinder zu Hause blieben. Bisherige ‹Ganztagsmütter› entdecken plötzlich, daß außerhäusliche Arbeit mehr Freunde, Ansporn,

Abwechslung, Geld und Unabhängigkeit bringt; sie werden selbstbewußter und haben als Folge davon mehr Kraft und Möglichkeiten, ihren Kindern bessere Mütter zu sein.
Die Kehrseite der Medaille ist jedoch, daß Eltern in vielen Fällen von ihrem Beruf immer stärker beansprucht werden, daß sie kaum noch zu Hause sind und immer weniger Zeit für ihre Kinder haben. Jede von uns konnte es sich einrichten, bis zum Schulbeginn der Kinder nur stundenweise oder halbtags zu arbeiten, und die meisten von uns tun das auch jetzt noch. Dadurch bleibt uns immer genügend Zeit für unsere Kinder, und wir müssen dennoch nicht die Annehmlichkeiten und Herausforderungen einer beruflichen Tätigkeit missen. Aber wir wissen, daß wir privilegiert sind. Dem Großteil der Frauen ist es nicht möglich, eine derartig befriedigende Beziehung zwischen ihrer Arbeit ‹drinnen› und ‹draußen› herzustellen. Es gibt keine allgemein gültigen Richtlinien für eine ausgewogene Gewichtsverteilung zwischen Mutter- bzw. Vaterschaft und Beruf, aber alle Menschen sollten die Möglichkeit haben, die eine und die andere Seite nach ihren eigenen Vorstellungen zu gestalten. In unserer Gesellschaft sind wir jedoch noch weit von diesem Ziel entfernt.
Alle wirtschaftlichen und sozialen Strukturen sind starr und gehen von der Trennung von Privatbereich und Arbeitswelt aus. Dadurch ergibt sich auch eine strenge Trennung unserer Rollen als Eltern und Berufstätige. Wir werden uns in mehreren Kapiteln mit genau diesen Problemen beschäftigen: den Möglichkeiten, am Arbeitsplatz stärker als Eltern respektiert zu werden, den Schwierigkeiten, ständig den Brennpunkt von einem Feld auf das andere zu verlagern, den Nöten, nicht zu wissen, welchem Druck wir nachgeben sollen, wenn es uns hin und her zieht zwischen Familie und Beruf, so daß wir manchmal zwischen beide Stühle fallen. Aber wir wollen nicht nur von der Beziehung Familie–Arbeitsplatz sprechen, wir wollen auch genügend Raum für die Teile in uns lassen, die über diese beiden Bereiche hinausgehen. Eine berufstätige Mutter drückt dies so aus:
> «Ich glaube, wir reden ständig nur von Arbeit und Familie, weil unsere Gesellschaft nichts anderes kennt. Wir werden als Frauen eingeteilt in Mütter mit oder ohne Beruf oder in Karrierefrauen ohne Kinder. Dabei werden alle anderen Bedürfnisse, Sehnsüchte und Fähigkeiten vergessen. Unsere Gesellschaft kennt nur die Zweiteilung: Beruf – Familie.»

Aber die anderen Aspekte brauchen wir ebenso zu unserer Selbstverwirklichung. Deshalb sollen sie in diesem Buch nicht zu kurz kommen.
Wir leben fast ausschließlich in Kleinfamilien und sind verheiratet; nur ein paar sind geschieden oder leben von ihren Männern getrennt. Diese Frauen ergänzen das Buch durch wertvolle Erfahrungen, die nur alleinerziehende Frauen machen können. Sie leben nicht mehr in der von allen als

«normal» geschätzten Einheit von Mutter, Vater, Kind/ern. Sie kennen die schmerzvollen Erfahrungen, als Ausgeschlossene, ‹andere›, nicht zum Strom der ‹Normalen› zu gehören. Sie kennen die Sorge, alle Schwierigkeiten mit den Kindern darauf zurückzuführen, daß kein Vater da ist, daß sie nicht in einer «normalen Familie» aufwachsen. Wenn sie allerdings eine bestimmte Zeit diese Nöte durchgestanden haben, entdecken sie, daß sie zwar einige Vorteile der geschlossenen Familie nicht haben, daß sie aber dennoch eine Familie sind und der «normalen Familie» gegenüber sogar einige Vorteile besitzen.

Um die Bedeutung der Elternschaft für uns zu begreifen, mußten wir den tief internalisierten Mythos von der «normalen Familie» analysieren. Erst dann entdeckten wir, daß es viele Wege gibt, den Kindern zu geben, was sie brauchen. Wir stellten vor allem fest, daß die konventionelle Familie keineswegs die «beste» ist. Denn der Mythos von der Normalität hinkt der Wirklichkeit nach: Fast 40 Prozent der amerikanischen Familien entsprechen nicht dieser Norm. Man schätzt, daß mehr als ein Drittel aller jetzt lebenden amerikanischen Kinder eine bestimmte Zeitspanne in ihrer Kindheit nicht in einem herkömmlichen Familienverband leben wird. Diese Kinder werden durch Wiederverheiratung ihrer Mütter oder Väter wiederholt eine Stiefmutter bzw. -vater und Stiefgeschwister haben. Sie alle werden unter dem Mythos der normalen Familie leiden, obwohl diese Vorstellung gar nicht den Tatsachen entspricht. Die alleinerziehenden Mütter in unserer Gruppe zeigten uns, daß fixe Vorstellungen von Normalität und Abnormalität Abstraktionen von Wirklichkeit und als solche grausam sind.

Diejenigen unter uns, die Geld verdienen müssen, um ihre Kinder erhalten zu können, und besonders die Alleinerzieher/innen wissen nur zu gut, wie anstrengend es ist, Beruf und Familie miteinander zu verbinden. Gerade diesen Konflikt gilt es zu entschärfen. Außerdem haben alleinstehende Eltern (besonders Mütter) meist einen niedrigeren Lebensstandard. Durch die größere wirtschaftliche Abhängigkeit spüren sie besonders stark die Mängel bzw. das Nichtvorhandensein staatlicher und gesellschaftlicher Unterstützung von Familien. Das gesamte Buch, besonders aber das Kapitel «Familie und Gesellschaft» beschäftigt sich mit diesen Fragen.

Der Aufruf an Eltern zur Zusammenarbeit gehört zu den kreativsten Aspekten unseres Buches. Da wir in einer Gesellschaft leben, die den Leitspruch «Selbst ist der Mann» auf allen Gebieten propagiert, fiel es uns anfangs nicht leicht, bei anderen um Hilfe zu bitten. Sobald wir allerdings die inneren Widerstände überwunden hatten, fanden wir bei den verschiedensten Menschen und Gruppen Unterstützung: der eigenen Familie, Nachbarn, Freunden, Kirchenmitgliedern, den Lehrer(n)/innen unserer Kinder, Frauengruppen, Gruppen alleinerziehender Eltern und unseren

Kindern selbst. Wir betonen die Zusammenarbeit unter Freunden und Nachbarn, weil wir hier die größte Hilfe gefunden haben.
Die Probleme von Müttern und Vätern, die ihre Kinder allein aufziehen, werden sowohl im gesamten Buch als auch in eigenen Abschnitten der Kapitel: «Gemeinsame Kinderversorgung und -erziehung» und «Familien» behandelt. Das liegt daran, daß fast alle Eltern unabhängig von der Form der Familie ähnliche Schwierigkeiten haben und daß die Ansichten und Erfahrungen von alleinstehenden Müttern und Vätern auch für verheiratete Paare interessant sind.

Abgesehen von den Spezialproblemen durch Scheidung und Trennung waren unsere Erfahrungen als Eltern sehr ähnlich. Die Probleme von Adoptiveltern und -kindern oder von Eltern mit behinderten oder kranken Kindern kennen wir nicht aus eigener Erfahrung. Dennoch haben wir versucht, sie im Buch zu behandeln. Wir haben Interviews mit Betroffenen gemacht, aber da wir, wie gesagt, weder die Primärerfahrung noch das wissenschaftliche Rüstzeug haben, diesen Fragen annähernd gerecht zu werden, nehmen sie einen vergleichsweise kleinen Raum in unserem Buch ein. Statt dessen haben wir uns bemüht, die allen Eltern gemeinsamen Erfahrungen zu betonen. Uns ist klar, daß wir dadurch einige wichtige Dimensionen von Elternschaft vernachlässigen. Wir hoffen jedoch, durch unser Buch auf die Nöte gerade dieser Gruppen aufmerksam zu machen und alle Eltern anzuregen, sich um diejenigen zu kümmern, die es schwerer haben als sie selbst und die noch größere Opfer bringen müssen. Im Kapitel «Selbsthilfe und Hilfe durch Institutionen» bringen wir Listen von Organisationen und Selbsthilfegruppen. Interessanterweise gibt es weit weniger organisierte Gruppen zur Unterstützung von Eltern *ohne* Spezialprobleme, das heißt, daß in unserer Gesellschaft immer nur dann geholfen wird, wenn ‹objektiv› ernsthafte Probleme vorliegen. Unser Buch bezeugt jedoch, daß alle Eltern der Unterstützung, Solidarität und des Verständnisses bedürfen.
Die Tatsache, daß wir alle – selbst wenn wir stundenweise oder gar ganztags berufstätig sind – täglich mit den Sorgen unserer Kinder zu tun haben und mit ihnen sehr viel Zeit verbringen, hat unsere Einstellung zur Elternschaft geprägt. Wir haben gesehen, daß die aktive Anteilnahme am Leben unserer Kinder, von ihrer Geburt angefangen, eine befriedigende und kreative Aufgabe ist. Solange wir ein Gleichgewicht zwischen der Arbeit ‹drinnen› und ‹draußen› herstellen können, bedeutet Elternschaft eine einmalige Gelegenheit, zu lernen, sich zu entwickeln und zu lieben. Wenn wir diese tägliche Fürsorge auch den Vätern abverlangen wollen, dann teilweise, weil wir Frauen von den notwendigen mühseligen Arbeiten und Lasten des täglichen Beisammenseins mit Kindern nicht erstickt werden wollen. Wir würden gern die Väter in die Häuser zurückholen, damit unsere eigene

Freiheit etwas größer wird. Aber das ist nicht die ganze Wahrheit: Wir wollen auch, daß die Väter vom intimen Zusammensein mit den Kindern profitieren. Sie würden nicht nur erkennen, wieviel Arbeit hinter dem Ganzen steckt, sondern für sie neue Formen der Verantwortung und Sorge kennenlernen. Kinder appellieren an Eigenschaften in uns, die dem Gesamtwohl der Gemeinschaft förderlich wären: z. B. die Hilflosigkeit und Abhängigkeit anderer nicht zu Machtmißbrauch zu verwenden, sich durch Liebe selber verletzlich zu machen und dadurch die Verletzlichkeit anderer behutsam zu achten. Deshalb wollen wir, daß die Väter die Freuden und Mühsalen der täglichen Kindererziehung mit uns teilen. Vielleicht lernen sie dann auch uns Frauen stärker lieben und achten.

Wir Frauen und Mütter vermuten, daß bestimmte sogenannte weibliche Eigenschaften wie Mitgefühl, Einfühlungsgabe, Geduld, Ausdauer, Menschlichkeit in den Jahrhunderten weiblicher Fürsorge für die Kinder verankert sind – daß sie auf das tägliche Beisammensein mit Kindern und die damit verbundenen Schmerzen und Mühen zurückgehen. Wäre es nicht möglich, daß die bescheidene, vermenschlichende – und dennoch gesellschaftlich so wenig geachtete – Arbeit täglicher Elternschaft eine wirksame Gegenkraft zum grausamen Leitspruch unserer Gesellschaft vom «Überleben des Stärksten und Besten» darstellen könnte? Eine Gegenkraft zur Macht der Menschen – meistens Männer –, die unser Land von Konferenzzimmern und Büros aus regieren und die nur zu oft menschliche Werte einer schonungslosen Profitgier, dem Wettbewerb und der Vereinzelung opfern.

Aber nicht immer wirkt das Leben mit Kindern vermenschlichend und fördert die Entwicklung der Beteiligten. Zwar haben wir in unserer Gruppe ausnahmslos diese Erfahrung gemacht, aber wir wissen auch, daß einige diese Arbeit als enttäuschend, qualvoll, unbefriedigend erleben. Daß sie die ständige totale Verantwortung, Anspannung und Selbstaufgabe als Last empfinden, die sie die Freuden der Elternschaft nicht genießen läßt. Adrienne Rich gehört zu diesen Müttern. In ihrem Buch «Of Women Born» («Von Frauen geboren, Mutterschaft als Institution und Erfahrung». Verlag Frauenoffensive 1979) schreibt sie in beeindruckend offener Weise über die Ambivalenz, in unserer Gesellschaft Mutter zu sein. Auch diese Frauen müssen wir anhören. Wir haben nicht das Recht, allen vorzuschreiben, wie sie mit den Problemen fertig zu werden haben. Wenn eine Frau ihre Mutterschaft als Zwang und Hindernis für die eigene Entwicklung erlebt – weil sie mit diesen Aufgaben völlig allein gelassen wird –, braucht sie unsere Unterstützung, nicht aber unsere Kritik oder gar Aburteilung. Sie hat ohnedies schon zu viele Schuldgefühle, weil sie der gesellschaftlichen Norm der «guten Mutter», die sich für ihre Kinder opfert, nicht genügt und nicht zu denen gehört, die durch die Arbeit mit Kindern reifen und irgendwelche universellen menschlichen Werte erwerben.

In einer Gesellschaft, die von jedem «normalen» Mitglied fordert, Kinder zu bekommen, werden immer einige Kinder haben, ohne sie wirklich zu wollen. Und in einer Gesellschaft, die nicht allen Familien das Recht auf eine ordentliche Behausung, ausreichend Nahrung und Gesundheit sichert, müssen einige leiden und als Eltern «versagen», die unter anderen Umständen das Leben mit ihren Kindern genießen würden. Ihr täglicher Kampf, einer hartherzigen Gesellschaft Brot für sich und ihre Kinder abzutrotzen, macht ihre Elternschaft zur Qual. Alleinstehende Mütter in isolierten Vorstadtwohnungen, ohne die Hilfe ihrer Familie und Freunde, werden mit der Verantwortung und Arbeit durch die Kinder nicht fertig. Wir wissen, daß es gerade diese benachteiligten Gruppen sind, die Hilfe und Unterstützung am nötigsten hätten. Wir wissen aber auch, daß wir diese Gruppen mit unserem Buch nicht unmittelbar ansprechen können. Wir können nur auf ihre Probleme aufmerksam machen. Vielleicht kann das bereits ein Schritt sein.

Was wir mit unserem Buch in erster Linie erreichen wollen: Jede/r sollte sich rechtzeitig, das heißt vorher, ernsthafte Gedanken machen, ob er/sie wirklich Kinder will. Es sollen auch jene gehört werden, die Kinder haben und mit den Aufgaben nicht zurechtkommen. Alle Eltern sollten in ihrem Kampf um Verständnis, Information über ihre Rechte, Möglichkeiten und Hilfestellungen unterstützt werden. Besonderes Augenmerk schenken wir den Aspekten, die es Eltern schwermachen, in unserer Gesellschaft gute Eltern zu sein, obwohl sie alles daransetzen, es zu sein. Wenn wir stereotypes Rollenverhalten und Rollenzuschreibungen, das profitorientierte Wirtschaftssystem oder die gesellschaftlichen Werte eines schonungslosen Individualismus und Konkurrenzprinzips besonders eingehend beleuchten, so weil wir in diesen die Grundübel für unsere Probleme sehen. Wenn wir uns auf eine ausgewogene Beziehung von täglicher Elternschaft und Beruf konzentrieren oder auf die Bedeutung, uns selbst und unsere Kinder als einmalige, achtungswürdige Menschen zu sehen, oder auf die Fähigkeit, unsere Gefühle offen zu zeigen, auf unsere Bereitschaft, mit anderen zusammenzuarbeiten, dann liegt das daran, daß es genau diese Punkte sind, die so vielen Eltern Bestätigung und Zuversicht geben.

Wir sind alle Frauen. Da der Begriff Eltern beide, Vater und Mutter, umfaßt und unser Buch Elternschaft zum Thema hat, werden sich bestimmt einige fragen, warum in unserer Gruppe keine Männer sind. Obwohl wir viele Männer interviewt haben und ihre Erfahrungen durch das ganze Buch eine Rolle spielen, ließen wir dennoch keine Männer in unsere Arbeitsgemeinschaft. Ursprünglich wohl, weil wir schon früher als Frauenkollektiv zusammengearbeitet hatten und es wieder tun wollten (sechs von uns sind seit 1969 in derselben Arbeits- und Selbsthilfegruppe). Unsere Entscheidung erwies sich im Laufe der Zusammenarbeit als richtig: alle unsere Fragen hatten mit unseren Erfahrungen als Frauen zu tun. Wir glauben, daß wir zum gegenwärtigen geschichtlichen Zeitpunkt die allein geeigneten Personen sind, über Elternschaft in allen Dimensionen zu reden. Denn wir haben nicht nur als Frauen, als Mütter, die Hauptlast der Verantwortung und Arbeit für unsere Kinder getragen, wir wurden auch selbst von Frauen, von unseren Müttern, erzogen.

Warum wir uns dann nicht ausschließlich mit Mutterschaft, sondern doch mit Elternschaft beschäftigen? Weil wir auf eine gemeinsame Erziehungsarbeit, auf die Teilung der Fürsorge für die Kinder unter Müttern und Vätern hinarbeiten. Würden wir nur von Mutterschaft sprechen, kämen wir wahrscheinlich in Gefahr, den Mythos von den Müttern als den von Natur aus dafür ausgestatteten Erzieherinnen heraufzubeschwören. Das hieße, die gegenwärtige Rollenteilung in unserer Gesellschaft weiterhin zu festigen, anstatt sie aufzuheben, wie es unsere Absicht ist.

Wir haben unsere Kinder in Boston in den sechziger und siebziger Jahren großgezogen, zu einer Zeit also, in der Frauen bewußt für eine gesellschaftliche Änderung ihrer Stellung zu kämpfen begannen. Die meisten von uns wurden von dieser politischen Bewegung beeinflußt; sei es durch die Teilnahme an einer Frauengruppe, durch die Arbeit für Verbesserung des Gesundheitswesens und der Rechtslage oder einfach durch die Lektüre von Zeitungen, Büchern und Zeitschriften oder durch Gespräche mit Freundinnen. Dieser Einfluß ist auch in unserem Buch merkbar. Eine der schöpferischen Einsichten – die zwar für die Frauenbewegung nicht neu ist, uns aber wieder einmal deutlich wurde – ist die Erkenntnis, daß die Bereiche des Privaten und des Politischen unzertrennlich miteinander verbunden sind. Als wir anfingen, miteinander über unser Leben als Frauen zu reden, entdeckten wir, daß viele leidvolle Situationen – im Beruf, mit den Eltern, in unseren Beziehungen –, die wir vorher isoliert und im Bewußtsein der eigenen Schuld ertragen hatten, von vielen Frauen gleich erlebt werden. Diese Entdeckung veranlaßte uns, über unser Privatleben hinauszublicken und gesellschaftliche Einstellungen und politische Strukturen zu analysieren, die an unserer Lage mitschuldig waren. So entdeckten wir zum Beispiel auch, daß sogenanntes «frigides» Verhalten oder eine unbefriedigende Sexualität nicht persönliche Schuld oder Versagen war, sondern darauf zurückging, wie wir aufgeklärt worden waren, wie wir ständig mit einer doppelten Moral fertig werden mußten und wie die Macht in unserer Gesellschaft unter Männern und Frauen verteilt war. Diese Tatsachen haben mit unseren sexuellen Schwierigkeiten mehr zu tun als unsere persönlichen Schwächen und Unzulänglichkeiten. Als uns diese Zusammenhänge klar wurden, konnten wir endlich die großen Schuldgefühle, unter denen wir jahrelang gelitten hatten und die uns viel Kraft gekostet und uns für andere

Tätigkeiten die Energie geraubt hatten, abbauen. Erst dann konnten wir uns zusammensetzen, um an einer Veränderung zu arbeiten – zu Hause, wo wir durch unser neues Verständnis völlig veränderte Verhaltensweisen erwirkten, und draußen in der Welt. Wir organisierten Kurse über Schwangerschaftsverhütung, Abtreibung und sexuelle Aufklärung und arbeiteten so für eine neue Einstellung gegenüber der Sexualität im allgemeinen und der Sexualität von Frauen im besonderen. Wir erkannten, daß politische Bewegungen, wollen sie wirksam sein, in der Wirklichkeit unseres persönlichen Lebens verwurzelt sein müssen. Der öffentliche Kampf um die Frauenrechte muß die realen Verhältnisse widerspiegeln und gleichzeitig auch dort stattfinden, wo sich die Probleme pausenlos abspielen und verewigen: zu Hause am Herd, bei den häuslichen Streitereien darum, wer das Geschirr abwäscht oder wer zu Hause bleibt, um ein krankes Kind zu betreuen.

Diese wachsende Sensibilisierung gegenüber der Verbindung des Persönlichen und des Politischen durchzieht das gesamte Buch. Die Analyse der Sozialpolitik und möglicher gesellschaftlicher Veränderungen im Kapitel «Familie und Gesellschaft» wurzelt in der Darstellung direkter persönlicher Erfahrungen von Eltern in früheren Kapiteln. Wir sind überzeugt, daß der Alltag von eminent politischer Bedeutung ist. Dies gilt nicht nur für Elternschaft, sondern für alle Lebensbereiche. Die negativen Aspekte von Elternschaft: die Frustrationen, die Isoliertheit, das Gefühl völliger gesellschaftlicher Machtlosigkeit auf dem Erziehungssektor, sind nicht, wie viele behaupten, die Schuld der einzelnen Mutter bzw. des Vaters. Zu oft gilt der Wahlspruch: «Was in den eigenen vier Wänden passiert, geht niemanden etwas an.» Wir genieren uns für die alltäglichen Kämpfe und Häßlichkeiten und wagen nicht, sie hinauszutragen. Wenn wir jedoch einmal den Mut finden, mit anderen über diese persönlichen Sorgen zu sprechen, stellen wir fest, daß es überall ähnlich aussieht. Das weist eindeutig darauf hin, daß es größere gesellschaftliche Zusammenhänge gibt, die für diese Probleme verantwortlich sind: die Strukturen am Arbeitsplatz und in der Wirtschaft, das Profitstreben, die Lebensverhältnisse in der Stadt, auf dem Land, in bestimmten Gruppen, Unzulänglichkeiten des Gesundheitswesens, sexistische und rassistische Einstellungen, die Isoliertheit der Kleinfamilie. Wenn unsere Veränderungen erfolgreich sein sollen, müssen sie sowohl in den eigenen vier Wänden als auch draußen Geltung haben.

Viele Mütter werden die im folgenden Zitat beschriebenen Gefühle kennen:

> «Wenn ich in der Früh aufwache und mir vorstelle, daß ich wieder den ganzen Tag mit den kleinen Kindern allein sein werde, wird mir ganz eng um den Hals, und ich gerate in Panik. Mir ist, als verliere ich mich selbst, meinen innersten Kern, mein Wesen. Aber trotzdem liebe ich

meine Kinder. Ich bin auch sehr gern mit ihnen beisammen. Aber ich halte diese totale Verantwortung, die Einsamkeit nicht aus. Dann bekomme ich Schuldgefühle, ich könnte sie nicht genug lieben, ihnen keine gute Mutter sein. Das macht alles noch schlimmer.»
Da fast alle Ganztagsmütter diese Gefühle kennen, sollten wir diese einmal auf ihre Ursachen hin untersuchen. Sie sind sicher nicht die Schuld der einzelnen Mutter, noch haben sie ihren Grund in deren Lieblosigkeit. Es gibt vielmehr gesellschaftliche Ursachen. Unsere Kultur schätzt die Welt der Wirtschaft, das öffentliche Leben höher ein als das Haus, die Welt von Mutter und Kind. Deshalb neigen wir dazu, Leute, die sich in dieser anderen Welt bewegen, als die aktiven, die arbeitsamen anzuerkennen, während wir die zu Hause Gebliebenen als untätig abqualifizieren, besonders, weil diese Arbeit zu Hause den Frauen zugeteilt wird und weil sie keine direkten wirtschaftlichen Produkte hervorbringt. Der Mangel an gesellschaftlicher Anerkennung und das darin begründete Gefühl der Nutzlosigkeit, Einsamkeit, sogar Panik, raubt uns wertvolle Energien, die wir im Alltag mit unseren Kindern gerade für uns dringend brauchen. Wenn wir die Ursachen für unsere Depressionen kennen, müßte es uns doch möglich sein, dagegen anzukämpfen, immer nur uns selbst die Schuld zu geben. Wir müßten die private und die politische Welt miteinander verbinden. Dann könnten wir vielleicht auch die Einteilung in produktive und unproduktive Arbeit ablehnen und an einer Neudefinierung von «Leistung» zu arbeiten beginnen.
Wir sollten auch die positiven Dimensionen von Elternschaft in unseren politischen Alltag und unsere Arbeitswelt hineintragen. Wenn wir bedenken, daß wir die schönsten Erlebnisse mit unseren Kindern beim Spielen haben, wo es nicht um Konkurrenz und Effizienz geht und wir auch kein eigentliches Produkt unserer Tätigkeit aufweisen können, dann müßte es doch auch vorstellbar sein, diese Werte auf das öffentliche Leben auszuweiten. Wir müssen die Verhältnisse am Arbeitsplatz so verändern, daß auch gemeinsame Erfahrungen und Feste ihren Platz darin hätten. Auf einer unmittelbareren Ebene würde dies bedeuten, daß Politiker/innen, die ihre Identität als Eltern nicht zu Hause ließen, sondern ganz bewußt in ihre Arbeitswelt integrierten, eine ganz andere Politik machen würden. Sie müßten das Leben zu Hause, die Beschäftigung mit ihren Kindern, die Bedürfnisse von Eltern und Kindern viel stärker in ihre politische Tätigkeit einbringen. Würden dann nicht auch Gesetze ganz anders aussehen?!
Die Beziehung zwischen Privatsphäre und Arbeitswelt müßte eine wechselseitige Durchdringung sein, denn wir alle erleben die totale Trennung als zerstörerisch. Wir alle leiden unter ihr. Wenn auch nicht gleichermaßen. Die Härten sind in unserer Gesellschaft nicht gleich verteilt. Aber grundsätzlich stimmt, daß das Familienleben unter dieser Trennung und

Entfremdung stärker leidet als die Arbeitswelt. Deshalb müssen es auch die Eltern sein, die auf die tiefsten Wunden aufmerksam machen und für eine Veränderung kämpfen.

Unser Buch widerspiegelt genau diese Trennung und angestrebte Versöhnung des Persönlichen und Politischen, des Privaten und Öffentlichen. Im Akt des Schreibens richten wir unsere Energien nach außen, wir bieten unsere Gedanken als Werkzeug für Verstehen und Verändern an. Gleichzeitig wirken diese Gedanken auf unser Privatleben zurück und lösen bisweilen starke Gefühlserlebnisse in uns aus:

«Als ich eines Tages einen Abschnitt über die Unterstützung geschiedener oder getrennter Eltern fertiggeschrieben hatte, bekam ich plötzlich Angst. Ich war erschöpft und verletzlich. Mein Thema war nicht akademisch, ich hatte vielmehr ein Stück meiner eigenen Geschichte geschrieben. Dadurch wurden die alten Gefühle wieder in mir wach, all die Ängste, Schuldgefühle, Haß und Einsamkeit, die ich nach der Scheidung empfunden hatte. Kein Wunder, daß ich erschöpft und verletzlich war!»

Jede von uns hat bei der Arbeit zu diesem Buch ihre eigenen Erfahrungen eingebracht und über sich selbst nachgedacht. Sie war zur Selbstkritik gezwungen. Wir haben uns zwar sehr bemüht, kein Buch «über uns» zu schreiben, dennoch glauben wir, daß die Intensität unserer Gefühle, der Schmerzen und Liebe, die wir bei unserer Zusammenarbeit und dem Versuch, größere Klarheit und Offenheit in unsere Beziehungen zu bringen, erlebt haben, daß diese Intensität dem Buch die Wirklichkeitsnähe und Vitalität gibt, die jeder sozialwissenschaftlichen Studie fehlen muß. Aber wir erlebten auch Momente der Ironie: Wir kamen zum Beispiel zusammen, um über Elternschaft zu schreiben, wenn gerade Rodelwetter war, ein Kind im Bett lag oder an freien Wochenenden, oft also dann, wenn unsere Elternschaft gerade zu Hause dringend benötigt wurde. Wir mußten bestimmte Fristen des Verlages einhalten, gleichzeitig aber verlangte gerade eines der Kinder nach unserer Aufmerksamkeit. Dieses Buch verdankt seine Entstehung einer endlosen Reihe von Kompromissen zwischen unserer privaten und öffentlichen Welt, unserer Arbeit als Mütter und als berufstätige Frauen.

Da wir seit unserer Zusammenarbeit für das Buch «Our Bodies – Ourselves» («Unser Körper – Unser Leben») an Gruppenarbeit gewöhnt waren, kam es beinahe selbstverständlich, daß wir wiederum als Gruppe arbeiteten. In Selbsterfahrungs- und Diskussionsgruppen oder Arbeitskreisen haben Frauen die schöpferische Kraft gemeinsamen Nachdenkens und Arbeitens in nicht hierarchisch strukturierten Gefügen entdeckt und gelernt. Weil jede einzelne durch die Zusammenarbeit persönlich gewinnt, ist das Resultat immer mehr als nur das Buch oder ein

Artikel. In unserem Fall hat es jeder einzelnen von uns zu bestimmten Zeiten Halt gegeben. Es hat uns gezeigt, daß wir mit unseren elterlichen Sorgen und Nöten nicht allein dastehen. Und es hat uns für die Probleme der anderen sensibler gemacht.

Wir sind alle Feministinnen. Wir wissen, daß in diesem Begriff viele verschiedene politische Einstellungen und Weltsichten stecken. Deshalb möchten wir, um Mißverständnisse und Vorurteile zu vermeiden, gleich zu Beginn sagen, was wir darunter verstehen. Feminismus ist für uns die Weltanschauung, die Frauen als vollwertige Menschen ernst nimmt, als Menschen mit Recht auf vollen Anteil an allen Arbeitsmöglichkeiten und schöpferischen Tätigkeiten. Feminismus heißt auch, die besonderen Fähigkeiten und Einsichten von Frauen anerkennen, die aus unserer langen Geschichte als Nährende entstanden sind, als diejenigen, die nicht gewöhnt sind, über andere Menschen Macht auszuüben – wenn wir hier einmal von der Macht der Mutter und Nährenden in ihrer spezifischen Ausprägung absehen wollen – als diejenigen, die Unterdrückung durch kulturell vorgegebene Rollen am eigenen Leib verspürt haben. Feminismus bedeutet für uns auch, daß wir diese besonderen Fähigkeiten und Einsichten mit uns hinaustragen in die Welt, wenn wir aus dem Haus hinausdrängen, um an der Verantwortung und Macht gerechten Anteil zu nehmen, in der Hoffnung, daß die Strukturen und Machtverhältnisse in unserer Gesellschaft durch unser Engagement verändert werden. Wir kämpfen um neue Lebensweisen, Arbeitsbedingungen, eine neue Form der Elternschaft und wehren uns gegen Stereotype, die uns vorschreiben, was Frauen und Männer «zu tun haben».

Wir kennen auch Männer, die im Sinne unserer Definition Feministen sind – die wie wir aus den starr vorgeschriebenen Rollenmustern ausbrechen wollen.

Es gibt eine stereotype Fehldefinition von Feminismus, die darin eine eindeutige Absage an Elternschaft und eine Ablehnung der Familie sieht. Wie entstand dieses Vorurteil? Die meisten von uns bekamen Kinder, bevor die gegenwärtige Welle der Frauenbewegung ihre mutige und befreiende Botschaft brachte, daß wir vollwertige, ganze Menschen sind und viele Rollen in Staat und Gesellschaft übernehmen können. Als uns die Augen geöffnet waren, erkannten wir, daß uns die zwanghafte Institution der Mutterschaft in einer sexistischen Gesellschaft einsperrte und davon abhielt, ganze Personen zu werden. Als Reaktion auf diese Erkenntnis lehnten einige Feministinnen Mutterschaft generell ab. Die Sprache der frühen Feministinnen schien, besonders ganz zu Anfang, die Vorstellung nahezulegen, daß verheiratete Frauen und Mütter auf dem Pfade der Befreiung automatisch um einige wesentliche Schritte hinterherhinkten. Deshalb fühlten und fühlen sich viele Frauen und Mütter aus-

geschlossen oder von den feministischen Botschaften nicht angesprochen.
Wir zehn sind der Meinung, daß der Feminismus Mutterschaft und Familie nicht ablehnen muß, daß diese Institutionen und Erfahrungen jedoch durch den Feminismus verändert werden. Der Feminismus wird die alten Vorstellungen über Bord werfen, daß eine Frau dem Mann und den Kindern ihr ganzes Ich und Leben geben muß, um in der Mitte des Lebens, wenn die Kinder das Haus verlassen, leer und depressiv zurückzubleiben. Der Feminismus muß auch die Rolle des Vaters verändern und die Väter dazu bringen, am Leben ihrer Kinder aktiven, dem bisherigen alleinigen Engagement der Mütter vergleichbaren Anteil zu nehmen und mit ihren Partnerinnen eine neue, beidseitig gebende Beziehung zu finden. Der Feminismus soll neue Formen von Elternschaft eröffnen. Wir müssen dazu angehalten werden, alleinstehende Mütter oder Väter, homosexuelle Eltern und Eltern in Wohngemeinschaften als gleichwertige Eltern anzuerkennen, als Eltern, die sehr wohl in der Lage sind, ihren Kindern zu geben, was Kinder brauchen. Seit wir in unseren Frauengruppen selbst erkannt und erlebt haben, wie sehr wir nach gegenseitiger Liebe und Anerkennung verlangen, seit wir wissen, wie gern wir uns ‹bemuttern› lassen und andere ‹bemuttern› wollen, wissen wir auch, daß diese Fähigkeiten, zu nähren, zu hegen, zu bemuttern unter allen Menschen fließen können und nicht nur in der hierarchischen Form von Eltern (meist den Müttern) zum Kind. Der Feminismus muß unsere Erziehungsformen ändern. Wir müssen bisher traditionelle weibliche Eigenschaften wie Emotionalität und Verletzlichkeit an unsere Söhne weitergeben; aber auch umgekehrt unsere Töchter darin bestärken, selbstbewußt und entschieden der Welt gegenüber aufzutreten. Natürlich muß unser Feminismus auch die Familie berühren und verändern. Bei vielen Frauen hat dies zu großen Spannungen zu Hause geführt. Einige ließen sich scheiden oder leben heute getrennt von ihren Männern. Aber im Grunde wollen wir diese totale Trennung nicht. Wir wollen die Veränderung unserer Gewohnheiten, nicht deren Beseitigung.
Andererseits wurden wir als Feministinnen auch durch unsere Erfahrungen als Eltern geprägt. Am stärksten hat uns unsere Mutterschaft gezeigt, daß wir die politischen und sozialen Strukturen verändern müssen. Für die meisten von uns war gerade die Mutterschaft das einschneidendste, radikalisierendste Erlebnis. Andererseits haben wir durch unsere Kinder etwas gelernt, das wir vielleicht am besten als Toleranz beschreiben. Als Teenager hatten wir uns alle geschworen, nur ja nie die Fehler unserer Eltern zu wiederholen. Plötzlich jedoch ertappten wir uns bei genau denselben erzieherischen Schandtaten: Wir schrien die Kinder an, statt ihnen zuzuhören; oder wir waren in unseren Handlungen nicht konsequent. Jede von uns folgt anderen Mustern, aber fast alle haben sich schon einmal

dabei erwischt, daß sie in demselben Tonfall wie die eigenen Eltern sprachen oder genau wie sie handelten. Das kann schockierend sein. Wir hatten uns auch alle geschworen, unsere Kinder frei von sexistischen Vorurteilen großzuziehen. Plötzlich entdeckten wir, daß unser eigenes, anerzogenes latentes sexistisches Verhalten durchbrach, daß wir unsere Töchter anders als unsere Söhne erziehen. Oder wir stellten fest, daß unsere Tochter lieber mit Puppen als mit Autos spielt und daß der Sohn nicht länger mit Mädchen befreundet sein will, weil das angeblich «kindisch» wäre. Diese Erfahrungen zeigten uns immer wieder, daß Veränderungen Zeit brauchen, daß wir Menschen mit Schwächen sind, daß unsere Kinder eigenständige Personen sind, die sich nicht von uns programmieren lassen. Aber dieses Bewußtsein ändert nicht unseren Drang nach Veränderung, schmälert nicht unseren Kampfgeist. Dennoch ist es unweigerlich notwendig, anders Denkenden gegenüber größere Toleranz zu zeigen. Diese Toleranz macht uns vorsichtig im Umgang mit Idealen oder Modellen von «guten Eltern». Der vielleicht schmerzhafteste Aspekt des Feminismus der sechziger Jahre war seine sture Programmatik. Wenn du nicht programmgemäß warst, bist du hinterhergehinkt, galtest als unaufgeklärt, unterdrückt und schlecht. Wir haben aus unseren Fehlern gelernt. Wir wollen zwar bestimmte Formen des Zusammenlebens und der Kindererziehung durchsetzen – die Aufteilung der Pflichten auf Männer und Frauen, eine bestimmte Offenheit gegenüber nicht-traditionellen Formen des Zusammenlebens in der Familie, eine gewisse Reflexion auf unser Handeln, eine sinnvolle Beziehung zwischen Beruf und Hausarbeit –, aber deshalb wollen wir kein neues Ideal von Elternschaft aufstellen, an das sich von nun an alle Eltern zu halten hätten. Wir wollen die verschiedensten Leser/innen ansprechen und allen das Gefühl geben, mit uns und miteinander einen Dialog zu führen. Wir leben in einer Übergangsphase, gerade was die Elternschaft betrifft, deshalb brauchen wir einander und müssen gemeinsam neue Vorstellungen entwickeln.
Eine zweite mögliche Fehlinterpretation von Feminismus und seiner Vorstellung von Elternschaft betrifft das Verhältnis zu Männern. Können Feministinnen überhaupt über Väter reden, und wenn, können sie dabei fair sein? Es gibt eine kleine Splittergruppe von radikalen Feministinnen, die in Männern einzig Mitglieder der Klasse der Unterdrücker sehen. Es ist wahr, daß Frauen in ihrem Kampf um alternative Mutterschaft und gegen gesellschaftliche Stereotypen mit Arbeitgebern, Gesetzgebern, Richtern, Psychiatern – die in der Mehrheit männlichen Geschlechts sind – Schwierigkeiten haben. Und es gibt Väter, die von uns erwarten, daß wir die Arbeit mit den Kindern allein und ohne Murren tun, selbst wenn wir zusätzlich außerhalb des Hauses berufstätig sind. Es gibt auch Väter, die uns nach der Scheidung nicht unterstützen, kein Geld für die Kinder geben oder sich kaum um sie kümmern. Es gibt auch Männer, die ihre Wut in

Peter Simon

Gewaltakten an der Partnerin auslassen. Wir verurteilen dieses Verhalten, aber wir sehen in Männern vielschichtige Mit-Menschen, die denselben Zwängen wie wir ausgeliefert sind. Sie sind wie wir Eltern unserer Kinder, ob wir nun zusammenleben oder nicht. Wir kennen aber auch Männer, die sich um ihre Kinder liebevoll kümmern. Diesen sind wir verpflichtet – wir meinen, die größte feministische Überzeugungskraft hat ein Miteinander, nicht aber das Gegeneinander.

Durch die Frauenbewegung beeinflußt, fingen viele Männer an, sich über ihre Rolle als Väter Gedanken zu machen. Diese Männer stellen sich dieselben Fragen wie wir: Wie stark ist der Einfluß des Mythos vom «guten Vater», der alles kann und weiß, auf unser Leben? Wie hoch ist der Preis, den Eltern und Kinder zahlen müssen, wenn Väter allein für die materielle Seite der Familie zuständig sind? Was verlieren Väter dadurch, daß sie den ganzen Tag von der Familie und den Kindern getrennt sind? Welche Eigenschaften sollten die Männer sich zurückholen? Was lernt ein Vater, der sich den Kindern gegenüber öffnet? Wir haben mit vielen Männern gesprochen. Wir haben begierig alles gelesen, was Männer über sich als Väter zu sagen haben. Wir hoffen, die Männer hören die Stimmen ihrer Geschlechtsgenossen, wenn sie mit uns durch dieses Buch gehen. Wir hoffen, daß sie hier den Raum finden, in dem sie sich als Väter gegenüberstehen können, einen Raum, den sie wahrscheinlich kaum irgendwo finden.

«Wissen bedeutet Macht.» Deshalb haben wir in unserer Gruppe besondere Betonung auf Selbstreflexion und Bewußtsein gelegt. Wenn wir über die Dynamik und Probleme von Elternschaft Bescheid wissen, können wir die schmerzlichen und zerstörerischen Faktoren in und außerhalb der Familie besser in den Griff bekommen. Deshalb möchten wir auch dir raten, über (deine) Elternschaft nachzudenken.

Dieses Buch ist nicht nur Resultat unserer persönlichen Erfahrungen, es spiegelt auch unsere besondere Lebensweise als Weiße und Angehörige einer Mittelschicht aus Boston und der nächsten Umgebung. Wir haben uns jedoch bemüht, unsere Scheuklappen abzulegen und die vielen Unterschiede anzuerkennen, die das Leben von Eltern aus den verschiedenen Schichten und Ländern in unserer Gesellschaft und Geschichte bestimmen. Diese Unterschiede dürfen nicht von den Gemeinsamkeiten verschleiert werden. Wir sind uns unserer Grenzen bewußt. Wir wissen, daß es andere Wege gibt, mit den Problemen von Elternschaft fertig zu werden.

Wir sind alle weiß. Die bloße Tatsache sozialer und ökonomischer Diskriminierungen gegen ethnische Minderheiten in den USA gibt der Rasse eines Vaters oder einer Mutter eine ungewöhnlich starke Bedeutung und bestimmt auch seinen/ihren Lebensstil und Bezug auf Elternschaft. Wir haben mit einigen Schwarzen gesprochen, aber die Mehrheit war weiß wie wir. Wenn wir wirklich die Unterschiede der Elternschaft verschiedener Minderheiten und besonders von Schwarzen kennenlernen wollen, dann müssen die Betroffenen selbst ans Werk gehen. Wir hoffen, sie werden es tun.

Bis auf zwei Frauen leben alle von uns in Cambridge oder am Stadtrand von Boston. Dieses Gebiet ist sehr experimentierfreudig, was Lebensstil und Elternschaft betrifft. ‹Physisch› gesehen, ist es eine ziemlich sichere Gegend. Es gibt eine große Anzahl von Selbsthilfegruppen und Privatinitiativen für die Unterstützung von Eltern. In manchen Vierteln funktioniert die Zusammenarbeit unter Nachbarn und Freunden sehr gut. Aber alle diese Vorteile bedeuten gleichzeitig Grenzen für unser Handeln. Denn wie die meisten Menschen neigen auch wir dazu, unser Leben und Denken zu verallgemeinern. Es würde unseren Horizont beträchtlich erweitern, von dir zu erfahren, in welchen Punkten sich deine Lebensweise von der unsrigen unterscheidet.

An die deutschen Leserinnen und Leser von «Unsere Kinder – unser Leben»

Wir freuen uns, daß unser Buch ins Deutsche übersetzt wurde. Wir, die Autorinnen, leben in einem bestimmten Teil der USA, wo wir arbeiten und unsere Kinder großziehen. Wir würden uns sehr freuen, wenn ihr uns mitteilen könntet, wie weit es zwischen unseren und euren Erfahrungen als Eltern Ähnlichkeiten gibt und wo die Unterschiede liegen.

Wir hoffen, daß euch unser Buch anregt, über euer Leben mit euren Kindern nachzudenken. Vielleicht macht es euch Mut, mit anderen Eltern über Probleme zu sprechen, und vielleicht stellt ihr dabei fest, daß ihr mit euren Freuden und Sorgen doch nicht alleine seid. Wir wünschen uns, daß ihr durch unser Buch auch ermutigt werdet, gesellschaftlichen Institutionen gegenüber kritischer zu werden: gegenüber eurem Beruf sowie der Arbeitswelt, den wirtschaftlichen Strukturen eures Landes und den Kindergärten, Schulen und Krankenhäusern. Wir hoffen, daß ihr Möglichkeiten findet, gemeinsam mit anderen Eltern diese Institutionen, soweit sie euren Vorstellungen nicht entsprechen, so zu verändern, daß Eltern eine Entlastung von ihren Aufgaben in ihrem Sinne erhalten. Dieses Buch möchte euch vor allem auch anregen, gemeinsam mit anderen neue Möglichkeiten gegenseitigen Helfens zu finden und ein Netz persönlicher Unterstützung aufzubauen, dessen wir als Eltern so dringend bedürfen.

Das Leben spielt sich in den verschiedenen Teilen der Erde unterschiedlich ab, aber eines haben alle Gesellschaften gemeinsam: daß Eltern für ihre Kinder sorgen. Wir wünschen uns, daß ein Buch wie dieses auch einen Dialog zwischen den Eltern verschiedener Schichten in verschiedenen Ländern eröffnen möge. Vielleicht können wir als einzelne auch auf diesem Wege gemeinsam eine menschlichere, friedlichere Weltgemeinschaft aufbauen.

Bitte schreibt uns, wenn euch unser Buch gefallen hat, und erzählt uns aus eurem Leben mit euren Kindern.

Herzliche Grüße von unserem Kollektiv:
Ruth, Joan, Paula, Nancy, Jane, Alice, Wendy, Jeanne, Peggy, Dennie.
The Boston Women's Health Book Collective, Inc.
PO Box 192,
W. Somerville,
MA 02144, USA

Kapitel 1
Kinder – ja oder nein
von Ruth Davidson Bell

Die Entscheidung, ein Kind zu bekommen, verändert unser Leben wie keine andere: Sie ist nie mehr rückgängig zu machen. Dennoch ist es noch gar nicht so lange her, daß wir sie bewußt treffen können. Die meisten Frauen wuchsen mit der Vorstellung auf, daß sie später einmal heiraten und Kinder haben würden. Es gab nichts Natürlicheres. Kinder gehörten zum Leben einer Frau:

«Ich wollte immer Kinder haben. Ich machte mir gar keine Gedanken darüber. Für eine Frau schien es damals, als hätte sie keine andere Wahl. Kinder waren der Sinn meines Lebens, den ich nie hinterfragte.»

Diese Worte stammen von einer Frau, die heute Großmutter ist. Sie gebar drei Kinder, das erste eineinhalb Jahre nach ihrer Heirat. So wie sie dachten damals fast alle Frauen. Ehe und Kinder waren für ihre Generation nicht nur Norm, sondern auch Lebensziel. Sie fährt fort:

«Ich dachte nie, daß Kinder meine Pläne durchkreuzen könnten, denn ich hatte gar keine anderen Pläne. Eine Familie zu haben war für mich das Ziel meiner Träume. An einen Beruf oder gar Karriere dachte ich überhaupt nicht. Erst als mein Jüngster in die Schule kam, begann ich an mich zu denken und an eine zweite Berufslaufbahn.»

Ihr Mann hatte dieselben Vorstellungen von Ehe und Familie, allerdings unter ‹männlichen Vorzeichen›. Auch er entsprach der Norm seiner Zeit und Kultur, aber bei ihm sah es anders aus:

«Ich weiß nicht, ob ich es bewußt oder unbewußt tat, aber ich plante mein Leben nach dem Vorbild meiner Eltern: heiraten und eine Familie gründen. Etwas anderes kam mir nie in den Sinn. Gleichzeitig plante ich jedoch auch meine Karriere. Familie und Beruf stellten keinen Widerspruch dar, ich hatte keine Angst, sie könnten miteinander in Konflikt geraten: Ich würde mich um die finanziellen Probleme der Familie kümmern, und meine Frau würde die Dinge zu Hause erledigen. Ich dachte nie, daß Kinder mein Leben einschränken könnten, im Gegenteil, sie sollten es bereichern.»

Diese Eltern sprechen für Tausende ihrer Generation. Sie hatten Kinder, weil sie welche wollten, aber auch weil sie nie an die Möglichkeit dachten, auch ohne Kinder zu leben. Nur Leute mit irgendeinem Problem oder

ohne Partner hatten keine Kinder. Diesen Menschen galt ihr Mitgefühl, keiner beneidete sie oder wollte ihnen nacheifern.
Dreißig Jahre später begannen die alten Normen und Lebensvorstellungen zu wanken. Verhütungsmittel und auch die Liberalisierung der Gesetzgebung bei Abtreibungen machten es einem Teil der Menschheit möglich, Schwangerschaft und Geburt als bewußte Entscheidung und nicht mehr als unvermeidbares Naturereignis zu sehen. Im Zeitalter des technischen Fortschritts und bei einer stärkeren Unabhängigkeit des einzelnen wurde das Bild der seßhaften Familie mit einem Dutzend Kinder in der öffentlichen Meinung zu etwas, das nicht mehr allein erstrebenswert ist. Viele wollen überhaupt kein Kind, andere wollen zwar welche, aber sie überlegen sich den Zeitpunkt sehr genau.
Wenn wir von Elternschaft als bewußter Entscheidung sprechen, müssen wir uns mit diesen beiden Gesichtspunkten beschäftigen:
Will ich Kinder haben? Wann ist der beste Zeitpunkt dafür? Um diese Fragen zu beantworten, müssen wir uns mit Faktoren auseinandersetzen, die schwer zu definieren und zu messen sind, wie zum Beispiel Selbstbild, Lebensziele, romantische Ideale, Glaubensmomente, persönliche Bedürfnisse und Hoffnungen. Dazu kommen noch die Vorstellungen unserer Eltern und ihre Wünsche für uns, die gesellschaftlichen Erwartungen, die Ideen unserer Freunde und unsere versteckten persönlichen Pläne. Im folgenden Kapitel nehmen Frauen und Männer zu diesen schwerwiegenden Fragen Stellung. Einige von ihnen haben Kinder, andere nicht.

Will ich überhaupt ein Kind?
Was vorher bedacht werden muß

Es bedarf nur eines einfachen «Ja» oder «Nein», um diese Frage zu beantworten, und viele können das auch so klar sagen. Aber wie viele können eigentlich nur «Vielleicht» sagen? Bis dieses «Vielleicht» zu einem klaren Nein oder Ja geworden ist, brauchen manche Monate und Jahre. Immer wieder fragen sie sich, was es für sie bedeuten würde, ein Kind zu bekommen.
Die meisten unserer Gedanken basieren auf Erzählungen und Erinnerungen, nicht aber auf eigenen Erfahrungen mit Babies und kleinen Kindern. Wir denken an unsere eigene Kindheit zurück und erinnern uns an bestimmte Einzelheiten. Wir tragen Bilder, Stimmungen und Geräusche von früher in uns. Wenn es traurige Bilder sind, haben wir Angst, selber Kinder zu bekommen; wir wollen diese Zeit nicht noch einmal wachrufen. «Ich will keine Kinder haben. Warum sollte jemand dasselbe wie ich durchmachen müssen?»

Positive Erinnerungen wiederum lösen in uns den Wunsch nach eigenen Kindern aus:
«Ich komme aus einer großen Familie, in der wir Kinder alles waren. Ich weiß zwar nicht, wie meine Eltern es ausgehalten haben, aber für uns Kinder war das Leben schön. Ich möchte gern Kinder haben und würde gern noch einmal diese Zeit erleben.»
«Viele sagen, sie wollen in einer derartig gräßlichen Zeit keine Kinder haben. Sie jammern ständig von der großen Verantwortung, den Kriegen und Hungersnöten und all dem Furchtbaren. Aber ich will Kinder haben; weil ich mit meiner Mutter eine gute Beziehung habe, weil auch sie mit ihrer Mutter eine tiefe Bindung hatte – das möchte ich auch mit meinen Kindern erleben. Ich bin davon überzeugt – auch wenn es vielleicht anmaßend klingt –, daß ich meinen Kindern etwas mitgeben kann.»
Unsere Einstellung zu Kindern wird auch durch Bücher, Filme und das Fernsehen beeinflußt. In diesen Medien wird die Familie oft auf romantische, idealistische und somit verfälschte Weise dargestellt. Diese Einflüsse sind insofern gefährlich, als sie uns ein falsches Bild von unserer Verantwortung geben.
Es gibt aber auch noch andere Einflüsse. Viele von uns wollen die Erfahrung nicht missen, schwanger zu sein, ein Kind zu gebären, es großzuziehen und ihm beim Großwerden zu helfen. Eine einundzwanzigjährige Frau:
«Ich glaube nicht, daß ich auf diese Erfahrungen in meinem Leben verzichten will – ich möchte einem Kind etwas mitgeben. Ich hätte das Gefühl, etwas Wesentliches zu versäumen, wenn ich kein Kind hätte. Schwangerschaft und Geburt interessieren mich brennend. Ich möchte soviel wie möglich darüber wissen und diese Erfahrung unbedingt selber machen.»
Ein Mann um die Dreißig:
«Ich finde, Kinder erweitern unseren Horizont. Ich möchte unbedingt selber Kinder haben, weil ich sonst das Gefühl hätte, etwas Wichtiges, einen ganzen Lebensbereich zu versäumen. Da ist eine grundlegende menschliche Erfahrung, die wir in unserer Kindheit gemacht haben und nun als Erwachsene noch einmal erleben.»
Und eine Mutter von zwei Kindern:
«In einen vollen, schönen Garten gehören Kinder. Ich kann mir ein Leben ohne meine Kinder nicht vorstellen.»
Zu diesen Gefühlen kommt noch ein anderes hinzu: der Wunsch, etwas in der Welt zurückzulassen, das nach unserem Tod weiterlebt – einen Abdruck auf dieser Erde zu hinterlassen. Für einige sind Kinder eine Möglichkeit, einen Beitrag für unsere Gesellschaft zu leisten und irgendwie unsterblich zu sein. Eine alte Volksweisheit sagt: «Ein Mann hat sein Le-

ben nicht wirklich gelebt, wenn er nicht ein Haus gebaut, ein Buch geschrieben und einen Sohn gezeugt hat.» So konservativ und sexistisch dieser Spruch auch lauten mag, er drückt Gefühle aus, die in vielen Frauen und Männern schlummern.
Andere sind der Ansicht, daß wir nicht nur durch unsere Kinder unsterblich sein können. Besonders da es keine Garantie dafür gibt, daß sie so werden, wie wir es uns wünschen. Es gibt bessere und direktere Wege, einen Abdruck auf dieser Erde zu hinterlassen und die Gesellschaft zu beeinflussen:
«Ich möchte meine Energien nicht verwenden, zwanzig Jahre lang Kinder großzuziehen. Ich möchte meine Kraft in die Organisationen stecken, denen ich angehöre. Ich will die Gesellschaft verändern, und durch mein Leben soll wenigstens etwas ein bißchen anders geworden sein.»
Beiden Ansichten liegt dasselbe Bedürfnis zugrunde: etwas in der Gesellschaft zu bewirken. Aber die Mittel sind andere. Im einen Fall wollen wir auch durch unsere Kinder wirken, im anderen nur durch uns selbst. Es spricht vieles gegen die erste Version. Denn wenn wir auf die Kinder zählen, werden wir eher enttäuscht werden. Indem wir Anforderungen an sie stellen, pressen wir sie in ein bestimmtes Raster und üben Druck auf sie aus, *unsere* Vorstellungen und Wünsche zu erfüllen. Das ganze Gefüge baut auf Sand. Wahrscheinlich werden sie sich nicht wunschgemäß entwickeln. Dennoch glauben viele, daß sie durch ein Kind, egal wie es sich entwickelt, an der Zukunft mitbauen. Eine fünfzigjährige Frau:
«Wenn du von der Welt enttäuscht bist und alle Hoffnungen aufgibst, gibst du dich selber auf. Solange du jedoch Kinder in die Welt setzt, bleibt die Hoffnung, die dieses neue Kind, dieser neue Mensch verkörpert. Es ist ein kleiner Schritt in die Zukunft.»
Die Entscheidung, ein Kind zu bekommen, ist offensichtlich nicht nur rational. Auch Mystik und Emotionalität spielen eine Rolle, die wir nicht hinwegreden können, auch wenn wir oft alles in unserem Leben planen und durchdenken möchten. Jeder von uns kennt diese irrationalen Kräfte, der eine mehr, der andere weniger: so etwas wie der Wunsch nach Unsterblichkeit, ein Gefühl, daß mit jedem Kind eine neue Hoffnung in dieser Welt entsteht, und das Empfinden, daß wir zu der Ahnenreihe des Menschen beitragen wollen. Diese drei Gefühle sind zwar nicht gerade logisch, aber können sehr wohl der Grund dafür sein, daß wir uns ein Kind wünschen.
Vielleicht sollten wir diese Gefühle instinkthaft nennen. Allerdings müssen wir gerade mit dem Begriff der instinkthaften Eltern- oder Mutterschaft vorsichtig umgehen. Denn die rosigen Beschreibungen der Familie in Werbung, Fernsehen und Zeitschriften mißbrauchen diesen Instinkt für Propagandazwecke: Wir alle kennen die verklärt lächelnde Mutter

Anonymous

mit dem Baby an der Brust. Dieses Bild löst in uns Gefühle und Sehnsüchte aus, ohne uns über die volle Verantwortung, die Schwierigkeiten und Nöte von Elternschaft aufzuklären, im Gegenteil, diese werden dadurch verschleiert. Ein Mitarbeiter der Forschungsgruppe «Bevölkerungs-Nullwachstum» warnt:
«Ich weiß nicht, ob wir von einem Instinkt reden können. Ich weiß nur, daß wir von der Geburt an immer nur hören: ‹Wenn du einmal selber Kinder hast›, aber niemals heißt es: ‹Falls du einmal selber ein Kind haben solltest.› Alle reden vom Kinderkriegen so selbstverständlich wie vom Essen und Schlafen, bis wir letztlich alle meinen: ‹Ach ja, natürlich!›»

Dieser «Instinkt» wird besonders den Mädchen von frühester Kindheit an eingeredet. Alle Spiele, Geschichten und Zukunftsmalereien für Mädchen gipfeln in Ehe, Familie, Kindern. Das folgende Zitat stammt von einer jungen Frau, die ihr erstes Kind noch vor dem zwanzigsten Lebensjahr und ihr zweites sehr bald danach bekam. Aus ihr sprechen zahllose andere Frauen, die sich nur eine eindimensionale Zukunft vorstellen können:
«Von frühester Kindheit an hören wir nichts anderes. Wenn du dann eine junge Frau bist, ja dann willst du selber nichts anderes mehr als einen Mann und Kinder. Wie sollen wir uns dem entziehen? Als ich von der Schule abging, wollten meine Eltern, daß ich studiere, nicht unbe-

dingt, um etwas aus mir zu machen ... nein, sondern daß ich an der Universität die ‹richtigen› Leute kennenlerne, den ‹richtigen› Mann heirate, am besten einen Arzt oder Rechtsanwalt. Unsere ganze Erziehung zielt darauf ab, aus uns junge Ehefrauen und Mütter zu machen.

Ob es nun durch die Erziehung bedingt war oder nicht, ich verspürte tatsächlich so etwas wie ein biologisches Drängen nach einem Kind. Und zwar in ganz jungen Jahren und dann noch einmal, so um die Vierzig herum. Ich kenne das nicht nur aus persönlicher Erfahrung, sondern von vielen anderen Frauen meiner Generation. Ich weiß, daß es eine hundertprozentig soziologische Erklärung für dieses Gefühl gibt: ‹Also wenn ich jetzt kein Kind bekomme, verpasse ich meine letzte Chance.› Dennoch wird es als eine Sehnsucht – fast wie etwas Physisches wahrgenommen. Ähnlich ergeht es uns, wenn wir ein Baby auf den Arm nehmen. Fast jede Frau wünscht sich in solchen Augenblicken selber ein Kind.»

Bin ich für ein Kind bereit?
Einige praktische Überlegungen

Ob es in Mythen oder Erinnerungen begründet ist, ob es romantische Vorstellungen sind oder ob es ein Instinkt ist, wir sollten auf jeden Fall vorher alle Für und Wider bedenken und uns ein realistisches Bild von der ganzen Sache machen. Kinder brauchen viel Zeit, und vor allem Energie. Wir sollten uns vor allem der unendlich großen Verantwortung bewußt sein, die uns keiner abnimmt. Eine dreißigjährige Frau, die seit sechs Jahren verheiratet ist:

«Für mich wäre ein Kind die größte Verantwortung, die ich je in meinem Leben übernehmen könnte. Und es würde mich wie keine andere Aufgabe in Anspruch nehmen. Wenn es einmal da ist, können weder ich noch das Kind die Entscheidung rückgängig machen, wenn sich das Ganze als Irrtum erweist. Ich glaube nicht, daß ich dafür bereit bin.»

Eine der wesentlichsten Überlegungen gilt dem Beruf. Besonders für uns Frauen ist dies heute eine heikle Frage. Die Gesellschaft akzeptiert zwar – und die Wirtschaft ist letztlich davon abhängig –, daß einige Frauen aus ökonomischen Gründen arbeiten müssen, aber sie akzeptiert nicht, daß einige Frauen, auch ohne diese Zwänge, arbeiten *wollen* – besonders wenn sie ein kleines Kind haben. Die Familie und in ihr die Frau sind auch in unseren modernen Gesellschaften immer noch die wesentliche Erziehungsinstanz für die ersten Jahre des Kindes. Insofern ist unsere Gesellschaft selbst widersprüchlich und vermittelt uns entgegengesetzte Bot-

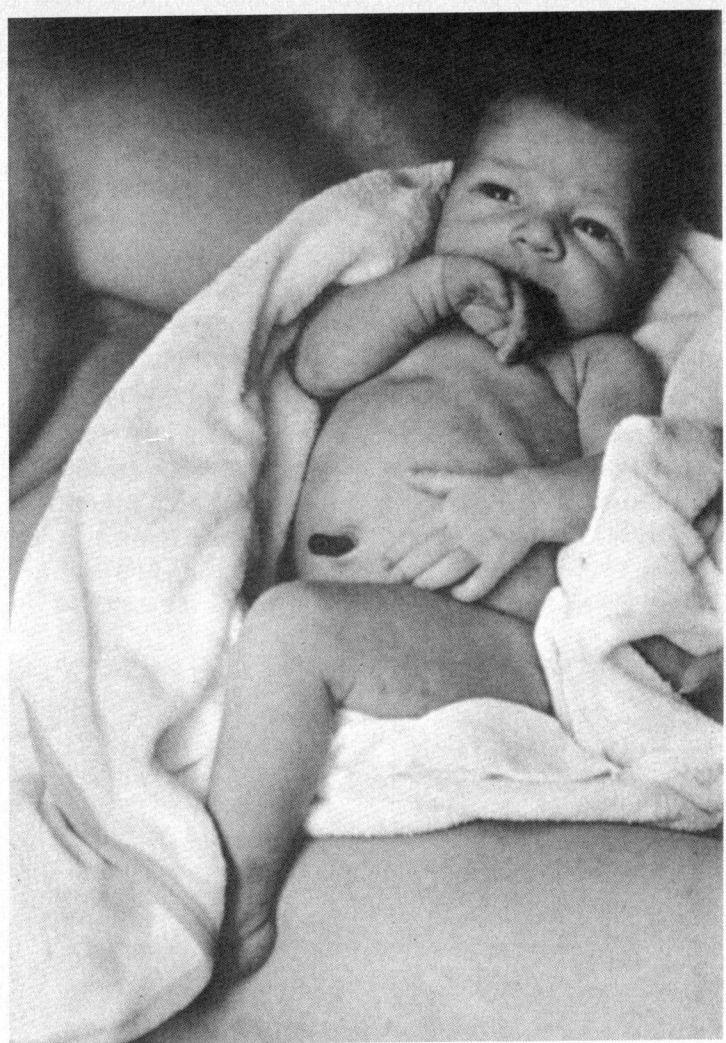

Phyllis Ewen

schaften: Einerseits würde die Wirtschaft ohne den großen Anteil berufstätiger Frauen nicht funktionieren, andererseits fehlt es an Mitteln und Möglichkeiten, Säuglinge und kleine Kinder auch außerhalb der Familie entwicklungsgerecht zu betreuen. Erschwert wird dieses Dilemma noch durch unsere eigenen, tiefsten Sehnsüchte und Wünsche, Kindheitserinnerungen und Lebensziele. Wie dem auch sei, es ist in jedem Fall nicht einfach und wird von der Umwelt kritisiert, wenn eine Frau sowohl ihren Beruf als auch ein Kind will.

Eine junge Frau beschreibt ihre Gefühle so:

«Ich komme mir zerrissen vor zwischen diesen widersprüchlichen Botschaften meiner Eltern: Sie wollten, daß ich heirate, aber sie wollten auch, daß ich im Beruf erfolgreich bin. Hinzu kommt noch, daß die Arbeit einer Mutter nicht gesellschaftlich anerkannt wird – sie wird nicht einmal als Arbeit angesehen, auf keinen Fall als wichtige Arbeit. Ich glaube, viele Frauen schrecken vor der Verantwortung zurück, fast zwanzig Jahre für einen anderen Menschen voll verantwortlich und da zu sein.»

Eine andere Frau Mitte Zwanzig, die seit mehreren Jahren verheiratet ist und sich eigentlich immer Kinder gewünscht hatte, änderte plötzlich ihre Einstellung:

«Ich bin eigentlich überrascht, daß ich heute anders denke. Aber jetzt wäre es für mich fast undenkbar, ein Kind zu bekommen. Ich müßte mein Leben total ändern. Joel und ich müßten beruflich getrennte Wege gehen. Wir könnten nicht mehr gemeinsam reisen, das Kind wäre uns überall im Weg. Ich habe für die nächsten Jahre einen genauen Plan, den ich mit einem Kind nicht durchziehen könnte.»

Die tägliche Sorge für ein Kind fiel bisher fast ausschließlich den Müttern zu, und sie waren es auch, die den Versuch, Beruf und Familie zu verbinden, durchstehen mußten. Die Väter waren gerade in diesem Konflikt keine Stütze. In letzter Zeit machen allerdings auch einige Männer deutlich, daß sie an der Fürsorge für die Kinder teilnehmen wollen. Einige haben bereits durch diese neuen Aufgaben berufliche Schwierigkeiten. Sie sind anderen Männern gegenüber im Nachteil und müssen Karrierewünsche aufschieben, wollen sie sich nicht zwischen beiden Bereichen aufreiben.

Männer und Frauen haben die Möglichkeit, sich bewußt gegen ein Kind zu entscheiden. Nicht immer finden wir den/die geeignete/n Partner/in, mit dem/der wir ein Kind haben wollen. Die meisten Frauen haben im Gespräch mit uns bekannt, daß sie in erster Linie eine gute, verläßliche Beziehung haben wollen, bevor sie an ein Kind denken. Eine Frau mittleren Alters:

«Ich habe mir immer eine Familie gewünscht, aber ich hätte nie gehei-

ratet, nur um ein Kind zu bekommen. Ich habe nie einen Mann kennengelernt, der ein guter Freund und Liebhaber war und der gleichzeitig Kinder gern hatte. Jetzt bin ich fünfzig und habe keine eigenen Kinder. Manchmal macht mich das traurig, aber da ich beruflich sehr zufrieden bin und mit Kindern zu tun habe – ich bin Lehrerin –, habe ich dennoch das Gefühl, ein erfülltes Leben zu leben.»
Eine Frau Mitte Zwanzig:
«Ich habe eindeutige Prioritäten und bin froh, daß ich über meine Zukunftswünsche nicht im Zweifel bin. Ich habe zwar einen sehr guten Freund, den ich wirklich liebe, aber ich weiß, daß ich Kinder will. Und wenn er es nicht will, werde ich trotz meiner Liebe zu ihm die Beziehung auflösen. Ich möchte Kinder, aber ich bin nicht bereit, die Verantwortung allein zu tragen. Ich brauche Raum für mich, für meine Arbeit, für meine Interessen, ich will Musik hören, manchmal allein sein, manchmal mit Freunden zusammen sein – und wenn der Partner nicht bereit ist, bei der Kindererziehung mitzuhelfen, müßte ich all das aufgeben. Das will ich nicht. Außerdem finde ich es nicht gut, wenn ein Kind nur auf einen Erwachsenen fixiert ist. Es soll außer mir noch jemanden haben, der ihm wichtig ist. Das ist für mich und das Kind vorteilhaft.»
Es kommt nicht selten vor, daß der eine Partner ein Kind will und der andere nicht oder daß der eine es jetzt will, während der andere noch Zeit braucht. Diese Unterschiede können zu schweren Auseinandersetzungen führen, aber dennoch scheint es nicht ratsam, gerade in diesen wichtigen Fragen die Vorstellungen des anderen zu übergehen:
«Als ich fünfundzwanzig wurde und mir noch immer nicht im klaren darüber war, ob ich mich nun ganz auf den Beruf konzentrieren sollte, entschloß ich mich, ein Kind zu bekommen. Wir wollten immer ein Kind. Versteckte Bemerkungen meiner Mutter und Schwiegermutter bestärkten mich in meinem Entschluß. Peter wollte nicht so recht. Er hätte noch gern gewartet. Aber wir haben irgendwie nie richtig über dieses Problem diskutiert. Er hat wohl angenommen, daß es hauptsächlich meine Entscheidung ist, da ich ja als Frau den Großteil der Verantwortung tragen würde. Ich stürzte mich kopfüber in dieses neue Abenteuer. Aber seit ich das Kind habe, weiß ich, daß ich einen Fehler gemacht habe. Ich hätte die Einstellung meines Mannes ernst nehmen sollen, das Ganze als gemeinsame Sache betrachten müssen. Wahrscheinlich liegt es an diesem Mangel an Gemeinsamkeit, daß unsere Beziehung zerbrechen wird.»
Ein Kind sollte die Aufgabe beider Elternteile sein. Außer, einer der Partner will ausdrücklich alles allein machen, so wie die folgende Frau, die sich fest entschlossen hat, ihr Kind allein großzuziehen:
«Es kommt mir komisch vor, daß ich mit neununddreißig Jahren noch

immer kein Kind habe und niemals für einen anderen Menschen voll verantwortlich war. Ich bin davon überzeugt, daß es jeden Menschen, egal wie alt er ist, stärker und reifer macht, wenn er für ein Kind zu sorgen hat. Ich möchte diese starke Verbundenheit mit einem anderen, einem Kind, denn ich glaube nicht, daß diese Bindung in einer Ehe möglich ist. Ich will nicht heiraten, und Ronnie will auch nicht. Aber deshalb will ich nicht auf ein Kind verzichten müssen.»

Aber es gibt auch stichhaltige Argumente dagegen, ein Kind allein großzuziehen:

«Ich bin lesbisch und lebe zur Zeit mit einer Frau zusammen. Aber es kann sein, daß ich später einmal doch eine Beziehung zu einem Mann haben werde. Das kann ich heute noch nicht sagen. Es könnte also sein, daß ich einmal ein Kind bekommen werde. Einige Frauen aus meinem Bekanntenkreis haben die Möglichkeit künstlicher Befruchtung nicht ausgeschlossen und sich ausführlich damit beschäftigt. Ich könnte sehr gut Mutter sein, aber ich versuche, realistisch zu sein in dem, was das bedeutet, für mich und für das Kind.»

Aber gerade in letzter Zeit entschließen sich immer mehr Frauen ganz bewußt zu diesem Schritt. Und es gibt auch viele, die immer noch ungewollt schwanger werden und keine Abtreibung wollen. Junge Mädchen, die unerwartet schwanger werden, haben oft Angst vor einer Abtreibung oder wissen nicht, an wen sie sich wenden können. Vielfach sehen sie auch in der Schwangerschaft eine Möglichkeit, von zu Hause wegzukommen und unabhängig zu werden. Unter Umständen stellen sie sich vor, daß die kleine Summe an Sozialhilfe zur Unterstützung lediger Mütter genügt, sich und das Kind durchzubringen. Leider stellen die meisten zu spät fest, daß dieser Betrag nicht genügt und daß ein Kind für einen einzelnen sehr, sehr viel Arbeit und Anstrengung bedeutet. Vielleicht lassen sie sich auch von der romantischen Vorstellung verführen, daß ein Kind das größte Glück und die einzige Erfüllung für eine Frau sei – wie es uns von den Medien nur zu gern vorgegaukelt wird –, aber dieses idealisierte Bild verblaßt nur zu schnell. Wenn wir dann mit dem Kind allein dastehen, wird uns das Ausmaß der Verantwortung und der Einschränkung unserer Lebensmöglichkeiten bewußt. Bevor du dich also dazu entschließt, allein ein Kind zu haben, solltest du unbedingt mit anderen Frauen sprechen, die diese Erfahrung bereits gemacht haben.

Ein dritter Punkt, den wir unbedingt vorher besprechen sollten, ist die Bedeutung eines Kindes für unsere Beziehung zum Partner:

«Momentan sind wir nur füreinander da. Wenn wir jetzt ein Kind bekämen, würde das schlagartig anders werden. Wir hätten nicht mehr so viel Zeit füreinander. Unsere Beziehung würde sich verändern – ich weiß nicht, ob ich das jetzt schon will.»

Eine Frau erzählte uns, wie sehr sie durch die Erfahrungen ihrer Freundin beeinflußt wurde:
«Als wir ein Jahr verheiratet waren, bekamen unsere besten Freunde ein Kind. Plötzlich hatten sie keine Zeit mehr für sich, und irgendwann fing Tommie an, ohne Jeannine auszugehen. Sie war eifersüchtig auf seine Freiheit, sie saß den ganzen Tag mit dem Kind zu Hause. Sie beneidete ihn, weil er nach wie vor in der Welt aktiv war, Kollegen und Freunde traf, seine Arbeit hatte ... sie dagegen hatte das Gefühl, unwichtig zu sein. Brian und ich sahen uns das Ganze an, und eines Tages sagten wir uns: ‹Halt! Vielleicht sollten wir mit einem Kind doch noch etwas warten.›»

Junge Ehepaare sehen, daß die Scheidungsrate ständig steigt. Sie stellen fest, daß Kinder das Eheleben belasten und Arbeit und Verantwortung bedeuten. Untersuchungen weisen nach, daß kinder-freie Ehepaare mit ihrem Leben im allgemeinen recht zufrieden sind und daß Ehepaare, deren Kinder bereits wieder aus dem Haus sind, zu gegenseitigem Verständnis, Freundschaft und Zufriedenheit gefunden haben, wie sie es vor den Kindern nicht gekannt hatten. Andererseits betonen Paare mit kleinen Kindern, daß es sowohl «Kosten als auch Erträge» gibt, daß aber in den ersten Jahren die Kosten erheblich zu sein scheinen.

Die folgenden Bedenken einer jungen Frau sind nicht unter den Teppich zu fegen:
«Viele Ehepaare trennen sich nach der Geburt des ersten oder zweiten Kindes. Es sieht so aus, als wäre die Verlagerung der Aufmerksamkeit zuviel für sie. Vielleicht war der Mann zu sehr von den mütterlichen Gefühlen seiner Frau abhängig und findet sich nun nicht damit ab, diese mit einem Kind zu teilen. Vielleicht war beiden die Arbeit mit dem Kind zuviel. Ich weiß nicht, wo die Gründe liegen, aber ich habe Angst, und deshalb verschiebe ich die Entscheidung, ein Kind zu bekommen, bis ich mich sicher fühle, daß Eric und ich nicht durch das Kind unsere Beziehung aufs Spiel setzen.»

Noch etwas beeinflußt unsere Entscheidung, ein Kind zu bekommen: die notwendige Veränderung unserer Lebensweise. Viele Paare, und zwar nicht nur, wenn beide Partner berufstätig sind, sind mit ihrer finanziellen Situation zufrieden, fühlen sich frei und flexibel und genießen die Möglichkeit, spontan etwas zu unternehmen, auch wenn sie gar nicht soviel Gebrauch davon machen. Sie wissen genau, daß ein Kind nicht nur das Familienbudget belastet, sondern daß in den meisten Fällen ein Monatsgehalt wegfallen wird. Meist ist es die Mutter, die für die ersten zwei oder drei Jahre ihren Beruf aufgeben muß, um sich dem Kind zu widmen. Also mehr Ausgaben und weniger Einkommen.

Und noch etwas sollten wir bedenken: den Kreis, in dem wir leben. Können wir in der Familie mit Unterstützung rechnen? Wie ist es mit Babysittern, Kinderärzten, Spielgefährten für das Kind? Haben wir Freunde, die uns das Kind abnehmen, wenn wir einmal ausspannen und kurze Zeit ohne Kind atmen wollen? Wir sollten auf jeden Fall davon ausgehen, daß wir nicht allein mit dieser Aufgabe fertig werden können. *Eltern brauchen Hilfe*, wir werden deshalb in diesem Buch immer wieder davon sprechen.

«Ich möchte auf keinen Fall ein Kind haben, solange ich nicht genau weiß, wer dann bei mir ist. Mein Mann und ich brauchen sehr viel Zeit füreinander. Wenn ein Kind da wäre, müßte unsere gesamte Energie in die Liebe zu ihm fließen. Ohne die Hilfe anderer kämen wir in unserem Bedürfnis nach Liebe zu kurz.»

Das Alter spielt notwendig eine weitere Rolle bei unserer Entscheidung. Vor nicht allzu langer Zeit galt eine fünfunddreißigjährige Frau als zu alt, um ihr erstes Kind zu bekommen. Diese Einstellung hat sich zwar in den letzten Jahren gewandelt, aber dennoch gibt es für eine Frau eine Altersgrenze. Was jahrelang ein «Später» sein konnte, wird plötzlich zu einem «Jetzt-oder-Nie».

Eine neuere amerikanische Untersuchung* weist nach, daß die meisten Ängste vor einer späten Schwangerschaft auf Mythen beruhen. Wenn wir immer auf gute Ernährung und unsere Gesundheit geachtet haben, können wir auch mit fünfunddreißig gefahrlos schwanger werden. Wichtig ist allerdings, daß wir die Vorsorgeuntersuchungen rechtzeitig und regelmäßig machen und daß wir die Schwangerschaft ernst nehmen, dann haben wir selbst mit vierzig noch gute Chancen, ein normales, gesundes Baby in die Welt zu setzen.

Je länger wir uns Zeit lassen, um «unseren» Zeitpunkt zu wählen, um so mehr gewöhnen wir uns an ein kinderfreies Leben:

«Wir sind beide Mitte Dreißig. Ich fange endlich an, als Musiker Erfolg zu haben, und Susan hat sich als Schriftstellerin einen Namen gemacht. Wir haben nicht die Zeit und Energie, uns um ein Kind zu kümmern. Obwohl wir jetzt beide emotional und psychisch dafür bereit wären – was wir vorher nicht waren –, wollen wir doch beide unser Leben nicht ändern. Manchmal wünsche ich mir, wir hätten vor Jahren ein Kind bekommen, dann wäre es mit uns und unserem Leben mitgewachsen. Aber bei unserem beruflichen Ehrgeiz hätte es wahrscheinlich zu einer Katastrophe geführt.»

Paare, die sich sehr lange Zeit lassen und immer wieder alle Vor- und Nachteile bedenken, wechseln manchmal von einer Stimmung in die andere. Einmal sagen sie ja und sind fest entschlossen, sofort ein Kind zu bekommen, dann überwiegen wieder ihre Bedenken, und sie schie-

---

* Carole Spearin McCanley: «Pregnancy After 35», New York 1976, E. P. Dutton

ben die Entscheidung auf. Immer mehr Menschen nehmen die Sache sehr ernst und machen sich diesen einschneidenden Entschluß für oder gegen ein Kind nicht leicht; eine Mutter von fünf ungeplanten Kindern gesteht uns:

«Ich glaube, das wichtigste ist, daß die Kinder gewünscht sind, daß sie nicht aus heiterem Himmel kommen, wie es bei mir der Fall war. Denn dann schleichen sich Schuldgefühle und Aggressionen ein, weil es keine echte, bewußte, freie Entscheidung war. Aber heute, seit es Schwangerschaftsverhütung und -abbruch gibt, sollte es kein Problem sein. Ich hätte gern noch etwas gewartet, aber zu meiner Zeit und in meinen Kreisen war es unmöglich für eine Frau, so einen Gedanken laut auszusprechen. Ich hätte gern zwei oder drei Jahre einen Beruf gehabt. Aber es lag nicht in meiner Macht. Ich glaube, es ist sehr wichtig, über das eigene Leben eine gewisse Kontrolle zu haben.»

«Nein, wir wollen kein Kind»

Eine kleine Gruppe, die allerdings zusehends größer wird, entschließt sich bewußt und aus ganz konkreten und positiven Gründen gegen Kinder. Da unsere Gesellschaft mit Propaganda für Schwangerschaft, Geburt, Elternschaft und Familie überladen ist, haben diese Menschen gegen handfeste gesellschaftliche Unterdrückung und Vorurteile zu kämpfen. Den meisten fällt der Entschluß wahrscheinlich nicht leicht, aber ihre Argumente klingen stichhaltig:

«Unsere Erde ist überbevölkert. Es gibt keinen Grund, ein Kind zu bekommen, wenn du nicht hundertprozentig sicher bist, daß es dir Freude macht, dieses Kind mit aller Liebe großzuziehen. Nicht weil du dir wer weiß was von deinem Kind erwartest – es wird auf jeden Fall die Dinge machen, die du selber nicht machen konntest; es wird dich lieben, weil es muß. Nein, das kann nicht der Grund sein. Der einzige Grund kann, wie gesagt, nur die eigene Freude an der Beschäftigung mit einem Kind sein.»

Die Gründe, die gegen ein Kind sprechen, sind so vielfältig und persönlich wie die Gründe, die dafür sprechen. Manche Menschen wollen wegen der Gefahr von Erbkrankheiten keine Kinder haben. (Wenn du genau Bescheid wissen willst, erkundige dich bei deinem Arzt oder in der nächsten Familienberatungsstelle. Es gibt heute durch erbgenetische Untersuchungen die Möglichkeit, Erbkrankheiten oder Chromosomenmißbildungen und -krankheiten festzustellen.) Andere sind beunruhigt, wenn sie Rhesus-negatives Blut haben, der Partner aber -positives. Diese Fragen sind mehr oder weniger gewichtig und müssen mit einem oder mehreren Ärzten – es ist immer gut, wenn du das Urteil mehrerer einholst – geklärt werden, bevor du dich für ein Kind entscheidest.

Es gibt auch Leute, die einfach keine Kinder großziehen wollen, so wie diese achtundzwanzigjährige Frau:

«Wenn ich jemanden sehe, der ein Kind hinter sich herzieht, das schreit und brüllt, und ich bin gerade mit einem Mann unterwegs, der zu mir sagt: ‹Du bist keine wirkliche Frau, wenn du nicht ein Kind von mir haben willst›, dann kann ich nur antworten: ‹Warum gehst du nicht zu dem Kind hin und hörst dir die Schreierei fünf Minuten an?› Es ist eine nackte Tatsache, daß Kinder einen unheimlichen Lärm machen; und eine unheimliche Unordnung. Und das nicht nur kurze Zeit. Nein, jahrelang. Und dann die Schwangerschaft! Ein einziger Schrecken! Ich kann nicht verstehen, warum sich jemand das alles antun will. Nicht, daß ich Kinder nicht liebe. Aber ich will nicht vierundzwanzig Stunden am Tag mit ihnen zusammen sein. Wenn wir Einrichtungen hätten, die einem die Kinder jederzeit abnehmen würden, dann wäre es vielleicht nicht so aufreibend. Aber die Hauptverantwortung liegt doch bei den Eltern. Und wie es derzeit aussieht, trägt immer noch die Frau die Hauptlast dieser Verantwortung. Ihre ganze Zeit, ihr ganzes Geld, ihre ganze Kraft und alle ihre Emotionen gehen in die Kinder. Ich bin einfach nicht bereit, das auf mich zu nehmen.»

Ein Junggeselle um die Dreißig:

«Ich brauche diese Erfahrung nicht. Ich kann mit Kindern nichts anfangen. Ich komme nur mit Erwachsenen zurecht. Außerdem lege ich großen Wert auf meine Freiheit. Ich muß mir meine Zeit selber einteilen können. Wenn Kinder gut erzogen und gescheit sind, kann ich mit ihnen kurze Zeit zusammen sein. Aber das hat nichts mit Elternschaft zu tun. Als Vater müßte ich mich ständig mit meinem Kind beschäftigen. Und wer weiß, wie es sich entwickeln würde. Ein Kind bedeutet finanzielle und psychische Abhängigkeit für mindestens achtzehn Jahre. Ich möchte mein Leben nicht auf diese Weise verbringen.»

Eine Frau in mittleren Jahren:

«Ich finde es schrecklich, daß junge Frauen heute glauben, ohne Kinder kein erfülltes Leben leben zu können. Ich bin sechsundfünfzig, hatte nie Kinder und führe dennoch ein vollkommen erfülltes Leben. Unser Leben kann auch durch Arbeit, Freunde, die Kinder anderer und viele andere Dinge reich sein. Ich glaube nicht, daß Kinder für jede Frau eine Erfüllung sind.»

Der Entschluß, kein Kind zu haben, ist keine leichte Sache und findet kaum gesellschaftliche Unterstützung. Seit jedoch immer mehr Frauen und Männer offen über diese Entscheidung sprechen, fällt er zunehmend leichter. Eines der Hauptprobleme, die bisher noch nicht befriedigend

gelöst werden konnten, ist der Umstand, daß es zwar viele Möglichkeiten der Geburtenkontrolle gibt, daß aber keine davon wirklich ideal ist. Die Pille und die Spirale gefährden die Gesundheit ernsthaft. Das Diaphragma ist eine umständliche und lästige Angelegenheit. Schaum und Kondome müssen vorher eingeplant werden. Viele Frauen und Männer sind mit den verfügbaren Verhütungsmitteln unzufrieden und haben weiterhin mit der Angst vor einer ungewollten Schwangerschaft zu kämpfen. Als Folge davon entscheiden sich einige, die von ihrem Entschluß, keine Kinder zu bekommen, überzeugt sind, für eine Sterilisation. (Zum Thema Sterilisation siehe «Unser Körper, unser Leben», Band 1, rororo Sachbuch 7271, Kapitel 9, «Verhütung».)
Eine alleinstehende Frau, die sich Mitte Zwanzig sterilisieren ließ, begründet ihren Entschluß so:

«Ich habe immer gewußt, daß ich kein Kind will. Mit vierundzwanzig ließ ich mich sterilisieren. Ich hatte neun Jahre die Pille geschluckt. Ich wollte sie nicht noch weitere zwanzig Jahre schlucken. Und die übrigen Verhütungsmittel finde ich ebenso gefährlich, unbequem und schlecht. Außer wenn du ganz sicher ein Kind willst – was für mich nicht zutrifft –, finde ich es unmenschlich, seinen Körper ständig den Gefahren chemischer Substanzen oder Schmerzen auszusetzen.»

Aber auch eine Sterilisation ist kein gefahrloser Eingriff in unseren Körper, und wenige können sich dafür begeistern. Vielen bleibt oft nur die Möglichkeit einer Abtreibung. Der Schwangerschaftsabbruch wurde vor einigen Jahren legalisiert, aber bei weitem nicht jede Frau kann sich dafür entscheiden. Oft sind es religiöse oder andere persönliche Überlegungen oder ein Mangel an Information, die diesen Schritt unmöglich machen. Wir müssen noch einmal sagen: Der Entschluß, ein Kind zu bekommen oder nicht, ist einer der einschneidendsten im Leben eines Menschen, besonders der Frauen. Denn in allen Abschnitten: Schwangerschaft, Geburt, Stillzeit, Abtreibung und Verhütung geht es um den Körper der Frau und nicht des Mannes! Wie auch immer die philosophischen oder psychologischen Argumente für oder gegen die Abtreibung lauten mögen, ein ungewolltes Kind in die Welt zu setzen ist für alle Beteiligten: das Kind, die Eltern – besonders aber die Mutter – und die Gesellschaft eine Tragödie.
Es gibt Frauen, die ungewollt schwanger werden, das Kind selber nicht wollen, es aber dennoch austragen, um es nach der Geburt zur Adoption freizugeben. Eine Frau beschreibt diesen traumatischen Entschluß so:

«Ich lebte mit einem Mann zusammen und wurde schwanger. Ich war noch nicht einmal zwanzig und hatte furchtbare Angst. Ich hatte niemanden, zu dem ich gehen konnte. Es war lange, bevor die Abtreibung gesetzlich erlaubt war. Der Arzt, zu dem ich ging, gab mir eine Hor-

moninjektion, um die Schwangerschaft zu unterbrechen. Aber sie wirkte nicht. Als ich im fünften Monat war, wußte ich, daß ich das Kind zur Welt bringen mußte. Aber ich wußte auch, daß ich es unmöglich selber aufziehen konnte. Deshalb gab ich es sofort nach der Geburt zur Adoption frei. Es war alles vorher arrangiert worden, und ich wußte, daß es zu einer guten Familie kommen würde. Mehr wollte ich nicht wissen. Es war eine Qual. Ich hatte Schuldgefühle und Selbstmitleid. Manchmal, wenn ich mir ein Kind wünsche, denke ich, daß ich vielleicht so die Tochter ersetzen könnte, die ich nicht haben durfte.»
Der Schmerz, ein Kind aufgeben zu müssen, weil die Schwangerschaft ungewollt war und die Umstände uns nicht erlauben, es allein großzuziehen, kann nicht leichtfertig abgetan werden. Noch viele Jahre später denken diese Frauen an ihr Kind und die Bedingungen, unter denen sie es damals zur Welt brachten.

«Ja, wir wollen jetzt ein Kind»

Es gibt Frauen, die aus beruflichen Gründen oder aus anderen persönlichen Überlegungen kein Kind wollen, die jedoch ganz unerwartet ihren Entschluß ändern:
«Letztes Jahr passierte mir etwas Eigenartiges. Ich hatte bis dahin nie ein Kind haben wollen. Ich wollte nicht einmal mit Kindern zusammen sein. Dann las ich einen Artikel über berufstätige Eltern mit Kindern und wie sie durch gegenseitige Hilfe ihre Probleme bewältigten. Danach erlebte ich einen Umschwung. Ich kam mir echt verändert vor. Es kann unmöglich der Artikel allein gewesen sein, aber irgendwie muß er etwas in mir ausgelöst haben. Ich wußte plötzlich, daß ich nicht nur bereit war für ein Kind, sondern daß ich augenblicklich schwanger werden wollte. Steve hatte sich immer ein Kind gewünscht. Na ja, so kam es eben, und in ein paar Monaten werden wir unser erstes Kind bekommen.»
Viele beschreiben den Entschluß für ein Kind als ein Gefühl, das plötzlich über sie kam. Manchmal fühlen wir, daß es an der Zeit ist, unser Leben und Liebe mit einem neuen Familienmitglied zu teilen:
«Ich möchte gern ein Kind haben. Meine Frau will es auch. Es ist das nächste Stadium in unserer Beziehung. Wir haben einfach das Gefühl, daß wir unsere Liebe mit einem neuen Menschen teilen wollen, mit einem Menschen, der ein Teil von uns beiden ist.»
Manchmal erkennt man diese Sehnsucht erst, wenn das Kind bereits unterwegs ist:
«Ich fing plötzlich an, auf der Straße nach Kindern zu schauen und von einem Baby zu träumen. Aber ich war mir meiner Gefühle nicht sicher,

bis ich einen Schwangerschaftstest machte. Die Ärztin war besorgt um mich, sie fürchtete, ich könnte das Kind nicht wollen, weil es ja keine geplante Schwangerschaft war. Aber ich war so aufgeregt, daß ich sofort nach Hause rannte und es allen erzählte. Vorher hätte ich diese Reaktion nicht erwartet, aber die Nachricht löste eine ungeheure Freude in mir aus. Wenn ich hundert Jahre Zeit gehabt hätte, mich für oder gegen ein Kind zu entscheiden – ob ich reif genug wäre? finanziell abgesichert? ob meine Beziehung zu meinem Mann stabil genug wäre? –, wahrscheinlich hätte ich mich nie dazu entschließen können.»
Andere wiederum planen ihr Kind genau:
«Wir hatten vor, Ende des Jahres zu übersiedeln, also dachten wir: ‹Das ist der ideale Zeitpunkt für ein Kind – solange wir noch hier sind, einen guten Arzt kennen und viele gute Freunde haben, die uns helfen werden.›»
«Wir sprachen schon seit einiger Zeit davon, aber mein Mann war mitten in seinem Studienabschluß. Also wollten wir noch etwas warten. Aber dann kam der Tauglichkeitstest – es war mitten im Vietnamkrieg –, und wir hatten fest damit gerechnet, daß Tom untauglich ist. Er war es nicht. Wir versuchten mit allen Mitteln, die Einberufung zu umgehen. Durch Schwangerschaft war es möglich. Zwei Monate nach dem Tauglichkeitstest wurde ich schwanger. Unter anderen Umständen hätten wir wahrscheinlich länger gewartet.»

Schwanger werden

Nicht immer ist die Schwangerschaft geplant, auch wenn wir uns grundsätzlich ein Kind wünschen. Wenn dann der Test positiv ist, freuen wir uns über diesen «Unfall». Aber nicht immer gelingt es, auf Wunsch schwanger zu werden. Manche brauchen Monate, gar Jahre, bis es endlich klappt. Selbst wenn du ein Jahr lang erfolglos bist, heißt das noch nicht, daß du oder dein Partner unfruchtbar ist. Allerdings kann das Warten und Probieren zu Spannungen führen, weil du dich darauf versteifst, unbedingt jetzt schwanger zu werden:
«Ich hatte zwei Fehlgeburten und bekam Angst, nie ein Kind haben zu können ... es wurde zu einer fixen Idee. Ich bildete mir ein, ohne Kind keine wirkliche Frau, unvollständig und ein Versager zu sein.»
Diese Ängste, als Frau zu versagen, reichen tief in unser Unterbewußtsein und haben mit unserem Selbstwertgefühl und unseren Idealen zu tun. Sie können unsere Sexualität zu einem Schlachtfeld werden lassen, auf dem wir unsere Weiblichkeit oder Männlichkeit beweisen wollen, so als wäre ein Kind die Bestätigung für unsere sexuelle Reife. Dadurch kann die Beziehung zum Partner gefährdet und unsere Lust am Sex zerstört werden:

«Wir fingen an, wie verrückt auf das Kind hin zu trainieren. Ständig lief ich mit dem Thermometer herum, um den Eisprung rechtzeitig festzustellen. Manchmal rief ich meinen Mann im Büro an und bat ihn, sofort heimzukommen, weil ich den Zeitpunkt nicht versäumen wollte. Es war furchtbar. Nach einiger Zeit verging mir die Lust am Sex, ich wollte nicht mehr mit meinem Mann schlafen, weil mir diese rein mechanische Übung, schwanger zu werden, auf die Nerven ging.»

Unfruchtbarkeit

Laut Statistik sollen 15 Prozent der Frauen, die ein Jahr lang ohne Erfolg versuchen, ein Kind zu bekommen, unfruchtbar sein – das heißt unfähig zu empfangen und ein Kind lebend zur Welt zu bringen. Das kommt uns vielleicht viel vor, aber fast 50 Prozent dieser Frauen werden letztlich doch schwanger und gebären ein gesundes Kind. Für Personen und Paare, die längerfristig Probleme haben, kann es Jahre der Anspannung und Ungewißheit bedeuten. Gerade in dieser Zeit solltest du Geduld haben, auch wenn das eine fast übermenschliche Anforderung scheint. Wenn du länger als ein Jahr oder achtzehn Monate unfruchtbar bist, solltest du einen Arzt aufsuchen. Es gibt auch Psychotherapeuten und Diskussionsgruppen für Leute mit Fruchtbarkeitsproblemen, die dir psychisch helfen können. Am schwierigsten ist das heimliche Mißtrauen und die Neigung, sich gegenseitig die Schuld zu geben. Sterilität kann das Leben zur Hölle machen. Meist erfahren wir es erst, daß wir oder einer von uns unfruchtbar ist, wenn wir ein Kind bekommen wollen. Es kommt uns wie eine Ironie des Lebens vor, daß wir jahrelang mit allen möglichen Mitteln versucht haben, eine Schwangerschaft zu vermeiden:

«Wir heirateten, weil wir einander liebten und weil wir einmal zusammen Kinder haben wollten. Aber wir hatten beide eine interessante Arbeit und wollten noch ein paar Jahre warten. Also nahmen wir Verhütungsmittel. Heute kommt es uns komisch vor, wenn wir daran denken. Das schlimmste ist, daß ich noch immer nicht genau weiß, warum ich kein Kind bekommen kann. Es gibt keinen bestimmten Grund dafür. Johnny machte einige Tests, die alle positiv verliefen, und auch an mir konnten die Ärzte nichts Eindeutiges feststellen. Sie sprechen von «normaler Unfruchtbarkeit» – aber ich finde das nicht normal. Ich könnte verrückt werden! Ich schwanke ständig zwischen Wut und Schmerz. Mir kommt es vor, einen Teil des Ehevertrages nicht eingehalten zu haben. Ich könnte verstehen, daß Johnny mich verläßt ... wenn ich mir die umgekehrte Situation vorstelle, würde ich auch so fühlen und denken. Ich wäre vorwurfsvoll und wütend ... ich bin auf mich selber böse. Ich fühle mich betrogen.»

Besonders dann, wenn wir Verständnis und Anerkennung besonders nötig hätten, begegnet man uns meistens mit Mitleid, wenn nicht sogar mit Kritik oder Vorwürfen. Die Gesellschaft läßt uns mit diesen Problemen allein. Unfruchtbarkeit kann in uns Ängste auslösen, die unser gesamtes Leben betreffen:
> «Unfruchtbarkeit trifft mich an meinen schwächsten Stellen: meiner Weiblichkeit und Sexualität. Ich komme mir inkompetent, schwach, unweiblich, wie ein Versager vor. Oft ertappe ich mich bei dem Gedanken: ‹Wie soll ich irgend etwas erfolgreich tun können, wenn ich unfähig bin, ein Kind zu bekommen?›»

Fast alle sind bedrückt, wenn sie feststellen, daß sie kein Kind haben können. Es kann dir helfen und dich psychisch stärken, wenn du um dein Kind, das nie zur Welt kommen wird, eine Zeitlang trauerst.

Unfruchtbare Paare können jedoch ein Kind durch Adoption annehmen. Aber dieser Schritt sollte genau überlegt werden, und wir sollten vorher alle unsere Gefühle gründlich prüfen. Du solltest dir unbedingt vorher überlegen, was dir die Erfahrung der Schwangerschaft, Geburt und Herkunft des Kindes bedeuten.

Wir wollen hier nicht ausführlicher über Sterilität sprechen, aber wenn du mehr darüber wissen willst, so wende dich an eine genetische Beratungsstelle in deiner Nähe. Es gibt in der Bundesrepublik in 29 verschiedenen Städten diese Einrichtungen, ihre Adressen sind zum Beispiel aufgeführt in «Unser Körper, unser Leben», Band 2 (Rowohlt Sachbuch 7272, DM 8,80). Dort kannst du sicher auch telefonisch die Adresse eines Spezialisten in deiner Nähe erfragen. Auf jeden Fall solltest du nicht nur einen, sondern mehrere Ärzte zu Rate ziehen.

Adoption

Dies ist eine Alternative für Eltern, die wegen Unfruchtbarkeit kein Kind bekommen können, für Alleinstehende, die auf ein Kind nicht verzichten wollen, und für Familien, die mehr Kinder wünschen, ohne zum Wachstum der Bevölkerung beizutragen. Bei der Adoption gibt es fast genausoviel zu überlegen wie bei einer biologischen Elternschaft, aber es kommen noch andere Aspekte hinzu. Eine Mutter von drei Adoptivkindern erzählt uns:
> «Die Menschen können auch aus den verschiedensten schlechten Motiven ein Kind haben wollen. Der große Vorteil meiner Entscheidung für eine Adoption lag wohl darin, daß ich die Motive für meinen Kinderwunsch gründlichst prüfen mußte. Erst danach konnte ich sagen: ‹Es ist ein Wunder, ein Kind zu adoptieren.› Es ist anders als das Wunder der Geburt, weil die Kinder von anderen Eltern sind, aus verschiedenen

Gegenden kommen und verschieden alt sind. Das gibt einem das Gefühl, alles sei schicksalhafter. Ich kann mir ein Leben ohne meine drei Kinder nicht vorstellen. Jedes von ihnen brauchte eine Mutter, als ich selbst gerade ein Kind brauchte. Irgendwie kamen wir zusammen. Ob es nun Bestimmung oder Schicksal ist, daß gerade wir zusammenkamen, weiß ich nicht, aber ich finde es schön. Drei Kinder sind drei Wunder.»

Manche Eltern, die ein Kind adoptieren wollen, finden, daß das schwierigste daran die Entscheidung ist, ob sie sich wirklich ein Kind wünschen und ob es dann auch wirklich *ihr* Kind ist, obwohl es nicht vom selben Blut ist. Gerade die Entwicklung einer Beziehung, in der das Kind zum *eigenen* Kind wird, kann das Ganze reizvoll machen. Die Mutter eines vierjährigen Jungen, der von seinen biologischen Eltern abgelehnt wurde, erzählt uns:

«Er sagt schon ‹Mama› zu mir! Unlängst fragte er mich: ‹Hast du mich lieb, Mama?›»

Die Mutter von vier Kindern – zwei gebar sie selber, und die anderen zwei adoptierte sie:

«Ich wünschte mir sehnlichst ein Mädchen, aber ich hatte schon zwei Jungen. Also adoptierten wir ein Mädchen und danach noch einen Jungen. Ich bin froh, ein Mädchen im Haus zu haben. Ich sehe viele Ähnlichkeiten zwischen uns, obwohl sie nicht mein eigenes Kind ist. In einem Haushalt mit vier Männern bin ich über ihre Unterstützung froh. Sie ist wie ich! Mein Verhältnis zu ihr ist anders als zu den Jungen.»

Es gibt heute viele Frauen (und vereinzelt auch Männer), die sich für ein Kind entscheiden, ohne deshalb zur Ehe oder einer bleibenden Beziehung zu einem Gleichaltrigen ja sagen zu wollen. Eine vierzigjährige Frau, die sehr erfolgreich im Beruf ist:

«Als ich erkannte, daß ich ein Kind adoptieren konnte, ohne diese Prozedur einer Ehe auf mich nehmen zu müssen, fühlte ich eine derartige Kraft in mir, daß ich diese ganze soziale Institution übergehen und einfach Mutter werden konnte. Manchmal kann ich es noch immer nicht ganz glauben.»

Eine Adoption kann oft lange dauern und sehr mühsam sein. Es hängt von der betreffenden Organisation, vom Land und von der Anzahl der Kinder ab. Bisweilen sind zeitraubende und psychisch aufwendige Treffen und Gespräche mit Sozialarbeitern, Beamten und anderen Adoptiveltern nötig. Viele Adoptiveltern sagen, daß der Wunsch nach einem Kind wirklich sehr groß sein muß, damit man diese ganze Prozedur erfolgreich durchsteht. Es gibt zu diesem Thema Bücher, die ihr der Liste auf Seite 484 entnehmen könnt.

Eines der Probleme, mit dem viele Adoptiveltern konfrontiert werden, ist die Einstellung mancher Organisationen, die das letzte Urteil darüber

Vaughn Sills

fällen, wer nun ein Kind ‹verdient›. Sie stehen unserer Gesellschaft vielfach kritiklos gegenüber und haben Wertvorstellungen, die den gesellschaftlichen Normen entsprechen, ohne die Bedürfnisse eines Kindes zu beachten.

Leute in Wohngemeinschaften, Künstler ohne fixes Einkommen, Buddhisten oder Mitglieder anderer religiöser Gemeinschaften, die nicht der landesüblichen Kirche angehören, Homosexuelle oder unverheiratete Personen werden von vornherein ausgeschlossen. Auch wenn sie sehr wohl warme, liebevolle, kompetente Eltern sein könnten.

Eine Frau, die drei Kinder adoptiert hat, beschreibt den Vorgang so:

«Das Ganze hat etwas Unnatürliches an sich. Man setzt sich mit einem Menschen zusammen – egal wie gut er im Beruf oder wie nett er ist –, der deine Fähigkeiten prüft, ein Kind zu adoptieren. Der einzige Vorteil liegt darin, daß du wirklich gut überlegen mußt, ob du ein Kind willst, wenn du so ausführlich darüber sprechen mußt. Vielleicht wäre es gar nicht so schlecht, wenn alle Menschen derartig genau prüfen müßten, ob sie sich als Eltern eignen oder nicht. Der wesentliche Unterschied zur natürlichen Elternschaft ist der, daß Eltern, die selber ein Kind haben können, selbst nach einer negativen Entscheidung dieser Adoptionskommission einfach ein eigenes haben können. Dieses

Recht kann ihnen keiner nehmen. Das Gefühl bleibt, daß hier Leute ein Kind haben und darüber entscheiden, ob sie es dir geben wollen oder nicht. Und man hat immer Angst, sie könnten es einem nicht geben. Selbst mein Mann und ich hatten diese Angst, obwohl wir wußten, daß wir eines bekommen würden. Wir erfüllten einfach alle Bedingungen. Aber dennoch bemühten wir uns sehr, die richtigen Antworten zu geben und sehr ehrbar zu wirken – eben zu passen. Als Belohnung bekamen wir ein Kind.»

Die Ängste, abgelehnt zu werden, können manchmal unerträglich werden. Vor allem das Warten ist zermürbend: du wartest, bis du akzeptiert wirst, bis die Agentur entscheidet, daß du geeignet bist, bis ein passendes Kind gefunden ist, bis du es endlich bekommst. Und dann ist da noch die Angst vor dem Kind selbst. Werden wir es auch lieben können? Wird es uns auch als Eltern annehmen? Werden wir uns verstehen? Werden wir auch der neuen Aufgabe gewachsen sein? Paare, die miteinander über alles reden oder mit Freunden und Sozialarbeitern diese Probleme und Ängste offen besprechen können, werden einen Teil dieser Unsicherheiten abbauen können. Es gibt auch Agenturen, die aus diesen Gründen Gruppensitzungen unter der Leitung eines erfahrenen Therapeuten zur Verfügung stellen. Aber nicht immer haben die Teilnehmer so großes Vertrauen zueinander, daß sie ungehemmt über die tiefsten Ängste zu sprechen wagen. Reden ist überdies nicht die einzige Lösung. Eine große Hilfe sind Zeit und Erfahrung. Wir kommen nicht als kompetente(r) Vater/Mutter auf die Welt, sondern müssen auch diese Eigenschaften mit der Zeit erwerben.

Kinder aus einer früheren Ehe

Die Scheidungsrate steigt immer stärker an, immer mehr Eltern sind dadurch mit dem Problem konfrontiert, mit dem Ehepartner auch gleich ein oder mehrere Kinder aus früheren Ehen mit zuheiraten. Nicht immer ist das eine einfache Sache. In den meisten Fällen sind große seelische Barrieren zu überwinden, die alle Betroffenen hemmen, eine gute Beziehung aufzunehmen:

«Ich liebe Diane und möchte mit ihr leben – und sie hat ein Kind. Ich will nicht sagen, daß ich Tommy nicht liebe, nein, das ist es nicht. Aber ich entscheide mich für ein Leben mit Diane, und Tommy wird irgendwie mitgeliefert.»

Da es die Beziehung der Erwachsenen ist, die einen neuen Menschen in eine bereits existierende Familie bringt, stellen sich bisweilen Probleme her, die sich wesentlich davon unterscheiden, ob wir aus freiem Entschluß ein Kind wollen. Wir werden bereits mit einer Tatsache konfrontiert. (In Kapitel 7 «Familien» werden wir ausführlicher darüber sprechen.)

Manche haben nicht die geringsten Probleme, die Kinder eines anderen Ehepartners zu akzeptieren:

«Ich wollte immer Kinder haben; ich lege nicht unbedingt Wert darauf, daß sie meine eigenen sind. Vielleicht werden wir auch noch zusammen welche haben.»

Aber so geht es nicht allen. Meist entstehen ernsthafte Probleme zwischen allen Beteiligten. Eine Mutter von zwei Kindern, die einen Mann mit zwei Kindern heiratete, beschreibt die ambivalenten Gefühle, die durch diese neue Konstellation aufkamen:

«Anfangs hatte Peter große Schwierigkeiten mit meiner Tochter, Eva. Er mochte sie nicht, und sie mochte ihn nicht. Und sie machte kein Hehl aus ihrer Abneigung. Sie interessierte sich auch nicht für seine Kinder. Es gab einmal eine Zeit, da wollte Peter wegen Eva die Beziehung auflösen. Ich war böse auf sie, weil sie mein Leben derartig bestimmte, aber ich wußte auch, wenn er mit ihr nicht zurande käme, würde aus uns allen nichts werden.»

Besonders für Erwachsene, die selber noch keine Kinder haben, ist die Entscheidung, mit jemandem zusammenzuleben, der bereits Kinder hat, sehr schwer. Wenn man nicht von Anfang an mit dem Kind zusammengelebt hat, hinkt man immer ein paar Schritte hinterher. Man ist plötzlich mit einem heranwachsenden Kind konfrontiert, dessen Entwicklung man nicht kennt, dessen Eigenschaften einem fremd sind – und mit diesem Menschen soll man nun den Alltag teilen. Das ist anfangs geradezu unvorstellbar. Es fällt einem schwer, eine wirklich liebevolle Beziehung zu dem neuen Kind aufzunehmen, sondern man empfindet es eher als Belastung, die die Beziehung zum Partner stört.

In die Beziehung mischen sich auf allen Seiten Neid, Eifersucht, Unsicherheit, Wut und Sehnsüchte. Um all diese Gefühle auszusortieren und Klarheit in die Verhältnisse zu bekommen, bedarf es besonders auf seiten der Erwachsenen größten Einfühlungsvermögens, Liebe und Aufmerksamkeit – aber auch Reife. Ein großer Teil der Energien, die andernfalls in die Beziehung zum Partner geflossen wären, muß nun verwendet werden, um zwischen dem Kind und dem neuen Vater/der neuen Mutter Freundschaft und Vertrauen herzustellen. In dieser Hinsicht kommt es den Anstrengungen von jungen Eltern gleich, die auch plötzlich ein neues Wesen in ihre Gemeinschaft einschließen und einen Dritten an der gegenseitigen Liebe teilhaben lassen müssen.

Wie viele Kinder wollen wir haben?

Kinder verändern unser Leben auf entscheidende Weise, ob wir sie nun selber geboren, adoptiert oder «mit geheiratet» haben. Mit jedem weiteren Kind verändern sich die Familie und das Leben aller Beteiligten weiter. Die Entscheidung, ob wir bei einem Kind bleiben wollen oder noch weitere wünschen, stellt uns immer wieder vor neue Probleme:

«Es tut mir nicht im mindesten leid, daß ich Susi bekommen habe. Wenn ich sie nicht hätte, wäre ich von dem Gedanken besessen, ein Kind haben zu müssen. Aber ich ging zu einer Wahrsagerin und erfuhr von ihr, daß ich noch ein zweites Kind haben würde. Ich kann nur sagen, ich werde alles tun, um das zu verhindern.»

Eine Unzahl von Experten belehrt uns mit einer Unzahl von Expertenmeinungen über die Anzahl der Kinder in der «idealen» Familie und in welchen Abständen sie kommen sollten. Aber es bleibt unsere ganz persönliche Entscheidung, wie viele Kinder und wann wir sie haben wollen. Die Überlegung, wie viele Kinder gut wären, ist genauso von Mythen und gesellschaftlichen Wertvorstellungen durchdrungen wie die Entscheidung, ob wir überhaupt ein Kind haben sollen. Wir haben vom vereinsamten Einzelkind, vom verwöhnten Einzelkind und vom überforderten, überempfindlichen Einzelkind gehört. Wir haben auch vom vernachlässigten mittleren Kind und vom vergessenen letzten Kind gehört. Aber auch hier müssen wir sagen: Fakten, Zahlen und Expertenmeinungen zählen weniger als tiefe innere Gefühle über das Leben, unsere Sehnsüchte, Erwartungen und praktische Tatsachen, wie wir unser Leben so organisieren können, daß es unseren eigenen Bedürfnissen und denen der Kinder gerecht werden kann.

Eine Frau, die gerade ihr zweites Kind bekommen hat, meint:

«Ich habe mir immer eine Familie gewünscht. Das war einfach meine Vorstellung vom Leben. Dazu gehörten ein Mann und mindestens zwei Kinder. Irgendwie hatte ich recht, denn seit der Geburt des zweiten Kindes bin ich noch ausgefüllter und zufriedener als vorher. Viele Fehler, die ich beim ersten Kind machte, kann ich bei Anna vermeiden. Ich bin mir selbst gegenüber toleranter geworden und stehe nicht mehr so unter Leistungsdruck, alles super machen zu müssen. Ich bin aber auch viel sicherer als beim ersten Kind. Und habe nicht mehr diese großen Ängste, alles falsch zu machen.»

Eine Mutter von vier Kindern, die bereits zur Schule gehen:

«Ich wollte immer Kinder haben, und eigentlich wollte ich auch immer vier ... ich habe sie mir zwar alle gewünscht, aber ich habe im Grunde nie darüber nachgedacht, wie es ohne sie wäre. Ich komme selbst aus einer großen Familie. Wahrscheinlich hat mich das geprägt.»

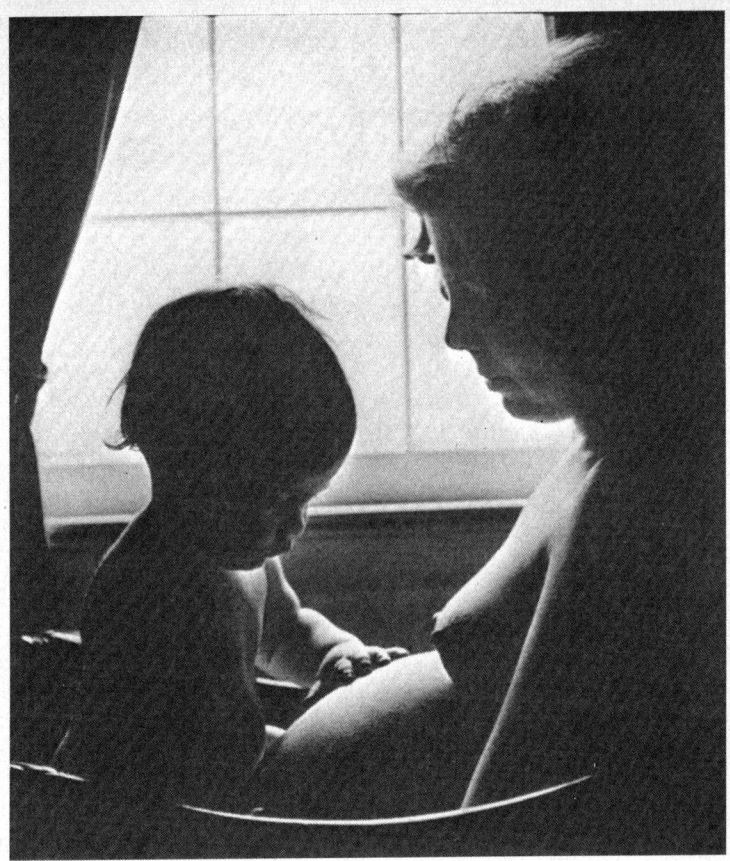

Jodi Cobb

Ein Vater beschreibt seine Sehnsucht nach einem zweiten Kind:
 «Ich habe nicht einen Augenblick gezögert oder mir überlegt, ob ein zweites Kind auch gut wäre. Als das erste kam, wußte ich, daß ich noch eines wollte und wahrscheinlich auch noch ein drittes ... die Vorstellung, mehr als ein Kind zu wollen, ist tief in mir verwurzelt.»
Viele behaupten, zwei Kinder wären so einfach wie eines (ist denn eines einfach?), andere wiederum bestehen darauf, daß ein zweites Kind nicht nur der doppelte sondern der fünffache Arbeitsaufwand sei. Die Größe der Wohnung, die finanzielle Sicherheit, die Stabilität der Ehe und das Alter des oder der anderen Kinder sind von Bedeutung. Wenn beide El-

tern berufstätig sind, ist die Zeitfrage besonders wichtig. Zwar leisten heute bereits viele Männer einen Beitrag zur täglichen Fürsorge für die Kinder, aber die Hauptlast der Arbeit und Verantwortung, besonders für ein Neugeborenes, ruht auf der Mutter. Meist verdient der Mann mehr als die Frau, und es steht außer Diskussion, wer den Beruf unterbrechen soll. Besonders schwer wird die Entscheidung für oder gegen ein zweites Kind solchen Frauen, die endlich wieder ihren Beruf aufnehmen wollen oder nach mehrjähriger Halbzeitbeschäftigung wieder voll einsteigen wollen. Manche von uns können aus psychologischen und emotionellen Gründen ein Kind leichter als zwei oder mehrere aufziehen. Sie wollen sich voll auf das eine Kind konzentrieren und nicht ständig das Gefühl haben, unter Druck zu stehen und ihre eigenen Bedürfnisse hinten anzustellen. Wenn sie sich jedoch gegen ein zweites Kind entscheiden, müssen sie dafür sorgen, daß ihr Kind viele Spielgefährten hat, dann kann es auf keinen Fall darunter leiden, daß es keine Geschwister hat.

Es gibt noch eine sehr wesentliche Überlegung, die für mehr als nur ein Kind spricht:

«Ich bin prinzipiell dafür, daß Kinder Geschwister haben sollen. Ich glaube, daß es für die Kinder besser ist, zu zweit zu sein und nicht als einzelner den Eltern gegenüberzustehen. Ein Einzelkind ist immer den Eltern gegenüber in einer schwächeren Position, es hat keinen gleichaltrigen Verbündeten und fühlt sich von den Eltern oft ausgeschlossen und allein, wenn diese ihren eigenen Interessen nachgehen. Außerdem lernt es den Umgang mit Gleichen schwerer. In meiner Familie gab es viele Streitereien unter den Geschwistern, aber es gab auch Solidarität unter uns Kindern in der Auseinandersetzung mit den Eltern. Wir Kinder hatten unsere eigene Gemeinschaft. Mein Bruder und ich erfanden zum Beispiel eine eigene Sprache, die unsere Eltern nicht verstehen konnten. Wir schufen uns phantastische Welten, an denen unsere Eltern keinen Anteil hatten.»

Und aus der Sicht einer Mutter:

«Ich identifizierte mich total mit meinem ersten Kind und hatte das Gefühl, es damit zu belasten. Das zweite Kind ist gut für Seth, er hat einen Verbündeten und Spielgefährten. Und es ist für mich gut. Es half mir, mich aus der Verstrickung der Überidentifikation mit Seth zu befreien. Jetzt gibt es klarere Trennungslinien zwischen mir und den Kindern.»

Den richtigen Zeitpunkt für das zweite Kind zu wählen kann genauso schwierig sein wie beim ersten. Es gibt zwar viele Theorien über den idealen Abstand, aber letztlich ist es unsere eigene Sache, gemäß den persönlichen Umständen zu entscheiden. Es gibt allerdings gewisse Umstände, unter denen wir die Entscheidung für ein zweites Kind unbedingt aufschieben müssen. Ein Vater, der nach der Geburt des ersten Kindes arbeitslos wurde, begründet seine Ängste vor dem zweiten Kind so:

«Als sie mir sagte, daß sie wieder schwanger war, fühlte ich mich elend. Es hat viel damit zu tun, ob man als Vater in der Lage ist, für die Familie zu sorgen. Ich konnte es zum damaligen Zeitpunkt nicht. Das machte mir große Angst. Wahrscheinlich bin ich deshalb kein schlechter Vater, aber ich war einfach nicht in der Lage, einen Posten zu finden.»

Eine Frau, die sich nach langen Überlegungen endlich doch für ein zweites Kind entschied:

«Mein Mann und ich brauchten fast zwei Jahre, bis wir uns dazu entschließen konnten. Als dann aber unsere Tochter auf die Welt kam, verstand ich nicht mehr, warum wir uns all die Sorgen gemacht hatten. Denn ich entdeckte, daß es das erste Kind war, das mein Leben drastisch verändert hatte. Beim zweiten weißt du schon, wie alles läuft, und dadurch fallen viele Ängste weg.»

Unser Leben wird durch Kinder anstrengender, vielleicht chaotischer und unkontrollierbarer, aber es wird auch reicher, voller und schöner. Wenn wir mit ihnen gern zusammen sind, kommt es uns wie ein Wunder, wie ein Geschenk vor, und für einige wird dieses Wunder noch größer, je mehr Kinder sie bekommen. Aber manche empfinden ihre Kinder auch als Bürde, und wenn sie vorher gewußt hätten, worauf sie sich einlassen, hätten sie es sich wahrscheinlich überlegt. Deshalb ist es so unendlich wichtig, daß wir uns vorher informieren, vielleicht Bücher lesen, auf jeden Fall viel mit Freunden mit Kindern zusammen sind und uns über unsere Lebenssehnsüchte und eigenen Bedürfnisse im klaren sind, bevor wir uns entschließen.

Kapitel 2
Die ersten Jahre oder Aller Anfang ist schwer
von Joan Sheingold Ditzion und Dennie Palmer Wolf

Wir werden Eltern

Sobald wir uns entschlossen haben, ein Kind zu bekommen, ob nun durch Schwangerschaft, Adoption oder Heirat, befinden wir uns auf einer Gratwanderung: Wir wünschen uns eine starke, enge Beziehung zu unserem Kind, wollen aber gleichzeitig unsere Ehe, unsere Freundschaften und anderen Bindungen zur Welt aufrechterhalten. Noch ehe das Kind auf die Welt kommt, entdecken wir, daß unser Leben aus der üblichen Bahn geworfen wird. Wir brauchen sehr viel Zeit, um ein neues Gleichgewicht herzustellen.
Wir leben in einer Übergangsphase, was die Struktur und die Rollenverteilung in der Familie betrifft. Traditionell waren alle Sorgen mit den Kindern den Frauen überlassen. Emanzipationsbestrebungen einzelner Frauen und die Frauenbewegung haben viel dazu beigetragen, daß sich diese Erwartungen veränderten. Wir zentrieren unser Leben nicht mehr um die Familie, sondern räumen den Kindern einen bestimmten Platz im breiteren Kontext unseres Lebens ein. Früher hatten Männer an der unmittelbaren Betreuung der Kinder, besonders der Kleinkinder, kaum einen Anteil. Ihre Aufgabe erschöpfte sich darin, für das Einkommen der Familie zu sorgen. Aber auch Väter haben ihr Bewußtsein verändert. Manche wollen von Anfang an aktiv bei der Arbeit mit den Kindern mittun, und viele Frauen bestehen darauf, daß die Väter ihrer Kinder hierbei einen gerechten Anteil leisten.
Da aber in der Mehrheit die Frauen nach wie vor in den ersten Jahren stärker für die Kinder verantwortlich sind, stammen die meisten Erfahrungsberichte in diesem Kapitel von Frauen und sind an Frauen adressiert. Da andererseits immer mehr Paare eine gemeinsame Elternschaft anstreben, sollen auch diese Erfahrungen ausführlich wiedergegeben werden.
Die erste Zeit mit dem Kind ist besonders anstrengend. Nie wieder in unserem Leben werden wir mit einer derartigen Verantwortung konfrontiert. Wahrscheinlich werden wir auch nie wieder so hart arbeiten müssen. Unter Umständen werden wir auch nie wieder so isoliert in unserer Rolle als Behüterin eines kleinen Menschen sein. Aber wir werden auch nie

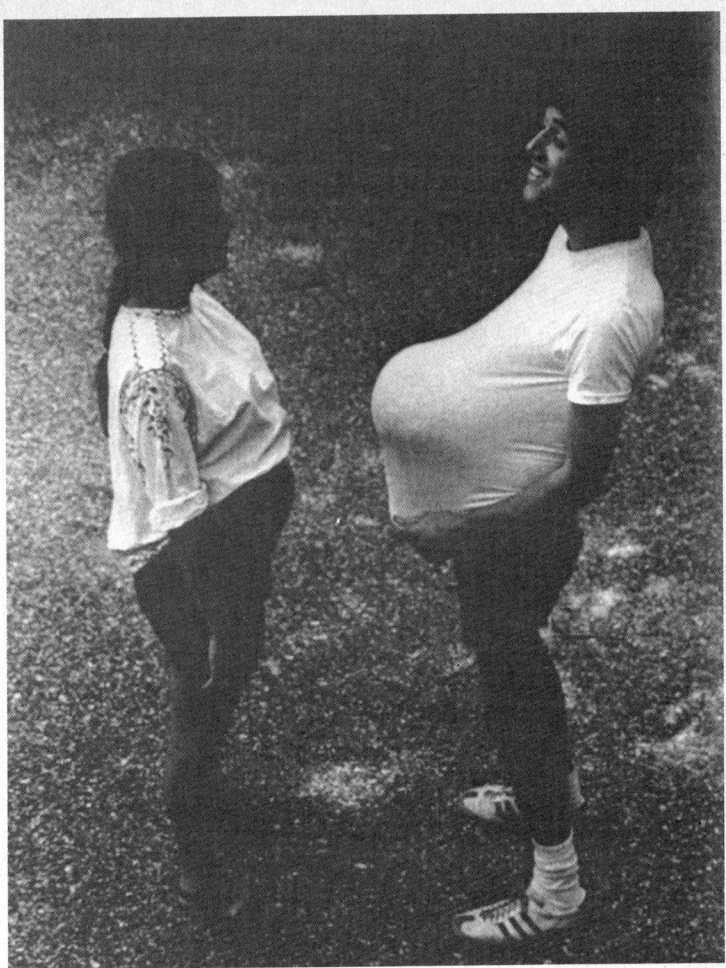
Peter Simon

wieder so intim und eng an der Entwicklung und dem Wachstum eines anderen teilnehmen können. Diese ersten Jahre sind nicht nur für die Eltern-Kind-Beziehung wesentlich, sondern auch für die Neuordnung der anderen Lebensbereiche. Deshalb müssen wir es noch einmal betonen: Den meisten Eltern fällt es sehr schwer, die Bedürfnisse des Kindes (der Kinder) und ihre eigenen Ansprüche auf einen passenden Nenner zu bringen. Ohne die tatkräftige Unterstützung von Verwandten, Freunden und die gegenseitige Hilfe der Eltern werden wir es nur schwer oder gar nicht schaffen.

Aber wir wollen nicht nur von den Schattenseiten sprechen. Wir wissen, daß wir von unseren Kindern unendlich viel lernen können und daß durch sie die Beziehung zu unserem Partner inniger und tiefer werden kann, wenn wir die neuen Aufgaben gemeinsam angehen:

«Keiner geht zur See, nur um seekrank zu werden... ich bin fest davon überzeugt, daß es nur dann einen Sinn hat, ein Kind zu empfangen, zu gebären und großzuziehen, wenn die Geburt eines Kindes als etwas Positives anerkannt wird, das erwachsene Menschen für ihre Entwicklung brauchen und das sie auch wollen, um zu sich selbst zu finden.»

Bei jedem Kind, ob es nun das erste oder vierte ist, stellen wir uns die Frage: «Wie wird es mein Leben verändern?» Wir versuchen uns vorzustellen, wie wir es wickeln, stillen, waschen, was für Gefühle wir empfinden, wenn wir es im Arm halten, wenn es weint und wir es nicht beruhigen können... aber bevor es da ist, werden diese Vorstellungen nur schemenhaft bleiben. Wir versuchen, uns an die eigene Kindheit zu erinnern, und überlegen, welche mütterlichen Eigenschaften wir besitzen und welche uns abgehen. Alleinstehende Mütter machen sich Sorgen, ob sie auch genug für sich und das Kind verdienen und ob sie die Geburt ohne jede Unterstützung gut überstehen werden:

«Der Mann, mit dem ich zusammengelebt hatte, geriet in Panik, als ich schwanger wurde. Als ich mich entschloß, das Kind zu behalten, trennten wir uns. Immer wenn ich zur Untersuchung ins Krankenhaus fuhr, fühlte ich mich stark und mutig und war stolz auf meinen Entschluß. Aber im Wartezimmer lagen alle diese Broschüren über Mütter und Väter herum, und alle Babies wuchsen in großen Häusern und wohlhabenden Familien auf. Oder der Arzt fragte mich: ‹Wird jemand bei der Geburt dabeisein?› Auf der Heimfahrt liebkoste ich meinen Bauch, aber mein ganzer Mut und Stolz waren dahin.»

Viele Fragen plagen uns in dieser Zeit. Wir machen uns Sorgen um die Arbeit, um die Beziehung zum Vater des Kindes und zu den bisherigen Freunden: «Wird es mir abgehen, daß ich abends nicht mehr unbekümmert weggehen kann oder einfach abschalten, wenn ich eine Pause brauche?» Berufstätige Frauen, die ihren Beruf trotz des Kindes nicht aufgeben wollen oder können, machen sich Gedanken, wie sie alles schaffen werden, daß weder das Kind noch sie selbst zu kurz kommen. Das Kind im Bauch berührt unser Leben bereits, es hat sich in unsere Mitte gedrängt und verlangt unsere Aufmerksamkeit. Wir freuen uns auf das Kind, aber zugleich haben wir auch Angst:

«Du glaubst, es spielt sich alles nur im Bauch ab, und dann stellst du plötzlich fest, daß dein ganzes Leben schwanger ist.»

«Biologisch gesehen ist nur die Frau schwanger. Aber psychologisch bist du auch als Vater schwanger. Vatersein heißt nicht nur, einen Geburtsschein ausfüllen, sondern einen ganz neuen Platz in der Gesellschaft einnehmen.»

Viele sehen in der Geburt eines Kindes für sich selbst den Übergang ins Erwachsenenalter:

«Bisher lebten wir von Augenblick zu Augenblick. Als Susanne schwanger wurde, fingen wir an, an das Morgen zu denken – zumindest mehr als früher. Wir machten uns Gedanken über unseren Wohnsitz, unseren Beruf, unsere Beziehungen ...»

«Als wir uns entschlossen, ein Kind zu adoptieren, stellte ich mich vor einen geistigen Spiegel und zog Bilanz über mein bisheriges Leben.»

Uns ist deutlich bewußt, daß wir an einem Wendepunkt unseres Lebens stehen. So ist es beim ersten, beim fünften, beim eigenen und beim angenommenen Kind:

«Peter und ich kannten einander über ein Jahr, als wir uns entschlossen zusammenzuleben. Aber ich hatte eine vierjährige Tochter, Sara. Er würde auch mit ihr zusammenziehen und ihr Vater werden. Er würde sie liebkosen oder nicht, er würde vor ihr aufs Klo gehen oder nicht. Plötzlich kam mir unser bisheriges Verhältnis pubertär vor. Wir hatten uns außerhalb des Alltags getroffen, Peter hatte mich umworben, aber wenn wir es wirklich schaffen wollten, müßten wir uns hinsetzen und nachdenken, wie es sein würde, wenn plötzlich neben uns ein Kind brüllt: ‹Ich will ein Glas Wasser!›»

«Meine Arbeit ist mir sehr wichtig, das stimmt. Aber sie füllt mich nicht ganz aus. Ich habe jetzt zusätzlich eine große Freude, ein Bauchlachen, ein ganz tiefes Gefühl in mir, das im Büro nicht gebraucht wird.»

«Ich kenne viele Frauen, die Angst vor der Geburt haben. Ich gehöre nicht zu ihnen. Ich hatte wohl Angst vor den Schmerzen und daß ich womöglich schreien würde, aber ich wollte dieses große Erlebnis auskosten.»

Durch die Ankunft eines Kindes verändert sich oft das Verhältnis zu unseren eigenen Eltern:

«Endlich fühle ich mich meinen Eltern ebenbürtig. Das Kind gibt mir das Gefühl, vollwertiges Mitglied der Gesellschaft zu sein. Meine Hand ist nicht mehr so leer. Ich bin kein Kind mehr.»

Viele Frauen fühlen sich ihren eigenen Müttern auf ganz neue Weise nahe:

«Gegen Ende der Schwangerschaft blätterte ich in unserem Familienalbum und fand ein Bild meiner Mutter kurz vor meiner Geburt. Sie hatte einen riesigen Bauch, über dem sie etwas ängstlich in den Fotoapparat blickte. Seit meiner Kindheit hatte ich mich ihr nicht mehr so verbunden gefühlt.»

Anderen wird bewußt, daß sie einer neuen Gemeinschaft angehören:

«Als ich vom Arzt nach Hause fuhr, erkannte ich plötzlich, daß die Welt voller Eltern und Kinder war. In einem Stadtviertel begegneten mir mehr als drei große Bäuche, so als wollten sie mich grüßen. Und in der U-Bahn beobachtete ich jedes Kind. Ich hatte das Bedürfnis, alles in mich hineinzusaugen, was sie mir über mein neues Leben mitteilen könnten. Ich wollte wissen, was für Schuhe Kinder tragen, ab welchem Alter sie allein in der Straßenbahn fahren können, wie ein Baby schreit, ob es vor einer Menschenmenge Angst hat... Ich beobachtete auch die Eltern – und immer fragte ich mich, ob ich auch so sein würde, ob meine Eltern so gewesen wären, ob es leicht ist oder ob es schwer ist.»

Die Mutter in mir

Neben all diesen aufregenden Veränderungen gibt es aber auch Probleme, die wir nicht unterschätzen dürfen. Viele Frauen haben körperliche Beschwerden, ihnen wird morgens übel, sie haben Gleichgewichtsstörungen, leiden unter Müdigkeit, Schlaflosigkeit und Blasenbeschwerden:

«Damals ging ich noch zur Universität. Den ganzen Winter über las ich nur ein einziges Buch in der Bibliothek. Ich holte es mir vom Schalter, legte es auf den Schreibtisch, las ein oder zwei Sätze und schlief ein. Wenn du dermaßen müde bist und ohne jede Energie, kannst du in Panik geraten: ‹Werde ich ab nun immer so müde sein? Löst sich mein Gehirn langsam auf?›»

Nur zu oft hat man uns gesagt, daß diese Symptome ein Zeichen dafür sind, daß wir «das Kind nicht wollen». Das ist schlichtweg falsch. Die hormonellen und körperlichen Veränderungen in der Schwangerschaft *sind* enorm. Sie können alle oben genannten Beschwerden verursachen, selbst bei der gesündesten Frau. Natürlich können sie besonders bei Frauen, die ein ungewolltes Kind erwarten, auch Angst auslösen.

Auch äußerlich verändern wir uns. Unsere Rolle wird plötzlich für alle sichtbar. Unser Bauch erinnert uns jeden Morgen daran, daß sich unser Leben verändern wird. Manche Frauen finden diese körperlichen Veränderungen furchtbar, ihnen wird plötzlich deutlich bewußt, wie sehr sie von ihrem körperlichen Selbstbild abhängig sind.

☐ Herr ☐ Frau ☐ Frl. ☐ Firma

46925
Buchladen am Markt
Tel. 069/883333
Wilhelmsplatz 12
6050 Offenbach

Verlag	Straße				
rororo	Aufbauen				

Datum	PLZ	Ort	BS-Nr. = 7 Stellen / ISBN = 10 Stellen		

KNO-K&V

Bestellzeichen	Autor	Titel/Reihe	Reihen-Bezeichnung	Band-Nr.	Anzahl
		Unsere Kinder unser Leben			1

Bücherzettel
bei Abholung
bitte mitbringen
Termin- und Preis-
angaben sind
unverbindlich

	Melde-Nr.	Ausgabe	DM	Zeichen
			12.80	

☐ Abholer
☐ schriftlich/
☐ telefon. benachrichtigt

Tel.

Expl. an Kunden

☐ senden ☐ Rechn.
☐ Anzahlung

DM _____ erh.

Bemerkungen

Unsere Gesellschaft bietet uns kein liebevolles Bild der werdenden Mutter. Wir sehen entweder sexy aus, oder wir sind mehr der «mütterliche Typ» mit einem unattraktiven, müden Körper. Schwangere Frauen sollen möglichst lange ihren Bauch verstecken. Nach der Geburt sollen sie sofort wieder wie junge Mädchen aussehen. Die tiefe Erfahrung, sich von einem Mädchen in eine reife Frau zu verwandeln, wird uns durch die widersprüchlichen Botschaften unserer Gesellschaft verweigert: Sei mütterlich, aber schau aus wie eine Filmdiva! Achte auf die Ernährung, damit sich das Baby im Bauch gut entwickeln kann, aber bleib gleichzeitig schlank!
Wie wollen wir uns da mit unseren Schwangerschaftsstreifen, den Krampfadern, dem dicken Bauch abfinden können? Man rät uns, das Baby auf jeden Fall zu stillen, aber man rät uns auch, auf eine straffe, nicht zu große Brust zu achten. Viele machen sich auch Sorgen, dem Mann oder Freund nicht mehr zu gefallen. Wir sind mit dem Leitspruch groß geworden, daß wir nur dann einen Mann bekommen, wenn wir hübsch sind; und hübsch sind wir nur, wenn wir schlank sind und attraktiv aussehen. Ist es da nicht verständlich, daß sich viele Frauen in der Schwangerschaft oder auch später ihren früheren, vertrauten Körper zurückwünschen.
Das Gefühl, nicht mehr du selbst zu sein, vermischt sich mit den Ängsten, keine gute Mutter sein zu können, ständig angebunden zu sein, mit den neuen Aufgaben nicht fertig werden zu können. Aber diese negativen Gefühle mit anderen zu besprechen, offen zu ihnen zu stehen, über Alternativen nachzudenken und so einige dieser Ängste abzubauen fällt uns auch nicht leicht. Wir fürchten, von den anderen entweder als «unweiblich» oder als «schlechte Mutter» abqualifiziert zu werden.

Der Vater in mir

Nur zu leicht vergessen wir die Väter und was es für sie bedeutet, ein Kind zu bekommen. Sie werden nicht physisch schwanger, und traditionell fiel ihnen keine wesentliche Aufgabe in der Kinderbetreuung zu. Ein Adoptivvater erzählt, daß er unter seiner Bedeutungslosigkeit als Vater litt:
«Eine Sozialarbeiterin interviewte uns, ob wir uns auch als Eltern eignen würden. Sie rückte ihren Stuhl so, daß sie mir den Rücken kehrte, und richtete alle Fragen an meine Frau. Nur wenn sie über Einkommen und finanzielle Sicherheit sprach, wandte sie sich zu mir. Ich war wütend, aber wagte nicht, ihr meine Meinung zu sagen.»
Wenn Männer auch nicht schwanger werden können, so bleiben sie doch von der Schwangerschaft ihrer Frau nicht unberührt. Selbst der einfühlsamste Ehepartner kann über die körperlichen Veränderungen seiner

Frau schockiert sein. Unsere herkömmlichen Vorstellungen von Schönheit und sexueller Anziehungskraft sind zu stark von Werbung, Illustrierten und Filmschauspielerinnen geprägt:

«Sie sah aus wie eine Birne. Wenn ich sie so im Badezimmer stehen sah, fand ich sie manchmal schön, manchmal aber kam sie mir richtig häßlich vor, manchmal mußte ich lachen, weil sie so komisch aussah.»

Aber nicht nur diese äußerlichen Veränderungen beeindrucken einen Mann. Er kann verwirrt sein und darunter leiden, daß er plötzlich nicht mehr wichtig ist, sondern seine wesentliche Aufgabe darin besteht, einfach dazusein. Viele Männer sind unsicher, verlegen und wissen nicht, wie sie sich verhalten sollen. So mancher Mann fühlt sich von dem Geschehen ausgeschlossen und leidet darunter, daß seine Frau nur für sich und ihre Verwandlung Zeit hat, ständig vom Baby und der Geburt spricht oder sich zurückzieht:

«Ich hatte richtige Angst, sie könnten mich bei allem vergessen. Meine Frau kümmerte sich nur um ihre Ernährung, ihren Nachmittagsschlaf und um die Kindesbewegungen. Sie zählte die Tage bis zur Geburt. Ich kam mir wie eine Drohne vor, die nur die Wünsche der Bienenkönigin zu befriedigen hat.»

Auch Männer machen sich Sorgen, ob sie gute Väter sein werden:

«Da ist nicht nur die Angst, ob man auch fähig ist, sie und das Baby finanziell zu versorgen, sondern auch, ob man als Vater vom Kind geliebt werden wird. Es kommt ein neuer Mensch, der dich braucht und sehr gut mitkriegt, wie du wirklich bist. Das beunruhigt.»

Besonders Männer, die anders sein wollen als ihre eigenen Väter, machen sich große Sorgen:

«Ich dachte immer an meinen Vater. Ich sah einen ernsten, kompetenten Mann in einem dunklen Anzug vor mir. Einen Mann mit einem dicken Bankkonto, der sich bei Hypotheken auskannte und einen Truthahn bei Tisch zerteilen konnte. Neben diesem Mann fühlte ich mich dumm und jung. Ich kam mir ‹grün› neben ihm vor. Außerdem konnten mir seine Fähigkeiten nicht im mindesten helfen. Denn ich würde das Baby auch wickeln, waschen, füttern und zu Bett bringen, also Dinge machen, die ihm fremd waren und die ich selbst nirgends gelernt hatte.»

Zukünftige Väter werden vielfach nicht nur von den eigenen Frauen, sondern auch von den zuständigen Institutionen ausgeschlossen:

«Ich wollte an allem teilnehmen, deshalb ging ich auch mit zu den Vorsorgeuntersuchungen. Die Sprechstundenhilfe bat mich, im Wartezimmer zu bleiben. Da saß ich dann herum, blätterte in Zeitschriften, in denen nur Babies mit ihren Müttern abgebildet waren, und kam mir als Fremdkörper vor. Ich wurde nur gefragt, ob ich versichert sei, und man bat mich, den Krankenschein auszufüllen.»

Elternschaft und Partnerschaft

Frauen werden schwanger, Männer nicht. Nie sonst im Leben sind wir derartig deutlich mit dem biologischen Unterschied der Geschlechter konfrontiert – oder der Art, wie wir die gültigen Geschlechterrollen übernommen haben. Vorher konnten wir vielleicht die physischen und psychischen Unterschiede kaschieren oder ignorieren, in der Schwangerschaft sind sie offenkundig:

«In dieser Zeit zeigt sich die Macht der Frauen. Die Männer müssen lernen, damit fertig zu werden. Und die Frauen genießen ihre Macht. Manchmal fühlte ich mich meilenweit von meinem Mann entfernt, aber es gab auch Augenblicke, in denen ich mich ihm besonders nahe fühlte.»

In dieser Zeit der Vorbereitung entdecken wir ganz neue Seiten am Sex. Endlich einmal ohne Verhütungsmittel miteinander schlafen zu können, ohne Angst vor einer Schwangerschaft, ist für viele ein völlig neues Erlebnis. Manche Paare finden durch die Schwangerschaft zu einer neuen Verbundenheit:

«Auf der Straße schauten die Leute auf Maggies Bauch und dann auf uns, als wollten sie sagen: ‹Das ist ein echtes Paar.› Jeder konnte sehen, daß wir fruchtbar waren, daß wir miteinander geschlafen hatten, daß wir miteinander ein Kind gezeugt hatten...»

Abgesehen vom ‹arterhaltenden› Aspekt der Sexualität kann diese zu einer ganz neuen Form der Kommunikation werden. Die sexuellen Wünsche verändern sich bei beiden, es ist möglich, zartere Weisen der Stimulierung und Befriedigung zu finden, es kann aber auch schwer werden, zueinander zu finden:

«Durch die Schwangerschaft war ich etwas unbeholfen und schwerfällig geworden. Aber es machte mir nichts aus, im Gegenteil, ich war froh, endlich einmal den Leistungsdruck ablegen zu können, unbedingt einen Orgasmus haben zu müssen. Ich fühlte mich freier, verspielter, sorgloser – Sex wurde zu einem schönen Spiel für uns. Gegen Ende der Schwangerschaft war uns mein Bauch überall im Weg. Wir lagen oft nur dicht beieinander, zwischen uns unser Baby.»

«Als mir morgens nicht mehr übel wurde, begann ich mich auf das Kind zu freuen. Statt dessen fing ich nun an, mir um meinen Körper übergroße Sorgen zu machen. Ich hatte nicht das geringste Interesse am Sex. Ich wollte nicht berührt werden. Geschlechtsverkehr kam mir barbarisch vor. Dadurch bekam ich meinem Mann gegenüber ganz seltsame Aggressionen, andererseits aber auch Schuldgefühle – irgendwie machte ich ihm den Vorwurf, meinem Körper all das angetan zu haben.»

«Ich will das Kind, aber ich hasse meinen Mann, nein, ich hasse ihn nicht wirklich ... ich wollte schwanger werden. Warum? Wie kann irgendein rationales Wesen zulassen, daß sein Körper von einer äußeren Macht in Besitz genommen wird? Ich möchte meine Wut an irgend jemandem auslassen, aber an wem? Ich genoß es, als ich heute abend meinem Mann sagen konnte, daß ich keine Lust hätte, mit ihm zu schlafen. Ich bin in einem Spiel gefangen, dessen Regeln ich nicht kenne.»*

«Als wir auf unser Baby warteten, sprachen wir oft über unsere Gefühle. Marc fühlte sich ausgeschlossen; ich wieder empfand die Schwangerschaft manchmal als Bürde. Ich litt darunter, überall Platz für zwei zu brauchen. Oft diskutierten wir bis spät in die Nacht und schliefen mitten im Gespräch ein, wenn ich dann wach wurde, spürte ich Marcs Hand auf meinem Bauch, den er im Schlaf umfangen hielt.»

Wir haben es in dieser Zeit nicht bloß mit biologischen und geschlechtlichen Vorgängen zu tun, sondern auch mit gesellschaftlichen Erwartungen. Vielleicht wird uns zum erstenmal deutlich, wie stark unsere Aufgaben von gesellschaftlichen Vorstellungen geprägt sind:

«Es war mir unerträglich, andere Familien beim Sonntagsausflug zu beobachten. Ich wehrte mich dagegen, ähnlich sein zu müssen: Der Vater sonnte sich auf der Decke, und die Mutter richtete das Essen her, putzte den Kindern die Nasen, band Schnürbänder zu und rannte hin und her...»

«Es war eine einzige Verschwörung der Frauen – meine Mutter, ihre Mutter, die Arbeitskolleginnen, alle nahmen am großen Ereignis teil. Daß es um das große Mysterium der Frauen und um die weibliche Macht ging, hätte ich ja noch akzeptiert, aber daß sie mich einzig und allein als Erhalter brauchten, gefiel mir nicht.»

«Warum erzählen uns die Leute immer wieder, daß sich unser Leben mit der Geburt des ersten Kindes verändern wird? Warum reden sie uns ein, daß wir seßhaft werden müssen? Wer will schon seßhaft sein? Das hört sich wie Sterben an – es klingt, als würden wir für unsere sexuellen Freuden bestraft.»

Wir sehen auf die anderen und sie auf uns

Plötzlich fangen wir an, andere Familien und Eltern zu beobachten:

«Mit dem Kind im Bauch fühlte ich mich auf einmal Frauen, die ich nie zuvor beachtet hatte, verbunden. Sie interessierten mich, ich beobach-

---

* Angela Barron McBride: «The Growth and Development of Mothers», New York 1977 (Harper & Row), S. 23

tete sie im Umgang mit ihren Kindern, um von ihnen zu lernen, wie
man sich auf Kinderspielplätzen verhält, wie man mit kleinen Kindern
spricht, wie man Streitereien um ein Dreirad schlichtet, wie man kleine
Babies im Arm hält.»
«Plötzlich hast du ein Buch über Kindererziehung, Schulprobleme,
Impfungen in der Hand. Du entdeckst, daß dich die Welt mit anderen
Augen ansieht.»
Besonders bei deinen Freundinnen fallen dir Veränderungen im Verhalten zu dir auf:
«Wir hatten Büroschluß. Eine von uns erzählte von ihrer Mutter, daß
sie fast ihr ganzes Leben nur für die Kinder gesorgt und keine Zeit für
sich selbst gehabt hätte und daß es kein Wunder sei, wenn sie sich jetzt
alt fühlte. Ihre Mutter sei in ihrem Alter bereits verheiratet und
schwanger gewesen. Alle blickten auf meinen Bauch, neugierig und
ängstlich zugleich.»
Alle sehen und behandeln uns als Mütter und Väter, und vielfach drängen
sie uns in stereotype Rollen, noch bevor das Kind geboren ist:
«Mein Onkel fragte mich sofort, ob ich dann endlich meinen Beruf
aufgeben würde, denn schließlich könnten die Männer noch immer
nicht stillen. Es kam ihm überhaupt nicht in den Sinn, daß Werner auch
ohne Stillen für das Baby sorgen könnte.»
«Kurz vor der Geburt ging ich in ein Kaufhaus, um eine Wiege zu kaufen. Ich wollte eine zum Zusammenbauen, denn so konnte ich Geld
sparen, und außerdem machte mir diese Arbeit Spaß. Der Verkäufer
versuchte es mir auszureden, aber ich blieb bei meinem Wunsch. Da
meinte er schließlich: ‹Wie Sie wollen, es ist ja Ihre eigene Sache. Sagen
Sie Ihrem Mann, daß die Anweisungen im Paket sind.›»
«Es war eine sehr schwere Zeit für mich. Ich mußte ständig rechtfertigen, warum ich allein ein Kind aufziehen wollte. Die meisten Leute
sehen es als selbstverständlich an, daß Eltern verheiratet sein sollten.»

Die letzten Vorbereitungen

Bald ist es soweit, und dann sind wir nicht mehr allein. Aber bis dahin
kommen wir uns manchmal wie zwischen zwei Welten zerrissen vor: wir
sind nicht mehr «nur Erwachsene», aber wir sind auch noch keine «richtigen» Eltern.
«Ich kam mir wie in der Pubertät vor. Ich wartete die ganze Zeit auf
einen anderen, den ich gar nicht kannte. Ich kam mir unbeholfen und
unerfahren vor – ich haßte diesen Zustand.»
Wir sollten den andern gegenüber von unseren Ängsten offen sprechen
und ihre Hilfe annehmen, wenn sie nicht bevormundend ist:

«Ich kannte eine Gruppe von Frauen, die mich sehr unterstützten. Die meisten von ihnen hatten selber ein oder zwei Kinder. Sie hatten Schwangerschaft und Geburt als positive Erfahrungen erlebt, hatten sich gut darauf vorbereitet, hatten ihre Kinder gern gestillt und teilten sich die Arbeit mit den Vätern der Kinder. Sie verstanden alle meine Ängste. Ich weiß nicht, ob ich ohne ihre Hilfe mit meinen Schwierigkeiten fertig geworden wäre.»

«Auch wenn es für einen werdenden Vater nicht gesellschaftsfähig ist, sich um die Ankunft des Kindes in jedem Detail zu kümmern, ich tat es doch. Leider konnte ich mich an keinen wenden. Nur wenige meiner Freunde hatten Kinder, und wenn, kümmerten sie sich nicht sehr um sie. Aber mein Bruder erwartete zur selben Zeit ein Kind. Wir waren viel zusammen – mehr als früher. Wir sprachen nicht direkt über Kinder. Wir wußten nicht recht, was wir sagen sollten, wir hatten ja keine eigenen Erfahrungen. Aber wir unterhielten uns über unsere Arbeit und Ehe – so als wollten wir Ordnung machen und alles für den großen Augenblick vorbereiten.»

Es gibt zwar sehr viele, gute Bücher zu diesem Thema, aber sie ersetzen nicht das Gespräch mit anderen Eltern:

«In keinem der Bücher fand ich etwas über *meine* Schwangerschaftsbeschwerden. Erst als ich mit meiner Freundin über meine Probleme sprach, fühlte ich mich verstanden. Sie erzählte mir, wie es bei ihr gewesen war: ‹Den ganzen Morgen versteckte ich mich im Badezimmer, damit ich den Geruch des Frühstücks meines Mannes nicht riechen mußte. Oft mußte ich mich auf dem Weg zum Auto übergeben und wieder umkehren, um mich umzuziehen. Dadurch kamen wir manchmal zu spät ins Büro. Den restlichen Tag verlebte ich wie ein fünfjähriges Kind: am Nachmittag mußte ich mich niederlegen, spätestens um neun ins Bett. Selbst am Wochenende, wenn wir uns zu jeder x-beliebigen Zeit hätten lieben können, hatte ich keine Lust. Ich tat es nur wegen Tom!› Erst von ihr erfuhr ich, daß ich mit meinen ‹Launen› und Beschwerden nicht verrückt war, sondern eben – – – schwanger.»

Einen Großteil unserer Ängste können wir verlieren, wenn wir uns mit allen zukünftigen Handgriffen vertraut machen und uns auf das Kind vorbereiten:

«Ich hatte keine Ahnung von Säuglingen und war im Umgang mit ihnen ratlos und unbeholfen. Meine Phantasien bezogen sich immer auf ein Baby, mit dem man schon reden kann. Ich besuchte zwei Frauen, die gerade entbunden hatten. Wir sprachen über Schwangerschaft, über die Geburt, über die Umstellung, über alles. Und ich half ihnen beim Wickeln, Füttern und Baden der Babies. Ich lernte sehr viel von ihnen.»

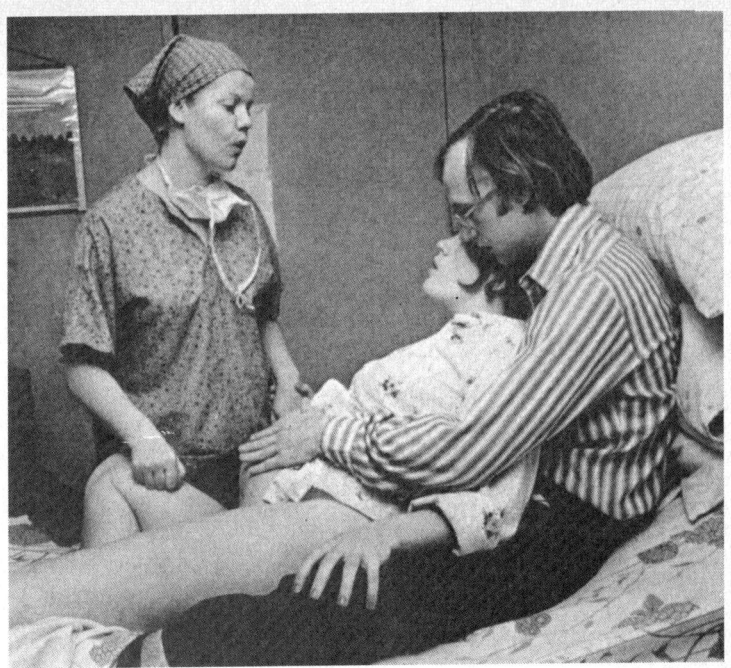

Abigail Heyman/Magnum

«Eines Tages baute Frank eine Wiege. Er verbrachte Stunden bei dieser Arbeit und las ganze Bücher über Säuglinge, damit er die Wiege nach ihren Bedürfnissen bauen konnte. Es ist ein herrliches Bettchen: alle Kanten sind abgerundet, es steht auf starken Pfosten, und seine Wände sind aus Plexiglas, damit unser Baby seine Umgebung sehen kann.»

Der große Augenblick ist gekommen

Wir wollen die Geburt unseres Kindes zu einem intimen, persönlichen Erlebnis machen. Wir wollen aktiv mitarbeiten, und sie nicht als ein bloß medizinisches Ereignis über uns ergehen lassen. Deshalb wollen viele von uns auch, daß der Vater des Kindes oder ein anderer lieber Mensch die Ankunft unseres Kindes in dieser Welt miterlebt. Das ist gar keine leichte Sache, denn Ärzte und Krankenschwestern oder Hebammen sind daran

gewöhnt, alles selber in die Hand zu nehmen. Sie betrachten die Geburt nur zu gern als ihre Angelegenheit. Krankenhäuser messen dem medizinischen Fortschritt und der Effizienz ihrer modernen Apparate größere Bedeutung zu als den Eltern des Kindes oder dem Kind selbst.
Gegen diese Bevormundung wehren wir uns heute. Immer mehr ziehen eine Hausgeburt vor, andere bestehen auf einem Rooming-in, das heißt, das Kind wird nicht von der Mutter getrennt und ihr nur zu bestimmten Zeiten zum Stillen gebracht, sondern liegt in einem Bettchen neben dem Bett der Mutter.

«Als die Fruchtblase platzte, rief ich im Krankenhaus an. Man riet mir, sofort zu kommen und die Wehen einleiten zu lassen. Aber ich hatte in meiner Geburtsvorbereitungsgruppe gelernt, daß die Einleitung erst vierundzwanzig Stunden nach dem Blasensprung nötig wäre. ‹Nein›, sagte ich, ‹ich möchte noch etwas warten. Vielleicht kommen die Wehen ein bißchen später.› Nach sechzehn Stunden setzten sie ein.»

Bisher war es im Krankenhaus nicht möglich, die emotionale und medizinische Seite der Geburt in ein harmonisches Gleichgewicht zu bringen. Aber in letzter Zeit hat sich einiges geändert. Eltern sind selbstbewußter geworden und üben an Krankenhäusern, Gebärkliniken und dem gesamten Gesundheitswesen Kritik. Sie haben auch alternative Möglichkeiten gefunden, die Geburt zu einem schönen persönlichen und gemeinsamen Erlebnis zu machen. Für viele Paare ist heute die aktive Geburtsarbeit der erste Schritt zur eigentlichen Elternschaft:

«Mein Körper war mir ganz vertraut geworden. Ich verstand alle seine Botschaften und hatte keine Angst vor der Geburt. Als ich um Mitternacht aus tiefem Schlaf erwachte, wußte ich sofort, daß das Baby unterwegs war. Ich konzentrierte alle meine Energien auf diesen einen Punkt in mir. Ich wollte mein Baby zu Hause, im Kreis meiner Familie zur Welt bringen. Peter, mein zweijähriger Sohn, und Tom, mein Mann, waren bei mir. Ich war zufrieden und ruhig, weil ich wußte, daß ich nicht allein war.»

Wenn die Geburt nicht perfekt ist, haben wir manchmal trotz gründlicher Vorbereitung das Gefühl, versagt zu haben. Wahrscheinlich liegt es daran, daß wir selbst hier einem gewissen Leistungsdruck ausgesetzt sind und unter unserem alten Leiden, immer alles perfekt zu machen und alles unter Kontrolle zu haben, leiden. Aber wir müssen wissen, daß es eine perfekte oder *die* richtige Geburt nicht gibt. Die Erfahrungen sind so vielfältig und zahlreich, wie es Eltern gibt. Es kann uns eine Hilfe sein, unsere Ängste und Trauer im Gespräch mit anderen Frauen aufzuarbeiten:

«Ich hatte mich genauestens auf die Geburt vorbereitet und wollte alles bei vollem Bewußtsein erleben. Aber meine Gebärmutter erweiterte sich nicht, und schließlich mußte der Arzt einen Kaiserschnitt machen. Es kam mir wie ein Diebstahl vor. Ich fühlte mich um das Schönste in

Jim Harrison/Stock, Boston

meinem Leben betrogen. Jahre später sprach eine Freundin in meiner Gegenwart über sanfte Geburt, und ich brach in Tränen aus: ich war nicht bei Bewußtsein gewesen, und Peter, meinen Mann, hatten sie hinausgeschickt.
Einige Jahre später arbeitete ich mit Eltern zusammen, denen es ähnlich ergangen war. Wir informierten uns über andere Narkosemöglichkeiten und wollten bei den Ärzten durchsetzen, daß die Väter bei Kaiserschnittgeburten dabeisein durften. So bekam ich die Erfahrung irgendwie zurück, die ich verloren geglaubt hatte.»
Wenn alles reibungslos abläuft, kann die Geburt zu einem aufregenden Erlebnis werden. Durch die gemeinsame Konzentration können Eltern eine tiefere Zuneigung und Nähe zueinander und zum Kind erfahren:
«Wir hatten unseren Lamaze gut gelernt. Alles lief wie am Schnürchen. Wir waren restlos glücklich, die Geburt unseres Kindes gemeinsam erlebt zu haben. Es brachte uns einander noch näher als zuvor.»

Das erste Jahr

Zwischen Glückseligkeit und Katastrophe

Wenn wir das winzige Neugeborene zum erstenmal in den Arm nehmen, sind wir glückselig. Wir erfahren das Wunder des Lebens, von dem die Menschheit seit Jahrtausenden spricht. Ja, wir sind glückselig, aber gleichzeitig spüren wir so etwas wie Angst in uns, wenn wir dieses hilflose, kleine, unschuldige Kind, das völlig von uns abhängig ist, im Arm halten. Bei den meisten Menschen löst es ein intensives Bedürfnis aus, dieses kleine Menschenkind zu hegen, zu nähren, zu pflegen und zu lieben.
Woher stammen die Wiegenlieder, die seit Jahrhunderten an den Wiegen gesungen werden? Wir sind von Erinnerungen überflutet, die in unsere tiefsten Tiefen unserer Kindheitstage reichen. Wir ahnen, daß dieses Kind unser Leben unvergleichlich bereichern und mit Wärme und Freude erfüllen wird. Im ersten Lächeln unseres Kindes sehen wir seinen weiteren Lebensweg vor uns: wenn es zum erstenmal sitzt, wenn es seine ersten Schritte wagt, wenn es seine ersten Worte spricht ... aber wir sehen auch die Probleme, die dieses Kind uns machen wird. Wir erleben die Ängste, die wir seinetwegen durchstehen werden, und bangen um sein Glück. Trotz aller Sorgen und Schwierigkeiten freuen wir uns, mit unserem Kind gemeinsam durchs Leben zu gehen, durch es neue Fähigkeiten zu erlernen und neue Schönheiten der Welt zu entdecken.
Wie enthusiastisch wir auch über unser Kind sein mögen, wir müssen uns bewußt sein, daß diese Beziehung Zeit, Kraft, Energie und Nerven braucht wie keine andere. Nur langsam lernen wir unsere neuen Aufgaben als Eltern und gewöhnen uns an ein Leben zu dritt. Besonders die Beziehung zum Partner wird in der ersten Zeit überbeansprucht. Wir brauchen lange, bis wir ein ausgewogenes Verhältnis zwischen den Bedürfnissen des Kindes und unseren eigenen gefunden haben. Für die meisten Eltern, und besonders für die Mütter, die in der ersten Zeit die Hauptlast der Verantwortung für das Kind tragen, können diese ersten Wochen, Monate oder auch Jahre zu einer fast überwältigenden Anstrengung werden. Die neuen Aufgaben überfordern uns wie nichts in unserem bisherigen Leben, sei es im Beruf oder in der Privatsphäre. Besonders zu Beginn scheint es, als bestünde unser Leben nur noch aus Wickeln, Stillen, Waschen ... aus Arbeit von früh morgens bis spät in die Nacht – und selbst dann haben wir keine Ruhe. Kein Wunder, daß die meisten Mütter in der ersten Zeit am Rande eines Nervenzusammenbruchs leben, weil die übergroße Müdigkeit zuviel für sie ist.
In schweren Augenblicken können wir daran denken, daß es anderen ebenso geht, daß alles nur anfangs so mühsam ist, daß es eine bestimmte Zeit dauert, bis sich alles eingespielt hat, sich alle Beteiligten an ihre neu-

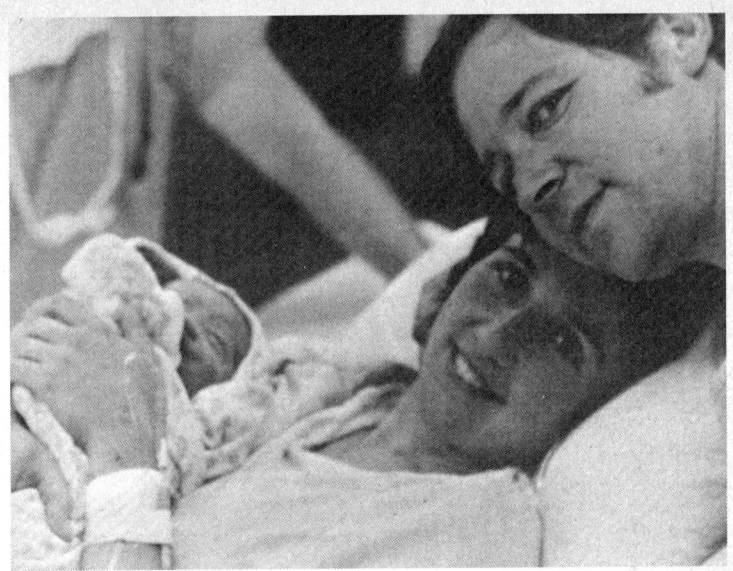

John Grover

en Pflichten und aneinander gewöhnt haben. Auf keinen Fall sollten wir uns mit irgendwelchen starren Haushaltsplänen, Putzbedürfnissen oder Reinlichkeitsansprüchen verrückt machen. Im Gegenteil, die Wohnung, die Wäsche können warten – auch der Mann kann es –, versuchen wir lieber diese erste, wichtige, wertvolle Zeit mit unserem Kind zu genießen.

Alles fällt uns leichter, wenn wir wissen, was auf uns zukommt, wenn sich ein Kind in unser Leben drängt:
«Als ich schwanger war, konzentrierte ich mich voll auf meinen Körper und dachte nicht weiter als bis zur Geburt. Ich muß gestehen, die Ansprüche des Kindes, die ohne Pause auf mich niederprasselten, waren ein Schock für mich.»
«Auch die Väter müssen sich umstellen, ob wir nun davon reden oder nicht. Wir sehen, wie sich der Körper unserer Frauen verändert – unsere Sexualität folgt anderen Gesetzen, bisweilen hört sie völlig auf. Wir müssen im Hintergrund warten, während unsere Frauen in ihre Körper versunken sind und später nur für das Kind Augen und Ohren haben. Manchmal fühle ich mich ausgeschlossen, bin eifersüchtig, wütend und einsam.»

«Die Ärzte und Schwestern erzählen uns viel zuwenig über die Schwierigkeiten in der Zeit unmittelbar nach der Geburt. Wenn dir keiner gesagt hat, daß deine Gefühle völlig normal sind – wir schwanken ständig zwischen himmelhoch jauchzend und zu Tode betrübt –, kannst du in Panik geraten und Angst bekommen, verrückt zu werden. Deine Kleider passen dir nicht mehr, du bist erschöpft, müde, kraftlos, deine Lust am Sex, dein Beruf und die wirtschaftliche Selbständigkeit sind auf einmal dahin. Man nennt es den ‹Babyschock› und verschweigt diese anderen Sachen. Und keiner hilft dir, keiner tröstet dich, daß die Figur schon wieder kommen wird; keiner spricht mit dir über deine Probleme; jeder erwartet von dir, daß du restlos glücklich bist; und keiner hilft dir oder bietet dir an, das Baby zeitweise zu übernehmen und im Haushalt mitzuhelfen ... Sie wollen dir alle keine Angst machen, aber durch ihr Schweigen erreichen sie nur, daß du dich nicht mehr auskennst und verzagst.»

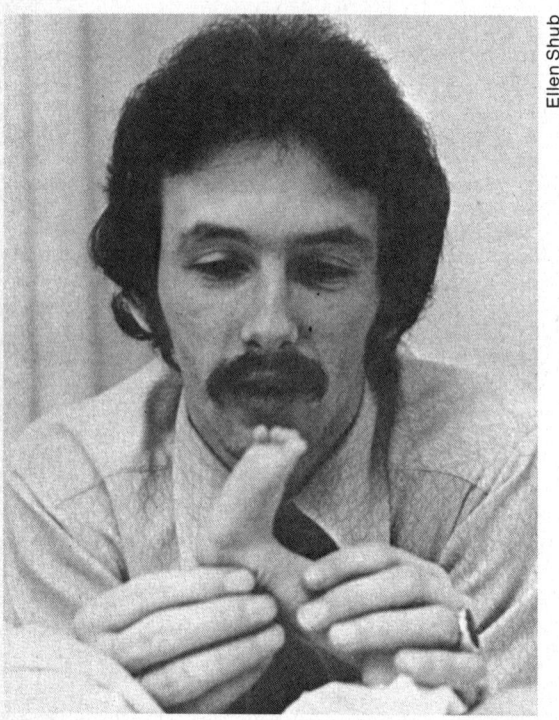

Ellen Shub

Bin ich eine Rabenmutter?

In den ersten Monaten sind die körperliche Nähe und Intimität zwischen dir und dem Kind sowohl befriedigend als auch ermüdend:
«Ich fühlte mich total erschöpft. Alle meine Zimmerpflanzen waren eingegangen. Ich kochte nicht mehr regelmäßig, und wir ernährten uns von Brot und Aufschnitt oder fertigen Gerichten. Ich war absolut nicht in der Lage, jemand anderen außer mir und dem Baby zu ernähren, und selbst hier tat ich nur das Notwendigste.»
Manche Ärzte weigern sich, die Zeit unmittelbar nach der Geburt als schwierig anzuerkennen. Sie erklären Frauen immer wieder, daß Menstruationskrämpfe, Wechselbeschwerden und Baby-Blues, also Depressionen nach der Geburt, neurotische Symptome einer gestörten weiblichen Identität seien. Aber das stimmt nicht. Viele Momente spielen eine Rolle, wenn wir nach der Ankunft des ersehnten Kindes aus einem scheinbar nichtigen Anlaß einen Weinkrampf bekommen oder unendliche Trauer verspüren. Schwangerschaft und Geburt haben dem Körper sehr viel abverlangt. Das Kind hat sich alle lebensnotwendigen Minerale, Vitamine und Kraftstoffe aus unserem Körper geholt. Wir sind mit Recht erschöpft. Die Geburt hat in uns eine übergroße Euphorie ausgelöst, die wiederum Kraft geraubt hat. Sobald wir mit dem Kind zu Hause sind, fangen die schlaflosen Nächte und die arbeitsreichen Tage an. Das Stillen zehrt weiterhin an unseren Kräften, wenn wir nicht für eine gesunde, gute Ernährung sorgen. Aber oft sind wir einfach zu müde, uns etwas Gutes zu kochen. Wir vernachlässigen uns, weil unsere ganze Kraft in die Fürsorge für das Kind geht. Dazu kommen noch die emotionale Überbeanspruchung und die Ängste, etwas falsch zu machen und das kleine Menschenkind womöglich in seinen ersten Tagen auf dieser Welt nicht richtig zu behandeln. Wir kennen uns ja im Grunde mit Säuglingen gar nicht aus:
«Als ich die erste Nacht zu Hause war, wachte ich die ganze Zeit bei der Wiege. Alle hatten mir gesagt, das Kind würde sicher schlecht schlafen. Aber es wachte nicht auf, und ich ging andauernd hin, um nachzusehen, ob es auch noch regelmäßig atmete. Als der Morgen graute, hatte ich kein Auge zugetan und mußte erschöpft die erste Mahlzeit zubereiten.»
«In der Schwangerschaft war ich wahnsinnig müde. Aber seit der Geburt bin ich noch tausendmal müder als vorher. Es ist nicht nur die körperliche Erschöpfung durch die Anstrengung der Geburt und die folgenden Tage und Nächte ohne Schlaf, sondern die emotionale und geistige Anstrengung. Ich bin zu müde, jemanden anzurufen, nicht einmal einen Babysitter kann ich organisieren. Ich sehe ein Stück Papier auf dem Boden, aber ich bin zu erschöpft, mich danach zu bücken. Ich hätte gern einen Menschen, der sich um den Haushalt kümmert, damit

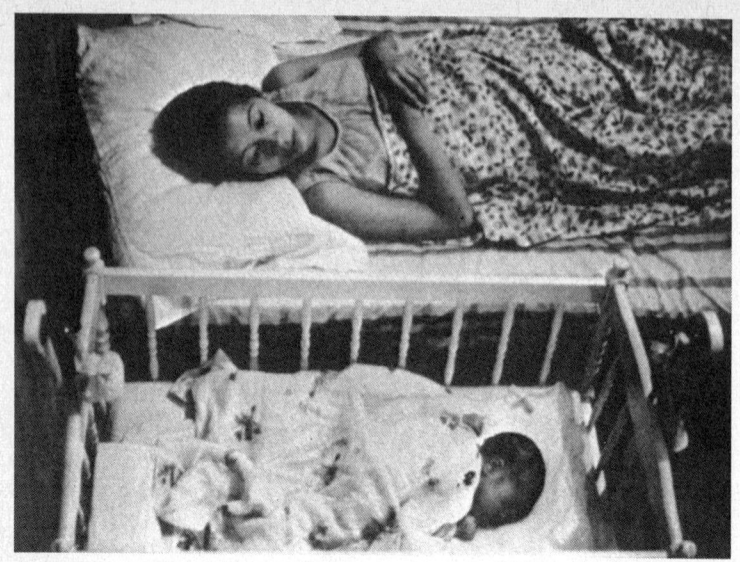
George Malave/Stock, Boston

ich nichts anderes zu tun hätte, als für das Baby zu sorgen. Anfangs war es so schlimm, daß ich Angst hatte zusammenzubrechen. Dann erholte ich mich ein bißchen, entspannte mich und fing an, jeden Tag so zu nehmen, wie er kam. Ich funktionierte, so gut ich konnte, und nahm mir nichts mehr vor.»
«Einerseits macht mir die Arbeit mit dem Baby Freude. Ich halte es gern im Arm, stille es gern und trage es stundenlang herum, wenn es weint. Ich habe mich noch nie so gebraucht gefühlt. Andererseits bin ich körperlich und seelisch überfordert. Die einfachsten Handgriffe, wie Einkaufen, Kochen oder Staubsaugen strengen mich unendlich an. Die Vorbereitungen für einen Spaziergang: das Stofftier, die Windel, die Rassel, Hemdchen und Höschen zum Wechseln, die Decken zusammenzutragen, und das alles für einen Spaziergang von einer Stunde – ich bin schon vorher total erschöpft. Und dann kann ich nicht einmal garantieren, daß Timmy nicht pausenlos schreien wird.»
Einerseits wollen wir dem Kind alles geben, andererseits haben wir widersprüchliche Bedürfnisse: die Arbeit, der Haushalt, die Partnerschaft, Freunde und Verwandte stellen ebenfalls Ansprüche an uns – ganz zu schweigen von unserer Sehnsucht, einmal nur für uns selbst dasein zu können. Wir haben keine Zeit mehr für uns – zu den früheren alltäglichen

Aufgaben kommt plötzlich eine neue Ganztagsbeschäftigung hinzu. Wir müssen die meisten unserer bisherigen Interessen vernachlässigen, beschleunigen oder gar aufgeben. Das muß jede Frau wie ein Schock treffen, egal wie gut sie sich vorbereitet hat und wie sehr sie das Kind liebt:
> «Die Zeit wird zu einem immensen Problem – wir haben nie genug davon. Ich versuche, soviel wie möglich in einen Tag hineinzustopfen. Aber neben meiner Liebe zu Sara brauche ich noch ein paar Stunden für meine eigenen Angelegenheiten: Telefonate mit Freunden oder um einen Babysitter zu organisieren, für den Haushalt; zum Einkaufen, Saubermachen und Wäschewaschen komme ich nicht mehr regelmäßig. Alles bleibt liegen, obwohl ich unentwegt arbeite. Ich bin so ausgelaugt, manchmal fürchte ich, verrückt zu werden. Aber ich kann nicht weniger arbeiten, sonst bricht der Rest dieses Haushalts zusammen.»

In der traditionellen Familie ist es zwar die Frau, die in der ersten Zeit stärker beansprucht ist, besonders wenn das Baby gestillt wird, aber die Väter leiden auch unter der Überbeanspruchung:
> «Ich übernahm die Nachtfütterungen. Wenn ich meine Tochter in der stillen, nächtlichen Wohnung fütterte und in den Schlaf wiegte, war ich glücklich. Aber wenn ich morgens in die Arbeit mußte, war ich todmüde, überreizt und auf meine Kollegen neidisch, die sich um ihre Kinder überhaupt nicht kümmerten, sondern alles den Frauen überließen.»

Deshalb ist es eine unserer wesentlichen Forderungen an die zuständigen Politiker, daß auch den Vätern ein entsprechender Karenzurlaub zugesprochen wird. Zum Beispiel in Schweden ist das bereits der Fall; Mütter und Väter können sich dort abwechseln.

Wir kommen aus den Depressionen nicht mehr heraus

Gerade in dieser schweren Zeit nach der Geburt erwarten gleichsam alle von uns, daß wir überschäumend glücklich sind. Diese gesellschaftliche Anforderung verschlimmert noch unseren Zustand, denn wir brauchen nicht die Mißbilligung, sondern die Unterstützung unserer Umwelt:
> «Ich hatte mir fest vorgenommen, keine Depressionen zu bekommen. Also stürzte ich mich kopfüber in meine neue Rolle. Ein Jahr danach brachen alle unterdrückten Tränen aus mir heraus. Ich verstand nicht, warum ich so traurig war. Ich hatte all meine Kraft aufgebraucht, jetzt mußte ich mit meiner Trauer fertig werden.»

Junge Mütter werden nicht ermutigt, offen von ihren Problemen und gemischten Gefühlen zu sprechen. Im Gegenteil, wenn wir es dennoch tun, verurteilt man uns als «schlechte Mütter». Diese Schwarz-Weiß-Malerei von guter und schlechter Mutter entspricht nicht unserer Wirklichkeit, wir haben die widersprüchlichsten Gefühle in uns und müssen sie uns auch eingestehen dürfen, sonst machen wir etwas kaputt:

«Ich wollte mir keine Depressionen erlauben, aber tief in mir hockte die Wut, daß ich den Grenzen meines Körpers so maßlos ausgeliefert war. Ich ließ diese Wut manchmal an meinem Sohn aus, als wollte ich ihm sagen: ‹Wie kannst du mir das alles antun?›»

Natürlich kann man die Depressionen nach der Geburt oder den «Babyschock» als neurotische Symptome abtun. Aber damit ist keinem geholfen, im Gegenteil. Außerdem stimmt es nicht. Heute sprechen viele Frauen offen über ihre ambivalenten Empfindungen in dieser ersten Zeit, und es hat sich gezeigt, daß diese ursprünglich als zerstörerisch bezeichneten Gefühle auch positive Aspekte haben können. Wir haben ein Recht darauf, uns den psychischen Raum zu geben, den wir brauchen, um den Schmerz über den Verlust unserer alten Unabhängigkeit, Freiheit, Sorglosigkeit – über die Zeit vor dem Kind – auszutrauern:

«Ich hatte keine Ahnung, daß es so etwas wie einen Babyschock und Depressionen nach der Geburt gab. Ich wußte überhaupt nicht, was mit mir los war in den neun oder zehn Monaten nach der Geburt von Michael. Ich war kraftlos, unsicher, ängstlich, alles falsch zu machen, scheute die geringste Anstrengung und fühlte mich entsetzlich allein. Nach außen hin war ich eine normale, glückliche, junge Mutter eines gesunden, kräftigen Jungen. Ich hatte einen netten, hilfsbereiten, verständnisvollen Ehemann und eine schöne Wohnung. Aber tief in mir fühlte ich mich einsam und unglücklich ... ich war tief betroffen, als Fred eines Tages jammerte, daß unser Leben so langweilig wäre und daß wir eine Party geben sollten. Ich war so erstaunt und hilflos, daß ich mich nicht wehren konnte. Ich machte mich an die Vorbereitungen, obwohl ich mir nur eines wünschte: zu schlafen und von jemandem liebevoll gepflegt zu werden. Aber gleichzeitig fühlte ich mich schuldig für Freds Langeweile. Ich war auch unendlich wütend über seinen Treuebruch – er hielt nicht zu mir ... Heute verstehe ich seine Wut, denn auch ihm half keiner, mit den Umstellungen fertig zu werden. Er hatte auch keine Ahnung von Geburtsdepressionen, er wußte nur, daß ich mir das Baby gewünscht hatte. Und plötzlich stellte er fest, daß ich nicht glücklich war. Wir hätten beide einen Menschen gebraucht, der sich um uns gekümmert hätte ... Als meine Depressionen unerträglich wurden, ging ich zum Arzt. Alles, was er mir sagen konnte, war: ‹Verlangen Sie nicht zuviel, das sage ich jungen Müttern immer wieder. Gehen Sie hin und wieder in eine Bibliothek, lesen Sie ein gutes Buch, oder gehen Sie mal ins Kino. Lenken Sie sich ab, aber im Grunde sollte es Ihnen genügen zu wissen, daß Sie für Ihr Kind und Ihren Mann da sind, daß beide Sie brauchen – eine wunderschöne Aufgabe für eine Frau.› Ich fühlte mich schlechter als vorher, aber ich glaubte ihm. In

Wirklichkeit hätte ich ihm wütend erklären sollen, daß ich Hilfe brauche und nicht Belehrungen und Kritik ... Neben all diesen negativen Gefühlen war die Liebe zu meinem Kind meine einzige Freude. Ich liebte seinen kleinen Körper, seinen winzigen, weichen Popo, seine kleinen Füßchen, die so vollkommen waren, ich war stolz, wenn ich ihn spazierenführte und die alten Damen in den Kinderwagen lächelten. Warum fühlte ich mich dann so elend? Heute weiß ich, wie einsam ich vor der Geburt meines Kindes war, wie unbefriedigend meine Ehe war und wie einseitig meine Freundschaften. Denn über meine wahren Gefühle konnte ich mit niemandem reden. Ich sehe das kleine Mädchen in mir, das plötzlich erwachsen werden mußte, weil es für ein Kind Verantwortung tragen mußte. Ich verstehe meine Depressionen als Entwicklungsschritt zu meinem reiferen Selbst, als Geburtswehen für mein neues Ich.»

Für junge Mütter ist es heute leichter als früher, über ihre Probleme zu reden, aber den Vätern gestattet man es noch immer nicht. So kommt es, daß sich manche Väter für ihre zärtlichen Gefühle gegenüber dem Baby schämen oder ihre ambivalenten Empfindungen gegenüber der Frau, die plötzlich all ihre Aufmerksamkeit dem Kind schenkt und ihn, den Vater, aus dieser Beziehung ausschließt, nicht verstehen. Viele Frauen machen den Fehler, ihr Erstlingsrecht an dem Kind zu zeigen, als wollten sie sagen: «Ich habe es neun Monate in mir getragen, es gehört mir, nicht dir.» Sie haben Angst, der Mann könnte das Kind nicht so gut betreuen wie sie, die sich doch schon so lange an es gewöhnt haben. Wenn der Vater das Kind nicht gleich beruhigen kann, nehmen sie es ihm weg. Wenn die Windel nicht so richtig sitzt, haben sie nicht die Stärke, darüber hinwegzugehen, sondern mischen sich ein und versorgen das Kind selbst. Wir sollten einmal darüber nachdenken, inwieweit wir nicht selber dazu beitragen und woran es liegen mag, daß wir unsere Machtansprüche am Kind so deutlich zeigen? Dann ist es kein Wunder, daß sich viele Väter ausgeschlossen fühlen und nach ein paar Versuchen das Kind der Mutter überlassen.

Gerade in dieser ersten Zeit sind beide Eltern großen Belastungen ausgesetzt und brauchen selbst viel Zeit, Liebe und Verständnis. Aber den meisten von uns sind diese Bedürfnisse peinlich. Eine junge Mutter gestand uns ihre Sehnsüchte mit den Worten:
«Manchmal wünsche ich mir, jemand würde mich halten und trösten, wie ich mein Kind tröste.»
Vielfach verschlimmern die modernen Wohnverhältnisse unsere Lage: große Wohnanlagen außerhalb der Stadt oder am Stadtrand isolieren uns von unseren Verwandten und der Familie, manchmal sind wir neu eingezogen, weil wir des Kindes wegen eine größere Wohnung brauchten, und

kennen noch niemanden. Wenn wir eine Nachbarin um Hilfe bitten, haben wir immer das Gefühl, uns sofort revanchieren zu müssen. Und gerade in dieser ersten Zeit mit dem Kind brauchen wir großzügige, unentgeltliche Hilfe, damit wir uns nicht noch mehr belastet fühlen. Am stärksten gehen uns die Menschen ab, die sich um uns, als wir klein waren, gekümmert haben:

«Wenn ich mit meiner Tochter zusammen bin, denke ich viel an meine Eltern, Tanten, Großmütter; wir sollten nicht von unserer emotionalen Vergangenheit getrennt werden, sondern uns Zeit nehmen für Erinnerungen an liebe Menschen in unserer Kindheit. Die Gedanken an alle, die mich liebevoll gepflegt und gehegt haben, geben mir Kraft.»

Elternsein ist ganz neu für uns

Wir brauchen nicht nur den seelischen Beistand anderer, sondern auch praktische Informationen. Wenn wir in einer Gegend mit vielen Kindern wohnen, können wir unsere Erfahrungen mit anderen Eltern austauschen und nützliche Details erfahren, die uns bei den alltäglichen, kleinen Kümmernissen helfen können: «Mein Kind hat seit einigen Tagen einen furchtbaren, weißen Ausschlag im Mund. Wissen Sie vielleicht, was das sein könnte?» «Machen Sie sich keine Sorgen, das ist ein harmloser Pilz, der wieder weggeht.» Oder: «Mein Kind ist vier Monate alt und schläft keine Nacht durch.» «Meine Tochter auch nicht.» Antworten auf unsere Fragen beruhigen uns. Sie zeigen uns, daß mit den Kindern alles in Ordnung ist, daß wir keinen Grund zur Sorge haben und daß wir nicht gleich wegen jeder Kleinigkeit zum Arzt rennen müssen.

«Als Jim auf die Welt kam, wußte ich nicht, was ich mit diesem kleinen Menschen in meinem Arm tun sollte. Aber ich entdeckte bald, daß ich seine Bedürfnisse herausfinden konnte, wenn ich ihn genau und liebevoll beobachtete.»

Mit der Zeit und durch die täglichen Erfahrungen lernen wir die Sorgen eines kleinen Kindes sehr rasch kennen und wissen, wie wir mit ihnen fertig werden können. Junge Mütter leiden manchmal darunter, daß von ihnen erwartet wird, automatisch fast instinkthaft das Richtige zu tun. «Schließlich ist sie ja die Mutter», heißt es oft, «die muß doch wissen, was ein Kind braucht».

«Ich wuchs mit der Vorstellung auf, Frauen wüßten instinktiv über kleine Kinder Bescheid. Eine Mutter wäre stets ruhig, glücklich und ausgeglichen und wüßte auf alles eine Antwort. Als ich entdeckte, daß ich sehr oft nicht wußte, wie ich das Baby behandeln sollte, daß ich keineswegs selbstverständlich wußte, was das Beste für mein Kind wäre, kam ich mir wie eine schlechte Mutter vor.»

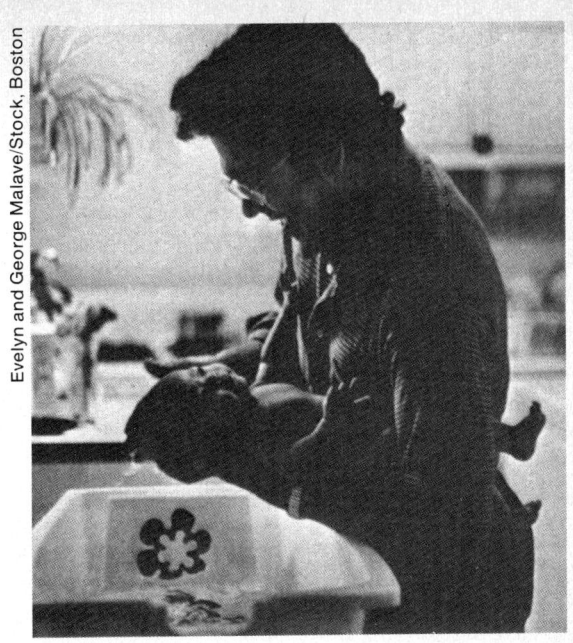

«Meine Mutter und Schwiegermutter halfen mir sehr. Sie klärten mich über viele Dinge auf, die ich sonst nicht so schnell begriffen hätte. Danny war ein schwieriges Baby. Er schrie viel, war sehr unruhig und hatte keinen regelmäßigen Eß- und Schlafrhythmus. Meine Mutter setzte sich in den Schaukelstuhl, nahm Danny auf den Arm und beruhigte ihn. Das wäre mir nie eingefallen ... Babies nehmen dich absolut in Anspruch. Du mußt geben, geben, geben. Ich glaube, Frauen, die vorher einen interessanten Beruf ausgeübt haben und über ihr Leben frei verfügen konnten, muß diese Umstellung härter treffen. Sie müssen sich in den ersten Monaten physisch und psychisch ausgehöhlt und ausgebeutet vorkommen ... Aber wir lernen so unendlich viel von unseren Kindern. Wir erkennen zum Beispiel, wie Liebe und Zärtlichkeit uns verändern ... Je geschickter ich wurde, um so stolzer war ich und um so aufregender fand ich das Ganze. Ich kam mir wie eine wirkliche Mutter vor, wenn ich bestimmte Entwicklungsstufen vorhersagen konnte. Beim ersten Kind war ich sehr unsicher, ich hielt mich genau an die Vorschriften aus Lehrbüchern, aber beim zweiten Kind war alles viel einfacher. Ich erwartete nichts anderes, und das tägliche Chaos machte mir nichts mehr aus. Ich geriet nicht mehr wegen jeder Kleinigkeit in Panik, weil mir die Verantwortung über den Kopf wuchs.»

Du brauchst keine magischen Kräfte, um ein Kind zu betreuen. Aber du mußt damit rechnen, daß diese innige, persönliche Beziehung viel Zeit, Geduld, Nerven und Verantwortung fordert. Manche Menschen tun sich dabei leichter als andere:

«Vielleicht wäre mir alles leichter gefallen, wenn ich gewußt hätte, daß nur der Anfang so schwer ist. Wahrscheinlich lagen viele meiner anfänglichen Schwierigkeiten nicht nur an meinem beruflichen Ehrgeiz, sondern eher daran, daß ich mit älteren Kindern besser umgehen kann, weil ich überhaupt mit Menschen, die sprechen können, leichter Kontakt habe. Es gibt Leute, die mit Säuglingen herrlich umgehen können, ich gehöre nicht zu ihnen.»

Viele Väter wollen heute mehr Zeit mit ihren Kindern verbringen und sich schon um sie kümmern, solange sie noch Säuglinge sind. Diese neue Einstellung verändert das Familienleben und wirkt sich auf die Berufswelt aus. Die gesellschaftlichen Vorurteile diesen Männern gegenüber sind nach wie vor wirksam, um sie zu überwinden, bedarf es vielfach großer Anstrengungen und eines alltäglichen Kleinkrieges; denn bisher galt die Beschäftigung mit kleinen Kindern als unmännlich:

«Ich achtete von Anfang an darauf, nicht in die traditionelle Vaterrolle zu verfallen. Ich trug Martin sehr viel herum, nahm ihn zu Besprechungen mit Arbeitskollegen mit und genoß es, ihn bei mir zu haben. Aber ich weiß, daß ich Glück hatte und eher eine Ausnahme war. Denn meine Kollegen waren nicht konservativ, und mein Beruf erlaubte mir viele Freiheiten. Außerdem unterstützte mich meine Frau sehr. Sie überließ mir Martin ohne Bedenken. Natürlich kam es manchmal auch vor, daß wir uns dabei ertappten, wie wir um die Gunst des Kindes konkurrierten. Wir redeten sehr viel über diese Gefühle und Probleme, dadurch wurden wir mit ihnen leichter fertig.»

«Es ist schwer, denn wir werden auf das Kind nicht vorbereitet. Im Gegenteil, die Gesellschaft erwartet, daß wir die Verantwortung den Müttern überlassen.»

Junge Väter brauchen auch unsere Unterstützung, wir dürfen sie nicht allein lassen oder beiseite schieben, weil sie mit den Kindern nicht sofort umgehen können. Nicht alle Väter sind geschickt. In unserem eigenen Interesse müssen wir sie ermutigen, auch sie brauchen die Unterstützung ihrer Frauen und Freunde – besonders in der ersten Zeit.

Ob nun die Mütter die Hauptlast der Verantwortung allein tragen oder ob Väter und Mütter sie gemeinsam tragen, junge Eltern haben in den ersten Tagen alle Hände voll zu tun: sie müssen das Kind medizinisch, physisch und psychisch betreuen, und daneben müssen noch Haushalt und Beruf erledigt werden:

«Wenn das Baby weint, wechselst du seine Windeln, gibst ihm ein Fläschchen oder stillst es. Wenn es aber nicht zu schreien aufhört, obwohl du schon alles versucht hast, dann kannst du schon verzweifeln. Es ist schrecklich, ein schreiendes Kind nicht beruhigen zu können, andererseits macht einen die Brüllerei auch rasend. Es ist anfangs sehr schwer, die eigenen Grenzen zu erkennen: Wie lange halte ich die Brüllerei aus, und wann sollte ich sie besser ignorieren oder das Baby jemand anderem anvertrauen, weil ich sonst wahnsinnig werde? Wie lange halte ich es aus, das Baby zu schaukeln, ohne entweder aggressiv zu werden oder es zu sehr zu verwöhnen? Wo endet die Liebe zum Kind und muß die Eigenliebe anfangen? Alles das sind wichtige Fragen, die wir erst mit der Zeit einschätzen lernen.»

«Ich habe mich anfangs viel zu strikt an die Vorschriften in Büchern gehalten. Als ich dann immer nervöser und müder wurde, ging es halt nicht mehr, dem Baby täglich ein Bad zu geben oder täglich mindestens zwei Stunden – wie die Ärzte einem raten – spazierenzuführen. Gerade das sind zeitaufwendige Dinge, die sehr belasten und im Grunde nicht lebensnotwendig sind. Vielleicht wäre alles einfacher, wenn wir nicht so wenig Selbstvertrauen hätten und nicht unter dem Zwang stünden, perfekt zu sein.»

In dieser ersten Zeit sehnen wir uns nach den alten Volksweisheiten, nach Humor und den ermutigenden Worten erfahrener Eltern, nach einer Großmutter, die uns sagen würde: «Erst wenn Kim mit zwei Jahren noch immer keinen einzigen Zahn hat, dann hast du Grund, dich zu sorgen.» Viele unserer Sorgen sind im Grunde nicht so wichtig, kleine Kinder sind erstaunlich stabil und kräftig, sie halten eigentlich mehr aus, als wir vermuten würden. Mit der Zeit lernen wir Wichtiges von Unwichtigerem zu unterscheiden:

«Ich bildete mir ein, alle Familienmitglieder gemeinsam um den Mittagstisch versammeln zu müssen. Es war jedesmal eine Katastrophe, denn Markus hatte absolut andere Essenszeiten als mein Mann und ich. Als ich mit meiner Mutter darüber sprach, erzählte sie mir, daß auch ich nie mit der ganzen Familie gegessen, sondern immer vorher meine Mahlzeit bekommen hatte. Danach entspannte ich mich und hörte auf, Idealvorstellungen zu erzwingen.»

«Über eines müssen wir uns im klaren sein: Alle Menschen, ob es nun Ärzte, Krankenschwestern, Schwiegermütter oder Freundinnen sind, werden über Entwicklungsstufen und Einzelheiten in der Entwicklung eines Kindes sprechen, als handelte es sich um Naturgesetze. Wenn du mehr Sicherheit hast, entdeckst du, daß dies alles subjektive Ansichten sind, die nicht für jedes Kind gelten.»

Auch wenn es sich nicht um ernste Krankheiten, wie schweren Durchfall, Erstickungsanfälle, Erbrechen handelt, erleben wir häufig dramatische

Momente und wissen nicht, an wen wir uns in unserer Not wenden sollen: Sollen wir einen Arzt rufen, sollen wir sofort in die nächste Klinik fahren oder in einer Mütterberatungsstelle anrufen, oder ist es nichts Schlimmes und vergeht in ein paar Stunden? Woher wissen wir, daß das Urteil des Arztes oder der Krankenschwester richtig ist?

«Emmanuel hatte zwei Wochen nach der Geburt vier Tage lang keinen Stuhl. Ich war verzweifelt. Es war an einem Sonntag, und der Kinderarzt war nicht zu Hause. Ich raste in die nächste Klinik, weil ich davon überzeugt war, er würde in wenigen Stunden sterben. Obwohl er quietschvergnügt war. Der diensthabende Arzt fragte mich, ob ich stillte, was ich bejahte. Dann nahm er ein Darmrohr, und Emmanuel entleerte seinen Darm ohne große Probleme. Erst da erfuhr ich, daß gestillte Kinder manchmal mehrere Tage ohne Darmentleerung sein können, es bedeutet, daß sie die Nährstoffe aus der Muttermilch vollkommen verwerteten. Ich war beruhigt, aber ich hätte meinem Mann nicht geglaubt, der mir vom Klinikbesuch abraten wollte.»

Natürlich wächst unsere Urteilskraft mit den Erfahrungen, aber ein kleines Restchen Unsicherheit bleibt immer. Kaum sagt uns jemand, daß unser Kind in letzter Zeit ein bißchen blaß aussehe, geraten wir in Panik und denken krampfhaft nach, ob er auch genug ißt und vor allem ob die Nahrung gut ist. (Siehe dazu Kapitel 8, «Familie und Gesellschaft».)

Sind wir auch gute Eltern?

Immer wieder stellen wir uns die Frage, ob wir in der Erziehung nicht irgendwelche schwerwiegenden Fehler machen, ob sich unser Kind gut entwickelt, ob wir ihm genug Liebe schenken, ob, ob, ... Gerade in den ersten Jahren sind wir unsicher als Eltern. Wir messen unsere Eigenschaften und Fähigkeiten an einem vagen Ideal der «guten Eltern», das wir durch die eigene Erziehung, die Medien und unsere Umwelt erhalten haben. Wir wissen, daß wir unserem Kind übermächtig und allwissend vorkommen, daß wir ihm die ersten Eindrücke seiner Umwelt vermitteln, daß unsere Beziehung zu ihm entscheidend für sein ganzes späteres Leben sein wird. Einerseits wollen wir ein starkes Band zwischen uns und dem Kind herstellen, andererseits wollen wir es in seiner Entwicklung nicht durch eine zu starke Bindung behindern. Wir wollen eine schöne Mutter/Vater-Kind Beziehung, obwohl es die perfekte Beziehung nicht gibt. Wir wissen selbst, daß wir viele Schwächen und Mängel haben, die unser Kind eines Tages erkennen und womöglich kritisieren wird. Wir sind nicht allmächtig und auch nicht allwissend, wie unser Kind am Anfang glaubt. Der Gedanke, unser Kind vielleicht eines Tages enttäuschen, das heißt ernüchtern zu müssen, weil es ein realistisches Bild von unseren Fähigkeiten und Qualitäten erwirbt, macht uns Angst.

«Ich wollte meinem Kind die Urmutter schlechthin sein und alle seine Bedürfnisse stillen. Aber als diese Bedürfnisse ins Uferlose eskalierten, mußte ich meine Grenzen erkennen. Es war ein trauriger Moment, als ich erkannte, daß es für meine Liebe und Großzügigkeit Grenzen geben muß.»

«Wenn ich mit meinem Kind ununterbrochen zusammen bin, bekomme ich Aggressionen. Ich habe das Gefühl, mich selbst zu verlieren, weil ich nur für die Bedürfnisse eines anderen dasein soll. Ich weiß, daß meine Aggressionen Gründe haben, aber ich habe Schuldgefühle. Ich weiß, daß ich mir zu viel von der Beziehung zu meinem Kind erwarte – von keinem anderen Menschen erwarte ich so viel oder gebe so viel –, aber ich habe noch nicht die Harmonie zwischen den Wünschen meines Kindes und meinen eigenen gefunden.»

Neben den Sorgen, ob wir gute Eltern sind, machen wir uns auch Gedanken, ob sich unser Kind gut entwickelt. Schon im ersten Jahr entdecken wir Eigenheiten an ihm, die vielleicht unseren Wunschvorstellungen widersprechen:

«Kinder sind ein Spiegel deiner selbst. Wenn wir an unserem Kind schlechte Eigenschaften entdecken, die wir selber haben, fühlen wir uns schuldig.»

«Mein Kind litt lange Zeit unter Koliken. Ich wurde den Gedanken nicht los, daß ich die Ursache dafür sein könnte.»

Wir sind mit der Vorstellung groß geworden, daß Mütter ihre Kinder voll und ohne Einschränkung lieben müssen. Wenn eine Mutter gegen ihr Kind Aggressionen hat, dann ist sie eine schlechte Mutter.

«Ich mußte mir im ersten Jahr eingestehen, daß mir Ehe und Familie für ein erfülltes Leben nicht genügten, ich erwartete mir mehr von meinem Leben. Lange Zeit unterdrückte ich diese Sehnsüchte in mir. Heute weiß ich, daß ein Kind gar nicht ständig nach der Mutter verlangt. Liebe läßt sich nicht an engem Beisammensein allein messen. Ich weiß heute, daß ich meinem Kind auch eine gute Mutter sein kann, wenn ich daneben einen erfüllten Beruf ausübe, mich aber in meiner freien Zeit intensiv und ehrlich mit ihm beschäftige. Unter meinen ständigen Konflikten hätte es mehr gelitten.»

Die Probleme von Vätern unterscheiden sich von unseren:

«Meinem Freund ist es in Anwesenheit anderer immer peinlich, mit seinem Kind in der Babysprache zu reden. Nur wenn er allein mit seinem Baby ist, gibt er ihm all die süßen, weichen, verführerischen Namen, die Mütter normalerweise ihren Kindern geben. Wir sind eben mit dem Vorurteil groß geworden, daß Männer Männer sein müssen, das heißt eben nicht verspielt, kindlich und gefühlvoll. Es dauert sehr lange, bis wir unsere Hemmungen ablegen können.»

Mütter und Väter sollen sich wie «Erwachsene» und nicht wie Kinder benehmen. Warum denn nicht? Es schadet niemandem, im Gegenteil, unsere Kinder verlieren ihre Scheu vor den großen, mächtigen Erwachsenen, wenn sie sich auf die Erde neben ihnen niederlassen und bei den Kinderspielen mittun. Und auch uns selber tut es gut, den Ernst des Lebens abzulegen und mit unseren Kindern Kinder zu sein. Erfreulicherweise hat sich unser Umgangston mit ihnen schon geändert. Wir Eltern suchen nach einer neuen, zeit- und lebensgerechteren Identität und nehmen uns größere Freiheiten für die Gestaltung unserer Beziehungen, auch zu unseren Kindern. Gleichzeitig hat sich jedoch auch eine nachteilige Vorstellung breitgemacht: die von den Supereltern, die alle Fehler früherer Generationen – sich selbst und den Kindern gegenüber – vermeiden wollen. Dieses «Ideal» bringt jedoch keine neuen Freiheiten, sondern bedeutet neue Einschränkungen:

«Als ich mein erstes Kind bekam, wollte ich allen meinen Arbeitskolleginnen zeigen, daß ich nicht wie die anderen Mütter versauern würde. Ich kämpfte kurze Zeit, den Konflikt zwischen Beruf und Familie zu unterdrücken. Es war ein Alptraum. Nach zwei Monaten mußte ich aufgeben. Ich war total erschöpft. Warum sollten die anderen nicht sehen, daß ich keine «Superfrau» war? Es hätte mir damals sehr viel geholfen, wenn ich eine Kollegin um Hilfe gebeten hätte oder meine Überarbeitung und Überforderung durch das Kind offen zu zeigen. Wahrscheinlich lag es daran, daß ich Angst hatte, als Mutter beruflich auf der Strecke zu bleiben. Denn von einer Mutter erwartet man, daß sie ihre ganze Kraft in die Beziehung zu ihrem Kind steckt.»

In gewisser Weise sind wir Pionierinnen: Wir gehen neue Wege mit unseren Kindern. Nicht allen Mitgliedern unserer Gesellschaft gefällt das, besonders wenn wir uns entscheiden, unseren Beruf weiter auszuüben:

«Momentan ist meine Arbeit reines Mittel zum Zweck, nämlich Geld zu verdienen. Sie ist nicht mehr wie früher eine interessante, befriedigende Tätigkeit, der ich mich gern und voll widme. Jetzt ist die Familie wichtiger. Meistens bin ich dennoch von meiner Entscheidung überzeugt, aber es gibt viele Tage, an denen mir Zweifel kommen. Die Allgemeinheit lehnt meine Einstellung ab, und ich finde kaum Verständnis.»

Junge Väter müssen nicht nur in der Berufswelt für ihre neue Einstellung gegenüber ihrer Vaterschaft kämpfen, selbst im eigenen Familienkreis stoßen sie auf Kritik:

«Als meine Mutter zum erstenmal sah, daß ich mein Baby genauso versorgte wie meine Frau, sagte sie zu meinem Vater: ‹So eine Schande! Das ist doch Frauensache! Das hat doch mein Sohn nicht nötig!›»

Wenn wir unser erstes Kind bekommen, steigen Erinnerungen an die eigene Kindheit in uns hoch, und wir bekommen ein neues Verhältnis zu unseren eigenen Eltern. Wir sehen ihre Eigenschaften in einem neuen Licht, und wir sehen unsere eigene Erziehung mit kritischen Augen:
> «Meine Eltern verboten mir immer mit leiser Stimme, als Mädchen zu schreien. Als ich Laura zum erstenmal schreien ließ, bis sie eingeschlafen war, fühlte ich mich so angespannt, daß ich ins Nebenzimmer lief und mir ein Kissen über den Kopf hielt und irrsinnig laut schrie. Ich erschrak entsetzlich, als dieser Schrei aus mir herausbrach, weil ich eine Grenze meiner Kindheit überschritten hatte. Aber es tat mir unendlich gut.»

Viele von uns empfinden plötzlich tiefen Respekt und Bewunderung für die eigenen Eltern:
> «Zum erstenmal sah ich meine Mutter als Menschen. Ich erkannte, wie liebevoll sie sich um mich gekümmert hatte. Am liebsten hätte ich sie angerufen, um ihr sofort zu danken.»

Die emotionale Entfernung, die sich in der Pubertät und den Jahren danach zwischen uns und unsere Eltern geschoben hat, wird plötzlich kleiner. Wir sehen unsere Eltern als Frauen und Männer, die die Probleme ihrer Kinder umsichtig behandelt, die uns ernst genommen hatten. Jetzt, da wir selber die totale Verantwortung, für ein Kind zu sorgen, kennen, wissen wir auch die Anstrengungen unserer Eltern zu schätzen. Wir haben etwas mit ihnen gemeinsam, das uns einander näherbringt. Nachträglich erkennen wir auch, was wir ihnen zu verdanken haben und daß das, was wir früher Schuld oder Schwäche nannten, kein persönliches Versagen war, sondern aus der Belastung durch das tägliche Beisammensein, aus der pausenlosen Verantwortung für ein kleines Kind, aus der geringen Unterstützung der Umwelt gekommen war. Jetzt, da wir am eigenen Leib all die Sorgen, Einsamkeiten, Freuden und Schönheiten erleben, glätten sich die scharfen Konturen des Bildes, das wir von unseren Eltern gezeichnet hatten.

Die Beziehung zum Partner ändert sich weiter

Ob wir ein Kind geboren oder es adoptiert haben, wir sind nicht mehr die alten «Freunde», «Liebhaber», «Partner», sondern sind plötzlich gemeinsam für ein drittes Wesen verantwortlich. Wir haben eine gemeinsame Lebensaufgabe. Wie wir mit der neuen Verantwortung, den neuen Freuden und Leiden fertig werden, wie wir uns die Aufgaben aufteilen, läßt sich nicht vorhersagen oder vorherplanen. Denn an dieser Beziehung ist jemand beteiligt, der sich nicht vorprogrammieren läßt. Für die meisten Paare zeigt sich zum erstenmal der Ernst ihrer bisherigen emanzipatorischen Ansprüche. Unsere Vorstellung, daß auch Frauen ein Recht auf ein selbständiges, individuelles Leben außerhalb des Hauses haben und daß Männer ebenso ein Recht oder die Pflicht auf die Freuden der Kinderbetreuung besitzen, soll nun Wirklichkeit werden (siehe Kapitel 6, «Gemeinsame Kinderbetreuung und Erziehung»). Wie auch immer Mütter und Väter sich die neuen Aufgaben aufteilen, wesentlich ist, daß sie die Entscheidungen gemeinsam treffen.

Bis zur Geburt des Kindes waren alle Aufgaben im Haushalt mehr oder weniger unwichtig. Wir konnten spontan Pläne machen. Der Wohnungsputz konnte warten. Wir mußten nicht regelmäßig kochen, wir konnten außer Haus essen – es ging nicht um volle Verantwortung. Mit einem Kind wird alles anders. Zum erstenmal geht es um echte Verantwortung für das Wohlleben, ja im Grunde sogar das Überleben, um die physische, psychische und geistige Entwicklung eines Menschen. Wir können nach einem Streit nicht einfach aus dem Haus laufen. Wir können uns nur ein bestimmtes Maß an Schlampigkeit und Nachlässigkeit leisten, soweit eben die Entwicklung des Kindes nicht gefährdet ist. Das alles sind lebenswichtige Dinge, die wir gezwungenermaßen ernst nehmen müssen.

Die meisten Frauen waren ebenfalls berufstätig, und der Haushalt mußte bisweilen hintangestellt werden. Plötzlich jedoch müssen die Aufgaben in der Wohnung und mit dem Kind genau und gerecht aufgeteilt werden, soll nicht die Frau benachteiligt sein – außer sie will selbst allein für beides verantwortlich und zuständig sein, dann aber ist es ihre freie Entscheidung.

Es ist von Vorteil, wenn wir uns das alles vorher überlegen und auch vorher bereits eine gewisse Einteilung treffen, an die wir uns dann auch halten. Denn wenn einmal das Kind da ist, gibt es so viele Belastungen, daß wir unsere Zeit und Kraft nicht für Streitereien dieser Art opfern sollten – besonders im ersten Jahr, in dem wir die Veränderungen unseres Lebens am stärksten wahrnehmen, weil sie eben noch neu und unbewältigt sind. Wir können einem acht Monate alten oder einem einjährigen Kind einfach nicht erklären, daß auch wir bestimmte Bedürfnisse haben oder momentan zur Arbeit müssen. Wir fühlen uns hin und her gerissen zwischen unseren Anforderungen: uns voll dem Kind zu widmen, den Partner nicht zu vernachlässigen, die beruflichen Interessen nicht zu verdrängen und die Freunde nicht zu vergessen.

«Ich war mitten in meiner Karriere, und ich wußte, wenn ich jetzt meinen Beruf an den Nagel hänge, werde ich das der kleinen Sara übelnehmen. Außerdem wollte ich nicht wie die meisten anderen Frauen in meinem Bekanntenkreis in den ersten Jahren zu arbeiten aufhören, um mich voll dem Kind zu widmen und dann wieder unter großen Schwierigkeiten ganz von vorne anfangen zu müssen. Ich fand eine liebe Frau, die sich um Sara kümmert, während ich arbeite. Ich weiß, daß mein

Kind in guten Händen ist. Aber ich weiß auch, daß das keine ideale Lösung ist. Eine berufstätige Mutter hat es nicht leicht. Ja, ich liebe meine Arbeit, aber es gibt Tage, an denen habe ich das Gefühl, weder gut zu arbeiten, noch eine gute Mutter zu sein. Der Haushalt ist ein Chaos, das Kind ist mir irgendwie fremd, ich habe den Rhythmus der täglichen Betreuung des Kindes verloren, und ich bin auf die innige Beziehung meines Kindes zum Babysitter eifersüchtig.»

«Vor den Kindern war ich berufstätig. Aber ich haßte den Stress, und meine Arbeit machte mir keinen Spaß. Ich wollte im Grunde Kinder haben und für sie dasein. Als ich endlich beim ersten zu Hause bleiben ‹durfte›, war ich überglücklich. Ich spiele gern mit meinen Kindern, nähe gern, gebe ihnen ein schönes Zuhause. Natürlich gibt es Zeiten, da könnte ich auf und davon rennen. Wenn zum Beispiel Alice die ganze Nacht hustet und ich kein Auge zumachen kann. Dann verfluche ich den Umstand, daß meine Familie so weit entfernt lebt und daß Rob von neun bis fünf arbeitet. Aber niemals verfluche ich den Umstand, Kinder zu haben.»

«Manchmal wünsche ich mir, mein Mann würde mir bei der Arbeit helfen. Aber dann bin ich wieder stolz auf die enge Beziehung zu meinem Kind. Ich bin stolz, es stillen zu können, und ich bin stolz, daß ich es bin, die es beruhigen kann, wenn es weint.»

Für Mütter, die den Beruf aufgegeben haben, ist es sehr wichtig, daß sie neben der Kindererziehung und der Arbeit im Haushalt auch ihre eigenen Interessen pflegen. Gerade Ganztagsmütter müssen unbedingt einen zuverlässigen Partner, gute Freunde, Nachbarn oder Babysitter haben, denen sie ihr Kind ohne Bedenken anvertrauen können, wenn sie einmal ausspannen wollen.

«Als Eric acht Monate alt war, meldete ich mich für einen Abendkurs an. Jedesmal wenn ich vom Kurs nach Hause kam, fühlte ich mich wie neugeboren und voll Energie, weil ich endlich auch einmal etwas für mich getan hatte.»

Viele Väter wünschen sich mehr Zeit für ihre Kinder. Sie würden gern eine Halbtagsbeschäftigung annehmen, aber das Angebot an interessanten, verantwortungsvollen Halbtagsberufen ist in unserer Gesellschaft nicht gegeben (siehe auch Kapitel 8, «Familie und Gesellschaft»). Außerdem ist die materielle Einbuße für die Familie oft beachtlich. Also sind es nach wie vor weitgehend die Frauen, die besonders in den ersten zwei, drei Jahren die Kinder betreuen und ihre beruflichen Interessen in den Hintergrund schieben. Viele Frauen leiden unter dem Verlust ihrer früheren wirtschaftlichen Selbständigkeit und vermissen den Kontakt mit früheren Arbeitskollegen. Oftmals empfinden sie es als objektiven Machtverlust in einer Beziehung, die ursprünglich auf Gleichheit beruhen sollte.

«Ich hatte Angst, bald keinen anderen Gedanken mehr zu fassen außer, sieht sie auch niedlich aus, und wie oft war sie heute auf dem Töpfchen. Ich sehnte mich nach meinem Beruf zurück. Aber verglichen mit meinem Mann, verdiente ich derartig wenig, daß es undenkbar war, daß ich die Familie ernährte. Eine Halbtagsarbeit für uns beide hätte eine drastische Einschränkung unseres Lebensstandards bedeutet. Vielen Frauen geht es ähnlich.»

«Als unser Sohn noch klein war, verdiente ich mehr als sein Vater. Aber mein Beruf war sehr anstrengend. Ich mußte oft bis spät in die Nacht arbeiten, stand unter ständigem Leistungsdruck und Konkurrenzzwang. Mein Mann jedoch konnte sich seine Arbeit selbst einteilen, also war er in der ersten Zeit mehr mit dem Kind zusammen. Aber immer wenn Ricky ernsthaft krank wurde und einer von uns einen Urlaubstag nehmen mußte, um ihn zu betreuen, oder als es dann darum ging, daß einer von uns zum Sprechtag in die Schule sollte, da war ich es, deren Arbeit nicht so wichtig war. In unserer Gesellschaft gilt eben nach wie vor die Arbeit des Mannes als wesentlicher.»

In manchen Fällen kann es zu ernsthaften Konflikten für einen der Partner kommen:

«Als ich einsehen mußte, daß Theo mir nie helfen, daß die ganze Arbeit mit dem Kind und dem Haushalt auf mir lasten würde, war ich entsetzt. Zuerst kämpfte ich noch, aber mit der Zeit gingen mir die Streitereien auf die Nerven, außerdem änderte sich dadurch nichts in unserer Beziehung. Ich mußte resignieren. Nun werde ich ein paar Jahre warten müssen, bis ich wieder anderen Interessen nachgehen kann.»

Aber auch wenn der Mann eigentlich mithelfen will, aus beruflichen Gründen jedoch nur ein bestimmtes Maß an zeitlicher Unterstützung aufbringen kann, kann es zu Streitigkeiten kommen, die das Familienleben belasten. Wenn er sich bereiterklärt, im Haus mitzuhelfen, können wir ihm anfangs behilflich sein. Wir sollten seine Mithilfe nicht zu kritisch beurteilen, auf keinen Fall sollten wir ihm die Arbeit aus der Hand nehmen, wenn sie nicht gleich unseren Vorstellungen gemäß erledigt wird. Wenn wir bedenken, daß unsere Männer und Freunde als Kinder nicht angehalten wurden, im Haushalt mitzuhelfen und alle nötigen Handgriffe zu lernen, fällt es uns leichter, unsere Erwartungen nicht zu hoch zu schrauben.

Wir haben weder Lust noch Zeit für Sex

In der Zeit unmittelbar nach der Geburt sind wir dermaßen überfordert und erschöpft, daß uns die Freude am Sex vergeht. Unlängst fragte mich eine Freundin ganz verzweifelt: «Sag mal, hast du seit der Geburt schon einmal mit deinem Mann geschlafen?» Den meisten von uns geht es ähnlich: wir sind plötzlich zu dritt in der Wohnung, und obwohl das Baby noch klein ist, fühlen wir uns nicht mehr allein und unbeobachtet. Selbst wenn das Baby am anderen Ende der Wohnung schläft, haben wir das Gefühl, von ihm belauscht zu werden. Manche vermuten, daß Babies unbewußt ahnen, wann ihre Eltern allein sein wollen, um miteinander zu schlafen:

«Ich hatte große Schwierigkeiten, nach der Geburt von Anna mit meinem Mann wieder zärtlich zu werden. Irgendwie scheute ich vor Berührungen zurück. Und wenn wir uns endlich entspannt einander widmen wollten – Anna war endlich in ihrem Bettchen eingeschlafen –, wachte sie auf und schrie nach uns. Anfangs versuchten wir, ihre Brüllerei zu ignorieren, aber sie ließ nicht locker, und dann war uns ohnehin die Lust vergangen. Wer kann sich schon mit dieser Brüllerei im Ohr entspannen und für Zärtlichkeiten öffnen?»

«Ich war schrecklich eifersüchtig auf das Kind, es nahm mir irgendwie meine Frau weg; alles drehte sich nur noch um Jan. Ein Baby kann dir auf viele Arten den Partner wegnehmen: es kostet Nerven, Kraft, Aufmerksamkeit, Nahrung, Sexualität. Als Mann muß man sich über diese Veränderung im klaren sein, sonst schleicht sich Eifersucht in die sexuelle Beziehung zur Partnerin, und wenn man sich diese Gefühle nicht eingesteht, wird alles nur noch schlimmer.»

Besonders ausgeschlossen fühlen sich manche Männer, wenn ihre Frauen stillen. Nicht immer lassen sich die mütterlichen und sexuell-körperlichen Bedürfnisse harmonisch vereinen.

«Als ich meinen Sohn nach elf Monaten abstillte, war ich traurig und gleichzeitig froh. Ich wollte endlich wieder einen schlanken Körper, der nur mir gehört, und ich sehnte mich nach sexueller Aktivität. Andererseits trauerte ich um die innige Beziehung zu meinem Baby.»

Es trifft für fast alle Paare zu, daß sie im ersten Jahr nach der Geburt nur wenig Gelegenheit für Sex und andere Vergnügungen haben. Unsere Tage sind mit Arbeit ausgefüllt, wir kommen kaum aus dem Haus, sind fast nicht mehr mit dem Partner allein und haben nur wenig Zeit für angeregte Gespräche mit ihm, die wir aber brauchen, um die sexuelle Befriedigung nicht vom größeren Kontext unserer Beziehung zu isolieren.

«Martin war ein unproblematisches Baby, er schlief von Anfang an durch, gewöhnte sich rasch seinen Eßrhythmus an und war nie ernstlich krank. Trotzdem änderte sich durch seine Anwesenheit die Beziehung zwischen mir und meinem Mann. Es gab Spannungen, und wir fühlten uns durch die dritte Person, die einfach immer da ist, eingeschränkt.»

Andererseits entdecken wir durch die Hilflosigkeit unseres Kindes und durch sein Bedürfnis nach Liebe, wie sehr wir selbst dieser Art Liebe bedürfen. Wir sehnen uns nach der früheren Intimität mit unserem Partner zurück. Wir brauchen einen gleichaltrigen Menschen, der sich uns widmet und uns versteht. Wir wollen die neuen Eigenschaften, die unser Kind in uns weckt, mit einem anderen Erwachsenen teilen.

Unser erster Geburtstag als Eltern

Nach dem ersten Jahr fühlen wir uns einigermaßen sicher in unserer neuen Rolle. Unsere Umwelt akzeptiert uns als Eltern, und die ersten Schwierigkeiten scheinen hinter uns zu liegen. Zwar sind die meisten von uns nach diesem ersten Jahr erschöpft, besonders wenn sie allein für das Kind sorgen müssen. Aber wir sind reifer geworden und haben viel dazugelernt. Die Hilflosigkeit und Abhängigkeit unseres Kindes hat uns stark belastet und viele von uns des öfteren an den Rand der Verzweiflung gebracht, aber wir haben auch viele neue Freuden entdeckt:

«Früher hatte ich mir nie vorstellen können, daß die Schreie und Grunzlaute eines Säuglings so herzerfrischend sein können. Aber seit Martin mit mir zu sprechen begonnen hat, genieße ich sie aus vollem Herzen. Er stößt einen Laut aus, dann ich, dann er, und so spielen wir, bis einer von uns müde wird. Ich knie vor ihm auf dem Boden und amüsiere mich köstlich.»

Mit der Zeit nimmt die Abhängigkeit unseres Kindes ab, und es entwickelt sich zu einem selbständigen Wesen:

«Peter saß in seinem Kindersessel am Fenster und spielte mit den Lichtstrahlen. Er streckte die Hand nach ihnen aus und blinzelte in die Sonne. Ich saß ihm gegenüber, aber er nahm mich nicht wahr. Er war vollkommen vertieft in seine Tätigkeit. Ich fühlte mich von ihm getrennt, er kam mir unendlich weit weg vor. Früher brauchte er mich, war völlig auf mich angewiesen. Aber als er so mit der Welt zu spielen begann, stellte er ein geschlossenes System von Bedürfnissen dar. Dasselbe Gefühl hatte ich, als er sich selbst beruhigen lernte, indem er am Daumen zu lutschen begann. Ich glaube, diese Entwicklungsschritte gehören zu den wichtigsten im Leben eines Menschen.»

Wir müssen diese Entwicklung fördern, andererseits dürfen wir unser Kind nicht zu sehr sich selbst überlassen, das ist keine leichte Sache:

«Ich habe es genossen, mein Baby zu stillen, und hatte nie das Gefühl, meinen Körper oder die Kontrolle über ihn dabei zu verlieren. Aber nach neun Monaten wurde es mir lästig. Ich wollte nicht mehr so eng mit meinem Kind verwachsen sein, sondern eine andere Art des Beisammenseins finden. Er war reifer geworden und brauchte mich nicht mehr so wie früher. Dem mußte ich mich anpassen.»

Peter Simon

Nicht nur unser Kind ist von uns abhängig und löst sich nur langsam aus dieser Beziehung, auch wir entwickeln sehr rasch ein Gefühl der Abhängigkeit von ihm:

«Schon vor der Geburt verbrachte ich Stunden damit, mir vorzustellen, wie alles sein würde. Ich machte die verschiedensten Pläne für nachher; nach zwei Monaten würde ich wieder zu arbeiten beginnen; Luisa würde nur noch vier Mahlzeiten am Tag brauchen, und der Babysitter würde über alles Bescheid wissen ... Jetzt ist Luisa ein Jahr alt, und ich weiß, wie lächerlich alle diese Vorstellungen waren. Ich hatte kaum einen Einfluß auf die Entwicklung meines Kindes, vor allem hatte ich keinen blassen Dunst davon gehabt, wie sehr ich von ihm abhängig sein würde. Ich wollte gar nicht nach zwei Monaten arbeiten gehen. Außerdem läßt sie sich nicht programmieren. Kein Tag ist wie der vorherige, heute ist sie um sechs Uhr auf, morgen vielleicht erst um acht. Heute ist sie guter Dinge und begrüßt mich mit einem Lächeln, morgen begegnet sie mir mit Tränen und schlechter Laune. Ich könnte nie länger als für eine Woche planen.»

Wir kommen uns zwar noch bisweilen überfordert vor und sind total erschöpft, aber nach diesem ersten Jahr wissen wir, wie wir unser Kind beruhigen können, was es für seine tägliche Pflege braucht, und wir kennen im wesentlichen seine Bedürfnisse und Eigenheiten. Wir haben in unserer Rolle als Eltern Sicherheit gewonnen. Wir haben mit unserem Kind vieles gemeinsam erlebt und auch an unserem Partner neue Eigenschaften entdeckt. Und wir haben selbst erfahren, was für einen Stellenwert die Familie in unserer Gesellschaft hat, wie weit sie unterstützt, gefördert oder allein gelassen wird.

In den Jahren bis zum Schuleintritt macht unser Kind eine Entwicklung durch wie nie mehr in seinem Leben. Es lernt gehen, reden, wird selbständiger, entwickelt sich zu einer eigenen Persönlichkeit. Mit all diesen Schritten müssen wir uns mit entwickeln und immer die rechte Mitte zwischen Liebe und Eigenliebe finden. Mit der Zeit stellt sich auch ein neues Gleichgewicht zwischen unseren beruflichen Interessen und denen der Familie her. Allmählich finden wir zurück in die Außenwelt, die uns in diesen ersten Jahren so unendlich weit weg schien.

Sie waren schön, diese ersten Jahre

«Als Susan noch ein Baby war, versuchte ich, alles mit ihr gemeinsam zu machen. Aber irgendwie fühlte ich mich von ihr getrennt. Heute genieße ich ihre Gegenwart voll. Jede Veränderung, jeder Schritt in ihrer Entwicklung zeigt mir neue Lebensmöglichkeiten und macht mir große Freude: Wenn sie sich vor den Spiegel stellt und Gesichter schneidet, wenn sie ein Spiel erfindet, wenn sie mit ihrem Kindertelefon wie eine kleine Erwachsene telefoniert, wenn sie mich nachahmt ... ich kann nicht genug von ihr bekommen.»

Wir fühlen uns für unsere früheren Mühen reich belohnt. Unser Kind entwickelt sich, es lernt täglich etwas Neues, all das erfüllt uns mit Freude und Stolz. Außerdem ahnen wir, daß die lästigen Rituale des Windelwaschens, Saubermachens, stundenlangen Spazierenführens bald vorbei sein werden. Je weiter sich unser Kind zu einem selbständigen Menschen entwickelt, um so mehr erobern wir unsere frühere Unabhängigkeit zurück:

«Die ersten Gehversuche, die ersten selbständigen Eßversuche, daß er sich endlich seine Sachen selber holen kann – bringen mich meiner früheren Freiheit näher. Zentimeter um Zentimeter kommt mein altes Leben zu mir zurück.»

Unser Kind wird zunehmend interessierter, gesprächiger, phantasievoller und will seine Erlebnisse immer stärker mit uns teilen. Als Zuschauer der kindlichen Entdeckungsreisen kommen wir in den Genuß neuer Schönheiten und Lebensfreuden. Durch unser Kind erhalten wir eine Eintrittskarte in ein Reich der Phantasie und Wunder, das wir schon lange versunken glaubten:

«Wie sollten wir ohne unsere Kinder je erfahren, daß der Teekessel schreit, daß der Himmel Tränen weint oder daß Boote nicht sinken, weil sie verwandelte Fische sind?!»

Durch unsere Kinder bekommen wir auch eine humorvolle Distanz zu unserer eigenen Welt:

«Gestern früh wurde Emmanuel durch das Gezwitscher eines Vogels geweckt. ‹Ein Vogel bellt›, machte er mich aufmerksam, nachdem ich ihm am Vorabend erklärt hatte, daß ein Hund nicht redet wie ein Mensch, sondern bellt.»

«Um drei Uhr nachts hörte ich Maria weinen. Ich ging in ihr Zimmer und fand sie mit weit aufgerissenen Augen in einer Bettecke kauernd. ‹Ein riesiger Bär kommt, ich habe Angst.› Ich versteckte mich mit ihr unter der Bettdecke, und wir hielten einander fest. ‹Hier sind wir sicher›, tröstete ich sie, und sie schlief wieder ein. In der Früh will sie nicht runterkommen, weil sie Angst hat, daß sich der Bär unten versteckt hält. Ich öffne vorsichtig die Tür, um ihr zu zeigen, daß weit und breit kein Bär in Sicht ist. ‹Oh, er ist verschwunden›, meint sie, ‹wahrscheinlich ist er arbeiten gegangen.›»

Durch unsere Kinder bekommen wir auch eine neue Beziehung zu unserem Körper und seinen Funktionen:

«Ich wurde in einer Familie groß, in der sich jeder hinter verschlossener Tür anzog und keiner vor dem anderen aufs Klo ging. Anna gehört zu

Austin deBesche

den Kindern – und ich glaube, die meisten Kinder sind so –, die sich nackt am wohlsten fühlen und die am liebsten haben, daß alle um sie nackt sind. Als sie noch kleiner war, badeten wir immer zusammen, und ich genoß es, mit ihr in der Badewanne zu spielen. Sie interessierte sich für jeden Körperteil, keine meiner Falten oder Polsterungen entging ihr. Niemand, selbst ich nicht, hatte jemals so großes Interesse an meinem Körper gezeigt.»
Die körperliche Freiheit und Ungezwungenheit, die unser Kind in unser Leben bringt, wird noch verstärkt durch die Unmittelbarkeit seiner Gefühle. Die Offenheit unseres Kindes zeigt uns, wie sehr wir selbst durch Erziehung und Konventionen mit Takt und Höflichkeit unsere intimsten Gefühle verbergen. Vielleicht lernen wir wieder, sie ohne Scheu und Angst vor dem anderen zu zeigen:
«Bei uns zu Hause darf jeder seine Gefühle offen zeigen. Unsere Streitereien beginnen mit Wutausbrüchen und enden meist mit Lachen. Alle dürfen laut schreien, und auch starke Ausdrücke sind nicht verboten: ‹Bist du wahnsinnig! Du spinnst, du Idiot!› sind nicht tabu. Aber auch der andere darf zurückschreien. Wenn dann die erste Wut verraucht ist, reden wir ruhig über alles, und zuletzt fallen wir uns wieder um den Hals. Eigentlich stammt dieses ‹Spiel› von meinen Kindern. Früher ha-

be ich meine Wut und meinen Zorn immer in mich hineingefressen, wo sie dann weiterbrüteten, bis sie mich krank machten.»

Das besonders Schöne am Zusammenleben mit unseren Kindern ist ihre Zuneigung. Ihre Liebe ist an keinerlei Bedingungen geknüpft, sie hängt nicht von unserer sexuellen Attraktivität, intellektuellen Leistung oder gesellschaftlichen Stellung ab. Für unsere Kinder ist alles, was wir tun, wie wir aussehen und wie wir uns ihnen gegenüber verhalten, wichtig; sie wollen in erster Linie unsere Liebe und Anerkennung, sie brauchen uns:

«Es war einmal ein Junge, der hatte keine Eltern. Eines Tages wollte er in eine andere Stadt gehen, also machte er sich auf den Weg. Nach ein paar Stunden kam er an eine Mauer, bei der ein Wächter stand und Wache hielt. Dieser fragte ihn: ‹Willst du den König sprechen?› Der Junge sagte: ‹Ja›, und darauf öffnete ihm der Wächter das Tor. Der Junge ging ins Schloß hinein und zum König. Dieser sagte zu ihm: ‹Wenn du den bösen Drachen vor meinem Schloß tötest, erfülle ich dir jeden Wunsch.› Also ging der Junge und tötete den Drachen. ‹Was willst du nun?› fragte der König. ‹Gold und Edelsteine?› ‹Nein›, sagte der Junge. ‹Möchtest du mein Schloß und selber König sein?› ‹Nein›, sagte der Junge, ‹ich möchte gern Eltern haben.› ‹Dein Wunsch sei dir erfüllt›, sagte der König, und von nun an hatte der Junge Eltern.»

Wenn uns unser Kind eine solche Geschichte erzählt, wer von uns würde da nicht alle Nöte und Sorgen mit den Kindern vergessen?

Die Schwierigkeiten sind noch nicht vorbei

Die Freuden dieser Zeit sind zwar wirklich, aber ebenso wirklich und groß sind auch die Sorgen. Solange unsere Kinder klein sind, befinden wir uns ständig in Situationen, die wir zum erstenmal erleben, und wir wissen nicht, worauf wir aufpassen sollen oder wo die Gefahren lauern. Erst wenn alles vorbei ist, wissen wir, was gefährlich ist und was nicht. «Kleine Kinder, kleine Sorgen. Große Kinder, große Sorgen», sagt man hierzulande, und es stimmt.

«Bisher war ich immer abends ausgegangen, ohne mir irgendwelche Gedanken zu machen. Ich habe Martha einfach in die Tragtasche gesteckt und in ein Zimmer unserer Gastgeber gestellt. Dort hat sie dann friedlich geschlafen, bis wir nach Hause gingen. Eines Abends, sie war gerade ein Jahr alt geworden, nahm ich sie wieder wie gewöhnlich zu einer Einladung mit. Aber sie weigerte sich zu schlafen. Jedesmal wenn ich aus dem Zimmer ging, stand sie auf und fing bitterlich zu weinen an. Ich versuchte sie zu beruhigen, dann versuchte ich sie ein bißchen schreien zu lassen. Es half alles nichts. Sie wollte nicht mehr allein bleiben.»

Nellie Meras

Wir müssen uns an diese neue Situation gewöhnen. Viele von uns empfinden diese Entwicklung unserer Kinder als Rückschritt und große Belastung. Denn nun können wir sie nicht mehr einfach ‹abstellen›, sie stehen von selber auf, und bald klettern sie aus jedem Gitterbett:

«Als Andrea noch klein war, schlief sie zweimal täglich zwei Stunden. Manchmal mußte ich nachschauen, ob sie auch noch atmete. Aber seit sie ein Jahr ist, will sie tagsüber nur noch einmal schlafen, und sie wacht morgens immer früher auf. In der Zwischenzeit spielt sie wie besessen und braucht meine ganze Aufmerksamkeit. Ich habe kaum mehr für mich selber Zeit.»

Plötzlich wollen unsere Kinder alles selber machen. Dadurch begeben sie sich aber auch mehr als früher in Gefahr, und viele von uns sehnen sich nach der Zeit zurück, als sie noch im Gitterbettchen schliefen und nicht von selbst heraussteigen konnten:

«Ich wünschte mir sehnlichst, daß sie selber essen würde, damit ich mich endlich meinem eigenen Essen widmen konnte. Aber bis es soweit ist, braucht man gute Nerven. Es dauert eine Ewigkeit, bis sie

Nancy Scanlan

aufhören, den Löffel durch die Gegend zu werfen, die Suppe auszuschütten und darin zu planschen und den Teller vom Tisch zu fegen.»
«Am meisten gingen mir die Spaziergänge auf die Nerven. An jeder Straßenecke gab es einen Kampf. Paul wollte nicht mehr an der Hand gehen, sondern allein über die Straße marschieren. Er setzte sich mitten auf den Gehsteig und weigerte sich weiterzugehen. Aber ich kann doch einen zweijährigen Jungen nicht allein über die Straße laufen lassen!? Ich drohte ihm, wenn er nicht an der Hand ginge, würden wir nie mehr spazierengehen. Damit schadete ich allerdings nur mir selbst. Ich hasse es, mit ihm in der Wohnung eingesperrt zu sein.»
Besonders in der ersten Zeit, wenn die Kinder unendlich stolz auf ihre Errungenschaften und neuen Freiheiten sind, kann uns ihre Entwicklung wie ein Rückschlag vorkommen:
«Monatelang können sie nur krabbeln, und du mußt sie stets an der Hand führen. Entweder du bist an die Wohnung gefesselt, oder du schiebst einen Kinderwagen vor dir her. Du sehnst dich danach, daß sie

endlich selber gehen können und nicht mehr an deiner Kittelfalte hängen. Wenn dann endlich der Tag gekommen ist, stellst du fest, daß es jetzt noch ärger ist: sie kommen überallhin, greifen nach allem, klettern überall hinauf, stecken alles in den Mund. Und auf einmal sehnst du dich nach der Zeit zurück, als sie noch brav im Gitterbett lagen.»

Alle neuen Entwicklungsschritte stellen uns vor neue Aufgaben. Und nie kannst du sicher sein, daß sie nicht von heute auf morgen in frühere Stadien zurückfallen:

«Ein Kind an den Topf zu gewöhnen verlangt Engelsgeduld. Anfangs fragst du jede halbe Stunde und nach jedem Schluck Flüssigkeit, ob es nicht aufs Klo muß. Und wenn es plötzlich selber sagt, daß es Pipi muß, gibt es gerade weit und breit keine Möglichkeit dafür. Entweder bist du gerade in einem Supermarkt, oder es ist mitten im Winter, und du hast Angst, dein Kind könnte sich erkälten. Oder es hat Durchfall und kann die Zeit nicht mehr abschätzen. Oder es bekommt ein kleines Geschwisterchen und entdeckt, daß es absolut herrlich ist, selber wieder ein Baby zu sein.»

Selbst wenn unsere Kinder schon allein Treppen steigen können oder ihre Schuhe anziehen, sind sie noch auf unsere Hilfe angewiesen. Sie wollen zwar alles allein versuchen, aber bei der geringsten Frustration kommen sie zu uns gerannt:

«Wenn du das alles gut überstehen willst, mußt du ein menschliches Yo-Yo sein. Einmal wollen deine Kinder, daß du ihnen beim Anziehen hilfst, das andere Mal kriegen sie einen Schreikrampf, wenn du ihnen zu nahe kommst. Überläßt du ihnen dann einen Reißverschluß oder Schuhbänder, können sie es nicht und zerfließen in Heulkrämpfen. Und just zu dem Augenblick erwarten sie von dir, daß du mit magischer Kraft und Gleichmut zu Hilfe kommst.»

Manchmal würden wir am liebsten brüllen und schreien, weil wir nicht einmal ein paar Minuten Ruhe haben, um unsere eigenen Angelegenheiten zu erledigen:

«Es ist wie im Buch: Das Telefon läutet, Maria sitzt in ihrem Sessel, Tommy spielt auf dem Boden. Ich schätze schnell ab, ob auch nichts passieren kann. Dann renne ich zum Apparat. Ich hebe den Hörer ab, ‹Hallo›, und schon höre ich Maria brüllen. Sie ist vom Stuhl gefallen. ‹Warte einen Augenblick, ich bin gleich wieder da.› Kaum habe ich sie getröstet und nehme den Hörer wieder in die Hand, da fällt mir auf, wie still es in der Küche geworden ist. Nach ein paar Sätzen muß ich nachschauen. Sie haben den Honigtopf und die Marmelade erwischt, versuchen selbst mit dem Löffel zu essen und sind über und über klebrig. Es ist unmöglich, sie einen Augenblick unbeaufsichtigt zu lassen.»

Derartige Situationen können unsere Nerven auf eine arge Probe stellen.

Viele von uns haben nicht die Kraft, gelassen zu reagieren und alles sauberzumachen. Zuviel Zeit, Energie und Kraft wird von uns verlangt, in solchen Situationen nicht aus der Haut zu fahren. Unsere Wut, Verachtung, Haßgefühle, Enttäuschungen und Aggressionen sind völlig normal. Sie werden von unseren Kindern provoziert, besonders wenn wir laute, lebhafte, impulsive Kinder haben, die immer irgend etwas im Schilde führen, nie ruhig sitzen und in ihren Handlungen nicht abzuschätzen sind.
Auf den Werbeplakaten sehen wir nur lachende Kinder mit glücklichen Müttern. Von den negativen Gefühlen sehen wir nichts, sie gehören nicht zum Bild der «guten Eltern». Wir sollten diese Gefühle nicht verdrängen, sonst schaden wir uns letztlich selbst. Aber wir müssen versuchen, sie so zu bewältigen, daß sie auch unseren Kindern nicht weh tun.

«Ich backte mit den Kindern einen Kuchen. Ich wollte ihnen nicht die Freude nehmen, und außerdem liest man ja in jedem Buch, wie wichtig solche Erlebnisse für die Kreativität und den Erfindungsgeist unserer Kinder sind. Es dauerte fünf Stunden, bis der Kuchen fertig war, und er war ungenießbar. Als wir beim Rühren waren, hob Michael den Mixer hoch, und der Teig spritzte in wilden Bewegungen an die Wand, auf den Boden, in mein Gesicht, überallhin. Die Kinder mußten so lachen, daß sie fast das Übergewicht verloren, es war für sie der größte Spaß, den sie sich vorstellen konnten. Es war ein wildes, herrliches, verrücktes Spiel. Eine süße Rache für die vielen kleinen Verbote von mir, die pausenlos auf sie niederprasselten. Ich mußte mich und sie vollkommen umziehen, die Küche putzen und war dann vollkommen erledigt. Ich schwor mir, nie mehr einen Kuchen mit ihnen zu backen.»

Aber nicht immer können wir mit einem Lachen über alles hinweggehen. Es gibt Zeiten, da würden wir unser Kind am liebsten am Kragen packen, es ordentlich schütteln oder gar ohrfeigen – wenn wir nicht die Kraft haben, vorher wegzugehen. Und es kommt oft vor, daß wir die Beherrschung verlieren, laut schreien, schimpfen und womöglich auch hinhauen. Aber deshalb sind wir nicht böse. Wir haben die Beherrschung verloren, waren wütend, ungeduldig, zu sehr allein gelassen mit den Kindern und der ständigen Verantwortung für sie. Vielleicht hätten wir uns beherrschen können, wenn wir nicht von früh bis spät mit ihren Tränen, Späßen, Spielen überfordert wären, wenn uns hin und wieder jemand von dieser Last befreien könnte. Wir müssen manchmal Abstand zu uns und dem Alltag bekommen, um dann die schönen Seiten an unseren Kindern um so mehr zu genießen.

Wir müssen unseren Kindern Grenzen setzen

Unsere Kinder sind nicht mehr die kleinen schlafenden Bündel, die sich von anderen im Kinderwagen bewundern lassen. Aktiv, neugierig an allem interessiert, stellen sie immer neue Anforderungen an uns:

«Als Jenny gerade ein Jahr alt war, fuhren wir zu meiner Mutter auf Besuch. In ihrem Wohnzimmer steht ein wunderschöner Orangenbaum. Jenny war von den kleinen Früchten begeistert und streckte sofort ihre Hände danach aus. Ich wußte, daß dieser Baum das Heiligtum meiner Mutter war, deshalb sprach ich sofort ein klares Nein. Jenny ging immer wieder zum Baum, blickte auf die Orangen und dann auf mich. Nach einer Weile streckte sie wieder ihre Hände nach einer Frucht aus, drehte sich zu mir um und sagte langsam und deutlich: ‹Nein›. Dann pflückte sie eine Orange. Da war mir klar, daß eine neue Zeit anfing: Ein Machtkampf zwischen ihr und mir.»

Es beginnt das Alter, in dem sich die Kinder nichts von uns sagen lassen wollen, sie wollen alles selber probieren, wollen nicht mehr essen, was wir ihnen kochen, fangen an, logische Fragen auf Verbote zu stellen, und testen unsere Geduld und Konsequenz pausenlos. Es ist tatsächlich der Anfang einer neuen Zeit: Wir werden in die Rolle der Lehrer gedrängt, die Verbote aussprechen, Grenzen setzen und Vorbild sein müssen.

«Wirf das Auto nicht in die Luft, du könntest jemanden damit verletzen, außerdem geht es kaputt, und ich kaufe dir kein neues. Schrei nicht so laut, renn nicht so schnell.» Plötzlich ist das Leben für unsere Kinder ein lautes: ‹Nein, Nein, Nein, Neiiiin!› Wir haben das Gefühl, nichts anderes zu tun, als unsere Kinder zu korrigieren, ihnen irgend etwas zu verbieten und sie zu kontrollieren:

«Alles – das Frühstück, das Anziehen, der Weg aufs Klo, eine Autofahrt –, alles endete in einem Machtkampf zwischen Laura und mir. Sie zog an einem Ende, ich am anderen. Den ganzen Tag übten wir nur einen Dialog: ‹Ja – nein, ja – nein, ja – nein ...›»

Vielen von uns fällt diese neue Rolle schwer. Wir erschrecken über die zahllosen Verbote und Grenzen, die wir plötzlich unseren Kindern setzen müssen. Wir wollten doch nie autoritär sein! Plötzlich jedoch müssen wir unseren Kindern Einhalt gebieten, weil sie sich ständig in Gefahr begeben und – weil sie uns sonst über den Kopf wachsen. Manche meinen, daß wir durch die Verbote erst zu einer wirklichen Gemeinschaft, einer Familie, werden können, daß unsere Kinder nur so lernen, sich um die Bedürfnisse anderer zu kümmern und daß wir als Eltern ebenfalls lernen müssen, unsere eigenen Rechte zu fordern: «Wie eine fehlerhafte Schallplatte wiederholte ich immer wieder den einen Gedanken: ‹Wie weit muß ich mein Kind beugen, damit ich selber ein wenig Ruhe, ein wenig Ordnung, ein wenig Privatleben haben kann?›»

Austin deBesche

Wir müssen unsern Kindern Grenzen setzen, aber wir fragen uns auch, wo unsere eigenen Grenzen sind. Immer wieder müssen wir uns prüfen, ob wir nicht zu egoistisch, unfair, selbstgerecht sind und ob wir mit unseren Geboten und Maßregeln nicht die Freiheit unseres Kindes zu sehr oder ungerechtfertigt beschränken. Natürlich gibt es auch Situationen, in denen nur eine Entscheidung möglich und richtig ist, das ist, wenn es um die unmittelbare Gesundheit der Kinder geht: auf der Straße, beim Spiel mit einem spitzen Gegenstand, Steckdosen, Schnüren, Seilen und endlos weiter.

«Es gibt keine Allgemeinregeln, denen wir immer folgen können. Jede Situation ist anders und bedarf einer eigenen Einschätzung. Und jedes Kind ist anders und nimmt Verbote oder Disziplinierungen anders auf. Ich bin oft sehr unsicher und weiß nicht, ob ich mich richtig verhalte. Oft stelle ich fest, daß ich einfach wie mein eigener Vater reagiere oder wie die Nachbarn oder nach irgendwelchen Regeln aus Büchern, daß mein Verhalten aber im Grunde nicht angemessen ist.»

«Als Edie alt genug war, an meiner Hand spazierenzugehen, war ich froh, daß ich keinen Kinderwagen mehr brauchte, aber ich stellte gleichzeitig fest, daß das Leben deshalb nicht leichter geworden war. Edie liebte es nämlich, über die Hecken zu klettern und die Blumen und Bäume in den Gärten unserer Nachbarn handgreiflich zu bewundern. Sofort ging ein Fenster auf, und ein böses Gesicht erschien. Ich wußte, daß man von mir erwartete, mein Kind aus den Gärten anderer fernzuhalten. Aber ich war auch traurig, daß die Leute *nur* ihre Gärten liebten, aber an den Erkundungsreisen eines kleinen Kindes keine Freude hatten.»

Viele unserer Verbote werden uns von unserer Umwelt diktiert, wir müssen sie befolgen, damit wir uns und dem Kind mit anderen Menschen Ärger ersparen, aber oft sind wir im Grunde nicht von der Richtigkeit der Regeln überzeugt. Wenn wir die Kraft und Nerven haben, uns mit unseren Mitmenschen auf eine Diskussion einzulassen, stellen wir uns gern hin und erklären ihnen unsere Auffassung. Aber nicht immer haben wir die Energie, den anderen zu erklären, daß wir unsere Kinder nicht zu stummem Gehorsam zwingen wollen, daß wir selber gegen bestimmte Gebote sind und daß unser Erziehungsmodell nicht mit dem ihrigen übereinstimmt. Aber es gibt häufig genug auch die Situation, daß wir selbst nicht wissen, wie wir handeln sollen, geschweige denn, wie wir unsere Kinder zu bestimmten Handlungen veranlassen können. Es ist nicht immer leicht, zu bestimmen, welche Grenzen für das Zusammenleben mit anderen Menschen notwendig und welche hinderlich sind.

«Manchmal kommandiert mich mein Sohn herum und befiehlt mir dies und das: ‹Bring mir einen Apfelsaft. Lies mir etwas vor.› Einerseits denke ich mir, daß er noch zu klein ist, um die Bedeutung dieser Befehle zu verstehen. Andererseits glaube ich, ich sollte ihm rechtzeitig zeigen, daß das keine Art ist, mit einer Frau, die ihn liebt und sich um ihn kümmert, umzuspringen. Aber wie?»

Bereits Zweijährige wissen ganz genau, was sie wollen, und versuchen es mit allen Mitteln zu erreichen; mit älteren Kindern wird es noch schwerer:

«Meine Auseinandersetzungen mit Mary hören sich immer gleich an:

Mary: ‹Ich möchte ein Glas Milch.›
Ich: ‹Gut, hier ist ein Glas, die Milch ist im Kühlschrank. Ich bin gerade beim Bügeln, also hole sie dir selber.›
Mary: ‹Nein, du.›
Ich: ‹Mary, du bist jetzt vier Jahre und schon ein großes Mädchen, hol dir die Milch selber.›
Mary: ‹Nein, du bist die Mutter, und du mußt mir die Milch holen.›
Ich: ‹Also, wenn das so ist, dann hol dir die Milch selber.›

Mary: ‹Nein, du *mußt* sie mir holen.›
Ich: ‹Hier ist das Glas. Hol dir deine Milch, ich muß jetzt arbeiten.›
Mary: ‹Nein, du holst sie mir. Und wenn du sie mir nicht holst, dann bist du sehr dumm, und ich hab dich nicht mehr lieb.›»
Wer sollte da nicht am Ende die Milch holen, damit dieser ganze Unsinn ein Ende hat? Und aus solchen kleinen, äußerlich trivialen Ereignissen besteht der Alltag mit Kindern. Natürlich gibt es auch Momente, in denen wir die Früchte für unsere Arbeit ernten dürfen. Aber derartige Glücksgefühle gehören zu den seltenen Ausnahmen:

«Wir haben unsere Kinder streng ‹sozial› erzogen, besonders wenn es sich darum handelte, anderen weh zu tun, ihnen zu schaden oder sie nicht genügend zu respektieren. Unsere Kinder mußten immer ihr Essen teilen, sich gegenseitig helfen und gemeinsam spielen. Tief im Innersten war ich von der Richtigkeit meiner Regeln überzeugt, aber manchmal hatte ich auch meine Zweifel: Vielleicht wäre es besser, ihnen beizubringen, wie man in dieser Welt der Konkurrenz und Profitgier am besten über die Runden kommt? Vielleicht würden sie dann weniger leiden, wenn sie einmal erwachsen sind? Aber eines Tages hatten wir eine Panne auf der Autobahn, und wir mußten stundenlang im Regen warten, bis ein anderer Wagen stehenblieb und uns half. Es hätte eine Katastrophe werden können, aber meine älteste Tochter machte meinem jüngsten Sohn ein Bettchen aus ihrem Anorak. Sie erzählte ihm Geschichten und ging auf alle seine erschrockenen kleinen Fragen liebevoll ein. Ich fühlte mich für meine Mühen belohnt und hatte plötzlich die Gewißheit, mit meiner Erziehung auf dem richtigen Weg zu sein.»

Wir helfen unseren Kindern, damit sie sich einmal selbst helfen können

Von Anfang an sind wir Lehrer. Wir zeigen unsern Kindern, wie sie selbst gehen, sprechen, essen und mit ihrem Körper umgehen können. Danach lernen sie, wie man eine Toilette benutzt, sich selbst wäscht, anzieht, argumentiert ... All dieses Beibringen erfordert von uns unendlich große Geduld. Wir dürfen nie vergessen, daß sich jedes Kind anders entwickelt, wir dürfen es nicht überfordern, wir müssen es aus seinen Fehlern lernen lassen, ihm einen allmählich größer werdenden Freiraum geben. Wir wissen, daß wir unseren Kindern nicht nur bestimmte Tätigkeiten beibringen, wir übermitteln auch Welteinstellungen und Wertvorstellungen. Und dies tun wir nicht nur mit Hilfe von Worten, alle unsere Gesten und Verhaltensweisen, ob wir sie nun offen zeigen oder verstecken, beeinflussen unsere Kinder:

«Erika spielte leidenschaftlich gern mit ihrem Telefon. Eines Tages hörte ich, wie sie ihren Vater anrief. Sie sprach mit ihm genau wie ich. Zum erstenmal fiel mir auf, wie kurz und höflich mein Ton wird, wenn Bob mich anruft, um mir mitzuteilen, daß er später nach Hause kommt. Kinder sind ein Spiegel deines Verhaltens. Man kann vor ihnen nichts verbergen.»

Das kann uns das Gefühl geben, ständig beobachtet zu werden:

«Als Anna fünf Jahre alt war, fing sie plötzlich an, Wert auf ihre Kleidung zu legen. Sie konnte stundenlang vor dem Schrank stehen und ihre Garderobe durchgehen. Ich konnte mir nicht erklären, woher sie diese Eitelkeit haben sollte, denn ich hatte mich sehr bemüht, diese Klischees von Weiblichkeit soweit wie möglich zu vermeiden. Ich fing an, mich selbst zu beobachten, und plötzlich fiel mir auf, wie ich sie selber dazu anhielt. Wenn sie in einem alten Pullover erschien, sagte ich zum Beispiel: ‹Komm, zieh dir etwas anderes an. Wie wäre es mit dem schönen neuen Kleid, das steht dir so gut.›»

Unsere Eigenschaften kommen durch winzige Äußerlichkeiten zum Vorschein, die unsere Kinder sofort registrieren. Sehr oft ertappen wir uns dabei, daß unser neues, vielleicht kritisches Verhalten nur an der Oberfläche ist und daß wir noch meilenweit davon entfernt sind, die offenen, liberalen, toleranten Menschen zu sein, die wir doch so gern sein möchten. Diese Entdeckung macht uns unseren eigenen Verhaltensformen und Einstellungen gegenüber bisweilen kritischer und sensibler:

«Eines Abends rief ich meinen Vater an. Seine Frage, ob ich mit den Kindern zum Adventsingen in unsere Kirche gehen würde, war mir unangenehm. Ich versuchte, von etwas anderem zu reden, denn ich wollte nicht wieder die alten Diskussionen um den Sinn kirchlicher Feste und Religiosität führen. Da fiel mir zum erstenmal auf, wie sehr ich davon überzeugt war, daß meine Weltanschauung die richtige ist, daß meine Kinder dieser Lebensweise entsprechen sollten, obwohl ich selbst nie wie mein Vater leben wollte. Woher hatte ich denn diese Sicherheit, daß meine Vorstellungen für meine Kinder gut seien?»

«Susi will die Kinder zu selbständigen, unabhängigen Menschen erziehen. Wenn sie von einem anderen Kind geschlagen wurden, rief sie ihnen immer zu, ‹schlag zurück, verteidige dich!›. Aber ich finde das nicht richtig. Für mich ist Gewalt, selbst als Gegengewalt, keine Lösung. Ich rate den Kindern immer, mit den anderen zu reden, zu versuchen, ohne Gewalt auszukommen. Wie sollen die Kinder wissen, welche Vorstellung die richtige ist?»

In vielen Familien haben Mutter und Vater verschiedene Erziehungsvorstellungen. Viele Eltern fürchten, das könnte für die Kinder nachteilig sein. Natürlich ist es bedenklich, wenn die Eltern ständig deshalb streiten. Aber andererseits lernen Kinder auf diese Weise auch, daß es keine allge-

Sarah deBesche

mein gültigen Lösungen für unsere zwischenmenschlichen Probleme gibt, daß wir diese gemeinsam suchen und von Fall zu Fall ändern müssen. Ein weiterer Anlaß für Familienstreitigkeiten kann die Weigerung von uns Müttern sein, allein für Kindererziehung und Haushalt verantwortlich zu sein.

«Ich streite ständig mit Thomas, wer das Geschirr spülen und wer staubsaugen soll. Manchmal fürchte ich, daß diese Meinungsverschiedenheiten und Kämpfe für die Kinder schlecht sind. Dann bin ich still und mache alles selber. Aber ich möchte andererseits auch nicht, daß mein Sohn und meine Tochter glauben, ich sei mit meiner Rolle zufrieden oder das sei die *natürliche* Rollenteilung zwischen Mann und Frau.»

Ein weiterer Anlaß für Familienstreitigkeiten und Spannungen kann unsere Umwelt sein. In vielen Fällen unterscheiden sich die Vorstellungen unserer Mitmenschen von den unsrigen, und unsere Kinder quälen uns mit Fragen, warum wir nicht ebenso leben wie die Eltern ihrer Freunde:

«Ich bin davon überzeugt, daß Fernsehen für die Kinder schlecht ist. Ich will keinen Apparat in meiner Wohnung haben. Bernd und ich sind beide berufstätig, wir brauchen die wenigen Stunden am Abend, um uns zu unterhalten. Wir wollen unsere Zeit nicht vor einem idiotischen

Fernsehapparat verbringen. Aber alle anderen haben einen, und die Kinder fragen ständig: ‹Warum haben wir keinen Fernseher?›»
Diese Frage können wir noch relativ leicht beantworten, aber wie ist es mit religiösen, politischen Einstellungen, mit Fragen, die unser Gesellschaftssystem und seine Wertvorstellungen betrifft? Was sollen wir erklären, wenn wir lesbisch oder homosexuell sind? Wie sollen wir unseren Kindern vermitteln, daß Anderssein überhaupt kein Beweis für Schlechtigkeit ist, ohne unsere Kinder von den anderen Kindern zu entfremden und ihnen Probleme aufzubürden, die für sie unter Umständen zu belastend sind? Sollen wir unser nicht-konformes politisches Verhalten rechtfertigen, oder verunsichert das die Kinder? Je älter unsere Kinder werden, um so häufiger treffen sie auf verwirrende, beängstigende Dinge im Leben. Sie sind unserem Einfluß oft entzogen und zeigen uns deutlich unsere Grenzen. Viele ihrer Fragen können wir nicht beantworten, weil sie vielleicht unbeantwortbar sind.

«Wir kamen vom Einkaufen zurück und sahen einen Betrunkenen auf der Straße liegen. Ich hoffte, die Kinder würden ihn nicht bemerken. Ich hatte Angst vor ihrer unerbittlichen Frage: ‹Mama, was ist denn mit diesem Mann los? Warum liegt er auf der Straße? Warum hilft ihm niemand? Warum helfen wir ihm nicht?› Wie hätte ich ihnen erklären sollen, warum ich selber vorbeigegangen bin? Warum bin ich wirklich vorbeigegangen?»
Kinder stellen unverblümt Fragen, oft ohne zu bemerken, daß sie uns peinlich sind: «Warum hat der Mann so gestunken? Warum sieht die Frau so krank aus, wird sie bald sterben? Warum hat das Mädchen eine so lange Nase? Wieso hat der Mann nur ein Bein?» Und plötzlich wird uns klar, wie sehr unser Verhalten anderen Menschen gegenüber auf Konventionen basiert, die wir nicht mehr hinterfragen. Wie sehr wir eingefahrene Wege gehen. Wie unflexibel wir geworden sind.

Gerade in letzter Zeit haben Kinderpsychologen wieder betont, wie wichtig die ersten Jahre für die Entwicklung unserer Kinder ist. Sie behaupten, daß der stärkste Einfluß den Eltern zukommt und wenn diese versagen, versagen auch die Kinder. Diese Vorwürfe treffen in erster Linie die Mutter, weil sie im Regelfall wesentlich mehr und intensiver mit ihren Kindern zusammen ist. Diese Last der Verantwortung ist erdrückend. Sie umgreift unsere Sprache, unser Verhalten, unsere Phantasie, unser Selbstbild, unseren Beruf, unsere Nicht-Berufstätigkeit, alles, was wir sagen, tun und sind. Wir meinen, daß unser Einfluß sehr groß ist, aber wir sind auch davon überzeugt, daß die Psychologie das Ausmaß überschätzt. Wir haben große Macht, aber wir sind nicht allmächtig und allgütig. Was ist denn mit den vielen anderen Einflüssen: Freunde, andere Kinder,

Großeltern, Kindergarten, Schule, Kirche? Warum spricht keiner von diesen Einflüssen, wenn unser Kind ein gesellschaftlicher Versager wird? Was ist überhaupt ein sogenannter «gesellschaftlicher Versager»? Sollten wir nicht auch die grundlegenden Werte unserer Gesellschaft unter die Lupe nehmen, wenn sie sich das Recht herausnimmt, uns und unsere Kinder zu beurteilen?

«Vom Wohnzimmerfenster aus konnte ich beobachten, wie Don versuchte, sich einer Gruppe älterer Jungen anzuschließen. Sie spielten Piraten, hatten Stöcke und Äste als Pistolen und Schwerter und schrien immer wieder: ‹Bombardiert Tokyo!› Don wußte nicht, was ein Pirat ist, noch was die Jungen eigentlich schrien, aber er machte alle ihre Gesten genau nach. Ich hatte mich bemüht, ihn gewaltfrei zu erziehen, hatte alle Kriegsspielzeuge von ihm ferngehalten, ihm keine brutalen Fernsehfilme erlaubt – und jetzt? Das Spiel schien Don ungemein zu faszinieren.»

Wir müssen sehr früh lernen, unsere Kinder als eigenständige Personen zu sehen, die unter Umständen Eigenschaften und Charakterzüge entwickeln, die unseren Vorstellungen widersprechen:

«Ich hatte Jahre gebraucht, bis ich mich mit meinen kleinen Brüsten und breiten Hüften abfinden konnte. Meine Tochter Gabi wünscht sich nun nichts sehnlicher als eine Barbiepuppe! Was für ein Spielzeug! Aber habe ich das Recht, ihr vorzuschreiben, wie sie sich einen weiblichen Körper vorzustellen hat?»

Je älter unsere Kinder werden, um so wichtiger werden andere Menschen für sie. Es kommt auch vor, daß sie sich plötzlich für den Elternteil stärker interessieren, der bisher weniger Anteil an ihrer Erziehung hatte. Sie suchen sich selbst Freunde und Vorbilder, und manchmal zeigen sie uns so, welche Eigenschaften sie in uns ablehnen. Wir brauchen auf diese anderen Leute nicht eifersüchtig zu sein, sondern können ihren Einfluß anerkennen und fördern, auch wenn dadurch unsere eigenen Erziehungsvorstellungen durchkreuzt werden:

«Die Art, wie unser Babysitter mit Katharina umging, gefiel mir überhaupt nicht. Ständig korrigierte und disziplinierte sie mein Kind. Ich wollte eigentlich einen anderen Babysitter suchen, aber das Komische war, daß Katharina an dieser Frau hing und daß sie sich an ihre Verbote hielt, während sie alle meine liebevollen Versuche, sie auf Gefahren aufmerksam zu machen und anzuleiten, als lästige Einmischungen ablehnte. Ich machte mir Sorgen, ob ihr dieser Einfluß nicht schaden könnte. Letzten Endes aber erkannte ich, daß ich eifersüchtig war und daß ich der einzige Einfluß für mein Kind sein wollte. Ich wollte der einzige Mensch sein, den sie liebte. Ich wollte, daß sie sich nach mir sehnte, wenn ich in der Arbeit war, und ich wollte darüber entscheiden, mit welchem Menschen sie diese Zeit über beisammen sein würde.»

Wir sollten den Einfluß anderer nicht ablehnen, sondern darin eine Möglichkeit sehen, unserem Kind ein breiteres Spektrum von Verhaltensformen und Handlungsweisen zu bieten, aus dem sie dann die ihnen angemessene aussuchen können. Die Relativierung unserer eigenen Werte als Eltern kann unseren Kindern nicht schaden. Sie erweitert im Gegenteil ihren Horizont, macht sie sensibler für die vielen verschiedenen Lebensstile anderer Menschen – und vielleicht frühzeitig toleranter. Auf jeden Fall ist es unmöglich, diesen Einfluß von draußen auszuschalten, er beginnt spätestens im Kindergarten oder in der Schule. Diese Erziehungsinstitutionen relativieren offiziell unsere Autorität als Eltern. Es kann auch eine Erleichterung sein, zu wissen, daß unser Einfluß nicht endgültig und absolut bestimmend ist, daß Fehler auch schon in diesen frühen Jahren korrigiert werden:

«Wir hatten zwei eigene Kinder und waren immer davon überzeugt, daß wir ihnen besonders in den ersten zwei Jahren nicht genug Liebe schenken können, andernfalls würden sie sich zu menschlichen Wracks entwickeln. Als unsere Kinder acht und zehn Jahre alt waren, adoptierten wir zwei weitere Kinder. Sie waren schon etwas älter und viel herumgeschoben worden. Anfangs waren sie argwöhnisch und schwierig. Sie bestahlen uns, liefen von zu Hause weg und mußten gesucht werden, sie leisteten Widerstand, wo sie konnten, um uns zu testen. Jetzt leben sie zwei Jahre mit uns zusammen und unterscheiden sich kaum mehr von unseren eigenen Kindern. Das beweist mir, daß der Einfluß der Eltern weiter reicht und nicht auf die ersten zwei oder drei Jahre beschränkt ist.»

Unsere Gesellschaft will, daß wir unsere Kinder zu klugen, geschickten, tüchtigen Menschen erziehen. Aber Tüchtigkeit und Klugheit werden an Erfolg und Besitz gemessen, so als wäre menschliches Wachstum mit dem Erfolg nach außen gleichzusetzen. Kinder werden danach beurteilt, wie früh sie lesen können, wie früh sie sprechen, laufen, zeichnen, wie hoch, wie weit, wie gut sie springen können u. v. a. m. Der wesentliche Maßstab in unserer Gesellschaft sind individuelle Leistung und Konkurrenz. Besonders stark leiden darunter Kinder, die dieser Norm nicht entsprechen, die sich langsamer entwickeln, mehr Zeit und mehr Liebe brauchen.

«Jan war schon siebenundzwanzig Monate alt und konnte noch gar nicht sprechen. Aber er war sehr groß für sein Alter, und deshalb fragten die Leute immer: ‹Wie alt ist er denn? Und da kann er noch immer nicht sprechen?› Ich ging zum Arzt, weil ich mir Sorgen machte, er könnte womöglich wirklich zurückgeblieben sein. Der Arzt schaute auf eine Skala und sagte mir, daß er um ein Jahr zurück sei. Heute ist Jan vier und ein ganz normal entwickeltes Kind. Um wieviel ich es leichter gehabt hätte, wenn man mir damals gesagt hätte, daß es sich nur um einen Vergleich handelt, daß sich jedes Kind anders entwickelt!»

Unsere Kinder haben ‹nur› einen bestimmten Platz in unserem Leben

«Mein Bruder und ich ignorierten unsere Mutter ab dem Augenblick, als wir sahen, daß sie außer ihrer Hausarbeit und uns nichts konnte und hatte. Ich kann heute noch nicht begreifen, wie sie mit ihrem Leben zufrieden sein konnte, daß sie sich nicht mehr erwartet hatte.»

«Es stimmt, daß ich alles mache, was man so landläufig von einer Mutter erwartet. Aber gleichzeitig habe ich auch viele andere Interessen, und es macht mich wahnsinnig, daß keiner von diesen anderen Dingen spricht, wenn von der Rolle ‹der Frau› gesprochen wird. Wenn meine Tochter groß ist, kann es sein, daß sie keine Kinder will und dennoch ein erfülltes Leben lebt, weil sie all die anderen Sachen macht, von denen keiner spricht, wenn er an eine Mutter denkt.»

Diese anderen Aufgaben und Interessen nehmen neben der Liebe zu unseren Kindern einen breiten Raum ein. Wir müssen sie zwar in den ersten Jahren vernachlässigen oder einschränken, aber sie sind da. Deshalb wird uns gerade in der ersten Zeit der Konflikt zwischen Familie und Beruf besonders deutlich:

«Der Tag beginnt mit vielen kleinen Aufgaben und Handgriffen. Während meine Frau die Kinder anzieht, mache ich das Frühstück für uns alle. Dann fahre ich die Kinder zur Schule, arbeite bis zwölf, dann telefoniere ich mit meiner Frau, wo die Kinder wann abzuholen sind. Um vier hole ich Albert aus dem Kindergarten, danach Lea aus ihrer Kindergruppe. Unterwegs halten wir bei einem Kaufhaus, um ein paar Sachen zu besorgen. Zu Hause richte ich das Bad für die Kinder, während meine Frau das Abendessen kocht. Danach spiele ich mit den Kindern, und wenn sie endlich schlafen, widme ich mich meinen eigenen Sachen. Ich telefoniere mit Freunden, unterhalte mich mit meiner Frau, richte alles für den nächsten Tag her.»

Wir sind die mittlere Generation, die sich um die Kinder und um die eigenen Eltern, die in diesem Alter oft krank und abhängig werden, kümmert. Gleichzeitig befinden wir uns auf dem Höhepunkt unseres beruflichen Lebens. Und die Beziehung zu unserem Partner fängt an zur Routine zu werden und verlangt unsere Aufmerksamkeit. Es kommt häufig vor, daß uns alles zuviel wird und wir irgendeinen Bereich vernachlässigen müssen. In welche Richtung wir auch ziehen, die Decke ist immer zu kurz.

«Manchmal komme ich mir wie eine Seiltänzerin vor, die jeden Augenblick abstürzen kann. Die ‹Experten› sprechen von der ‹guten Mutter›, die ihre Kinder nie vernachlässigt, sie sprechen von den ersten Jahren, die für die Entwicklung unserer Kinder entscheidend sind. Aber keiner spricht davon, daß wir auch ein eigenes Selbst haben, das wir nicht vernachlässigen dürfen, wenn wir unseren Kindern eine gute Mutter sein wollen. Ich bin in einem Strudel gefangen: Die Kinder entwickeln sich, die Beziehung zum Partner ändert sich, ich selbst verändere mich – oft weiß ich selber nicht, wie ich mit allem fertig werde.»

Auf dieser Gratwanderung zwischen eigenen Bedürfnissen und unserer Liebe zu unseren Kindern und dem Partner gibt es immer neue Hindernisse und Gefahren. Zuerst bemühen wir uns um eine gute Bindung zu den Kindern, dann verlangt die Entwicklung, daß wir ihnen immer mehr Freiheiten gewähren. Zur selben Zeit verändert sich unsere Beziehung zum Partner, wir werden von Liebhabern zu Eltern. Viele von uns erleben diese Transformation als belastend und meinen, weil die Beziehung nicht mehr wie früher ist, daß sie kurz vor der Auflösung steht. Eines der größten Probleme ist die Zeitfrage. Am schwersten haben es berufstätige Mütter, die zwischen den verschiedenen Bereichen Familie, Beruf, Eigenleben, Partnerschaft aufgerieben werden. Und zusätzlich müssen sie sich noch die stummen Vorwürfe ihrer Umgebung gefallen lassen, daß sie sich nicht ausreichend um ihre Kinder kümmern.

Wir sind davon überzeugt, daß es für alle Betroffenen besser ist, wenn die Väter ihren Anteil an der Hausarbeit und Kindererziehung leisten. Wir haben darüber bereits in der Einleitung gesprochen. Aber wir wissen auch, daß unsere Gesellschaft uns in diesem Anspruch nicht unterstützt. Im Gegenteil, die wirtschaftlichen und gesellschaftlichen Einrichtungen beruhen auf einer strengen Trennung von Privatem und Öffentlichem, von Familie und Beruf, von Leistung und liebevoller, «mütterlicher» Fürsorge. Deshalb haben wir schon mehrmals betont, wie wichtig es für alle ist, diese Trennung wo irgend möglich aufzuheben oder «aufzuweichen», damit wir nicht zwischen den verschiedenen Anforderungen aufgerieben werden.

Wie können wir die verschiedenen Bereiche in Einklang bringen?

«Früher habe ich mir unter einer Familie immer ein gemütliches Nest vorgestellt, in dem alle Mitglieder ihren verschiedenen Anlagen gemäß Platz finden. Heute stelle ich fest, daß auch hier eine Art Wettbewerb herrscht und daß es fast unmöglich ist, den Bedürfnissen aller gerecht zu werden: Die Kinder streiten um das letzte Stück Käse, und du hättest es selber gern. Du möchtest gern ein Buch lesen, aber sie wollen, daß du ihnen etwas vorliest. Du willst arbeiten, aber sie brauchen dich, weil sich gerade irgendeiner verletzt hat, oder einer hat soeben die schönste Zeichnung gemacht, und du mußt sie dir unbedingt ansehen. Oder sie

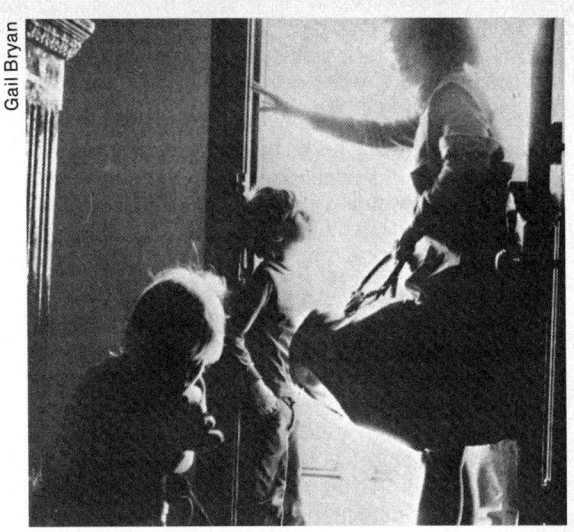
Gail Bryan

aufgerieben und habe Angst, keiner von beiden wirklich anzugehören. Wie oft kommt es vor, daß ich in der Arbeit unkonzentriert und unausgeschlafen bin, weil eines der Kinder krank war und meine ganze Aufmerksamkeit und Energie brauchte. Aber umgekehrt gibt es Tage, an denen ich kaum ein Ohr für meine Kinder habe, weil ich mit einem Gedanken über meine Arbeit schwanger gehe. Ich will eigentlich keine der beiden Welten missen, noch will ich in einer von ihnen allein aufgehen.»

Die Trennung zwischen den beiden Sphären ist nie klar.

«Wenn es auf fünf Uhr geht, fange ich an einzuräumen. Ich denke an die Kinder, an den Einkauf fürs Abendessen, an die Spiele, die ich mit meinen Kindern spielen möchte...»

«Seit der Geburt meines Sohnes passiert es mir immer wieder, daß ich im Unterricht – ich bin Philosophie- und Englischlehrerin – über Kindererziehung spreche. Ich interessiere mich dafür, ob meine Schüler selber Kinder haben und wie sie mit allem fertig werden. Irgendwie ist der Gedanke an meinen Sohn immer da, er wohnt im größten Zentrum meines Gehirns und begleitet alle anderen Gedanken.»

Unsere Kinder sind meist die stärksten Gegner, wenn es um unseren Beruf geht.

«Jeden Morgen sagt Paul: ‹Geh heute nicht arbeiten, Mami. Bleib doch einmal zu Hause.› Aber da ich allein für mein Kind sorge, habe ich keine Wahl. Ich muß einfach zur Arbeit. Ich glaube aber, selbst wenn ich nicht allein wäre, würde ich auf einen eigenen Bereich, der nur mir allein gehört, Wert legen. Ich würde sicher nicht den ganzen Tag zu Hause bleiben, sondern Paul in eine Kindergruppe schicken, aber wahrscheinlich nicht so lange. Denn ich bin davon überzeugt, daß es auch für seine Entwicklung besser ist, nicht immer mit mir allein zu sein.»

Da tief in uns die Vorstellung von der «guten Mutter», die sich ausschließlich um ihre Kinder kümmert, schlummert und da wir in unseren Bestrebungen nach außen von der Umwelt kaum unterstützt werden, brauchen wir die Hilfe anderer Menschen, die ähnlich wie wir denken und leben. Nur so können wir die Schuldgefühle einigermaßen bewältigen:

«Wenn ich Anni in den Kindergarten brachte, gab es jeden Tag dieselben herzzerreißenden Abschiedsszenen. Sie klammerte sich an mich, und die Kindergartentante mußte sie effektiv von mir losreißen. Ich probierte alles: Ich spielte kurze Zeit mit ihr, bis sie sich an die anderen Kinder gewöhnt hatte, ich machte mich unvermittelt aus dem Staub, ich versuchte zu erklären ... es half alles nichts. Kaum stand ich auf, um zu gehen, fing die Brüllerei an. Die Tante sagte mir immer wieder, daß sie sich sofort nachher wieder beruhigte. Heute glaube ich, daß es daran lag, daß ich selbst den Abschied so schwer nahm. Wahrscheinlich war ich es selbst mit meinem schlechten Gewissen, die sich so unendlich schwer von Maria trennte.»

Natürlich trennen wir uns schwer von unserem Kind und denken den ganzen Tag an es oder wären gern mit ihm zusammen. Aber wir sollten wirklich prüfen, wie weit wir nicht selber unsere Kinder an das alte Weltbild gewöhnen. Wir dürfen auch nicht vergessen, wie weit wir selber Machtansprüche oder – wenn wir es offen aussprechen wollen – Besitzansprüche an unser Kind stellen. Wir sind gegen jeden anderen Einfluß mißtrauisch und sehen in jedem Babysitter den Rivalen, der uns die Liebe unseres Kindes streitig macht.

«Michael war ein wunderbarer Babysitter, und Erich, mein Sohn, liebte ihn heiß. Aber dennoch hatte ich Ressentiments, es störte mich irrsinnig, daß er ständig fluchte. Wenn er beim Wickeln war und das Telefon läutete, sagte er regelmäßig: ‹Scheiße› – das störte mich, obwohl ich selbst sehr häufig Kraftausdrücke verwende und nicht gerade zimperlich bin.»

Noch größer werden unsere Bedenken, wenn wir unser Kind in den Kindergarten geben, wo es mit Leuten in Berührung kommt, auf deren Lebensweise und Erziehungsstil wir faktisch keinen Einfluß haben, die wir im Grunde gar nicht kennen. In diesen Fragen können traditionelle Eltern von ‹fortschrittlichen› sehr viel lernen. Berufstätige Mütter und alleinstehende Eltern müssen neue Wege gehen, sie müssen sehr viel improvisieren und vor allem herausfinden, wo die gesellschaftliche Unterstützung zu finden ist:

«Ich hatte keine andere Wahl, ich mußte nach dem Mutterschaftsurlaub sofort wieder arbeiten gehen. Aber ich konnte als alleinerziehende Mutter mein Kind nicht in eine teure private Kindergruppe geben. Da ich aber Thomas nicht so lange fremden Menschen überlassen wollte, suchte ich mir einen Job, bei dem ich mit Kindern zu tun habe und auch mein Kind bei mir haben kann. Ich nahm eine Stelle in einem Kinderladen an. Natürlich gibt es Probleme, wenn dein eigenes Kind in der Gruppe ist, aber andererseits konnte ich nur so erreichen, mit meinem Kind zusammenzubleiben.»

Die ersten Jahre sind wahrscheinlich die schwierigsten – für beide, Eltern und Kinder. Sie sind verrückt und herrlich zugleich. Es gibt viele Augenblicke, in denen wir glauben, dem Ganzen nicht gewachsen zu sein. Aber wir erkennen auch, daß wir uns positiv verändert haben: Die schlaflosen Nächte, die Sorgen um ein krankes Kind, die ständige Anspannung, Gefahren rechtzeitig zu erkennen und Unfälle zu verhindern, haben unser Verantwortungsgefühl vergrößert, sie haben uns vielleicht toleranter und menschlicher gemacht.

Kapitel 3

Die mittleren Jahre
von Ruth Davidson Bell

Bücher betonen zwar immer wieder die Bedeutung der ersten zwei bis drei Jahre im Leben eines Kindes, aber die Zeit vom sechsten bis zum zwölften Lebensjahr ist für die Entwicklung unserer Kinder nicht weniger wichtig. Sie entfalten sich vom Kleinkind zum Teenager, lösen sich allmählich aus der elterlichen Abhängigkeit und werden immer selbständiger. Die Übergänge sind nicht immer deutlich sichtbar, sie betreffen die verschiedensten Lebensbereiche und gehen von größerer Konzentrationsfähigkeit, Sprachgewandtheit und besserer Körperbeherrschung bis zur stärkeren Kontrolle über ihre Gefühle. Unsere Kinder fangen an, größere Zusammenhänge zu erfassen und das Leben um sie herum nicht mehr nur in simpler Schwarz-Weiß-Malerei aufzunehmen und zu erklären. Dementsprechend werden ihre Fragen schwieriger und müssen unsere Antworten umfassender werden. Unseren Kindern wird deutlich, daß wir nicht «allwissende Erwachsene» sind, sondern daß uns selber vieles rätselhaft und unerklärlich ist.

Die mittleren Jahre beginnen äußerlich mit dem Schuleintritt. Dieser Schritt in die Öffentlichkeit ist gigantisch. Er bedeutet für unser Kind die Vergrößerung ihrer Freiheit und Selbständigkeit, für uns Eltern bedeutet er die Verringerung unserer Einflußsphäre. Immer mehr fremde Menschen, fremde Ideen und Lebensweisen drängen sich ins Blickfeld unserer Kinder.

Unabhängig von unseren Kindern machen wir selbst eine wesentliche Entwicklung durch, die zum Teil noch durch die Anwesenheit unserer Kinder beeinflußt wird. Der Schuleintritt unserer Kinder fällt häufig mit einem beruflichen Neubeginn der Mutter und mit einer Veränderung der Beziehung zum Partner zusammen.

In diesem Kapitel wollen wir uns im wesentlichen mit Fragen der Abhängigkeit und Loslösung, Trennung und Wiedervereinigung, Intimität und Aufrichtigkeit in Hinsicht auf unsere Beziehungen zu unseren Kindern und unseren Partnern und Freunden beschäftigen.

Nancy Scanlan

Wenn uns die Verantwortung über den Kopf wächst

Nach diesen fünf oder sechs Jahren haben die meisten Eltern eine neue Sicherheit im Umgang mit Kind und Partner gefunden. Sie haben sich mehr oder weniger daran gewöhnt, daß die frühere Spontaneität und Sorglosigkeit des kinderlosen Daseins durch andere positive Erfahrungen ersetzt wird, daß sich die Beziehung zum Partner von der früheren Leidenschaft und Verliebtheit zu einer verantwortungsvollen Freundschaft entwickelt hat. Wir mußten lernen, einige unserer unmittelbaren Bedürfnisse aufzuschieben. Vieles haben wir auf später verschoben. Im wesentlichen werden wir nach diesen Anfangsschwierigkeiten ein neues Gleichgewicht zwischen unseren eigenen Bedürfnissen und denen der Kinder und des Mannes oder der Freunde und der Umwelt gefunden haben. Aber es

gibt auch Eltern, die mit der ständigen absoluten Verantwortung für einen anderen Menschen und der damit verbundenen Einsamkeit und Isoliertheit nicht fertig werden können:
«Ich habe alles versucht. Zuerst habe ich es auf meine Nerven geschoben. Ich habe gedacht, es ist eben zuviel für mich, ständig mit vier kleinen Kindern, die nur wenige Jahre auseinander sind, zusammenzusein. Also ging ich zu einem Psychiater, der mir Beruhigungsmittel verschrieb. Aber meine Depressionen hörten nicht auf. Es konnte nicht nur an meiner inneren Konstitution liegen, sondern auch an den äußeren Umständen. Mir wurde alles zuviel. Wenn eine Mutter mit ihren Aufgaben nicht mehr fertig wird, wenn sie zu Beruhigungsmitteln und Alkohol greift, um den Tag zu überstehen, dann stimmt vieles nicht. Ich glaube, Mütter müssen auch bemuttert werden. Das war mein Hauptproblem.»
Gerade solche Eltern brauchen unsere Unterstützung. Frustrationsgefühle, aufgestaut in Jahren der Unfreiheit, in denen Tag für Tag nur die Bedürfnisse anderer befriedigt wurden, können nur mit Hilfe anderer Menschen abgebaut werden. Es fällt uns schwer, mit unseren Sorgen zu anderen zu gehen. Wir wollen nicht zur Last fallen, wir wollen nicht zurückgestoßen werden, wir fühlen uns immer allein schuldig für Probleme. Wenn wir jedoch diese Angst vor dem anderen überwinden, werden wir feststellen, daß wir nicht allein sind mit unseren Problemen und daß wir uns gegenseitig unterstützen können.

Der ärgste Druck ist vorbei: Unsere Kinder sind selbständiger

Je älter unsere Kinder sind, um so eher können wir sie anleiten, uns im Haushalt zu unterstützen, ihr Zimmer selbst in Ordnung zu halten, einkaufen zu gehen, auf kleinere Geschwister aufzupassen und uns viele kleine Handgriffe abzunehmen. Manchmal können sie sogar auf uns aufpassen und uns ein bißchen verwöhnen, das macht ihnen nach all den Jahren der Abhängigkeit Spaß.
«Unlängst nahm ich ein langes, heißes Bad. Wahrscheinlich hatte ich das Wasser zu heiß aufgedreht, denn als ich aus der Wanne stieg, wurde mir schwindelig, und ich fiel in Ohnmacht. Bevor ich fiel, rief ich leise um Hilfe. Als ich zu mir kam, benetzte Brigitte, meine Tochter, mein Gesicht mit kaltem Wasser und half mir aufzustehen. In der Zwischenzeit richtete mein Sohn das Bett und rief meinen Mann an. Ihre Fürsorge rührte mich, und ich war erstaunt über ihre Reife und Kompetenz,

Ben Achtenberg

mit dieser Situation fertig zu werden. Beide hatten nicht eine Minute lang gezögert oder waren in Panik geraten.»
Die Selbständigkeit unserer Kinder, ihre zunehmende Fähigkeit, mit dem Leben allein fertig zu werden, vergrößert unsere eigene Freiheit und befreit uns von einer großen Last. Für viele Mütter ist es aber auch beängstigend zu erkennen, daß sie von ihren Kindern nicht mehr gebraucht werden. Sie reagieren panikartig und versuchen, die Zeit aufzuhalten; sie wollen nicht zugeben, daß ihre Kinder langsam groß werden:
 «Ich trug Tommy nach wie vor in sein Zimmer und half ihm beim Ausziehen. Ich erkannte gar nicht, daß er das alles schon alleine konnte. Ich hatte jahrelang dieselben Handgriffe ausgeführt, daß es mir gar nicht auffiel, daß sie nicht mehr nötig waren. Erst als Tommy eines Abends einen Freund nach Hause brachte, der die Nacht bei uns verbringen wollte, wurde mir das klar. Sie liefen beide ins Zimmer, zogen sich aus und gingen schlafen. Sie brauchten meine Hilfe nicht.»
Manchmal fällt es uns schwer, abzuschätzen, wann unsere Kinder unsere Hilfe brauchen und wann nicht.
 «Christian ist acht Jahre alt und verbringt die meiste Zeit außer Haus bei irgendwelchen Freunden. Früher mußte ich mir jede freie Minute

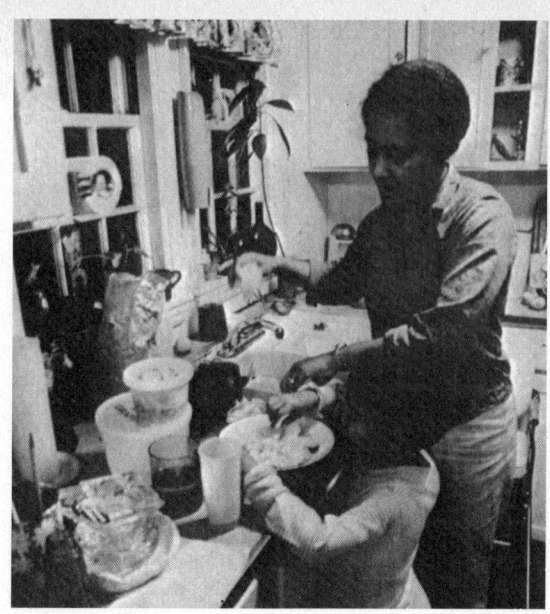
Patricia Hollander Gross/Stock, Boston

erkämpfen, um meine eigenen Sachen erledigen zu können. Ich wollte, daß Christian durch meine eigene Selbständigkeit lernt, selbständig zu werden. Unlängst fuhren wir gemeinsam im Bus, und Chris bat mich, mit ihm Karten zu spielen. In meiner alten Manier sagte ich sofort: ‹Ich habe jetzt keine Zeit, ich will ein Buch lesen; warum liest du nicht auch ein Buch? Hast du eines bei dir?› Worauf er einen Schmöker aus der Tasche zog und zu lesen begann. Erst da fiel mir auf, daß er seit Tagen nichts mehr von mir gewollt hatte, daß wir schon lange nichts mehr gemeinsam gemacht hatten. Er war die letzten zwei Tage bei einem Freund gewesen und hatte sogar dort übernachtet. Ich erkannte, daß er immer seltener zu mir kommen würde und die gemeinsamen Augenblicke immer rarer werden würden. Ich nahm mir fest vor, in Zukunft diese spontanen Vorschläge anzunehmen und die Zeit mit ihm zu genießen. Ich hatte ohnehin mehr Freizeit als früher.»

In diesen Jahren verlieren viele unserer früheren Regeln und Gebote ihre Gültigkeit. Unsere Rolle als Lehrerinnen, Beschützerinnen ändert sich, viele unserer früheren Aufgaben erübrigen sich, weil sich unsere Kinder entweder an neue Vorbilder oder Autoritäten halten oder weil sie bereits in der Lage sind, sich ihre Grenzen selbst zu ziehen. Waren wir früher oft verzweifelt, daß wir so angebunden und unabkömmlich waren, so passiert uns nun das Gegenteil: Wir werden nicht mehr gebraucht, kommen uns überflüssig vor. Wir ahnen bereits, daß einmal der Tag kommen wird, an dem sie nicht mehr um uns sein werden. Und so sehr wir in den ersten Jahren diese Zeit herbeigesehnt haben, so sehr ängstigt uns nun vielleicht die Vorstellung einer leeren Wohnung:

«Samstags war ich für die Kinder da, und wir hatten uns immer alle auf diesen Tag gefreut. Heute kommt es immer häufiger vor, daß die Kinder die Samstage bei Freunden verbringen oder arbeiten oder etwas vorhaben, bei dem ich unerwünscht bin.»

«Wenn ich abends müde nach Hause komme, freue ich mich auf die Kinder und bin traurig, wenn sie keine Zeit mehr für mich haben. Die Rollen haben sich verkehrt: Heute bin ich es, die ein bißchen traurig, böse und beleidigt ist, wenn mein Ältester von seiner Sportzeitung gar nicht aufblickt, um mich zu begrüßen.»

Die Vorstellung, daß wir unsere Kinder großziehen, damit sie einmal von uns unabhängig sind und ihr eigenes Leben leben, nimmt immer realistischere Formen an.

Es ist nicht immer leicht, die Unabhängigkeit unserer Kinder zu unterstützen

In diesem Alter versuchen unsere Kinder abzuschätzen, wie weit sie in ihrer Eigenständigkeit gehen können; sie testen an sich und uns, wie groß ihre Selbständigkeit bereits ist. Sie bedürfen zwar noch unserer Führung, aber gleichzeitig wollen sie beweisen, daß sie ohne unsere Hilfe auskommen. Wir kommen in Situationen, die wir nicht abschätzen können, und sind unsicher, nach welchen Regeln wir vorgehen sollen. Wann ist es für ein Kind ungefährlich, allein über die Straße zu gehen? Wann darf es allein mit dem Fahrrad auf der Hauptstraße fahren? Wann darf es allein schwimmen gehen? Es gibt keine allgemeingültigen Regeln für unsere Entscheidungen, denn alle Kinder entwickeln sich anders. Wir können uns letztlich nur auf unser eigenes Urteil verlassen und hoffen, daß nichts passiert.

Gerade bei diesen Entscheidungen kann uns der Rat von Freunden helfen, und wir sollten unbedingt mit vielen Eltern sprechen, die ähnliche Situationen bereits hinter sich haben. Auch in dieser Zeit, und vielleicht noch stärker als früher, können verschiedene Ansichten über Erziehung zu Streit in der Familie führen:

«Stefan und ich haben immer dieselben Meinungsverschiedenheiten: Ich glaube, ich kann Johannes ohne weiteres schon allein zu Hause lassen, während ich einkaufen gehe. Es ist schrecklich lästig, mit ihm gemeinsam zu gehen. Er will immer etwas anderes als ich, will, daß ich ihm dies und jenes kaufe, oder es macht ihm keinen Spaß, und ich muß bitten und betteln, daß er mitkommt. Aber Stefan hat Angst, es sei noch zu früh. Johannes ist sechseinhalb, und ich erkläre ihm immer ganz genau, wohin ich gehe und wie lange ich ausbleiben werde. Außerdem kann er schon selber telefonieren, falls einmal etwas passieren sollte. Stefan ist absolut dagegen und macht mir Vorwürfe, zu fahrlässig zu handeln. Ich dagegen werfe ihm vor, überängstlich zu sein und Johannes in seiner Entwicklung zu behindern. Wir haben regelrechte Kämpfe deswegen.»

Es gibt nicht *die richtige Methode*, unser Kind großzuziehen. Deshalb wird es immer Meinungsverschiedenheiten zwischen Eltern oder mit anderen Menschen diesbezüglich geben. Solche Auseinandersetzungen können für beide Partner gewinnbringend sein, wenn sie einander respektieren und es nicht darum geht, persönliche Machtkämpfe auf dem Rücken der Kinder auszutragen. Denn manche Entscheidungen betreffen gefährliche Situationen, in denen es sogar um das Leben unserer Kinder geht. Da muß das Urteil eines anderen Menschen, der mit den Eigenheiten unseres Kindes vertraut ist, von Vorteil sein.

«Markus will seit kurzem allein über die Straße gehen. Er sagt, fast alle seine Freunde dürfen es. Aber ich habe zu große Angst, ihm könnte etwas passieren. ‹Geh, Mama›, meint er dann immer, ‹du hast einfach kein Vertrauen zu uns Kindern.› Ich bin überfragt, ich möchte nicht sein Leben riskieren, aber auch nicht überängstlich sein.»

«Als Andrea mich um ein größeres Fahrrad bat, erklärte sie mir, daß sie schon groß genug sei, um auf einem wirklichen Fahrrad zu fahren. Aber ich zögerte, denn sie hatte vor kurzem einen Unfall gehabt. Ich wollte sie zurückhalten, weil ich Angst um sie hatte, aber andererseits ist mir klar, daß sie nur durch eigene Erfahrung lernen kann. Ich weiß eigentlich nicht, wie ich mich verhalten soll.»

«Wir waren schwimmen, und da wollte Ruth plötzlich vom Einmeterbrett springen. Sie ist noch nie vorher gesprungen. Ich wollte sie selbst entscheiden lassen und meinte: ‹Wenn du glaubst, daß du es kannst, dann spring ruhig.› Da wollte sie nicht mehr. Wahrscheinlich hatte sie erwartet, daß ich es ihr verbieten würde oder daß ich ihr Mut machen würde, sie wollte die Entscheidung mir überlassen.»

Dieselbe Mutter erzählte uns dann, daß sie selbst nicht springen könne und selbst erst vor kurzem schwimmen gelernt hatte. Natürlich hatte sie Angst um ihre Tochter. Es fehlte ihr selber der Mut, sie zu ermutigen.
Viele unserer Ängste stammen aus unserer Kindheit, und unsere Kinder rufen Erinnerungen in uns wach, die uns lange Zeit unbewußt gequält haben:

«Bis zu meinem zwölften Lebensjahr durfte ich nicht allein von der Schule nach Hause gehen. Die meisten meiner Freunde hatten es schon im Kindergartenalter getan. Meine Mutter hatte zwei Kinder durch einen Unfall verloren und hatte panische Angst um meinen Bruder und mich. Als ich klein war, fühlte ich mich hin und her gerissen zwischen den Verboten meiner Mutter und meinen eigenen Phantasien über die schrecklichen Dinge, die mir zustoßen könnten, und neidvoller Bewunderung für andere Kinder, die in meinem Alter schon die verwegensten Dinge allein tun durften. Als meine Tochter sechs Jahre alt war und allein rausgehen wollte, wurden diese alten Erinnerungen wieder wach. Ich ließ sie allein zum Briefkasten gehen, um einen Brief für mich aufzugeben. Sie war riesig stolz, daß sie mir helfen konnte, und fragte mich danach immer wieder, wann sie mir wieder einen Brief aufgeben könnte. Ich zögerte aber, sie wieder gehenzulassen. Eines Nachmittags im Winter kurz vor Dunkelwerden hatte ich dringend ein paar Briefe einzustecken, und ich fragte sie, ob sie für mich zum Briefkasten gehen wollte. Diesmal zögerte sie, denn sie fürchtete sich vor der Dunkelheit. Ich erkannte, daß ich auf ihre eigenen Gefühle Rücksicht nehmen mußte und nicht so sehr von mir ausgehen sollte.»

Wir müssen in diesen Jahren mit unseren Ratschlägen umsichtiger umgehen und nicht mehr wie früher konkrete Verhaltensregeln aussprechen. Manchen Eltern fällt die Erziehung kleinerer Kinder leichter, weil sie die möglichen Gefahren sicherer abschätzen können. Je älter die Kinder werden, um so fester werden ihre eigenen Ansichten über Gefahren und Grenzen, die wir berücksichtigen müssen, wenn wir ihre Freiheit nicht unnötig einschränken wollen. Wir müssen unsere absolute Autorität aufgeben, unsere Kinder als Partner betrachten und mehr raten als ge- oder verbieten. Wir können sie nicht mehr jede Minute im Auge behalten, und wir wollen es auch nicht mehr.

Die Entwicklung unserer Kinder erfüllt uns mit Stolz

Unsere Kinder erproben alle ihre Talente und Fähigkeiten, und wir sehen ihnen dabei mit Freude zu.

«Meine zwei Kinder sind Bücherwürmer. Ich habe selbst als Kind leidenschaftlich gern gelesen, und deshalb freut mich dieses Interesse bei ihnen besonders. Ich habe das Gefühl, ihnen etwas mitgegeben zu haben, auf das ich stolz sein kann. Zu Beginn hatte ich große Angst, alles falsch zu machen, ich war sehr unsicher als Mutter, aber heute bin ich stolz, wenn ich sie sehe.»

«Ich bin absolut unmusikalisch, mein Sohn jedoch setzt sich ans Klavier und spielt wie ein Gott. Es macht ihm selbst große Freude. Ich bin sehr stolz auf ihn und habe manchmal das Gefühl, als könne ich durch ihn selbst singen und musizieren.»

Allerdings – nicht alle Eigenschaften unserer Kinder erfüllen uns mit Stolz. Es kommt auch vor, daß wir ein bißchen neidisch sind, weil ihnen so leicht zu fallen scheint, was uns unmöglich war:

«Ich hatte selbst nie die Möglichkeit, meine Schulbildung zu vertiefen. Ich mußte sehr früh arbeiten, weil zu Hause kein Geld war. Wenn ich meinen Stiefsohn beobachte und wenn ich sehe, wie leicht ihm alles gemacht wird, bin ich einerseits froh für ihn, aber ich beneide ihn auch etwas.»

Unsere Kinder scheinen in unglaublich kurzer Zeit unendlich viel zu lernen, so daß wir bisweilen von ihren Fortschritten überwältigt sind. Wenn wir sehen, wie tüchtig sie sich entwickeln, fühlen wir einen Drang in uns, ihnen noch mehr Chancen zu bieten, ja, ihnen alles zu ermöglichen, was uns versagt blieb. Aber wollen sie es auch selbst?

Wir sehen zwar die Talente und Fähigkeiten in unseren Kindern, aber wir sind auch nicht blind für ihre Schwächen. Wir müssen achtgeben, sie nicht zu überfordern und von ihnen das zu erwarten, was wir selbst von uns gern erwartet hätten. Besonders in den mittleren Jahren, wenn sich die Charakterzüge der Kinder verfestigen und herauskristallisieren, müssen wir auf die Grenzen achten. Wir dürfen nicht den Fehler machen, von unseren Kindern nur immer zu verlangen. Ein Vater, der selbst nie Klavier spielen lernen durfte, es aber unbedingt immer wollte, kann dazu neigen, sein Kind ans Klavier zu zwingen. Wir müssen die Eigenständigkeit unserer Kinder anerkennen und dürfen unsere eigenen Grenzen als Lehrer nicht überschätzen:

«Bis zur Schulreife sind wir für die physische und psychische Betreuung der Kinder zuständig. Wir meinten vielleicht, es sei genug, wenn wir es ausreichend lieb hätten und auf seine Bedürfnisse achteten. Plötzlich jedoch verlangt man von uns, unsere Kinder auch geistig anzuregen, ihnen genügend Möglichkeiten für Sport, Musik und Intellekt zu bieten. Aber alle diese Sachen kosten Geld. Und besonders wenn man mehrere Kinder hat, muß man die Möglichkeiten von vornherein abwägen.»

Wenn wir mehr als ein Kind haben, müssen wir aufpassen, daß wir nicht unter den Kindern selbst Konkurrenz aufkommen lassen, daß wir nicht der Tochter verbieten, was dem Sohn selbstverständlich zusteht:

«Ich weiß, daß ich meinen Sohn anders als meine Tochter behandle. Timmy nehme ich gern in den Arm, ich spiele mit ihm, lache über alle seine Scherze und Abenteuer. Er nimmt die Welt auseinander, und ich behindere ihn nicht daran. Sobald jedoch meine Tochter etwas zerstört, diszipliniere ich sie. Ich möchte zwar, daß sie selbständig, mutig und stark wird und lernt, sich zu behaupten – aber ich ermuntere sie nicht dazu. Als ich das bemerkte, erinnerte ich mich, wie ich als Kind meinen Vater bei Tisch bedienen, den Tisch decken und abräumen, kochen und aufräumen mußte. Ich machte alles ganz selbstverständlich, weil ich die Älteste war und meine Mutter ganztags arbeitete. Aber auch, weil ich die einzige Tochter war und fast instinktiv dem Vorbild meiner Mutter folgte. Ich sehe, daß ich auch von meiner Tochter ein ähnliches Verhalten erwarte. Seit ich das jedoch weiß, versuche ich, sie nicht mehr in die typisch weibliche Rolle zu drängen.»

Manchmal tun wir auch des Guten zuviel, indem wir uns bemühen, die Fehler unserer Eltern zu vermeiden:

«Ich redete auf meine Tochter ein, in der Schule nicht in den Handarbeitsunterricht zu gehen, sondern Werken zu lernen. Sie war die einzige im Werkunterricht. Ich fragte sie gar nicht, ob sie selbst Lust dazu hatte.»

In diesem Fall erwies sich der Entschluß der Mutter als richtig und gut; die Tochter ist begeistert von diesem Fach und stolz auf alles, was sie lernt.

Unsere Kinder kommen mit allen ihren Problemen zu uns

Wir müssen manchmal darauf achten, nicht ständig mit unseren Kindern mitfühlen zu wollen, sondern auch Raum zwischen uns zu lassen. Wir dürfen uns nicht immer gleich schuldig fühlen, wenn es in der Schule oder mit den Freunden nicht klappt.

«Ich hatte in der Schule dieselben Probleme wie meine Tochter, und auch ich hatte Schwierigkeiten mit den anderen Mädchen. Ich fand nie eine richtige Freundin. Deshalb sehe ich mich immer selbst in den Schwierigkeiten meiner Tochter und nehme alles persönlich. Wenn Cora zu mir kommt und sich über eine Klassenkollegin beklagt, sage ich immer: ‹Mach dir nichts draus – diese Mädchen sind ja gar nicht ernst zu nehmen. Kümmere dich nicht um sie!› Aber so kann ich ihr unmöglich helfen, das Problem zu verstehen.»

Wenn unser Kind schwer lesen lernt, machen wir uns sofort Vorwürfe, irgend etwas in der Erziehung falsch gemacht zu haben. Wir schämen uns, daß es langsam oder faul ist. Oft kommt eine stark negative Reaktion unsererseits von einem ungelösten eigenen Konflikt und nicht so sehr von einem Versagen auf seiten des Kindes. Hatten wir selbst Angst vor Lehrern? Waren wir vielleicht selber schlechte Schüler? Waren unsere Eltern oder Lehrer zu streng mit uns? Bedauern wir, daß wir nicht genug gelernt haben in der Schule?

«Ich glaube, mir ist es ähnlich wie meinen Kindern gegangen, aber meine Eltern haben mich nie verstanden. Deshalb bemühe ich mich sehr, meine Kinder zu verstehen, ihnen zuzuhören, auf sie einzugehen, damit sie nicht so leiden wie ich als Kind. Aber es ist nicht genug, sie in die Arme zu nehmen und ihnen zu erklären, daß es mir nicht anders ergangen ist. Ihre Probleme können ja auch ganz woanders liegen. Ich weiß nicht, wie ich mich verhalten soll.»

Vielleicht können wir wirklich nicht viel mehr tun, als ihnen unser Mitgefühl zu zeigen. Unsere Kinder sind eigenständige Personen; ihre Gefühle und Erfahrungen sind nicht mit unseren identisch. Viele ihrer Probleme rühren daher, daß sie lernen, selbständig zu werden, daß sie sich den Grundstock für ihre späteren Fähigkeiten, in einer Gemeinschaft zu leben, selbst legen müssen. Je älter sie werden, um so größer werden ihre Probleme und Enttäuschungen. Natürlich leiden wir, wenn wir ihnen bei diesem Prozeß des Erwachsenwerdens zusehen müssen. Wir möchten ihnen gern einige der Schmerzen abnehmen und Enttäuschungen ersparen, aber genau das können wir nicht.

Wir können nicht abschätzen, wie wichtig negative Erfahrungen für ihre Entwicklung sind, und selbst wenn wir es wüßten, würde uns das kein Trost sein, wenn wir unser weinendes Kind in den Armen halten. Meist jedoch wissen wir nicht, warum unser Kind weint und was ihm widerfahren ist, es weiß es vielleicht selber nicht genau oder kann die Enttäuschung nicht in Worten ausdrücken. Diese Ungewißheit und Unklarheit über Gefühle und Gedanken macht alles noch viel schwerer, ist jedoch ein wesentlicher Aspekt des Erwachsenwerdens. Und selbst wenn wir unser Kind trösten und beruhigen können, wir können mit unseren Küssen die Wunden nicht heilen. Wir sind nicht mehr die allmächtigen Eltern, für die uns unser Kind früher hielt.

Erste Trennungen:
Unsere Kinder nehmen Anteil am öffentlichen Leben

Der Einfluß anderer Menschen an der Entwicklung unserer Kinder nimmt in dem Maße zu, in dem unserer abnimmt. Unsere Kinder suchen sich selbst Freunde und treffen unabhängig von uns und oft gegen unseren Willen Entscheidungen:

Betsy Cole

«Mein Jüngster konnte es kaum erwarten, in die Schule zu kommen. Für ihn bedeutete es, daß er ab nun auch allein einkaufen gehen und alles das tun dürfte, was seine älteren Geschwister schon so lange durften.»

Für uns Eltern sieht dieser Abschnitt noch anders aus. Eine fremde Autorität, die Schule, der Staat, mischen sich in unser Leben und sagen uns, was für unsere Kinder richtig ist. Das bedeutet eine wesentliche Einschränkung unserer elterlichen Autorität: Fremde sind nun tagsüber für unser Kind verantwortlich, ohne uns Rechenschaft über ihre Wertvorstellungen und Erziehungsmethoden geben zu müssen.

«Als ich zum erstenmal mit der Lehrerin sprach, war ich ganz erstaunt, daß sie sich erlaubte, mein Kind zu beurteilen. Sie fing an, es mit anderen Kindern in der Klasse zu vergleichen, sprach von seinen Fähigkeiten und Schwächen und von der Möglichkeit, daß sie Schwierigkeiten haben würde. Mir wurde klar, daß von nun an andere Menschen auf mein Kind einwirken und es beurteilen würden und daß es völlig unwichtig für diese Leute war, was ich von meiner Tochter hielt und wie sehr ich sie liebte.»

Es ist nicht leicht, sich allein gegen unser System der Konkurrenz und des Leistungsdruckes in der Schule zu stellen. Wenn ein Lehrer unser Kind lobt, sind wir stolz, wenn er es kritisiert, sind wir beunruhigt. Wir sind zu stark mit unseren Kindern vereint und sehen sie noch zu sehr als einen Teil von uns selbst. Wenn unsere Kinder in der Schule Probleme haben, vielleicht in der Leistung oder im Betragen, leiden wir mit ihnen. Manchmal müssen wir uns mit den Lehrern auseinandersetzen, unter Umständen müssen wir gegen die ganze Institution anrennen. Aber wir haben auch das Gefühl, machtlos zu sein gegenüber der Autorität Schule.
Unsere Kinder werden in die verschiedensten schwierigen Situationen geraten: Erwachsene werden sie übervorteilen, andere Kinder werden gemein zu ihnen sein, sie werden mit Dingen konfrontiert werden, die ihnen Angst einjagen und die sie nicht verstehen. Vielleicht wird vieles gegen ihren Gerechtigkeitssinn verstoßen. Dieselben Kinder, die noch vor kurzem an den Weihnachtsmann glaubten, stehen heute einer schrecklichen Realität gegenüber. Fernsehen, Kino und Zeitungen zeigen ihnen eine Welt der Gewalt und Grausamkeit, und sie werden Fragen stellen, die uns nicht angenehm sind oder auf die wir keine Antwort wissen. Wir kommen in die unangenehme Lage, ihnen irgendwie erklären zu müssen, warum es Willkür, Ungerechtigkeit, Gewalt auf dieser Welt gibt. Aber einfache Antworten werden nicht mehr genügen.

«Als mein Junge von der Schulbusentführung erfuhr, begann er Fragen zu stellen. Er konnte nicht begreifen, wie jemand so etwas tun kann und warum niemand etwas dagegen unternimmt. Wir können einem achtjährigen Jungen erklären, daß unsere Welt grausam ist, aber warum ist sie es?»

«Wir wohnen bei einem großen Park, und als Robert sieben war, lernte er dort einen ‹Freund› kennen. Anscheinend bedeutete ihm dieser Fremde sehr viel – er sprach immer von ihm und freute sich jedesmal auf den Nachmittag, wenn er in den Park kam. Wir fanden heraus, daß der Mann ein Seemann war und sehr viel trank. Er traf sich mit Leuten aus der Gegend, mit denen wir eigentlich nichts zu tun haben wollten. Wir wußten nicht, was wir machen sollten, wir wollten ihm den Kontakt ja auch nicht verbieten. Aber wir machten uns Sorgen.»

Wie lange können wir unser Kind davor bewahren, mit eigenen Augen zu sehen, daß diese Welt kein Paradies ist, daß die «Schlechten» meist die Erfolgreichen sind und die «Guten» die Verlierer? Wann sollten wir anfangen, sie auf diese Realität hinzuweisen? Es ist nicht leicht, über Themen wie Armut, Krankheit, Tod zu sprechen, wenn wir selber Angst vor diesen Themen haben. Alles, was wir in dieser Zeit tun können, ist, unseren Kindern zu zeigen, daß wir für sie da sind und sie mit allem zu uns kommen können. Daß wir uns stets bemühen, sie zu beschützen, aber daß

Betsy Cole

wir keineswegs allmächtig sind. In diesen mittleren Jahren erleben unsere Kinder unsere Unzulänglichkeiten und machen uns selbst auf diese aufmerksam. Wir können ihnen ein paar Grundregeln zum Selbstschutz mitgeben: Sprecht nicht mit Fremden, die euch zweideutige Angebote machen oder Geld schenken wollen; steigt nicht in das Auto eines Fremden ein, spielt nicht mit Kindern, die Waffen tragen, und so weiter. Aber zur selben Zeit müssen wir versuchen, nicht überängstlich zu sein, damit unsere Kinder nicht aufhören, die Welt zu erkunden. Wir können unsere Kinder nicht vor allen schmerzlichen Erlebnissen schützen.

Unsere Wertvorstellungen werden hinterfragt

Wenn unsere Kinder von der größeren gesellschaftlichen Umwelt um sie herum Notiz nehmen und sich anderen Einflüssen immer stärker aussetzen, stoßen sie auf Ideen und Wertvorstellungen, die unseren widerspre-

chen. Sie erkennen, daß es viele Lebensweisen und Handlungsmöglichkeiten gibt und daß das, was in der Familie passiert oder Geltung hat, anderswo anders ist.
Alle unsere Werte werden unter die Lupe genommen. Das kann beunruhigend, aber auch anregend sein. Wir spüren ein Kribbeln im Bauch, wenn wir das vertraute: «Aber die Mutter von X macht das anders» hören. Unsere Reaktion kann von Wutanfällen bis zu Gleichgültigkeit, von Trauer bis Lachen reichen, wir können uns vornehmen, auf unserem Standpunkt zu bestehen oder dem Ganzen keinen Wert beizumessen, wie auch immer wir reagieren, wir werden von nun an mit unseren Vorstellungen immer auf Gegenargumente und Widerstand stoßen. Manchmal sehen wir auch ein, daß unser Verhalten wirklich nicht angemessen ist, und sind gern bereit, unsere Ansichten zu ändern:
«Vorige Woche ging ich mit den Kindern und der Schwiegermutter in den Zoo. Am Eingang kauften wir den Kindern ein Eis. Als wir nach einiger Zeit wieder bei einem Eisstand vorbeikamen, wollte die Großmutter den Kindern noch ein Eis kaufen. Aber ich war dagegen. Die Kinder waren traurig, und die Schwiegermutter machte ein enttäuschtes Gesicht. Ich blieb hart. Zu Hause erklärte mir mein Ältester: ‹Es war das erste Mal, daß Großmutter uns von selbst ein Eis kaufen wollte. Wir essen doch sonst nie zweimal Eis. Du hättest ihr ruhig die Freude machen sollen.› Ich war ganz unglücklich über mein striktes Nein und mußte erkennen, daß meine Kinder mehr Feingefühl hatten als ich.»
Nicht jeder besitzt die Großmut, sich der Relativierung der eigenen Meinung pausenlos ohne Kampf auszusetzen oder gar Fehler einzugestehen. Ist es nicht eher so, daß wir nach all den Jahren Veränderungen gegenüber ablehnend reagieren? Daß wir uns nicht sagen lassen wollen, daß die Lehrerin, die Nachbarin oder die Freundin etwas besser macht als wir? Selbst wenn wir daraus lernen könnten!
Wenn wir uns der Auseinandersetzung mit unseren Kindern stellen, können wir wirklich sehr viel lernen: Toleranz, Großzügigkeit, Offenheit. Und wir können unsere eigenen Kindheitserfahrungen in dieser Konfrontation aufarbeiten, die immer noch wie ein Stein in uns liegen.
«Mein Sohn fragte mich: ‹Warum ißt du Fisch, aber nicht Huhn?› Ich fand keine vernünftige Antwort. Das schien Stefan riesigen Spaß zu machen. Er freute sich, daß ich, der ich immer alles zu begründen wußte, keine Erklärung für mein Verhalten fand. Und er sagte mir voller Genugtuung ins Gesicht: ‹Du mußt schon ziemlich verrückt sein, wenn du nicht einmal sagen kannst, warum du das eine ißt und das andere nicht.› Später sprach ich mit einem Freund darüber, und er nannte mir einen Grund: Man könne als Vegetarier ohne weiteres Fisch essen, denn Fische ernähren sich nicht von Getreide, beuten also die Erde

nicht aus, sondern schwimmen einfach im Wasser. Danach ging ich zu meinem Sohn und erklärte ihm das. Er antwortete: ‹Um so eher sollten wir sie leben lassen.›»

In diesem Alter akzeptieren unsere Kinder nicht mehr jede Antwort. Wir könnten diese Herausforderung annehmen und unser Weltbild hinterfragen, das, was wir bisher als selbstverständlich angenommen hatten, neu überdenken und neue Lebensperspektiven entfalten.

Müssen wir streng sein in unserer Erziehung?

Viele Eltern tun so, als müsse ihre Autorität als Erzieher von den Kindern stillschweigend anerkannt werden. Sie sind es, die die Regeln aufstellen, und die Kinder müssen sich ohne Widerrede daran halten. Aber das Leben ist nicht so einfach. Nur zu oft geraten wir mit unseren Regeln in eine Sackgasse. Deshalb lassen wir uns gern mit unseren Kindern auf eine Diskussion über die Notwendigkeit und Richtigkeit vieler unserer Richtlinien ein. Für viele sind diese ständige Rechtfertigung und die damit verbundene Streiterei eine Belastung:

«Ich lebe eigentlich ziemlich anders als die meisten Menschen in meiner Gegend. Ich sehe nicht fern, weil ich die Verherrlichung von Gewalt ablehne, ich bin Vegetarierin und Feministin. Aber mein Sohn erlebt fast überall sonst gegenteilige Lebensgewohnheiten. Wir streiten ständig über meine Anschauungen, und manchmal frage ich mich, ob diese Streitereien nicht schlecht für ihn sind. Anderseits ist mir auch klar, daß Kinder in diesem Alter mit allen Mitteln ihren Willen durchsetzen wollen, um zu sehen, wie weit sie gehen können.»

In diesem Alter geht es um ein Kräftemessen. Unsere Kinder sind physisch stärker geworden, sie geben uns freche Antworten, weil sie ihren Standpunkt durchsetzen wollen, aber noch nicht die nötige Argumentationskraft haben, sondern lernen erst langsam, logisch zu argumentieren und Kämpfe sprachlich auszutragen. Deshalb ist es wichtig, daß wir unseren Kindern gegenüber konsequent sind, ohne deshalb autoritär zu sein. Wir müssen zu unseren Anschauungen stehen und sie erst dann aufgeben, wenn Vernunftgründe zwingend sind:

«Ich habe lange gebraucht, bis ich lernte, meinen Kindern gegenüber konsequent zu sein, also zu meiner Meinung zu stehen. Wenn ich zu etwas nein sage, weil es mir nicht paßt, und ich finde meine Gründe gut und richtig, dann muß ich hart bleiben. Sonst glauben die Kinder, ich habe kein Rückgrat und sie können alles mit mir machen. Es fiel mir deshalb so schwer, weil ich immer gegen jede Form von Autorität war. Ich wollte mit meinen Kindern auf einer gleichen Ebene sein. Aber eigentlich war ich das nie, denn als sie noch klein waren, erkannte ich immer früher als sie Gefahren und konnte Situationen besser einschätzen. Ich habe gelernt, daß Kinder gewisse Grenzen brauchen, daß sie nur durch Vorbilder lernen und daß dafür ein gewisses Maß an Autorität notwendig ist. Gestern zum Beispiel kamen wir vom Einkaufen zurück, und die Kinder fingen zu streiten an. Sie spielten wieder einmal ihr Lieblingsspiel: Wer hat angefangen? Nach einer Zeit wurde es mir zuviel, und ich sagte zu Ben: ‹Jetzt habe ich genug. Ich möchte mir dieses Gestreite nicht mehr anhören. Bitte, geh in dein Zimmer. Du hast ja selber gesagt, daß du allein sein möchtest.› Er ging wirklich und räumte sein Zimmer auf. Er war richtig erleichtert, als ich ihm Einhalt gebot.»

In dieser Zeit müssen wir unsere Kinder häufiger als früher disziplinieren. Sie gewöhnen sich Verhaltensweisen an, die wir uns nicht gefallen lassen wollen. Wir wollen ihnen in erster Linie klarmachen, daß sie eine gewisse Verantwortung im Leben tragen, daß sie anderen gegenüber tolerant sein müssen und daß sie für sich selbst auch Verantwortung haben. Wenn sie wissen, was von ihnen erwartet wird, fühlen sie sich geborgener und sicherer:

«Wir erlauben Boris nicht, Lena zu schlagen. Darüber gibt es einfach keine Debatte. Und sie darf auch nicht zurückschlagen. Das war immer eine unserer Hauptregeln für ein friedliches Zusammenleben. Jetzt, wo Boris elf ist und stark genug, Lena weh zu tun, sehen wir, wie wichtig diese Regel ist.»

Wir alle folgen gewissen Regeln, auch wenn wir sie nicht ausdrücklich nennen. Jede Familie hat ihre Gesetze, um den Alltag ohne größere Reibungen zu bewältigen. Viele Familien haben regelmäßige Diskussionsabende, um über ihre Regeln zu sprechen.

So wie verschiedene Ansichten über Erziehungsmethoden Anlaß zu Streitigkeiten zwischen den Partnern sind, ist es umgekehrt genauso häufig so, daß beide Eltern eine geschlossene Front gegenüber den Kindern bilden. Sie unterstützen sich gegenseitig in ihren Disziplinierungen – was vielleicht für die Beziehung der Partner angenehm zu sein scheint, für die Kinder bedeutet es aber, daß sie sich in ihren Problemen unverstanden fühlen und keine Partei haben, an die sie sich um Unterstützung wenden können, wenn sie sich falsch beurteilt oder behandelt fühlen. Noch schwieriger ist diese Situation für Einzelkinder. Zusammenarbeit unter den Partnern und allen Betroffenen ist keine leichte Sache. Sie bedarf großer Toleranz, Einfühlungsvermögens und Rücksicht auf allen Seiten. Manche meinen, ein Alleinerziehender hat es in dieser Hinsicht leichter, denn hier kann kein anderer Erwachsener in die Erziehung hineinpfuschen. Aber andererseits ist es leichter, mit einem anderen über Familienprobleme zu sprechen und etwas Distanz zu unseren Kindern zu bekommen. Wir sind doch im Grunde alle unsicher, ob wir unseren Kindern auch wirklich «gute Eltern» sind und ob unsere Erziehungsmethoden die angemessenen sind.

Wir wollen auch mal allein sein

Unsere Kinder können sich schon in vieler Hinsicht allein versorgen. Wir brauchen nicht mehr mit unserem Partner zu streiten, wer für die Sechs-Uhr-Mahlzeit zuständig ist. Viele frühere Handgriffe, die uns viel Zeit und Kraft kosteten, fallen weg. Wir entdecken plötzlich, daß wir wieder mehr Zeit für uns selber haben:
 «Die Kinder stehen nach dem Essen auf und gehen aus dem Haus. Endlich können mein Mann und ich allein sein und wie in der ‹guten alten Zeit› ungestört reden oder unseren Interessen nachgehen.»
Obwohl unsere Kinder unabhängiger sind, brauchen sie doch noch sehr oft unsere Hilfe. Probleme in der Schule, mit Freunden oder irgendwelche Pläne brauchen unsere Aufmerksamkeit oder Zustimmung. Solange die Kinder klein sind, kann man in ihrer Gegenwart unbekümmert Dinge besprechen, die für ihre Ohren nicht bestimmt sind. Aber später, wenn sie alles verstehen und gerade an den Gesprächen der Erwachsenen so interessiert sind, können sie uns mit ihren Fragen schon auf die Nerven fallen. Wenn beide Eltern berufstätig sind, bleibt nur abends ein wenig Zeit für intime Gespräche oder persönliche Interessen. Ein Großteil der Zeit geht drauf, um das Abendessen herzurichten, zu essen, aufzuräumen, die Sachen für den nächsten Tag vorzubereiten – und wenn die Kinder endlich im Bett sind, sind wir selber so erschöpft, daß wir schlafen wollen. Wir haben kaum Zeit, einander unsere Liebe zu zeigen oder mit den Kindern zu schmusen, zu schäkern oder zu spielen. Außerdem hat der Fernsehapparat die Abende zerstört, und für Romantik bleibt eigentlich kaum mehr Zeit. Kaum sind wir mit den Kindern aus dem Ärgsten heraus, entdecken wir, daß wir einander vernachlässigt haben und eine Menge Energie brauchen, um unsere Beziehung neu zu beleben.
 «Wir haben es uns zur Gewohnheit gemacht, uns vor dem Abendessen ein wenig zurückzuziehen. Mein Mann und ich setzen uns eine halbe Stunde allein irgendwohin, wo uns die Kinder nicht stören, und erzählen uns, was alles tagsüber passiert ist, oder wir sitzen nur still beieinander.»
Diese gemeinsamen Stunden sind wichtig, und selbst wenn wir keinen Partner haben, sollten wir uns für kurze Zeit von den Kindern zurückziehen, um zu uns selbst zu finden.

David Alexander

Manchmal müssen wir uns regelrecht zwingen, aus unserem tagtäglichen Trott herauszukommen. Wir müssen unseren Kindern zeigen, daß wir uns Zeit für uns nehmen, daß unsere Ehe, Arbeit, Freunde ebenso wichtig sind wie sie. In diesem Alter können unsere Kinder diese persönlichen Bedürfnisse verstehen und lernen, sie zu respektieren. Unsere gesamte Lebensweise beeinflußt unsere Kinder, sie ahmen uns in vieler Hinsicht nach, und ebensooft lehnen sie uns ab. Deshalb ist es wichtig, daß wir ihnen deutlich machen, daß wir neben der Liebe zu ihnen auch einen Raum für uns selber haben, damit wir uns sammeln, unsere Verhaltensweisen überdenken, zu uns selber finden und Spannungen in uns erkennen können:

«Irgendwie habe ich es nicht geschafft, meinen Kindern klarzumachen, was in mir vorgeht, ohne gleichzeitig das Gefühl zu haben, daß ich sie belaste. Es ist schwer, ganz allein Kinder großzuziehen. Wenn ein anderer Erwachsener im Haus wäre, würden die Kinder automatisch mitbekommen, wie wir Probleme aufarbeiten und welche Sorgen wir haben. Wir könnten offener zueinander sein.»

Aber auch verheiratete Eltern haben Schwierigkeiten, diese Offenheit in ihrer Familie durchzusetzen:

«Ich hasse es, vor den Kindern zu streiten. Lars kümmert sich nicht darum, ob die Kinder dabei sind oder nicht. Wenn er wütend ist, zeigt er es ungeniert. Ich beherrsche mich immer. Erst wenn die Kinder weg sind, lasse ich meine Wut heraus und brülle ihn an, wenn mir danach ist.»

Sollen wir all unsere Gefühle offen und ehrlich zeigen?

Unsere Kinder sind diesbezüglich weitaus unbekümmerter als wir. Sie machen kein Hehl aus ihrer Traurigkeit oder ihrem Glück, ihrer Müdigkeit oder Wut. Sie sind Experten darin und können uns Vorbilder sein.
Wir alle haben schlechte Laune oder Aggressionen und suchen nach Kanälen, sie nach außen zu lassen. Sehr oft haben sie nichts mit unseren Kindern zu tun, sondern gehen auf Erlebnisse mit unserem Partner, dem Chef, der Arbeit oder Freunden zurück:
«Wenn ich wirklich sehr unglücklich bin, gibt es zwei Möglichkeiten: Ich lasse die Wut an meinen Kindern aus, dann werden sie wahrscheinlich denken, sie hätten schuld an meiner Laune. Oder ich erkläre ihnen, daß ich in einer miesen Stimmung bin, daß es nicht an ihnen liegt, sondern an einem Streit mit meinem Chef, oder daß eben im Büro alles schiefging, und sie sollten mich absolut in Ruhe lassen, sonst würde ich durchdrehen.»
Aber nicht immer können wir so distanziert über unsere Emotionen sprechen:
«Ich wußte, daß mein Sohn über die Scheidung böse und traurig war. Aber immer wenn ich mit ihm darüber sprechen wollte, wich er mir aus. Ich versuchte es wochenlang, aber insgeheim war ich froh, daß es nicht zu einem Gespräch kam. Eines Tages saßen wir still und friedlich im Wohnzimmer, nur wir zwei allein, und spielten Platten. Plötzlich wurde Daniel ganz traurig. Vielleicht war es der Text eines Liedes, der ihn so traurig stimmte. Er fing zu weinen an. Ich wußte, daß es etwas mit der Scheidung zu tun haben mußte. Deshalb sagte ich ganz leise: ‹Ich weiß, daß du auf mich böse bist, weil ich mich von deinem Vater getrennt habe.› Er versteckte sein Gesicht in den Händen. Dann fing er an, alles, was er wochenlang in sich hineingefressen hatte, herauszusagen: Wie unfair es von uns war; warum wir nicht wenigstens seinetwegen zusammengeblieben sind; warum gerade ihm das passieren mußte. Nachdem er sich beruhigt hatte, unterhielten wir uns über alles, und ich erklärte ihm, wie traurig ich im Grunde selber über alles war, aber daß

Jonathan Davidson

die Scheidung nicht zu verhindern war. Ich weiß nicht, ob er mich verstanden hat, aber mir kam vor, daß wir uns anschließend besser fühlten. Das Thema Scheidung war endlich nicht mehr tabu. Zugleich half es mir, mit meiner eigenen Wut, Enttäuschung und Trauer fertig zu werden.»
Sehr oft können wir unsere wahren Gefühle nicht verstehen. Mit dieser Ungewißheit zurechtzukommen und sie anderen mitzuteilen ist noch schwerer. Besonders weil wir oft erstaunt sind über die Intensität unserer Emotionen. Liebe, Trauer, Leidenschaft und Wut können übermächtig werden, besonders in den Jahren, in denen sich unsere Kinder immer weiter von uns wegentwickeln.

Auch unsere Wut muß heraus

Heftige, haßerfüllte Gefühle sind eine komplizierte Angelegenheit. Es ist wichtig, daß wir sie uns eingestehen, und wir wissen, daß jeder von uns solche Gefühle hat. Aber wir können maßlos werden und andere verletzen, wenn wir sie loswerden wollen. Besonders unsere Kinder müssen wir vor unkontrollierten Wutanfällen schützen:

«Ich wüßte wirklich gern, ob andere Eltern auch ihren Kindern gegenüber solche Wut und Aggressionen empfinden können. Manchmal frage ich mich ernstlich, ob meine Gefühle nicht außergewöhnlich heftig sind. Es gibt Zeiten, da kann ich meine Kinder einfach nicht ausstehen und bin froh, wenn sie mir nicht unter die Augen kommen. In unserer Gesellschaft ist es nicht üblich, darüber zu sprechen. Kein Mensch sagt: ‹Ich kann meine Kinder nicht ertragen.› Oder: ‹Mein Kind geht mir maßlos auf die Nerven.›»

Wir müssen unsere Gefühle, auch wenn sie negativ sind, äußern dürfen. Aber wir wollen sie nicht an unseren Kindern abreagieren. Wir müssen Wege finden, mit unserer Wut umzugehen. Vor allen Dingen müssen wir unseren Kindern deutlich machen, daß wir sie trotzdem lieben, auch wenn wir hin und wieder einen Wutanfall bekommen.

«Ich kann mich an einen Vorfall erinnern, da habe ich Heinz gegenüber die Beherrschung verloren. Er wollte einfach nicht schlafen gehen, er brüllte stundenlang und drohte mir. Ich mußte ihn buchstäblich festhalten. Er brüllte derartig laut, daß ich die Beherrschung verlor und auch zu brüllen anfing. Ich schrie lauter als er, und er verstummte sofort. Als er still war, sagte ich: ‹Jetzt siehst du, was du mit mir machst.› Es wirkte, aber ich muß gestehen, ich tat es nicht bewußt, sondern wußte mir einfach nicht mehr zu helfen.»

Unsere Wut kann ein Ausmaß annehmen, das bedrohlich wird und dem wir allein nicht mehr gewachsen sind. Der ständige, enge Kontakt mit unseren Kindern, ihre unmittelbare körperliche Nähe, die große Verantwortung ihnen gegenüber und ihre starke Abhängigkeit von uns wecken nicht nur unsere besten Seiten und Eigenschaften, sie lösen auch schlimme, abwehrende Gefühle aus. Die meisten in unserer Autorinnengruppe sind dagegen, ein Kind aus erzieherischen Gründen zu schlagen. Aber es gibt kaum jemanden, der nicht hin und wieder derart heftige Aggressionen gegen sein Kind verspürt, daß er es am liebsten umbringen würde. Selbst die sanftesten unter uns kennen diese Gefühle. Wenn wir wirklich Angst haben müssen, uns und unsere Kinder zu gefährden, sollten wir mit einem anderen Menschen darüber sprechen und den Rat eines Arztes suchen. (Zu diesem Thema siehe Kapitel 9, «Selbsthilfe».)

«Ich hatte manchmal den Wunsch, meinen Kindern weh zu tun. Deshalb ging ich in eine Gruppentherapie. Ich fragte mich immer wieder, warum die Therapeutin mit mir nicht über Kindesmißhandlung sprach, sondern immer nur wissen wollte, wo ich die für mich notwendige Unterstützung fand. Immer wieder kam die Frage: ‹Was geht in Ihrem Inneren vor sich?› Und allmählich fielen mir die Zusammenhänge auf, in denen ich diese schrecklichen Gefühle in mir verspürte. Es war immer, wenn ich mich absolut vereinsamt, allein gelassen und ungeliebt fühlte.»

Eltern sollen ihre Kinder immer lieben. Sie sollten sich immer beherrschen können ... Immer wieder hören wir von anderen, daß wir dies oder jenes falsch machen, daß wir nicht wissen, wie Kinder zu erziehen sind. Unsere Umwelt kritisiert uns ständig und mischt sich pausenlos in unser Leben. Dieser Konflikt zwischen unseren Gefühlen und der Norm, nach der wir handeln sollten, verursacht bei vielen von uns Gefühle von Schuld und Ohnmacht.

Natürlich wird nicht jeder Streit in der Familie durch die Kinder ausgelöst oder hat etwas mit ihnen zu tun. Die Kinder streiten auch untereinander und können so Spannungen in uns verursachen. Meist erklären wir ihnen, daß Geschwister nicht streiten sollten, aber dieses Argument zieht im Grunde nicht.

«Eines Abends hatten die Kinder einen entsetzlichen Streit. Ich hatte sofort das Gefühl, daß ihre Probleme auf meine Erziehung zurückzuführen waren. Vielleicht war ich ihnen gegenüber nicht tolerant oder aber nicht konsequent genug? An diesem Abend steigerte sich ihre Wut derartig, daß Steve zu weinen anfing, nicht nur weil er von seinem Bruder geschlagen worden war, sondern weil er tief in seinem Innersten verletzt war. Ich lief aus dem Zimmer und weinte selber heftig. Sie hingegen hatten sich bereits wieder beruhigt und spielten friedlich in ihrem Zimmer.»

Natürlich müssen wir unsere Kinder davon abhalten, sich gegenseitig zu verletzen. Aber sie werden sich immer wieder streiten. Wir können sogar von ihnen lernen, wie wir untereinander Kämpfe fair austragen und ein Ventil finden können, ohne andere zu tief zu verletzen. Dasselbe können unsere Kinder natürlich auch von uns lernen.

«Peter und ich versuchten lange Zeit, unsere Wut zu unterdrücken, wenn die Kinder anwesend waren. Denn Julia, unsere Tochter, fühlte sich immer verantwortlich und wollte alle versöhnen. Wir wußten diese Eigenschaft zwar zu schätzen, aber mit der Zeit ging sie uns auch auf die Nerven. Ich erklärte ihr eines Tages, daß unsere Streitereien nichts mit ihr zu tun hätten und daß sie sich raushalten sollte. Sie brauchte lange, bis sie begriffen hatte. Aber dann lernte sie allmählich, daß ich als Frau nicht einfach immer nachgeben oder versöhnend wirken mußte, sondern sehr wohl ‹meinen Mann› stehen konnte. Sie verstand auch, daß ihre Mutter nicht immer leise zu sprechen hat, sondern lautstark ihr Recht einklagen oder sich verteidigen kann.»

Wir lieben auch noch andere Menschen

Innerhalb der Familie ist es uns noch am ehesten möglich, unsere Schwächen ohne Angst zu zeigen. Gerade als Eltern müssen wir lernen, mit der Hilflosigkeit anderer so umzugehen, daß wir unsere Macht nicht mißbrauchen. Wir lernen Liebe geben und nehmen:

«Besonders für Männer ist es schwer, mit unseren Kindern wirklich mitzufühlen und sie zu verstehen. Es stimmt, daß die Kinder viel Arbeit machen und daß wir die meiste Zeit zu Hause erschöpft und frustriert sind, aber es gibt auch Augenblicke, in denen wir restlos glücklich sind: Wenn zum Beispiel dein Kind zu dir sagt: ‹Ich hab dich lieb, Papa.›»

Auch in den mittleren Jahren brauchen unsere Kinder noch sehr viel Liebe und Zärtlichkeiten. Aber es gibt eindeutige Grenzen für die sexuelle und emotionale Intimität zwischen uns und unseren Kindern. Es gibt auch Grenzen für ihre Teilnahme an unseren innigen Beziehungen zu anderen Erwachsenen. Als Erwachsene brauchen wir die Liebe, Aufmerksamkeit und Anerkennung anderer Erwachsener.

Durch Kinder wird in den meisten Fällen die Beziehung zu anderen Erwachsenen eingeschränkt. Irgendwie stellen wir alle die Bedürfnisse unserer Kinder an die erste Stelle in unserem Leben.

«Kinder beeinflussen das Leben ihrer Eltern sehr stark. Besonders ein Einzelkind. Bei dieser uralten Dreiecksbeziehung ist immer einer ausgeschlossen. In meiner Ehe war das so, mein Mann nutzte jede Gelegenheit, sich mit dieser Entschuldigung aus dem Staub zu machen und seinen Interessen nachzugehen. Dadurch wurde meine Beziehung zu meiner Tochter besonders eng, während sie ihren Vater kaum zur Kenntnis nimmt.»

«Selbst wenn ich nur jemanden zum Abendessen einlade, passiert es, daß mein Kind mit meinem Gast konkurriert, daß sie um meine Aufmerksamkeit buhlen.»

Wenn wir unseren Kindern zeigen, daß wir sie zwar neben anderen Menschen auch, aber darum nicht weniger lieben, werden sie vielleicht ihre Eifersucht und Furcht leichter bewältigen.

Sex ist nicht mehr wie früher

Unsere Kinder sollten uns Eltern auch als Liebhaber begreifen. Viele Paare haben keine Schwierigkeiten, ihre Liebe vor den Kindern auszudrücken, aber andere bevorzugen es, sie vor ihnen geheimzuhalten. In jeder Familie gibt es andere Regeln in bezug auf Nacktheit, Körperkontakt, Zärtlichkeiten, Sexualität. Meist handelt es sich dabei um unausgesprochene Gesetze:

«Wir sagen den Kindern immer, daß wir allein sein wollen, um einen Mittagsschlaf zu machen. Dann verschließen wir die Tür zum Schlafzimmer und stellen einen Stuhl unter die Klinke, damit wir absolut ungestört bleiben. Vielleicht wäre es besser, wenn ich den Kindern offen sagen würde, daß wir uns lieben und deshalb allein sein wollen. Aber ich habe Angst, sie könnten sich verwirrende Vorstellungen machen. Ich fühle mich wohler, wenn ich nicht darüber sprechen muß. Manchmal kommen sie in unser Zimmer, wenn wir noch beieinanderliegen, und sehen, daß wir uns liebhaben und festhalten und sehr glücklich sind. Das kann für sie nur ein positives Erlebnis sein.»

Manche Paare sind verschiedener Meinung, wenn es um die Offenheit bezüglich sexueller Dinge geht:

«Mein Mann kommt fast nie mehr, um mich zu küssen und zu umarmen. Einerseits, weil sofort immer die Kinder hereinplatzen und sich zwischen uns drängen, andererseits aber auch, weil wir früher immer auf diese Weise unsere sexuellen Spiele anfingen, und seit die Kinder da sind, geht das nicht mehr so offen. Aber deshalb sollte doch nicht gleich die ganze Zärtlichkeit aufhören. Ich brauche Körperkontakt, der nicht sofort im Bett enden muß. Aber für Jim bedeuten Küsse und Streicheln Sex. Wenn die Kinder endlich im Bett sind und Jim mit mir schlafen will, bin ich oft einfach zu müde dafür.»

Unser Sexualleben wird durch die Anwesenheit der Kinder stark beeinträchtigt. Wenn wir jedoch mit diesem Problem nicht fertig werden, kann es passieren, daß wir auch auf anderen Gebieten Konflikte und Spannungen mit unserem Partner haben. Kleine Zärtlichkeitsbeweise sind eine Möglichkeit, unsere sexuellen Spannungen zu erleichtern. Wir können zwar nicht mehr mitten am Tag auf der Couch im Wohnzimmer miteinander schlafen, auch wenn die Kinder ihren Mittagsschlaf halten, denn Kinder haben die Angewohnheit, immer zur falschen Zeit aufzuwachen. Aber wir können andere Möglichkeiten finden, zueinander lieb zu sein und füreinander zu sorgen. Wir können uns hin und wieder umarmen oder liebkosen, wenn die Kinder anderweitig beschäftigt sind.

Manche Eltern benutzen die Anwesenheit der Kinder als Ausrede dafür, daß sie keinen Sex wünschen. Sie haben vielleicht schon vor der Geburt des Kindes sexuelle Probleme gehabt und können nun mit einem guten Grund ‹diese lästige Pflicht› umgehen:

«Ich glaube, die Kinder sind für mich ein guter Schutz ... oder ein gutes Hindernis. Sie ermöglichen uns, die mangelnde Kommunikation zwischen uns zu vertuschen. Es ist leichter, zu sagen, es geht nicht, weil die Kinder da sind, als über unsere tiefen inneren Schwierigkeiten zu reden.»

Wenn wir nicht bereit sind, über unsere sexuellen oder emotionalen Schwierigkeiten zu reden, werden wir später, wenn die Kinder aus dem Haus sind, mit ihnen konfrontiert werden. Darum werden wir nicht herumkommen. Wir sollten die Kinder vielleicht kurze Zeit zu Freunden oder den Großeltern schicken, um Zeit und Raum für uns allein zu bekommen. Es gibt auch noch die Möglichkeit, in einem Hotel zu übernachten.

Kinder von alleinstehenden Eltern verstehen vielleicht nicht, warum sich die Mutter oder der Vater an einen ‹Außenstehenden› oder ‹Außenseiter› um Liebe wendet. Sie drücken meist ihre Abneigung gegen den ‹Eindringling› sehr deutlich aus:

«Ich kann meine Liebhaber nicht mehr nach Hause bringen, wie ich es nach der Scheidung immer tat. Lisa dreht einfach durch. Sie wacht immer auf, auch wenn ich noch so leise hereinkomme, und macht mir eine Szene. Das vermiest mir das Ganze.»

Wenn wir gerade mit einem anderen Menschen eine Beziehung aufnehmen und vielleicht sehr verliebt sind und wirklich gern mit diesem Menschen zusammensein oder ins Bett gehen wollen, dann muß uns die Eifersucht unserer Kinder hinderlich und lästig sein, und es ist verständlich, daß wir uns nicht darum kümmern wollen. Aber unsere Verantwortung besteht immer. Wir müssen zeigen, daß die Liebe zu einem anderen Erwachsenen nicht unsere Liebe zu ihnen beeinträchtigt.

Natürlich ist es immer eine riskante Sache, einen Liebhaber oder eine Liebhaberin in unsere Familie zu integrieren.

«Ich kann nur begrenzt mit meinem Freund zusammensein, ja, ich habe eigentlich kaum Zeit für ihn, weil ich mich doch im wesentlichen um die Kinder kümmern muß. Wie auch immer ich es drehe, ich fühle mich schuldig und komme mir egoistisch vor, wenn ich meinen eigenen Interessen nachgehe. Auch wenn ich einen guten Babysitter habe, der die Nacht über bei den Kindern schläft, überlege ich mir doch immer, ob ich nicht nach Hause fahren soll. Meist richte ich es so ein, daß ich um fünf Uhr morgens heimfahre, noch ehe die Kinder aufwachen.»

Wenn uns unsere Sexualität wichtig ist, dann sollten wir die Schwierigkeiten mit den Kindern auf uns nehmen.

Die Sexualität unserer Kinder

Je älter unsere Kinder werden und besonders wenn sie in die Pubertät kommen, um so stärker interessieren sie sich für ihre eigene Sexualität und natürlich auch für unsere. Sie sehen, hören und verstehen viel, oft

Gabor Demjen/Stock, Boston

mehr, als wir vermuten. Sie haben ihre eigenen Informationsquellen, und wir müssen uns überlegen, inwieweit wir ihnen behilflich sein können:

«Meine achtjährige Tochter kam unlängst von der Schule nach Hause und sagte: ‹Mutti, weißt du, was das ist?› und sie machte mit dem Daumen der einen Hand einen Kreis und fuhr mit dem Zeigefinger der anderen Hand in diesen Kreis aus und ein. Ich sagte, ich wüßte es, und fragte sie, was sie sich darunter vorstelle. Sie antwortete, daß es, bedeute, wenn zwei miteinander ins Bett gingen. Da dachte ich mir, jetzt ist der Zeitpunkt gekommen, mit ihr über diese Dinge zu sprechen und sie über sexuelle Liebe aufzuklären.»

Wenn wir unseren Kindern die nötige Information geben, ihre Fragen ernst nehmen und sie nicht zurückweisen oder auf später vertrösten, dann wird es ihnen leichter fallen, ihre eigene sexuelle Entwicklung als etwas Positives zu erleben. Es ist sehr wichtig, daß sie wissen, daß ihnen der Penis beim Masturbieren nicht abfällt, daß sie nicht Blut urinieren, wenn sie die Regel haben. Je länger wir es hinauszögern, mit ihnen über diese Bereiche zu sprechen, um so wahrscheinlicher ist es, daß sie alle möglichen Arten von Fehlurteilen und Fehlinformationen bekommen.

Unsere Kinder geben uns Signale, wenn sie für bestimmte Themen reif sind.
«Wenn wir auf der Straße spazierengehen, hält er nur so lange meine Hand, bis wir in die Nähe des Spielplatzes kommen, auf dem ein paar seiner Freunde sein könnten. Dann läßt er ganz schnell los und spaziert allein weiter.»
Ganz plötzlich und ohne Vorwarnung entwickeln unsere Kinder ihre eigenen Regeln über angemessenes Verhalten; ihr Körper und ihre eigene Sexualität verlangen es. Manchmal fühlen wir uns durch ihr Benehmen und ihre Sprache verletzt und zurückgestoßen und sind uns nicht immer im klaren, was in ihnen vor sich geht:
«Mein neunjähriger Sohn ging für zwei Wochen auf ein Zeltlager. Als ich ihn vom Bus abholte, sah ich ihn nirgends. Ich wartete, bis alle Kinder aus dem Bus ausgestiegen waren, aber er war nicht zu sehen. Als alle anderen Kinder weg waren, erschien er plötzlich und sagte: ‹Hallo, Mama›, und ging vor mir nach Hause. Später fand ich heraus, daß er sich aus Furcht, ich könnte ihn vor allen seinen Kameraden küssen, versteckt hatte. Ich war traurig, aber ich verstand auch, daß er anfing, sich von mir zu lösen.»
Fast alle Kinder scheuen in diesem Alter offene Zärtlichkeiten ihrer Eltern. Wir müssen flexibel sein und unseren Kindern die nötige Distanz geben, auch wenn uns ihre Nähe abgeht. In dieser Zeit werden die Kinder uns gegenüber sehr kritisch. Sie interessieren sich für das Urteil ihrer Freunde und legen großen Wert darauf, daß wir uns gut kleiden und gut aussehen. Diese Veränderungen beginnen, noch ehe wir an ihnen äußerlich wahrnehmen, daß sie erwachsen werden. Wenn sie anfangen, Haare auf den Beinen und unter der Achsel, breite Schultern oder breite Hüften zu bekommen, sind wir erstaunt, wie erwachsen sie schon sind.
«Als Neil letzten Sommer von seinem Campausflug zurückkam, wollte er nicht länger mit seiner kleinen Schwester in einem Zimmer schlafen. Er zog sich auch nicht mehr ungeniert vor uns aus. Er sprach nicht darüber, aber er vermittelte mir seine neuen Bedürfnisse. Ich mußte sie respektieren und durfte mich selbst nicht mehr wie früher nackt vor den Kindern zeigen.»
Sobald wir einmal unsere Kinder als sexuelle Wesen wahrnehmen, schleicht sich in unsere Beziehung eine eigenartige Spannung, besonders zwischen Vater und Tochter und Mutter und Sohn. Manchmal erschrecken wir vor unseren Gefühlen und versuchen, sie zu unterdrücken oder zu ignorieren. Aber sie sind völlig normal, gefährlich werden sie, wenn wir diese Entwicklung nicht respektieren, unseren Gefühlen in eine falsche Richtung nachgeben und unverantwortlich und schädlich für unsere Kinder handeln. Wir müssen die Forderungen unserer Kinder nach Alleinsein respektieren.

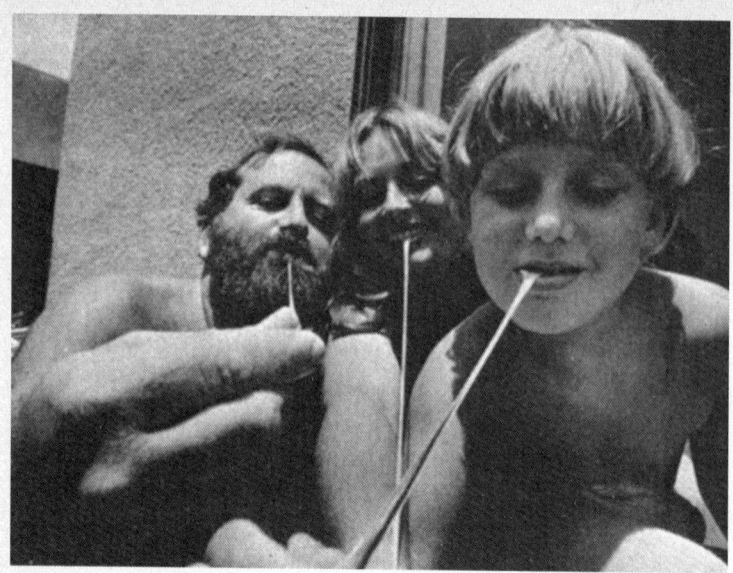

Bonnie Schiffman

Besonders alleinstehende Eltern mit Kindern des entgegengesetzten Geschlechts müssen darauf achten, diese neuen Grenzen anzuerkennen.

«Unlängst wollte mein Sohn das Wochenende bei seinem Vater verbringen. Da ich vergessen hatte, seine Sachen am Vorabend einzupakken, ging ich gleich morgens in sein Zimmer. Er gähnte herum und stand nicht auf, obwohl es schon an der Zeit war. Zuerst verstand ich sein Benehmen nicht und fragte immer wieder, ob er denn nicht aufstehen wollte. Er murmelte und stotterte herum, und irgendwie hörte ich ihn sagen: ‹Wenn du in die Küche gehst.› Ich fragte ihn, ob es ihm peinlich wäre, wenn ich im Zimmer sei, und er sagte ‹ja›. Da entschuldigte ich mich und ging hinaus. Er zeigte mir, daß ab nun andere Regeln in unserer Beziehung galten.»

Aber so stark auch das Bedürfnis unserer Kinder nach Abgeschlossenheit und Privatheit sein mag, sie brauchen uns noch in vielen Dingen, und wir müssen für sie dasein, wenn sie nach unserer Liebe verlangen. Wir dürfen sie besonders in dieser schwierigen Übergangszeit nicht im Stich lassen. Denn gerade jetzt sind sie unsicher und haben viele Fragen an uns, die ihnen am nächsten stehen.

Diese mittleren Jahre sind für uns Eltern Jahre der Zweideutigkeit. Unsere Kinder sind nicht mehr hilflos, aber sie sind auch noch nicht unabhängig. Wir sind nach wie vor aktive Eltern, andererseits haben wir wieder mehr Zeit für unsere persönlichen Interessen. Die Welt unserer Kinder ist größer geworden. Sie hat nicht mehr die scheinbaren Grenzen, die wir anfangs zogen. Auch wenn wir immer noch die wichtigsten Erwachsenen in ihrem Leben sind, sind wir doch nicht mehr die einzig wesentlichen Personen und Vorbilder.

Der ganze Prozeß der Loslösung nimmt in diesen mittleren Jahren deutliche Formen an. Es gibt keine Regeln, nach denen wir vorgehen können: Wir müssen beobachten und lernen, aus den Fragen heraus Entscheidungen zu treffen. Wir lösen uns voneinander, aber die Bindung wird tiefer – vielleicht tiefer als jede andere menschliche Beziehung.

Kapitel 4
Teenager
von Jeanne Jacobs Speizer

Ähnlich wie bei jeder vorherigen Entwicklungsphase unseres Kindes können wir nie mit Gewißheit sagen, daß wir nun an der Schwelle eines neuen gemeinsamen Lebensabschnitts stehen; niemand erscheint an unserer Tür und teilt uns mit, daß bei unserem Kind die Pubertät eingesetzt hat. Manchmal kündigt sie sich durch die Menstruation an, durch den Stimmbruch, durch ungewöhnliche Launenhaftigkeit oder durch die Bereitschaft, intensivere Bindungen außerhalb der Familie einzugehen.
Viele von uns greifen der Pubertät vor, noch lange bevor unsere Kinder soweit sind. Es fallen etwa Bemerkungen wie: «Jetzt kannst du das Leben noch genießen» oder: «Jetzt ist alles noch leicht, aber ...». Was manche Eltern erzählen, macht uns nachdenklich:

«Ich war nicht darauf vorbereitet, wie qualvoll es für mein Kind sein würde, ein Teenager zu sein. Ich weiß, wie ich litt, als ich selbst in diesem Alter war, erinnere mich, wie ich mich für scheußlich und reizlos hielt, meinte, niemand würde mich je gern haben – alle diese schrecklichen Sachen. Irgendwie glaubte ich, meinen Kindern würde eine Menge davon erspart bleiben; das war aber nicht der Fall.»

Andere Berichte wieder machen uns zuversichtlich:
«Ich habe es lieber, wie es jetzt ist. Ich möchte nicht mehr die Mutter kleiner Kinder sein. Ich bin froh, daß meine Kinder Teenager sind. Es gibt noch viel, was ich für mich, mit mir und mit den Menschen, die mir nahestehen, tun will.
Ich sehe, wie meine Kinder zu selbständigen Persönlichkeiten werden, auf die ich stolz bin. Ein Teil ihrer Persönlichkeit kommt von uns, ein anderer Teil ist ganz eigenständig. Der Humor meines Sohnes, zum Beispiel, kommt weder von mir noch von seinem Vater, und mit diesem sehr amüsanten, fast erwachsenen Menschen zusammenzuleben ist fast wie eine Überraschung.»

Manche von uns werden einige Zeit auf den Beginn der Pubertät warten müssen, wie diese Mutter eines fünfzehnjährigen Sohnes:
«Es kommt uns vor, als hingen wir am Rande eines Abgrunds. John und ich fürchten uns vor der Pubertät, aber bisher stehen diese Ängste in keiner Beziehung zur Realität. Manchmal denke ich, es wird eine

Sepp Seitz/Magnum

Erleichterung sein, endlich mit handfesten Pubertätsproblemen zu tun zu haben, statt dieses beunruhigenden Wartens.»
Bei anderen Kindern wieder können die Pubertätsprobleme auftreten, noch bevor sie das entsprechende Alter erreicht haben. Fest steht, daß das Heranwachsen von Jugendlichen anstrengend ist und in uns und unseren Kindern ein verwirrendes Durcheinander widersprüchlicher Gefühle hervorruft. Gleichzeitig ist diese Zeit aber auch eine Quelle großer Freude.
Wenn unsere Kinder von uns Abstand gewinnen und ihre neuen Erfahrungen machen, vollenden sie einen wichtigen Abschnitt in ihrem lebenslangen Kampf um ihre Identität. Manchmal beobachten wir mit Stolz das Heranreifen einer starken, fähigen, selbständigen Persönlichkeit. Wir freuen uns über die Bereicherung unseres Haushalts durch einen uns nahestehenden Erwachsenen, der viele unserer Ansichten und Werte teilt. Ein anderes Mal sehen wir uns mit Kindern konfrontiert, die alle unsere Grundwerte in Frage stellen oder deren Benehmen wir als unerträglich empfinden. Wir können niemals ganz sicher sein, welche Seite unsere Teenager zu einem gegebenen Zeitpunkt gerade hervorkehren werden, und wahrscheinlich wird ihr Verhalten sogar völlig unberechenbar zwischen den beiden Extremen schwanken. Zuweilen scheint es uns, daß unsere Kinder sich zu weit vorwagen und sich in große Gefahr begeben. Wenn sie aber andererseits überhaupt kein Wagnis eingehen, sind wir

wieder um ihre Selbständigkeit besorgt. In diesem Lebensabschnitt gibt es echte Anlässe zur Besorgnis – wie zum Beispiel Drogen, Alkohol, die ersten sexuellen Gehversuche, Gewalt in der Schule, schnelle Autos –, und es ist daher nicht verwunderlich, daß wir viel über unsere Kinder nachdenken.

Manche von uns meinen vielleicht, daß wir als Eltern in der Lage sind, unser Kind mit weiser Voraussicht zur Selbständigkeit zu erziehen. Wir glauben, es müsse da bestimmt einen richtigen Weg geben, wenn wir ihn nur finden könnten. Eltern jedoch, die diese Zeit bereits hinter sich haben, haben die Erfahrung gemacht, daß es keinen allgemeingültigen Weg gibt. Auch Pädagogen können keine Patentrezepte anbieten; obwohl sie mit Fachwissen und Rat zur Seite stehen können, bleibt es uns nicht erspart, den Weg zur Selbständigkeit gemeinsam mit unserem Kind zu erarbeiten.

Mit Teenagern leben

Das erste Anzeichen, daß ein Kind in die Pubertät kommt, sieht vielleicht so aus:

«Neulich kam Daniel ganz verzagt von der Schule heim. Als ich ihn fragte, was geschehen sei, antwortete er: ‹Ich fühle mich vollkommen wertlos – hast du dieses Gefühl schon einmal gehabt?› Ich sagte: ‹Natürlich.› Dann fragte er mich, was ich tue, wenn ich mich so fühle. Ich sagte, ich würde vielleicht einen Waldlauf machen oder ein heißes Bad nehmen. Obwohl er meinte, diese Vorschläge würden ihm nichts nützen, konnte ich erkennen, daß er sich schon allein durch das Gespräch besser fühlte. Später sagte ich ihm, wie stolz ich sei, daß er mit mir so offen über seine Gefühle sprechen könne. Für mich sind solche Gespräche ein willkommenes Signal dafür, daß er in die Pubertät kommt.»

Der Bericht dieses Vaters war weniger erfreulich:

«Meine Tochter wurde zu Hause auffallend ruhig und war nicht mehr bereit, mich in ihr Leben einzubeziehen. Wenn ich sie fragte, was sie hat, waren ihre Antworten oft schroff und feindselig. Sie schien mir sagen zu wollen: Es ist mein Leben und das geht dich nichts an.»

Diese Mutter wurde ziemlich unsanft gezwungen, die Pubertätsprobleme ihres Kindes zur Kenntnis zu nehmen:

«Bei uns begann es sehr dramatisch, als unser ältester Sohn von zu Hause fortlief, weil wir ihn gezwungen hatten, zu einer Schulabschlußfeier zu gehen. Er blieb zwei Wochen weg. Danach überlegte ich mir immer genau, wie ich mich ihm gegenüber verhalten sollte.»

Unerwartete Reaktionen und mangelnde Teilnahme sind oft Anzeichen dafür, daß unser Kind sich bemüht, eigene Wege zu gehen. Auch wenn wir diese Veränderung als wichtig in der Entwicklung unseres Kindes erkennen, kann es mitunter schmerzlich sein, mit ihr umzugehen. Manche Kinder vertrauen sich uns weiterhin an. Andere grenzen sich deutlich ab. Es ist nicht leicht, dieses Bedürfnis nach einer Intimsphäre zu respektieren und gleichzeitig den Kontakt mit unseren Kindern und ihren Bedürfnissen nicht zu verlieren. Das erfordert Takt, Geduld und Humor. Wenn wir von unseren Kindern zuwenig Informationen erhalten, könnten wir versucht sein, immer mehr Fragen zu stellen, denen die Kinder oft mit Ausflüchten oder zuweilen sogar mit offener Feindseligkeit begegnen. Wir müssen lernen, den Zeitpunkt eines Gesprächs über wichtige Dinge sorgfältig auszuwählen.

Einer der Gründe, weshalb es mit unseren halbwüchsigen Kindern manchmal so schwer ist, besteht darin, daß es für viele ein Lebensabschnitt voller Stimmungsschwankungen ist:

«Ich weiß nie, in welcher Stimmung meine halbwüchsigen Kinder von der Schule kommen werden. Die Stimmung, in der sie morgens das Haus verließen, läßt keinen Schluß auf den Nachmittag zu. Wenn also die Kinder allmählich ins Haus trudeln, begrüße ich sie und kümmere mich erst mal nicht weiter um sie.»

Eltern, die nicht mit ihren halbwüchsigen Kindern zusammenleben, finden sich bei den Stimmungsschwankungen noch schwerer zurecht. Dieser Vater zweier Backfische sprach darüber, wie er die Gefahr, den Kontakt zu seiner halbwüchsigen Tochter zu verlieren, in den Griff bekam:

«Wendy ist bei unseren Besuchen häufig in sich zurückgezogen und schweigsam. Oft überbrücke ich diese Augenblicke, indem ich über mein Leben plaudere und ihr Geschichten aus meiner Jugend erzähle. Vorige Woche unterbrach sie mich mitten in einer meiner Geschichten und erzählte mir eine ähnliche Geschichte aus ihrem eigenen Leben. Am Ende dieses Besuches hatten wir einander eine Menge über unser Leben anvertraut und waren uns sehr nahe gekommen.»

Als Eltern von Teenagern bemühen wir uns, eine große Bandbreite von Verhaltensweisen zu tolerieren. Manchmal beherrschen die Jugendlichen mit ihren Launen die emotionale Stimmung der ganzen Familie – weder für uns noch für sie eine konstruktive Situation. Es sollte Regeln gegenseitiger Toleranz geben, und sie können erarbeitet werden, sei es, daß man sie in der Familie ausdiskutiert, sei es durch Hilfe von außerhalb (vergleiche im 7. Kapitel die Ausführungen über die Familie als System). Dies kann in diesen Jahren das Familienleben sehr in Anspruch nehmen.

Es tut weh, wenn unsere Kinder verschlossen, mürrisch oder gar spöttisch sind. Manchmal beschließen wir dann, eine Weile überhaupt nicht mit ihnen zu sprechen, oder wir brüllen sie zornig und frustriert an. Manchmal bleiben wir aber auch kühl und gelassen und wissen genau, was wir unseren Kindern mitteilen wollen. Wie immer wir jedoch reagieren, sollten wir nie vergessen, daß unsere Kinder eigenständige Menschen sind und wir nicht zulassen können, daß ihre Beziehungen zu uns mit unseren eigenen Empfindungen in Konflikt geraten – obwohl das oft leichter gesagt ist als getan.

Einer der Hauptgründe für die Konflikte mit unseren heranwachsenden Kindern ist die Angst, daß ihnen etwas zustoßen könnte. Ob nun begründet oder nicht, so machen wir uns doch in solchen Augenblicken die meisten Sorgen, wie die Mutter einer sechzehnjährigen Tochter ausführt:

«Ich erwartete, daß Agnes um Mitternacht von der Party heimkommen würde. Sie kam schließlich um Viertel nach eins und erklärte, daß der Wagen eine Panne hatte. Während der langen Zeit des Wartens gingen mir viele Fragen und Ängste durch den Kopf. Hatte sie einen Autounfall? Wurde sie auf dem Heimweg überfallen? Sollte ich sie auf der Party anrufen? Was, wenn sie mir nicht die richtige Adresse gesagt hat oder wenn ich erfahre, daß die Party schon seit Stunden vorbei ist, oder wenn sie mir sagen: ‹Heißt das, daß Sie nicht wissen, wo Ihre Tochter ist?› Soll ich die Polizei verständigen? Ist es zu früh, um aus dem Häuschen zu geraten? Warum tut sie mir das an – warum bin ich noch um diese Zeit auf, wo ich doch morgen zur Arbeit muß? Vielleicht nehme ich das Ganze zu tragisch. Habe ich mit ihr über die Gefahren von Alkohol am Steuer, von Drogen, von Vergewaltigungen gesprochen? Weiß sie über Empfängnisverhütung Bescheid? Sie ist zu jung, um noch so spät aus zu sein – habe ich meine Pflichten als Mutter vernachlässigt? Wenn sie heimkommt, soll ich vor der Tür auf- und abgehen oder in meinem Zimmer bleiben, soll ich Licht machen oder mich schlafend stellen? Warum mache ich mir solche Sorgen? Sie ist doch vernünftig, und wenn sie Schwierigkeiten hätte, würde sie mich doch anrufen. Was, wenn sie mich nicht anrufen kann? Was soll ich tun?»

Täglich tun unsere Kinder Dinge, die, in übertriebener Form, Anlaß zur Besorgnis geben könnten. Unser Kind trinkt Alkohol, schwänzt die Schule, gibt ausweichende Antworten, wo es gewesen ist, oder kommt spät nach Hause, und wir müssen beurteilen, ob dieses Verhalten eine normale Phase ist, die alle Teenager durchmachen, oder ob das Kind in echten Schwierigkeiten ist. Wir fragen uns, ob wir nicht etwa den Kopf in den Sand stecken und eindeutige Probleme ignorieren, nur weil wir vor der Mühe zurückschrecken. Wenn wir unsicher sind, wie wir reagieren sollen oder ob wir überhaupt reagieren sollen, kann es hilfreich sein, unsere Probleme mit anderen Erwachsenen zu besprechen, denen wir vertrauen. Manchmal aber werden wir eher einen Therapeuten oder Familienberater brauchen (siehe Kapitel 9 über die verschiedenen Möglichkeiten von Hilfe).

Christopher W. Morrow / Stock, Boston

Solche Aussprachen mit Freunden werden in den Jahren der Pubertät zunehmend schwerer:

«Als die Kinder knapp vor der Pubertät standen, geschah etwas Seltsames. Ich bemerkte bei mir einen dramatischen Bruch mit der alten Gewohnheit, mit meinen Freunden Erfahrungen und Ratschläge auszutauschen ... eine Abneigung, eine Scheu, ja Verlegenheit, über diese neuen, eher psychischen als entwicklungsbedingten Probleme zu sprechen. Es war der Anfang des großen Schweigens. Außer mit unseren engsten Freunden, und dann auf eine eher lässige Art, redeten wir über unsere Erfahrungen höchstens mit gespielter Verzweiflung. Irgendwie ist dieses Schweigen mit Stolz verbunden – mit der Hoffnung, unsere Kinder werden es schaffen. Mit einemmal begannen wir über unsere Kinder miteinander zu konkurrieren. Über die massenhaften Erfolge unserer Kinder erzählten wir triumphierend, über ihre Probleme und über unsere Probleme mit ihnen schwiegen wir uns gründlich aus. Ich wäre froh, wir könnten einander in dieser verwirrenden Zeit mehr helfen.»

Auf unserer Suche nach Wegen, wie wir mit unseren oft unberechenbaren Teenagern auskommen können, werden wir die Erfahrung machen, daß unser Verhalten flexibel sein und sich mit unserem Kind verändern muß. Zwei Väter fanden folgendes heraus:

«Die einzige Möglichkeit, wie ich mit meiner sechzehnjährigen Tochter Kontakt halten kann, ist, sie zu akzeptieren, wie sie ist, ohne ihr zu predigen oder sie zu bekritteln. Ich muß feinfühlend sein und jederzeit für sie zur Verfügung stehen, wenn sie mit mir als Vater sprechen will.»

«Ich versuche, flexibel zu sein und immer zur Verfügung zu stehen, und überlasse es meinem sechzehnjährigen Sohn, anzuzeigen, wann er mit mir sprechen will. Selbstverständlich können Tage vergehen, wo wir nur übers Wetter reden, und auf einmal, wenn ich es am allerwenigsten erwarte, beginnt er zu sprechen, und es kann sein, daß wir dann stundenlang über Probleme reden, die für uns beide von großer Bedeutung sind.»

Es gibt aber auch Perioden, in denen wir einfach nicht in der Lage sind, mit unseren Kindern zu sprechen. Dann fällt es unseren Kindern manchmal leichter, sich an andere Erwachsene zu wenden:

«Neulich während des Abendessens sprach unser neunzehnjähriger Sohn darüber, wo er nächstes Jahr leben will, und plötzlich rief er aus, daß es bei uns wie im Gefängnis sei. Er stieß den Tisch unsanft zur Seite und stürzte aus dem Haus. Anna und ich saßen da wie gelähmt. Am nächsten Tag fand ich heraus, daß er zu unseren Nachbarn gelaufen war und dort Rasen mähte, während die Frau des Hauses, eine Freundin unserer Familie, neben ihm herging und sich seine Geschichte anhörte.»

Die Art der Kommunikation zwischen Eltern und heranwachsenden Kindern in der Familie trägt nicht nur entscheidend dazu bei, wie gut wir diese Zeit selbst bewältigen, sondern prägt auch unsere Umgangsformen als Erwachsene.

Mit uns selbst leben

Was unter anderem diese Jahre so schwierig, aber auch so interessant macht, ist, daß wir uns parallel zur Identitätssuche unserer Kinder manchmal genauer damit beschäftigen, wer *wir* eigentlich sind und wohin wir gehen. Bei dem Gedanken an die Zukunft erfüllt uns vielleicht ein Gefühl von Unruhe und Unsicherheit, aber auch von Neugier. Diese Suche nach einer neuen Identität kann als eine plötzliche Krise erlebt werden, mag sich aber auch allmählich einstellen, wie dieser Mann berichtet:

«Als ich ungefähr vierzig war, hatte ich das Gefühl, mein Leben geht zu Ende. Meine Arbeit war nicht mehr aufregend, meine Kinder schickten sich an, mich zu verlassen, ich fühlte mich alt und fand außer dem Ruhestand nichts, worauf ich mich freuen konnte.»

Es kann aber auch sehr aufregend sein, wie diese Frau erzählt:

«Plötzlich kam mir zum Bewußtsein, daß es in mir gärte. Ich fühlte mich wieder wie ein Teenager. Ich war nicht sicher, wer ich war oder wohin ich ging, aber ich war glücklich, diese neuen Seiten an mir zu entdecken.»

Bei dieser Identitätssuche in der Mitte des Lebens ist das Alter nicht so entscheidend: Viel wichtiger ist es, wie wir uns fühlen und wie aufgeschlossen wir neuen Ideen gegenüber sind. Dennoch konzentrieren wir uns oft auf unser Alter und darauf, wie alt wir uns fühlen. Worüber wir nicht sprechen und was häufig bei Gesprächen übers Alter nicht herauskommt, wird aus der Äußerung einer Frau deutlich: «Ich bin achtunddreißig, aber ich fühle mich wie dreizehn!» Tatsächlich machen wir in dieser Periode eine Zeit der Neuorientierung durch, die ähnlich qualvoll ist wie damals. In diesem Alter scheinen sich die meisten Menschen neu zu besinnen, ob sie nun Eltern von Teenagern sind oder nicht. Doch die Teenager geben dieser Suche ihre eigene Richtung.

«Meine halbwüchsigen Kinder quälen sich wirklich ab, um rauszukriegen, wer sie sind und wie sie in diese Welt hineinpassen, ob das Leben lebenswert oder ob alles eben unbegreiflich und sinnlos ist. Bei einer Menge Fragen, die sie stellen, hatte ich mir einmal vorgemacht, sie beantwortet zu haben, aber jetzt erkenne ich, daß das falsch war, und ich bin auf der Suche nach neuen Antworten.»

Für uns Eltern kann unsere Suche nach einer neuen Identität durch die Anwesenheit junger lebenssprühender Menschen verstärkt werden, von Menschen, die den größten Teil ihres Lebens noch vor sich haben; die Berufspläne schmieden, während wir in unserer beruflichen Entwicklung vielleicht schon einen Höhepunkt erreicht haben; denen ein neuer Lebensstil und neue Beziehungen offenstehen; die noch ungebunden sind und reisen und neue Erfahrungen sammeln können; die vielleicht stärker, sexuell potenter und lernfähiger sind; und die planen, das elterliche Heim und uns zu verlassen. Als Eltern halbwüchsiger Kinder werden wir vielleicht durch die bloße Anwesenheit unserer Kinder täglich daran erinnert, daß unsere Jahre als aktive Eltern zu Ende gehen und wir unser bisheriges Leben überprüfen und nach einem neuen Lebensinhalt suchen müssen. Wir stehen in der Mitte unseres Lebens und blicken sowohl in die Zukunft als auch in die Vergangenheit. Wir blicken in die Zukunft, wenn wir Pläne für die Zeit schmieden, wo unsere Kinder nicht mehr bei uns leben werden; gleichzeitig blicken wir in die Vergangenheit, weil die Erfahrungen unserer Kinder uns viele unserer Pubertätsprobleme wiedererleben lassen.

Manchmal werden unsere fast erwachsenen Kinder unsere Lehrer, indem sie uns einen neuen Zugang zu alten Problemen eröffnen und uns helfen oder zwingen, unsere alteingewurzelten Werte und Überzeugungen auf den Gebieten von Politik, Religion, Lebensstil und Sexualität zu überprüfen.

In dieser Zeit der inneren Gärung und der Selbstzweifel kann es sein, daß wir uns gelegentlich als Konkurrenten unserer halbwüchsigen Kinder fühlen. Manchmal erfüllt es uns mit Neid, sehen zu müssen, welche Freiheiten und Möglichkeiten sie besitzen, Freiheiten, wie wir sie in unserer Jugend nicht hatten. Wenn wir hart dafür gearbeitet haben, daß es unseren Kindern einmal bessergeht als uns, sind wir betrübt, wenn sie ihre Möglichkeiten zu mißbrauchen oder als selbstverständlich hinzunehmen scheinen. Unsere Konkurrenzgefühle können im geistigen oder im emotionalen Bereich auftreten.

«Ich stellte fest, daß meine Tochter mir vielfach geistig und an Empfindsamkeit und Feingefühl überlegen war. Ich reagierte darauf, indem ich mich in Gesprächen arrogant verhielt und es darauf anlegte, sie auszuschalten. Ich entmutigte und ärgerte sie, bis sie mit mir keine Gespräche mehr führte.»

Oder wir entdecken, daß wir sexuell miteinander konkurrieren, wie diese Mutter und dieser Vater berichten:

«Mir ist aufgefallen, daß ich bei den Jungen, die meine Tochter besuchen kommen, als attraktiv gelten will. Ich will nicht echt auf sie wirken, aber ich will doch, daß sie mich anziehend finden.»

«Als alleinerziehender Vater fühle ich mich manchmal zu Frauen hingezogen, die nicht viel älter sind als meine Tochter. Sie fühlt sich dadurch manchmal bedroht, aber ich bin ein geselliger Mensch und werde meine Partnerwahl nicht von ihren Gefühlen beeinflussen lassen.»

Eine der bohrenden Fragen, die uns in dieser Zeit beschäftigen, ist: Wie alt oder wie jung sind wir eigentlich?

«Manchmal wundere ich mich, wie es bloß möglich ist, daß jemand, der so jung ist wie ich, Mutter von Kindern sein soll, die schon fast erwachsen sind.»

Wenn unsere Kinder erwachsen werden, scheinen sie uns zu einer Zeit in die mittleren Jahre zu stoßen, wo wir überhaupt noch nicht dazu bereit sind – und unsere Konkurrenzgefühle können ein Zeichen unseres Widerstands sein. Daß wir Eltern halbwüchsiger Kinder sind, bedeutet noch lange nicht, daß wir das Bild, das wir von uns selbst haben, verändern müssen, und dennoch geschieht das oft. Eine Mutter entdeckte, daß sich ihr Bild von sich selbst veränderte, als sie zu einem alten Film ging, den sie als junges Mädchen schon einmal gesehen hatte, und sich diesmal nicht mit der jugendlichen Heldin, sondern mit den Eltern der Heldin identifizierte. Für manche Eltern ist es ein Schock, sich plötzlich so anders zu sehen:

«Sollte ich nun auch zu ‹diesen Eltern› zählen? Ich erinnere mich an die Gespräche mit meinen Freunden über ‹Eltern›, und jetzt führen meine Kinder ähnliche Gespräche. Über Nacht bin ich zum Bösewicht im Stück geworden.»

Wenn unsere Kinder heranwachsen und wir unseren Horizont erweitern und uns neuen Ideen öffnen, mit denen wir oft durch unsere Kinder in Berührung kommen, beginnen wir uns irgendwann einmal zu fragen, wie wir zwischen unserer Elternrolle und unserer freundschaftlichen Beziehung zu ihnen das Gleichgewicht halten können:

«Ich versuche, mit meinen Kindern eine freundschaftliche Beziehung zu haben und zu verstehen, was die heutige Jugend will. Meine Freunde sagen oft zu mir: ‹Denk an dein Alter›, und ich frage mich, für wie alt die mich eigentlich halten – sechsundsiebzig?»

«Manchmal, wenn ich mir Kleider kaufe, überlege ich mir, ob sie der Mode entsprechen, die meine Tochter kaufen würde. Ich will attraktiv und gut angezogen sein, aber ich möchte nicht, daß man von mir sagt: ‹Sie versucht, wie ihre Tochter auszusehen.›»

Unsere Suche nach einer neuen Ausrichtung unseres Lebens bewirkt oft eine Veränderung unserer Beziehung zu unseren eigenen Eltern. Wenn wir unsere Zukunft planen, haben wir vielleicht das Bedürfnis, uns gründlicher in unsere Vergangenheit zu vertiefen. Unsere Eltern sind Teil unserer Vergangenheit, und wir haben oft das Bedürfnis, mit ihnen darüber zu sprechen, wie das damals eigentlich war, als wir noch jünger waren. Eine Frau, die ihre Mutter schon jung verloren hatte, beklagte in ihren mittleren Jahren, daß ihr diese Möglichkeit versagt war: «Meine Mutter nahm meine Kindheit mit sich, als sie starb, und jetzt fühle ich mich entwurzelt und bin unsicher, wie es weitergehen soll.» Mit dem fortschreitenden Alter unserer Eltern könnten wir versuchen, eine neue, reifere Beziehung zu ihnen zu entwickeln, ähnlich jener Beziehung, die wir zu unseren Kindern herstellen möchten. Es kann sehr wohltuend sein, sich ihnen anzuvertrauen:

«An meinem vierzigsten Geburtstag rief ich meine Mutter an, um ihr zu sagen, wie alt ich mich fühlte, und sie lachte und rief aus: ‹Das ist doch jung. Warte, bis du so alt bist wie ich, dann kannst du dich alt fühlen.› Das war die erste trostreiche Bemerkung, die ich an diesem Tag zu hören bekam.»

Als Eltern heranwachsender Kinder werden wir vielleicht eine Veränderung unserer Verantwortung als mittlere Generation bemerken. Unsere Eltern beginnen sich jetzt mehr auf uns zu verlassen, wodurch sich die ganze Last der Verantwortung auf uns verlagert; wir erfüllen die Elternrolle jetzt nicht nur gegenüber unseren Kindern, sondern auch gegenüber unseren eigenen Eltern:

> «Als mein Vater erkrankte, kehrte sich meine Rolle ihm gegenüber ins Gegenteil um, und gleichzeitig mußte ich meiner Mutter jenen Beistand leisten, den sie sonst immer von meinem Vater erhalten hatte. Ich fühlte mich überfordert, da ich meiner Aufgabe als Ehefrau und Mutter dreier Töchter noch eine neue hinzufügen mußte.»

Manchmal erhalten unsere Kinder neue Einsichten von ihren Großeltern, die uns unsere Beziehung zu ihnen erleichtern.

> «Nach einem Besuch bei ihrer Großmutter bemitleidete mich meine Tochter aufrichtig wegen meiner Kindheit und Jugend. Sie scheint begriffen zu haben, wie schwer das Leben für mich gewesen sein muß, und sah mich nun mit anderen Augen.»

Oder unsere Eltern helfen uns mit unseren Kindern.

> «Meine Mutter sagte mir: ‹Mach dir keine Sorgen. Wenn es ihrer Gesundheit nicht schadet, dann laß sie doch.› Ich habe mich immer an ihren Rat erinnert, und er hilft mir, die Pubertät unserer Kinder durchzustehen.»

Manchmal jedoch sieht es auch anders aus. Unsere Eltern sind oft immer noch nicht bereit, ihr «Recht» aufzugeben, uns über die Schulter zu blikken, zu verbessern oder zu belehren:

> «Meine kranke Mutter, die sich nicht einmal mehr ihre eigene Telefonnummer merken kann, bringt es noch immer fertig, an mir herumzunörgeln wegen des langen Haars meines Sohnes und weil meine Kinder ‹keinen Glauben› haben.»

Ob wir uns nun durch unsere Schlüsselstellung im Generationszyklus unserer Familie gestärkt oder überfordert fühlen, das Gefühl, in der Mitte eingezwängt zu sein, bekräftigt unser Bedürfnis, für uns selbst Platz zu schaffen. Die Suche nach uns selbst in der Lebensmitte ist für Frauen und Männer, die eher traditionelle Familienrollen spielten, ziemlich unterschiedlich. Obwohl diese Rollenbilder gegenwärtig in Fluß geraten, haben noch ziemlich viele von uns, die heute Eltern von Teenagern sind, mit völlig traditionellen Rollenbildern angefangen, so daß wir ihren speziellen Ausprägungen hier einigen Raum geben sollten. Wir werden zunächst die Lage jener Frauen untersuchen, die zu Hause geblieben sind oder die berufstätig waren und dennoch die Hauptverantwortung für die Familie zu tragen hatten; danach untersuchen wir die Lage der Männer, die berufstätig waren und ihre Familie erst an die zweite Stelle stellten. Wir gehen davon aus, daß sich heute die Frauen vom Haushalt als einzige Aufgabe wegentwickeln und die Männer immer mehr Hausarbeiten zu übernehmen bereit sind.

Frauen

Eine Frau, deren jüngstes Kind in einem Jahr an ein College gehen wird, sagte tränenüberströmt: «Ich mache jetzt genau das durch, was mir Freunde vorausgesagt haben, aber ich bin entschlossen, keine depressive, verlassene Mutter ohne Lebensinhalt zu werden.» Eine andere Frau erklärte kurzerhand: «Ich habe mehr noch als früher alle Hände voll zu tun, mit den Bedürfnissen und Problemen meiner Kinder Schritt zu halten, und habe keine Zeit, über mich selbst nachzudenken.» Eine dritte Frau sagte: «Ich spüre, daß ich aufblühen werde, wenn die Zeit kommt, und daß ich mit meinem Leben noch eine Menge anfangen kann.» Diese drei Frauen reagieren unterschiedlich auf das Ende eines Lebensabschnitts, in dem der Schwerpunkt ihres Lebens bei der Erziehung ihrer Kinder lag.

«Plötzlich entdeckte ich, daß mein jüngstes Kind mich nicht mehr so oft braucht, und ich bin unsicher, was ich tun soll. Von meinen Kindern gebraucht zu werden machte einen so großen Teil meiner Persönlichkeit aus, daß ich mir mich gar nicht anders vorstellen kann.»

Manchmal erkennen wir, daß unser Leben eine neue Wende nehmen muß, wenn wir eine große emotionale Belastung hinter uns haben, wie das bei dieser Mutter dreier Söhne der Fall war:

«Dieser letzte Sommer war ein Alptraum: Erst gingen meine Söhne von zu Hause weg, und dann zog meine gerade verwitwete Mutter weit weg, und das nur eine Woche nach der Operation meines Sohnes. Es war, als würde ich vom Kummer verzehrt werden – nichts würde in mir übrigbleiben als Asche, da ich meine ganze Energie darauf konzentriert hatte, mich um sie zu sorgen. Eines Tages unterbrach mich meine Freundin plötzlich mit der Bemerkung: ‹Du machst mir Sorgen. Du denkst zuwenig an dich. Wie wär's, wenn du einmal etwas für dich tätest?›»

Wenn wir einmal erkannt haben, daß wir etwas für uns tun und einen neuen Schwerpunkt für unser Leben finden müssen, machen wir manchmal die Entdeckung, daß wir nicht wissen, wer wir außer Mutter und Hausfrau sonst noch sind.

«Ich sagte meiner Familie, daß ich feststellen will, wer ich bin. Ich war so lange ein Teil von ihnen, daß ich wirklich nicht mehr weiß, wer ‹ich› eigentlich bin. Ich machte Pläne, für einige Tage wegzufahren, um mit mir ins reine zu kommen.»

Wenn eine Frau, die noch nie außerhalb des Hauses berufstätig war, sich über die vergangenen Jahre Gedanken zu machen beginnt, dann könnte ihr bewußt werden, daß sie «nur eine Hausfrau» war:

«Ich wußte, ich mußte etwas tun, aber ich wußte nicht, wozu ich taugte. Ich war für einen anständigen Job, der mich ausfüllen könnte, nicht qualifiziert; ich war für keinen Beruf ausgebildet, der von der Arbeitswelt anerkannt und honoriert wird. Damals entschloß ich mich, zurück zur Schulbank zu gehen.»

Für eine Frau, die dem Arbeitsmarkt so lange ferngeblieben ist, ist es wirklich schwer, einen anständigen Job zu finden. Wir müssen die vielen Talente, von denen unsere Familien und die Gemeinschaft profitierten, erkennen und sie auf unserer Suche nach einem Arbeitsplatz einsetzen. Auch wenn wir eine befriedigende Beschäftigung finden, müssen wir mit Übergangsschwierigkeiten rechnen. Wir machen uns etwa Sorgen, daß unsere Kinder zu kurz kommen. Eine Frau, die eine Arbeit fand, die sie sehr mochte, erzählte uns über das erste Jahr ihrer Berufstätigkeit:

«Jeden Tag um vier begann ich nervös auf die Uhr zu schauen und mich zu fragen und zu sorgen, wie es wohl meinen Kindern ergehen möge. Ich hatte Schuldgefühle, daß ich nicht daheim war, wenn sie von der Schule kamen. Ungefähr einmal die Woche machte ich früher Schluß und stürzte nach Hause. Ich eilte die Treppe hinauf, riß die Tür auf und verkündete mit lauter Stimme, daß ich da sei. Oft war gar niemand daheim. Wenn ich ein Kind zu Hause antraf, sagte es nur hallo und arbeitete weiter an seiner Hausaufgabe. Gegen Ende des Jahres begriff ich, daß meine Kinder mich gar nicht brauchten, wenn sie heimkamen, und ich eigentlich nur deshalb nach Hause eilte, weil *ich* das Bedürfnis danach hatte und nicht meine Kinder.»

Teenager genießen oft ihre Unabhängigkeit, und wir als Eltern müssen häufig feststellen, daß wir uns mehr an sie klammern als umgekehrt.

«Ich machte die Erfahrung, daß meine Beziehung zu meinen Kindern viel besser wurde, als ich mich selbst besser fühlte. Ich war von meiner beruflichen Tätigkeit sehr stark in Anspruch genommen, und das scheint bewirkt zu haben, daß meine Kinder mit mir und unserer Beziehung besser zu Rande kamen. Mein Sohn sagt scherzhaft, daß er jetzt weiß, daß ich mich nicht verlassen fühlen werde, wenn er fortgeht, und ich glaube, er hat recht.»

Diese Frau begegnete der geringer werdenden Abhängigkeit ihrer Kinder auf eine andere Weise:

«Als ich vierzig wurde, adoptierten wir ein Kind. Es war noch einmal eine Chance, neu anzufangen. Wir nahmen uns vor, wir würden es diesmal anders machen. Ich hatte das Bedürfnis, noch weiter Mutter zu bleiben.»

Die Identitätssuche in der Mitte des Lebens ist für Frauen, die viele Jahre ihres Lebens der Mutterrolle gewidmet haben, eine Chance, sich in neuen Bahnen zu entwickeln. Wenn ihre Kinder in die Pubertät kommen, hat eine Frau die Gelegenheit, die Grundlagen für die späteren Jahre zu legen, wenn sie nicht mehr im Elternhaus leben. Sie kann heute studieren, einen neuen Beruf erlernen, neue Interessen entfalten. Es stehen ihr viele Möglichkeiten offen, die ihrer Mutter vor einer Generation noch nicht zur Verfügung standen.

Männer

Wenn ein Mann, der seine Zeit und seine Energie in erster Linie auf seinen Beruf konzentrieren mußte, die Mitte seines Lebens erreicht und seine Prioritäten neu zu bewerten beginnt, kann es sein, daß er die Gewichtung zwischen seinem Berufsleben, seinem Familienleben und seiner Freizeit in Frage stellt. Er mag herausfinden, daß er mit der Art, wie er seine Zeit einteilt, unzufrieden ist. Manche Männer nehmen ihr Familienleben und die Beziehung zu ihren heranwachsenden Kindern genauer unter die Lupe:

«Ich merkte, daß ich immer von etwas anderem abgelenkt wurde. Ich war viel zu Hause, aber meine Gedanken waren anderswo. Ich erkannte, daß meine Frau für das tägliche Wohl der Kinder verantwortlich war. Ich war derjenige, der nur im Krisenfall aktiv wurde.»

Väter von Teenagern in eher traditionell denkenden Familien haben wahrscheinlich nie damit gerechnet, die erste Bezugsperson ihrer Kinder zu werden. Wenn die Kinder jedoch älter werden und vor Probleme und Entscheidungen gestellt sind, an die sich der Vater noch von seiner eigenen Jugendzeit her erinnert, sieht er seine Rolle vielleicht ein wenig anders:

«Ich nehme jetzt viel mehr an meinen Kindern Anteil als früher. Sie sind jetzt Menschen geworden, mit denen ich reden kann. Sie haben einen Punkt in ihrem Leben erreicht, der mir vertrauter ist als Kindheit.»

Manche Männer entdecken, daß ihr Eintritt ins Leben ihrer Kinder zu einem so späten Zeitpunkt nicht so einfach ist, wie sie es sich vorgestellt haben:

«Das Wichtigste, was ich in meinem Leben getan hatte, war, die Kinder zu *haben*. Jetzt, da sie älter sind, will ich eine engere Beziehung zu ihnen herstellen, aber ich merke, daß es mir schwerfällt, mit ihnen Kontakt zu finden.»

Für Männer, die bis zur Pubertät ihrer Kinder die Elternrolle nicht aktiv wahrgenommen haben, besteht das Problem, daß sie in einen Bereich eindringen müssen, der bis dahin Domäne der Frauen war.

«Ich fühlte mich von meinen Kindern entfremdet, weil ich einfach nicht wußte, was in ihrem Leben vor sich ging. Ich fing an, früher heimzukommen und mehr Zeit zu Hause zu verbringen, aber meine Kinder faßten noch immer kein Zutrauen zu mir – sie ließen mich allein. Schließlich sprach ich mit meiner Frau über mein Gefühl der Einsamkeit, und sie machte mich darauf aufmerksam, daß ich, obwohl ich zu Hause war, immer einen beschäftigten Eindruck machte. Ich fing an, mehr Zeit in Küche und Wohnzimmer zu verbringen, und bald hatte ich die Kinder um mich. Nach kurzer Zeit begannen wir einander über unseren Tagesablauf zu erzählen.»

Wenn ein Mann sich entschließt, mehr Kontakt zu seinen halbwüchsigen Kindern zu bekommen, möchte er mehr Zeit im Kreise der Familie verbringen. Teenager jedoch neigen dazu, sich mehr ihren Freunden auswärts zuzuwenden, und das kann zur Folge haben, daß ein Vater meint, er werde von seinen Kindern abgelehnt:

«Meine Kinder scheinen ihre Zeit nicht mit mir verbringen zu wollen. Sie ziehen es vor, bei ihren Freunden oder allein zu sein. Ich erinnere mich noch an die Zeit, als sie mich immer wieder darum baten, mit ihnen zu spielen oder etwas für sie zu machen, und ich war zu beschäftigt – jetzt wünschte ich, ich hätte es damals getan.»

Dieser Vater fand neue Möglichkeiten, seinen Kindern näherzukommen:

«Zu meinem Erstaunen stellte ich fest, daß meine Kinder ein wachsendes Interesse für mich aufbrachten, je mehr ich von den häuslichen Pflichten in Anspruch genommen wurde. Sie schienen der Meinung zu sein, ich sei jetzt wirklich ein Teil der Familie und nicht ein nächtlicher Gast. Ich weiß jetzt, daß wir keine Familienzusammenkünfte brauchen, um miteinander zu reden. Wir können einander näherkommen, wenn wir etwas kochen oder die Wohnung aufräumen.»

Die Partnerbeziehung

Vor ihrer Pubertät waren wir mit unseren Kindern, ihren Problemen und ihrer Entwicklung so sehr beschäftigt, daß wir die Auseinandersetzung mit unserer Partnerbeziehung hinausschieben mußten. Nun da wir Eltern halbwüchsiger Kinder sind, scheint es noch mehr Probleme zu geben, die unsere ganze Aufmerksamkeit erfordern. Die geteilte Sorge um unsere heranwachsenden Kinder kann das gegenseitige Verständnis und die Vertrautheit zwischen den Ehepartnern fördern:

«Meine Frau und ich konnten uns immer über unsere Kinder verständigen. Als sie größer wurden, gab es noch mehr, worüber gesprochen werden mußte. Unsere Probleme mit den Kindern – nicht zu wissen, was wir tun sollten, oder ob das, was wir taten, das Richtige war – brachten uns einander näher.»

Die gemeinsame Erziehung der Kinder mag aber auch zu Meinungsverschiedenheiten führen, die Ehepaare entzweien können:

«Als unsere Kinder noch kleiner waren, war es für uns leicht, uns darüber zu einigen, was sie tun oder lassen sollten. Seit sie jedoch Teenager sind, haben wir ständig Meinungsverschiedenheiten – hauptsächlich wegen unserer Tochter. Jedesmal wenn sie ausgeht, glaubt er, sie spielt verrückt, und fordert ihn heraus. Bevor sie weggeht, unterzieht er sie einem Verhör, dann bleibt er auf und wartet auf sie, um sie bei ihrer Rückkehr wieder zu verhören. Er wirft mir vor, zu nachgiebig zu sein, mich nicht genug um sie zu kümmern und unbeteiligt zu bleiben. Ich beschuldige ihn, daß er sie dazu treibt, verrückt zu spielen, weil er es so offensichtlich von ihr erwartet und ihr nicht vertraut. Unsere Auseinandersetzungen wegen unserer Tochter und seine Konflikte mit ihr sind eine ständige Ursache von Reibereien in der Familie.»

Über unseren Sorgen um unsere Kinder können wir leicht vergessen, daß es in der Beziehung zu unserem Partner noch andere Aspekte gibt, die mit unserer Elternrolle nichts zu tun haben. Wenn wir uns ausschließlich auf die Kinder konzentrieren, kann es sein, daß wir anderen wichtigen Problemen aus dem Weg gehen. Vielleicht haben wir diese Probleme immer verdrängt:

«Als unsere Kinder kleiner waren, tauchten Probleme in unserer Beziehung auf, mit denen wir uns sofort hätten befassen müssen. Aber wir unterließen es. Wir haben sie verdrängt. Jetzt verändern sich die Kinder, und wir müssen uns den Problemen unseres Ehelebens endlich stellen, die wir als selbstverständlich hinnahmen oder beschönigten, als unsere Kinder noch klein waren.»

Wir könnten uns fragen, ob unsere Beziehung zueinander stark und lebensfähig genug ist, um ohne unsere Kinder zu überdauern. Wenn wir unsere Beziehung überprüfen, könnte uns mehr trennen als binden:

«Ich erwarte jetzt von Lukas, daß er mehr auf meine Bedürfnisse und Wünsche eingeht als früher, als wir mit der Erziehung der Kinder vollauf beschäftigt waren. Ich habe ein Bedürfnis nach Zärtlichkeit, Kontakt, nach Rückhalt und Ermunterung.»

Wenn wir bei unserem Partner nach mehr Verständnis für unsere Bedürfnisse und Wünsche suchen, machen wir manchmal die Erfahrung, daß er entweder unfähig oder unwillig ist, sich zu ändern. Unser Wunsch nach einer solchen Änderung mag ihn erschrecken und verunsichern. Manchmal sind wir dann darauf angewiesen, aus unserer Beziehung auszubrechen, um Menschen zu finden, die unseren Bedürfnissen besser genügen. Im anderen Falle könnte unser Partner die Gelegenheit begrüßen, das, was uns aneinander bindet, einmal gründlicher in Augenschein zu nehmen. Die Jahre der gemeinsamen Erfahrungen und Erinnerungen könnten sich als eine solide Grundlage für eine innigere und auf gegenseitigem Verständnis und Vertrauen beruhende Partnerschaft erweisen. Ein Mann, der zwanzig Jahre verheiratet war, erzählt:

«Wir versuchen, eine neue Beziehung zueinander aufzubauen. Es ist fast so, als wären wir wieder jungvermählt.»

Wenn wir uns entschließen, unsere Ehe unter die Lupe zu nehmen und neue Bande zu knüpfen, machen wir oft die Erfahrung, daß uns unsere halbwüchsigen Kinder im Wege stehen. Suchen wir nach mehr Sexualität und Erotik, stört uns oft die Anwesenheit unserer Kinder. «Nie gibt es einen romantischen Abend zu Hause», seufzte eine Mutter dreier Teenager. Eigentlich gibt es viele Abende zu Hause, an denen unsere Teenager außer Haus sind, oder viele stille Stunden, wo sie mit ihren Hausaufgaben beschäftigt sind, aber das Problem ist, daß wir nie wissen, wann sie nach Hause kommen oder ihre Zimmer verlassen. Wenn wir zu gewissen Zeiten in Ruhe gelassen und nicht gestört werden wollen, ist oft der einzige ungestörte Ort unser Schlafzimmer, und manchmal fühlen wir uns wie Gefangene, die auf engem Raum zusammengedrängt vom Rest des Hauses ausgesperrt sind, der zum Territorium der Kinder geworden ist. Unser Streben nach mehr Privatleben – oft gleichbedeutend mit mehr Zeit im Schlafzimmer – bringt uns manchmal durch diesen so offensichtlich sexuellen Schritt in Verlegenheit. Oft versuchen wir zu warten, bis unsere Kinder schlafen gegangen sind:

«Für uns ist das Privatleben vorbei! ‹Sie› sind überall, und ‹sie› brauchen anscheinend überhaupt keinen Schlaf. Wie können wir weiterhin intime Beziehungen haben und neue Formen des Zusammenseins erproben, wenn ‹sie› niemals schlafen gehen und immer zu unerwarteten Zeiten zu Hause sind?»

Der erste und schwierigste Schritt ist anscheinend, uns und unseren Kindern klarzumachen, daß wir für unser Sexualleben das Recht auf eine Intimsphäre haben. Ein Ehepaar sprach davon, über die Wochenenden fortzufahren, um einige Zeit ungestört miteinander verbringen zu können. Eltern haben zu allen Zeiten dasselbe Bedürfnis nach einer intakten Intimsphäre, aber Eltern von Teenagern müssen wahrscheinlich energischere Schritte unternehmen, um diese zu verteidigen.

Teenager sind scharfe Beobachter des Verhaltens ihrer Eltern. Sie manipulieren uns sehr geschickt, indem sie es uns einmal leichtmachen, ein andermal alle unsere Kommunikationsversuche behindern. Es kann vorkommen, daß sich die Tochter in eine Diskussion oder Auseinandersetzung einmischt und den Standpunkt ihres Vaters einnimmt. Da mag sich die Mutter isoliert fühlen und den Eindruck gewinnen, gegen sie sei eine Verschwörung im Gange; sie wird entweder aufgeben und sich zurückziehen oder weiterdiskutieren, obschon sie von der Zwecklosigkeit überzeugt ist. Ein anderes Mal wird sich die Tochter vielleicht ihrer Mutter anschließen oder durch eine Vermittlerrolle den Erwachsenen helfen, zu einem Kompromiß zu gelangen. In beiden Fällen sollten sich die Partner Zeit nehmen, miteinander in Abwesenheit ihrer Kinder zu reden, damit sie einander besser verstehen, ohne von einer weiteren Person unterbrochen zu werden.

Unsere Kinder neigen auch dazu, uns als Erwachsene und Ehepartner sehr kritisch zu beobachten:

«Unsere Kinder beobachten uns ständig. Sie versäumen es nie, uns darauf aufmerksam zu machen, wenn wir etwas tun, was sie mißbilligen. Sie machen laufend Vorschläge, wie meine Frau und ich unsere Beziehung verbessern könnten.»

Wir sollten danach trachten, herauszufinden, was wir wirklich von unserem Zusammenleben halten, und versuchen, die Ansichten unserer Kinder aus der richtigen Perspektive zu sehen. Schließlich wird es ja von unserer Entscheidung abhängen, ob wir weiter beisammenbleiben, unabhängig davon, was unsere Kinder denken. Auf dem dornenvollen Weg zu uns selbst und unserem Partner werden wir manchmal Aussprachen erleben, die alle unsere Bemühungen rechtfertigen:

«Eines Abends, nach einer großen Meinungsverschiedenheit darüber, wie wir unsere heranwachsenden Kinder behandeln sollten, blieben wir die ganze Nacht auf und hatten eine lange Aussprache. Sie war sehr gehaltvoll – wunderschön und quälend zugleich. Wir diskutierten darüber, wie sich die Dinge uns darstellten und worin wir verschiedener Meinung waren. Mit einigen Fragen hatten wir uns zum erstenmal beschäftigt.»

Wenn ein Vater mit dem Heranwachsen seiner Kinder plötzlich den Wunsch verspürt, sich mehr mit ihnen zu befassen, könnte es zu grundlegenden Meinungsverschiedenheiten zwischen ihm und seiner Frau kommen, die so lange nicht aufbrachen, als nur eine Person für den Großteil der Entscheidungen verantwortlich war. Vielleicht hat es solche Auffassungsunterschiede schon früher gegeben, aber es scheint, als wäre es damals leichter gewesen, einen Kompromiß zu finden. Einerseits erinnert man sich nicht mehr so genau daran, und andererseits ist es jetzt auch wirklich schwieriger, weil die Teenager sich aktiv für das einsetzen, was sie wollen:

«Mein Mann reagiert wütend, wenn er sich einer Situation nicht mehr gewachsen fühlt. Ich neige dazu, mich herauszuhalten und die Wogen zu glätten. Nach einer Auseinandersetzung mit unserer vierzehnjährigen Tochter streiten wir manchmal stundenlang darüber, wie wir uns ihr gegenüber verhalten haben. Ich bin wütend auf ihn, weil er in Zorn geraten ist, und er ist wütend auf mich, weil ich mich herausgehalten habe. Eines Tages erkannten wir, wie einsam und isoliert wir uns fühlen und wie oft unsere Tochter eben durch unsere Streitereien ihren Kopf durchsetzt. Wir beschlossen, einander gegenseitig beizustehen und besser zu verstehen, warum wir oft so unterschiedlich denken.«

Manchmal entdecken wir, daß wir nicht fähig sind, einander zu unterstützen:

«Meine Kinder haben für meinen Geschmack zu viel Freiheit. Meine Frau und ich können uns nicht einigen. Für unsere Teenager bedeutet das ein Minimum an Verboten. Wenn einer von uns ihnen etwas untersagt, erlaubt es der andere garantiert.»

Manchmal können wir aus unserer Fähigkeit, unsere Meinungsverschiedenheiten zu überbrücken und als Partner harmonisch miteinander zu arbeiten, Kraft schöpfen, es gibt aber auch Augenblicke, wo wir darüber entmutigt und deprimiert sind, daß wir über anscheinend unlösbare Fragen so unterschiedlicher Auffassung sind. Manchmal jedoch gibt es auch Augenblicke, in denen wir dem anderen dankbar sind:

«Manchmal, wenn mein Sohn oder meine Tochter etwas Empörendes getan oder gesagt haben, blicken mein Mann und ich uns nur gegenseitig an, und einer von uns macht eine obszöne Geste. Dann müssen wir lachen, weil das bedeutet, daß wir beide das gleiche fühlen, und wenn wir darüber lachen, dann haben wir genügend Distanz.»

Sexualität

Die sexuelle Entwicklung unserer Kinder mag viel früher oder viel später einsetzen, als wir erwarten. In beiden Fällen erkennen wir, daß wir es nicht mehr mit einem kleinen Kind, sondern mit einem angehenden Erwachsenen zu tun haben. Schon allein die Körpergröße der Teenager führt uns diese Tatsache drastisch vor Augen:

«Innerhalb weniger Monate wuchsen mir meine beiden Söhne über den Kopf, und meine Tochter begann Keilschuhe zu tragen. Fast über Nacht wurde ich vom zweitgrößten Familienmitglied zum kleinsten. Ich kam mir buchstäblich geschrumpft vor!»

Wir sind unversehens mit Söhnen konfrontiert, die mit Männerstimmen sprechen, oder mit einer Tochter, deren körperliche Entwicklung uns stutzig macht:

«Hör ich richtig? Fragen mich Männer, die ich kenne, doch glatt ‹Wer ist diese Frau? Sie ist eine Schönheit!›. Ja, ich vermute, sie meinen wirklich meine Tochter, und sie ist nicht mehr mein ‹kleines Baby›. Aber was für eine Erleichterung ist es, nicht mehr die einzige Frau in der Familie zu sein! Ich fühle mich jetzt weniger allein, weil ich mit ihr über Frauenprobleme sprechen kann.»

Wenn wir die sexuelle Entwicklung unserer Kinder beobachten, stellen sich eine Menge widersprüchlicher Gefühle ein: Wir sind stolz auf ihre körperliche Stärke und Schönheit, wir machen uns Sorgen über ihre Unsicherheit und Experimentierfreude, die Erinnerung an unsere eigene «verlorene Jugend» erfüllt uns mit Trauer, wir sind eifersüchtig auf ihr sexuelles Erwachen. Und das Zusammenleben mit ihnen führt uns tagtäglich unsere eigenen sexuellen Probleme, Gewohnheiten, Anschauungen und Wertvorstellungen vor Augen.

Viele von uns versuchten, unsere Kinder schon sehr früh mit großer Of-

Donald Dietz/Stock, Boston

fenheit sexuell aufzuklären. Wir versuchten, nicht auszuweichen, wenn sie knifflige oder peinliche Fragen stellten; wir bemühten uns, sie so ehrlich wie möglich zu beantworten. Jetzt sind unsere Kinder in ihrem Leben mit diesen Problemen direkt konfrontiert, und es ist daher wichtig, daß wir ihnen weiter zur Verfügung stehen. Unser Kind muß mit der Menstruation und feuchten Träumen zurande kommen, es muß entscheiden, ob es mit jemandem schlafen soll oder «wie weit man gehen darf», es muß sich überlegen, welche Art der Geburtenkontrolle es anwenden will. Wir alle wissen, daß Teenager heutzutage viel früher ihre Sexualität ausleben und sich daher auch früher mit den Problemen von Empfängnisverhütung, Geschlechtskrankheiten, Schwangerschaft und Abtreibung sowie mit all den unvermeidlichen emotionalen Hochs und Tiefs, die sexuelle Beziehungen mit sich bringen, auseinandersetzen müssen. Es ist gerade in dieser Zeit entscheidend, ihnen die nötigen Informationen und den emotionalen Rückhalt zu geben, die sie brauchen, oder sich davon zu überzeugen, daß sie sich diese auf irgendeine Weise verschaffen können. Dennoch kann es auf beiden Seiten Bedenken und Widerstände geben.
Wenn wir versuchen, unseren Kindern ihre Befangenheit zu nehmen, ohne dabei unsere oder ihre Intimsphäre zu verletzen, haben wir wenig Vorbilder: die meisten unserer Eltern haben nie offen mit uns gesprochen.

Wir möchten unseren Kindern abraten, leichtfertig herumzuschlafen, aber wir wissen aus unserer eigenen Jugend, daß Verbote nichts ausrichten. Und Sexualität *ist* nun einmal Privatsache – wir wollen die Intimsphäre unserer Kinder respektieren und ihnen gleichzeitig zu verstehen geben, daß wir ihnen helfen wollen und jederzeit für sie da sind. Bei einer so äußerst heiklen Aufgabe wird es aller Wahrscheinlichkeit nach nicht ganz ohne Zusammenstöße abgehen.

Es ist oft schwer, zu unseren Kindern vorzudringen. Da sie sich in diesem Alter mehr abschließen als früher und eine gesunde Abneigung gegen zu viele Fragen entwickeln, wissen wir nicht, was sie über Sexualität denken. Oft wenden sie sich lieber an ihre Freunde, obwohl sie dort eher fragwürdige Informationen erhalten.

«Meine Kinder glauben, daß ihre Erfahrungen einzigartig sind, und daß ich in keiner Weise kompetent bin, mich mit ihren speziellen Problemen zu befassen oder sie zu verstehen.»

Eine Antwort wie diese könnte in uns den Wunsch wecken, sie anzuschreien, daß wir nicht so alt sind und daß wir mit vielen verschiedenen sexuellen Problemen in unserem Leben fertig geworden sind und ihnen gerne helfen würden. Andererseits könnte die Abneigung unserer Kinder, mit uns über Sexualität zu sprechen, weil sie uns für «zu alt» halten oder wir «es schon hinter uns» haben, unsere unterschwelligen Ängste auf den Plan rufen, daß wir in «unserem Alter» nicht so «sexy» sind wie sie. In der Tat hat die Art, wie wir mit unseren Kindern über Sexualität reden, viel damit zu tun, wie es um unser eigenes Sexualleben bestellt ist. Viele von uns haben das Gefühl, unsere Sexualität in der schwierigen und anspruchsvollen Zeit der Kindererziehung sozusagen beiseite geschoben zu haben; oder wir haben es versäumt, etwas gegen eine lang andauernde sexuelle Unzufriedenheit in unserer Beziehung zu unternehmen. Deshalb könnte Sexualität für uns ein besonders schwieriges Gesprächsthema sein. Wenn unser eigenes Sexualleben uns lebhaft und befriedigend erscheint, können wir leichter und überzeugender mit unseren Kindern über ihre aufkeimende Sexualität sprechen.

Ungeachtet möglicher Bedenken und Widerstände müssen wir es immer wieder versuchen. Manchmal führen wir Gespräche über Sexualität und Beziehungen, die wir uns nicht hätten träumen lassen, als unsere Kinder kleiner waren, und die jedesmal, wenn das Eis gebrochen ist, leichter und offenherziger werden. In anderen Fällen müssen wir einsehen, daß wir dazu nicht die geeignetste Person sind, und wir müssen dafür Sorge tragen, daß unser Kind anderswie an die nötigen Informationen herankommt.

Wenn wir schon in der Kindheit sachlich und offen über Sexualität gesprochen haben, glauben wir manchmal, daß die Probleme unserer Kinder in der Pubertät vernünftig bewältigt werden können. Doch das Thema Sexualität läßt sich nur selten rational betrachten, wie dieser Vater zugeben mußte, als ihm seine vierzehnjährige Tochter erzählte, sie hätte einen Freund:

«Als ich erfuhr, daß Stephanie einen zwanzigjährigen Freund hatte, war ich beunruhigt und besorgt. Wußte sie genug, um mit einem Mann dieses Alters fertig zu werden? Schlief sie mit ihm? Alice und ich begannen uns über geeignete Methoden der Empfängnisverhütung für ein Mädchen ihres Alters zu streiten; und darüber, was wir ihr sagen sollten. Alle unsere Sorgen, Vorurteile und unterbewußten Ängste kamen an die Oberfläche, und je mehr wir sprachen, desto wütender wurden wir aufeinander. Wir waren immer stolz auf unsere Aufgeschlossenheit in Sachen Sexualität gewesen und hatten angenommen, daß wir die sexuelle Reifung unserer Kinder mühelos akzeptieren würden. Und schon beim ersten Anzeichen, daß es soweit war, gerieten wir in Schwierigkeiten.»

Wenn unsere Kinder ihre ersten sexuellen Erfahrungen machen, müssen wir mit Problemen fertig werden, die für uns Neuland bedeuten könnten. Und wenn nun unser Kind homosexuelle Neigungen zeigt oder sich schon für die Homosexualität entschieden hat? Und was geschieht, wenn unser Kind jede Nacht mit jemand anderem schläft? Oder schwanger ist? Was bedeutet das für uns und für unser Verhältnis zu unseren Kindern? Haben wir sie im Stich gelassen? Wie verhalten sie sich uns gegenüber? Können wir ihnen helfen? Die Sexualität ist häufig jener Bereich, wo unsere Kinder am meisten bestrebt sind, ihre eigenständige Persönlichkeit unter Beweis zu stellen. Es kann tatsächlich vorkommen, daß unsere Kinder mit einem bestimmten Sexualverhalten gegen uns rebellieren wollen. Manchmal neigen wir dazu, uns allzu große Sorgen zu machen, und geben so unseren Kindern einen Wink, wie sie uns am wirksamsten zusetzen können.

Ob wir uns in unseren Ansichten über Sexualität für konservativ oder progressiv halten, am Ende werden wir keinen Einfluß darauf haben, wie unsere Kinder diesen Lebensbereich gestalten werden. Sie sind beinahe erwachsen, und wir können sie nicht davon abhalten, das zu tun, was sie wollen, wie wir das taten, als sie noch klein waren. Wir können mit ihnen sprechen, ihnen gut zureden; wir können versuchen, gemeinsam über die möglichen Alternativen und Konsequenzen zu sprechen. Aber zu guter Letzt müssen sie selbst entscheiden.

Wir leben in einer Gesellschaft, die durch eine sexuelle Doppelmoral gekennzeichnet ist. Von Frauen wurde bisher Zurückhaltung und Keuschheit erwartet, Männer hingegen mußten aggressiv und sexuell aktiv sein. Obwohl sich in den letzten Jahren einiges geändert hat, sehen wir uns als Eltern oft zwischen der alten Doppelmoral, in der wir erzogen wurden, und den neuen ungeteilten Normen hin und her gerissen. Wir neigen instinktiv dazu, gegenüber der sexuellen Aktivität unserer Söhne nachsichtiger zu sein, bei unseren Töchtern hingegen scheint uns eher Strenge und Schutz angebracht! (Leider macht die Möglichkeit einer Schwangerschaft oder einer Vergewaltigung unsere Töchter tatsächlich verletzbarer.) Mit den Söhnen behutsam über ihre Verantwortung für die Geburtenkontrolle zu sprechen ist sicher ein wichtiger Beitrag zur Etablierung einer neuen Moral.

Während sich unsere Kinder körperlich entwickeln, kann es durchaus vorkommen, daß wir uns von ihren neuen Reizen sexuell angezogen fühlen:

«Dann und wann fühle ich eine Welle der Zuneigung zu einem meiner halbwüchsigen Söhne. Ich würde ihr selbstverständlich nicht nachgeben, aber ich empfinde sie als eine schöne, vitale Reaktion auf die aufkeimende Sexualität meiner Kinder.

Manchmal bin ich nahe daran, mit den achtzehnjährigen Freunden meines Sohnes zu flirten. Sie sind so attraktiv und selbstsicher, daß es oft schwer ist, ihnen zu ‹widerstehen›.»

Diese Gefühle können uns ein leichtes Unbehagen bereiten, bis wir merken, wie häufig das bei Eltern von Teenagern ist. Es gibt jedoch auch Augenblicke, wo irgendeine unausgesprochene Grenze überschritten wird und wir echt beunruhigt sind:

«Meine Tochter ist sehr attraktiv geworden. Bis vor kurzem saß sie noch auf meinem Schoß, ging fast nackt umher oder kuschelte sich an mich. Ich fühlte mich sehr erregt. Ich hielt mich zurück, ärgerte mich aber über mich, weil ich so auf sie reagierte. Jetzt habe ich ihr gesagt, daß sie sich aus Rücksicht auf mich zu Hause etwas anziehen muß.»

Wir spüren, daß es für unsere Kinder wichtig ist, zu wissen, daß wir sie für attraktiv halten, und wir können das in der Regel am besten erreichen, wenn wir unser sexuelles Interesse anderen Erwachsenen zuwenden und so eine angemessene Distanz zwischen uns und unseren Kindern herstellen.

«Als ich merkte, daß mich der Anblick meines nackten sechzehnjährigen Sohnes auf dem Flur ziemlich anregte, faßte ich das als ein Warnzeichen auf, daß es höchste Zeit war, die Distanz zwischen uns zu vergrößern, damit er sich ungestört entwickeln konnte.»

Oft werden unsere pubertierenden Kinder von ihren körperlichen Veränderungen völlig in Anspruch genommen. Es scheint so, als würden sie sich ununterbrochen damit beschäftigen, ob sie zu groß oder zu klein, schön oder nicht schön, zu dick oder zu dünn sind – die Liste ließe sich beliebig fortsetzen. Als Erwachsene um die Vierzig beschäftigen auch wir uns wieder mehr mit unserem Körper und den Veränderungen, die wir an ihm beobachten können. Es kann sein, daß die Bedeutung, die unsere Kinder dem Körperlichen beimessen, bewirkt, daß wir auf Vitalität und Jugend-

lichkeit mehr Wert legen, auf die wir nach dem Diktat unserer Kultur keinen Anspruch mehr erheben dürfen. Die Aufmerksamkeit, die unsere Kinder ihrem Körper schenken, könnte uns aber auch anspornen, selbst mehr Bewegung zu machen, gesünder zu essen, mehr auf uns achtzugeben und uns besser zu fühlen als zuvor.
Die blühende Sexualität unserer Kinder kann uns ein neues Bewußtsein unserer eigenen Sexualität vermitteln. Unsere Kinder sind vielleicht von demselben sexuellen Ungestüm, wie wir in ihrem Alter waren, und vielleicht verwirklichen sie so manche unserer sexuellen Phantasien. Doch wenn wir sehen, wie qualvoll das sexuelle Erwachen unserer Kinder ist, sind wir froh, das alles schon hinter uns zu haben, und wir beginnen den Reichtum jahrzehntelanger gemeinsamer Erfahrungen mit unserem Körper und die allmähliche Vertrautheit mit unserer Sexualität zu genießen. Wenn wir aber andererseits sexuell monogam lebten und dabei nicht glücklich waren und jetzt sehen, wie unsere fast erwachsenen Kinder mit großer Sorglosigkeit sexuelle Bindungen eingehen und lösen, dann wirkt das auf uns aufreizend und macht uns sogar eifersüchtig.
Unsere persönliche Reife und die veränderten Wertvorstellungen in unserer Gesellschaft ermöglichen es vielen von uns, anders als früher unseren sexuellen Bedürfnissen nachzugeben und neue Wege einzuschlagen. Die Kinder können da manchmal hinderlich sein. Eine alleinerziehende Mutter zweier halbwüchsiger Söhne erzählt uns, was eines Abends geschah, als sie mit ihrem Freund sehr spät heimkam:

«Tom und ich hatten gerade die Haustür geschlossen, als ich hörte, wie mein dreizehnjähriger Sohn mir vom oberen Treppenabsatz aus zurief: ‹Mama, weißt du, wie spät es ist?› Ich fühlte mich wie ein Teenager, der von seinen strengen Eltern bei einer Ungezogenheit ertappt wird.»

Viele alleinerziehende Eltern von Jugendlichen berichten, daß sie nie genau wissen, wieviel sie ihren Kindern von ihrem Leben erzählen sollen. Es mag zu peinlichen Situationen kommen, die aber auch sehr positiv gelöst werden können:

«Ich hatte eine Freundin zum Nachtmahl eingeladen, und sie blieb, nachdem die Kinder schlafen gegangen waren. Um zwei Uhr morgens schmusten wir in der Küche, als meine dreizehnjährige Tochter hereinkam. Ohne ihre Schritte zu verlangsamen, holte sie sich ein Glas Wasser, winkte uns zu und ging wieder hinaus. Seit damals scheint sie sich mit mir wohler zu fühlen. Daß sie mich und meine Freundin schmusen sah, bedeutete vielleicht für sie, daß sie nicht mehr für mich meine Frau spielen mußte – sie konnte meine Tochter sein, mein kleines Mädchen.»

Diese erst kurz von ihrem Mann getrennte Frau erzählte, was geschah, als sie das erste Mal von einem Mann angerufen wurde; ihr Bericht beendet unseren Abschnitt über Sexualität, weil er die verwirrende Vielfalt alles dessen so gut einfängt, was in dieser bewegten Zeit auf Eltern und Kinder gleichermaßen einstürmt:

«Da war ich nun, eine achtunddreißigjährige Frau mit einer achtzehnjährigen Erfahrung mit Männerbekanntschaften. Als ich den Hörer auflegte, nachdem ich nervös eine Verabredung für den Abend angenommen hatte, stellte mir mein vierzehnjähriger Sohn, der während des Anrufs in der Küche gesessen war, in rascher Folge drei Fragen: ‹Wirst du ihn heiraten? Muß ich ihn Vater nennen? Wirst du mit ihm schlafen?› Ich antwortete auf alle drei Fragen mit ‹nein›, und dann sagte ich zu ihm: ‹Übrigens, wenn du mit jemandem ausgehst, werde ich dich nicht fragen: Wirst du sie heiraten? Soll ich sie Tochter nennen? oder: Wirst du mit ihr schlafen?› Wir brachen beide in Gelächter aus. Später bemerkte ich, daß seine Fragen die Atmosphäre zwischen uns gereinigt hatten. Er war nur jung genug, um auszusprechen, was uns beide bewegte, und jetzt, wo er die Fragen einmal offen gestellt hat, können wir endlich darüber reden.»

Grenzen setzen

«Es ist dreiundzwanzig Uhr. Übrigens, wissen Sie, wo Ihre Kinder jetzt sind?» fragt der Fernsehsprecher mahnend. Vielleicht reagieren wir auf diese Frage mit einem Gefühl des Unbehagens. Wir wissen, daß wir unsere halbwüchsigen Kinder nicht jeden Augenblick überwachen oder beaufsichtigen können, und wollen es auch nicht. Wir sind uns dessen bewußt, daß Teenager laufend versuchen, die ihnen gesteckten Grenzen zu überwinden. Sie sind alt genug, um zunehmend selbst zu entscheiden, wohin sie gehen und was sie tun wollen. Wenn wir Verbote aussprechen, versuchen wir zwischen Gewährenlassen und lenkendem Eingreifen die rechte Mitte zu finden. Wir hoffen, daß unsere Kinder genügend Freiraum genießen, um von uns unabhängig zu werden, daß wir sie aber gleichzeitig nicht ganz aus den Augen verlieren, damit sie diese Zeit unversehrt überstehen. Und das ist gar nicht so einfach!

«Das waren noch glückliche Jahre, als unsere Kinder klein waren. Die Kinder entwickelten nur wenig selbständiges Denken und akzeptierten im großen und ganzen mein Urteil. Ich glaubte, daß wir auch später keine Schwierigkeiten haben würden, wenn wir den Kindern mehr Freiraum geben. Sie würden selbständig zu denken beginnen und als gut angepaßte Erwachsene heranwachsen.»

Die meisten von uns müssen feststellen, daß es meistens nicht so einfach abläuft. Ein Vater sagte uns: «Es steht jetzt viel mehr auf dem Spiel, weil

die Kinder Entscheidungen fürs Leben treffen, und ich kann die Auswirkungen dieser Entscheidungen ermessen.» Und es gibt viele Gefahren. Doch wenn wir uns mit ihnen aussprechen wollen, fühlen wir uns eingeschüchtert:
«Einem Vierjährigen oder einem Achtjährigen vorzuschreiben, was er tun soll, war leicht. Er war so viel kleiner als ich, war ein Kind, und hatte auch – offen gestanden – keine andere Wahl. Jetzt ist die Situation sowohl psychisch als auch physisch viel bedrohlicher, auch dann, wenn es mir vernünftig erscheint, was ich vorzubringen habe.»

Bei der Entscheidung, welche Verbote und Vorschriften angebracht sind, gibt es keine klaren Richtlinien. Je nach Situation und je nach Charakter des Kindes ist es jedesmal anders.

Erinnern wir uns an die Zeit zurück, als wir zweijährige Kinder hatten, die zu allem nein sagten. Wir mußten Verbote aussprechen, wo es für ihre Gesundheit und Sicherheit absolut unentbehrlich war, konnten aber auf andere Reglementierungen wieder verzichten, um nicht den ganzen Tag Kämpfe ausfechten zu müssen. Jetzt taucht in veränderter Gestalt dasselbe Problem auf. Unsere Kinder haben das Bedürfnis, alle unsere Vorschriften und Verbote in Frage zu stellen, und oft stellen wir erstaunt fest, wie viele es sind! Dann müssen wir entscheiden, welche Verbote unerläßlich sind und welche neu überprüft werden müssen. Bei Töchtern fällt uns das manchmal besonders schwer:

«Meine Eltern hatten mich immer ermahnt, vorsichtig zu sein und darauf zu achten, wo ich hingehe. Überall begann ich schon Frauenschänder zu vermuten und unterließ alles, was in mir ein Gefühl der Schutzlosigkeit erzeugte. Ich will nicht, daß meine Töchter ihre Bewegungsfreiheit so einschränken müssen wie ich, und dennoch denke ich jedesmal an das Allerschlimmste, wenn sie nach Einbruch der Dunkelheit noch nicht zu Hause sind oder wenn sie etwas vorhatten, was mir abenteuerlich erschien. Ich versuche sie genausoviel oder genausowenig zu beschützen wie meine Söhne, aber es ist doch anders.»

Obwohl wir unsere Mädchen nicht anders behandeln wollen als unsere Jungen, zwingen uns manchmal die Überfälle und Vergewaltigungen, die in unserer Gesellschaft an der Tagesordnung sind, bei unseren Töchtern mehr Vorsicht walten zu lassen.

Unsere Kinder stehen jetzt mehr im Schaufenster. Unser Image und unsere Selbstachtung sind oft stark von ihnen abhängig, und manchmal meinen wir, daß das Verhalten unserer Kinder auf uns als Eltern und Bürger zurückfällt. Zur Sorge um ihre Gesundheit und Sicherheit kommt das Gefühl, mit ihrem Verhalten identifiziert zu werden. Gelegentlich wissen wir nicht einmal genau, wo unsere Identität endet und jene unserer Kinder beginnt. Wir können unsere Kinder nicht ständig überwachen und wollen das auch nicht, aber wir sind uns dessen unweigerlich bewußt, daß

Betsy Cole

sie in einer viel gefährlicheren und komplizierteren Welt leben als jene, die wir kannten.

«Mein fünfzehnjähriger Sohn Peter stand vor seiner Schule und wartete auf den Autobus, als sich drei Jungen aus der Schule ihm näherten und auf ihn einschlugen. Sie raubten ihm seine Uhr und seine Brieftasche und ließen ihn am Bürgersteig liegen. Schließlich kam jemand aus der Schule zu Hilfe, und ich wurde gebeten, ihn abzuholen. Als ich darüber fluchte und tobte, daß sich ein solcher Vorfall vor einer Schule ereignen konnte, sagte Peter, daß Schüler oft überfallen würden, aber offensichtlich niemand etwas dagegen unternimmt. Peter bat mich, auch ich sollte in der Sache nichts unternehmen, weil er glaube, daß die Jungen nicht wüßten, wer er sei – sie hätten ihn ausgewählt, weil er allein war. Er fürchtete sich vor ihrer Rache. Ich fühle mich wie gelähmt zwischen seinem Sicherheitsbedürfnis und der Form, wie er sich diese Sicherheit erkauft. Aber wie können Eltern in meiner Lage die Schule sicherer machen, wenn wir nichts dagegen unternehmen?»

Wenn Vorfälle dieser Art (dieser hat sich in den USA ereignet, ist aber auch hier denkbar) sich sogar in der Schule ereignen können, beginnen wir uns zu fragen, ob es noch irgendeinen Ort gibt, wo unsere Kinder hingehen können, ob sie überhaupt noch etwas machen können, was sicher ist. Wir wissen aber auch, daß sie mit unserer Hilfe lernen müssen, in dieser potentiell gefährlichen Welt zu leben.

«Mit unserer Hilfe» – das ist leider leichter gesagt als getan. Wie sollen wir helfen? Sollen wir unseren Kindern verbieten, Alkohol und Drogen zu nehmen, zu oft die Schule zu schwänzen oder herumzuschlafen? Sollen wir mehr Verbote aussprechen, die ihre Freiräume einengen? Oder sollen wir das Gegenteil machen und voraussetzen, daß unsere Teenager fähig sein werden, von selbst die richtigen Entscheidungen zu treffen? Die meisten von uns tun von jedem ein bißchen. Manchmal machen wir sehr strenge Vorschriften und sind wütend, wenn wir merken, daß unsere Kinder gegen sie verstoßen haben. Ein anderes Mal ignorieren wir solche Verstöße und bauen auf die Reife unserer Kinder. Wir machen uns Sorgen, daß unsere Kinder in Gefahr sind oder sich selbst schaden, wissen aber nicht, was wir tun sollen. Wir fühlen uns oft machtlos, das Verhalten und die Entscheidungen unserer Teenager zu lenken oder gar zu beeinflussen. Ein Vater von drei halbwüchsigen Kindern drückte das so aus: «Je älter meine Kinder werden, desto geringer wird meine Autorität.»

Oft müssen wir auch feststellen, daß unsere Vorstellung davon, was gefährlich ist, von jener unserer Kinder stark abweichen kann. So zum Beispiel beim Alkohol. Wir wissen um das besorgniserregende Ansteigen des Jugendalkoholismus und die Probleme, die aus übermäßigem Alkoholkonsum entstehen. Doch unsere Kinder sind der Meinung, daß sie sehr wohl fähig sind, Maß zu halten, und haben deshalb keine Angst vor den Folgen. Ja, sie verstehen gar nicht, weshalb wir uns eigentlich Sorgen machen. Ein annehmbarer Kompromiß ist oft schwer zu erreichen. Sollen wir unseren Kindern alle unsere Ängste mitteilen, oder müssen wir befürchten, daß eine solche Liste sie dazu verleiten könnte, Dinge zu tun, an die sie früher nie gedacht hätten, oder ihnen Möglichkeiten zeigt, sich uns zu widersetzen? Sollen wir unsere Sorgen für uns behalten, damit sie ihr eigenes Urteilsvermögen schärfen, oder riskieren wir so, daß sie denken, wir kümmerten uns nicht um sie, und veranlassen sie damit, etwas zu unternehmen, was unsere Aufmerksamkeit wieder auf sie lenken soll?

Wenn wir unseren Kindern Dinge verbieten, müssen wir auch berücksichtigen, daß sie allmählich beginnen müssen, sich über ihre eigenen Ziele und Wertvorstellungen Gedanken zu machen, nach denen sie als Erwachsene leben wollen. Sie müssen mehr Verantwortung für ihr Leben übernehmen, und der erste Bereich, wo sie ein Verantwortungsgefühl entwickeln können, ist die Familie. Schon als sie kleiner waren, wurden ihnen wahrscheinlich gewisse Pflichten im Haushalt übertragen, wie Geschirr abtrocknen oder ihr Zimmer in Ordnung halten, wenn sie aber in die Pubertät kommen, können wir von ihnen verlangen, daß sie Verpflichtungen im Haushalt übernehmen, die mehr selbständiges Denken und Handeln erfordern:

«Als ich im letzten Frühjahr von der Arbeit heimkam, mußte ich wieder einmal feststellen, daß Ben keine Anstalten gemacht hatte, das Nachtmahl zu machen. Er war für Donnerstag ‹eingeteilt›, aber er vergaß es fast immer. Ich stand lange im Wohnzimmer und überlegte, was ich tun sollte: Ich könnte für ihn kochen; ich könnte ihn immer wieder daran erinnern, daß Donnerstag abend sein Kochtag ist; oder ich könnte es mit einer neuen Strategie versuchen und gar nichts sagen. Ich entschied mich für das letzte. Ich rief nach oben: ‹Ich bin hungrig.› ‹Ich auch›, rief mein zweiter Sohn Bob. Ben antwortete nicht. Dann machte ich mich an meine Hausarbeit. Eine Stunde später raste Ben die Treppe herunter und sagte: ‹Ich glaube, ich habe vergessen, das Nachtmahl zu machen.› ‹Hoffentlich findest du etwas Brauchbares›, meinte ich. Er strengte sich sehr an und präsentierte ein vorzügliches, aus Resten zubereitetes Abendessen.»

Wenn unsere Kinder die Verantwortung für ihr eigenes Leben zu übernehmen beginnen, müssen wir oft erst lernen, flexibel zu reagieren:

«Ich habe gelernt, daß ich auf die abenteuerlichen Pläne meiner Kinder nicht immer eingehen darf. Würde ich jedesmal, wenn sie irgendeinen Leichtsinn vorhaben – wie zum Beispiel sich bei einer Temperatur von minus zehn Grad die ganze Nacht um Karten für ein Fußballmatch anzustellen –, einen Tobsuchtsanfall bekommen, könnten sie sich unter Druck gesetzt fühlen und es wirklich tun. Höre ich aber nur zu, ohne zu reagieren, folgen sie meistens ihrem eigenen Hausverstand und geben ihre abenteuerlichen Pläne auf. Meistens warte ich einige Tage und reagiere, wenn es notwendig sein sollte, erst später. In der Regel genügt diese Zeit, um sie zur Räson zu bringen.»

Was können wir tun, wenn sie Dinge vorhaben, die wir für gefährlich halten?

«Ich ging früher von der Arbeit nach Hause, weil ich mich nicht wohl fühlte. Als ich heimkam, sah ich, daß der Wagen weg war. Ich verständigte die Polizei und meldete einen Diebstahl. Als mein zehnjähriger Sohn heimkam, teilte er mir mit, daß wahrscheinlich Mary, meine vierzehnjährige Tochter, den Wagen genommen hatte. ‹Sie fährt oft damit›, erzählte er mir beiläufig. Mittlerweile war es fast dunkel, auf den Straßen war starker Verkehr, und es gab Glatteis. Ich wußte gar nicht, daß Mary fahren konnte – konnte sie es überhaupt? Ich beschloß, der Polizei mitzuteilen, daß ich den Wagen wieder gefunden hätte, und versuchte, Mary bei ihren Freunden ausfindig zu machen. Ich konnte sie nicht finden. Ich ging auf und ab, schaute ständig aus dem Fenster und wartete. Endlich kam sie angefahren und tänzelte seelenruhig herein. Sie konnte oder wollte nicht verstehen, warum ihre Eskapade so gefährlich – und überdies verboten – war.»

Wenn in einem Haushalt zwei Erwachsene die Verantwortung für die halbwüchsigen Kinder tragen, ist zwar die Belastung des einzelnen gewöhnlich geringer, aber es mag schwieriger werden, sich auf Erziehungsrichtlinien zu einigen. Was den einen beunruhigt, kann den anderen kaltlassen; was für den einen eine Frechheit ist, kann für den anderen ein Zeichen von Selbständigkeit sein. Wenn die Erwachsenen nicht die leiblichen Eltern sind, können Entscheidungen über die richtige Erziehung noch schwieriger ausfallen, weil es die Kinder oft mit drei oder vier Erwachsenen zu tun haben, von denen nicht alle das Kind von klein auf kannten. Selbstverständlich bemerken die Teenager die Meinungsverschiedenheiten zwischen den Erwachsenen nur allzu gut. Sie könnten diese Meinungsverschiedenheiten zu ihren Gunsten ausnützen oder aber durch das Fehlen eindeutiger Richtlinien leiden.

Es gibt oft gute Gründe, unseren Kindern Grenzen zu setzen, doch wir sollten bei Verboten von Mal zu Mal überprüfen, ob wir wirklich im Recht sind. Vor nicht allzu langer Zeit (es scheint, als wäre es erst gestern gewesen) war es uns vergönnt, unsere Kleinkinder laufend vor dem sicheren Tod zu bewahren. Wenn unsere großen Kinder jetzt Dinge tun, die sie und andere in Gefahr bringen könnten, fällt es uns besonders schwer, diese unumschränkte Schutzfunktion und die damit verbundene Macht aufzugeben. Die Zeit, in der wir die Verhaltensregeln bestimmten, geht allmählich zu Ende, und manche von uns wollen nicht so ohne weiteres von dieser Rolle Abschied nehmen.

Wir selbst sind dadurch, daß wir versucht haben, unsere heranwachsenden Kinder richtig zu erziehen, mit ihnen diskutiert, gestritten oder einfach mit ihnen zusammengelebt haben, nicht dieselben geblieben.

Trennung

«Ich erinnere mich an jenen letzten strahlenden Sommer, als meine Ältesten gerade zwölf und dreizehn waren, mich umwarben und mir alle ihre Träume anvertrauten; damals dachte ich: So nahe werden wir uns nie mehr wieder sein, bald sind sie keine Kinder mehr. Die Zeit war so intensiv – sie waren so zugänglich und liebevoll. Da lernte ich den Schmerz und die Trauer kennen, den mein Mann am Tage der Geburt meines ersten Babys gemeint hatte – ‹Kinder großziehen ist eine lange Trennung.›»

Ab der Pubertät spielt die Trennung eine große Rolle – nicht weil etwa unsere Kinder schon den Haushalt verlassen, sondern weil sie immer mehr ein eigenes, selbständiges Leben führen und wir uns gemeinsam auf die Zeit vorbereiten müssen, wo sich unsere Wege tatsächlich trennen werden. Wenn wir zu viel an die nahende Trennung denken, mag es sein, daß wir diese Jahre gar nicht richtig genießen können, und manchmal sind wir so sehr in die Pubertätsprobleme verstrickt, daß wir vergessen, uns auf die Trennung vorzubereiten.

Emotionale Trennung – ihre und unsere

In diesen Jahren beschäftigen wir uns viel mit unseren Erwartungen und Hoffnungen an die Zukunft unserer Kinder. Manchmal hatten wir schon bei ihrer Geburt bestimmte Vorstellungen, aber das waren nur Wünsche und Träume, die sich auf unser Leben und nicht auf das unseres Kindes bezogen. Es ist für unsere Kinder wichtig, zwischen ihren eigenen Hoffnungen und den Erwartungen, die wir in sie legen, genau zu unterscheiden. Selbstverständlich müssen wir ihnen helfen, in ihren Ambitionen realistisch zu bleiben, aber letztlich sind sie dafür verantwortlich, was sie mit ihrem Leben anfangen und was für Menschen sie werden wollen. Wir werden oft gar nicht gefragt.

Je mehr sich unsere Kinder von uns entfernen, desto mehr stellen sie unsere Werte und Überzeugungen in Frage:

«Als meine Tochter in der Oberstufe war, erklärte sie eines Tages, sie könne ihre Freunde nicht mehr nach Hause einladen, weil sie sich für die ärmliche Wohnungseinrichtung geniere. Meine Frau und ich zerbrachen uns einige Tage den Kopf, ob wir unseren Wohnstil ändern und uns dem Geschmack der Freunde unserer Tochter anpassen sollten. Wir kamen jedoch zum Schluß, daß unser Wohnstil unsere Werte zum Ausdruck brachte und wir keine Lust hatten, uns den Wertvorstellungen anderer anzupassen. Unsere Tochter bekam einen Tobsuchtsanfall, aber wir blieben standhaft. Jetzt ist sie in der letzten Klasse und bringt ihre Freunde schon lange mit nach Hause, weil sie sich alle bei uns wohl fühlen.»

«Unsere kleine Familie hat immer viel auf enge Familienbande gehalten. Meine Tochter schien mit mir einer Meinung zu sein, daß der Familienzusammenhalt wichtig sei; aber als ich ihr neulich den Besuch ihrer Kusine ankündigte und ihr vorschlug, sie sollte sie in die Schule mitnehmen, verzog sie das Gesicht und sagte: ‹Muß das sein?› Ich war empört und begann mit ihr heftig zu streiten. Wie konnte sie auch nur den leisesten Zweifel aufkommen lassen, daß der Besuch ihrer Kusine für sie nicht das reinste Freudenfest bedeutete? Sie sah meinen Zorn und willigte ein, ihre Kusine in die Schule mitzunehmen. Aber am Abend, als sie ankam, entschuldigte sich meine Tochter, die sonst immer bis Mitternacht aufblieb, und zog sich um halb neun in ihr Zimmer zurück.»

Keiner dieser beiden Vorfälle scheint von Bedeutung zu sein. Aber die

Eltern, die darüber erzählten, meinten, daß sie an die tiefsten Wurzeln ihrer Existenz rührten und lang gehegte, meist unreflektierte Werte und Überzeugungen in Frage gestellt wurden. Oft sind wir erstaunt, mit welcher Leidenschaft und Heftigkeit wir mit unseren Kindern darüber diskutieren (mitunter auch streiten), was wir für «richtig» halten. Dabei sind wir davon überzeugt, daß wir es mit unseren Kindern nur gut meinen und ihnen nur helfen wollen, das Richtige zu tun – meist dort, wo es um so simple Dinge geht wie die richtige Haarlänge oder das richtige Kleid –, aber unsere Kinder interpretieren unsere Hilfe als einen Versuch, ihnen unseren Willen aufzuzwingen.

Manchmal teilen unsere Teenager aber auch unsere Werte und Überzeugungen und handeln viel konsequenter danach als wir selbst, was uns mitunter in Verlegenheit bringen kann:

«Für ihre Abschlußprüfung mußte Marilyn das Fach Staatsbürgerkunde besuchen. Der Professor und Marilyn waren in vielen politischen Fragen verschiedener Meinung. Oft diskutierten sie ihre unterschiedlichen Standpunkte während der Stunde. Ihre Referate und Prüfungsarbeiten wurden sehr schlecht benotet, und sie fiel durch. Die Schulbehörde wollte sich damit nicht befassen, weil sie den Standpunkt vertrat, Marilyn und ihr Lehrer müßten das unter sich ausmachen. Ich befand mich in der Zwickmühle: Einerseits stand ich voll und ganz hinter Marilyn, was ihre politischen Ansichten betraf, andererseits mußte sie diese Prüfung bestehen, um einen Abschluß zu bekommen. Ich konnte mich nicht entscheiden, ob ich sie bei ihrem Versuch ermutigen sollte, auf ihrer Ansicht zu bestehen, oder ob ich sie überreden sollte, klein beizugeben und ihre Prüfungsarbeiten so zu schreiben, wie es ihr Lehrer erwartete.»

Ob nun unsere Kinder unsere Werte und Überzeugungen in Frage stellen oder sie verteidigen, wir sehen uns in jedem Fall gezwungen, sie genauer unter die Lupe zu nehmen:

«In meiner Kindheit sah ich meine Eltern nie streiten. Ich glaubte, eine glückliche Familie sei eine, in der es ruhig und friedlich zugeht. Jedesmal wenn meine Kinder in Zorn gerieten, redete ich ihnen ein, sie müßten wohl müde sein. Als mein Sohn in die Pubertät kam, bekam er öfter Zornausbrüche. Ich versuchte es ihm jedesmal abzugewöhnen, und er sagte immer nur: ‹Warum?› Ich wußte darauf keine Antwort, außer daß ich davon überzeugt war, daß man in einer glücklichen Familie seine Wut nicht zeigen dürfe. Je öfter ich sein ‹Warum› hörte, desto mehr wurde mir klar, daß Ruhe und Frieden kein Selbstzweck sind und ich nicht länger auf diesen Werten beharren sollte. Wir begannen nun, unsere Gefühle mehr zu zeigen, sowohl unseren Zorn als auch unsere Freude, und entdeckten, daß wir einander viel näher kamen.»

Es kann für uns sehr deprimierend sein, zu sehen, wie sich unsere Kinder nach vermeintlich anderen Werten orientieren. Ein junges Mädchen stellt das so dar:

> «Ich ging mit sechzehn von zu Hause weg, um ein eigenes Leben zu führen. Meine Eltern waren wütend und bestürzt und glaubten, sie hätten versagt. In Wirklichkeit jedoch bewies mein Entschluß, daß sie gute Eltern waren. Sie hatten mich so erzogen, daß ich mich stark und selbständig genug fühlte, wegzugehen, mir eine Arbeit und eine Wohnung zu suchen.»

Wenn unsere Kinder älter werden und mehr Erfahrungen außerhalb der Familie gesammelt haben, fühlen sie sich oft berufen, uns zu kritisieren. Sie ziehen unser Wissen in Zweifel, behandeln uns herablassend und verachten unsere Art, uns zu kleiden, zu leben und zu sprechen:

> «Meine Tochter traut mir überhaupt nichts zu. Glücklicherweise gehe ich außer Haus einer Arbeit nach, in der ich mich bewähre, und brauche keine Bestätigung von meiner Tochter.»

Wenn wir keinen Beruf haben, der uns befriedigt, oder keine sonstigen Talente, ist es besonders schwer, unser Selbstwertgefühl nicht zu verlieren, wenn wir der Geringschätzung unserer Kinder ausgeliefert sind.

> «Ich fühle mich zutiefst verletzt, wenn mich meine Kinder verurteilen, und über alle Maßen glücklich, wenn sie mich anspornen.»

Doch auch wenn wir wissen, daß die Auflehnung der Teenager gegen ihre Eltern in aller Regel eine vorübergehende Phase im Zuge ihrer Loslösung vom Elternhaus ist, so hilft uns das auch nicht immer weiter. Es ist in dieser Phase besonders wichtig, Abstand zu gewinnen und sich anderswo Bestätigung zu holen.

Räumliche Trennung

Je älter unsere halbwüchsigen Kinder werden, desto seltener sehen wir sie. Sie sind viel außer Haus, gehen ihre eigenen Wege, und meistens sind wir über ihren randvollen Stundenplan nicht auf dem laufenden; oder wir gehen öfter aus und lassen sie alleine, weil wir wissen, daß sie das Haus gern auch einmal für sich haben. Es können Tage – ja vielleicht sogar Wochen – vergehen, ehe die ganze Familie vollzählig auch nur bei einer Mahlzeit vereint ist, geschweige denn etwas gemeinsam unternimmt. Während wir uns einerseits darüber freuen, daß unsere Kinder imstande sind, ein eigenes, erfülltes Leben zu führen, wünschen wir uns andererseits oft einen engeren Kontakt mit ihnen. Sind sie aber einmal daheim, treten sie durch ihre lärmende Art, ihren Tätigkeitsdrang oder bloß durch ihre körperliche Größe so stark in Erscheinung, daß wir uns nach Ruhe und unserer eigenen Ordnung sehnen, selbst wenn es schmerzt, daß sie uns bald für immer verlassen werden.

In den ersten Jahren ihres Heranwachsens fahren unsere Kinder oft auf längere Zeit fort – vielleicht auf ein Zeltlager oder auf Besuch zu Verwandten oder Freunden. Obwohl wir genau wissen, daß es sowohl unseren Kindern als auch uns guttut, uns auf eine Zeit zu trennen, fällt es uns oft schwer, zu akzeptieren, daß sie manchmal lieber ohne die Familie sind.

«Meine Tochter hatte drei wunderschöne Wochen in einem Zeltlager verbracht. Wir planten für die Zeit nach ihrer Rückkehr einen Familienurlaub, da wir annahmen, wir alle würden unser Zusammensein gerade jetzt besonders genießen. Gleich nach unserer Ankunft am Urlaubsort klagte sie, daß es in dem kleinen Ferienhaus für sie zuwenig Platz gäbe. Sie fühlte sich mit uns nicht wohl. Schließlich zog sie sich von uns zurück und verschanzte sich vier Tage lang hinter ein Buch. Inzwischen habe ich begriffen, daß die Distanz, die sie in ihrer Abwesenheit gewonnen hatte, es ihr erschwerte, zur Familie zurückzufinden. Sie fühlte sich in ihrer neuen Unabhängigkeit bedroht.»

Solange unsere Kinder Teenager sind, sollten wir immer genau überlegen, wann wir etwas für die ganze Familie planen und wann wir unseren Kindern ermöglichen, ihr eigenes Leben zu führen. Wenn wir mehr als ein Kind haben, dürfen wir nicht vergessen, daß sie ungleich alt sind und deshalb verschiedene Bedürfnisse haben. Wir planen zum Beispiel für unsere kleineren Kinder einen Familienausflug, und unsere älteren Kinder weigern sich, daran teilzunehmen. Ein anderes Mal sind unsere Teenager böse, weil wir nicht an sie gedacht haben.

Trotz der Tatsache, daß unsere Kinder noch mit uns zusammenleben und wir noch immer aktiv die Elternrolle erfüllen, ist die allmähliche Loslösung der Kinder vom Elternhaus das Hauptproblem dieser Jahre. Man rät uns oft, uns zu entspannen und diese Jahre zu genießen, solange wir es noch können, aber vielen von uns fällt es schwer, diesem Rat zu folgen. Wenn unser ältestes Kind sich mit der Absicht trägt, auszuziehen, sehen wir manchmal fast mit Erleichterung diesem Ereignis entgegen, auf das wir uns schon so lange vorbereitet haben:

«Als mein Kind die Absicht hatte, auszuziehen, suchte ich mir einen neuen Job und begann mich mit neuen Dingen zu beschäftigen, um den Abschiedsschmerz ein wenig zu lindern. Die Trennung fiel mir so leichter, weil mich die Aufregung um das Neue in meinem Leben ganz in Anspruch nahm.»

Aber wie immer wir uns darauf vorbereiten mögen, nichts wappnet uns gegen die Gefühle, die uns überwältigen, wenn unser erstes Kind uns verläßt.

«Nachdem ich meinen Sohn ins Internat gebracht hatte, fuhr ich heim, und zum erstenmal in meinem Leben weinte ich lang und ausgiebig. Ich weinte und weinte und weinte.»

«Jeder muß einmal das Nest verlassen, und ich freue mich irgendwie auf die Zeit, wenn mein Kind in die Lehre kommt. Das wird für uns alle eine verdammt gute Erfahrung sein. Natürlich schnürt es mir die Kehle zu, aber ich versuche, nicht daran zu ersticken.»

Wenn unsere Kinder eine Ausbildung in einer anderen Stadt beginnen oder in eine eigene Wohnung ziehen, wissen wir als Eltern oft nicht, wie wir uns auf eine vorübergehende Trennung einstellen sollen. Sollen wir unsere Kinder als Erwachsene behandeln, wenn sie das erste Mal von zu Hause fortgehen, oder sind sie weiterhin Kinder, die nur vorübergehend fort sind? Wenn sie ausziehen, um mit einem Freund oder einer Freundin zusammenzuleben, oder wenn sie weit fortziehen, löst sich die Frage von selbst, und wir müssen zur Kenntnis nehmen, daß wir erwachsene Kinder haben. Meistens aber ist die Situation nicht so klar, und wir bleiben einige Jahre lang Eltern «fast» erwachsener Kinder. Oft wissen auch unsere Kinder nicht genau, was sie nun eigentlich sind:

«Als meine Tochter die ersten paar Male auf Besuch heimkam, war sie nicht sicher, wie sie von uns behandelt werden wollte. Sie brannte darauf, uns zu zeigen, wie selbständig und unabhängig sie in ihrer Abwesenheit geworden war. Aber sie wollte auch wieder ‹umsorgt› werden. Da es schwer war, zu erraten, was sie gerade wollte, verhätschelten wir sie oft, wenn wir uns hätten zurückhalten, und ignorierten sie, wenn wir ihr besondere Aufmerksamkeit hätten widmen sollen.»

Wenn unsere Kinder das Elternhaus – sei es nur vorübergehend oder auf immer – verlassen, müssen wir unser Familienleben neu ordnen. Kehren sie dann für kurze Zeit, zum Beispiel in den Schulferien, zurück, «nehmen sie ganz selbstverständlich alle ihre Rechte und Privilegien in Anspruch, ohne sich auch nur im geringsten um ihre Pflichten zu kümmern», klagte eine Mutter. Da wir uns noch immer im unklaren darüber sind, ob wir es mit erwachsenen oder halbwüchsigen Kindern zu tun haben, ist es mitunter schwer, sich auf ihre kurzen Aufenthalte richtig einzustellen:

«Als mein Sohn auf Besuch kam, veränderte sich das Kräftespiel in unserer Familie. Erst als unser Sohn heimkehrte, merkten wir, wie nahe mein Mann und ich uns in seiner Abwesenheit gekommen waren. Mit einem Schlag waren wir wieder im alten Stress. Die Unordnung im Haus, der Lärm, die endlosen Diskussionen darüber, wer den Abwasch erledigt und wer einkaufen geht. Wir fühlten uns beide so erschöpft – wir hatten vergessen, wie es früher gewesen war.»

Da die Trennung von unseren Kindern ein so entscheidendes und schmerzliches Ereignis in unserem Leben ist, ist es nicht verwunderlich, daß wir einige Jahre der Unschlüssigkeit verstreichen lassen, in denen wir und unsere Kinder versuchen, jeder für sich ein eigenes Leben zu führen und einander als selbständige erwachsene Menschen zu begegnen, die einander gleichwohl gegenseitig brauchen.

Feminismus

Ein Kapitel über Eltern von Teenagern ist ohne eine Erörterung des Einflusses der feministischen Bewegung auf uns als Eltern unvollständig. Als wir anfingen, mit anderen Frauen über unser Leben zu sprechen, stellten viele von uns die Normen und Wertvorstellungen in Frage, nach denen wir bisher gelebt hatten. Vielleicht haben wir, so wie diese Frau, gespürt, daß wir mit den neuen Veränderungen nicht Schritt halten konnten:

«Als die Studenten in den sechziger Jahren den Slogan prägten ‹Trau keinem über dreißig›, war ich schon darüber. Als die Frauen über ihr Leben redeten, waren die Weichen in meinem Leben bereits gestellt, und ich hatte beileibe keine große Auswahl gehabt. Eine Frau war erfolgreich, wenn sie heiratete und Kinder bekam, oder sie war ein Versager. Heute weiß ich, daß es noch viele andere Möglichkeiten gegeben hätte, und ich habe das Gefühl, wieder einmal den Anschluß verpaßt zu haben und zu alt zu sein.»

Viele von uns waren traurig oder ärgerten sich darüber, daß die Frauenbewegung für uns zur falschen Zeit gekommen war – wir waren zu früh oder zu spät geboren. Wären wir früher auf die Welt gekommen, wäre uns der Mangel an Möglichkeiten in unserer Jugend nicht so zu Bewußtsein gekommen, und wären wir später auf die Welt gekommen, hätten wir jene Möglichkeiten gehabt, die heute jungen Frauen offenstehen. Daß wir die Zeit nicht zurückdrehen können und nicht wieder von neuem anfangen können, hindert uns nicht daran, für die neuen Möglichkeiten empfänglich zu sein, die uns heute offenstehen.

Verändert sich in einer Familie eine einzige Person, so wirkt sich das auf alle anderen Familienmitglieder aus. In einem Haushalt, der schon lange besteht, mag eine solche Veränderung den Widerstand der anderen Familienmitglieder auslösen:

«Nach zwanzig Jahren fordert meine Frau nun von mir, ich solle einen gleich großen Anteil der Hausarbeit übernehmen. Ich habe immer im Haushalt geholfen, aber jetzt sagt sie, das genügt nicht – ich muß auch einen Teil der Verantwortung übernehmen. Ich sagte ihr, sie verdient ja auch nicht soviel Geld wie ich, warum sollte ich also genausoviel Hausarbeit machen wie sie?»

Halbwüchsige Kinder reagieren oft verärgert und verständnislos auf die veränderten Erwartungen ihrer Mütter. Manchmal ist ihr Unmut auch sehr sexistisch: Wenn unsere eigenen Kinder so sprechen, berührt uns das besonders schmerzlich:

«Mein Sohn hält mich für völlig unnütz. Würde ich kochen oder bakken, wäre ich für ihn nützlich. Es ist ein schreckliches Gefühl, einen Chauvinisten zum Sohn zu haben.»

Roger Goldstein

«Mein Sohn fragt meinen Mann, warum er einkauft oder das Geschirr spült. Er glaubt, daß die Hausarbeit seinen Vater demütigt, und sieht das nicht gerne.»

Wir können diesem extremen Widerstand mit einer ebenso widerspenstigen passiven Aggression oder mit zögernder Zusammenarbeit begegnen, aber wir müssen weiterhin beharrlich Veränderungen fordern, damit wir in Würde und gegenseitiger Achtung zusammenleben können.

In einer Familie mit fast erwachsenen Kindern, in der die Hausarbeit nie gleich verteilt war, kann die Umstellung auf eine gerechtere Aufteilung der Arbeit sehr schwierig sein. Ein sechzehnjähriges Mädchen sagte ihrer Mutter: «Du kochst so gut und rasch, also wozu soll ich meine kostbare Zeit verschwenden, etwas zu machen, was du in der halben Zeit viel besser kannst?» Ja, die Mutter kann es rascher und müheloser, aber sie hat begriffen, daß Haushaltspflichten von der ganzen Familie getragen werden müssen. Manche feministischen Mütter ziehen es vor, die ganze Verantwortung allein zu tragen, weil sie ihre Töchter nicht mit typisch weibli-

chen Aufgaben belasten wollen. Das führt zu einer «Superfrau»-Einstellung – zu einem «Ich schaff das schon», mit der Konsequenz, daß manche Frauen in Beruf und Haushalt Tag und Nacht schuften. Doch Frauen, die eine gerechtere Verteilung der Hausarbeit erkämpft haben, berichten ausnahmslos, daß das Ergebnis den Einsatz lohnt.
Die Mutter-Tochter Beziehung wird durch ein feministisches Bewußtsein mitunter stark beeinflußt. Die Suche nach einer neuen Identität in der Mitte des Lebens und ein neues feministisches Bewußtsein können einer Frau den Blick dafür schärfen, wo ihre Möglichkeiten in ihrem bisherigen Leben eingeengt wurden. Jetzt wird sie sich wahrscheinlich nicht mehr auf Rollenklischees festlegen lassen und sich mehr nach ihren eigenen Fähigkeiten orientieren. Sie freut sich darüber, daß ihrer Tochter mehr Möglichkeiten offenstehen, aber in ihre Freude mischt sich manchmal eine Spur von Neid. Die Mutter einer dreizehnjährigen Tochter meint:
«Manchmal beneide ich meine Tochter. Sie trägt ihre Freiheit so selbstsicher zur Schau. Sie kennt keine Schranken – sie nimmt ihr Recht, zu tun, was sie will, bedenkenlos in Anspruch. Wie gern wäre ich auch so selbstsicher und frei, aber ich muß mich zu jeder Kleinigkeit, jeder eigenständigen Entscheidung als Frau durchringen.»
Am anderen Ende des Spektrums sind jene Mütter, deren Töchter ihre Möglichkeiten und Chancen nicht wahrnehmen und denen geholfen werden muß, ihre Möglichkeiten besser zu erkennen:
«Wie mache ich meinen Töchtern klar, daß ich die Lebensregel, die ich ihnen als Kinder mit auf den Weg gab, rückgängig machen will? Damals dachte ich, das wichtigste Ziel im Leben sei, ‹zu heiraten, Kinder zu kriegen und ein glückliches Leben zu führen›. Heute weiß ich und sage es ihnen auch, daß sie – im Gegensatz zu mir – selbstsichere und selbständige Menschen werden müssen. Oft habe ich Angst, daß sie in meine Fußstapfen treten und auch erst mit vierzig erkennen werden, daß sie ihren Interessen und Begabungen hätten folgen sollen.»
Obwohl feministisches Bewußtsein in der Regel von den Frauen ausgehen wird, können auch Männer Feministen werden. Viele Männer wollen Vorbilder für ihre Kinder sein; wenn sie gegenüber den Bedürfnissen in der Familie aufgeschlossener und verantwortungsbewußter werden, können sie ein Beispiel geben, das ihren halbwüchsigen Kindern helfen wird, dauerhafte Beziehungen mit anderen Menschen einzugehen. Feministisches Bewußtsein ist jedoch nicht immer so willkommen:
«Ich war als einziger Mann in der Familie von drei sehr selbstsicheren Frauen umgeben. Meine Frau und meine Töchter ergriffen emotional und intellektuell gegen mich Partei. Je engagierter meine Töchter wurden, desto konservativer wurde ich.»
Dieser Mann hielt es für das Beste, sich auf keine Diskussionen mit seiner Frau und seinen Töchtern einzulassen. Andere Männer werden versu-

chen, zwischen ihrem Standpunkt und jenem der Frauen in der Familie auszugleichen. Solange die Kinder noch im Haus sind, ist es nicht leicht, aber doch möglich, die gewohnten Kräfteverhältnisse in der Familie zu verändern.

Unsere Vorstellungen von weiblichem und männlichem Verhalten sind ins Wanken geraten, so daß wir uns als Eltern von Teenagern oft fragen, was wir unseren Kindern raten sollen. Oft probieren wir und unsere Kinder neue Rollen und Verhaltensweisen aus, um festzustellen, welche uns am besten zusagen. Wenn wir neue Aufgaben in Angriff nehmen, fühlen wir uns manchmal sehr stark und zuversichtlich, manchmal aber auch schüchtern und unbeholfen. Oft beneiden wir unsere Kinder um die Unbefangenheit, mit der sie Neuland betreten, aber auch noch um die Vierzig haben wir die Gelegenheit, uns zu ändern und neue Erfahrungen zu machen, was unseren Eltern im gleichen Alter vielleicht nicht möglich war. Wir erhoffen uns von unserer Veränderung eine Erweiterung unseres Horizonts, und das scheint wohl der Mühe wert.

Kapitel 5

Eltern erwachsener Kinder

von Alice Judson Ryerson
und Wendy Coppedge Sanford

Unser Kind wird berufstätig und zieht mit einigen Freunden in eine eigene Wohnung, wird Zivildienstleistender oder Soldat oder heiratet und gründet ein eigenes Heim. Unsere Kinder sind selbständig, und wir brauchen nicht mehr aktiv unsere Elternrolle zu erfüllen – dennoch sind wir auch jetzt noch Eltern.
In diesem Kapitel beschäftigen wir uns mit der Zeit nach der vollzogenen Loslösung von unseren Kindern und mit den unterschiedlichen Auswirkungen dieser Trennung auf die Eltern. Wir werden über die Entfremdung zwischen Eltern und erwachsenen Kindern und die Möglichkeiten ihrer Überwindung sprechen. Wir befassen uns aber auch damit, welchen Gebrauch Eltern von ihrer neu gewonnenen Zeit, Energie und von ihren finanziellen Mitteln machen können, wenn ihre Kinder den gemeinsamen Haushalt verlassen haben. Wir werden die Auswirkungen dieses Ereignisses auf die Partnerbeziehung bei Ehepaaren und auf alleinstehende Väter und Mütter untersuchen und dieses Kapitel mit einem kurzen Blick auf die Zeit abschließen, in der wir Großeltern sein werden.

Unsere Kinder gehen von uns weg

Die Erfahrungen einer Mutter:
> «Ich versuche mich zu erinnern, wann ich zum erstenmal merkte, daß meine Kinder erwachsen waren, und woran ich es erkannte. Zuerst fallen mir die dramatischen Augenblicke ein, als ich bemerkte, daß sie auch ohne mich wichtige Lebensentscheidungen treffen konnten. Selbstverständlich geschah das auch, bevor ich mir dessen bewußt wurde, und obwohl ich dieses Ziel schon immer angestrebt hatte, bereiteten mir die ersten unwiderruflichen Schritte meiner Kinder ins Leben dennoch Kummer. Da kam dieser Anruf, in dem eines der Kinder mir mitteilte: ‹Ich werde heiraten, aber mir wäre es lieber, ihr würdet nicht kommen. Ich hoffe, ihr seid mir nicht böse›, oder dieser Brief, in dem es hieß: ‹Ich versuche mit mir klarzukommen, schreibt mir also bitte

Joan Albert

nicht, und versucht überhaupt nicht, mit mir in Verbindung zu treten›, oder: ‹Morgen steche ich mit meinem Segelboot in See. Wenn's keinen Sturm gibt, bin ich in ein paar Wochen zurück.›
Während ich diese Bilder an meinem geistigen Auge vorüberziehen lasse, wird mir bewußt, wie unabhängig meine Kinder von mir waren, wie abhängig ich hingegen von ihnen. Ich erinnere mich, wie ich damals auf diese Mitteilungen reagierte. Obwohl ich ihnen schon seit ihrer frühesten Kindheit ihren eigenen Willen ließ, mußte ich erst lernen, ihrem Urteilsvermögen zu trauen. Die Entscheidungen meiner Kinder, sich zu verheiraten oder sich einem Segelboot anzuvertrauen, waren nur auf Grund eines langjährigen Lernprozesses möglich, und obwohl ich anfangs ängstlich reagierte, war ich bald stolz darauf, vier Kinder zu selbständigen jungen Menschen erzogen zu haben.
Aber ich mußte einen weiteren Schritt machen, um mich noch mehr von meinen Kindern zu lösen. Ich mußte um meinetwillen zu einer Einstellung gelangen, die man wohlwollende Objektivität nennen könnte.
Ich erinnere mich, wie ich am Gartentor meiner Tochter und ihrem Mann zum Abschied nachwinkte, als sie mit einem selbstgebastelten Wohnwagen abfuhren, um woanders ein neues Leben zu beginnen. Ich nehme lebhaft Anteil an ihrem weiteren Schicksal und wünsche ihnen

das Beste; ich weiß, sie werden mich ständig auf dem laufenden halten. Beim Abschied habe ich Tränen in den Augen, weil ich sie vermissen werde. Aber ich habe gelernt, mir nicht mehr ihren Kopf zu zerbrechen. Ich brauche nicht mehr so zu tun, als könnten meine Gedanken sie magisch vor den Gefahren des Lebens bewahren. Aber als eine Art Belohnung für mein Loslassen habe ich eine neue Lebenseinstellung gewonnen. Ich kann nach der Abreise meiner Kinder erleichtert und ungestört meinen eigenen Geschäften nachgehen und dennoch mit ihnen laufend in Verbindung bleiben.»

Was geht mit der Trennung einher?

Ein Thema kehrte in den bisherigen Kapiteln immer wieder: wie wichtig es für Eltern ist, sich nicht an ihre Kinder zu klammern und sich rechtzeitig von ihnen zu lösen, zu ihrem eigenen Besten und zum Besten der Kinder. Eltern lernen allmählich, ihren Kindern mehr Selbständigkeit zuzugestehen. Als Eltern erwachsener Kinder haben wir es mit Menschen zu tun, die sich völlig von uns emanzipiert haben. Wir tragen für sie keine Verantwortung mehr. Selbst in den seltenen Fällen, wo die Kinder zu Hause wohnen bleiben, müssen sie ihre Entscheidungen selbständig treffen. Eltern erwachsener Kinder reagieren sehr verschieden auf die neue Situation: Manchen fällt es schwer, sich mit dem, was sie als den Zerfall ihrer Familie betrachten, abzufinden; andere sind froh, Eltern erwachsener Kinder zu sein; viele schwanken unsicher von einem Extrem zum anderen. In diesem Abschnitt untersuchen wir, wie Eltern darauf reagieren, wenn ihre Kinder das Elternhaus verlassen. Zunächst betrachten wir einige private und gesellschaftliche Faktoren, die diese Übergangsphase prägen.

Wie wir die Trennung erleben, wird von mehreren Faktoren beeinflußt: In welcher Phase unseres Lebens befinden wir uns gerade, wie sehen unsere anderen menschlichen Beziehungen aus, sind wir mit unserem Arbeitsplatz zufrieden, sind wir in unserer Partnerbeziehung glücklich, wie fühlen wir uns körperlich, und wie leben unsere Eltern? Wir werden aber auch vom Jugendkult unserer Gesellschaft beeinflußt, der uns Eltern suggeriert, daß mit dem Auszug unserer Kinder der aktivste Teil unseres Lebens zu Ende geht und wir uns im verbleibenden Rest unseres Lebens nur noch rückentwickeln.

Wir haben heute mit größeren Problemen bei der Loslösung von unseren Kindern zu kämpfen, weil entscheidende Wendepunkte im Lebenszyklus der Menschen weit weniger als früher in Rituale eingebettet werden. Denn diese erleichtern vielfach den Übergang von einem Lebensabschnitt zum nächsten, indem sie die Rollen der Beteiligten vor und nach dem großen Ereignis genau festlegen. So war die Hochzeit etwa früher ein entscheidender Einschnitt im Leben der jungen Menschen. Heute jedoch leben sie vor der Eheschließung schon so lange zusammen, daß sich durch die Hochzeit eigentlich gar nichts ändert. Wie viel hat sich da seit den Zeiten geändert, als die Braut in Weiß ihre tränenüberströmten Eltern zum Abschied küßte, bevor sie sie endgültig verließ, um einem anderen zu «gehören» (obwohl auch das noch vorkommt). Eine Mutter zweier und Stiefmutter dreier erwachsener Kinder:

«Wie wir auf den Entschluß unserer Kinder reagieren, zu heiraten oder eine Lebensgemeinschaft einzugehen, hängt sehr stark von unseren Erwartungen ab. Wir sind darüber erleichtert, daß das erwachsene Kind seine Gefühle auf einen anderen Menschen überträgt – daß ab nun der Ehepartner der nächste Angehörige ist, der die Last der Verantwortung zu tragen hat – auch beim Finanziellen. Heiraten die jungen Leute nicht wirklich, dann ist dieser Schritt nicht offiziell ‹beglaubigt›, und die Eltern haben nicht das Gefühl, daß das Kind ‹versorgt› ist, ein Wunsch, den wir alle noch insgeheim hegen.»

Die Loslösung der Kinder von den Eltern gestaltet sich besonders in wohlhabenderen Familien durchs Geld oft noch komplizierter. Kinder, die zum Beispiel Hochschulausbildung erhalten, werden von ihren Eltern weiterhin finanziell unterstützt, selbst wenn sie verheiratet sind und eigene Kinder haben. Eltern, die verhindern wollen, daß ihre Kinder vor der Ehe mit einem Partner zusammenleben, könnten die finanzielle Unterstützung als Erpressungsmittel benützen, um sie ans elterliche Heim zu binden. Dieses Verhalten, das häufig vorkommt, stört die zwischenmenschlichen Beziehungen erheblich. Eine Mutter gab zu:

«Keiner der Beteiligten kennt die Regeln. Wie lange soll ich meine erwachsene Tochter finanziell unterstützen? Soll ich die Unterstützung davon abhängig machen, daß sie zu Hause wohnt oder nur Dinge tut, die ich ihr erlaubt habe? Oder ist das Erpressung? Und auch sie wird sich fragen, wieviel Hilfe sie akzeptieren kann, ohne das Gefühl zu haben, dadurch in ihrer Freiheit eingeschränkt zu werden oder ein Schmarotzer zu sein.»

Heute gibt es nicht mehr den einen dramatischen Augenblick des Verlustes, den die Eltern nur durchzustehen brauchen, um gereift daraus hervorzugehen. Die Loslösung eines Kindes von den Eltern vollzieht sich heute in vielen Schritten. Diese Mutter bezweifelt, daß die alten Zeremonien wirklich hilfreich waren, und hofft auf schöpferische neue Formen:

«Die großen Feiern waren und sind auch heute noch so förmlich und unpersönlich. Ich würde sie gerne durch kleinere Feiern im engeren Familien- und Freundeskreis ersetzen und den Zeitpunkt mit meiner Tochter frei wählen.»

Wie erleben wir die Trennung?

Der Prozeß der Loslösung von unseren Kindern ist ein Vorgang, der sich in unserem Inneren abspielt. Obwohl die meisten Eltern schon lange vorher diese Loslösung nach und nach vollziehen, ist die endgültige Trennung für viele von uns ein Schock, egal wie gut wir darauf vorbereitet sind: «Ich war glücklich und traurig zugleich, als mich meine Tochter verließ.» Eine andere Mutter brachte deutlich zum Ausdruck, was viele Eltern denken:

«Obwohl ich einen Beruf habe, der mir Freude bereitet und mich ganz ausfüllt, empfinde ich den Verlust meiner Mutterrolle fast ebenso schmerzlich wie die Abwesenheit meiner erwachsenen Kinder. Seit ihrer frühesten Kindheit und in abgeschwächter Form fast zwanzig Jahre lang haben mich zwei Menschen für ihr nacktes Überleben gebraucht. Nun muß ich mich daran gewöhnen, daß ich von niemandem mehr gebraucht werde. Gebraucht zu werden war für mich eine Existenzfrage – der Zweck meines Lebens war die Existenzsicherung meiner Nächsten. Nicht mehr gebraucht zu werden hat in mir eine existentielle Krise ausgelöst.

Die Gesellschaft bietet mir da keinen Trost und keine echte Anerkennung – außer ein paar Witzen über verlassene Mütter oder dem Rat, sich einen Job oder ein Hobby zu suchen.»

Die meisten von uns fühlen sich unglücklich, wenn sie von ihren Kindern verlassen werden, vermissen ihre Gesellschaft und blicken voll Wehmut auf die vergangenen achtzehn oder zwanzig Jahre zurück. Aber nur wenige von uns können den Schmerz nicht überwinden; andere Beschäftigungen und Interessen können uns helfen, unseren Kummer zu vergessen. Eine Mutter, die zwanzig Jahre ihre ganze Energie der Erziehung ihrer Kinder gewidmet hat, wird noch eine Weile unglücklich sein, und wahrscheinlich wird sie den Verlust ihrer Mutterrolle mindestens ebenso beklagen wie die Trennung von ihren Kindern. Aber auch Mütter und Väter, die einer Ganztagsbeschäftigung nachgehen und für die die Kinder nicht der einzige Lebensinhalt sind, müssen sich mit dem emotionalen Vakuum auseinandersetzen, das durch die Abwesenheit der Kinder entsteht. Eltern werden ihre Kinder wahrscheinlich auch dann vermissen, wenn sie sie in den letzten Jahren nur selten zu Gesicht bekamen. Ein leeres Zimmer, ein gähnender Wäschekorb, ein voller Kühlschrank sind für eine Frau oft eine schmerzliche Erfahrung. Auch bei Anlässen, an denen die Kinder vollzählig im Kreise der Familie versammelt waren, wie zum Beispiel gemeinsame Abendessen, ein Ausflug, die Feiertage, die Sommerferien, kehrt dieses Gefühl der Leere wieder.

Manche von uns empfinden das stärker als andere. Eine Mutter, die ihr Kind ein Jahr allein erziehen mußte, tat sich besonders schwer:

«Mein Mann mußte aus beruflichen Gründen ein Jahr in eine andere Stadt, zu einer Zeit, als meine jüngste Tochter das letzte Jahr an der Schule war. Ich blieb bei Helen, damit sie ihren Schulabschluß an ihrer alten Schule machen konnte. Wir waren uns in dem Jahr, als wir alleine lebten, so nahe gekommen, daß mir die Trennung viel schwerer fiel als meinem Mann, als meine Tochter mich verließ, um auf die Uni zu gehen, und ich meinem Mann nachfolgte. Er wurde schon früher von ihr getrennt und war ihr auch vorher nie so nahe wie ich.»

Dieser Vater ging selbst von zu Hause fort, und jenen, die selbst weggehen, macht der Trennungsschmerz weniger zu schaffen als jenen, die zurückbleiben. Konfrontiert mit einer neuen Umgebung, neuen Menschen und neuen Interessen, haben sie weniger Zeit, über die Vergangenheit nachzudenken. Das trifft sowohl auf die Kinder als auch auf die Eltern zu.

Manche Menschen, wie diese fünfzigjährige Frau, die voll berufstätig ist und zwei erwachsene Kinder hat, sind noch nach langer Zeit deprimiert.

«Der Abschied, die Trennung tut immer wieder weh. Immer wenn ein Kind auf Besuch nach Hause kommt und die alte Situation wiederhergestellt ist, wiederholt sich beim Abschied der Schmerz und der Verlust, wenn auch von Mal zu Mal schwächer.»

Entgegen der weitverbreiteten Meinung, daß der Verlust die Väter nicht so schwer trifft, leiden Väter oft genauso darunter. Dieser Vater erzählt von dem Tag, als ihn seine älteste Tochter verließ, um einen Posten in einem anderen Bundesland anzunehmen:

«Als wir vom Flugplatz heimfuhren, begann ich zu weinen, und meine Frau fragte mich besorgt, warum ich weine. Im Rückblick denke ich, es müßte ihr doch ziemlich klar gewesen sein, warum. Ich glaube, ich nahm es ihr übel, daß sie mich danach fragte, denn ich mußte sie am Flugplatz nicht dasselbe fragen. Ich setzte sie an ihrem Arbeitsplatz ab, und zum erstenmal in meinem Leben weinte ich hemmungslos, weinte und weinte. In meinem Büro vertraute ich meinen Kollegen an, was geschehen war. Sie sahen meine roten Augen, und ich fing wieder zu weinen an. Sie zeigten Mitgefühl. Ich glaube, als Sozialarbeiter und Psychologen wissen sie, was Trennung bedeutet.»

Dieser Mann hatte Glück, denn er konnte, obwohl er bei seiner Frau wenig Verständnis für seinen Kummer gefunden hatte, bei einfühlsamen Kollegen seinen Emotionen freien Lauf lassen.

Viele von uns macht es merkwürdigerweise verlegen, unseren Trennungsschmerz zu zeigen. Erschwerend wirkt, daß unsere Gesellschaft mit ihrem Selbständigkeitskult unseren Kummer nicht anerkennt. Man erwartet von uns, daß wir uns über die Selbständigkeit unserer Kinder so freuen, daß jedes geringste Zeichen der Enttäuschung uns dem Vorwurf aussetzt, wir versuchten uns an sie zu klammern. Entschließt sich ein Kind, das

Elternhaus zu verlassen und ins Berufsleben einzutreten, erwartet man von den Eltern Stolz und Unterstützung. Aber obwohl die meisten Eltern ja auch wirklich stolz darauf sind, daß ihre Kinder in der Lage sind, ein eigenes Leben zu führen, ist es doch nur natürlich und notwendig, daß wir traurig sind. Unser Kummer hilft uns, uns auf einen neuen Lebensabschnitt psychisch vorzubereiten. Wir alle müssen trauern dürfen, ohne mißverstanden zu werden.
Eine alleinerziehende Mutter, die seit vielen Jahren geschieden und ganztags berufstätig ist, schildert hier die Bedeutung des Kummers.
«Meine Tochter und ihr Freund wohnten in einem Zimmer unter meiner Wohnung. Sie versprachen, sie würden am Ende des Sommers ausziehen. Ich hatte ihr Zimmer in der Erwartung, daß sie ausziehen würden, schon vermietet. Im September kam der neue Mieter, und sie zogen zu mir. Mit vier Leuten in der Wohnung, die alle Küche und Badezimmer benützten, war es sehr eng; meine Tochter und ihr Freund, die immer noch arbeitslos waren, nahmen das Wohnzimmer in Beschlag, und ich konnte mich nirgendwohin zurückziehen... ich wurde buchstäblich aus meiner eigenen Wohnung vertrieben, bis es mir nach zwei Wochen zuviel wurde und ich ihnen nahelegte, auszuziehen. Ihr *Freund* zog aus, aber meine Tochter blieb. Es war klar, daß ihre Beziehung langsam kaputtging, und ich hatte schon fest damit gerechnet, daß mein letztes Kind mich verlassen würde, war traurig gewesen und hatte meinen Schmerz überwunden. Und als meine Tochter nicht fortging, war ich darüber zornig, weil ich mich schon damit abgefunden hatte.»
Viele Eltern empfinden Vorfreude, Erleichterung und Stolz, wenn ihre Kinder die Familie verlassen, und sind davon überzeugt, daß der Kontakt nicht abreißen wird.
«Ich erinnere mich, daß ich den Leuten leid tat, als meine Tochter heiratete. Wie wenig ahnten sie, was wir einander bedeuteten. Ich brauche ja nicht dauernd in ihrer Nähe zu sein, um an ihrem Leben Anteil zu nehmen. Vielleicht weil mein Mann und ich beide berufstätig waren, konnten wir unsere Kinder schon als Teenager wie selbständige Menschen behandeln. Als meine Tochter heiratete, fühlte ich mich nicht verlassen, sondern bereichert.»

«Ich glaube, daß meine Tochter mir die Rolle einer typischen Großmutter aufzwingen würde. Aber glücklicherweise lebt sie nicht in meiner Nähe, denn ich spüre, daß meine Mutterinstinkte verausgabt sind.»

«Ich werde nicht die verlassene Mutter spielen und Trübsal blasen. Ich habe mein eigenes Leben. Ich bin beschäftigt und besuche Kurse. Ich genieße es, nicht zu einer bestimmten Zeit nach Hause kommen zu müssen. Manchmal, wenn ich vormittags ausgehe, denke ich, ich kann heute tun, was mich freut, und niemand erwartet von mir, daß ich das Essen koche oder die Wäsche wasche. Das ist ein wunderbares Gefühl.»

Etwas Ähnliches berichtet uns dieser Vater zweier erwachsener Söhne:
«Ich brauche mich nicht an sie oder an die Vergangenheit zu klammern. Sie interessieren mich mehr als eigenständige Persönlichkeiten und nicht als Kinder. Ich habe auch sentimentale Anwandlungen: Ich bewahre ihre Spielsachen für meine Enkelkinder auf dem Dachboden auf. Aber da ich mich immer weiterentwickle, werden sie ein Teil der Vergangenheit, und an der Vergangenheit bin ich nicht so interessiert.»

Ein Vater einer einundzwanzigjährigen Tochter, die von zu Hause wegging, berichtet:
«Weil ich immer berufstätig war, lebte ich immer nach der Devise ‹Ich habe mein eigenes Leben›. Es fiel mir daher leicht, ihr mitzuteilen, daß das Leben schon irgendwie weitergehen würde ... Ich halte für sie einen Platz frei, falls sie sich eines Tages entschließen sollte, zurückzukehren.»

Wir entfremden uns von unseren Kindern und finden wieder zueinander

Übersiedelt ein Kind in einen anderen Teil des Landes oder gar ins Ausland, wird es bis auf seltene Besuche, Briefe und Telefongespräche aus unserem Leben verschwinden. Aber selbst der Umzug in einen anderen Stadtteil kann eine große Entfremdung bewirken, wenn unser Kind uns selten besucht oder privat und beruflich ganz anders lebt als wir.

«Ich kann mich schwer an die Vorstellung gewöhnen, daß mein ältester Sohn neunundzwanzig ist. Als sein Vater und ich neunundzwanzig waren, hatten wir zwei Kinder unter fünf, und sein Vater machte als Wissenschaftler Karriere. John lebt jetzt nach einer sechsjährigen Beziehung getrennt und darf sein Kind nicht sehen. Das ist für ihn sicherlich hart, und trotzdem fällt es mir immer noch schwer, zu glauben, daß er schon so alt ist.»

Wenn uns die Tochter mitteilt, sie habe einen Posten in einer anderen Stadt angenommen und wird an den Wochenenden zu ihrer Familie pendeln, oder der Sohn gibt einen «guten Posten» auf, um aufs Land zu ziehen, oder wenn ein Kind homosexuell ist, sich scheiden läßt oder ein andersrassiges Kind adoptiert, so erfordert das eine enorme Umstellung und Anpassung für uns. Es ist eine Herausforderung, die wir uns früher nie hätten träumen lassen.

Viele von uns machen sich große Sorgen, wenn unsere Kinder nicht mehr bei uns sind. Manchmal steckt hinter unserer Besorgnis mangelndes Vertrauen. Eine Mutter von drei erwachsenen Kindern:
«Meine Nachbarn erzählen mit naivem Stolz, daß ihre zwanzigjährige Tochter mit ihrem Freund einige Häuserblocks weiter zusammenlebt. Besonders die Mutter meint, daß sie so ihre Tochter lehren kann, einen Haushalt zu führen und Verantwortung zu tragen. Aber die Mutter schickt ihrer Tochter jeden Tag Lebensmittelpakete für eine ganze Familie, und wenn sie einkaufen geht, deckt sie sich mit Lebensmitteln für die ‹Kinder› ein.»
Diese Mutter traut ihrer Tochter nicht zu, für sich selbst sorgen zu können. Haben wir unseren Kindern schon früher vertraut, so hilft uns das, wenn sie uns als Erwachsene verlassen. Oft ist es aber nicht einmal eine Frage des Vertrauens als bloß die alte Angewohnheit, die Kinder zu beschützen und zu beraten. Ein fünfundfünfzigjähriger Vater von drei erwachsenen Kindern erzählt:
«Mein Sohn hat zwei Jahre lang in Südamerika ganz auf sich allein gestellt gearbeitet, aber als er im vorigen Monat zurückkam, um sich in unserer Stadt eine eigene Wohnung einzurichten, überhäuften ihn meine Frau und ich mit guten Ratschlägen. Wir konnten ihm einfach nicht seinen eigenen Willen lassen – was er uns auch vorhielt!»
Ein anderer Vater:
«Fünfzehn Jahre sind vergangen, seit Dan von daheim wegging, und erst jetzt beginne ich, mich von ihm innerlich zu lösen. Er ist draußen in der Welt, und ich brauche mir um ihn keine Sorgen zu machen. Er ist ein selbständiger Mensch, wie meine Freunde. Natürlich will ich, daß sich meine Freunde um mich kümmern, und dasselbe wünsche ich mir von meinem Sohn. Aber ich mache mir nicht mehr die typischen Sorgen der Eltern: ‹Wie mag es ihm gehen, ist seine Wohnung groß genug, paßt seine Frau zu ihm?› Erst als in meinem Leben eine große Veränderung – meine Scheidung – eintrat, konnte ich mich auch innerlich von meinem Sohn lösen. Nach Auflösung meiner Ehe wurde ich reifer, und ich konnte meinen Sohn besser verstehen, als wir nicht mehr in dem emotionalen Hochdruckkessel einer Kleinfamilie steckten. Es ist eine große Erleichterung für mich, daß ich die Angewohnheit der Eltern, sich Sorgen zu machen, losgeworden bin. Mein Sohn ist ein selbständiger Mensch, der sein Leben nach seinen eigenen Vorstellungen gestaltet, ohne mich um Rat zu fragen: er schafft es einfach.»
Wenn wir den Lebensstil und die Berufswahl unserer Kinder beurteilen, können wir nicht umhin, ihr Leben als Spiegelbild unseres eigenen Lebens zu betrachten. Selbst wenn wir mit unseren Kindern zufrieden sind, werfen sie uns oft vor, ihren Erfolg zu sehr auf unser eigenes Konto zu buchen. Ein junger Rechtsanwalt beklagt sich, daß er nir-

gendwohin gehen kann, wo seine Mutter anwesend ist, ohne verlegen zu werden:

«Wenn sie mich fremden Leuten vorstellt, sagt sie: ‹Das ist mein Sohn Freddy. Er hat das Studium an der Columbia Law School als Bester seines Jahrgangs beendet und arbeitet in einer renommierten Anwaltspraxis. Ich bin so stolz auf ihn! Freddy, erzähl Mr. Davis von dem außergewöhnlichen Mann, den du vorige Woche vor Gericht verteidigt hast. Das war ein Fall! Wir haben natürlich gewonnen.› Ich komme mir vor wie ein preisgekrönter Zuchtstier auf einer Viehmesse.»

Wenn wir andererseits mit der Lebensweise unserer erwachsenen Kinder unzufrieden sind, aber nicht davon lassen können, uns in ihnen spiegeln zu wollen, dann fühlen wir uns durch ihren Lebensstil beleidigt, verletzt, bedroht oder vor den Kopf gestoßen. Ein Vater erinnert sich:

«Als mir meine dreißigjährige Tochter mitteilte, sie würde aus politischen Gründen kein Fleisch mehr essen, empfand ich das als einen Angriff gegen mich und wurde wütend. Teils auch deshalb, weil sie in dieser Sache ziemlich selbstgerecht war. Aber später merkte ich, daß ich ihre vegetarische Lebensweise anfangs als eine Ablehnung unseres Lebensstils aufgefaßt hatte.»

Eine Mutter, die sich jetzt weniger bedroht fühlt als früher, untersucht die Gründe dafür, warum sie sich heute mit dem Lebensstil ihrer Tochter leichter abfindet:

«Mary lebt sehr eigenwillig. Sie lebt mit einem Farbigen zusammen, und beide haben nicht die Absicht, zu heiraten. Sie ist kinderliebend, aber will keine eigenen Kinder, was ich völlig in Ordnung finde, bis auf meinen sehnsüchtigen Wunsch nach einem Enkelkind. Ich weiß, es ist ihr Leben, und ich bewundere ihre Entscheidungen. Ich glaube, ich kann das deshalb, weil ich mit mir selbst ins reine gekommen bin. Ich weiß genau, wer ich bin. Ich brauche sie nicht mehr, um meine innere Leere auszufüllen. Natürlich ist mein Leben, so wie jedes Leben, voller Zweifel und Probleme, aber es ist mein eigenes Leben. Ich brauche sie nicht als Kompensation für alles, was ich in meinem Leben versäumt habe, ich bitte sie nicht darum, mich zu rechtfertigen oder zu erlösen, und deshalb kann ich sie in Ruhe lassen.»

Dieser Vater fühlt sich durch das unkonventionelle Leben seiner Tochter nicht bedroht. Er kann seine Tochter akzeptieren und weiß, daß auch sie sein Leben akzeptiert:

«Meine Tochter Petra hat all das ausgelebt, worauf ich verzichten mußte, als ich mich für eine akademische Laufbahn entschied. Wir sind darauf stolz, daß wir einander gegenseitig ergänzen. Ihre Leichtlebigkeit, ihre sexuelle Freizügigkeit, ihr Mangel an Pflichtbewußtsein sind das absolute Gegenstück zur Disziplin, die ich für meine Arbeit brauche. Und soweit ich von ihren Freunden weiß, spricht sie mit ähnlichem

Respekt von mir. Obwohl unser Lebensstil sehr verschieden ist, glaube ich, daß wir in vielem ähnlich denken.
Petra sieht sich vielleicht manchmal als spießbürgerliche Hausfrau, und ich komme mir manchmal wie ein Bruder Leichtsinn vor. Ich kehre eine Seite hervor und sie die andere, aber in unserem tiefsten Inneren sind wir vielleicht gar nicht so verschieden.»
Bei dem Versuch, uns mit unterschiedlichen Lebensweisen abzufinden, merken wir oft, daß sich unser eigenes Leben verändert hat. Manche von uns haben sich Weltanschauungen zu eigen gemacht, die uns in unserer Jugend unbegreiflich gewesen wären, Anschauungen, die wir von unseren erwachsenen Kindern übernommen haben, als sie versuchten, neue Lösungen für alte Probleme zu finden. Wir sehen unsere Kinder als Erfinder, Helden und manchmal auch als Opfer dieser Experimente, und während wir uns bemühen, sie zu verstehen, verändern wir uns oft selbst.
Unsere Kinder haben uns zum Beispiel eine unbefangenere Einstellung zur Sexualität gelehrt. Das heißt aber nicht unbedingt, daß wir die Normen unserer Kinder akzeptieren. Aber wir lernen, uns offener und nicht so verklemmt mit den Problemen der Sexualität auseinanderzusetzen; wir lernen, die Sexualität unserer Kinder zu akzeptieren, so wie sie ihrerseits auch uns diesbezüglich mit mehr Toleranz begegnen. Man kann aber auch hier nicht für alle sprechen; es gibt noch immer Eltern, die glauben, daß die Welt untergeht, wenn ihre Kinder «in Sünde leben». Doch zweifellos wächst die Zahl der Eltern, die zu verstehen versuchen, wie ihre Kinder mit den alten Konfliktursachen Sexualität, Geld und Religion fertig werden.
Manche Eltern versuchen, sich dem Lebensstil ihrer Kinder total anzupassen, entweder weil sie ihren Kindern näherkommen wollen oder weil sie in dem Wahn leben, daß sie jünger werden, wenn sie sich jugendlich geben. Andere Eltern denken gründlich über diese Probleme nach und ändern ihren Lebensstil, weil sich ihre Anschauungen geändert haben.
Der Kampf für eine gemeinsame Sache, das beglückende Erlebnis einer Übereinstimmung der Grundwerte können die Kluft zwischen den Generationen auf spannende Weise überbrücken. Ein Vater erzählt:
«Eines der bewegendsten Erlebnisse in meinem Leben hatte ich einen Tag nach dem amerikanischen Überfall auf Kambodscha. Meine beiden Söhne lebten mit ihren Freundinnen in einem anderen Teil unserer Kleinstadt, und es gab eine große Versammlung im Stadion. An diesem Tag trafen wir uns alle sechs und nahmen gemeinsam an der Antikriegsdemonstration teil. Es war für mich ein sehr bewegendes Erlebnis ... ich spürte, daß wir uns für dieselben Werte einsetzten. Wir empfanden alle ein starkes Zusammengehörigkeitsgefühl.»

Der Kampf für eine gemeinsame Sache kann die Kluft zwischen den Generationen überbrücken. Diese Amerikanerin hat sich mit ihrem Aufruf an Eltern homosexueller Kinder, sie in ihrem Kampf um gesellschaftliche Anerkennung zu unterstützen, auf die Straße gesetzt!

Eine etwa vierzigjährige Frau hatte vor einigen Jahren bei einer Demonstration gegen den Vietnamkrieg ein ähnliches Erlebnis. Die Menge skandierte immer wieder *«One, two, three, four. Nixon, stop this fucking war.»*. Sie stimmte nicht in den Chor ein, und schließlich wandte sie sich an eine junge Frau, die zufällig neben ihr stand, und sagte: «Ich kann dieses Wort einfach nicht aussprechen, aber ich bin mit ganzem Herzen bei der Sache!» Die junge Frau umarmte sie und sagte: «Das macht doch nichts. Meine Mutter kann's auch nicht.»

Manchmal können aber weder Phantasie noch große Anpassungsfähigkeit oder Verständigungsbereitschaft die Kluft überbrücken. Ein Vater, dessen Tochter sich einer religiösen Sekte anschloß, schreibt:

«Ich kann ihr einfach nicht verzeihen, daß sie mir in einem Brief schrieb: ‹Ich verzeihe Dir, Vater.› Wer ist sie denn, um Himmels willen, daß sie mir verzeihen kann!»

Eine Mutter schreibt:

«Bei dem extremen Lebensstil mancher jungen Leute sind uns allen irgendwo Grenzen gesetzt, gibt es immer etwas, das wir nicht tolerieren können. Ich erinnere mich daran, was eine meiner Freundinnen empfand, als ihre Tochter ihr schrieb, sie sei lesbisch geworden. Ich denke an meine eigenen Ansichten über Promiskuität oder übers ‹Rumschlafen›, wie wir das früher genannt haben. Uns allen sind solche Grenzen gesetzt, und die Konflikte, die entstehen, wenn wir sie überschreiten, sind *nicht* leicht zu verkraften.»

Selbst wenn wir von dem weitverbreiteten Hang frei sind, in unseren Kindern fortleben zu wollen, machen wir uns um sie Sorgen. Wir wollen nur eines: daß sie keinen Schaden nehmen. Eine Frau schreibt:

«Wenn du Glück hast und alles gutgegangen ist, dann hast du dein Kind zu einem selbständigen, entschlußfreudigen und mutigen Menschen erzogen. Aber was geschieht, wenn es sich mit Hilfe dieser Eigenschaften in Situationen bringt, die du aus eigener Erfahrung für gefährlich und unvernünftig hältst? Welche Ironie des Schicksals! Heute sage ich selbst Dinge, die ich bei meinen Eltern verspottet hätte, etwa wenn ich meine Tochter davon zu überzeugen versuche, daß der Mann, den sie unbedingt heiraten will, auch in den Augen der anderen ein roher Mensch ist, der sie nur ausnützen und unterdrücken wird.»

Es zählt zu den schwierigsten Aufgaben der Eltern erwachsener Kinder, zu beurteilen, wie weit sie sich in das Leben ihrer Kinder einmischen dürfen, auch wenn sie dies in der Absicht tun, sie vor Fehlern zu bewahren. Eine Frau, die selbst Mutter erwachsener Kinder ist, erinnert sich daran, wie sich ihre eigene Mutter verhielt:

«Als ich mich von meinem Mann scheiden ließ, weil ich zutiefst davon überzeugt war, daß es für mich und die Kinder das Beste sei, löcherte mich meine Mutter fortwährend mit Fragen: ‹Warum verläßt du einen so wundervollen Mann, der sich so um dich sorgt?› Das war das letzte, was ich brauchte.»

Eine Mutter fragt sich:

«Es wäre schön, wenn Eltern und erwachsene Kinder Freunde sein könnten. Wenn eine Freundin dir anvertraut, daß sie etwas vorhat, was dir total falsch, tollkühn oder gar gefährlich erscheint, würdest du ihr dann nicht in aller Freundschaft – und natürlich mit der nötigen Rücksicht – deine Meinung sagen? Dennoch muß ich sorgfältig überlegen, was ich meinen Kindern sage. Ich muß sie wie rohe Eier behandeln, um nicht ihre Gefühle zu verletzen.»

Gut gemeinte Ratschläge, ständiges Klagen und Warnungen bewirken nur, daß sich unsere Kinder von uns abwenden. Trotzdem gibt es Situationen, in denen wir aus purer Selbstachtung Stellung beziehen müssen.

«Als sich Carla und Steve zur Heirat entschlossen, war ich bestürzt. Es war in meinen Augen ein ganz ganz schwerer Fehler, aber ich befürchtete, es würde sie nur ärgern, wenn ich es ihr sagte. Schließlich konnte ich mich nicht mehr zurückhalten; ich sagte Carla sowenig vorwurfsvoll wie möglich meine Meinung und war mir schmerzlich bewußt, daß ich nur für mich selbst sprechen konnte. Was immer ich auch vorgebracht hätte, nichts hätte sie davon abbringen können.»

Auch wenn die Situation weniger dramatisch ist, stehen wir vor dem Dilemma, wieviel Unterstützung wir unseren Kindern anbieten sollen und wie weit wir gehen können, wenn wir erfahren wollen, was mit ihnen los ist. Eine Mutter von fünf Kindern im Alter von zweiundzwanzig bis sechsunddreißig Jahren meint dazu:

«Ich glaube, die Meinung der Eltern hat immer Gewicht und Bedeutung. Da gibt es die Versuchung, gewisse Fragen zu stellen: ‹Wie stellst du dir nun vor, wie das mit deinem Studium weitergehen soll? Hat sich deine linksradikale Einstellung geändert?› Das Erwachsenwerden der Kinder zeigt sich auch darin, zu welchen Fragen wir uns als Eltern berechtigt fühlen. Ich erinnere mich an die idiotischen und zudringlichen Fragen meiner Mutter, als ich zwanzig war – heute weiß ich, daß sie mit mir in Kontakt bleiben wollte und nur nicht wußte, wie. Oft habe ich das Gefühl, daß mir eine Menge Fragen unter den Nägeln brennen, die ich lieber nicht stelle, aber ich würde schrecklich gerne wissen, was meine Kinder denken, machen oder planen. Manchmal platzen irgendwelche Freunde mit der Frage heraus, und ich bin ihnen dafür sehr dankbar, weil ich auf diese Weise manches erfahre, ohne selbst fragen zu müssen!»

Ein Vater beschreibt sein Dilemma so:

«Mein ältester Sohn ist sehr selbständig. Ohne es absichtlich herbeigeführt zu haben, hat es sich so ergeben, daß wir auf demselben Arbeitsgebiet tätig sind. Aber mein Sohn ist arbeitslos. Und ich könnte ihm vielleicht helfen, aber er verschweigt mir, wie es um ihn steht. Er braucht diese Distanz. Ich weiß, daß er mich achtet. Wartet er darauf, daß ich ihm schreibe? Ich bin davon überzeugt, unsere Beziehung würde abkühlen, wenn ich ihm jeden Monat schriebe und fragte: ‹Hast Du schon einen Job gefunden? Wie läuft's bei Dir? Kann ich helfen?›»

Dieser Vater versucht alles zu tun, um seinem Sohn die nötige psychische Distanz zu ermöglichen. Er hat gelernt, es seinem Sohn zu überlassen, wieviel Distanz er braucht; aber das Verhalten seines Sohnes läßt keine klaren Schlüsse zu, und das kann für Eltern erwachsener Kinder zu einem Dauerproblem werden.

Manchmal leiden wir darunter, daß wir so wenig tun können, wenn unsere erwachsenen Kinder in Schwierigkeiten geraten. In unserer Gesellschaft werden Erwachsene oft als Menschen definiert, die ohne Hilfe ihrer Eltern alleine vorankommen.

«Knapp bevor ich mich zum zweitenmal verheiratete, besuchte ich meinen Sohn und seine Familie. Da sich die Ärzte nicht einigen konnten, standen er und seine Frau vor der schweren Aufgabe, sich für oder gegen eine gefährliche Operation an ihrem ältesten Kind entscheiden zu müssen. Ich spürte sehr stark, wie fremd ich ihnen geworden bin, und sagte schließlich, wie gern ich ihnen helfen würde, wenn ich nur könnte. Mein Sohn antwortete: ‹Es muß schwer sein, ein Außenseiter zu sein und nicht helfen zu können.› Das Wort ‹Außenseiter› traf mich wie ein Schlag, und ein Jahr später ist die Wunde noch immer nicht verheilt.»

«Mir ist ihr Schicksal nicht gleichgültig, und ich bin nicht unbeteiligt. Ich würde selbstverständlich für beide alles tun, was in meiner Macht steht – aber irgendwann erreicht man einen Punkt, wo man einfach nichts mehr tun kann.»

Eltern erwachsener Kinder haben aber nicht nur dieses Gefühl der Hilflosigkeit, oft leiden sie auch unter Schuldgefühlen, wenn ihre Kinder als Erwachsene Probleme haben. Die Mutter eines vierzigjährigen Sohnes, der an einer schweren Neurose leidet, sagte:

«Ich sah, wie Tom litt, und fragte mich immer wieder: ‹Was habe ich falsch gemacht? Was haben wir denn getan, daß er so werden konnte?› Ich brauchte Jahre, um darüber hinwegzukommen und um zu begreifen, daß ich oft unter schwierigsten Bedingungen meine Aufgabe gewissenhaft erfüllt habe. Und eines Tages sagte ich mir: Ach was, Tom ist nicht mein Patient.»

Eltern, die bei ihren Kindern – ob zu Recht oder zu Unrecht – ernste Probleme vermuten, halten sich in Wirklichkeit selbst für Versager. Immerhin haben sie zwanzig Jahre ihres Lebens Zeit, Mühe und Liebe aufgewendet, und mit welchem Resultat? Ihr Kind kann sich nicht erhalten, er ist homosexuell in einer Gesellschaft, die Homosexuelle diskriminiert, sie ist drogenabhängig. Nicht genug, daß die Eltern gebrochen das Leid ihres Kindes mit ansehen müssen, müssen sie sich auch eingestehen, an der entscheidenden Aufgabe ihres Lebens gescheitert zu sein. Sie kommen darüber hinweg, daß sie nicht allein für das Schicksal ihres erwachsenen Kindes verantwortlich sind, daß ihre Kinder selbständige Menschen sind – aber es ist sehr, sehr schwer, sich damit abzufinden.

Auf Besuch

Wenn die Kinder wegziehen, besuchen wir uns gegenseitig, und von nun an wird das die neue Art der Kommunikation zwischen den Generationen. Die verheiratete Tochter einer Frau und ihr Ehemann leben in einer Kleinstadt, wo die junge Frau in einer Wäscherei arbeitet. Vor kurzem kam die Mutter von einem Besuch bei ihrer Tochter zurück; obwohl sie in den vergangenen Jahren bei Besuchen schon öfter Schwierigkeiten hatten, wirkte die Mutter diesmal entspannt und glücklich. Sie erzählte, ihre Tochter hätte gerade, um mehr zu verdienen, Überstunden gemacht. Es gab also wenig oder gar keine Zeit miteinander. Aber sie war entschlossen, ihre Tochter zu sehen, auch wenn sie nicht miteinander sprechen konnten, und so machte sich diese Frau den Hochbetrieb in der Wäscherei zunutze und arbeitete drei Tage lang gemeinsam mit ihrem Kind. Nach dieser gemeinsamen Erfahrung konnten sie so unbeschwert miteinander sprechen wie schon seit Jahren nicht mehr, und ihre Beziehung wurde wieder enger und herzlicher.

Eine andere Mutter fünf erwachsener Kinder hat es ähnlich erlebt:

«Eine Möglichkeit, die Kluft zwischen den Generationen zu überbrükken, sehe ich in dem Versuch, durch gemeinsames Arbeiten miteinander in Kontakt zu kommen. Ich glaube, genau das geschieht, wenn du deine erwachsenen Kinder in *ihrem* Heim besuchst und ihnen beim Kochen, Windelwaschen oder im Garten hilfst; ihre Wohnung, ihre Einrichtung, ihre Freunde und Kinder, ihre Atmosphäre kennenlernst.»

Ein Vater teilt diese Auffassung: «Besuche bei ihm verlaufen viel erfreulicher, weil er in diesem Fall nicht in der Rolle des ‹Kindes› ist, das ‹nach Hause› kommt. Ich besuche ihn als Freund und dankbarer Gast.» Es ist sicher günstig, wenn Eltern und Kinder solche Möglichkeiten finden können, von Zeit zu Zeit die Welt des anderen kennenzulernen.

Es kann ein echtes Vergnügen sein, unseren Kindern bei ihren Alltagspflichten zu helfen, aber es klappt nicht immer. Eine Mutter erzählte von ihrem Besuch bei ihrer Stieftochter kurz nach der Geburt ihres zweiten Babys:

«Der Versuch ist mißlungen. Debby ließ mich zwar kochen, aber sie ließ mich nicht aufräumen, und an ihr zweijähriges Kind durfte ich überhaupt nicht ran!»

Ein Vater zweier Kinder im Alter von acht und elf Jahren sieht Besuche so:

«Hilfe kann als Kritik empfunden werden – etwa wenn deine Mutter einen Fußboden putzen will, an dessen Reinigung du auch nicht im entferntesten gedacht hast. Wenn meine Eltern den Wunsch äußern, etwas zu tun, was ich ohnehin schon lange tun wollte, ist das sehr aufmerksam von ihnen; wenn sie aber unbedingt etwas machen wollen, was ich für absolut überflüssig halte, dann ist das Einmischung.»

Viele von uns haben schon Ähnliches erlebt, wenn sie zu ihren Eltern auf Besuch gingen: Wir hielten uns für reif und erwachsen, und plötzlich handelten wir wieder wie Kinder und wurden auch wie Kinder behandelt. Das ist ein Mechanismus, vor dem wir uns in acht nehmen sollten, wenn wir einen Besuch unserer eigenen Kinder erwarten. Zum heiklen Thema der Eßsitten meint eine Mutter mehrerer erwachsener Kinder:

«Wenn die erwachsenen Kinder zu uns auf Besuch kommen, ist es für uns am schwersten, uns mit ihren Eßgewohnheiten und der Art ihrer Haushaltsführung abzufinden. Ist es *mein* Haus oder unser gemeinsames? Wer hat jetzt das Sagen? Dasselbe Problem ergibt sich auch umgekehrt, wenn wir die Familien unserer erwachsenen Kinder besuchen: Wir führen einen wahren Eiertanz auf, um ja nicht Anstoß zu erregen, ärgern uns, daß es auf dem Klo kein Toilettenpapier gibt und daß die Enkelkinder alles mit ihren – ungewaschenen – Händen essen dürfen.»

Für beide Teile können Besuche gefühlsmäßig sehr viel bedeuten:

«Das Bedürfnis nach Anerkennung ist groß, nicht nur bei den Eltern, sondern auch bei den erwachsenen Kindern. Meine Kinder freuen sich, wenn ich sehe und ihnen bestätige, wie sie ‹es schaffen›. Aber auch ich lechze nach Anerkennung. Wenn sie zu uns kommen, prüfen uns unsere erwachsenen Kinder sehr kritisch und genau – bilden sich eine neue Meinung über die Vergangenheit, was sie ihnen gebracht und was sie ihnen vorenthalten hat. Das kann weh tun, aber auch sehr anregend sein.»

Wir müssen darauf achten, uns nicht unseren erwachsenen Kindern aufzudrängen, und es ist das beste, uns und ihnen ehrlich einzugestehen, wann wir sie besuchen wollen oder besucht werden wollen und wann nicht. Manchmal fällt uns diese Aufrichtigkeit schwer. Dieser Vater ist sehr nüchtern:

«Ich sehe meinen Sohn und seine Familie ein- oder zweimal im Jahr. Ich könnte sie viel öfter sehen. Sie fragen mich immer wieder: ‹Warum kommst du uns denn nicht öfter besuchen?› Ich komme nicht, weil es mir peinlich ist, weil ich mich langweile und weil ich mehr Spaß an meinen eigenen Sachen habe. Mir ist ihre Rücksichtnahme unangenehm. Wenn ich unsichtbar wäre und zuschauen könnte, was sie so tun, das könnte mir gefallen. Ich will aber nicht, daß sie sich meinetwegen Umstände machen und mich bedienen. Ich bin mit meinem Leben hier zufrieden. Ich will das Wochenende nicht für den Besuch opfern – und ihren Freunden vielleicht auf die Nerven gehen. Sie sind zufrieden, ich bin zufrieden, also warum können wir es nicht dabei bewenden lassen,

Alex Webb/Magnum

uns gegenseitig anzurufen und nur zu Weihnachten zusammenzukommen?»

Viele von uns haben große Sehnsucht nach einer beruhigenden, angenehmen Beziehung zu unseren erwachsenen Kindern. Paradoxerweise hängt die allmähliche Entwicklung einer solchen Beziehung vor allem von unserer Fähigkeit ab, wie gut wir Konflikte miteinander austragen und wie gut wir nachgeben können, ohne die Achtung voreinander zu verlieren, was immer uns auch trennen mag.

Kinder als Stütze

Wird die gegenseitige Abhängigkeit nicht mehr so bedrohlich erlebt, können wir einander als Gleichgestellte und Freunde begegnen. Für manche kommt dieser Augenblick sehr bald, für andere erst nach Jahren. Der Mann, der sich mit seinen erwachsenen Kindern an einer Demonstration gegen den Krieg in Kambodscha beteiligte, konnte die Erfahrung einer solchen Gemeinsamkeit machen. Eine Frau erzählt, wie ihre erwachsene Tochter anrief, um ihren Besuch anzukündigen: «Ich freute mich sehr. Ich hatte mir für dieses Wochenende vorgenommen, auf Wohnungssuche zu gehen, und dachte, sie könne mir dabei helfen.» Sie würde über das Wochenende eine erwachsene Freundin haben, mit der sie durch gemeinsame Erfahrungen und Liebe besonders eng verbunden ist.

«Mark ist für mich einer der wenigen Menschen, die mich gut kennen. Ich kenne ihn sein ganzes Leben, und er begleitete mich einen großen Teil meines Lebens, und das kann man nicht von vielen Menschen behaupten.»

«Ich hatte in der Gegend, wo mein zweiundzwanzigjähriger Sohn arbeitete, geschäftlich zu tun, und wir hatten vereinbart, gemeinsam essen zu gehen. Es war ein klarer, sonniger Tag, und da an der vereinbarten Ecke stand dieser feine, aufgeweckte, humorvolle, attraktive und interessante Mensch. Ich konnte es kaum erwarten, mit ihm zu plaudern. Es erfüllte mich mit Stolz, daß dieser wunderbare Mensch mein Sohn ist!»

Eine andere Mutter, deren Mann schon viele Jahre tot ist, erzählt:
«Gegenwärtig lebe ich mit vier meiner fünf Kinder zusammen. Sie sind zwischen einundzwanzig und dreißig Jahre alt. Ich schätze ihre Gesellschaft und bin besonders zu den Mahlzeiten oft mit ihnen zusammen. Ich finde es wunderbar, nicht mehr für ihr körperliches und seelisches Wohl verantwortlich zu sein. Meine Kinder unterstützen meine Aktivitäten, und es ist ermutigend, von ihnen anerkannt zu werden. Meine eigenen Verwandten kritisieren mich oft wegen meines Interesses für Yoga, Meditation und Gesundheit, deshalb ist diese Unterstützung für mich besonders wichtig. Meine Kinder teilen mit mir auch materielle Güter, z. B. ihre Autos, damit wir uns alle Geld für gelegentliche ‹Vergnügungen› sparen können. Manchmal glaube ich, es wäre ein Vorteil, wenn ich mehr Zeit und mehr Platz für mich selbst hätte, aber ich neige schon immer zur Geselligkeit.»

Für diese Frau waren die Kinder in einer kritischen Zeit eine wertvolle Stütze:

«Zwei Jahre nachdem unser jüngstes Kind von daheim wegging, entschlossen sich mein Mann und ich, getrennt zu leben. Als wir unseren vier erwachsenen Kindern davon erzählten, reagierten alle vier auf unerwartete Weise. Zwei meiner Kinder, die bisher nicht im entferntesten daran gedacht hatten, zu heiraten, oder sich noch nicht reif für die Ehe fühlten, riefen mich am selben Tag aus zwei völlig entgegengesetzten Teiles des Landes an, um mir mitzuteilen, daß sie heiraten werden. Für mich bedeutete das eine Stärkung und wichtige Hilfe, denn, wenn sie auch nicht so viele Worte machten, schienen sie mir sagen zu wollen, sei nicht entmutigt. Ehe ist etwas Gutes. Auch deine war gut, selbst wenn es jetzt nicht mehr klappt. Sie hat uns etwas mitgegeben, was uns viel bedeutet und was auch wir ausprobieren wollen. Die beiden anderen machten etwas anderes: Sie zogen näher an meinen Wohnort, nachdem sie mehrere Jahre weit entfernt von mir gelebt hatten. Auch sie machten nicht viele Worte, aber es schien, als wollten sie mir sagen: Mach dir keine Sorgen. Wir sind alle immer noch imstande, uns gegenseitig Trost zu spenden – wenn's drauf ankommt, sind wir immer füreinander da.»

Aber selbst hier sind der Bedeutung, die unsere Kinder für uns haben können, Grenzen gesetzt. Viele Eltern befürchten, daß sie ihre Kinder zu stark beanspruchen. Eine zwanzigjährige Frau erzählt von ihren Eltern:

«Die Mutter meines Vaters will jeden Abend angerufen und dauernd besucht werden. Ich glaube, weil sie von ihnen so abhängig ist, versuchen meine Eltern, mich ja nicht zu viel zu beanspruchen. Die Folge ist, daß sie mich fast nie einladen, und wenn ich bei ihnen vorbeischaue, zeigen sie sich erfreut, aber sie flippen nicht gerade aus. Manchmal wünsche ich mir, sie würden sich mehr um mich kümmern.»

Eine Mutter, die sich erst vor kurzem wiederverheiratete, schreibt:

«Eine besondere, aber gar nicht so seltene Situation tritt dann in diesem Lebensabschnitt ein, wenn in einer glücklichen Ehe ein Partner gerade dann stirbt, wenn die Kinder erwachsen werden. Das weiß ich aus eigener Erfahrung. Mein Mann und ich hatten eine außergewöhnlich gute Beziehung; jeder war dem anderen Partner die wichtigste Stütze. Im ersten Monat nach seinem Tod wurde mir klar, daß ich in Zukunft, vielleicht sogar mein ganzes Leben lang, meine Kinder viel mehr brauchen würde als sie mich. Diese Erkenntnis konnte mich aber trotzdem nicht davon abhalten, sie mit meinen Wünschen und Bedürfnissen zu belasten, selbst wenn uns große Entfernungen voneinander trennten.»

Die Tatsache, daß wir unsere Kinder mehr brauchen als sie uns, sei es als Trost, sei es als körperliche Hilfe, wenn wir krank sind, kann für beide Seiten unangenehm werden.

Zwischen Eltern und erwachsenen Kindern verlagert sich nun für den Rest unseres Lebens der Schwerpunkt im Verhältnis von Abhängigkeit und Selbständigkeit von der einen auf die andere Seite.

Wie leben wir weiter, nachdem die Kinder ausgezogen sind?

Freiheit und Verantwortung

Wie verändert sich das Leben der Eltern, nachdem das letzte Kind «das Nest verlassen» hat? Wie verwenden wir die Zeit, das Geld und die Energie, die wir uns durch die Verringerung unserer Haushaltspflichten ersparen? Oder, wie es eine Mutter ausdrückte: «Wie wird jetzt mein Alltag aussehen?»

In Büchern wird immer wieder betont, daß Mütter, deren Kinder den gemeinsamen Haushalt verlassen, neue Interessen und neue Hobbies brauchen. Für die stetig wachsende Zahl von Frauen, die berufstätig sind, gibt es kaum das Problem, wie sie ihre Zeit sinnvoll ausfüllen sollen. Für jene Frauen, deren einziger Lebensinhalt ihre Kinder bleiben, auch wenn diese schon fast erwachsen sind, können Hobbies ganz nützlich sein, aber heutzutage entwickeln die meisten Frauen, schon lange bevor das letzte Kind die Familie verläßt, neue Interessen und Aktivitäten. Eine Frau, die zu diesem Zeitpunkt wieder in den Beruf einsteigen will, kann auf einem männer- und jugendorientierten Arbeitsmarkt, der ihre Fähigkeiten und Erfahrungen als Mutter kaum als Kriterium ihrer beruflichen Verwendbarkeit anerkennt, vielen Schwierigkeiten begegnen. Andererseits kann eine Frau auch viele neue Möglichkeiten in sich entdecken, ihre schöpferischen Energien zu aktivieren. Männer meinen oft, daß sie keine andere Wahl haben, als noch länger und noch schwerer in ihrem Beruf weiterzuarbeiten, den sie ihr ganzes bisheriges Leben ausgeübt haben, oder mit soviel Würde wie möglich die Pensionierung zu erwarten. Viele Männer jedoch, die von der schweren Bürde befreit sind, für Kinder sorgen zu müssen, überlegen sich neue Möglichkeiten beruflicher Selbstverwirklichung, die vielleicht weniger einträglich sind, aber ihnen dafür mehr Spaß machen. Für die meisten berufstätigen Eltern bringt der Auszug des letzten Kindes eine finanzielle Entlastung, die die Möglichkeit bietet, weniger zu arbeiten oder mehr Geld für sich selbst auszugeben. Das Schönste bei erwachsenen Kindern ist das beruhigende Bewußtsein, zumindest einen Teil seines Lebensziels erreicht zu haben und nun ruhigen Gewissens etwas Neues mit seinem Leben anfangen zu können.

Wenn wir in dieser Zeit neu überdenken, was uns im Leben wichtig ist, werden sich manche überlegen, ob sie nicht in eine kleinere Wohnung ziehen sollten. Oft ist das Haus oder die Wohnung, die sie bisher mit ihren Kindern bewohnten, zu geräumig oder – in Anbetracht der nahenden Pensionierung – zu teuer. Sollen oder können sie innerhalb ihres gewohnten Viertels eine neue Wohnung finden? Sollen oder können sie für allfällige Besuche ihrer Kinder einen zusätzlichen Raum bereitstellen?

«Meine verheiratete Tochter wollte, daß ihr Zimmer zu Hause immer für sie bereitsteht, und es wurde darin nichts verändert, außer es war unbedingt notwendig. Wir stellten nur ein neues Bett für ihren Mann dazu. Fast alle ihre Hochzeitsgeschenke – es war eine kirchliche Hochzeit nach altem Stil – lagen noch jahrelang auf unserem Dachboden.»
Wenn wir aus dem alten Heim ausziehen, mag das unsere Kinder in Aufruhr versetzen, obwohl sie doch eigentlich nur mehr in ihrer Erinnerung dort sind. Es kann für alle eine Entwurzelung bedeuten und die Eltern in ihrem Gefühl bestärken, daß ein Lebensabschnitt zu Ende gegangen ist. Es kann aber auch den Beginn eines neuen Lebensabschnitts symbolisieren.
Unser Leben nach dem Ende der aktiven Elternrolle wird stark davon beeinflußt, wo wir uns gerade in unserem Lebenszyklus befinden. Während Eltern, die schon mit zwanzig ihr erstes und einziges Kind bekamen, ungefähr vierzig sein werden, wenn das Kind die Familie verläßt, werden die meisten von uns in den späten Vierzigern oder Anfang fünfzig sein, wenn das jüngste Kind von zu Hause fortgeht. Sehr oft kommt eine Frau gerade in ihre Wechseljahre, wenn das jüngste Kind den gemeinsamen Haushalt verläßt. Wenn sie kein sehr aktives Berufs- und Gesellschaftsleben führt (und oft selbst dann, wenn sie eines führt), mag ihr das Einsetzen der Wechseljahre wie eine zusätzliche Betonung der Tatsache erscheinen, daß für sie Kinder passé sind. In einer Kultur, in der Frauen in erster Linie Mütter und Hausfrauen sind, ist es schwer, sich dem Gefühl zu entziehen, nutzlos zu sein, sobald die Kinder fort sind und die Menstruation aufhört. Dennoch bringen die Wechseljahre für die meisten Frauen eine Erleichterung, den Übergang in eine neue Phase der Arbeit und der Sexualität.
Unsere Kinder verlassen uns meistens gerade dann, wenn wir unser Alter zu spüren beginnen. Welche Erfahrungen wir als Eltern erwachsener Kinder machen, hängt zweifellos von unserer Gesundheit und unserer körperlichen Spannkraft ab. Wenn die Zeit der Kindererziehung vorbei ist, können wir uns laut Versicherungsstatistiken noch auf eine stattliche Reihe aktiver Jahre freuen, bis wir sterben oder durch Krankheit arbeitsunfähig werden. Aber die Statistik täuscht, denn oft wird die mühsam genug errungene Freiheit durch chronische körperliche Beschwerden oder durch plötzliche unerwartete Erkrankungen verdorben. Haben die Kinder das Elternhaus verlassen, muß ein Vater oder eine Mutter nicht selten für einen kranken oder körperbehinderten Ehepartner sorgen, der in mancher Hinsicht wieder zu einem Kind wird. Die Unsicherheit bleibt.
Während unsere Kinder allmählich erwachsen werden, beginnen unsere eigenen Eltern rasch zu altern und brauchen Zuwendung und Pflege. Die Abhängigkeit unserer alten Eltern kann ein willkommener Ersatz für die Kinder sein; sie kann aber auch bedeuten, daß wir unsere Hoffnung auf

ein freieres Leben ohne Pflichten und Verantwortungen aufgeben müssen.
Eine Mischung aus Liebe und Pflichtbewußtsein veranlaßt uns, uns um die alten Eltern zu kümmern. Ihre Hilfsbedürftigkeit kann rührend, aber auch lästig sein. Wenn wir uns um sie kümmern, geschieht das nicht ganz ohne Eigennutz. Im Bewußtsein, daß auch wir einmal im Alter auf unsere Kinder angewiesen sein werden, sind wir zu unseren alten Eltern vielleicht auch deshalb gut, weil wir unseren Kindern ein gutes Beispiel geben wollen. Wenn du die Oma auf einer Eisscholle aussetzt, wie das früher bei den Eskimos Brauch war, dann mußt du damit rechnen, daß auch für dich einmal die Zeit des langen Frierens kommt. «Ich versuche auch deshalb zu meiner Mutter nett zu sein», sagt eine Frau (die sich wirklich um ihre Mutter kümmert), «damit meine Kinder *merken*, wie nett ich zu ihr bin».
Unsere Eltern spielen in unserer Beziehung zu unseren (nunmehr erwachsenen) Kindern auch in Zukunft eine Rolle. Ja, manchmal erwarten sie von uns, eben jenen Einfluß auf die Kinder geltend zu machen, den wir gerade aufgeben wollten. So verlangt etwa die Urgroßmutter von der Großmutter: «Du mußt auf deine Tochter *einwirken*, daß sie ihr Baby wärmer anzieht!» und löst damit eine ganze Lawine von Auflehnung von Generation zu Generation aus. Eine Frau ärgerte sich sehr über ihre Mutter, die am langen Haar ihres erwachsenen Enkels Anstoß nahm und ihrer Tochter vorwurfsvoll sagte: «Du liebe Zeit, was werden die Leute denken?» Eine Mutter resümiert:

«Da stehe ich nun in der Mitte meines Lebens, mitten in einer Generationsreihe: meine Mutter, mein Kind, meine Enkelkinder. Es ist faszinierend, in einem Netzwerk von Beziehungen und gegenseitigen Abhängigkeiten zu stecken.»

Manchmal würden wir es eher «mühsam» oder «anstrengend» als «faszinierend» nennen wollen. Tatsächlich sind wir in beiden Richtungen in den Lebenszyklus verflochten. Eine Frau, deren erwachsenes Kind das Elternhaus verlassen hat und deren Eltern immer noch gesund und rüstig sind, meinte: «Wenn du das Glück hast, all das erleben zu dürfen, genieße es. Es kann nicht von langer Dauer sein.»

Liebe und Streit bei den Eltern

Das Bedürfnis nach Liebe und gemeinsamen Erlebnissen nimmt mit zunehmendem Alter nicht ab. Ältere Menschen finden sich mit ihrer Isolation ab, weil sie keine andere Wahl haben; ja sie ziehen sie vielleicht dem Schmerz vor, den eine Zurückweisung bereiten würde; die Menschen werden mit zunehmendem Alter empfindlicher. Aber fast jeder wünscht sich Gesellschaft in irgendeiner Form. Auch wenn sie zu Kompromissen neigen und nicht zuviel riskieren, haben die meisten Menschen gerne jemanden in ihrer Nähe, der sie liebt und der bereit ist, ihre Liebe zu empfangen. Dennoch betonte eine Mutter: «Für viele von uns sind unsere Kinder die einzigen Menschen, denen wir uns wirklich zeigen können, wie wir sind.» Das trifft auf verheiratete und unverheiratete Eltern gleichermaßen zu.

Der Entwicklungsprozeß, den Ehepaare durchmachen, nachdem ihre Kinder den gemeinsamen Haushalt verlassen haben, ist in der Regel nur eine natürliche Folge ihrer Lebensweise während ihrer ganzen Ehe. Manche Ehepaare sind einander durch ihre Kinder nähergekommen. Partner, die in ihrer Ehe ein kameradschaftliches Verhältnis hatten und eine echte Lebensgemeinschaft verwirklichen konnten, genießen ihre neu gewonnene Freiheit, die Entlastung von Ärger und Sorgen mit den Kindern, und die Rückkehr der Kinder wird manchmal als Störung empfunden:

«Warum kann unser Sohn uns Alte nicht *in Ruhe lassen*. Er ist dreißig Jahre alt, aber er kommt immer wieder nach Hause, schaut in den Kühlschrank und sagt: ‹Wieso gibt's kein Heidelbeerjoghurt?›»

Oft stellen die Jahre der Kindererziehung die anfänglich gute Beziehung vieler Ehepaare stark auf die Probe, bringen Spannungen und Zwist. Wenn die Kinder den gemeinsamen Haushalt verlassen, kann das Entspannung bringen. Manchmal kommt es aber zu einer Entfremdung der Eheleute:

«Als unsere Kinder fortzogen, gab es zwar eine Konfliktquelle weniger, aber unsere Entfremdung wurde noch stärker. Jetzt konnte sie mich nicht mehr jeden Morgen anjammern, was die Kinder tun werden, ob sie sich endlich die Haare schneiden lassen werden, ihre Kleider in Ordnung halten und so weiter. Doch worüber sollten wir denn sonst sprechen? Wir merkten, daß wir einander nichts mehr zu sagen hatten.»

Viele Menschen erinnern sich, wie sehr sie sich danach sehnten, daß ihre kleinen Kinder endlich erwachsen werden, damit die geplagten Eltern ein bißchen Privatleben haben können, und wenn es dann endlich soweit ist, merken viele, daß sie damit nichts mehr anfangen können. Die Kinder erfüllten für die Eltern und ihre Beziehung zueinander eine Pufferfunktion, waren Ablenkung und Halt zugleich. Eine Mutter nannte diese Kinder «maßgeschneiderte Gefährten». Wenn die Kinder fortgehen, müssen sich die Eltern erst daran gewöhnen, ohne diesen Puffer zu leben.

Was geschah mit den alten Kommunikationsformen zwischen den Partnern? Kleine Kinder sind oft ein Mittel der Kommunikation zwischen den Eltern: Wir benützen die Kinder, um auf eine indirekte Art miteinander

Betsy Cole

zu reden. Oft können wir unseren Kindern gegenüber unsere Gefühle viel leichter zum Ausdruck bringen, und das ist für die Eltern manchmal die einzige Möglichkeit, miteinander zu kommunizieren. Es besteht ein gewaltiger Unterschied zwischen einer Frau, die beim Nachtmahl zu ihrem Kind sagt: «Johnnie, Papa ist müde; laß ihn in Ruh», und einer Frau, die allein mit ihrem Mann beim Nachtmahl sitzt und nicht zu ihm spricht, weil sie vermutet, daß er müde ist. Schweigen kann mitunter eine Menge mitteilen, und durch lange Erfahrung können Menschen die Körpersprache des Partners lesen lernen, die das Schweigen ausfüllt. Aber sie machen auch Fehler, und es gibt keine andere Möglichkeit, die Richtigkeit ihrer Interpretation zu überprüfen, als durch Worte. Die Mutter, die Johnnie als Sprachrohr benützt, kann durch den Tonfall ihrer Stimme Liebe, Zuneigung, Ungeduld oder Zorn ausdrücken. Aber was immer sie zum Ausdruck bringt, ihre Worte vermitteln ihrem Mann, daß ihr etwas an ihm aufgefallen ist und sie darauf reagiert. Wenn alte Ehepaare einander Mutti und Vati nennen, sind das Relikte dieser Kommunikationsform. Sie haben so lange Zeit miteinander über ihre Kinder kommuniziert («Jetzt

werden wir Mutti beim Geschirrtrocknen helfen» oder «Papi wird auf dieser Seite zupacken und wir auf der anderen»), daß sie einander ihr ganzes Leben nur in der dritten Person anreden können.
Bei vielen Ehepaaren ist die Fähigkeit verkümmert, Gefühle direkt und offen auszudrücken. Manchmal schaffen sich Ehepaare, die sich in dieser mißlichen Lage befinden, dazu einen Hund an. Viele Eltern sehnen sich danach, wieder einen direkteren Draht zueinander zu finden und ohne die Vermittlung Dritter zu leben.
Ohne ihre Kinder beginnen manche Ehepaare einander selbst wie Kinder zu behandeln. Jeder kennt den Typus des übervorsichtigen Gatten und das kleinliche Gezänk, das beide Partner so kindisch erscheinen läßt:
«Zieh deinen Mantel an, Liebling, es ist kalt draußen.» «Ich weiß selbst, ob mir kalt ist oder nicht. Wenn du mir dauernd sagst, daß ich ihn anziehen soll, werde ich gerade das Gegenteil tun.»
Ein Partner versucht hier ganz ungeschickt, fürsorglich zu sein, aber der Wortwechsel entartet rasch zu einem Kampf um Selbstbehauptung. Der andere reagiert wie ein rebellisches Kind.
Diese Art von Gespräch kann auch einen anderen Verlauf nehmen. Eltern, die ihren Kindern viel Freiheit ließen, geraten manchmal in folgende Dialoge: «Willst du heuer im Urlaub zelten?» / «Eigentlich nicht, aber laß dich nicht stören. Du sollst in deinem Urlaub machen, was dich freut. Mir ist es egal.» / «Aber ich *will*, daß es dir nicht egal ist.» / «Na, es ist ja dein Urlaub. Du mußt entscheiden, was du damit anfangen willst.»
Ein Partner versucht die Individualität des anderen auf eine Weise zu stärken, daß sich der andere wie ein unerwünschtes Kind vernachlässigt fühlt.
Das ewige Dilemma mit dem Urlaub führt uns zum Problemkreis Freizeit. Manche von uns meinen, daß es nur, solange noch Kinder in der Familie sind, sinnvoll ist, die Freizeit gemeinsam zu verbringen, und daß es uns kein Vergnügen macht, zu zweit Ausflüge zu machen oder zu sportlichen Veranstaltungen zu gehen. Es kann sein, daß einer von uns wirklich naturliebend und wanderfreudig oder ein Fußballfan ist, der andere Partner hingegen Ameisen im Brötchen oder Popcorn auf Tribünen nur dann gerade noch aushalten kann, wenn es um den Spaß der Kinder geht. Vielleicht stellen wir dann erstaunt fest, daß es wenig oder gar nichts gibt, was wir gerne gemeinsam unternehmen würden. Wenn wir uns ganz unserem Beruf widmen, sollten wir uns unbedingt Zeit für gemeinsame Aktivitäten nehmen, sonst läuft unsere Ehe Gefahr, schattenhaft und unwirklich zu werden.
Manchmal wird die Entfremdung noch stärker, wenn ein Ehepartner auf unrealistische Weise gegen das Altwerden ankämpft. Wenn die Pflichten der Kindererziehung wegfallen, erscheint manchmal beiden Partnern das Verhalten des jeweils anderen seltsam und wunderlich. Sie joggen bis zum

Zusammenbruch, meditieren bis zur totalen Verinnerlichung, betreiben Gestalttherapie, bis sie dem Briefträger um den Hals fallen. Menschen, die sich bisher konventionell und unauffällig kleideten, beginnen mit einemmal Latzhosen oder Jeans mit roten Hosenträgern zu tragen. Gegen ehrliche Versuche der Identifikation mit der jungen Generation ist nichts einzuwenden, solange der Betreffende nicht gänzlich den Kontakt mit der Wirklichkeit verliert. Aber wenn ein fünfzigjähriger Mensch sich aufführt, als ob er zwanzig wäre, haben die Partner dieses Abenteuers das Nachsehen. Es mag vielleicht für den Betreffenden genau das sein, was er braucht, aber für die Beziehung ist es sicher nicht günstig.

Ohne eine gemeinsame Arbeit und ohne die Pflichten der Kindererziehung merken Ehepaare oft, daß sie nichts mehr aneinander bindet als ihre Vergangenheit; haben die Partner stark abweichende Interessen, kann die Ehe scheitern. Es wurde einmal der provokante Vorschlag gemacht, alle Ehen sollten automatisch aufgelöst werden, sobald das letzte Kind den elterlichen Haushalt verlassen hat; um die Ehe aufrechtzuerhalten, müßten beide Partner ihre ausdrückliche Zustimmung geben. Diese eher drastische Idee enthält jedoch einen Kern von Wahrheit: Tatsächlich werden heute viele Ehen getrennt oder geschieden, sobald die Kinder den elterlichen Haushalt verlassen, und selbst in der besten Ehe machen sich die Partner darüber Gedanken.

Alleinstehende Eltern und Nähe zu anderen Menschen

Nachdem die Kinder den Haushalt verlassen haben, genießen allein lebende Eltern eine größere Freiheit, sie fühlen sich aber auch einsam. Wenn man auf keinen Partner Rücksicht nehmen muß, sind die Chancen, sein Leben verändern zu können und Abenteuer zu erleben, vielleicht größer.

«Ich habe seit dem Tod meines Mannes meine drei Kinder allein erzogen. Ich habe es mit viel Liebe und Geduld getan, und jetzt ist's vorbei. Ich habe ihnen das Haus überlassen und beginne einen großartigen neuen Job in einem anderen Teil des Landes. Mit fünfzig fängt für mich ein neues Leben an!»

«Ich fühle mich als alter Vater so, als würde ich nochmals ganz von vorn anfangen. Wenige Jahre nachdem meine Kinder von zu Hause fortgingen, trat ich in den Ruhestand und ließ mich scheiden. Es ist ein eigenartiges Gefühl, so völlig neu zu beginnen. Ich lerne jetzt viel Neues, das ich eigentlich schon in der Jugend hätte lernen sollen.»

Eine alleinerziehende Mutter, die schon viele Jahre ganztägig berufstätig war:

«Etwa zur selben Zeit, als mein Sohn von daheim fortging, erlebte ich eine wunderbare Zeit und hatte das berauschende Gefühl, einer sehr langen Ehe wie einem Gefängnis entkommen zu sein. Das Bewußtsein, nicht mehr täglich für die Kinder sorgen zu müssen, steigerte nur dieses Gefühl der Freiheit. Es war wunderbar, als ich zum erstenmal in meinem Leben sagen konnte: ‹Was werde *ich* Sonntag nachmittag machen?› Ich war ein wenig selbstsüchtig. Mein Sohn, der gerade von daheim fortzog, brauchte meine Unterstützung und fühlte sich etwas einsam. Wir sprachen auf sein Betreiben darüber.»

Wenn die Kinder das Haus verlassen, eröffnen sich neue Möglichkeiten für sexuelle Kontakte. Obwohl viele alleinerziehende Eltern auch schon früher sexuelle Kontakte haben, meinen doch viele, daß das Leben mit den Kindern die Entwicklung einer dauerhaften Beziehung mit einem anderen Erwachsenen erschwert. Dieser homosexuelle Vater sagt, was viele alleinerziehende Eltern, ob homosexuell oder nicht, denken, wenn sie sich darauf freuen, daß ihre Kinder erwachsen werden:

«Erst wenn mein Sohn von daheim fortgeht, kann ich meine Bedürfnisse nach Intimität und Liebe befriedigen; obwohl ich auch jetzt Liebhaber habe, weiß ich, daß es in dieser Umgebung für mich keine Möglichkeit gibt, mit einem Freund zusammenzuleben. Sosehr ich meine Kinder liebe und so froh ich bin, daß ich sie habe, ertappe ich mich dennoch dabei, wie ich die Jahre zähle.»

Sind diese Jahre des Wartens einmal vorüber, *können* wir zwar unbelasteter neue sexuelle Kontakte knüpfen, aber viele sind mit der schrecklichen Tatsache konfrontiert, daß sie jetzt in einer Gesellschaft älter werden, in der sexuelle Beziehungen zwischen älteren Menschen, besonders bei Frauen, mit scheelen Blicken betrachtet werden. Daher ist die Kehrseite dieser neuen Freiheit die Einsamkeit. Eine Frau schreibt:

«Meine Kinder waren die einzigen Menschen, mit denen ich *dauernd* in einem engen und vertrauten Kontakt stand und denen gegenüber ich immer unbefangen ich selbst sein konnte. Sie zu verlieren bedeutete für mich den Verlust einer gefühlsmäßig engen Bindung, für die ich nur sehr schwer Ersatz finden konnte.»

(Es können sich auch viele verheiratete Eltern, die die zwanglose intime Beziehung der ersten Ehejahre verloren haben, mit den Gefühlen dieser Frau identifizieren.) Manchen Eltern, die allein leben, wenn ihre Kinder fortgehen, macht die zusätzliche Belastung durch Einsamkeit stärker zu schaffen und manchen weniger: Das hängt teilweise davon ab, wie lange sie ohne Partner gelebt haben und ob sie gelernt haben, freundschaftlichen Beziehungen und Interessen in ihrem Leben genügend Platz einzuräumen.

Wenn geschiedene oder verwitwete Eltern erwachsener Kinder sich wieder verheiraten, ist es wahrscheinlich für ein erwachsenes Kind leichter, damit fertig zu werden, als für einen Halbwüchsigen, der noch zu Hause lebt. Für die Stiefeltern jedoch ist es manchmal unmöglich oder unschicklich, in eine engere Beziehung zu einem erwachsenen Kind zu treten; sie brauchen einander nicht so sehr, und deshalb bemühen sie sich vielleicht weniger, ihre anfänglichen Zweifel und Vorbehalte zu überwinden. Unter diesen Umständen müssen sich die biologischen Eltern besonders anstrengen, mit ihren Kindern in Kontakt zu bleiben, wenn diese ihre neue Eheschließung innerlich ablehnen.

Wir werden Großeltern

Es war immer selbstverständlich, daß Eltern früher oder später Großeltern werden. Heute ist es keine seltene Ausnahme mehr, wenn man *nicht* Großvater oder Großmutter wird. Es fällt uns mitunter sehr schwer, den wohlerwogenen Entschluß unserer Kinder, kinderlos zu bleiben, zu respektieren.

«Wenn unsere Kinder keine eigenen Kinder haben wollen, macht das lang gehegte Hoffnungen zunichte und ist gewissermaßen ein Schlag ins elterliche Gesicht, sagen sie doch damit, daß es nicht der Mühe wert ist. Ich glaube, das kränkt uns zutiefst.»

Eine Mutter spricht über ihren homosexuellen Sohn:

«Ich sagte ihm, daß ich anfangs traurig war, weil mir zu Bewußtsein kam, daß er nie heiraten und nie Kinder haben wird und daß die Freude an Kindern zu einem beträchtlichen Teil auch Vorfreude auf die Enkelkinder ist. Aber abgesehen davon bin ich sehr froh darüber, daß er jemanden gefunden hat, der ihn glücklich macht.»

Viele Eltern meinen, daß man ihnen Enkelkinder *schuldet*. Vielleicht wünschen wir uns Enkelkinder, um in ihnen weiterleben zu können; vielleicht wünschen wir uns den Sohn oder die Tochter, die wir nie hatten, oder vielleicht wünschen wir uns ein Enkelkind als Ersatz für ein verstorbenes Kind. Oft meinen junge Mütter oder Väter, daß ihr Baby gewissermaßen ein Geschenk für die Großeltern ist.

«Ich gab meinem Kind einen Namen, der dem Namen meines in der frühen Kindheit verstorbenen Bruders ähnelte, und erschrak, als ich meine Eltern aus Versehen wirklich den Namen meines Bruders nennen hörte.»

Ein geschiedener Mann verwirklichte seine Wunschvorstellung nach Enkelkindern recht ungewöhnlich. Seine drei erwachsenen Töchter waren kinderlos und fest entschlossen, es zu bleiben. Der unglückliche Mann löste das Problem einer gestoppten Generationsfolge, indem er eine jun-

ge Frau heiratete und mehrere Kinder zeugte, die er seine «do it yourself»-Enkelkinder nannte. Er widmete sich diesen Kindern viel mehr als seinen ersten und beteiligt sich in einer Weise an ihrer Erziehung, die ihm früher unbekannt war.

Ein anderer Vater meistert diese Situation ganz anders:

«Mir liegt nicht viel daran, Großvater zu werden, nur damit meine Familie nicht ausstirbt. Ich hätte es *gern*, wenn sie Kinder hätten, aber es ist mir nicht so wichtig. Ich stehe in engem Kontakt mit einigen anderen Kindern, und da kann ich meine großväterlichen Gefühle verteilen.»

Nicht jeder kann sich mit der Großelternrolle anfreunden. Manche von uns befürchten, daß uns unsere Kinder wieder zu Eltern machen könnten und von uns erwarten, daß wir *ihre* Kinder beaufsichtigen, gerade jetzt wo wir unsere neu gewonnene Freiheit genießen wollen. Andere Menschen fühlen sich durch die Geburt von Enkelkindern vorzeitig ins Alter abgeschoben und wollen mit ihnen nichts zu tun haben. Diese Ablehnung hat vielleicht auch mit der Weigerung zu tun, sich mit der Sexualität unserer Kinder abzufinden. Jedenfalls können Großeltern auf kränkende Weise kühl und zurückhaltend sein:

«Mein Vater war Arzt und hinterließ, wenn er fortging, immer mehrere Telefonnummern, um stets erreichbar zu sein. Aber eine Woche vor der Geburt meines ersten Kindes reiste er nach Europa ab, ohne eine Postadresse zu hinterlassen. Wir brauchten eine Woche, um ihn zu finden und ihm mitzuteilen, daß das Baby geboren war.»

Für eine Mutter kann die Geburt des ersten Kindes ihrer Tochter eine völlig neue Mutter-Tochter-Beziehung bringen, in der beide zum erstenmal das Gefühl haben, einander gleichgestellt zu sein.

«Die Geburt meines ersten Enkelkindes bewirkte, daß ich mich von meiner Tochter verstanden fühlte. Sie schien zu sagen: Ich will auch eine Mutter sein. Auch ich war mit meiner Tochter zufrieden. Ich schien zu sagen: Du bist nun eine fertige und erfolgreiche erwachsene Frau; und da das Baby ein Produkt ihrer Sexualität ist, heißt das, daß ich mich auch damit abgefunden habe.»

Diese gegenseitige Anerkennung kann Mütter und Töchter einander näherbringen, obgleich es auch, wie immer, eine Kehrseite des Problems gibt. Bevor sich eine echte Freundschaft entwickeln kann, muß manchmal mit der Wunschvorstellung der Großmutter, wieder Mutter zu werden, aufgeräumt werden. Bei der Geburt des ersten Enkelkindes findet nicht selten eine Art symbolischer Kampf um die Besitzrechte am Baby statt. Natürlich verliert in der Regel die Großmutter, aber manchmal ist es notwendig, daß sie ihre Muttergefühle verausgabt, bevor sie wirklich einsieht, daß es nicht ihr Kind ist.

«Bei der Geburt meines ersten Kindes blieb meine Mutter, bleich und schweißüberströmt, während aller Phasen der völlig normal verlaufenden Wehen bei mir im Krankenhaus. Damals war es üblich, die Frauen zwei Wochen lang nach der Geburt im Wochenbett zu behalten. Nach der Geburt meines Babys ging meine *Mutter* heim und legte sich, total erschöpft von den Strapazen, zwei Wochen ins Bett.»

Immer häufiger äußern junge Mütter ihr Bedürfnis, in den Tagen und Wochen nach der Geburt «bemuttert» zu werden. Es ist nach einer langen Zeit der Entfremdung für eine Mutter ein ganz besonderes Erlebnis, ihrer Tochter in dieser schweren Zeit stärkend und helfend beizustehen, und für die Tochter, ihre Mutter bei sich zu haben. Die richtige Kommunikation zwischen Großeltern und ihren erwachsenen Kindern ist sehr wichtig, denn Einmischung und «gute Ratschläge» sind oft Anlaß von Streit.

«Als mein erstes Enkelkind geboren wurde, war ich sehr enttäuscht, daß ich nicht ins Krankenhaus kommen durfte, um wieder ein Baby, diesmal sozusagen aus zweiter Hand, zu haben. Statt dessen kam der symbolische Augenblick ein wenig später zu Hause, als das Baby vierundzwanzig Stunden schrie, aber die Brust verweigerte. Meine Tochter hatte natürlich am Telefon mit dem Kinderarzt gesprochen, der ihr empfahl, sich vor dem Stillen zu entspannen, ein kleines Bier zu trinken und sich ein wenig hinzulegen, aber das nützte alles nichts, und nach vierundzwanzigstündigem Geschrei war an Entspannung nicht zu denken. Das Interessante an dieser Geschichte ist aber die unterschiedliche Erinnerung an das, was dann geschah.

«Die Version meiner Tochter: Der Kinderarzt, ein guter, verläßlicher Mann, den ich mit Bedacht ausgewählt hatte und dem ich restlos vertraute, kam auf Visite, untersuchte das Baby und sagte: ‹Dieses Baby hat Soor›; er verschrieb Antibiotika, die das Kind in einem Tag heilten, und empfahl, das Kind unterdessen mit dem Fläschchen zu füttern.
Meine Version: Als ich zu meiner Tochter kam, schrie das Baby ganz fürchterlich. ‹Dieses Baby trocknet ja aus›, sagte ich. ‹Dieser alberne Kinderarzt irrt sich. Du brauchst dich nicht zu entspannen. Ich werde Milch und ein Fläschchen holen.› Ich brachte beides, dann kam der Kinderarzt, diagnostizierte Soor und sagte: ‹Ihre Mutter hatte recht.›»

Aus den beiden Versionen ist klar ersichtlich, was jede in ihre Fassung projiziert. Der unbewußte Wunsch der Großmutter, Mutter dieses Kindes zu sein, tritt klar hervor. Zugleich sieht man deutlich, warum die Tochter diese Anzweiflung ihrer Kompetenz als Mutter als in höchstem Maße ärgerlich empfindet.
Alte, längst beigelegt geglaubte Konflikte rund um den Lebensstil der Kinder können plötzlich wieder aufleben. Manchmal glauben Eltern, die bisher immer bereit waren, Veränderungen im Lebensstil ihrer Kinder zu akzeptieren, daß das arme hilflose Baby darunter leidet, und es fällt ihnen oft ungeheuer schwer, sich zurückzuhalten und nicht «zugunsten des Kindes zu intervenieren».
Da gibt es noch die manchmal sehr heikle Frage, wieviel die Großeltern mithelfen sollen. Dabei müssen wir uns selbst gegenüber *aufrichtig* sein und uns unsere Grenzen eingestehen, selbst wenn es manche von uns mit Unbehagen erfüllt, daß wir keine Supergroßeltern sind. Eine Großmutter schärfte ihrer Tochter ein, sie niemals zu *bitten*, sich als Babysitter zur Verfügung zu stellen. Sie werde freiwillig kommen, wenn sie Lust dazu hat. Andere sind froh, wenn man sie um einen Gefallen bittet, aber sie behalten sich vor, absagen zu dürfen. Eine Großmutter nahm ihre beiden sehr kleinen Enkelkinder einen Monat lang ohne fremde Hilfe zu sich und war am Ende erschöpft und wütend. Selbst wenn Großeltern auch die unangenehmen Seiten der Kinderpflege bereitwillig auf sich nehmen, ha-

ben sie immer noch einen großen Vorteil gegenüber den Eltern: Was immer letztlich im Leben des Kindes schiefgehen mag, die Großeltern tragen dafür keine Verantwortung. Vielleicht ist das Verhältnis zwischen Großeltern und Enkelkindern deshalb oft so unbelastet und tolerant. Diese Verbundenheit über eine Generation hinweg kann witzig sein:
 «Als ich fünfunddreißig war, hatte meine verwitwete Mutter, die damals etwa sechzig war, einen fast siebzigjährigen Verehrer. Eines Tages bekam ich einen Brief von meiner (damals neunzigjährigen) Großmutter, in dem sie mir mitteilte, daß meine Mutter, die im Süden geschäftlich zu tun hatte, von diesem Mann im Wagen mitgenommen wurde. Im Brief empörte sich meine Großmutter: ‹Unverheiratete Paare sollten miteinander keine Autoreisen unternehmen!› Ich schrieb ihr einen Brief, in dem ich sie beruhigte: ‹Das ist schon in Ordnung. Die jüngere Generation denkt anders darüber als wir, für sie ist so etwas ganz in Ordnung.›»
Hier identifizierte sich eine Fünfunddreißigjährige mit einer Neunzigjährigen und distanzierte sich von den Kapriolen der Sechzigjährigen!
Aufmerksamkeit und Zuwendung kann zum Problem werden, wenn sie zwischen den Generationen ungleich verteilt ist. Ein erwachsenes Kind fühlt sich manchmal übergangen: Die Großeltern interessieren sich nur für das Baby. Oder Großeltern haben oft das Gefühl, daß nur das Baby im

Mittelpunkt steht. Ein Großvater beschwerte sich: «Ich verstehe nicht, warum ihr soviel Theater um Mary (das Baby) macht. Es ist *nichts dabei*, ein Baby zu sein, aber ich habe achtzig Jahre schwer gearbeitet, um das zu werden, was ich heute bin.» Oder da ist die Mutter, die ihre Tochter besuchen will, aber immer mit den Enkelkindern allein zurückgelassen wird, und allmählich begreift, daß ihre Tochter sie ausnutzt. Bei diesen Generationskonflikten ist es oft sehr schwer festzustellen, wer sich nun eigentlich als Kind fühlt. Wieder besteht die Lösung darin, zu versuchen, offen miteinander zu reden.

Großeltern haben die wertvolle Eigenschaft, ein Gefühl für Kontinuität zu vermitteln. Durch das Erzählen von Geschichten machen sie den Enkelkindern die Vergangenheit lebendig und geben ihnen das Gefühl von Familienzugehörigkeit. Berichte aus der Kindheit der Großeltern reichen in so ferne Zeiten zurück, daß es das Vorstellungsvermögen der Enkel übersteigt. Selbst junge Großeltern erscheinen einem kleinen Kind ungeheuer alt, auch wenn das Kind es aus Höflichkeit abstreitet. Ein kleines Mädchen, das stolz darauf war, das geradezu biblische Alter von vier Jahren erreicht zu haben, wandte sich an ihre jugendlich wirkende Großmutter und fragte: «Wie kommt es, daß ich so alt bin, wenn du so neu bist?»

«Mein Enkel sagte immer: ‹Mrs. Jones ist *sehr* alt, nicht wahr? Aber du bist nur ein ganz *klein wenig* alt.› Ich wußte seinen taktvollen Versuch zu schätzen, aber mir macht es gar nichts aus, wenn ich ihm alt erscheine, was ganz sicher der Fall ist. Es macht mir Spaß, meine Erinnerungen wachzurufen, wenn kleine Kinder hingerissen an meinen Lippen hängen. Das stärkt sowohl mein als auch ihr Gefühl für Verbundenheit mit dem Vergangenen und verleiht mir eine Art von Unsterblichkeit, da ich in der Erinnerung dieser Enkelkinder fortleben werde. Das beruhigt mich.»

Alt werden

Eine der wichtigsten Herausforderungen im Leben eines Menschen ist es, mit soviel Würde und Energie wie möglich alt zu werden. Alte Eltern, die weiterhin am Leben aktiv teilnehmen, bieten ihren Kindern eine Stütze: Sie spenden Hoffnung und bestätigen das Leben. Ein älterer Mann beschreibt, wie er sich jetzt in diesem Lebensabschnitt als Vater fühlt:

«Ich möchte etwas tun, worauf sie stolz sein können. Wahrscheinlich ist es mir wichtiger, daß sie stolz auf mich sind, als daß ich stolz auf mich selbst bin. Ich möchte ein Mensch sein, mit dem sie sich identifizieren können.»

Und eine Mutter von vier erwachsenen Kindern erzählt über ihre eigene Mutter:

«Zwei Wochen vor ihrem achtzigsten Geburtstag kam meine Mutter zu uns heim, um sich von den Strapazen einer Fülle von Aktivitäten zu erholen, die sie in ihrem Pensionistenheim hinter sich hatte, wo sie seit einiger Zeit lebt. Sie hatte sich zu sehr verausgabt: Ein Jung-Kurs, eine Shakespeare-Lesegruppe, das Organisieren eines Bildhauerkurses und die Porträtköpfe, die sie von mehreren ihrer Mitbewohner anfertigte. Sie brauchte Urlaub. Aber kaum war sie vierundzwanzig Stunden bei uns, begann sie schon mit einer neuen Skulptur und stellte einen Arbeitsplan auf. Das war für mich ein wunderbares Gefühl. Sie hatte mir gezeigt, daß ich mich noch auf mindestens fünfundzwanzig Jahre voller Aktivität freuen kann.»

Doch nicht alle von uns werden im hohen Alter so rüstig sein. Viele Eltern werden diese positive Lebenseinstellung anders vermitteln müssen: Durch die Art, wie sie sich den Anforderungen des Alters, der Krankheit und des Todes selbst stellen.

Seit dem Zweiten Weltkrieg hat sich der Lebensstil sehr vieler Menschen ungeheuer verändert. Es ist unmöglich vorauszusagen, wie die Beziehungen von Eltern einmal aussehen werden und was als schicklich und unschicklich gelten wird, wenn die heutigen Kleinkinder erwachsen sind. Vielleicht wird eine neue Elterngeneration flexibler sein und weniger leicht auseinandergehen, vielleicht wird sie mit weniger extremen Veränderungen fertig werden müssen. Vielleicht wird sie mit Hilfe von mehr menschlicher Wärme die Einsamkeit des Alters leichter überwinden. Aber die biologischen Grundtatsachen bleiben bestehen: Die Kinder werden erwachsen, und die Erwachsenen altern und sterben. Doch es mag sein, daß diese verschiedenen Phasen des Lebenszyklus durch eine stärkere Integration von alt und jung eines Tages schmerzloser ineinander übergehen.

Kapitel 6
Gemeinsame Kinderversorgung und -erziehung
von Nancy Press Hawley

Wir alle teilen uns die Versorgung und Erziehung unserer Kinder mit anderen. In diesem Kapitel geht es darum, wie wir die Verantwortung für die Erziehung unserer Kinder mit einem oder mehreren Menschen teilen, die eine wichtige Rolle im Leben unserer Kinder und in unserem eigenen Leben spielen und in deren Lebenskonzept die Bindung an die Kinder vorrangig ist.[1] Bei dieser Form «geteilter Kinderversorgung und -erziehung» bemühen sich Mütter und Väter darum, bei der gemeinsamen Bewältigung der Kinderversorgung und -erziehung eine Möglichkeit zu finden, die über die übliche Auffassung hinausgeht, daß ausschließlich Mütter sich um die Kinder kümmern und Väter hauptsächlich das Geld verdienen.

Wir Autorinnen dieses Buches finden die Möglichkeiten gemeinsamer Kinderversorgung und -erziehung für Mütter, Väter und für die Kinder faszinierend. Männer können zärtlich und fürsorglich sein, Frauen können außerhalb der häuslichen Umgebung schöpferisch tätig sein, Kinder erhalten von mehr als einer Bezugsperson regelmäßige Liebe und Zuwendung und haben die Möglichkeit, sich an mehreren Erwachsenen zu orientieren. Wir setzen uns für gemeinsame Kinderversorgung und -erziehung ein, weil wir der Ansicht sind, daß für das Großziehen von Kindern sowohl Männer wie Frauen geeignet sind. Männer können fürsorglich, sanft, zärtlich, geduldig, verspielt und humorvoll sein, alles Eigenschaften, die im Umgang mit kleinen Kindern wichtig sind. Frauen haben Interessen und sind zu Aktivitäten und schöpferischen Handlungen fähig, die über die Kinderversorgung und den Haushalt hinausgehen. Das Familienleben kann für alle eine Bereicherung erfahren, wenn Kinderversorgung und -erziehung gemeinsam bewältigt werden. Gleichzeitig ist uns klar, daß gemeinsame Kindererziehung nicht die einzige Möglichkeit darstellt, seinem Kind oder dem Partner Liebe zu erweisen. Es gibt zahlreiche Familien, in denen es sehr liebevoll zugeht und in denen die Eltern ziemlich traditionelle Rollen innehaben. Uns ist sowohl eine Bestätigung der Frauen wichtig, die sich für Kindererziehung und Haushalt als ihre Hauptbeschäftigung entschieden haben, wie auch der Frauen, die eine andere Wahl getroffen haben: nicht für alle ist die «Ideallösung» geteilter Kinderversorgung das richtige. Uns ist bewußt, daß nicht alle Beziehun-

Betsy Cole

gen den Belastungen durch die Veränderungen, die geteilte Kinderversorgung mit sich bringt, gewachsen sind, was besonders für die Beziehungen zutrifft, in denen von Anfang an die traditionelle Rollenverteilung üblich war. Über dieses Risiko sind wir uns im klaren, wenn wir uns für eine gemeinsame Versorgung und Erziehung unserer Kinder aussprechen.
Auch bei der gemeinsamen Kinderversorgung tauchen Probleme ganz eigener Art auf. Wir müssen uns zum Beispiel an die vorgeschriebenen Arbeitszeiten halten. Es können innerhalb der Familie Probleme entstehen, wenn die beiden Partner so sehr damit beschäftigt sind, sich bei der Kinderversorgung abzulösen, daß sie darüber völlig vergessen, auch einmal Zeit zu zweit oder mit der ganzen Familie zu verbringen.

Der persönliche Hintergrund bei der gemeinsamen Kinderversorgung:

Mit wem sind wir selbst groß geworden?

Die meisten von uns erinnern sich an eine ganze Reihe von Leuten, die in unserer Kindheit neben unserer Mutter unsere Erziehung übernommen haben. Wir können uns erinnern, daß sich unser Vater, die Großeltern, Tanten, Onkel und ‹angeheuerte› Leute mit unserer Mutter die Verantwortung für unsere Versorgung geteilt haben.

«Wir lebten mit meiner Großmutter, meinem Großvater und einem Onkel zusammen. Eigentlich habe ich die besten Erinnerungen an meine Großmutter. Ich hatte als Kind schreckliche Alpträume, doch die Tür zum Schlafzimmer meiner Eltern blieb immer zu. Ich klopfte dann bei meinen Eltern an die Tür, aber meine Mutter stand niemals auf oder sagte zu mir, daß ich reinkommen soll. Ich mußte durch die geschlossene Tür mit ihr reden. ‹Was ist los?› ‹Ich hatte einen schlimmen Traum.› ‹Du brauchst keine Angst zu haben. Leg dich wieder ins Bett, es ist alles in Ordnung.› Ich war völlig verängstigt und ging dann in den zweiten Stock hinauf zu meiner Großmutter. Ihr Bett war groß und weich, und ich stieg einfach mit zu ihr hinein.»

Eine andere Frau berichtet über das Zusammenleben mit ihrer Tante, ihrem Onkel und ihren Eltern:

«Für uns war es sehr angenehm, daß immer vier Erwachsene für uns da waren. Meine Schwester und ich erhielten sehr viel Aufmerksamkeit, und wir fühlten uns geliebt und geborgen. Wir erhielten Anregungen, die wir nicht gehabt hätten, wenn wir nur mit unseren Eltern zusammengewesen wären. In den Jahren zum Beispiel, als meine Mutter bei uns zu Hause blieb, war unsere Tante ganztags berufstätig, und für uns war sie ein Beispiel für eine Frau, die ohne Unterbrechung im Berufsleben steht. Als meine Mutter wieder eine Stelle annahm, bestand ihre Hauptaufgabe immer noch darin, die Familie zu versorgen, für meine Tante dagegen war ihr Beruf ihre Hauptbeschäftigung. Und während mein Vater Überstunden machte, kam mein Onkel schon vor dem Abendessen heim und spielte noch mit uns. Als wir noch klein waren, wehrten wir uns gegen Erziehungsmaßnahmen meiner Tante oder meines Onkels. Besonders meine Schwester machte Schwierigkeiten, wenn meine Mutter uns bei der Tante ließ. Es sah also so aus, daß wir gerne die Vorteile genossen, die die Anwesenheit vier fürsorglicher Erwachsener bedeutete, daß wir jedoch auch deutlich zum Ausdruck brachten, daß es genügte, wenn zwei Erwachsene uns herumkommandierten.»

Immer schon wollten die Frauen gute Mütter sein. Und oft bedeutete das

Anonymous

für sie, daß sie wie ihre eigenen Mütter die Hauptverantwortung für ihre Kinder übernehmen müßten. «Mutter» und «verantwortliche Erziehungsperson» schienen synonyme Begriffe zu sein. Doch denjenigen von uns, die in den sechziger und siebziger Jahren Kinder bekamen, wurde bald klar, daß wir von den Vätern unserer Kinder und anderen Erwachsenen Hilfe und Entlastung von einer 24 Stunden dauernden Verantwortung für unsere Kinder erwarteten. Wir wollten, daß unsere Kinder von ihren Vätern, Verwandten und Freunden liebevolle Zuwendung bekamen. Zu einem Zeitpunkt, da wir selbst erwachsen wurden und unsere Kinder bekamen, stellten wir uns die Frage, wie wir unsere Kinder versorgen und gleichzeitig ein erfülltes Erwachsenenleben führen konnten. Eine Lösung, die uns und vielen Männern, die wir kennen, praktikabel erscheint, ist, sich die Aufgaben als Eltern zu teilen. Nach und nach äußerten sich auch Männer zu dieser Frage:
«Vor zehn Jahren gingen Männer in sterilen Klinikwarteräumen ungeduldig auf und ab, während ihre Kinder in einem entlegenen Kreißsaal, der mit allen möglichen Phantasien verbunden war, zur Welt kamen. Heute sind immer mehr Männer bei der Geburt dabei. Viele beteiligen sich aktiv daran, indem sie ihre Frau bei der Atmung und emotional unterstützen oder bei Hausgeburten sogar selber die Rolle der Hebamme übernehmen. Väter sind an der Entfaltung neuen Lebens beteiligt worden. Wir haben Logenplätze bei der Premiere. Keinesfalls sollten wir uns je wieder in die Rolle begeben, als passive Zuschauer in der Eingangshalle herumzusitzen, während die Handlung ohne uns abläuft. Weshalb sollten wir uns dann also damit zufriedengeben, nicht ganz und gar an der Versorgung und Erziehung unserer Kinder beteiligt zu sein? Wenn wir Hebammen sein können, können wir sicherlich auch als Mütter nützlich sein.»[2]
Seit den 60er und 70er Jahren machten wir uns also an die mühsame Arbeit, die gemeinsame Kinderversorgung und -erziehung in unsere Ehe oder Partnerschaft zu integrieren – Wut kam auf, Lösungen zeichneten sich ab, manchmal wuchs das gegenseitige Verständnis, manchmal auch nicht, während wir immer mehr auf eine gemeinsame Bewältigung der Aufgaben als Eltern hinarbeiteten. Wir sind jede und jeder auf ihre und seine Art immer noch dabei.

«Was man verschwendet…

... nimmt man den Erben weg; was man filzig erspart, entzieht man sich selbst. Die Mitte halten heißt gerecht sein gegen sich wie die andern.»
Das schrieb Jean de La Bruyère vor dreihundert Jahren.

Pfandbrief und Kommunalobligation

Meistgekaufte deutsche Wertpapiere - hoher Zinsertrag - schon ab 100 DM bei allen Banken und Sparkassen

Verbriefte  Sicherheit

Der soziale Umkreis
bei der gemeinsamen Kinderversorgung

Unser sozialer Lebenszusammenhang wirkt sich bei unserem Versuch, uns die Aufgaben bei der Kinderversorgung und -erziehung zu teilen, sehr stark aus.[3] Insbesondere die in unserer Gesellschaft vorherrschende Meinung über ‹natürliche› Rollenverteilung legt sowohl Frauen wie auch Männern bei der gemeinsamen Kinderversorgung Hindernisse in den Weg. Institutionen und offizielle Stellen weigern sich, den Vater als den Elternteil anzuerkennen, der die Verantwortung für die täglichen Erziehungsaufgaben trägt.

Eine berufstätige Mutter von zwei schulpflichtigen Kindern berichtet:
«Diane bekam eines Tages in der Schule Bauchweh. Ich war gerade auf einem Seminar und nicht erreichbar. In der Schule hatten sie die Telefonnummer meines Mannes, sein Arbeitsplatz ist nur zehn Minuten von der Schule entfernt. Die dritte Telefonnummer auf ihrer Liste war die meiner Schwägerin. Sie ist Musiklehrerin und arbeitet außerhalb in einem anderen Ort. Die Lehrerin entschied ganz eigenmächtig und meinte: ‹Na, dein Vater ist sicherlich sehr beschäftigt und hat keine Zeit, da rufe ich lieber deine Tante an.› Also mußte meine Schwägerin ihren Unterricht abbrechen und den ganzen Weg zur Schule und dann wieder nach Hause zurücklegen.»

Auch so etwas kann uns passieren: Als ein Vater den Kinderarzt anrief, um sich wegen der Ohrenentzündung seines Kindes von ihm beraten zu lassen, bekam er zu hören: «Bitte sagen Sie Ihrer Frau, daß sie mich anrufen soll.» Dieser Vater hatte sich aber von seiner Frau getrennt und an diesem Tag sein Kind zu sich genommen. Über solche Begebenheiten ließe sich endlos berichten.

Es ist zu erwarten, daß Männer, die sich gleichwertig an der Kinderversorgung und -erziehung beteiligen, gegen die stereotypen Geschlechterrollen ankämpfen müssen, die in unserer Gesellschaft tief verwurzelt sind. Der Sozialwissenschaftler Joseph Pleck sagt dazu:

... wir sollten uns das Paradoxon vor Augen führen, das sich aus der Einstellung der Sozialwissenschaften gegenüber der Beziehung zwischen Männern und Kindern ergibt. Einerseits wurde allgemein davon ausgegangen, daß Männer gegenüber Frauen biologisch dazu veranlagt sind, sich gegenüber Säuglingen und Kindern eher gleichgültig zu verhallten. Andererseits besagt eine der Haupthypothesen über die Rolle der Männer, daß Männer die Frauen wegen ihrer Fähigkeit, durch die Geburt Leben zu schaffen, beneiden. Mit den Worten Margaret Meads aus ihrer berühmt gewordenen Formulierung aus dem Jahre 1949 gesprochen, ist die Ansicht vertreten worden, daß es in allen Kulturen immer wieder ein Problem war, eine soziale Rolle für Männer zu schaffen, die ihnen die gleiche gesellschaftliche Wertschätzung und Bedeutung verschafft wie den Frauen das Gebären. Erstaunlich an diesem Paradoxon ist, daß zwar sehr viele unterschiedliche Verhaltensweisen als Kompensation oder Folge dieses Neides der Männer auf die Gebärfähigkeit der Frau angesehen worden sind, daß jedoch die Möglichkeit, die am nächsten liegt und der Gesellschaft am zuträglichsten wäre, so wenig Aufmerksamkeit oder Unterstützung zugekommen ist, nämlich eine direkte Beteiligung an der Kinderversorgung.[4]

Sheli Paul Wortis, eine Erziehungsberaterin, sagt:
Wie sehr die Wichtigkeit von Kindern mißachtet wird, wenn sie nicht die Möglichkeit erhalten, sowohl mit Frauen wie auch mit Männern in eine Beziehung zu treten. Und was für eine Unterschätzung auch der Wichtigkeit der allerersten Erfahrungen der Kinder, ihrer Sozialisation und Erziehung in den ersten Jahren![5]

Wie sieht die gesellschaftliche Wirklichkeit aus, in der sich solche althergebrachten Stereotypen halten können und in der es vielen Frauen und Männern schwergemacht wird, gleichwertige Partner bei der Kindererziehung zu sein? Ein großes äußeres Hindernis hat wirtschaftliche Ursachen. Viele der Frauen, mit denen wir darüber gesprochen haben, stellen fest, daß ihre Männer doppelt soviel Geld verdienen, wie sie es könnten, weil sie eine bessere Ausbildung haben und weil Männer bei der Einstellung bevorzugt werden und viele Berufe als reine Männerarbeit gelten. Die meisten Familien können es sich gar nicht leisten, daß der Mann seine Arbeitszeit verkürzt. Auch wird eine gemeinsame Erziehung der Kinder oft durch die Arbeitsplatzstruktur verhindert, wenn es auch in vielen Arbeiterfamilien, wo der Vater Nachtschicht macht und die Mutter tagsüber arbeitet, selbstverständlich ist, daß der Mann die Kinder betreut. Sowohl für Frauen wie auch für Männer ist es schwierig, Halbtagsstellen oder Stellen mit flexiblen Arbeitszeiten zu finden und ihre Berufstätigkeit so aufeinander abzustimmen, daß sie sich die Versorgung kleiner Kinder untereinander aufteilen können.

Das alles sind Tatsachen, doch liefern wirtschaftliche Ursachen keine ausreichende Erklärung dafür, warum Männer im allgemeinen so wenig im Haushalt tun. Einer Zusammenfassung neuester Untersuchungen durch Joseph Pleck zufolge erledigen Männer nicht unbedingt mehr Arbeiten im Haus, wenn sie weniger außer Haus arbeiten, und sie entscheiden sich nicht unbedingt dafür, weniger Stunden in ihrem Beruf zu arbeiten, wenn sich für sie die Möglichkeit dazu ergibt.[6] Die Ideologie der geschlechtsspezifischen Rollen wirkt sich intern sowohl auf Männer wie auch auf Frauen aus: Die meisten Männer reißen sich nicht darum, mehr im Haushalt zu tun, und die meisten Frauen, die befragt wurden, setzen sich nicht dafür ein, daß die Männer mehr machen. Joseph Pleck meint: «Die Unterschiede zwischen den Geschlechtern hinsichtlich ihrer Einstellungen zur Hausarbeit als Aufgabe der Männer sind natürlich nicht sehr groß ... Doch es ergibt sich daraus die Notwendigkeit für zukünftige Untersuchungen der Gründe, weshalb Frauen, und zwar oft in noch größerem Maße als Männer, etwas gegen einen erweiterten Rollenspielraum des Mannes innerhalb der Familie einzuwenden haben. Vielleicht ist es so, daß Frauen, die psychisch sehr viel in ihre relative Monopolisierung der Rollen innerhalb der Familie investiert haben, sich zumindest in einigen Fällen einer psychologischen Bedrohung ausgesetzt fühlen, wenn ihre Männer in diesen Bereich vordringen.»[7]

In einer sexistischen Gesellschaft haben Frauen Gründe, weshalb sie sich bei dem Gedanken, ihre häusliche Autorität zu teilen, bedroht fühlen. Im familiären Bereich mögen sie zwar Macht haben, doch sind sie von einem gleichen Anteil an der Macht im öffentlichen Leben – in der Arbeitswelt und der Politik – ausgeschlossen.

Auch in dem juristischen Gestrüpp des Scheidungsrechts können sich aus der gemeinsamen Kinderversorgung und -erziehung Komplikationen ergeben. Nach den bei uns herrschenden rechtlichen Bestimmungen wird Vätern quasi das Recht auf einen Zugang zu ihren Kindern garantiert, und zwar auf der Grundlage der Unterhaltspflicht – ob ihr nachgekommen wird oder nicht –, es handelt sich dabei um eine Art Eigentumsrecht des männlichen Elternteils. Ob der Mutter die Kinder zugesprochen werden, hängt auf der anderen Seite davon ab, was für eine Beziehung sie zu ihnen hat, und das ist etwas, das angezweifelt und bewertet werden kann. In den Fällen, wo Väter einen beachtlichen Anteil zur Kinderversorgung beigetragen haben, ist es ihnen oft gelungen, das Sorgerecht für die Kinder zugesprochen zu bekommen. Durch eine gemeinsame Kinderversorgung und -erziehung wird sein Besitzanspruch im Endeffekt bestärkt, und ihr Anspruch auf die Kinder, der sich von der Qualität ihrer Beziehung zu ihnen ableitet, verringert sich. Anna Demeter hat in ihrem Buch *Legal Kidnapping* («Legale Kindesentführung») vorgeschlagen, daß jedes Kind von Geburt an einen juristischen Vormund haben sollte – normalerweise wäre das die Mutter, doch bei gegenseitiger Übereinkunft der Eltern könnte es auch der Vater sein –, so daß es bei einer Scheidung nicht zu einem Gerangel um die Kinder kommt.

Bis sich in der öffentlichen Meinung einmal etwas geändert hat, tragen die vielen einzelnen Familien, die sich um eine geteilte Kinderversorgung und -erziehung bemühen, durch ihr Handeln zu einem neuen Denken bei.

Der Beginn gemeinsamer Kinderversorgung und -erziehung

Bei den einzelnen Paaren war es ganz unterschiedlich, wann sie damit begonnen haben, sich die Versorgung und Erziehung ihrer Kinder zu teilen. Manche Paare beginnen damit, wenn sie die Entscheidung treffen, ein Kind zu bekommen.

«Jan: Wir wollten gerne ein Kind haben.
Claudia: Rückblickend kommt mir das nicht mehr so sehr wie eine klare, eindeutige Entscheidung vor. Meine Gefühle zu der Zeit waren davon bestimmt, daß ich in einen Mann verliebt war und gerne ein Kind mit ihm wollte.
Jan: Ich hatte zunächst einmal Angst davor, ein Kind zu bekommen. In meiner ersten (siebenjährigen) Ehe hatte ich keine Kinder, Kinder waren für mich mit bestimmten Befürchtungen verbunden. Mir war klar, daß Claudia ein Kind haben wollte und daß wir diese Erfahrung miteinander teilen würden. Dann wurde mir bewußt, daß auch ich nicht darauf verzichten wollte, ein eigenes Kind zu haben ... Wir waren also bereit.»

Jens teilt sich die Hausarbeit mit seiner Frau und beteiligte sich von Anfang an an der Versorgung seines Sohnes:

«Wenn wir jetzt versuchen, uns die Versorgung von Eric zu teilen, können wir schon auf Erfahrungen bei der gerechten Aufgabenteilung zurückgreifen. Beinahe die ganze Zeit, seitdem wir zusammenleben, haben wir uns das Kochen geteilt, daneben habe ich wahrscheinlich mehr im Haushalt erledigt als sie, dafür hat sie ganztags gearbeitet, ich dagegen nicht. Wir haben immer noch getrennte Bankkonten, und das ist uns wichtig, und wir zahlen auch jeder die Hälfte der Miete.
Ami und ich haben uns die Versorgung von Eric geteilt, seit die beiden aus der Klinik heimkamen. Wir schliefen jeder in einem anderen Zimmer, und ich habe mich die erste Hälfte der Nacht um ihn gekümmert. Wenn er aufwachte, legte ich ihn trocken und brachte ihn zum Stillen zu Ami. Sie nahm ihn dann in der zweiten Nachthälfte zu sich. Die meisten Nächte haben wir uns so aufgeteilt, ausgenommen die Tage, an denen ich früh aufstehen muß, weil ich unterrichte. Und wir haben vor, das auch umgekehrt so zu machen, wenn sie wieder zu unterrichten beginnt.»

Folgendes berichtet eine Mutter:

«Mein Mann Jo gehört zu den Männern, die in ihrem ganzen Leben noch nie etwas mit Babies zu tun hatten und auch nicht beabsichtigen, mehr darüber zu erfahren. Er ging davon aus, daß ich die tägliche Versorgung von Peter übernehmen würde. Meine Hoffnung war jedoch immer, daß wir uns die Arbeit teilen würden, und ich drängte sehr dar-

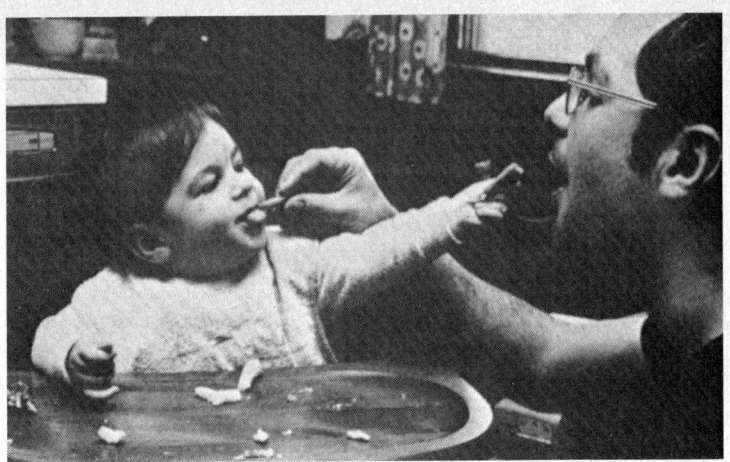
Ben Achtenberg

auf. Obwohl sich Jo sehr gegen diese «Idee» wehrte, übernahm er ganz allmählich immer ein bißchen mehr, manchmal in seiner Mittagspause, manchmal abends oder an Wochenenden. Ich erinnere mich noch an den Augenblick, als ich das Gefühl hatte, er gibt seine Haltung des «Ich-nehme-meiner-Frau-Arbeit-ab» auf und nimmt wirklichen Anteil an der Versorgung unseres Kindes. Es war eine ganz simple Begebenheit, und dennoch ist sie für mich symbolisch. Ich saß mit Peter, der damals acht Monate alt war, auf der Treppe, und Jo sagte ganz beiläufig: ‹Ich glaube, er sollte jetzt was zu essen kriegen. Er scheint ganz schön hungrig zu sein.› Ob er dann auch losging und den Haferbrei mit Früchten zurechtmachte, ist eine andere Sache bei dieser Teilung der Kinderversorgung: Mich hat damals so sehr gefreut, daß er auf eine mir so vertraute Einzelheit im täglichen Leben aufmerksam wurde und Peter auf diese einfache Art mehr Bedeutung in seinem Leben erhielt. Jetzt ist Peter acht Jahre alt, und sie haben eine enge Beziehung zueinander. Ich glaube, daß das zum Teil auf die Verantwortung zurückzuführen ist, in die Jo schon von Anfang an hineingewachsen ist.»

Daniel lebte mit mehreren Leuten zusammen, und allmählich entwickelte sich eine immer stärkere Beziehung zwischen ihm und einer Frau aus der Gruppe und ihrem Kind:

«Als wir alle zusammen in der Wohngemeinschaft lebten, begann ich, mich immer mehr wie eine Art Stiefvater zu fühlen. Am nächsten stand mir ein Kind namens Georg, denn als ich neu zu der Wohngemeinschaft dazukam und dementsprechend unsicher war, nahm er mich auf – faßte

mich bei der Hand und sagte: ‹Komm, spielen wir was.› Unsere Beziehung wurde in vielerlei Hinsicht immer enger. Ein Anlaß war die Zeit, als er mit fünf Jahren plötzlich wieder ins Bett machte. Margaret, seine Mutter, war wütend und wollte ihm nachts wieder Windeln anziehen. Ich fragte ihn, was er wollte, und er sprach sich entschieden gegen Windeln aus. Ich schlug vor, daß es vielleicht das beste sei, ihn nachts zu wecken und mit ihm zum Klo zu gehen. Das machte ich mehrere Monate lang, und schließlich machte er nachts nicht mehr ins Bett ...
Ich glaube nicht, daß es da so etwas wie einen Augenblick der Offenbarung gegeben hat, doch während der letzten Jahre, in denen wir hier zusammengelebt haben (in einer Wohnung als Familie), und besonders in den letzten zwei Jahren, seit ich im Elternbeirat aktiv geworden bin, habe ich mich immer stärker als Vater gefühlt. Hier in der Gegend werde ich allgemein als sein Stiefvater angesehen.»

Eine Trennung oder Scheidung kann in manchen Familien eine geteilte Kinderversorgung und -erziehung mit sich bringen, denn ein Vater, der das ganze Wochenende seine Kinder allein versorgt, ist stärker mit den alltäglichen trivialen Dingen konfrontiert, als das vorher der Fall war.

An vielen Familien ist die Frauenbewegung nicht spurlos vorbeigegangen. In einigen Familien, in denen eine ziemlich traditionelle Rollenverteilung herrschte, wurde der Versuch unternommen, sich auf einen Mittelweg zu einigen. Eine Mutter, deren Kinder im Teenageralter sind, berichtet darüber, wie sich zwischen ihr und ihrem Mann die Verteilung der Erziehungsaufgaben verschoben hat:

«Etwa zu dem Zeitpunkt, als ich wieder in meinen Beruf zurückging, gab Arthur seine Stelle in der Industrie auf und begann zu unterrichten. Er verbrachte seitdem mehr Zeit daheim, während ich immer häufiger außer Haus war. Er war da, wenn die Kinder von der Schule heimkamen. Er war jetzt derjenige, der ihnen sagte, daß sie nach dem Essen die Küche aufräumen sollten. Vorher war ich diejenige gewesen, zu der sie gingen, wenn sie Geld brauchten oder mit dem Auto irgendwo hingefahren werden wollten. Jetzt, nachdem Arthur sie besser kennengelernt hatte, wollte er mehr mit ihnen zusammen machen. Wenn ich das zu übernehmen versuche, weist er mich darauf hin, daß er das alles sehr gerne tut. Er hat sehr viel Initiative gezeigt – sowohl für meine Kinder wie auch für mich ist das angenehm. Es ist aber trotzdem schwierig, nicht mehr die Hauptperson in ihrem Leben zu sein ...»

Rosi, deren Kinder zwischen zwölf und siebzehn Jahre alt sind, berichtet über eine ähnliche Veränderung:

«Meine Versuche, die Verantwortung für die Hausarbeit umzuverteilen, haben zu einer sehr wichtigen Veränderung in unserer Familiensituation geführt. Jahrelang hatte Ernie davon gesprochen, daß er sich bei der Erziehung und im Umgang mit den Kinder nicht sehr wichtig vorkommt. Als Beispiel führte er an, daß die Kinder, wenn er und ich zusammen im Wohnzimmer säßen, an ihm vorbeigingen, auch wenn er näher bei der Tür wäre als ich, und zu mir kämen, um mir eine Frage zu stellen, eine interessante Geschichte zu erzählen oder mir eine Schnittwunde zu zeigen. Keiner von uns beiden kam auf eine befriedigende Lösung, um ihn stärker einzubeziehen. Die Kinder waren einfach nicht sehr stark an ihm interessiert. Diese Situation war sicherlich darauf zurückzuführen, daß er seltener zu Hause war, und auch darauf, daß die Kinder jahrelang mein einziges Betätigungsfeld gewesen waren und deshalb auch meine Hauptmachtquelle. Irgendwie wollte ich vielleicht auch gar nicht, daß Ernie eine ebenso wichtige Rolle im Leben der Kinder spielte wie ich.

Die Lösung kam von ganz unvermuteter Seite. Mit der Hilfe und auf das Beispiel unserer Gruppe für Paare hin machten wir einen Plan, nach dem alle anfallenden Arbeiten in zwei Listen eingetragen wurden. Jeden Monat tauschten wir die Listen aus. Ernie stellte sofort fest, daß er weniger zu tun hatte als vorher. Es war nicht mehr so, daß er mir ‹half›, sondern er hatte seine eigenen Pflichten, und wenn er die erledigt hatte, war er fertig. Vorher hatte er niemals das Gefühl gehabt, fertig zu sein, da er gemeint hatte, er müßte mir eigentlich jedesmal helfen, wenn ich irgend etwas zu tun hatte. Jetzt wußte er, was seine Arbeit war, und konnte sich entspannen, wenn er Lust dazu hatte.

Eine Begleiterscheinung dieser Regelung bestand darin, daß Ernie jetzt in unserer Familie einen anderen Stellenwert hatte. Die Kinder gingen nicht mehr davon aus, daß ich auf alle ihre Fragen eine Antwort wußte. Sie konnten mit mir keine Essenswünsche, Geldangelegenheiten, Dinge, die mit der Wäsche zu tun hatten, besprechen, wenn ich in dem Monat gar nicht dafür verantwortlich war. Sie verließen sich auf Ernies Auskünfte, denn in dem betreffenden Monat hatte er das letzte Wort in diesen Angelegenheiten. Bald begannen sie, Ernie viele der Dinge mitzuteilen, von denen er früher nie etwas erfahren hatte. Offenbar hatten sie jetzt das Gefühl, daß Ernie ihnen seine volle Aufmerksamkeit schenkte und daß er sich wirklich für sie interessierte. Bei unseren beiden älteren Kindern kam dieses Mitteilungsbedürfnis besonders stark zum Ausdruck. Anscheinend besprechen sie bestimmte Dinge lieber mit Ernie als mit mir. Außerdem erledigt unser Sohn Dave jetzt alle ihm aufgetragenen Arbeiten, ohne darauf hinzuweisen, was Jungen eigentlich tun ‹sollten›. Wir hoffen, daß die Kinder in uns ein Beispiel für Rollenmodelle sehen können, die nicht stereotyp in das Muster der typischen Tätigkeiten für Mütter und für Väter passen.»

Die Elemente echter geteilter Kinderversorgung

Viele meinen, daß sie sich die Aufgaben als Eltern teilen, weil sie an der Empfängnis oder Adoption eines Kindes beteiligt waren oder weil sie die Familie ernähren. Sicherlich sind das wichtige Aspekte des Elternseins, doch sie allein erfüllen unsere Definition von geteilter Kinderversorgung und -erziehung nicht. Wenn wir einige der wesentlichen Elemente nennen, die nach der Vorstellung unserer Gruppe von geteilter Kinderversorgung und -erziehung Voraussetzung sind, dann hilft das vielleicht bei der Definition und bei der Unterscheidung von dem, was wir nicht darunter verstehen.

Vertrautheit ist vielleicht das Hauptelement – eine Nähe zwischen den Eltern oder an der Versorgung beteiligten Erwachsenen und eine Nähe zwischen Eltern und Kindern. «Ohne Zuneigung, ohne Bindungen, Sehnsüchte, Ängste und Widersprüche wäre das Leben zwischen den Menschen kaum möglich. Ein Leben ohne Emotionen wäre nicht lebenswert.»[8]
Ein Vater geht auf die Zuneigung zu seinem sechsjährigen Sohn ein:
«Zwischen Luke und mir besteht eine Beziehung, die ganz stark spürbar ist, auch wenn wir nicht zusammen sind, die über unser Beieinandersein hinausgeht. Für mich war es sehr schön, als mir klar wurde, daß ich einen Menschen so sehr lieben kann.»
Durch diese Art der Vertrautheit besteht ein Unterschied zwischen dem Menschen, der an der Kinderversorgung teilnimmt, und einem Babysitter, der kommt und wieder geht.

Ein weiteres wichtiges Element ist die Zeit, die den Kindern gewidmet wird. Geteilte Kinderversorgung bedeutet, daß der Partner sich regelmäßig, und zwar täglich, mit dem Kind beschäftigt. Ein Vater, der den Samstagvormittag gemeinsam mit seinen Kindern verbringt, tut vielleicht in Anbetracht seiner beruflichen Situation sein Bestes, und vielleicht trägt er auch sehr viel von der emotionalen Verantwortung gemeinsam mit seiner Partnerin, doch von geteilter Kinderversorgung und -erziehung, wie wir sie hier meinen, kann nicht die Rede sein. Es ist nicht einfach, sich die Zeit für die tägliche Kinderversorgung zu nehmen, sei es, daß sie von der Arbeitszeit abgeht oder daß Vorhaben persönlicher Art zurückstehen müssen, doch für eine geteilte Kinderversorgung und -erziehung, wie wir sie meinen, ist dieses Aufbringen von Zeit unbedingt notwendig. Sam, der zwei Töchter hat, berichtet, wie wichtig es für ihn ist, Zeit gemeinsam mit seinen Töchtern verbringen zu können, die nicht irgendwie eingeteilt ist:
«Es ist ein vertrauter Kontakt mit dem Kind notwendig, nicht Ver-

ständnisbereitschaft aus der Distanz. Eines habe ich im Zusammensein mit Mariann und Lena gelernt, ich muß wirklich Zeit für sie haben. Zeit war das, was mir wirklich fehlte. Es geht nicht darum, einmal mit den Kindern ins Museum zu gehen oder Spaziergänge im Park zu machen, sondern darum, für die Kinder dazusein. Und durch dieses Dasein ist bei mir das Verantwortungsbewußtsein gewachsen. Ich habe erfahren, wie ich bin und was sie für Persönlichkeiten sind.»

Ein drittes wichtiges Element ist die eigene innere Einstellung: das Bewußtsein, daß du die primäre Bezugsperson oder der wichtige Elternteil für deine Kinder bist. Das ist keine geteilte Erziehungsverantwortung, wenn der Hauptzweck darin besteht, dem anderen einen Gefallen tun zu wollen, wie es diese Mutter von drei Kindern darstellt:
«Mein Ex-Mann hat hin und wieder auf die Kinder aufgepaßt, das war aber auch alles. Er bezeichnete sich sogar als Babysitter. Ich finde, daß das eine äußerst unpassende Bezeichnung für einen Vater ist. Gegen Ende unserer Ehe machte ich, wenn er sagte, er würde weggehen und jemanden besuchen, häufiger die Bemerkung: ‹Gut, dann bleibe ich also daheim und spiele Babysitter...›, einfach, um zu versuchen, ihm das bewußter zu machen.»
Mutter oder Vater eines Kindes zu sein kann einen zentralen Stellenwert in deinem Selbstverständnis haben, abgesehen davon, ob du die Kinderbetreuung zur Hälfte übernimmst oder ob du rechtlich der Elternteil der Kinder bist.
Hier der Bericht eines Vaters, der ganztags von 9 Uhr bis 17 Uhr berufstätig ist:
«Vater zu sein ist für mich sehr wichtig und wirkt sich sehr positiv aus. Mein ältester Sohn wurde geboren, als ich 21 war. Plötzlich wurde ich vom Studenten zum Vater. Ich mußte zwar mein Studium abbrechen, weil ich für den Unterhalt der Familie sorgen mußte, doch zu einer Zeit großer persönlicher Unsicherheit war das Kind ein Konzentrationspunkt in meinem Leben. Ich habe Kinder immer schon gerne gehabt. Ich habe sehr viel Verantwortung für meine jüngere Schwester übernommen. Ich hatte mehr Erfahrung bei der Versorgung eines Säuglings als meine Frau Karen, als unser Sohn zur Welt kam. Dennoch erwartete ich von Karen, daß sie sich etwa so wie meine Mutter verhalten würde, mit der sie aber wenig Ähnlichkeit hat. Ihre Rolle sollte hauptsächlich darin bestehen, sich um meine Kinder zu kümmern, und ich würde arbeiten gehen. Am Abend würde sie sie mir gutgelaunt überlassen, wenn ich dazu bereit wäre, mich mit ihnen abzugeben. Es brauchte nicht allzulange, bis ich feststellen mußte, daß ich da auf dem Holzweg war, ich mußte meine Vorstellungen ändern. Als unser zweiter Sohn geboren wurde, konnte ich mich voll verantwortlich um beide Kinder

kümmern, wenn meine Frau zum Beispiel übers Wochenende wegfahren wollte, und gleichzeitig übernahm ich auch die volle finanzielle Verantwortung für den Unterhalt der Familie, weil wir es so wollten.
Was für Differenzen Karen und ich auch gehabt haben mögen, meinen Kindern gegenüber habe ich immer eine sehr starke Zuneigung empfunden. Ich habe mit ihnen gespielt, als sie noch Babies waren – auch wenn ich mit der täglichen Routine wenig zu tun hatte –, doch ich konnte mehr mit ihnen anfangen, als sie älter wurden und ich mehr Sachen mit ihnen machen konnte, die mich auch interessierten. Je älter sie werden, eine um so bessere Vorstellung bekomme ich auch davon, was ich für Erwartungen an ihre Mutter habe, und meine Vorstellungen davon, wie eine Mutter sein sollte, haben sich geändert.»
Die Tatsache, daß Karen übers Wochenende wegfahren kann, weist darauf hin, daß sich die beiden die Kinderversorgung aufteilen.
Sonya, die mit einem Mann zusammenlebt, der eine achtjährige Tochter hat, stellt fest, daß sie sich innerlich als Mutter empfindet und aber auch große Mühe hat, ihre Mutterrolle zu definieren:

«Fühlt sich sonst niemand für dieses Kind verantwortlich? Manchmal bin ich mir mit meinen Gefühlen überhaupt nicht im reinen. Wenn Wendy jedoch neue Schulkleidung braucht und am nächsten Tag die Schule wieder anfängt, dann bin ich es, die mit ihr einkaufen geht. Ich mag sie gerne und denke mir: Wäre es nicht schön, wenn sie ein neues Kleid oder eine neue Hose zum Anziehen hätte? Doch ich bin mir trotzdem nicht sicher, ob ich diese Aufgabe übernehmen möchte. Irgend jemand muß sie aber übernehmen, und so mache ich das eben. Es ist ganz einfach so, daß ich Wendy gerne die Freude machen möchte; alle anderen Kinder kommen auch nach den Ferien mit neuen Sachen in die Schule, und ich kann ihr das ja auch ermöglichen. Schwierig dabei ist für mich, daß ich so langsam die dauernde Verantwortung für bestimmte Dinge übernehme, nur weil andere (in diesem Fall ihr Vater oder ihre Mutter) nicht bereit dazu sind.»

Fortwährende Verpflichtungen sind ein weiteres Element bei der geteilten Kinderversorgung und -erziehung: Du übernimmst es, über einen langen Zeitraum hinweg im Leben des Kindes eine wesentliche Rolle zu spielen.
Ein Elternteil, der gleichwertig an der Erziehung beteiligt ist, hat die Verpflichtung, sich täglich um die Kinder zu kümmern oder dafür zu sorgen, daß jemand für sie da ist. Wer bleibt zu Hause, wenn das Kind krank ist? Wer nimmt das Kind mit an den Arbeitsplatz, wenn die Betreuungsperson nicht kommt? Wer geht zu den Elternsprechtagen in der Schule? Wer tröstet das Kind in seinen verletzten Gefühlen, wenn es nach einem Streit mit einer Freundin oder einem Freund heimkommt? Es sind diese alltäglichen Angelegenheiten, bei denen das Kind am meisten Zuwendung

braucht. Claudia berichtet darüber, wie sie und ihr Mann um eine Lösung rangen, wer wann für was zuständig ist:

«Nachdem wir erst einmal zwei Kinder und jeder noch einen Beruf hatten, konnten wir nicht länger die Einstellung beibehalten: Was auch kommen mag, irgendwie werden wir schon damit fertig werden. Wir einigten uns auf einen Plan über die Aufgabenverteilung. Unsere Übereinkunft besteht im wesentlichen darin, daß ich frühmorgens zuständig bin: Ich mache das Frühstück und ziehe die Kinder an, die schon sehr früh wach sind. Das Hinfahren und Abholen teilen wir uns auf. Herb ist dafür zuständig, wenn die Kinder schon früh nach Hause kommen, und dann löse ich ihn ab, wenn ich um vier zurückkomme. Doch es gab immer noch eine Menge Tage, an denen wir beide irgendwo sein mußten, um etwas zu erledigen, jedoch eines der Kinder krank wurde, einen Termin beim Arzt hatte oder an denen schulfrei war. Wir mußten die Aufgabenbereiche noch mehr aufteilen. Für solche Gelegenheiten einigten wir uns darauf, daß es ‹deine Tage› und ‹meine Tage› gibt. An manchen Tagen ist es für mich kein Problem, daheim zu bleiben, und dann springe ich bei solchen Katastrophen und besonderen Bedürfnissen ein. Dadurch kam es nicht mehr zu den erbitterten, wütenden Streitereien am frühen Morgen, wer von uns beiden größere Opfer bringen muß, um sich um die Kinder kümmern zu können. Dieser Plan bedeutet für uns eine verläßliche Grundlage für eine gleichwertige Aufteilung der Aufgaben, mit der wir beide einverstanden sind, so daß wir beide großzügiger und flexibler sein können, wenn sich plötzlich etwas ändert oder unvorhergesehene Ereignisse eintreten.»

Das Gute an der geteilten Kinderversorgung ist, daß die Eltern mehr Bewegungsfreiheit haben, während sich um die Kinder jemand kümmert, der sie kennt und gern hat. Doch wenn eine flexible Haltung bei der Übereinkunft über die Aufteilung der Kinderversorgung fehlt, kann es zu ernsten Spannungen in der Beziehung zwischen den Partnern und zwischen den Eltern und den Kindern kommen. Die Eltern müssen in der Lage sein, ihre Pläne zu ändern, wenn sie das Gefühl haben, emotional im Moment nicht genügend auf die Kinder eingehen zu können, oder wenn sie in einem anderen Bereich ihres Lebens unter Zeitdruck stehen. Die Mutter einer zehnjährigen Tochter meint dazu:

«Ich bin Weberin, und ich möchte tagsüber soviel Zeit wie möglich haben, um bei natürlichem Licht weben zu können. Ich möchte lieber nicht außer Haus arbeiten und unterrichten, um Geld zu verdienen. Wenn ich jedoch mehr Lust dazu hätte zu unterrichten und sehr viel Zeit dafür brauchte, wäre Mark gerne bereit, eine Halbtagsstelle anzunehmen und sich ganz um Leah zu kümmern oder so oft dazusein wie ich jetzt. Ich glaube, daß unsere jetzigen Entscheidungen darauf beruhen,

daß wir sehr viel flexibler sind, auch wenn unsere Aufgabenverteilung von außen vielleicht sehr herkömmlich aussieht.»
Zeitweise mag es notwendig sein, feste Absprachen zu treffen. Wenn eine Frau ihren Mann zum Beispiel schon eine ganze Weile darum gebeten hat, sich öfter um die Kinder zu kümmern, besteht sie vielleicht darauf, daß die Absprachen, die sie schließlich aushandeln, für eine bestimmte Zeit unverändert beibehalten werden. Dann weiß sie, daß ihr wirklich ein Teil dieser Aufgaben abgenommen wird. Es kann auch sein, daß es aus beruflichen Gründen für die Partner wichtig ist, einen genauen Wochenplan über die Aufgabenverteilung aufzustellen, der wenig Raum für Änderungen läßt. Bei einer Unumstößlichkeit solcher Absprachen können Eltern jedoch durch ihre außerfamiliären Verpflichtungen in Schwierigkeiten geraten.

«Von Anfang an haben mein Mann und ich uns die Versorgung der Kinder geteilt. Als sie noch sehr klein waren, zwei und fünf Jahre alt, nahm ich eine Halbtagsstelle an und ging davon aus, daß mein Mann für Ben und Max da wäre, wenn ich zur Arbeit ging. Mitten im Jahr hatte mein Mann dann plötzlich eine andere Arbeitszeit. Für beide von uns war es nicht einfach möglich, uns um andere Arbeitszeiten zu bemühen, wir wollten jedoch auch keinen Babysitter engagieren und unsere Art der geteilten Kinderversorgung aufgeben.»

Ein weiteres wichtiges Element schließlich bei erfolgreich geteilter Kinderversorgung und -erziehung ist die Aufmerksamkeit, die der Beziehung zwischen den Erwachsenen zukommt. Wenn sich ein Elternpaar die Versorgung der Kinder teilt, kann das darauf hinauslaufen, daß sie sich nur noch flüchtig beim gegenseitigen Ablösen zu Gesicht bekommen. Bei Susanne und Michael war es zu einer solchen Situation gekommen:
«In den ersten Jahren nach Davids Geburt kam ich mir wie eine alleinstehende Mutter vor. Wir wohnten ziemlich weit von der nächsten Stadt entfernt, und nachdem Michael mit unserem gemeinsamen Auto davongefahren war, bleib ich mit dem Baby allein zu Hause zurück. Ich langweilte mich und war sehr oft deprimiert. Allmählich bekam ich das Gefühl, daß ich nie mehr so fröhlich wie früher sein könnte. Auch unser Eheleben war nicht besonders glücklich. Michael war zu sehr mit seinem Beruf beschäftigt, um für mich als Ehemann noch dazusein, und ich hatte mich so sehr in meine Mutterrolle vertieft, daß ich als Ehefrau für ihn nicht mehr da war. Als David dann eineinhalb war, forderte ich dann schließlich von Michael, daß er einen Tag pro Woche zu Hause blieb, damit ich die Teilzeitarbeit annehmen konnte, die ich gefunden hatte. Im Laufe der Jahre, während David heranwuchs, teilten wir uns immer mehr die Arbeiten auf. Wir standen zum Beispiel abwechselnd morgens mit David auf, machten ihm abwechselnd etwas

zu essen und brachten ihn abwechselnd zu Bett. Es bestand wirklich eine Teilung der Aufgaben, und ich konnte mehr Zeit außer Haus mit meiner Arbeit verbringen und kam mir weniger isoliert vor, während Michael mehr daheim arbeitete und sich stärker mit seinem Sohn verbunden fühlte. Wir kamen besser miteinander aus, denn viele Spannungen wurden abgebaut, als wir uns darum bemühten, beide für David zu sorgen und daneben eigenen Bedürfnissen nachzukommen, die nichts mit dem Kind zu tun hatten. Doch es ergab sich daraus aber auch, daß wir unser Leben so sehr eingeteilt hatten, daß wir entweder zum Arbeiten weggingen oder sonst im Haus zu tun hatten. Das führte dazu, daß uns wenig Zeit zum Entspannen zu zweit blieb. Michael fällt es nicht leicht, sich zu entspannen und Spaß zu haben, und unsere Absprachen über die Aufgabenteilung waren dem auch nicht gerade zuträglich. Einer von uns war immer beschäftigt, wenn der andere frei hatte. Es gelang uns nicht, genügend Zeit für uns beide zu reservieren, um einmal alles um uns herum außer uns selbst zu vergessen.»

Wenn wir das vermeiden wollen, müssen wir dafür sorgen, daß bei der geteilten Kinderversorgung und -erziehung genügend Zeit für uns bleibt – Zeit, um zu zweit und als Familie etwas zusammen zu unternehmen. Es ist außerdem sehr hilfreich, wenn wir eine ständige Kommunikation über unsere Beziehung und auch über die Freuden, Sorgen und die zahlreichen Dilemmas aufrechterhalten, die das Elternsein mit sich bringt. Ein solches ständiges Miteinanderreden ist sehr wesentlich, auch wenn es nicht immer leichtfällt.

Eine geteilte Kinderversorgung und -erziehung bringt unweigerlich Konflikte zwischen den Partnern mit sich, zum Beispiel über verschiedene Einstellungen zu Erziehungsfragen, Streit darüber, wer was macht, und Meinungsverschiedenheiten über Wertvorstellungen. Das alles kommt auch in den Beziehungen mit üblicher Rollenverteilung vor, doch sind Partner, die versuchen, sich die Versorgung und Erziehung ihrer Kinder miteinander zu teilen, tagtäglich damit konfrontiert. Manche Eltern schrecken vor solchen Konflikten zurück. Sich ihnen zu stellen kann jedoch eine wirkliche Chance zu wahrer Verständigung und Wachstum in der Beziehung bedeuten.

Mütter und geteilte Kinderversorgung

Einige Vorteile, die sich bei der gemeinsamen Kindererziehung für Frauen ergeben, liegen auf der Hand. Mütter haben von jeher die Kinder großgezogen und wünschen sich Unterstützung oder Entlastung dabei. Auch möchten sie die Möglichkeit haben, auch noch anderen Interessen

nachzugehen, daran zu wachsen und sich weiterzuentwickeln. Vielleicht arbeiten sie ganztags außer Haus, und es ist dann zu erschöpfend für sie, wenn sie heimkommen und dann gleich voll und ganz für die Kinder dasein müssen. Wenn eine Frau ihre Kinder jemandem überlassen kann, der ein liebevolles Verhältnis zu ihnen hat und sich ebenso verantwortlich für sie fühlt wie sie selbst, dann ist ein psychischer Druck von ihr genommen, der bei den meisten anderen Lösungen, wie sie ein Hort, eine Tagesmutter oder eine Kindertagesstätte bieten, auf ihr lasten würde. Und wenn jemand da ist, der ihr Kind kennt und mit ihr über die alltäglichen Ereignisse reden kann, dann ist sie nicht so sehr der Einsamkeit ausgesetzt, die viele Mütter empfinden. Bei der geteilten Kinderversorgung geht es nicht nur darum, mehr Zeit für sich zu haben, wenn auch andere damit verbundene Vorteile nicht so konkret und unmittelbar festzustellen sind. Frauen brauchen Zeit, um sich auch einmal ohne ihre Kinder erleben zu können, losgelöst von ihnen denken und atmen zu können. Sie brauchen Zeit, um sich selbst als schöpferische Individuen empfinden zu können und um nicht nur in Verbindung mit ihren Aufgaben als Mutter Freundinnen und Partnerinnen sein zu können. Frauen, denen es die geteilte Kinderversorgung ermöglicht, außerhalb ihrer häuslichen Umgebung Erfahrungen zu machen, werden dadurch bereichert, so daß sie bessere Mütter sein und lebendigere Beziehungen zu anderen Menschen haben können, wenn sie sich sowohl um ihre eigenen Bedürfnisse wie auch um die ihrer Familie kümmern. Durch die so gewonnene Stärke können sie sich im Bewußtsein ihrer selbst als eigenständige Persönlichkeiten auf Beziehungen zu anderen Menschen einlassen. Wenn sie nicht einzig und allein durch ihren Mann und ihre Kinder definiert sind, wird mehr Gegenseitigkeit zwischen den Geschlechtern möglich. Eine Frau berichtet darüber, wie die Vorteile geteilter Kinderversorgung ihre Kreise ziehen und sich günstig auf die Beziehungen zwischen Frauen und Männern auswirken können:
«Die Idealsituation, daß Männer und Frauen sich die Kinderversorgung und das Geldverdienen gleichwertig untereinander aufteilen, ist immer noch eine Zukunftsvision. Wie das wohl wäre, wenn Frauen und Männer nicht so verschieden voneinander wären, wenn unsere Welten sich nicht so fremd wären? Ein Freund, der sich die Kinderversorgung mit seiner Frau teilt, hat mir gesagt, daß er in seinem Innersten weiß, was für ein Gefühl durch die Liebe ausgelöst wird, die seine Frau für ihre Tochter empfindet, und daß durch dieses Wissen eine engere Bindung zwischen ihnen entstanden ist.»
Frauen können für ihre Töchter und ihre Söhne gleichermaßen ein ausgezeichnetes Rollenbeispiel darstellen. Kinder, die miterleben, wie ihre Mütter Geld verdienen und außerhalb des häuslichen Bereichs in Berufen arbeiten, die ihnen Spaß machen, die sich Zeit für sich selbst nehmen oder um mit Freunden zusammenzusein, sind häufig sehr stolz auf das, was

ihre Mütter machen. Als der Sohn einer Frau aus unserer Autorinnengruppe mit ihr in einen Buchladen ging, sagte er ganz begeistert zu ihr: «Mami, ich freue mich jedesmal, wenn ich das Buch, das eure Gruppe geschrieben hat, in einem Buchladen sehe.» Dann sagte er voller Stolz zu dem Ladenbesitzer: «Wissen Sie schon, daß es das neue Buch, das meine Mutter geschrieben hat, in einigen Monaten zu kaufen gibt?» Und seine Schwester fand es großartig, wenn ihre Freundinnen ihr Foto in dem Buch entdeckten, «das meine Mami geschrieben hat».

Besondere Probleme für Mütter, die sich die Kinderversorgung mit ihrem Partner teilen

Gewöhnlich setzen sich die Mütter dafür ein, daß die Kinderversorgung und -erziehung aufgeteilt wird. Manchmal ist es jedoch in dem Moment, wo andere mehr oder weniger bereit sind, sich zu beteiligen, so, daß sie die Hilfe ablehnen oder mit gemischten Gefühlen annehmen. Worauf ist die ablehnende Haltung gegen geteilte Kinderversorgung bei manchen Frauen zurückzuführen? Dazu haben wir uns einige Gedanken gemacht.
Die Erwartung, daß Frauen fürsorglich sein sollten, und die Tatsache, daß Frauen sich gegenseitig ein Beispiel dieser Fürsorglichkeit liefern, ist für heranwachsende Mädchen sowohl ein Anreiz wie auch eine Möglichkeit, zu lernen, andere zu umsorgen. Da uns beigebracht wird, daß wir «ein guter Mensch» sind, wenn wir so handeln, lernen die meisten Frauen bald, andere zu umsorgen. So, wie sich Frauen als diejenigen sehen, die in erster Linie für die Versorgung und Beaufsichtigung der Kinder zuständig sind, sehen auch Männer die Frauen in dieser Rolle. Die Vorstellung, daß Frauen für die Versorgung der Kinder verantwortlich sind, ererbt sich von Generation zu Generation, und Mütter begeben sich auf Neuland, wenn sie vorhaben, sich die Kinderversorgung mit ihrem Partner zu teilen. Eine Mutter hat vielleicht das Gefühl, sie *müßte* eigentlich die Kinder aufwecken und ihnen Frühstück machen, selbst wenn es für den Partner einfacher wäre, weil er andere Arbeitszeiten hat. Es kann auch sein, daß es ihr sehr schwer fällt zu glauben, daß der Vater oder überhaupt ein Mann zu den Dingen in der Lage ist, die sie erledigt, oder daß er lernen kann, ebenso aufmerksam und sensibel gegenüber den Bedürfnissen der Kinder zu sein wie sie. Da wir mit der Vorstellung aufgewachsen sind, daß Männer nicht mit Babies umgehen können, müssen wir uns auf Vorurteile hin überprüfen, denn sonst gibt es bei der geteilten Kinderversorgung Schwierigkeiten. Wenn zum Beispiel beide Partner erst mit der Geburt ihres Kindes lernen, mit einem Säugling umzugehen, und die Mutter davon ausgeht, daß Männer nicht gut mit Babies umgehen können, wird es ihr schwerfallen, das Kind der Obhut des Vaters zu überlassen.

Angelas Arbeitsstelle ist sehr weit von ihrem Wohnort entfernt, und jede Woche verbringt sie zwei Nächte dort, während ihr Mann mit den vier Kindern allein ist:

«Eines Tages, als es heftig schneite, machte ich mir Gedanken darüber, wie Ralph wohl zurechtkam, also rief ich ihn an, nur um sicher zu sein. ‹Ich hoffe, es macht dir nicht allzu viel Umstände, die Zwillinge in dem Schneegestöber zu ihrer Pfadfindergruppe zu fahren›, sagte ich. ‹Hör mal, Angela›, sagte Ralph mit einem leichten Ärger in der Stimme, ‹wenn ich das übernommen habe, dann mußt du mich auch machen lassen. Du bist jetzt bei deiner Arbeit, also sei auch dort. Ich kann mich wirklich um die Dinge hier zu Hause kümmern, ich habe das übernommen.› Ich hatte verstanden.»

Und dabei geht es auch um verschiedene Stile. Es ist sehr wichtig, daß Mütter sich von dem Gedanken lösen, daß alles so gemacht werden muß, wie sie das für richtig halten.

«Als Barbara ein Jahr alt war, übernahm Joachim es, sie morgens anzuziehen, und die ersten paar Male erschien sie dann in den buntesten Farben und allen möglichen Zusammenstellungen, Streifen und Karos, ich hätte sie niemals so angezogen. Eine Kleinigkeit eigentlich, doch symbolisch. Dieser Mann hat einfach keine Ahnung, wie man ein Kind anzieht! dachte ich mir im stillen, doch ich hielt mich zurück: Wenn ich wollte, daß er bestimmte Sachen übernahm, mußte ich ihm das überlassen. Wenn ich bestimmen wollte, was er zu tun hatte, wäre es in ein paar Wochen mit dem Teilen der Aufgaben schon wieder vorbei.»

Mütter, die sich die Versorgung und Erziehung ihrer Kinder mit anderen teilen möchten, müssen sich häufig zurückhalten. Besonders schwierig kann das sein, wenn ein Stiefvater neu hinzugekommen ist. In diesem Fall war die Mutter jahrelang allein für die Kinder zuständig und hat jetzt Schwierigkeiten, Verantwortung abzugeben. Ein Vater berichtet über seine Frustrationen in einer solchen Situation:

«Ich kam mir Beate gegenüber wie ein Lehrling vor, doch oft wurde ich gar nicht so behandelt, und das war für mich sehr verwirrend. Manchmal übernahm ich eine bestimmte Angelegenheit, zum Beispiel, wenn es darum ging, ein Ferienlager für unseren Sohn Nathan auszusuchen. Nachdem ich mich überall umgehört hatte, traf ich eine Wahl. Auch Nathan gefiel es. Als wir jedoch auf gewisse Probleme hinsichtlich der Frage stießen, wie die Kinder dort behandelt werden, war Beate sofort zur Stelle und nahm das Ganze in die Hand. Ich fühlte mich am Ende miserabel: ich war wütend und kam mir völlig inkompetent vor.»

Wenn Männer sich an der Kinderversorgung zu beteiligen beginnen, ist es tatsächlich oft so, daß sie vieles erst lernen müssen, weil sie noch nicht so viele Erfahrungen auf diesem Gebiet haben. Die Mütter müssen bereit sein, den Vätern das Notwendige zu vermitteln, sowohl was den Anfang und das Vormachen anbelangt wie auch beim Zurückhalten und um sie ihre eigenen Erfahrungen machen zu lassen. Männer müssen lernen, das anzuerkennen, was bisher als «Frauensache» gegolten hat, und auf einem Gebiet, in dem sie wahrscheinlich nicht so gut vorbereitet sind, auch Anweisungen anzunehmen. Ebenso, wie sich Frauen von ihren Partnern zeigen lassen haben, wie man mit Werkzeug umgeht oder einen Ball weit werfen kann, müssen Männer zugestehen, daß sie weniger über Kinderversorgung oder überhaupt über das Sorgen für andere wissen. Frauen müssen bereit sein, sich die Zeit zu nehmen und die Energie aufzuwenden, die zum Vermitteln dieses Wissens notwendig ist. Es kommt aber auch vor, daß manche Männer ihre unterbewußte Abwehr gegen geteilte Kinderversorgung dadurch zum Ausdruck bringen, daß sie immer wieder auf ihre Unwissenheit hinweisen und eine Menge Dinge fragen, die sie ebensogut auch allein herausfinden könnten. Manchmal geht es nicht so sehr darum, einen Vater die Dinge auf seine Art machen zu lassen, sondern ihn dazu zu bringen, sich auf eine konstruktive Weise zu beteiligen. Manchmal scheint es einfacher zu sein, gleich alles selber zu machen:

«Einerseits lernte ich selber gerade erst, mit Abi umzugehen, und gleichzeitig versuchte ich, seinem Vater das zu vermitteln, was ich gerade erst gelernt hatte, und unterstützte ihn dabei, sich anders zu verhalten als sein eigener Vater. Wenn der Tag zu Ende war, war ich völlig erschöpft. Ich hatte keinerlei Unterstützung, und manchmal dachte ich: Jetzt reicht es mit der geteilten Kinderversorgung ... es wäre viel einfacher, wenn ich mich allein um Abi kümmern würde.»

Zu erleben, wie die Kinder, die sich bisher immer an uns gewendet haben, wenn es um ihre Elementarbedürfnisse ging, sich auch jemand anderem zuwenden können, ruft in vielen von uns widersprüchliche Gefühle hervor.

«Als er Sara das erste Mal ins Bett brachte, war das sehr schmerzlich für mich. Ich war zwar froh, daß ich mich nach einem langen, anstrengenden Tag mit ihr einmal hinsetzen und ausruhen konnte, und doch war ich traurig darüber, diese ganz besondere Zeremonie abzugeben. Er wußte sogar, welches die ganz besondere Ecke ihrer Decke war, die sie brauchte, um einzuschlafen.»

Durch geteilte Kinderversorgung wird es einer Mutter möglich, außerhalb der Familie Anerkennung zu finden – aber wird ihr das auch gelingen? Sie kann sich nicht mehr auf eine Rolle zurückziehen, in der sie eindeutig als Mutter definiert ist, wenn auch ein Vater da ist, der Windeln wechseln, das Kind ins Bett bringen, Essen kochen, einen Streit schlichten und vieles andere kann. Es gibt jetzt zwei oder auch mehr Personen, die die Mutterrolle übernehmen können, und zudem für sie keine andere vorgefertigte Rolle, die es auszufüllen gilt. Die Benachteiligung der Frauen in der Arbeitswelt hat oft zur Folge, daß eine Frau nicht ohne weiteres das entsprechende Selbstwertgefühl aus ihrer Berufstätigkeit ziehen kann, das ihr das Muttersein verschafft hat, auch wenn dieses Selbstbewußtsein einengend und begrenzt war. Geteilte Kinderversorgung ist also nicht *die* Antwort auf das Problem der Benachteiligung der Frauen. Doch es ist ein Anfang. «Das Teilen der Kinderversorgung stellt für mich ein Risiko dar», stellte eine Frau fest, «doch ich bin bereit, dieses Risiko in Kauf zu nehmen. Ich möchte soweit kommen, herauszufinden, was es für Möglichkeiten zwischen mir und meinem Mann gibt und was ich außerhalb meiner Familie für Möglichkeiten habe.»

Väter und geteilte Kinderversorgung

Heutzutage beteiligen sich immer mehr Väter an der täglichen Versorgung ihrer Kinder. Ob sie das nun aus Prinzip tun oder weil es die praktischste Lösung ist, ob sie es auf Grund des massiven Drucks durch ihre Frau tun oder weil sie den Wunsch haben, sich selbst und ihre Kinder besser kennenzulernen – oder, wie das bei vielen der Fall ist, aus mehreren dieser Gründe –, auf jeden Fall beginnen Väter, von ihren besonderen Problemen zu sprechen, von dem Reiz, den Nachteilen und dem Staunen, das für Väter mit dem neuen engen Kontakt zu Kindern verbunden ist.

Warum geben sich einige Väter nicht mehr mit der herkömmlichen Rolle zufrieden, die darin bestand, nach der Arbeit oder nebenbei an den Wochenenden relativ begrenzte Zeit mit ihren Kindern zu verbringen? Warum nehmen es einige Eltern nicht mehr als gegeben hin, daß der Vater die meiste Zeit außer Haus verbringt und der Ernährer der Familie ist? Warum beginnen Väter, sich allmählich für eine Veränderung ihrer Arbeitssituation einzusetzen, damit sie mehr Zeit für ihre Kinder haben? Joseph Pleck verleiht dieser neuen Haltung in seiner Arbeit über die neue Rolle des Mannes Ausdruck:

«Die Einstellung, daß Männer zwei Rollen erfüllen, geht davon aus, daß Männer innerhalb der Familie die gleichen Dinge wie die Frauen verrichten können, und zwar aus den gleichen Gründen und mit dem gleichen Ergebnis. Das geschieht nicht etwa, um ihren Frauen zu ‹helfen› oder einzuspringen, wo sie nicht weiterkönnen, sondern weil darin eine ihrer grundlegenden Rollen und Pflichten besteht. Ihre Teilnahme sieht genauso aus und erfüllt den gleichen Zweck wie die Arbeit, die die Frauen für die Familie leisten.»[9]

Zum Teil hat es mit dem Geldverdienen zu tun, weshalb Männer zu Hause bleiben können. Wie wir schon früher festgestellt haben, sind in vielen Familien die Männer heute nicht mehr die Alleinverdiener. Viele Männer

betrachten die geteilte Kinderversorgung als eine Möglichkeit, sich von der Belastung der Rolle als Alleinverdiener zu befreien.

«Mir ist in Erinnerung, daß einer der Hauptgründe für unsere Umstellung auf geteilte Kinderversorgung darin bestand, daß ich nicht die alleinige Verantwortung für den Lebensunterhalt der Familie tragen wollte. Als unsere Tochter etwa ein Jahr alt war, wurde mir klar, daß mir das Bild von unserer Familie nicht mehr behagte, in dem ich für den Unterhalt alle verantwortlich war, während meine Frau sich um Delia kümmerte und malte. Ich glaube, für mich war das deshalb zum Teil unerträglich, weil ich das Leben meines Vaters klar vor Augen hatte. Er hat immer die alleinige Verantwortung getragen, und ich glaube, daß er einen hohen Preis dafür zahlen mußte, daß er sein ganzes Selbstwertgefühl hieraus ziehen mußte. Der Gedanke, daß auch ich mein ganzes Leben so verbringen sollte, war für mich sehr abschreckend.»

Auch die Tatsache, daß immer mehr Mütter in ihren Beruf zurückgehen, nicht nur aus finanziellen Gründen, nimmt genügend finanziellen Druck von den Vätern, damit sie sich um eine flexiblere Arbeitszeit, eine Teilzeitarbeit oder ähnliches bemühen. Je mehr die Mutter den häuslichen

Nancy Scanlan

Bereich verläßt, kann der Vater ihren Platz einnehmen, und das, nicht etwa die ganze Kinderversorgung für einen allein, ist der Sinn der geteilten Kinderversorgung und -erziehung.
Vielen Männern bietet sich bei der geteilten Kinderversorgung die Gelegenheit, mehr aus sich herauszugehen und verspielter zu sein, als sie sich das normalerweise zugestehen.

«Ich kann tanzen. Ich kann singen. Ich bin auf dem Gebiet nicht gerade überragend, doch meine Kinder sind begeistert. Und ich freue mich, daß es ihnen so gut gefällt. Meiner Frau gegenüber kann ich nicht immer so unbeschwert sein – es besteht immer noch eine gewisse Befangenheit, die ich den Kindern gegenüber nicht habe. Kinder sagen nicht: ‹Ein Doktor macht so etwas nicht›, sie sagen vielleicht: ‹Das ist mein Vater, und der spinnt›, doch das finde ich in Ordnung. In ihrer Gegenwart fühle ich mich überhaupt nicht unsicher.»

Ein Stiefvater berichtet, wie er durch die enge Beziehung, die sich zwischen ihm und seinem zehnjährigen Stiefsohn entwickelt hat, gewachsen ist:

«Ich bin wie ein typischer Mann erzogen worden und habe mich selten getraut, meine wirklichen Gefühle preiszugeben. In der Kennenlernphase mit Kim, besonders in den ersten Monaten, als seine Mutter häufig krank war, war ich gezwungen, meine Gefühle rauszulassen und in Worte zu fassen, so daß sich zwischen uns eine gute Beziehung entwickeln konnte. Ich bin jetzt zutiefst dankbar, daß sein fortwährendes Fragen, Drängen, Auf-die-Probe-Stellen mir meine eigene Gefühlswelt erschlossen hat.»

Ed berichtet, wie seine Ehe mit Elisabeth besser geworden ist:
«Dadurch, daß wir uns die Kinderversorgung teilen, hat sich unsere Beziehung gefestigt, und unsere Schwierigkeiten miteinander treten in den Hintergrund. Das heißt nicht, daß wir unseren Problemen gegenüber die Augen verschließen, aber da ist eben Ruth, und ihre Existenz hat etwas in uns wieder zum Leben erweckt, das verschüttet war. Das ist nicht so zu verstehen, daß unser Pflichtgefühl Ruth gegenüber uns zusammenhält, sondern unsere Liebe zu ihr und zueinander.»

Bei diesen Männern hat die geteilte Kinderversorgung zu einer Erweiterung ihrer Gefühlswelt und ihrer Liebe geführt. Harry Finkelstein Keshet, einer der Leiter eines Untersuchungsprojekts über Väterlichkeit an der Brandeis University, meint zu dieser Möglichkeit:

«Das Positive bei der Kinderversorgung besteht für die Männer darin, daß sich ihnen etwas ganz Besonderes eröffnet – wahrscheinlich bietet sich hier eine der wenigen Möglichkeiten, bei denen Männer lernen können, aus sich selbst etwas hervorzubringen und an sich selber zu erfahren, wie das ist, für ein anderes menschliches Wesen zu sorgen, das nichts Greifbares zurückgibt. Die Sozialisation der Männer beinhaltet ein Geben mit der Erwartung, etwas zurückzubekommen, doch diese Art des Gebens kann zu einer sehr mangelhaften charakterlichen Entwicklung führen. Ein Mann, der bereit zum Geben ist, weil jemand ihn braucht, weil er sonst sterben oder sich nicht richtig entwickeln würde, macht eine ganz besondere Erfahrung, und bei der Kinderversorgung können Männer diese einzigartige Erfahrung machen.

Diese Erfahrung macht uns menschlicher, es ist eine tiefgehende, bewegende Erfahrung, durch die Männer zu mehr Liebe fähig werden. Wenn man das konsequent weiterverfolgt, muß es sich verändernd auf die Gesellschaft auswirken. Zum Beispiel schließen einige Männer sich den Frauen an, um die Strukturen in der Arbeitswelt zu verändern, damit sie mehr Zeit für ihre Kinder haben. Ich kann mir vorstellen, daß es einmal soweit sein wird, daß von der Industrie gefordert wird, auf die Bedürfnisse der Familie einzugehen, anstatt daß von der Familie erwartet wird, daß sie sich nach den Erfordernissen der Industrie richtet.[10]»

Ein weiterer Vorteil der geteilten Kinderversorgung, ist der Sinn, den einige Väter darin sehen, ihren Kindern eine andere Rolle vorzuleben.

«Ich glaube, daß meine Kinder an mir sehen können, daß ein Mann zärtlich, sensibel, warmherzig, einfühlsam und *anwesend* sein kann,

Mark Nelson

einfach dasein kann. Mein Vater hat mir davon nichts vermittelt, und mir ist jetzt klar, wie sehr mir das gefehlt hat.»

In einem Gespräch mit uns hat Robert Fein, Stiefvater und Psychologe, darauf hingewiesen, daß früher die Vorstellung vom patriarchalischen Vater vorherrschend war – einem sehr strengen Erzieher. In den fünfziger Jahren trat das Bild des «guten Kumpel», des Kameraden oder Freundes in den Vordergrund, auf der anderen Seite galten Väter als nicht sehr geschickt und etwas übereifrig in ihrer Rolle. Heute bemühen sich insbesondere bei der geteilten Kinderversorgung die Väter um ein weniger einseitiges und menschlicheres Bild vom Vatersein.

Seit seiner Scheidung hat Richard zu seinen Kindern einen sehr viel direkteren Kontakt, obwohl er sie seltener sieht. Er beschreibt seine Entwicklung während des Wechsels von einer Rolle zur anderen:

«Ich stand unter dem Einfluß der Erziehung eines Vaters, der sehr streng war und Disziplin forderte. Am wichtigsten ist es für mich, dieses ‹Vater-weiß-Alles› zu durchbrechen, diese ganz klar umrissene Rolle, bei der für jedes Ereignis das ‹richtige› Handeln schon feststeht.

Wenn du deinen Teller nicht leer ißt, marsch ins Bett. Wenn du deine Schwester haust, kriegst du den Hintern voll. Auf die jeweilige Situation eingehen können, darauf kommt es für mich an. Ich möchte nicht sofort wütend werden, mich herausgefordert fühlen, mit Patentlösungen zur Hand sein oder Drohungen aussprechen, sondern zunächst einmal schauen, was vor sich geht. Alles das lerne ich jetzt gerade, wo ich längere Zeit hintereinander mit ihnen zusammen bin.»

Anthony geht darauf ein, wie seine Söhne allmählich ihr Bild von «männlich» entwickeln:

«Ich weiß, daß ein liebevoller, warmherziger, dauerhafter Kontakt zu mir sehr dazu beiträgt, daß meine Söhne mit dem Gefühl heranwachsen, sich in ihrem Körper und mit ihrer Sexualität wohl zu fühlen.»

Für Mädchen und Jungen ist es von großem Wert, wenn sie sowohl von ihren Vätern wie auch von ihren Müttern versorgt werden. Wenn sie erleben, daß ihr Vater sich um sie kümmert, wird dadurch ihre Vorstellung über das, was Männer tun, bereichert und erweitert. Dadurch können sie selber wiederum Fürsorglichkeit entwickeln.

Widerstände und Schwierigkeiten, auf die Väter stoßen

In Anbetracht aller dieser Vorteile, die die geteilte Kinderversorgung für Väter mit sich bringt, fragt es sich, was für Hindernisse bestehen und wo der Widerstand herkommt.[11]

Wenn ein Mann die überkommene Vaterrolle überwinden will, stößt er auf Widerstand. Wir sind schon darauf eingegangen, wie sehr die festen Arbeitszeiten im Beruf ein äußeres Hindernis darstellen, die Einstellung in den Schulen, bei Kinderärzten oder öffentlichen Einrichtungen. Doch der meiste Widerstand ist wohl auf die weitverbreitete Einstellung zurückzuführen, daß Männer nicht mit Kindern umgehen können. Wenn Männer kritische Bemerkungen bezüglich ihrer Art, mit Kindern umzugehen, zu hören bekommen und auf Skepsis stoßen, was ihre Fähigkeiten als Elternteil anbelangt, bremst das ihre Begeisterung über geteilte Kinderversorgung beträchtlich. Eine begrenzte Definition des Vaterseins durch unsere Gesellschaft ist eine der Hürden, die Männer überwinden müssen, wenn sie Kinder bekommen, nämlich, daß sie nur die Ernährer und bestrafenden Instanzen sind, eine Einstellung, die ihnen von Kindheit an vermittelt wird.

«Es gibt Männer, die hatten nie die Möglichkeit, für etwas zu sorgen... sie haben niemals Pflanzen wachsen lassen... können auch nicht wirklich für sich selber sorgen... es ist unglaublich schwierig, fürsorglich gegenüber anderen Männern zu sein, weil dadurch die männlichen Normen in Frage gestellt werden. Ein Bekannter hat zu mir gesagt:

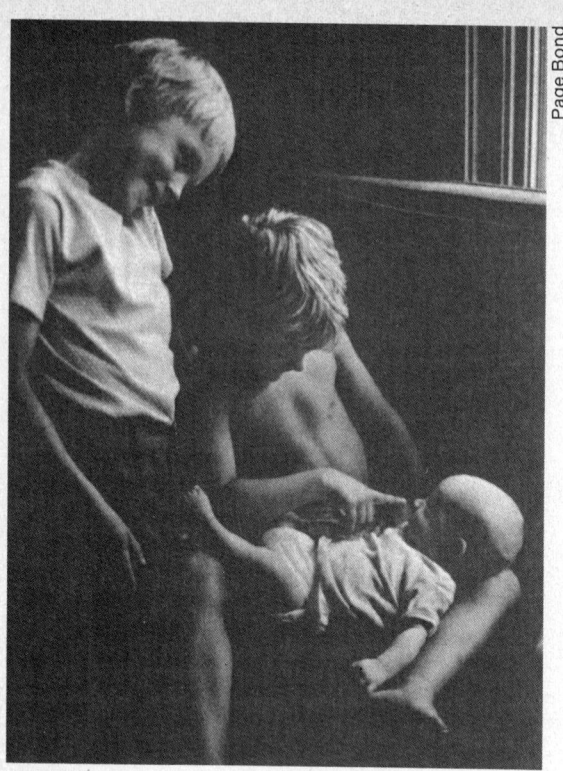

‹Wenn du freundlich und aufmerksam gegenüber jemandem bist, wird dir das als Schwäche ausgelegt.› Was für ein verbarrikadiertes Leben das bedeutet!»

«Als größerer Junge betätigte ich mich heimlich als Babysitter. Unsere Nachbarin hatte ein Baby und ein fünfjähriges Kind, und abends schlich ich mich hinüber, um nach den Kindern zu schauen. Ich habe niemals jemandem etwas davon erzählt. Ich wartete, bis die Familie gegangen war, und dann wiegte ich das Baby.»

In Geschichten für kleine Jungen lernen sie nicht, wie sie gute Väter sein können.[12]

Was ist die Ursache der Vorurteile gegenüber fürsorglichen Männern? Warum haben Männer in unserer Kultur Angst davor, als Schwächlinge zu gelten, und weshalb gilt Kinderversorgung als Schwäche? Diese Fragen bewegen heute viele engagierte Leute. Die Furcht vor Verweichlichung, vor der Ähnlichkeit mit einer Frau scheint mit der Angst vor Homosexualität zusammenzuhängen. Nach den Worten einer Mutter, mit der wir sprachen, stellt sich die Frage: «Was bedeutet schwul sein denn schließlich anderes, als wie eine Frau zu sein?» Solange unsere Gesellschaft Angst vor Homosexualität hat, wird sie sich auch vor weiblichen Wesenszügen bei Männern fürchten. Und solange die Männer nicht menschlich anstatt «männlich» sein dürfen, wird es wahrscheinlich Vorurteile gegen Männer geben, die die sogenannte Frauenarbeit des Windelwechselns, Zärtlichseins, Schlafliedersingens und Tröstens verrichten. Die Väter, die die Kinderversorgung mit den Müttern teilen, tragen dazu bei, den Mythos vom distanzierten Vater/männlichen Mann zu durchbrechen.

Zahlreiche Untersuchungen haben gezeigt, daß Männer fürsorglich sind und sein können. Joseph Pleck stellt die Behauptung in Frage, daß Männer biologisch nicht in der Lage sind, kleine Kinder zu versorgen. Die von ihm zitierte Untersuchung bestätigt, daß diese Behauptung falsch ist:

«In einer wichtigen Untersuchung von Greenberg und Morris (1974) wurde festgestellt, daß Väter von Neugeborenen großes Interesse an ihren Kindern zeigten, eine Bindung zu ihnen hergestellt hatten und sich von ihrem Kind angezogen fühlten, was Greenberg und Morris als eine innere potentielle Fähigkeit der Väter interpretierten, die durch das Zusammensein mit dem Kind ausgelöst wurde. Sowohl Väter, die bei der Geburt dabeigewesen waren, wie auch Väter, bei denen das nicht der Fall war, gaben an, daß sie ihr Kind mühelos von anderen unterscheiden konnten, daß sie ihr Kind als vollkommen empfanden, sich stark zu ihm hingezogen fühlten und es ihre ganze Aufmerksamkeit in Anspruch nahm, daß sie das Schreien ihres Kindes von dem anderer Kinder unterscheiden konnten und daß sie sich sehr über die Geburt ihres Kindes freuten und das ihr Selbstwertgefühl steigerte. Greenberg und Morris wiesen darauf hin, daß die gegenwärtigen Abläufe in den Kliniken sich störend auf das ‹Auslösen› der Zuneigungsreaktion auswirken und daß Väter so bald wie möglich nach der Geburt dazu ermuntert werden sollten, Augen- und Körperkontakt zu ihrem Kind herzustellen.»[13]

Ein Hindernis für tägliches Fürsorgen besteht für manche Väter darin, daß die geteilte Kinderversorgung mit Veränderungen verbunden ist, die ihnen nicht unbedingt als wünschenswert erscheinen.

«Eine meiner Lieblingsbeschäftigungen daheim bestand darin, mich in meinen großen Sessel zu setzen und ein Buch zu lesen. Als ich damit anfing, mich drei Nachmittage in der Woche um Gordon und Helen zu kümmern, setzte ich mich anfangs auch in meinen Sessel, um zu lesen, und stand nur auf, wenn sie mich brauchten. Doch sie wollten so häufig etwas von mir, daß meine Nachmittage eine einzige Frustration waren. Jetzt habe ich es aufgegeben, mir an den Nachmittagen mit den Kin-

dern nebenbei noch etwas vorzunehmen. Dadurch verlaufen diese Nachmittage sehr viel friedlicher, doch ich frage mich, wann ich mal wieder dazu kommen werde, ein Buch zu lesen.»
Wenn Frauen sich mit Freundinnen oder Freunden treffen, sind sie daran gewöhnt, ihre Kinder mitzunehmen. Es ist ganz normal, nachmittags zum Kaffee vorbeizukommen und die Kinder mitzubringen, die dann so lange spielen können, und trotz der Unruhe gelingt es so, sich mit Erwachsenen zu treffen und gleichzeitig für die Kinder dazusein. Die meisten Männer sind nicht daran gewöhnt, auf diese Weise ihre sozialen Kontakte zu pflegen, und es kann eine Weile dauern, bis es ihnen ganz normal vorkommt. Zu den wenigen Vätern in der Gegend zu gehören, die mit ihren Kindern in den Park gehen, das ist doch etwas anderes, als zum Beispiel zu einer Skatrunde zusammenzukommen. Auch müssen Männer, für die es selbstverständlich war, jederzeit aus dem Haus zu gehen, wenn sie Lust dazu hatten, während ihre Frau sich um Babysitter bemühen mußte, feststellen, daß ihre Bewegungsfreiheit empfindlich eingeengt ist. Joseph Pleck erläutert, weshalb seiner Meinung nach der Übergang zu geteilter Kinderversorgung für Männer weniger erstrebenswert ist als für Frauen:
«Wir konnten gleichzeitig unsere berufliche Karriere ausbauen und eine Familie haben, ohne eine Wahl zwischen diesen beiden Möglichkeiten treffen zu müssen oder eine gegen die andere abzuwägen, wie das die Situation der Frauen ist, und zwar genau aus dem Grund, weil unsere Frauen die ganze Arbeit im Haus und für die Familie erledigt haben. Wenn Frauen ihre Männer bitten, mehr im Haus und für die Familie zu tun, behaupten Männer häufig, daß sie damit etwas aufgeben würden – als ob es jetzt Gleichheit zwischen den Geschlechtern gäbe und wir dahinter zurückfallen würden, wenn wir mehr im Haushalt und für die Familie täten. Es passiert leicht, daß Männer sich nicht wirklich klarmachen, wie privilegiert sie dadurch sind, daß ihre Frauen die ganze Arbeit daheim machen.» [14]
Wenn Männer dazu bereit sind, können sie von Frauen lernen. Wenn sie von der Rolle der Lehrmeister zu den Lernenden überwechseln und Frauen nicht mehr die Lernenden, sondern die Lehrenden sind, dann ist das so, als würden wir mit verbundenen Augen eine holprige Straße entlanggehen. Unsere festgelegte Einstellung dazu, was für Männer und Frauen angemessen ist, läßt sich nicht von einem Tag auf den anderen über Bord werfen, und wir können all die Jahre fehlender Erfahrung nicht so schnell aufholen.
Ein Stiefvater berichtet über seine Rückschläge und Erfolge:
«Lydias Einstellung war, daß ich selber eine Beziehung zu Tom aufbauen mußte. Doch oft wußte ich nicht, was ich machen sollte, und am Ende fühlte ich mich im Stich gelassen und war ärgerlich. Einerseits

wollte ich Hinweise von ihr, andererseits wiederum auch nicht, und ich wußte auch nicht, wann oder wie ich sie um Hilfe bitten sollte. Ich erwartete, daß Lydia auf wunderbare Weise immer im richtigen Moment eingreifen würde ... Manchmal ergänzten wir uns ganz gut. Ich kann mich an eine Begebenheit erinnern, als Tom über irgend etwas, was in der Schule vorgefallen sein mußte, sehr aufgebracht war. Er kam zu mir, und ich bemühte mich darum, mit ihm zu reden, und hörte ihm zu, um herauszubekommen, was vorgefallen war. Ich kam nicht weiter und ging zu Lydia, um sie um Rat zu fragen. Schließlich sprach sie mit Tom und konnte auf das Problem einsteigen, das Tom gerade bewegte. Später sprachen wir darüber, was vor sich gegangen war, und ich fand es gut, wie wir mit der Sache gemeinsam umgingen.»

Kinder und geteilte Kinderversorgung und -erziehung

Wir sind der Überzeugung, daß die Mutter-Kind-Beziehung äußerst wichtig ist. Ohne eine solche Beziehung sind Kinder für ihr Lebensglück äußerst gefährdet. Gleichzeitig glauben wir, daß die Kinder von der geteilten Erziehung mindestens ebenso profitieren wie ihre Eltern. Aus zahlreichen anthropologischen Untersuchungen geht hervor, daß in anderen Kulturen die Kinderversorgung geteilt wird und daß sich das günstig auf die Kinder auswirkt. Mary Howell faßt das so zusammen:

«In den meisten Gesellschaften wurde und wird die Kinderversorgung geteilt. Mütter, Väter, Großeltern, Onkel, Tanten, Verwandte, Freunde, Nachbarn, Jugendliche und Kinder beteiligen sich regelmäßig und *bereitwillig* an der Verantwortung für die Versorgung kleiner Kinder.»[15]

Die in unserer Gesellschaft vorherrschende Norm der immer daheim anzutreffenden Mutter, die für die gesunde Entwicklung kleiner Kinder unentbehrlich ist, ist historisch gesehen relativ neuen Ursprungs. Das ist ein ganz wichtiger Gesichtspunkt, denn die Abwehr in unserer Gesellschaft gegenüber geteilter Kinderversorgung und -erziehung beruht auf der Annahme, daß ein kleines Kind nur eine einzige Bezugsperson haben darf. Margaret Mead führt zu dieser Frage folgenden kulturvergleichenden Gesichtspunkt an:

«Gegenwärtig ... werden die kontinuierliche Beziehung des Kindes zu seiner biologischen Mutter und sein Bedürfnis nach menschlicher Zuwendung und Betreuung in dem immer stärkeren Beharren darauf, daß ein Kind und seine biologische Mutter oder feste Bezugsperson niemals getrennt voneinander sein dürfen, daß jede Trennung, selbst wenn sie nur ein paar Tage dauert, unausweichlich schädigend wirkt und bei länger dauernder Trennung nicht wieder gutzumachender Schaden angerichtet wird, hoffnungslos durcheinandergebracht. Das ... ist eine neue, subtile Art von Frauenfeindlichkeit, durch die die Männer – unter dem Vorwand, die Bedeutung der Mutterschaft hervorzuheben – die Frauen noch fester an ihre Kinder binden ... Durch anthropologische Erkenntnisse wird der Wert einer solchen Betonung der Bindung zwischen Mutter und Kind zum gegenwärtigen Zeitpunkt nicht untermauert ... Im Gegenteil weisen kulturvergleichende Untersuchungen darauf hin, daß sich ein Kind am leichtesten in die Gesellschaft einfügen kann, wenn es von vielen warmherzigen, freundlichen Menschen betreut wird.»[16]

Hier der Bericht über ein Kind in unserer Gesellschaft, das zu mehr als nur einem erwachsenen Menschen Beziehungen aufgenommen hat. Beide Eltern sprechen darüber, was Johanna durch die geteilte Kinderversorgung gewonnen hat:

«Liane: Johanna ist jetzt ein Jahr alt, und ich weiß nicht, wie sie unsere Zuwendung begreift.

Tom: Ich vermute manchmal, daß sie vier Leute für ihre Eltern hält – uns beide und ihre beiden Schwestern (12 und 15 Jahre alt). In unserer Familie gibt es keine spezielle Mutterrolle oder Mutterfunktion. Das heißt nicht, daß sie nicht bemuttert wird, doch es ist nicht so, daß einer von uns besonders für sie zuständig ist oder daß das an ein bestimmtes Geschlecht gebunden wäre.

Liane: Das ist nicht ganz richtig, denn wenn ich die Zeit zusammenrechne, dann hat Tom sich mehr um sie gekümmert als ich. Als Johanna noch ganz klein war, mußte ich operiert werden und durfte sie sechs Wochen lang nicht tragen. Während dieser Zeit habe ich sie weder aus ihrem Bettchen gehoben noch angezogen oder gebadet. Also hat Tom insgesamt mehr Arbeit bei der Kinderversorgung in diesem einen Jahr übernommen als ich.

Tom: Wenn unsere 15jährige Tochter zu Hause ist, widmet sie dem Baby sehr viel Zeit. Wenn wir zu dritt oder zu viert im Zimmer sind, wendet sich Johanna ebenso gern auch der 12jährigen zu wie uns anderen.

Liane: Mir sind schon immer kleine Unterschiede aufgefallen, und ich weiß jetzt allmählich, wann sie wegen bestimmter Sachen sich an wen wendet. Judy, die 12jährige, bedeutet für sie Spaß und Aufregung, Herumalbern, diejenige, mit der sie Verstecken spielen kann. Zu mir kommt sie, wenn sie sich weh getan hat oder müde ist. Irgendwie weiß sie, daß ich diejenige bin, die sich um diese Bedürfnisse kümmert. Ich glaube, sie kennt jedes einzelne Familienmitglied und weiß, was sie von den verschiedenen Leuten kriegen kann. Ich bezweifle, daß sie zwischen Tom und mir Unterschiede macht, doch glaube ich, daß sie auf meine Stimme und meinen Rhythmus auf ganz besondere Art reagiert, denn ich habe sie in meinem Körper getragen. Wenn ich sie hochnehme, dann passiert irgend etwas, wodurch sie sich beruhigt, und das ist bei sonst niemandem der Fall.»

Wenn mehrere Erwachsene zur Verfügung stehen, dann fließen den Kindern, wie Johanna das erfahren hat, aus mehreren Quellen Liebe und Zuneigung entgegen. Mary Howell stellt fest:

«Bei Kindern mit nur einer Bezugsperson ‹ist alles auf eine Karte gesetzt›. Wenn das Kind nur einen einzigen Menschen als vertrauenswürdig erlebt und dieser Mensch gerade müde, beunruhigt, wütend oder nervös ist, hat das Kind keine andere Möglichkeit, Zuwendung zu bekommen, und muß unter den Folgen leiden, die die zeitweilige und völlig normale Unfähigkeit eines Erwachsenen mit sich bringt, ihm die notwendige Zuwendung entgegenzubringen.»[17]

Durch mehrere Bezugspersonen verteilt sich die Intensität der ausschließlichen Mutter-Kind-Beziehung, die sowohl für die Mutter wie auch für die Kinder einengend sein kann. «Kinderbetreuung, die an Bedienen oder Tyrannei grenzt, ist aus gutem Grund aus der Mode gekommen. Es ist sowohl für die Mutter wie auch für das Kind schädlich, wenn das Kind den ganzen Tag über ausschließlich isoliert ist und keine Unterstützung oder Entlastung hat.»[18] Das soll nicht heißen, daß die geteilte Kinderversorgung und Erziehung keine Schwierigkeiten für die Kinder mit sich bringt. Es kann zu ernsten Problemen kommen, wenn die Erwachsenen ihre Spannungen, ihren Ärger und ihre Frustrationen, die sich aus den unterschiedlichen Auffassungen über geteilte Kinderversorgung ergeben, auf die Kinder übertragen und an ihnen auslassen. Ein Vater sagt zu seiner Frau: «Ich hole Janine nicht von der Schule ab, weil ich so eine Wut auf dich habe.» Oder eine Mutter schreit ihre Tochter an, doch in Wirklichkeit ist sie außer sich, weil ihr Mann noch nicht zu Hause ist, um das Abendessen zu kochen, wie es abgemacht war. Wenn Eltern sich über die Ursachen ihres Ärgers bewußt werden, können sie lernen, wie sie sich direkt mit ihrem Partner auseinandersetzen, damit ihre Kinder dieses Problem möglichst wenig zu spüren bekommen.

Geteilte Kinderversorgung für alleinerziehende Eltern

Alleinerziehende Eltern sind Leute, die ihre Kinder ohne die Hilfe des anderen Elternteils, der auch nicht mit ihnen zusammenlebt, großziehen; die getrennt leben, geschieden oder verwitwet sind oder die nie verheiratet waren, oder sie leben allein und haben ein Kind adoptiert oder haben einfach ein Kind ohne juristische Formalitäten angenommen: Es gibt immer mehr Frauen, die sich für ein Kind entscheiden, ohne eine feste Beziehung zu haben, und auch alleinstehende Frauen und Männer, die ein Kind adoptieren. Viele Mütter und einige Väter, die nicht alleinstehend sind, betreuen ihre Kinder hauptsächlich allein, entweder weil der andere Elternteil krank ist oder die meiste Zeit nicht da ist. Normalerweise ist es jedoch heute auf eine Trennung oder Scheidung zurückzuführen, wenn ein Elternteil allein für die Kinder verantwortlich ist.

Einige alleinerziehende Eltern teilen sich die Kinderversorgung mit dem ehemaligen Partner, doch die meisten, und besonders Frauen, versorgen ihre Kinder allein, mit nur geringer oder gar keiner Unterstützung vom Partner. Da die meisten von ihnen außer Haus ihr Geld verdienen, ist die Belastung durch die volle Verantwortung und die Verpflichtungen, die Berufstätigkeit und Kinderversorgung mit sich bringen, sehr groß. Wenn sie sowohl finanziell wie auch physisch und emotional für sich selber und ihre Kinder sorgen müssen, dann geht es bei der geteilten Kinderversorgung vor allem darum, jede in Frage kommende Hilfe in Anspruch zu nehmen. Alleinerziehende Eltern brauchen auf mehrere verschiedene Arten Hilfe: Hilfe bei der Kinderbetreuung, die sich stundenweise bemißt, Hilfe bei der emotionalen Inanspruchnahme durch die Kindererziehung und oft auch finanzielle Unterstützung. Wenn genügend Geld da ist, dann ist es meistens nicht so schwierig, Hilfe bei der Kinderbetreuung zu bekommen, entweder durch einen Babysitter oder eine Haushälterin oder durch Institutionen wie Kindertagesstätten oder Ganztagsschulen; schwierig bleibt es jedoch, die fortwährend emotionale Unterstützung zu finden. Viele müssen tagein, tagaus ohne dieses grundlegend wichtige Sich-einander-Mitteilen auskommen, ebenso auch ihre Kinder: sie stehen das durch, doch die Belastung kann sowohl für die Kinder wie für die Eltern sehr groß sein. Die finanziellen Anforderungen sind für alleinerziehende Eltern hart (siehe Kapitel 7 und 9 über Familien und Selbsthilfe). Auch wenn es einigen Eltern gelingt, mit dem Gehalt aus einer Halbtagsstelle, dem Kindergeld und Unterhaltszahlungen oder mit Sozialhilfe auszukommen, ist die finanzielle Lage meistens schwierig und unbestimmt. Unterhaltszahlungen sind meistens alles andere als ausreichend, um damit die anfallenden Kosten in einer Familie zu decken. Oft werden sie überhaupt nicht oder unregelmäßig gezahlt, und dann ist es immer noch zuwenig. Viele Eltern verdienen noch nicht einmal in einer Ganztagsstellung genug, um außerdem noch genügend Geld für die Kinderbetreuung erübrigen zu können. Nach einer Scheidung können die meisten Frauen nicht mehr über das bisherige Familieneinkommen verfügen, doch die meiste Verantwortung geht zu ihren Lasten. Für Männer ist es zweifellos schwierig, zwei Haushalte mit einem Gehalt zu finanzieren, wenn sie wieder geheiratet haben, doch die Frauen und die Kinder müssen regelrecht unter finanzieller Entbehrung leiden und sind Existenzängsten ausgesetzt.

Wo gibt es die nötige Hilfe?

In dem Kapitel Selbsthilfe wird das Thema, wo wir Unterstützung finden können, eingehender behandelt. An dieser Stelle beschränken wir uns auf die Probleme alleinerziehender Eltern bei der Suche nach Leuten, mit denen sie sich die Kinderversorgung teilen können.
Für die meisten ist das nicht nur *eine* Stelle oder *ein* Mensch, sondern es springen Verwandte, Freunde, Partner, Nachbarn, Babysitter, Lehrer und Sozialarbeiter ein.
Juliane, Mutter von zwei Schulkindern, berichtet über die Hilfe, die sie bekommt:
«Meine Familie hilft mir. Gleich nach der Scheidung, als ich sehr deprimiert war, kam es mir gar nicht in den Sinn, meine Familie um Hilfe zu bitten. Sie wohnen in einer anderen Stadt und waren für mich so weit weg. Doch in den letzten Jahren habe ich die Kinder während der Schulferien dort hingebracht. Sie verbringen eine Woche mit ihren Großeltern und meiner Schwester, diese Zeit habe ich dann für mich.»
Andreas, ein alleinerziehender Vater, hat gute Erfahrungen mit der Schule und in seiner Nachbarschaft gemacht:
«Die Schule, die meine Tochter besucht, geht sehr auf die Situation alleinstehender Eltern ein. In dieser Schule wird eine Vielfalt von Lebensformen unterstützt und rücksichtsvoll der Tatsache Rechnung getragen, daß die Kinder aus ganz unterschiedlichen Familienverhältnissen kommen. In der Gemeinde gibt es ein umfangreiches Freizeitprogramm für Schulkinder, es wird berücksichtigt, daß die meisten Eltern berufstätig sind. Außerdem kann ich mich mit anderen alleinstehenden Eltern, die in der Nähe wohnen, bei der Kinderbetreuung abwechseln.»
Die meisten alleinstehenden Eltern müssen zunächst einmal herausfinden, wen sie am besten unter welchen Umständen um Hilfe bitten. Manchmal bekommen sie bei der Kinderversorgung Unterstützung durch einen Babysitter, eine andere Familie, eine andere Mutter oder einen anderen Vater oder eine Lehrerin, die Interesse an dem Kind haben und den Eltern ihre Beobachtungen und Meinungen mitteilen. Jutta fand in dem Wohnblock Hilfe, in den sie nach der Trennung von ihrem Mann einzog:

«Ich hatte in einem Einfamilienhaus gewohnt, wo ich zwar ungestört, aber auch isoliert war. Durch einen glücklichen Zufall fand ich eine Wohnung in einem Vierfamilienhaus. Mit den Kindern, die dort wohnten, war Tommi über drei Jahre lang zusammen in einer Spielgruppe gewesen. Wir leben dort zwar alle als Kleinfamilien, doch wir betreuen gegenseitig unsere Kinder, wir organisieren, wer die Kinder wann zur Schule fährt, wir besuchen uns aber auch gegenseitig, wann immer wir Lust dazu haben, um Spaß miteinander zu haben, um Rat zu fragen oder uns auszuweinen. Wir überstehen Schneestürme und Stromausfälle gemeinsam. Wenn ich total erschöpft bin, kann Tommi zu anderen Kindern oder den Erwachsenen gehen. Obwohl er ein Einzelkind ist, kennt er die Freuden, die Wut und die Geborgenheit, die das Zusammensein mit Gleichaltrigen mit sich bringt. Ich kann mir wirklich als alleinstehende Mutter gar keine bessere Wohnsituation vorstellen.»

Andere um Hilfe zu bitten kann uns große Überwindung kosten.

«Rückblickend betrachte ich die Hilfe, die ich von meinen alten Freunden bekam, die alle verheiratet waren, mit gemischten Gefühlen. Sie kümmerten sich um mich, und ihre Hilfe war für mich wertvoll. Doch durch meine Abhängigkeit von ihnen blieb ich mit einem Teil meines Lebens in Kontakt, von dem ich mich allmählich löste.»

Viele wenden sich besonders am Anfang an die Leute, die ihnen am vertrautesten sind, zum Beispiel an gute Freunde und an ihre Familie. Manchmal sind sie sehr hilfsbereit, zu anderen Zeiten können sie uns den gewünschten Gefallen nicht tun. Diese alleinstehende Mutter wandte sich an eine Therapeutin um Hilfe:

«Meine Therapeutin hat mir durch ihr aufmerksames Zuhören, durch ihre Objektivität, ihre Erfahrung ebenso wie durch die Arbeit, die ich zusammen mit ihr geleistet habe, sehr dabei geholfen, in diesen Jahren des neuerlichen Alleinlebens mehr Stärke und Selbstvertrauen zu erlangen. Jetzt, wo ich mich wieder besser leiden kann, bin ich auch eine bessere Mutter – so einfach ist das. Und in der turbulenten Zeit, als mein Sohn sehr stark darunter litt, daß sein Vater auszog und daß wir uns nicht einigen konnten, bei wem er bleiben sollte, hatte Dylan in einem sorgfältig ausgewählten Kindertherapeuten einen Verbündeten, der uns dabei half, klarer zu erkennen, was zu tun war.»

Alleinstehende Eltern sind häufig mit der unangenehmen Situation konfrontiert, sich an Leute zu wenden, die sie kaum kennen. Vielleicht bleibt ihnen nichts anderes übrig, als zum Beispiel in der Schule andere alleinstehende Eltern anzusprechen oder Nachbarn um Hilfe zu bitten. Problematisch daran ist, daß dadurch, daß sie eingestehen, auf Hilfe von außen angewiesen zu sein, wahrscheinlich Gegenleistungen von ihnen gefordert werden, die sie nicht erfüllen können. «Ich mag meine Nachbarin nicht fragen»; denn wenn sie nein sagen würde, wäre ich enttäuscht, und wenn

Phyllis Ewen

sie ja sagte, wüßte ich nicht, wie ich ihr wiederum einen Gefallen tun kann. Ich habe so wenig Zeit.» Viele alleinstehende Eltern befürchten, daß sie mehr nehmen als geben, und dadurch kommen sie sich ungleichwertig vor. Manchmal ist es alleinstehenden Eltern lieber, sich mit anderen alleinstehenden Müttern und Vätern zusammenzutun. Doch Kinder suchen sich ihre Freunde nicht nach dem Gesichtspunkt aus, ob deren Eltern auch getrennt leben. Eine alleinstehende Mutter schildert ein Gespräch, das sie mit der Mutter des besten Freundes ihres Kindes hatte:

«Es gab eine Zeit, in der es häufig vorkam, daß ich Thea, die verheiratet war und meistens nachmittags daheim blieb, fragte, ob meine Tochter mittwochs nach der Schule bei ihr bleiben könne. Sie brauchte eigentlich niemanden, der ihr Kind betreute, und ich wußte nicht, wie ich ihr einen Gefallen als Gegenleistung tun konnte. Thea wußte, daß mir das unangenehm war, und sprach mich deswegen an. Sie bestätigte, daß sie von mir nicht die Hilfe in Anspruch zu nehmen brauchte, die ich von ihr bekam. Sie versicherte mir, daß es ihr überhaupt nichts ausmache, wenn meine Tochter bei ihr war, und falls es einmal nicht paßte, würde sie mir das sagen. Außerdem machte sie mir klar, daß es sowohl ihr wie auch ihrer Tochter riesigen Spaß machte, wenn sie bei uns eingeladen ist. Ich war erleichtert, daß wir endlich darüber gesprochen hatten und daß ich eine Möglichkeit sah, ihre Hilfe zu erwidern.»

Eine andere Frau, die sich Gedanken darüber gemacht hat, wie sie sich einer Familie gegenüber erkenntlich zeigen könne, bei der ihr Sohn häufig zu Abend ißt, meint: «Auch wenn ich mich nicht direkt revanchieren kann, gleicht sich das doch wieder aus, da ich anderen helfe, wenn mir das möglich ist.»

Als Alleinerziehende/r mußt du am Anfang oft zunächst einmal neue Leute kennenlernen, mit denen du deine Sorgen und die Kinderbetreuung teilen kannst. Die Isolation und die Notlage, in der sich allein lebende Eltern befinden, können dazu führen, daß sie sich Dinge trauen, auf die sie sich früher nie eingelassen hätten. Manche schauen sich nach einer Gruppe um oder machen andere «Singles» ausfindig. Die Leiterin einer solchen Gruppe, selbst Alleinerziehende, beschreibt das erste Gruppentreffen:

«Eine/r nach der/dem anderen teilten wir einander mit, warum wir in die Gruppe gekommen waren. Alle im Raum, sowohl die Männer wie die Frauen, berichteten auf ihre Weise, wie sehr sie sich allein und im Stich gelassen fühlten. Während dieses ersten Gesprächs fand eine offensichtliche Veränderung statt – es ging wie ein Aufatmen durch die ganze Gruppe, alle waren irgendwie erleichtert, denn alle hatten das Gefühl, daß sie nicht mehr so isoliert waren, wie zu dem Zeitpunkt, bevor sie hierherkamen.»

Alleinerziehende Eltern versuchen vielleicht, ihre Wohnsituation zu verändern, zum Beispiel mit anderen in derselben Lage und ihren Kindern zusammenzuziehen. Dadurch ergibt sich die Möglichkeit, sich die Kinderversorgung mit anderen hilfsbereiten Erwachsenen zu teilen, für die Kinder hat das den Vorteil, daß sie mit anderen Erwachsenen und Kindern zusammenleben. Für die Kinder bedeutet es eine Möglichkeit, besondere Beziehungen einzugehen, wenn es andere Erwachsene gibt, die in ihrem Leben eine wichtige Rolle spielen, wie dieser Vater ausführt:

«Maria verbringt drei Wochenenden im Monat bei meiner Mutter. Für mich ist es eine Notwendigkeit, daß meine Mutter sich um Maria kümmert, und für Maria hat das den Vorteil, daß sie regelmäßig mit ihrer Großmutter zusammen ist und eine für sie bedeutsame, kontinuierliche Beziehung zu ihr entwickelt hat, eine Gelegenheit, die viele Kinder in einer Kleinfamilie nicht haben.»

Geteilte Kinderversorgung und -erziehung gemeinsam mit dem ehemaligen Partner[19]

Die wenigsten geschiedenen oder getrennt lebenden Eltern teilen sich die Kinderversorgung mit ihrem ehemaligen Partner. Gewöhnlich bleiben die Kinder bei der Mutter, und der Vater hat ein Recht darauf, sie zu besuchen. Wegen der Unterhaltszahlungen und der «Besuchszeiten» entstehen meistens Probleme.

Es kommt jedoch auch vor, daß Eltern, die sich vor der Trennung oder Scheidung die Kinderversorgung geteilt haben, das auch nachher noch in zwei verschiedenen Haushalten beibehalten. Wie läßt sich die Kinderversorgung mit jemandem teilen, mit dem du nicht mehr zusammenlebst und den du wahrscheinlich auch nicht mehr liebst? Wie kannst du der gemeinsamen Verantwortung als Elternteil nachkommen und gleichzeitig alles daransetzen, dich zu lösen? Wie können zwei Menschen, die zumindest zeitweise wütend aufeinander und sich fremd sind, die Schwierigkeiten und Herausforderungen meistern, die geteilte Kinderversorgung mit sich bringt? Für Eltern, die sich weiterhin die Kinderversorgung teilen, nachdem die Ehe in die Brüche gegangen ist, sind das zentrale Fragen. Zweifellos haben sie einen dornigen Weg vor sich. Für einige scheint das jedoch die einzige Möglichkeit zu sein, die Verantwortung für ihre Kinder weiterhin zu übernehmen.

Der Grund, weshalb Eltern sich nach einer Trennung oder Scheidung die Kinderversorgung und -erziehung weiterhin teilen, liegt wahrscheinlich darin, daß sie überzeugt davon sind, daß es für die Kinder wichtig ist, daß im täglichen Leben beide Eltern für sie da sind. Diese geschiedenen Partner hoffen, daß die Vorteile, die sich für die Kinder aus der geteilten Kinderversorgung und -erziehung ergeben, trotz der Trennung bestehen bleiben können. Meistens verliert ein Kind durch die Scheidung entweder den Vater oder die Mutter. Dadurch, daß die geteilte Kinderversorgung beibehalten wird, kann das Kind, auch wenn seine Eltern nicht mehr gemeinsam für es da sind, eine enge Beziehung zu beiden Eltern aufrechterhalten.

Auch für die Eltern kann die geteilte Kinderversorgung nach der Trennung vorteilhaft sein. Eine Scheidung kann dazu führen, daß ein Elternteil unter der Belastung, die ganze Zeit für die Kinder ohne jede Entlastung dasein zu müssen, fast zusammenbricht und der andere Elternteil voller Trauer ist und sich nach den Kindern sehnt. Wenn sie die geteilte Kinderversorgung beibehalten, braucht kein Elternteil auf die Freuden und Herausforderungen durch die alltäglichen Aufgaben als Eltern zu verzichten. Außerdem ist es eine große Erleichterung, die Dinge tun zu können, die dir Spaß machen oder die du tun mußt, und gleichzeitig zu wissen, daß du ganz beruhigt sein kannst, weil deine Kinder bei jemandem untergebracht sind, der sie ebensosehr liebt wie du: Die geteilte Kinderversorgung bringt nach einer Trennung den Vorteil mit sich, Zeit ohne die Kinder verbringen zu können – jede Woche, jeden Monat, jeden Sommer –, Zeit, die du mit einer neuen Liebe oder einem neuen Partner verbringen kannst, ein Luxus, den sich verheiratete Paare in einer Kleinfamilie selten miteinander leisten können. Wenn es feste Zeiten gibt, in denen Eltern völlig frei von allen Erziehungsaufgaben sind, haben sie (und zwar besonders Mütter) die Möglichkeit, sich selbst getrennt von

ihren Kindern zu erleben. Das macht zuerst manchmal gar keinen Spaß, doch es ist auch eine gute Möglichkeit, sich darauf einzustellen, daß die Kinder heranwachsen und sich selbständig machen werden.
Es ist eine schwierige Angelegenheit, wem die Kinder zugesprochen werden und wie die Besuchszeitenregelung aussieht. Es sind schon viele Möglichkeiten zu verschiedenen Zeiten und in verschiedenen Teilen der Welt ausprobiert worden. Patentlösungen gibt es hier nicht. Es werden sehr unterschiedliche Regelungen getroffen, die oft unter großen Schmerzen und nach sorgfältigen Überlegungen ausgehandelt worden sind. *Hier ein paar Beispiele von Regelungen, die uns bekannt sind:*
- Das Kind ist während der Woche bei der Mutter und an den Wochenenden beim Vater – die häufigste Regelung.
- Ein Elternteil hat das Kind am Anfang der Woche (Sonntag bis Mittwoch), der andere Partner den Rest der Woche (Donnerstag bis Sonnabend) mit flexiblen Zeiten an manchen Wochenenden, während der Ferien und wenn die Eltern Urlaub machen wollen.
- Die Eltern wechseln sich jede Woche, alle zehn Tage oder jeden Monat ab. Gelegentlich wechseln nicht die Kinder von einer Wohnung zur anderen, sondern die Eltern.
- Während des Schuljahres hat die Mutter die Kinder während der Woche und der Vater jedes zweite Wochenende, in den Ferien hat der Vater sie die Woche über und die Mutter an jedem zweiten Wochenende.
- Das Kind ist während des Schuljahres beim Vater und verbringt drei Wochenenden im Monat bei den Großeltern, mit der Mutter ist es während der Schulferien zusammen.
- Jeder Elternteil hat die Kinder ein oder zwei Jahre hintereinander. Die Eltern müssen in derselben Stadt wohnen bleiben, bis das Kind mit der Schule fertig ist.
- Ein Kind bleibt bei der Mutter, eines beim Vater, die Kinder treffen sich regelmäßig mit dem Elternteil und Geschwister, mit dem sie nicht zusammenleben.

Das hört sich gedruckt sehr einfach an, es kann jedoch mit den größten Schwierigkeiten verbunden sein, sich auf solche Regelungen zu einigen. Es kann zum Beispiel sein, daß die Eltern darum kämpfen, wer das Kind während der Woche hat, denn dieses Elternhaus kommt dem Kind vielleicht mehr wie sein Zuhause vor als das andere. Bei diesen Regelungen müssen sowohl die Stundenpläne der Kinder, die Arbeitszeiten der Eltern wie auch andere Bedürfnisse der Eltern und der Kinder berücksichtigt werden. Eltern stehen vor der großen Frage: Wie können wir sowohl unserem eigenen Bedürfnis gerecht werden, regelmäßig mit unseren Kindern zusammenzusein, wie auch dem Bedürfnis unserer Kinder nach verläßlichen Lebensumständen? Wenn Eltern sich dazu verpflichten, in der gleichen Stadt oder Gegend wohnen zu bleiben, können sie sich die Zeit mit den Kindern gleichmäßiger aufteilen. Kinder jedoch, die zu oft hin- und herwandern, kommen sich bald herumgeschubst vor, wie ein kleines Mädchen ihrer Mutter gegenüber festgestellt hat. Wird dieses Gefühl durch eine gute, regelmäßige Beziehung zu beiden Eltern wieder wettgemacht? Es gibt keine Patentrezepte darüber, welche Regelung am besten funktioniert. Eltern, die sich nach der Trennung die Kinderversorgung teilen, betreten Neuland. Sie lernen voneinander und von ihren Kindern, je mehr sie sich vorarbeiten.

Probleme von Eltern, die sich nach der Scheidung oder Trennung die Kinderversorgung und -erziehung teilen

● Vertrauen

Wie sicher du dir vom Verstand her auch sein magst, daß es richtig ist, dir die Kinderversorgung mit deinem ehemaligen Partner zu teilen, und sosehr du diese Entlastung auch brauchen magst, deine Kinder einem anderen Menschen anzuvertrauen kann dich dennoch quälen. Auch wenn ihr euch in noch so gutem Einvernehmen getrennt habt, bedeutet geteilte Kinderversorgung, daß du deine Kinder jemandem überläßt, mit dem du nicht zusammenleben und den du nicht lieben kannst, mit dem du nicht beizulegende Meinungsverschiedenheiten hast und von dem dich eine gemeinsame Geschichte voller Auseinandersetzungen und Wut trennt. Eltern, die die Kinderversorgung teilen, können nicht darauf bestehen, daß einer die Sachen so macht, wie der andere es will. Wenn du deine Kinder zum Beispiel in der zweiten Wochenhälfte jedesmal zu deinem ehemaligen Mann schickst, dann ist dieses Gewährenlassen sogar noch sehr viel schwieriger. Bohrende Fragen tauchen auf. Nimmt er/sie Rücksicht auf ihre Gefühle? Wird er/sie sich liebevoll um sie kümmern, obwohl er für mich nichts mehr übrig hat? Läßt er/sie die Kinder die Wut spüren, die er/sie auf mich hat? Bringt er/sie die unterschiedlichen Auffassungen über unsere Lebensweisen ins Spiel? Benutzt er/sie seinen ständigen, täglichen Einfluß dazu, die Kinder gegen mich aufzuhetzen?

Wenn diese Fragen kein Ende nehmen und allzu quälend sind, ist die Situation offensichtlich nicht günstig, um sich die Kinderversorgung zu teilen. Zwischen den Ex-Partnern muß gegenseitiges Vertrauen und Achtung bestehen, und sie müssen über genügend Reife, Selbstbeherrschung und psychische Klarheit verfügen, damit sie ihre Meinungsverschiedenheiten zurückstellen können, wenn es um die Kinder geht. Es hat keinen Sinn, sich die Kinderversorgung zu teilen, wenn das zu einer Fortsetzung der Ehestreitigkeiten führt und nicht die Kindererziehung, sondern eigene Interessen der Hauptantrieb sind.

Das Problem des Vertrauenkönnens taucht erneut auf, wenn ein Elternteil wieder heiratet oder mit jemandem zusammenzieht, denn indirekt ist der neue Partner an der Kindererziehung beteiligt (→ Abschnitt «Stiefeltern» im Kapitel 7, «Familien»).

● Verständigung

Eltern, die getrennt leben und sich die Kinderversorgung und -erziehung teilen, werden sich sehr häufig miteinander verabreden müssen – über die vereinbarten Regelungen, über die Gefühle der Kinder und so weiter. An einige stellt es hohe Anforderungen, die Feindseligkeiten beiseite zu lassen. Andere stellen fest, daß sie jetzt rücksichtsvoller und feinfühliger sind, wenn sie sich mit dem ehemaligen Partner über die Kinder verständigen, als das jemals in ihrer Ehe der Fall gewesen ist. Eine Frau machte die Feststellung: «Wenn wir vorher schon so gut miteinander hätten reden können, hätten wir uns nicht scheiden lassen.» Wenn die Verständigung problematisch ist, ziehen manche Eltern einen Vermittler hinzu. Ein Elternpaar fand folgende Lösung: Sie fragten einen Kinderpsychologen, mit dem sie bekannt waren, ob er bereit sei, in ihre Scheidungsabmachungen als Person mit aufgenommen zu werden, die sie bei allen Problemen im Zusammenhang mit der Kinderversorgung und -erziehung um Rat fragen würden. Er war einverstanden. Diese Abmachung funktioniert jetzt schon seit sechs Jahren sehr gut. Die Kinder werden davor bewahrt, zum Gegenstand von alten Streitigkeiten ihrer Eltern zu werden, und die Eltern werden davon abgehalten, eine Menge Energie bei Auseinandersetzungen zu verschwenden, die zu nichts führen und ihr jetziges Leben belasten.

Abgrenzung der Beziehung zum Elternteil der gemeinsamen Kinder gegenüber der zum ehemaligen Ehepartner

In jedem neugebildeten Haushalt ist immer noch der Partner spürbar. «Ich dachte, ich sei geschieden, doch sie/er ist immer noch da» und «Ich wünschte, sie/er würde verschwinden». Solche Gefühle stellen sich bei Männern und Frauen gleichermaßen ein. Die schattenähnliche Anwesenheit des Ex-Partners ist oft sehr unangenehm. Für viele Eltern ist es mühevoll herauszufinden, wie sie weiterhin Anteil nehmen können, jedoch nicht mehr, als für das reibungslose Teilen der Kinderversorgung notwendig ist. Die Eltern müssen herausfinden, wo die Grenzen sind, zum Beispiel, wann wir einen geschiedenen Ehepartner anrufen können und wann nicht und welche Gründe vorliegen müssen, die einen Anruf wirklich notwendig machen. Es ist wichtig, Grenzen zu setzen, doch es ist auch notwendig, flexibel zu bleiben und sich klarzumachen, daß sich diese Grenzen mit der Zeit verschieben müssen. Wenn die Kinder älter werden, ist es nicht mehr so notwendig, daß die Eltern viel Kontakt miteinander aufnehmen, oder wenn sich die Feindseligkeiten mit der Zeit gelegt haben, können die Eltern wieder offener miteinander umgehen. Auch mag es in der ersten Trennungszeit ganz in Ordnung sein, daß der Vater in die Wohnung der Mutter kommt, um sich um die Kinder zu kümmern, nach einer Weile besteht diese Notwendigkeit aber vielleicht nicht mehr. Was für Grenzen gesetzt werden, ist von Paar zu Paar verschieden, was für die einen unproblematisch ist, kann für die anderen unvorstellbar sein. Uns teilte zum Beispiel eine Frau mit, wie schockiert sie war, als sie hörte, daß ein Paar, das sich getrennt hatte, zusammen in einem Zweifamilienhaus wohnte. Das Paar gab jedoch an, daß sie mit dieser Regelung sehr zufrieden seien.

● Organisiert leben und Zeitpläne einhalten

Wenn sich ein Paar trennt, dann ergeben sich Veränderungen im Tagesablauf, die für Frauen und Männer mehr oder weniger entgegengesetzt sind. Männer sind an genau festgelegte Arbeitszeiten gewöhnt, neu für sie ist, daß sie sich mit ihrem Zeitplan ganz und gar auf ihre Kinder einstellen müssen. Frauen haben darin schon Erfahrung, denn ihr Leben ist meistens auf die Familie abgestimmt, und sie müssen jetzt schauen, wie sie ihre Arbeitszeit unterbringen.

● Die Übergangsphasen

Wenn Kinder mal bei der Mutter und mal beim Vater sind, kann die Zeit bevor sie gehen oder wiederkommen, sowohl für die Kinder wie auch für die Erwachsenen mit sehr viel Unruhe verbunden sein. Die Kinder sind vielleicht nervös, überdreht, traurig oder durcheinander. Das Wechseln von einem Haushalt zum anderen läßt sie ständig die Trennung ihrer Familie spüren, und es kann sehr anstrengend für sie sein, immer wieder ihre Umgebung und die Lebensform zu wechseln. Es ist wichtig, daß alle, auch die Erwachsenen, zu solchen Zeiten besondere Aufmerksamkeit bekommen. Ein Leben mit Kindern sieht ganz anders aus als ein Leben allein oder mit anderen Erwachsenen zusammen, wie Laura das veranschaulicht:

> «Wenn die Kinder bei mir sind, bin ich sehr viel öfter zu Hause. Wenn sie bei ihrem Vater sind, bin ich viel unterwegs. Entweder bin ich in der Arbeit oder verbringe meine Zeit zusammen mit Freunden. Ich lebe zwei Leben: das geordnete und durchorganisierte Leben einer Mutter mit zwei kleinen Kindern und das unabhängige Leben einer alleinlebenden Frau, die sich ihrer Karriere widmen und bis in den Morgen feiern kann.»

Jede Übergangsphase sieht wieder anders aus und bringt ihre eigenen Schwierigkeiten mit sich. Alle, die daran beteiligt sind, empfinden sie unterschiedlich, und diese Empfindungen sind von Mal zu Mal wieder anders. Zum Beispiel empfindet eine Mutter oder ein Vater vielleicht einmal Erleichterung darüber, daß die Kinder gehen oder zurückkommen, beim nächstenmal ist sie oder er vielleicht bedrückt darüber. Die Erwartungen der Eltern entsprechen vielleicht nicht denen der Kinder. Es kann zum Beispiel sein, daß ein Elternteil schon ungeduldig auf die Rückkehr der Kinder wartet, die Kinder sich jedoch nur ungern von ihren Freunden trennen. Nach zahlreichen dramatischen Szenen zu solchen Gelegenheiten haben einige von uns gelernt, dem anderen mit weniger Erwartungen zu begegnen und abzuwarten. Wir als Eltern können die Atmosphäre, die während dieser emotional aufgeladenen Übergangsperiode herrscht, zumindest teilweise beeinflussen. Und wir können auch die Vorteile erkennen, die diese Ausnahmesituationen mit sich bringen: Wir lernen dadurch, offen zu sein und darauf zu achten, was im Moment gerade vor sich geht. In diesen Situationen können wir in unserem Bemühen, uns anderen Menschen und Situationen ohne vorgefaßte Vorstellungen darüber, was ablaufen sollte, einen großen Schritt vorankommen.

Es gibt für getrennt lebende Eltern, die sich mit einigen dieser Probleme herumschlagen, keine Gewißheit darüber, daß das, was sie tun, auch «richtig» ist. «Lohnt sich das?» fragen sie sich vielleicht in besonders schwierigen Momenten. Es erscheint uns passend, dieses Kapitel mit der Feststellung des kleinen Mädchens abzuschließen, das zu seiner Mutter gesagt hatte, es komme sich herumgeschubst vor, weil es zwischen zwei Haushalten hin- und herpendelt. Es meinte: «Weißt du, eigentlich bin ich sehr froh. Die meisten Kinder haben nur zwei Eltern, und ich habe zwei Eltern und zwei große Freunde.»

Anmerkungen

1 Das Hauptgewicht liegt in diesem Kapitel auf geteilter Kinderversorgung und -erziehung zwischen Frauen und Männern in heterosexuellen Beziehungen, obwohl viele der Probleme, die wir hier behandeln, auch zwischen homosexuellen Paaren auftreten, die sich um eine geteilte Verantwortung für die Kinder bemühen, sowie bei alleinerziehenden Eltern.
2 Rev. Peter Monkres: «Mothering for Men as Well as for Women», in «Mothering», Vol. 2 (Winter 1976), S. 16
3 Siehe Kapitel 8, «Familie und Gesellschaft»
4 Joseph H. Pleck: «Men's New Roles in the Family: Housework and Childcare», Institute for Social Research, University of Michigan, Ann Arbor, Mich. 1976, S. 41 f.
5 Sheli Paul Wortis: «Childrearing and Women's Liberation», Boston Area Child Care Action Group, 1970, S. 6. Die Schrift ist zu beziehen vom Child Care Resource Center, 187 Hampshire St., Cambridge, Mass. 02139

6 Pleck, a. a. O., S. 46f.
7 ebda. S. 57f.
8 Sidney Cornelia Callahan: «Parenting: Principles and Politics of Parenthood», Baltimore, Md. 1973 (Penguin), S. 172
9 Pleck, a. a. O., S. 2f.
10 Auszug aus einem Interview mit Harry Finkelstein Keshet
11 In «Men's New Roles» beschäftigt sich Joseph Pleck mit Untersuchungen, aus denen hervorgeht, wie wenig Männer durchschnittlich tun. Die Arbeit der Männer in der Familie (die eingangs definiert wurde als Kinderversorgung und Hausarbeit) beträgt danach durchschnittlich 1,6 Stunden pro Tag. Bei dieser Arbeit handelt es sich hauptsächlich um unregelmäßig durchgeführte Hausarbeit und Fahrtzeiten, die mit Einkaufen und den Kindern zu tun haben. Reine Kinderversorgung hat hierbei einen geringen Anteil, sie beträgt etwa 12 Minuten täglich, und diese Zeit wird hauptsächlich mit Spielen und nicht so sehr mit der Versorgung der Kinder verbracht.
12 Eine Ausnahme, die uns bekannt ist, ist «William's Doll», ein Kinderbuch von Charlotte Zolotov (Harper & Row), New York 1972
13 Pleck, a. a. O., S. 38f.
14 Auszug aus einem Gespräch mit Joseph Pleck im Dezember 1976
15 Mary Howell: «Helping Ourselves: Families and the Human Network», Boston 1975 (Beacon Press), s. 132f.
16 Margaret Mead: «Some Theoretical Considerations on the Problem of Mother-Child Separation», in: «American Journal of Orthopsychiatry», 24, 1954. Zitiert nach Wortis, a. a. O., S. 3
17 Howell, a. a. O., S. 132
18 Linda Weltner: «The Family Under the Microscope», in: «Boston Sunday Globe», 27. 2. 1977, S. 11
19 Viele Gedanken in diesem Kapitel stammen aus einem Gespräch mit Harry Finkelstein Keshet, dem Direktor des Divorce Resource and Mediation Center.

Kapitel 7

Familien

Nancy Press Hawley

Viele von uns leben in der traditionellen Kleinfamilie mit Vater, Mutter und Kindern. Doch immer mehr finden auch andere Familienformen Anerkennung: Familien mit nur einem Elternteil, Wohngemeinschaften, Familien mit Stiefeltern, Familien mit homosexuellen Eltern. In diesem Kapitel werden wir einige Familienformen beschreiben und uns ansehen, was uns die Psychologie zu ihrem Verständnis anzubieten hat.

Hier überlegen sich einige Eltern, was die Familie für sie bedeutet:

«Samuel: In der Familie kann ich mich von meiner besten und meiner schlechtesten Seite zeigen. Sie akzeptiert mich, auch wenn ich mich danebenbenehme.

Barry: Die Familie ist mein Fleisch und Blut. Es macht nichts, daß ich manche Verwandte nicht mag, sie gehören immer zur Familie und sind für mich wichtig. Freunde kann man verlieren, aber mein Kind ist mein Kind, meine Mutter ist meine Mutter, und mein Cousin ist mein Cousin. Früher habe ich mich immer über meinen Vater geärgert, weil er für einen Menschen *alles* gemacht hätte, solange er ein Verwandter war. Ich sagte damals: ‹Ich mag sie nicht, und ich will nichts von ihnen wissen.› Im Laufe der Jahre bekam ich doch einigen Respekt für diese permanenten Bindungen, die durch die traditionelle Verwandtschaft entstehen; und ich begriff auch, daß ich mir die Leute nicht danach aussuchen kann, ob sie meinen Vorstellungen von richtigem Verhalten entsprechen oder nicht.

Eva: Für mich war die Familie eine zweischneidige Sache. Zu jedem jüdischen Feiertag zum Beispiel kamen alle Familien, die es in der Gegend gab, zusammen, um zu essen und zu feiern. Ich hatte großen Spaß daran, Sachen gemeinsam zu machen, gut zu essen und in einer großen Gruppe zu singen. Andererseits verletzten die Leute einander auch, sie beschwerten sich über meine Mutter, die das Essen zubereitet hatte, oder sie tratschten über Tante Sadie, die in der anderen Ecke des Zimmers stand.

Meine Familie vermittelte mir den Wunsch nach Zusammengehörigkeit und Festen mit anderen Leuten, gleichzeitig aber auch die Angst davor. Jetzt feiere ich die wichtigsten Ereignisse nur mit Freunden.

Caroline: In meiner Familie war der Vater Alkoholiker, die Mutter

David Wegman

hatte schwere Depressionen. Ich kann mich erinnern, daß ich als Kind einmal plötzlich aufwachte, weil mein Vater betrunken ins Haus taumelte. Er begann meine Mutter zu prügeln. Ich bebe immer noch, wenn ich mich an ihr Schreien erinnere: «Schlag mich nicht, bitte, schlag mich nicht.» Als ich sie am nächsten Morgen wegen ihres blauen Auges fragte, erzählte sie mir, daß sie gefallen wäre und sich den Kopf an einem Stuhl angeschlagen hätte. Ich wußte, daß sie log, und sie wußte, daß ich es wußte. Schließlich hörte ich auf zu fragen und zog mich in mich selbst zurück. Je älter ich wurde, desto weniger Zeit verbrachte ich zu Hause. Mir wird ganz übel, wenn ich an die Gewalt in meiner Familie denke. Wer braucht schon eine Familie, wenn sie so aussieht?»

Die Möglichkeiten, die wir als Eltern bei der Gestaltung des Familienlebens haben, sind doppelbödig: Es ist faszinierend, zu wissen, daß wir für den Zusammenhalt unserer Familie verantwortlich sind. Für jene, die eine schlechte Kindheit hinter sich haben, ist es wichtig zu wissen, daß wir als Eltern das Familienleben aktiv gestalten können. Es muß nicht so sein, wie wir es als Kinder erlebten.

Diese Verantwortung kann jedoch für Eltern einen neuen Druck bedeuten. Die Gesellschaft neigt sowieso dazu, den Eltern die alleinige Verantwortung für alle Probleme ihrer Kinder aufzuhalsen. Da es wenig Unterstützung von außen gibt, sind unsere Möglichkeiten relativ begrenzt. Dennoch ist das, was wir machen, wichtig: wie wir Feiertage gestalten; ob wir unsere Kinder schlagen oder nicht; ob wir in der Stadt oder auf dem Land leben, in einem Einfamilienhaus oder in einer Mietwohnung, in einer Kleinfamilie oder in einer Wohngemeinschaft; ob wir unseren Kindern ihre Meinung lassen; wie wir zu Entscheidungen gelangen; wie wir mit ihnen spielen, was sie im Haushalt leisten müssen, wie wir ihnen Zuneigung zeigen. Der Stil unserer Familie entsteht durch viele kleine Entscheidungen. Es entsteht eine Atmosphäre, eine bestimmte Dynamik, eine Umwelt, in der wir und unsere Kinder uns bewegen. Das wird die Erinnerungen unserer Kinder und ihre Erwartungen prägen, wenn sie ihr eigenes Leben als erwachsene Menschen beginnen. Es wird aber auch die Grundlage für unser eigenes Leben in diesen Jahren bilden.

Die «Familie» wird als das Zusammenleben von mindestens zwei Generationen von Erwachsenen und Kindern definiert. Die bestimmenden Merkmale einer Familie sind: Das Zusammenwohnen in einem Haushalt, in dem sich die einzelnen Familienmitglieder Zeit und Raum teilen; der Austausch unbezahlter Dienste zwischen den Familienmitgliedern; eine dauerhafte Bindung; und die Verbundenheit durch bestimmte Rituale, Tradition und Familiengeschichte.

Wir werden später in diesem Kapitel sehen, daß viele verschiedene Familienformen diese Kriterien erfüllen können.

Eltern: Eltern ihrer Kinder, selbst Kinder ihrer Eltern und Erwachsene in der Gemeinschaft mit anderen

Innerhalb einer Familie nehmen Eltern drei verschiedene Positionen ein:

- Für unsere Kinder sind wir die Eltern und versuchen, eine geistige Atmosphäre zu schaffen, in der sie das Zusammenleben mit anderen Menschen lernen können. Das ist der Bereich, mit dem Eltern am meisten vertraut sind.
- Wir sind Kinder unserer Eltern, mit allen Erinnerungen, Erwartungen, Verhaltensmustern, Verletzbarkeiten und Hoffnungen, die unsere eigene Familiengeschichte in uns hinterlassen hat. Unsere Eltern haben

auf die Art, wie wir selbst Eltern sind, einen viel größeren Einfluß, als wir das für möglich gehalten hätten.

● Wir sind Erwachsene mit unseren eigenen Interessen und Bedürfnissen, deren Befriedigung wir von den Mitgliedern unserer Intimgruppe erwarten, mit denen wir das tägliche Leben teilen.

Durch unsere Eltern lernten wir das Verhalten von Eltern. Wir sahen, wie sie für uns sorgten. Wir lernten, was sie mochten und was nicht. Wir beobachteten, wie sie für sich selbst sorgten. Als Erwachsene erinnern wir uns an Kindheitsschwüre: «Wenn ich einmal Kinder habe, werde ich es anders machen» – um dann genau dasselbe mit unseren eigenen Kindern zu tun oder zumindest hart dagegen ankämpfen müssen. Hier sprechen zuerst eine Mutter und dann ein Vater:

«Lizzie: Ich habe mir seit meinem fünften Lebensjahr das Frühstück selbst gemacht. Das gab mir ein Gefühl von Selbständigkeit. Ich erinnere mich, wie sehr es mir Spaß machte, mir einen Teller aus dem Schrank zu holen und darauf mein Frühstück zu essen. Als ich sieben war, lehnte ich meine Mutter ab, weil sie nicht mit mir aufstand. Ich schwor mir damals, daß ich, wenn ich selbst Kinder haben werde, nicht nur zeitig aufstehen, sondern auch das Frühstück bereiten werde. Den Rest kann man sich wahrscheinlich denken. Ich habe eigene Kinder, und ich schlafe, wie meine Mutter, gerne lange. Lange Zeit hindurch schlief ich lange, und die Kinder waren böse auf mich. Jetzt habe ich einen Kompromiß gefunden. An vier Tagen der Woche stehe ich früh auf, an den anderen schlafe ich länger. Die Kinder wissen, wann ich gemeinsam mit ihnen aufstehen werde und wann nicht. Jetzt bekommen die Kinder beides: Ich mache für sie das Frühstück und gebe ihnen die Chance, ihre Unabhängigkeit zu entwickeln.

Alan: In meiner Familie versteckten meine Eltern ihre Gefühle vor mir und meinem Bruder. Daher fühlte ich mich sehr unsicher, als ich einmal vor meinem sechsjährigen Sohn weinte. Ich wußte nicht, wie er auf meine Tränen reagieren würde und wie ich reagieren würde, wenn er mich so traurig sah. Er brach das Eis: «Was ist los Papi?» fragte er. Und es war für mich ganz einfach, ihm zu sagen, daß ich traurig war, weil meine Freundin mit mir Schluß gemacht hatte. Statt verstört zu sein, schien es ihn zu erleichtern, daß auch Väter genauso wie Kinder traurig sein können. Diese Erfahrung schuf ein neues Vertrauensverhältnis zwischen uns.»

Als Eltern sind wir im Zwiespalt, wenn wir herauszufinden versuchen, was wichtiger ist – uns um unsere Kinder zu kümmern oder um uns selbst. Besonders kleine Kinder scheinen der wichtigsten Bezugsperson mehr Zeit und Energie abzuverlangen, als diese zu geben imstande ist: «Am Ende eines Tages fühle ich mich wie eine ausgesaugte Orange.»

«Ich muß selbst umsorgt werden, wenn ich fähig sein soll, für jemand anderen zu sorgen. Für mich ist es die erholsamste Zeit, wenn ich mit Freunden Musik mache, in meinem Tagebuch schreibe oder einfach dasitze und nachdenke. Glücklicherweise ist meine Mutter ein Vorbild für mich. Sie behielt sich jede Woche eine bestimmte Zeitspanne vor, die nur ihr allein gehörte. Sie bestellte einen Babysitter und ging allein aus. Sie fühlte sich auch berechtigt, eine gewisse Zeit mit meinem Vater zu verbringen, wenn er von der Arbeit heimkam. Früher lehnte ich es ab, so ausgeschlossen zu werden, aber jetzt verstehe ich, wie wichtig es für sie war, sich um sich selbst und um ihre Beziehung zu ihrem Mann zu kümmern.»

Um diese unterschiedlichen Bedürfnisse alle unter einen Hut zu bringen, brauchen wir eine Menge Möglichkeiten und Einrichtungen, die es heutzutage nur zum Teil gibt: Kinderkrippen, Kindergärten und Horte, verläßliche Babysitter und eine Arbeit, wo man frei bekommt, wenn ein Kind krank ist.

Die Familie als Gefüge

Die Familie ist ein soziales Gefüge, in dem das Verhalten einer Person jede andere Person beeinflußt. In den späten 50er Jahren begann man, sich zunehmend mit der Familie als System und mit Familientherapie zu beschäftigen. Seither gibt es eine ganze Flut von Literatur zu diesen Themen. Mit verschiedenen Therapieformen und Kursen versucht man, die Probleme in der Familie in den Griff zu bekommen.

Die Familie läßt sich vielleicht mit dem menschlichen Körper vergleichen, einem funktionierenden Ganzen, das aus verschiedenen Organen, Muskeln, Geweben, Nerven, Knochen und Flüssigkeiten besteht. Alle Teile des Körpers sind miteinander verbunden und bilden zusammen das Lebewesen. Kein Teil kann isoliert vom Ganzen existieren. Unser Körper ist in ständiger Bewegung, er atmet, verdaut, heilt sich selbst und ist in einem kontinuierlichen Austausch der inneren Welt und der äußeren Umwelt begriffen. Genauso wie unser Körper durch die gegenseitige Abhängigkeit der verschiedenen Teile voneinander und durch die Wechselwirkung mit der Außenwelt funktioniert, läuft es auch in der Familie.

Die Verhaltensmuster, die sich im Zusammenleben von Menschen entwickeln – ob das jetzt beim Füttern, Lieben, Miteinander-Reden, Einander-Besuchen oder Zusammenräumen ist –, regulieren und schaffen Beziehungen. Versuche deine eigene Familie wie ein Beobachter von außen zu sehen. Beobachte einmal die Vielzahl von Bewegungen, Aktivitäten und Veränderungen, wenn alle beisammen sind, etwa bei den Mahlzeiten oder am Abend. Berücksichtige auch die verschiedenen Ereignisse, die

Jane Levy Reed

gleichzeitig außerhalb der Familie geschehen, wenn die Mitglieder bei der Arbeit oder in der Schule sind, im Gemüseladen einkaufen, mit dem Hund spazierengehen. Suche die verschiedenen Verhaltensweisen zu erkennen: Wer neigt dazu, was zu machen? Welches Loch wird hinterlassen, wenn einer aus der Familie fehlt? Gibt es einen Kern von Familienmitgliedern, die einander nahestehen, und einen oder zwei, die eher Außenseiter sind? Wer trägt zu solchen Gruppenbildungen bei? Wenn du diese Fragen beantwortest, hast du ein Bild deiner Familie als Sozialsystem vor dir.

Einige Einblicke in das Familienleben

In der Familie wird viel mehr gelehrt, als mit Worten ausgedrückt werden kann. Kinder lernen mehr durch unser Verhalten und unsere Handlungen als durch das, was wir sagen. Kinder sind aufmerksame Beobachter: Sie bemerken, wie wir unseren Nachbarn behandeln, was wir machen, wenn uns jemand gerade einen Parkplatz wegschnappt, wie wir reagieren, wenn ein alter Freund anruft, was passiert, wenn ein Kind einen Teller zerschlägt oder wenn einer der Eltern spät nach Hause kommt.
Katrin weiß, daß sie ihrem Sohn manchmal widersprüchliches Verhalten vorlebt:

«Ich sage ihm, daß er nicht stehlen darf, aber ich ermutige ihn auch, unter der Fahrkartenkontrolle bei der U-Bahn durchzuschlüpfen, obwohl er eigentlich schon zahlen müßte. Das bekomme ich dann zurück, wenn er wütend ist, weil ich ihn wegen eines gestohlenen Bonbons zur Rede stelle. ‹Das Bonbon und die U-Bahn kosten gleich viel. Wieso regst du dich übers Bonbon auf, wenn du willst, daß ich bei der U-Bahn schwindeln soll?› sagte er mir kürzlich. Es kann mühsam sein, ein kluges Kind zu haben.»

Ria hat auch Probleme mit ihrer Tochter:

«Ich höre aus dem Kinderzimmer, daß Dörthe bei Toni meine eigenen Tricks anwendet: ‹Wenn du mich nicht mitspielen läßt, laß ich dich nicht heraus›, wiederholt sie mich. Wenn ich sie so höre, komme ich mir vor wie auf einer Bühne, diese kleinen Augen sind ständig auf mich gerichtet, und ich bin verantwortlich dafür, was sie sehen. Mensch, gibt's denn keine Pause, in der ich nicht Lehrerin sein muß?!»

Die Erkenntnis, wie sehr die einzelnen Familienmitglieder einander beeinflussen, kann uns eine neue Form der Kommunikation mit unseren Kindern eröffnen. Lernen ist keine Einbahn «von oben nach unten», wie Ria das wahrnahm. Wir selbst lernen ebenso von unseren Kindern wie umgekehrt. Abgesehen von so manchen nützlichen Dingen wie Sport, Kartenspielen, künstlerischen und handwerklichen Kenntnissen oder wie man ein Auto repariert, ist aber das emotionale Lernen wohl am wichtigsten. Die Fähigkeit, Gefühle auszudrücken, kann wesentlich zur Verbesserung des Familienlebens beitragen. Wir können es gemeinsam lernen:

«Tara wurde böse, als ich sie bat, ihre Spielsachen aus dem Wohnzimmer zu räumen. Sie begann mich anzubrüllen, und ich sagte ihr, sie soll aufhören. Sie wurde noch wütender und sagte: ‹Du bist so unfair. Du schreist, wenn du zornig bist, und erzählst mir, daß dich das erleichtert, und wenn ich dich anschreie, befiehlst du mir, den Mund zu halten!› Ich bemerkte, daß ich ihr beibringen wollte, ihren Zorn auszudrücken, aber nicht in einer so unbeherrschten Art – besonders wenn es mich anging. Sie lehrte mich, wie ich sie lehren sollte.»

Es ist auch eine Erleichterung, wenn wir merken, daß wir damit rechnen können, daß sich unsere Kinder selbst und einander unterrichten.

«Meine Frau und ich waren mit unseren Kindern und einigen Freunden auf einer Schiwanderung. Da die Kinder oft hinfielen, erklärten wir ihnen, wie sie ihr Gleichgewicht besser halten könnten. Unsere Erklärungen faßten sie als Kritik auf. Aber als die Tochter unseres Freundes begann, ohne Schistöcke zu fahren, machten ihr das unsere Kinder nach und lernten so durch ihr Beispiel, das Gleichgewicht zu halten. Von da an kamen sie ohne Mühe die Hügel hinauf und hinunter.»

In jedem dieser Fälle haben die Kinder auf das Familienleben eingewirkt, wenn wir die Familie als Gefüge betrachten, begreifen ihre Mitglieder, daß es wichtig ist, was sie machen und denken. Wenn die Kinder sehen, daß das, was wir von ihnen lernen, uns und der Familie hilft, erleben sie ihre eigene Bedeutung. Es hilft ihnen auch, wenn sie eine realistische Vorstellung von ihrer Macht bekommen. Sonst kann es passieren, daß Kinder mit einer falschen Vorstellung von ihrer Macht («Ich verursachte die Scheidung meiner Eltern, weil ich mit meiner Schwester ständig stritt») oder mit einem Gefühl völliger Bedeutungslosigkeit ins Leben treten.
Bestimmte Formen der Kommunikation verbessern das Zusammenwirken der Familienmitglieder, fördern die Achtung vor dem Einfluß jedes

einzelnen und erleichtern Entscheidungen, die für alle befriedigend sind. Solche Beziehungen verlangen aber, daß über Gefühle, Vorschriften und Gewohnheiten offen gesprochen wird. Offene Kommunikation verlangt auch die Bereitschaft, herauszufinden, was man selbst will, und die Bereitschaft, die Bedürfnisse der anderen zu berücksichtigen, auch wenn sich diese von den eigenen unterscheiden. Oft ist das ein schwieriger Prozeß, der lange dauert. Manchmal ist es schwer, eine andere Person wirklich zu verstehen, wenn man erregt ist. Dann will man selbst die ganze Zuwendung, muß aber gerade dann dem anderen genau zuhören, um zu sehen, ob eine Kommunikation möglich ist. Manche Familien haben kreative Wege gefunden, um mit unvermeidlichen Konflikten umzugehen. Eine Mutter stellt das so dar:

«Bei uns gab's beim Abendessen immer Streit. Sven, mein Mann, wollte nicht zum Essen kommen, und Jan und Kristen wollten kein Geschirr spülen. Verzweifelt beschlossen wir deshalb, darüber zu reden. Wir gaben jedem die Möglichkeit zu sagen, wie er darüber dachte und wie er das Abendessen und den Abwasch gestalten wollte. Die anderen konnten Fragen stellen, wenn ihnen etwas unklar war, aber es durfte nicht diskutiert werden. Schließlich arbeiteten wir einen Plan aus. Es sollte drei verschiedene Arten von Mahlzeiten geben: Besondere, mit Kerzenlicht; solche, wo sich jeder einfach nimmt, was er will; und manche, die wir gewöhnliche Mahlzeiten nannten. Die Kinder arbeiteten auch ihr eigenes Geschirrspülprogramm aus.»

Wie eben dargestellt, kann eine mögliche Form für diese Art von Auseinandersetzung die Familienversammlung sein, bei der Eltern und Kinder zusammenkommen und Familienangelegenheiten, Gedanken und Gefühle beratschlagen. Ein alleinerziehender Vater von zwei Kindern erinnert sich:

«Ich hängte eine Glocke über der Küchentür auf. Vivian, Martin oder ich konnte die Glocke läuten, um die anderen zu einer Unterredung einzuberufen: Wenn uns etwas lästig war oder um einfach nur miteinander zu plaudern. In der ersten Woche läutete Martin, der damals acht war, die Glocke oft; er war begeistert von der Macht, die sie ihm gab, uns alle zusammenzurufen und Zuhörer zu haben. Nach etwa einer Woche wurde das Glockenläuten seltener.»

Gleichgültig, ob sie geplant oder spontan durchgeführt werden, bieten uns Besprechungen eine Möglichkeit, die Familienregeln klar zu nennen, und jene, die nicht mehr sinnvoll sind, zu ändern. Oft gibt es unausgesprochene Vorschriften und Verhaltensmuster für alles, was in der Familie geschieht. Wie treffen wir etwa die Entscheidung, wohin wir in den Ferien fahren? Wer spült das Geschirr? Darf im Wohnzimmer beim Fernsehen gegessen werden oder nicht? Wird an geschlossene Türen geklopft, oder geht man einfach hinein? Wenn die Kinder einen Freund einladen, müssen sie zuerst die Eltern fragen, oder kommt er einfach? Je klarer und offener über die Regeln in einer Familie gesprochen wird, desto weniger werden widersprüchliche Erwartungen entstehen, die Frustration und Verwirrung verursachen.

Ein Bereich, in dem eine klare Auseinandersetzung hilft, ist die schwierige Frage von individuellen und gemeinsamen Bedürfnissen. Man erinnere sich nur etwa an die Kämpfe, wenn ein fünfzehnjähriges Mädchen nicht mehr länger mit der Familie Urlaub machen möchte. Bestehen die Eltern darauf, wird sie freudlos mit ihnen ans Meer fahren und dort allen Leuten die Zeit vermiesen. «Nächstes Jahr», sagen die Eltern dann, «darfst du nicht mehr mitfahren.» Was immer bei einem klärenden Gespräch herauskommt, die Situation wird sicher befriedigender, wenn offen darüber geredet wird.

Frauen sind heute besonders von dieser Spannung zwischen Gruppe und Individuum betroffen. Viele Frauen wuchsen in Familien auf, wo die Mütter immer zuletzt kamen. Wenn die Frauen heute nun versuchen, aus dieser Sackgasse herauszukommen, strengen sie sich mitunter so sehr an, nicht die gleichen Fehler wie ihre Mütter zu machen, daß sie neue Fehler begehen. Statt «Ich kommen zuletzt» sagen wir vielleicht nun «Ich bin mir selbst am wichtigsten» und geraten so mit unseren Kindern in schmerzhafte Konkurrenzkämpfe um ihre Zeit und unsere mütterliche Zuwendung. Für Frauen ist es oft schwierig, ein Gleichgewicht zu finden zwischen ihren Bedürfnissen nach Unabhängigkeit und Nähe mit der Familie einerseits und dem Bedürfnis der Familie nach ihnen andererseits. Ehrliche Gespräche scheinen ein Weg zu sein, diese Spannung zu verringern.

Wenn sich etwas in der Familie verändert

Es ist ein Zeichen für eine gesunde Familie, wenn sie sich an Veränderungen anpassen kann, wobei es in der Übergangszeit genügend Raum für Widerstand und Umgewöhnen geben muß. Eine neue Entscheidung eines Familienmitgliedes beeinflußt alle anderen und macht uns so deutlich, wie sehr wir voneinander abhängig sind. Erica erzählt:

«In meiner Familie möchte ich nur eine Kleinigkeit verändern: Ich möchte das Frühstück nicht mehr machen. Das bedeutet, daß Micha und ich tauschen werden. Gleich am ersten Morgen vergißt er es. Ich werde wütend, und Micha und ich boxen uns gegenseitig. Die Kinder kommen weinend in die Küche gelaufen, sie sind hungrig und versuchen auch, sich zwischen uns zu stellen und die Rauferei zu beenden. So eine Aufregung, nur wegen einer winzigen Änderung beim Frühstück!»

Manche Veränderungen treten ein, wenn Kinder oder Eltern in eine neue

Entwicklungsstufe treten. Ein Kind lernt laufen, ein Kind erreicht die Pubertät, ein Erwachsener bekommt ein Kind. Es gibt aber auch gewollte Veränderungen: Wir übersiedeln, wir führen regelmäßige Familientreffen ein, wir verändern die Arbeits- und Rollenteilung innerhalb der Familie.
Veränderungen sind nicht immer positiv. Tod, Krankheit, Depressionen oder der Verlust des Arbeitsplatzes bringt schmerzhafte Veränderungen mit sich. Sie sind kurzfristig zwar nicht positiv, wir können aber dennoch langfristig aus ihnen lernen. Manche Veränderungen mögen zwar positiv erscheinen, bringen aber dennoch Schwierigkeiten mit sich: Wenn ein Elternteil eine bessere Arbeit findet, mag das mit einer Übersiedlung in eine andere Stadt verbunden sein oder daß er oder sie jetzt viel weniger Zeit für die Familie übrig hat.
Selbst der Umzug in ein neues Haus kann eine Familie vor unvorhersehbare Schwierigkeiten stellen:

> «In unserer alten Wohnung lebten wir in einem Stockwerk und konnten einander jederzeit sehen und hören. Nach der Übersiedlung waren die Kinderzimmer im dritten Stock, und ich verbrachte die meiste Zeit im ersten. Sandy rief irgend etwas, und ich schrie zurück: ‹Wie bitte?› So ging das den ganzen Tag. Die unsichere Kommunikation frustrierte uns beide sehr. Klein, wie er ist, hielt er vermutlich meine Hörprobleme für Vernachlässigung oder glaubte, daß ich nicht hören wollte. Ich meinte, er sei trotzig, wenn er nicht herunterkommen wollte, und dachte nicht daran, daß ihn das ständige Herunter- und Hinauflaufen ermüdete. Das begriff ich erst, als ich merkte, daß die Übersiedlung unsere gewohnten Lebensbedingungen durcheinandergebracht hatte, daß wir alle auf diese Veränderungen reagierten und wir sie gemeinsam besprechen mußten.»

Daß die Familienmitglieder Veränderungen ablehnen, ist genauso unvermeidlich wie die Veränderungen selbst. Der Grad des Widerstandes gegen Veränderungen verschiebt sich mit der Veränderung der Familienstruktur.

> «Wir haben zwei Buben – Zwillinge, die jetzt zehn sind. Nicht nur mein Mann und ich, sondern auch unsere beiden älteren Kinder lieben die Kindlichkeit von Justin und Jakob. Es fällt uns allen vieren schwer, die Zwillinge erwachsen werden zu lassen.»

Hier beschreibt Olivia, wie sich ihr Mann einer Veränderung widersetzt, die sie erreichen will:

> «Vor der Heirat war ich Lehrerin. Ich liebte meine Arbeit und kündigte, als unser Sohn zur Welt kam. Ich hatte immer geplant, wieder in den Beruf zurückzugehen, wenn Ken in die Schule kommt. Ich erwartete keinen Widerstand von Frank. Als Ken in den Kindergarten ging, bewarb ich mich um einen Lehrerposten. Ich sprach mit meinem Mann

darüber, und er wurde wütend: ‹Du darfst nicht mehr arbeiten gehen. Das lasse ich nicht zu. Doch nicht meine Frau ...› Ich war vor den Kopf gestoßen und verärgert. ‹Ich habe gearbeitet, als wir heirateten›, sagte ich. ‹Aber das war etwas anderes›, meinte Frank. ‹Wir hatten damals kein Kind, aber jetzt, meine ich, solltest du zu Hause bleiben.› Jetzt ist ein Jahr vergangen, und wir haben unsere Meinungsverschiedenheiten noch immer nicht beigelegt. Ich weiß nicht, wie wir da herauskommen sollen.»

Veränderungen fallen uns leichter, wenn wir die Angst davor überwinden. Joe, der jetzt Anfang Vierzig ist, erzählt uns:

«Als ich zum erstenmal heiratete, wußte ich nicht, wie ich mit Veränderungen umgehen sollte. Ich war mir nicht sicher, ob Veränderung überhaupt eine gute Sache sei. So schob ich alles, was nach Veränderung roch, zur Seite. Ich zögerte, wenn meine Frau auch nur eine Kleinigkeit vorschlug, wie etwa in den Ferien woanders hinzufahren. Das hätte meine Routine gestört, und ich wollte alles beim alten belassen.»

Diese Mutter von zwei Kleinkindern ist jedesmal unsicher, wenn sich ein neues Entwicklungsstadium ankündigt:

«Als Rochelle feste Nahrung zu essen begann, als sie krabbeln lernte und dann ihre ersten Schritte machte, jedesmal drehte ich durch. Ich war total verkrampft und nicht in der Lage, ihr ungezwungen zu helfen, diese Veränderungen zu überstehen. Ich hatte Angst, daß sich mit ihrer Veränderung auch unsere Beziehung verändern würde. Ich wollte immer die Mutter eines hilflosen Kleinkindes bleiben.»

Veränderungen kommen üblicherweise langsam. Das ist für uns eine Hilfe, wenn wir davor Angst haben, macht uns aber nervös, wenn wir voraneilen möchten. Joan drückt ihre Ungeduld aus:

«Jahrelang war ich eine alleinerziehende Mutter, und ich war froh, als Gary bei uns einzog. Ich liebte ihn und freute mich auf etwas Hilfe mit den Kindern. Na ja, sein Zeitplan und meiner waren unterschiedlich. Ich wollte eine sofortige Erleichterung, aber er brauchte Zeit, um mit meinen Kindern eine Beziehung herzustellen. Und das Tempo der Kinder lag irgendwo in der Mitte. Jetzt, nach drei Jahren, leben wir alle als Familie ganz gut zusammen.»

Übergangsperioden können für Familienmitglieder Möglichkeiten sein, ihre Beziehungen zueinander neu zu überdenken. Das kann sowohl aufregend als auch beängstigend sein. Wenn Paare beschließen, ihre Rollen in der Familie zu ändern, läuft das oft für den einen besser als für den anderen. An einem solchen Ungleichgewicht kann eine Ehe manchmal zerbrechen. Man kann sich aber auch gemeinsam weiterentwickeln.

Manche Familien benützen vorübergehende Veränderungen, um langfristige vorzunehmen. Ein Vater bespricht, was geschah, als seine Frau zwei Wochen auf einer Konferenz verbrachte:

«Ich hatte Tanya ermutigt zu gehen und war froh, als sie abfuhr. Mit

Bruce Ditzion

den Kindern ging es leichter, als ich erwartet hatte. Sie waren ganz begierig, mir beim Kochen und bei der Hausarbeit zu helfen. Ich hatte es noch nie so schön gefunden, Vater zu sein, als während der Zeit, wo sie weg war. Ich lernte meine Kinder besser kennen. Tanya war immer ein Puffer zwischen ihnen und mir. Ich wollte das so, aber nach diesen zwei Wochen ist's damit vorbei. Ich war nicht sehr glücklich, als sie zurückkam: Ja, ich war sogar sauer, und es fiel mir schwer, es zuzugeben. Ich hatte Angst, daß die Beziehungen in der Familie automatisch wieder so sein würden wie vorher und daß ich wieder außerhalb stehen würde. Ich versuchte, meine neue Beziehung zu den Kindern aufrechtzuerhalten, und verbrachte mehr Zeit mit ihnen. Ich denke auch darüber nach, ob ich wenigstens einmal in der Woche früher von der Arbeit heimkommen könnte, aber das ist mir bis jetzt noch nicht gelungen.»

Eine Mutter erzählt über die Veränderungen, die eintraten, als ihre zehnjährige Tochter in ein Ferienlager fuhr:

«Als die Zeit verging, bekam ich mehr Abstand von ihr und hatte Zeit, mit meinem Mann allein zu sein. Für meinen Sohn war es ein wichtiger Sommer. Er ist jünger und stand immer im Konkurrenzkampf mit seiner älteren Schwester. Da sie nicht im Hause war, fühlte er sich freier, seine verletzbaren Seiten zu zeigen; er weinte leichter und ließ sich von uns bei Sachen helfen, die er sonst allein hätte machen wollen, wenn Judit dagewesen wäre. Als Judit zurückkam, gab es noch weitere Veränderungen. Sie wollte mehr alleine sein und zog sich von Daniel zurück. Dieser Sommer half uns beiden, mehr Zeit für uns als Ehepaar zu finden, sorgfältiger auf Daniels Gefühle zu achten und Judit und Daniel zu helfen, ihre Beziehung neu zu gestalten.»

Die Familie als Übungsplatz

In der Familie lernen wir das Zusammenleben mit anderen Menschen. Diese Erfahrung hat Auswirkungen darauf, wie wir uns in anderen Gruppen verhalten. Wie oft ertappen wir uns doch, auf eine bestimmte Person genauso zu reagieren wie auf unsere Mutter, unseren Vater! Wir können von einer Frau genauso abhängig sein wie von der älteren Schwester. Wir haben am Arbeitsplatz dieselben Auseinandersetzungen mit einem Mann, wie wir sie zu Hause mit unserem Vater hatten. Wenn wir uns zu Hause als Opfer oder aber als aktiv und stark empfanden, ist es wahrscheinlich, daß wir uns in anderen Gruppensituationen ähnlich verhalten werden.

Auch andere Gruppen, denen wir angehören, können für uns durch die

Erfahrungen und Gefühle, die sie uns vermitteln, wie Familien wirken: Eine Arbeitsgruppe, ein Freundeskreis, ein Verein, ein Volkshochschulkurs oder eine Therapiegruppe. Einsichten, die wir in diesen Gruppen gewinnen, können uns anderswo nützen. Wenn wir in anderen Gruppen lernen, uns klar auszudrücken, kann uns das helfen, diesbezüglich auch in unserer Familie weiterzukommen.

Eine Familie kann auch als ein getreues Abbild der Gesellschaft in Miniatur gesehen werden. Unsere Erfahrungen in dieser Einheit geben uns eine Vorstellung, wie wir in das größere System hineinpassen. Die Fertigkeiten, die wir erlernen, um unsere Familie aufrechtzuerhalten, helfen uns, uns außerhalb der Familie zu bewegen. Andererseits können Probleme, die aus der Gesellschaft kommen, in der Familie eine Rolle spielen: Arbeitslose Eltern etwa können ihre Frustrationen über die Wirtschaftslage und den Arbeitsplatzmangel an ihren Kindern abreagieren; oder alleinerziehende Mütter oder Väter reagieren gereizt auf das Verlangen ihrer Kinder nach Zuwendung, weil sie sich von ihren Mitmenschen allein gelassen fühlen.

Familienideologie und Wirklichkeit

Die Familienstruktur

Nach der gängigen Familienideologie, die wir von klein auf eingetrichtert bekommen, hat die Familie eine bestimmte «ideale» Struktur aufzuweisen. Immer bedeutet «die Familie» die Kleinfamilie: Vater, Mutter, Kinder. «Die Familie» lebt auf eine ganz bestimmte Art zusammen: in einer privaten, oft isolierten Wohneinheit. Und der Vater verdient das Geld, die Mutter zieht die Kinder auf.

Vom Ideal darf man gerade noch so weit abgehen, daß auch eine Mutter darin vorkommen darf, die berufstätig ist, solange nur der Vater als der «Haushaltsvorstand», als der «Ernährer», als das «Oberhaupt» verstanden werden kann. *Die Wirklichkeit sieht ganz anders aus:*

● Die traditionelle Kleinfamilie ist heute bereits eine Minderheitserscheinung: Nur in 34 Prozent der Fälle ist der Mann der Brotverdiener; bei 50 Prozent arbeiten beide Eltern; bei 3 Prozent der verheirateten Paare ernährt die Frau die Familie; der Rest hat kein festes Einkommen.

● Die Anzahl der Familien mit nur einem Elternteil steigt rascher als die Anzahl kompletter Familien.

● Eines von sechs Kindern (ungefähr 6 Millionen) lebt in einer Familie

Peter Simon

mit nur einem Elternteil; 87 Prozent solcher Familien werden von einer Frau und 13 Prozent von einem Mann geführt. Zwischen 35 und 40 Prozent der in den 70er Jahren heranwachsenden Kinder lebten im Durchschnitt sechs Jahre lang mit nur einem Elternteil.*

Obwohl die Kleinfamilie also eigentlich immer weniger ‹normal› ist, kommt es trotzdem oft vor, daß wir unsere Familie an diesem Ideal messen und uns als Versager fühlen. Eine berufstätige Mutter mag sich mit ihrer traditionellen Mutter vergleichen, die Hausfrau war; sie fühlt sich schuldig, obwohl sie froh ist, außerhalb des Hauses zu arbeiten. Ein arbeitsloser Mann, dessen Frau das Familieneinkommen erarbeitet, oder ein Mann, dessen Frau mit verdient, vergleicht sich vielleicht mit dem «idealen» Mann, der der einzige Brotverdiener sein soll. Eine alleinstehende Mutter mag bedrückt sein, weil sie den «abwesenden» Elternteil vermißt, anstatt anzuerkennen, daß sie mit ihren Kindern bereits eine Familie bildet.
Überraschenderweise leiden auch «komplette» Familien an diesen Minderwertigkeitsgefühlen. Nach der Ideologie sollten intakte Familien glatt funktionieren. Doch auch Familien mit beiden Eltern funktionieren nicht

* Us-Daten

immer klaglos. Das folgende Gespräch zwischen zwei Frauen illustriert, wie diese imaginäre «Idealfamilie» sie unterdrückt:

«Michelle: Meine Familie besteht aus mir und meinen Kindern. Obgleich wir als Familie ganz gut zusammenarbeiten, sehnt sich etwas in mir nach der idealen Kerneinheit. Ich glaube, daß alle unsere Probleme verschwinden würden, wenn wir mehr wären.

Harriet: Es ist eigenartig. Der Form nach stimmt meine Familie. Aber gerade weil wir so sehr wie eine ‹normale› Familie aussehen, haben wir Probleme. Nach außen scheinen wir der Familie zu gleichen, in der ich aufwuchs. Doch in Wirklichkeit sind wir ganz anders. Also ist es für viele Leute unmöglich, uns so wahrzunehmen, wie wir wirklich sind, *weil* wir der ‹Norm› so stark zu entsprechen scheinen. Ich bin aber zum Beispiel nicht die traditionelle Hausfrau und Mutter. Mein Mann und ich, wir sind beide voll berufstätig, die Sorge um die Familie teilen wir uns gleichmäßig auf. Ich wurde auf meine Mutter wütend, als sie kritisierte, daß ich auf eine Geschäftsreise ging und die Kinder bei Gregor ließ. Sie stellt es nie in Frage, daß ich zu Hause bleibe, wenn Gregor eine Woche lang auf eine Konferenz fährt.»

Wir verzerren unsere eigenen Erfahrungen, wenn wir versuchen, den Familienmythos in die Wirklichkeit umzusetzen, oder wenn wir uns selbst so sehen, wie wir auf Grund des Mythos sein sollten, und nicht so, wie wir wirklich sind. Wir lassen Probleme viel zu lange anstehen und geben vor, daß es sie gar nicht gibt. Die «ideale» Familie hat doch keine alltäglichen Reibereien, mit denen sie fertig werden muß. Roberta erzählt uns von einer solchen Situation:

«Bis zur Geburt unserer Tochter Kathie ignorierten wir eine Menge von Konflikten. Wir meinten, eine ‹ideale› Ehe zu führen, weil wir uns nie stritten. Jack und ich wußten nicht, daß Streit ein normaler Teil eines Ehelebens ist. Er hatte seine Eltern nie streiten gesehen, und bei mir zu Hause wurde so viel gestritten, daß ich mir geschworen hatte, so etwas in meiner Familie nie zuzulassen. Also ließen wir beide kein Gefühl von Verärgerung an die Oberfläche dringen; das Ergebnis war schlechter, als wenn wir eine Menge Raufereien gehabt hätten. Wir hatten keine Mechanismen, mit den Höhe- und Tiefpunkten unseres Zusammenlebens umzugehen.

Als Kathie kam, veränderte sich alles. Das Baby machte es unmöglich, unsere negativen Gefühle weiter zu verdrängen. Wir waren nicht in der Lage, die normalen Gefühle junger Eltern auszudrücken und entsprechend zu verarbeiten. Schließlich gingen wir auseinander. Wir wußten nicht, wie wir mit dem, was mit uns geschah, umgehen sollten; und wir wußten auch nicht, wie wir uns von anderen helfen lassen konnten, bis es zu spät war.»

Wenn in der Familie jede Person zur gleichen Zeit individuelle Zuwen-

dung benötigt, aber gleichzeitig niemand welche abgeben kann, dann ist Hilfe von außen nötig. Ezra, ein kleiner Junge, schlug seiner geschiedenen Mutter vor: «Wenn du wieder heiratest, Mami, müssen das drei Leute sein: einer für dich, einer für mich und einer für Ricky (sein Bruder).»
Ein wichtiger Kleinfamilien-Mythos ist, daß die «gute» oder «erfolgreiche» Familie alles selber erledigen kann. Dieser Mythos erweitert das westliche Ideal des absolut unabhängigen Individuums auf die kleine Familieneinheit.
Damit im Zusammenhang steht ein weiterer Mythos, demzufolge die Frauen das reibungslose Funktionieren der Familie sichern müssen. Generationen von Frauen haben mit ihrer ganzen Kraft gekämpft, um diesen Erwartungen der Gesellschaft und ihrer Familien zu entsprechen. Sie haben nicht nur den Haushalt besorgt und die Kinder großgezogen, sondern auch das Gefühlsleben der Familie beachtet, gepflegt und gestärkt. Tatsächlich ist das für eine Person alleine eine undurchführbare Aufgabe, egal ob eine Frau Hausfrau ist oder auch noch einen Beruf hat. Sowohl Männer als auch Frauen müssen einsehen, daß wir und andere – Freunde, Familienmitglieder, Nachbarn, voneinander abhängig sind, und müssen lernen, um Hilfe zu bitten, wenn es nötig erscheint.
Manche Eltern, die die Zwänge der Kleinfamilie erkennen, glauben an einen anderen Mythos: Wäre es nicht großartig, wenn wir noch mit unseren anderen Verwandten zusammenleben könnten? Wir vermissen vertraute Gesichter. Wir sehnen uns nach der Hilfe bei der Kinderbetreuung, die uns Verwandte bieten könnten. Aber indem wir die Möglichkeiten eines Zusammenlebens in einer Großfamilie idealisieren, neigen wir dazu, eine komplizierte Situation romantischer darzustellen, als sie ist.
Wenn wir mit unseren Eltern zusammen sind, finden wir es oft schwer, unser Kindheitsverhalten abzulegen. Obgleich wir selbst Eltern sind, bleiben wir dennoch auch ihre Kinder. Die alten Autoritäts- und Machtstrukturen können die Zusammenarbeit bei der Erziehung der Kinder sehr erschweren. Wir wollen von ihnen vielleicht nur Hilfe bei der Beaufsichtigung der Kinder und bekommen eine Menge unverlangter Ratschläge; wir kommen «heim» und möchten, daß sie sich um uns kümmern, aber unsere Eltern richten ihre ganze Aufmerksamkeit auf ihre Enkel; oder wir möchten, daß sie sich als Großeltern geben, sie möchten hingegen lieber mit uns sein. Oder wir erwarten Zuwendung für uns und unsere Kinder, doch unsere Eltern benötigen selbst die Fürsorge, die sie einst uns gaben.
Aus der Entfernung vergessen wir die Familientragödien leicht, die unser Leben weniger rosig gestalteten, als wir es heute in Erinnerung haben.

«Als die Eltern meines Mannes in Pension gingen, beschlossen sie, ein Zweifamilienhaus zu kaufen, und luden uns ein, im oberen Stockwerk zu wohnen. Ihr Angebot war wunderbar – es gab uns die Chance, in einem Haus zu wohnen (was wir uns selbst nicht hätten leisten können), und es ermöglichte es mir, arbeiten zu gehen. Doch bei dieser Lösung entstanden eine Menge Konflikte. Meine inneren Wertvorstellungen sträubten sich dagegen, arbeiten zu gehen und Rosemarie nur in der Freizeit zu betreuen. Auch war ich der Kritik der Schwiegereltern ausgesetzt, die über die Art, wie ich ihre Enkelin erzog, anderer Meinung waren. Versteh mich nicht falsch, ich bin sehr froh. Wenn sie sich um Rosi kümmern, sind sie wunderbar. Kein Kindergarten hätte sich je in dieser Form um sie gekümmert. Dennoch haben sie andere Erziehungsvorstellungen. Ein weiteres Problem ist, daß ich die einzige Person bin, die nicht blutsverwandt ist. Wenn ich mit ihnen nicht übereinstimme, dann habe ich keinen Verbündeten. Mein Mann, von dem man erwarten könnte, daß er mich unterstützt, ist ihr Sohn und scheut Auseinandersetzungen. Wenn wir etwas weiter von ihnen entfernt wohnten, würde er wahrscheinlich anders reagieren.»

Der Ruf nach einer erweiterten Familie zeigt unser Bedürfnis nach Gemeinschaft. Auch ohne mit unseren Verwandten zusammenzuleben, können wir Gemeinschaften von Nachbarn, Freunden oder mehreren Familiengruppen bilden, die einander helfen und verstehen. Da diese Leute keine Blutsverwandten sind, können wir freier miteinander umgehen.

Familienprozesse

Einer der Mythen besteht darin, daß jeder in einer Familie jeden mögen muß. Oder wenigstens so tun muß, als wäre es so. In Wahrheit lieben aber Menschen, die miteinander verwandt sind, einander manchmal überhaupt nicht. Unsere Reaktion auf andere Familienmitglieder kann von passiver Ablehnung bis zu offener Feindschaft reichen. Doch vielfach werden solche negativen Gefühle unterdrückt, um der Ideologie der Familie als Hort von Liebe und Geborgenheit zu entsprechen. Langfristig wirkt sich das so aus, daß die Kinder groß werden und ihren eigenen Gefühlen nicht mehr trauen. Kurzfristig wird das Familienleben davon steif, angespannt und von Ausbrüchen durchlöchert. Wenn man hingegen Kindern erlaubt, ihre Gefühle von Eifersucht etwa auszudrücken, bringt das zwar diese Gefühle nicht zum Verschwinden, es verhindert aber vielleicht, daß sie auf zerstörerische Weise ausgelebt oder in der Persönlichkeit eingesperrt werden. Dasselbe gilt für Kämpfe zwischen Partnern.

Ein anderer Mythos ist, daß die Familie ohne besondere Anstrengung einfach funktioniert. Mit anderen Worten, wir brauchen nicht darauf zu achten, weil irgendein natürlicher, spontaner und unbewußter Prozeß alles regelt. Die Wahrheit ist aber, daß jedes Familienmitglied bestimmte Verantwortungen übernehmen muß, damit das Gefüge bestehen bleibt.

Peter Simon

Eine Mutter erzählt, was in ihrer Familie geschah, als sich ihr Mann mehr mit den Kindern beschäftigte:

«Ich habe mich bemüht, Julian dazu zu bringen, daß er mehr emotionale Kraft in die Familie steckt. Es ist zwar ziemlich hart, aber wir versuchen, unsere Rollen zu verschieben. Es hat mich ungeheuer erleichtert, als er mehr Zeit fand, sich mit Anita zu beschäftigen. Ich fühle mich jetzt freier und gelöster. Und es gibt nicht nur mir mehr Zeit und Energie, sondern es gefällt meinen Kindern auch, daß es da noch jemanden gibt, der zunehmend bereit ist, für die Familie Gefühle aufzubringen. Gleichzeitig fühle ich mich jetzt auch Julian näher.»

Verschiedene Arten von Familien

Einige Gedanken über das Verurteilen von ‹anderen›

Alle Familien, die von der Norm abweichen, anders sind als die vollständige heterosexuelle Kleinfamilie, sind mehr oder weniger gebrandmarkt. Wenn wir von den anderen, die ähnlich leben wie wir, abgeschnitten sind, verinnerlichen wir oft die gesellschaftlichen Werturteile und empfinden unsere Familie als abnormal. Hier ist die Geschichte einer Alleinerzieherin, die sich abgestempelt fühlt:

«Bei einem Gruppentreffen für Sozialarbeiter erzählte eine Kollegin von einer geschiedenen Mutter dreier Kinder, die ‹in ihrer Ehe gescheitert› sei. Dieser Satz traf mich. Ich war eine geschiedene Alleinerzieherin und fühlte mich durch ihre Worte verletzt. Ich wollte losschlagen und sie beschimpfen. Aber ich schluckte es runter. Ich wußte, daß auch ich monatelang nach der Scheidung mit dem Gefühl, versagt zu haben, zu kämpfen hatte. Sie hatte nur laut ausgesprochen, was ich selbst lange Zeit über mich dachte.»

Es hilft, wenn man andere Leute findet, die ähnliche Erfahrungen gemacht haben:

«Wenn man eine lesbische Mutter ist, ist das so ungewöhnlich und ‹unakzeptabel›, daß man allein kaum damit fertig wird. Man braucht auf jeden Fall eine zweite Person – und auch das ist kaum genug.»

Ohne Rückhalt kann es extrem hart sein, wenn wir von den sozialen Konventionen, mit denen wir aufgewachsen sind, abweichen. Viele alleinerziehende Eltern, Stiefeltern und homosexuelle Eltern haben andere Menschen gefunden oder aktiv gesucht, die sich in derselben Situation befinden, um ihre Probleme gemeinsam zu besprechen. Es gibt auch Bücher, Zeitschriften und Rundbriefe, die helfen, solche Kontakte herzustellen.

Alleinerziehende Eltern*

Wir haben gesehen, daß die Anzahl geschiedener Eltern heute rasch zunimmt. Geschiedene Eltern werden in der Gesellschaft stärker wahrgenommen und sind deshalb eher in der Lage, Menschen zu finden, die sich in einer ähnlichen Situation befinden. Dennoch fühlen sich immer noch

---

* Hier meinen wir Eltern, die geschieden sind oder getrennt leben, nicht jedoch ledige oder verwitwete Eltern. Doch viele der hier aufgeworfenen Probleme betreffen auch sie.

Phyllis Ewen

viele Geschiedene gebrandmarkt: Weil sie keine komplette Familie bilden, werden sie von den anderen und von sich selbst nicht für voll genommen.

Geschiedene Eltern müssen erst einmal akzeptieren, daß sie und ihre Kinder eine echte und ernst zu nehmende Familie bilden. Sie müssen ein Netz von Freunden aufbauen, die ihre Familie, so wie sie ist, anerkennen und unterstützen. Wenn geschiedene Eltern auf solche Ziele hinarbeiten, werden sie bald bemerken, daß ihre Minderwertigkeitsgefühle schwächer werden und sie von sich selbst ein neues Bild von starken und vollwertigen Menschen bekommen. Dieses Selbstbewußtsein und der Freundeskreis, den sich alleinerziehende Eltern notwendigerweise aufbauen müssen, tragen dazu bei, gewisse noch immer vorhandene Vorurteile gegen geschiedene Eltern abzubauen.

Im folgenden Abschnitt beschäftigen wir uns vor allem mit Eltern, die die Vormundschaft über ihre Kinder haben. Derzeit sind das noch immer vorwiegend Mütter.

Familien in Trennung: Gefühle

Zuallererst müssen geschiedene Eltern mit der stürmischen Zeit der Trennung fertig werden. Diese Mutter beschreibt prägnant ihren inneren Aufruhr, kurz nachdem sie sich von ihrem Mann getrennt hatte:

«Wenn ich so stark bin, warum kann ich diesmal nicht damit fertig werden? Irgend etwas hat am Donnerstag meine ganze Kraft aus mir gesaugt und gibt sie mir nicht mehr zurück. Ohne sie gehe ich unter. Ich kann weder arbeiten noch essen, noch mich bewegen, noch schlafen. Niemand in der ganzen beschissenen Welt kümmert sich um mich. Es ist wie bei einem Flugzeugabsturz. Einen Tag lang ist es eine große Neuigkeit, und bis zum Wochenende haben es schon wieder alle vergessen. Das Schlimmste ist, daß ich allein sein werde, und ich bin alleine und alleine und alleine. Und das Schlimmste ist schrecklich. Es gibt niemanden sonst, der dir hilft oder sich mit dir Sorgen macht oder dir Liebe und Hilfe anbietet. Mitten in der Nacht, wenn dein Kind krank ist und du schon zum drittenmal seine Bettwäsche gewechselt hast, dann gibt es niemanden, der dich im Bett wärmt und dich in den Schlaf streichelt ...»

Eltern in Trennung lenken manchmal ihre ganzen Sorgen auf ihre Kinder. Kinder brauchen in dieser Zeit viel Zuwendung, aber die Erwachsenen neigen oft dazu, ihre ganze Aufmerksamkeit auf die Reaktionen der Kinder zu richten, um sich nicht mit ihrer eigenen Kränkung beschäftigen zu müssen. Nina, eine Mutter mit einer kleinen Tochter, erzählt uns davon:

«Gleich nachdem Matt ausgezogen war, zerstörte Gwen eine Woche lang all ihre Spielsachen und schlug den Hund, wenn sie glaubte, daß ich nicht hinschaute. Dadurch wurde so viel meiner Aufmerksamkeit auf Gwen gezogen, daß ich mich selbst vergaß. Einen Monat lang beschäftigte ich mich ausschließlich mit meiner Tochter, ich versuchte ihre Verärgerung, ihre Kränkung und ihre traurigen Gefühle zu lindern. Eines Morgens wachte ich auf und war wütend auf sie. Plötzlich merkte ich, daß ich auch darüber wütend war, daß Matt weggelaufen war und *mich* allein gelassen hatte.»

Andererseits vergessen Erwachsene, die mitten in einer Krise stecken, manchmal ihre Kinder. Art erinnert sich, wie er sich fühlte, als er von Erwachsenen umgeben war, die sich gerade getrennt hatten:

«Meine Eltern gingen auseinander, als ich 11 Jahre alt war. Ich war unsagbar traurig. Ich erinnere mich, daß ich immer wieder fragte: ‹Warum?› Aber niemand wollte mir zuhören. Meine Mutter sagte mir, ich müsse tapfer sein und nicht weinen. Es ist verrückt, einem Kind so etwas zu sagen, dessen Eltern sich gerade getrennt haben. Jahre später, als ich eine Therapie machte, war endlich jemand bereit, mir zuzuhören und mir über den Verlust meines Vaters hinwegzuhelfen.»

Für Eltern in Krisensituationen ist es sehr schwer, ein Gleichgewicht zwischen der Fürsorge für sich selbst und der für ihre Kinder zu finden. Sie müssen mit sich selbst Geduld haben, auch wenn sie dieses Gleichgewicht nicht gleich finden.

Geschiedene Eltern werden oft von plötzlichen Stimmungsschwankungen überrascht. In einem Augenblick sind sie von der neu gefundenen Freiheit begeistert, und in der nächsten sind sie von der Last der Verantwortung und der Angst vor der Einsamkeit niedergedrückt. Freude und Leid münden in einen Strom von emotionaler Verwirrung. Ellen, eine Mutter von drei Kindern, erzählt:

«Es ist vier Monate nach meiner Trennung, und ich muß Freundinnen und Liebhaber immer noch davor warnen, daß ich mittendrin zu weinen beginnen könnte: beim Reden, beim Gemüseeinkauf oder beim Schmusen.»

Gleichgültig, ob die Trennung plötzlich erfolgt oder lange dauert, es gibt einen Augenblick, wenn man den Kindern sagen muß, was los ist.

«Der Augenblick, den mein Mann und ich wählten, um unseren beiden Kindern zu sagen, daß wir nicht mehr länger zusammenleben wollten, war für mich eine Qual. Nach außen war ich ruhig, drinnen bebte ich. Mein Sohn war drei, meine Tochter sechs. Ben, der ganz klein war, schüttelte nur seinen kleinen Kopf und sagte laut: ‹Nein, nein, nein›, während Naomi sich zu einem traurigen kleinen Knäuel einrollte und überhaupt nichts sagte.

‹Wir lieben euch beide und werden euch immer lieben und für euch sorgen, aber wir wollen nicht mehr verheiratet sein. Keiner von euch kann etwas dafür, das ist eine Entscheidung von uns Erwachsenen.› Als ich diese Worte sagte, die ich sagen mußte, wußte ich genau, daß keine Worte dem Augenblick entsprachen. Ich fühlte nur eine tiefe Verzweiflung, ich wollte ihren Schmerz lindern, meinen Schmerz und sogar den Schmerz meines Mannes. Ich wollte, daß das, was gerade passierte, aufhörte. Ich wollte Ben und Naomi die Schuld an der Trennung geben. Ich wollte sie *noch einmal* benützen, um die Ehe zu kitten. Ich konnte nichts anderes tun, als die Kinder an mich zu pressen, den Augenblick hinter mich zu bringen und weiterzuleben.»

Wenn sich Eltern schließlich trennen, können sie niemals die Verbindung zum anderen völlig lösen, selbst wenn sie sehr wütend aufeinander sind, denn er oder sie ist immer noch der Vater oder die Mutter des Kindes. Oft wird einer der Eltern eine stärkere Beziehung wünschen. Eine Mutter zeigt uns einen Brief, den sie an ihren geschiedenen Mann schrieb:

«Ich vermisse ganz stark, daß ein anderer Erwachsener heimkommt (manchmal sogar spät in der Nacht), dem ich erzählen kann, was während des Tages geschehen ist. Wenn man Kinder erzieht, arbeitet und versucht, den Haushalt zu bewältigen, und wenn man unter schwerem emotionalem Stress steht, da gibt es eine Menge zu erzählen. Und trotzdem gibt's niemanden, dem man das wirklich sagen kann, bloß diese Briefe. Wen schert es, wenn Melanie eine riesige Ameise in ihrem Bett findet? Wer sonst kümmert sich darum, wenn wir einen Baum pflanzen oder ein Indianerzelt bauen? Oder wenn ich mit Melanie und einigen ihrer Schulkameradinnen Kaulquappen fangen gehe? Wen interessiert es, was ich mit unseren Kindern tagein, tagaus mache? Du bist es sicher nicht. Es gibt niemanden, dem ich es erzählen kann. Ich könnte jetzt weinen, richtig losheulen mitten am Tag. Und dabei scheint draußen die Sonne.»

Anderen Eltern fehlt eine Beziehung weniger, manche wollen überhaupt keine. Der Vater eines zehnjährigen Sohnes, der sich vor kurzem von seiner Frau, die Alkoholikerin war, getrennt hatte, gesteht, daß er manchmal wünscht, die Erde täte sich auf und würde sie ganz einfach verschlucken.

Hier bemüht sich eine Mutter um mehr Abstand von ihrem früheren Ehemann:

«Mein Mann und ich gingen auseinander und wollten uns bald scheiden lassen. Ich wollte mit meiner Tochter in einen anderen Bundesstaat ziehen. Zuerst sagte er ganz kompromißlos nein, er würde mich nicht gehenlassen und er würde es durchkämpfen. Und er hatte einen guten Grund, denn für uns beide war Julie sehr wichtig, wir wollten sie beide bei uns haben. Die Tatsache, daß ich unbedingt übersiedeln wollte, um bei meinen Eltern zu sein und eine Arbeit zu beginnen, und er mich davon abhalten wollte, gab mir das Gefühl, gefangen und machtlos zu sein. Ich wollte irgend etwas tun, um mich aus seinem Zugriff zu lösen. Ich hatte alle möglichen gewalttätigen Vorstellungen, was ihm zustoßen könnte. Und zum erstenmal konnte ich mir vorstellen, warum geschiedene Eltern ihre Kinder entführen und fähig sind, einander umzubringen.»

Die Trennungsperiode ist eine besonders intensive Zeit, und die Kontakte zwischen den ehemaligen Partnern sind meistens für beide Seiten quälend. Und gerade in dieser Zeit beginnen die grundlegenden Gespräche darüber, was mit den Kindern geschehen soll. Dabei ist es sehr schwer, die Kinder nicht als Waffe unserer Bitterkeit oder als Trümpfe zu benützen.

Manche Eltern, die in Trennung lebten, fanden Hilfe:
- gute Freunde oder einen/eine Geliebte(n);
- eine objektive Person, mit der sie sprechen konnten;
- jemand Besonderen, der sich einen Nachmittag lang um die Kinder kümmert, denn während dieser Zeit sind auch die Kinder durcheinander, und oft genügt ein gewöhnlicher Babysitter nicht;
- eine Selbsthilfegruppe für getrennte oder geschiedene Leute oder eine Gruppe alleinerziehender Eltern;

- einen Freundeskreis, mit dem man gemeinsam Dinge unternehmen und sich entspannen kann;
- Gymnastik, Sport, Yoga oder andere Methoden, sich selbst im Gleichgewicht zu halten;
- Bücher, die einem bei den rechtlichen und emotionalen Problemen von Trennung und Scheidung behilflich sind.

Wenn's um Geld geht

Die wirtschaftlichen Fragen einer Trennung sind fast nie einfach zu lösen. Und es ist kaum möglich, sie von den Gefühlen zu trennen. Viele Leute, die sich trennen wollen, können es sich nicht leisten. Frauen, die normalerweise weniger wirtschaftliche Möglichkeiten als Männer haben, haben berechtigte Ängste, wie sie sich und ihre Kinder erhalten werden, falls sie sich zur Auflösung der Ehe entschließen. Die Härte der wirtschaftlichen Realität, zusammen mit der Angst vor der Einsamkeit, veranlassen Frauen oft, in psychisch ungesunden Situationen weiterzuleben. Das bedeutet, daß Frauen, die von ihren Männern körperlich mißbraucht werden, oft nicht die finanzielle Grundlage haben, wegzuziehen. Und ein Mann, der sich trennen möchte, kann sich oft dadurch gebremst fühlen, daß er wirtschaftlich nicht in der Lage ist, zwei Haushalte zu finanzieren.

Am größten sind natürlich die finanziellen Schwierigkeiten für den Elternteil, der bei den Kindern bleibt. Frauen, die in erster Linie Hausfrauen waren, verlieren ihre wirtschaftliche Sicherheit. Frauen, die einen Ganztagsjob haben, sind zwar von größeren wirtschaftlichen Unsicherheiten eher verschont als arbeitslose oder teilzeitbeschäftigte Frauen, aber sie müssen dann mit der extremen Doppelbelastung fertig werden. Zu oft zwingt der wirtschaftliche Druck alleinstehende Eltern zurück in den traditionellen Familienrahmen, bevor sie dafür reif sind, oder sie gehen eine Bindung mit einer ungeeigneten Person ein, wie diese Frau berichtet:

«Ich habe genau sechs Monate nach meiner Scheidung wieder geheiratet. Ich liebte Bill und fühlte mich sehr glücklich, daß er bereit war, mich und meine zwei Töchter zu unterstüzen. Eine Zeitlang war alles schön. Aber sobald wir einander besser kennenlernten, erkannte ich, daß das für mich die falsche Beziehung war. Aus Angst und Einsamkeit bin ich zu schnell wieder in eine Ehe gesprungen. Und jetzt muß ich das Problem einer zweiten Scheidung lösen.»

Hier ist ein Vater, der über die Änderung seines Lebensstils froh ist:

«Ja, ich habe finanzielle Probleme, aber sie scheinen mir jetzt eher lösbar als damals, wo ich in einer unglücklichen Ehe lebte. Obgleich ich weniger Geld habe als zuvor, mag ich die Freiheit meines Lebens als Single. Meine Tochter und ich kommen jetzt mit viel weniger Geld durch.»

Wirtschaftliche Probleme und Elternschaft hängen zusammen wie siamesische Zwillinge. Alleinstehende Eltern finden oft keine Arbeit, die flexibel genug ist, um ihnen noch Zeit für ihre Kinder zu lassen. Wenn sie den ganzen Tag arbeiten müssen, können sie für das Kind oft weder jemanden finden noch bezahlen. Nach der Arbeit haben sie nicht mehr genug Energie, um ihren eigenen Bedürfnissen und denen der Kinder genügend Aufmerksamkeit zu widmen. Wenn Alleinerzieher beschließen, Heimarbeit zu übernehmen oder eine Teilzeitbeschäftigung zu suchen, müssen sie wesentlich schlechtere Bezahlung in Kauf nehmen und haben Schwierigkeiten mit der Sozialversicherung. Wenn die Eheschlacht ums Geld weitergeführt wird oder wenn die Sozialhilfe und die Kinderbeihilfe nicht für das Überleben der Familie ausreicht, nehmen oft Gefühle von Panik und Machtlosigkeit überhand. Meistens sind es die Mütter, die von ihrem geschiedenen Mann finanziell abhängig sind. Oftmaliges Aufsuchen von Gerichten und Sozialhilfeeinrichtungen sind psychisch sehr belastend, denn diese Institutionen können nicht genügend oder nicht genügend rasch auf menschliche Bedürfnisse reagieren.

Die wirtschaftlichen Probleme, die sich alleinerziehenden Eltern stellen, sind sehr real und können lange über die Periode der anfänglichen Trennung hinausreichen. Dennoch finden viele alleinstehende Eltern zeitgerecht Wege, um für sich und ihre Kinder aufzukommen.

Hier sind mehrere etwas ungewöhnliche Beispiele:

«Betsy: Nach der Trennung mußte ich eine Arbeit finden. Aber es mußte eine Teilzeitbeschäftigung mit flexibler Arbeitszeit sein, denn ich hatte zwei Vorschulkinder. Ich hatte eine Berufsausbildung als Sozialarbeiterin. Ich nahm an, daß es einige Zeit dauern würde, aber daß es möglich wäre, Arbeit zu finden. Nach mehreren Monaten des Suchens übersiedelte eine alte Freundin in unsere Stadt. Auch sie suchte eine Teilzeitbeschäftigung, so beschlossen wir, uns zusammen für einen Ganztagsjob zu bewerben. Wir wurden bei verschiedenen Stellen abgelehnt, und manchmal wollten sie entweder die eine oder die andere von uns aufnehmen. Aber wir suchten und fanden schließlich gemeinsam einen Job in einem neuen Krankenhaus. Wir waren begeistert, als sie uns zusagten.

Jane: Ich lernte Emma kennen, als wir beide noch verheiratet waren. Unsere Töchter waren in derselben Spielgruppe, dann im Kindergarten und in der Vorschulgruppe. Wir wurden beide von unseren Männern im Abstand von sechs Monaten geschieden. Eine Zeitlang blieben wir in unseren eigenen Häusern und kämpften uns ab, die Rechnungen

zu begleichen. Schließlich hatte ich von dem wirtschaftlichen Druck genug und wollte eine Veränderung. Eines Tages, als wir mit unseren Kindern von der Schule heimgingen, erklärte ich ihr meine Situation und fragte sie, ob sie mit mir zusammenwohnen wollte. Sie dachte einen Moment nach und war bald begeistert. Am nächsten Tag gingen wir schon auf Wohnungssuche. Und bevor die Woche um war, hatten wir eine gefunden.
Loren: Ich habe in verschiedenen Wohnungen alleine und in verschiedenen Wohngemeinschaften gelebt, bevor ich diese Gruppe von Leuten fand, die ich jetzt als meine Familie betrachte. Der Kern der Gruppe traf sich bei einer Psychologenkonferenz. Jeder von uns wollte sich mit Leuten zusammentun, die eine ähnliche Arbeit machten. Und dann ging es weit darüber hinaus. Nachdem wir einander eine Weile kannten, beschlossen wir, gemeinsam ein Haus zu mieten, in dem wir leben und arbeiten konnten. Drei von uns waren alleinstehende Eltern, die gerade ihre Arbeit und ihr persönliches Leben neu gestalten wollten. Wir waren gerade im richtigen Moment aneinandergeraten.»

Es ist gar nicht so schlecht, Kinder allein aufzuziehen

Wenn Eltern zum erstenmal die Ängste des Alleinseins und der wirtschaftlichen Unsicherheit erleben, ist es schwer, die positiven Aspekte wahrzunehmen. Tatsächlich muß jeder durch eine notwendige Periode der Heilung durch. Manchmal ist das eine lange Zeit.
Manche der negativen Elemente vergehen, sobald wir in der Lage sind, Probleme wie Arbeit, Kinderbetreuung, Einkommen und emotionale Unterstüzung zu lösen. Langsam ändert sich die Wahrnehmung, hier sind einige Aufzeichnungen aus dem Tagebuch einer Mutter:
«Ich habe Spaß an meinem Leben. Ich bin viel mit den Kindern draußen im Garten. Meistens laufen wir nackt herum. Wir machen Geburtstagsfeiern, malen ganz bunte Zeichnungen auf die Gehwege, essen Eistorten und schwimmen im Plastikschwimmbecken ... Wir bepflanzen den Garten, gießen die Blumen, machen uns schmutzig und treffen uns mit Freunden ... Mein Arzt sagt mir, daß ich zu gesund bin. Ich schreibe ununterbrochen, von Zeit zu Zeit unterrichte ich, ich bekomme neue Jobs. Ich denke über neue Ideen nach, esse nur Salat, Obst und Joghurt und koche fast nie. Ich plaudere mit meinen Freundinnen, die Neugeborene haben, und helfe ihnen. Ich bin froh, daß ich diese Zeit der Trennung hinter mir habe. Damals war alles quälend, es gab keinen Ausweg aus der Kälte und Finsternis und Isolation. Der nächste Winter wird ganz anders werden. Ich fühle mich viel stärker. Ich weiß, daß mich niemand ablehnt. Ich weiß, daß ich allein sein kann.

Ich weiß, daß ich zu etwas gut bin und daß meine Kinder überleben werden.»

Andere negative Gefühle werden bleiben oder sogar klarer werden. Wenn der Zorn vergeht, wird es Augenblicke geben – besonders zu Geburtstagen oder zu anderen speziellen Anlässen, wo wir uns nach unserem alten Leben in der Geborgenheit der Familie zurücksehnen. Manche alleinstehende Eltern haben da den Ausweg gefunden, wichtige Feste mit anderen alleinstehenden Eltern und deren Kindern zu feiern:

«Es war für uns ein großes Vergnügen, ein Fest vorzubereiten. Wir luden noch andere Freunde ein und verbrachten einen wunderbaren Tag. Wir aßen, spielten, lachten und feierten zusammen. Abgesehen davon, daß es für uns und unsere Kinder ein Mordsspaß war, bestärkten wir uns gegenseitig in unserer Situation als Alleinerzieher. Plötzlich war es nicht mehr so wichtig, was wir alles nicht oder was wir früher einmal gewesen waren. Familien feiern gemeinsame Feste, und wir tun genau dasselbe.»

Auch sonst haben manche der Eltern, mit denen wir sprachen, nach der Trennung ein Gefühl echter Erleichterung verspürt:

«Als mein Mann auszog, hörte ich auf, mit dem Kopf gegen die Wand zu rennen. In dem Moment, wo er das Haus verließ, verschwand auch viel von dem Stress, der mich sonst immer plagte.»

«Für mich hat sich die Qualität meines Lebens seit der Scheidung verbessert. Ich habe mehr liebevolle Beziehungen als früher, und meine Arbeit befriedigt mich jetzt weit mehr.»

Für diese beiden wurde das Leben leichter. Sie brauchen nicht mehr all ihre Energie zum Kämpfen, sondern können statt dessen ihre Zeit genau verwenden, ihr Leben neu zu gestalten, einfach zu leben.

Viele Alleinerziehende, die in ihren Ehen eine eher passive Rolle spielten, sind davon begeistert, jetzt endlich aktiv werden zu können. Der- oder diejenige, die die Scheidung einreichte, ist vielleicht stolz darauf, endlich einen eigenständigen Schritt gemacht zu haben. Aber auch der Elternteil, der die Scheidung nicht einreichte, muß jetzt beginnen, Entscheidungen zu treffen. Zum Beispiel darüber, wo und wie er/sie wohnen wird. Diese Veränderung tut weh, doch die Aktivität tut gut.

Alleinerziehende Eltern müssen eine ganze Menge Sachen alleine erledigen, die sie vor der Trennung gemeinsam betrieben haben. Wenn eine Mutter gewöhnt war, bestimmte Dinge ihrem Mann zu überlassen, ist das für sie vielleicht eine ganz tolle Erfahrung, den Wagen zu reparieren oder mit den Kindern Sport zu betreiben. Sie hat jetzt endlich die Macht, selbst zu entscheiden, wofür sie etwa ihr Geld verwenden will. Wenn sie zum erstenmal arbeiten geht, wird sie Möglichkeiten finden, mit ihren Kindern kurze, aber intensive Zeiten zu verbringen anstatt des ganztägigen Härtetests, an den sie früher gewöhnt war. Alleinstehende Väter haben mit großer Freude von ihrer neuen Nähe zu den Kindern gesprochen:

«Früher verbrachte ich meine Wochenenden mit Gartenarbeit, beim Fernsehen, und manchmal ging ich auch ein, zwei Stunden mit den Kindern spazieren. Wenn ich jetzt an den Wochenenden Juda und Lisa habe, dann gibt es nur mich, der sie den Tag über betreuen kann. Obwohl es Augenblicke gibt, an denen ich die Wände vor Verzweiflung hochklettern könnte, mag ich diese neue Nähe. Ich werde ganz böse, wenn ich zurückdenke, was ich während der ersten sieben Jahre versäumt habe.»

Alleinerzieher kennen Mühen und Freuden, von denen alle Eltern vielleicht lernen können. Wenn sie ihrem Kind bei einem Streit mit einem Freund zur Seite stehen, wenn sie eine Mahlzeit kochen, was früher nie der Fall war, wenn sie das Geld verdienen, um die Rechnungen zu bezahlen, oder wenn sie mit ansehen, wie ihre Kinder zu Teenagern heranwachsen, dann haben sie das Gefühl, persönlich etwas erreicht zu haben.

Ohne eine andere erwachsene Bezugsperson im Haushalt kann es bei Alleinerziehern zu einer gewissen Einfachheit und Direktheit im Umgang mit ihren Kindern kommen.

«Als ich von der Arbeit heimkam, war ich zu müde, um das Abendessen zu bereiten, und ich sagte Jenny, daß wir eine Pizza essen gehen würden. Das gefiel ihr, ich mußte mich nicht mit einem anderen Erwachsenen beraten oder auf ihn warten. Schon waren wir aus der Tür.»

Wenn es keinen anderen regelmäßig anwesenden Erwachsenen gibt, der sich einmischt, erfahren Eltern auch ihre Wirkung auf die Kinder, und umgekehrt, ganz direkt:

«Ich war sehr traurig. Mein zehnjähriger Sohn bemerkte die Tränen in meinen Augen. Er schlug mir vor, mich ordentlich auszuheulen (›so wie du mir das immer sagst, Mama›). Ich legte mich aufs Bett und weinte lange Zeit. Von Zeit zu Zeit kam er vom Fernseher, schaute nach, ob alles O.K. war, streichelte mir den Kopf und ging wieder. Ich heulte, weil ich traurig war, aber auch als Reaktion auf das, was mein Sohn gesagt und getan hatte. Seine Fürsorge rührte mich wirklich, und zu dieser Zeit gab es außer ihm niemanden, der mir das gab.»

Wenn Eltern ihren Kindern erlauben, ihr Leben zu beeinflussen, schaffen sie die Möglichkeit einer tiefen Intimität. Einer der schwierigsten Aspekte ist wohl, daß man manchmal von seinem Kind wünscht, es wäre ein erwachsener Partner. Wenn das Kind aber doch nur wie ein Kind reagiert, kann das für den Vater oder die Mutter recht frustrierend sein:

«Manchmal werde ich wütend auf Patrick, wenn er mich als seine Mutter beansprucht. Wenn er etwas will: einfach Zuwendung oder Hilfe bei den Hausaufgaben, oder wenn er einen Freund besuchen will. Dann erinnert er mich daran, daß er mein *Kind* ist und nicht ein gleichwertiger Erwachsener. Ich habe auch gemerkt, daß ich anders auf ihn reagiere, wenn ich einen Freund habe oder mich viel mit Bekannten treffe.»

Zwischen alleinerziehenden Eltern und Kindern kann es zu einem regelrechten Austausch an Stärke kommen. Kinder erfahren die Stärke der Eltern, wenn diese den Mut aufbringen, aus einer unglücklichen Ehe auszubrechen, fähig werden, die Familie zu ernähren, neue Fähigkeiten erlernen. Die Kinder wiederum müssen in solchen Haushalten mehr Verantwortung übernehmen. Das kommt vielleicht aus der Notwendigkeit, die Arbeit zu teilen, hat aber auch den Vorteil, daß die Kinder ihre eige-

nen Fähigkeiten kennenlernen. Sie werden dabei recht unabhängig, wie uns der Vater eines siebenjährigen Mädchens erzählt:
«Wenn Emily zu Hause ist, gelingt es mir, relativ ungestört zu sein. Ich erreiche das, indem ich ihr unabhängiges Verhalten ermutige. Eines Tages, während ich einkaufen war, backte sie Brot und brachte allen Nachbarn Stücke davon. Bei einer anderen Gelegenheit räumte sie ihr Zimmer um und ordnete ihre Malsachen, Bücher und Spiele neu. Wenn sie sieht, daß ich zu tun habe, wird sie darin bestärkt, sich auf ihre eigenen Sachen zu konzentrieren.»
Bei manchen Entscheidungen in Familien von Alleinerziehern, zum Beispiel wie Geld ausgegeben wird, werden die Kinder einbezogen. In «vollständigen» Familien werden solche Entscheidungen oft nur von beiden Erwachsenen getroffen. Alleinerzieher brauchen aber auch die Hilfe anderer Erwachsener. Niemand kann alles alleine machen. Die Notwendigkeit, um Hilfe bitten zu müssen, kann eine Chance sein. «Paradoxerweise», sagte eine Mutter, «sind wir Alleinerzieher potentiell weniger isoliert als andere Eltern. Wir haben die gewohnte Erwachsenenrolle auf andere ausgedehnt. Auf Freunde und Leute, die uns und unseren Kindern nahestehen.»

Stiefeltern

Da sich immer mehr Leute scheiden lassen und neu heiraten, hat eine immer größere Anzahl von Familien jetzt Stiefeltern und Kinder, die zueinander auf die verschiedenste Art zusammengehören: als biologische oder adoptierte Kinder, als Stiefkinder und Halbgeschwister.
Es kann faszinierend sein, wenn zwei Erwachsene einander mit der Weisheit einer früheren Erfahrung wählen. Aber diese neue Familienkonstellation wirft besondere Probleme auf. Wir kennen die Geschichten von grausamen Stiefeltern und solchen, die niemals eine Beziehung zu ihren Stiefkindern entwickeln können. Dennoch waren alle Stiefeltern, die wir befragt haben, im wesentlichen mit ihrer Rolle als Stiefeltern zufrieden.
Viele Stiefeltern kennen ihre Stiefkinder, bevor sie heiraten. Und viele haben sogar schon mit ihnen zusammengelebt. Das Problem, wer dann diese Erwachsenen für die Kinder eigentlich sind, wurde meistens schon erörtert, bevor die Eltern beschließen, zu heiraten und sozusagen offiziell Stiefeltern zu werden.
Doch auch nach der Heirat ist es manchmal schwierig, wie man einander nennen soll:
«Ich bemerke, daß ich Jeanne und Trude praktisch nie meine Stiefkin-

Bill Clark

der nenne, wenn ich sie jemandem vorstellen und ihre Beziehung zu mir erklären soll. Es ist eine ähnlich unangenehme Situation, wie wenn man jemanden, mit dem man zusammenlebt und den man liebt, beschreiben muß, der aber nicht deine ‹Frau› oder dein ‹Mann› ist, sondern *nur* ein ‹Freund› oder eine ‹Freundin.›»

Da ist ein Hauch von unrechtmäßigem Anspruch bei solchen Beziehungen.

Diese Stiefmutter sah die Frage der Namen anders:

«Die Heirat mit Paul brachte eine entscheidende Veränderung in meiner Beziehung zu Jonathan. Ich wußte, wir würden für den Rest unseres Lebens eine Verbindung haben. Am Morgen unseres Hochzeitstages kletterte Jonathan zu uns ins Bett und fragte, was er mit mir und mit jedem der anderen Mitglieder meiner Familie zu tun haben würde. Als wir dann Worte für unsere Beziehungen gefunden hatten, auch wenn sie nur so vage und ungenügend waren wie die Bezeichnungen ‹Stiefmutter› und ‹Stiefsohn› hat uns das geholfen, anzuerkennen, daß wir Teil derselben Familie sind. Wir sind nicht nur jeder für uns in Verbindung mit dem Mann, der mein Geliebter und Johns Vater ist.»

Eine Stiefmutter erzählte einer Mutter, die Alleinerzieherin ist:

«Du glaubst, daß es ein Stress ist, Lynn allein zu erziehen. Gut, aber du bist wenigstens die *wirkliche* Mutter. Ich kümmere mich um Aaron und habe trotzdem kein gesetzliches Recht als Mutter. Ich bekomme Angst, wenn ich daran denke, daß ihn seine biologische Mutter jederzeit von mir wegnehmen könnte. Mein Verantwortungsgefühl für Aaron ist so groß wie das jeder Mutter, die ein Kind fünf Jahre lang aufgezogen hat. Dennoch habe ich das Gefühl, daß er mir weggeschnappt werden könnte und ich dann zerstört wäre.»

Gleichgültig wie sehr sie Kinder lieben und Verantwortung für sie übernehmen, Stiefeltern haben keinen rechtlichen Status als Eltern. In dieser Situation tragen Stiefeltern eine sehr große Verantwortung und haben sehr wenig Macht. Wenn es ihnen möglich ist, entscheiden sich daher manche Stiefeltern dazu, ihre Stiefkinder zu adoptieren, um die Verbindungen rechtlich abzusichern und ein Gleichgewicht zwischen Verantwortung und rechtlichem Einfluß herzustellen.

Bevor Stiefeltern und ihre Kinder eine neue Familie bilden können, müssen sie einen gewissen Frieden mit den Familien herstellen, aus denen sie kommen. Egal, ob diese Familien im Leben der wiederhergestellten Einheit tatsächlich gegenwärtig sind oder nicht, sie werden manchmal doch wie übermächtige Schatten empfunden.

Die «anderen Eltern» üben oft noch weiterhin einen großen Einfluß auf das Leben der neuen Familie aus:

«Niemand kann ein Kind ununterbrochen lieben. Es gibt bei jedem in unserer Familie eine Tendenz, dem ‹fremden› Elternteil für Annis negative Charaktereigenschaften die Schuld zu geben. Sowohl ihr Vater als auch ich sehen ihren Konkurrenzneid, ihr Bedürfnis nach Zuwendung, ihre geringe Bereitschaft, sich in Gruppen einzugliedern, als Eigenschaften, die denen ihrer Mutter sehr ähnlich sind. Wenn Al und ich gegen diese Charaktereigenschaften in ihr angehen, bemerken wir, daß wie einigen Haß gegen ihre Mutter auf sie lenken. Al wird da besonders aufbrausend, weil er allzulange mit solchen Problemen bei ihrer Mutter zu kämpfen hatte.»

Dieser Mann beschreibt seine Gefühle zum Vater seines Stiefsohns:

«Meine Beziehung zu Jeffs Vater war immer gestört und schwierig. Tatsächlich haben wir kein gutes Verhältnis. Dennoch ärgere ich mich darüber, wie er Jeff verlassen hat. Mich bedroht aber auch die Macht seines Geldes. Manchmal habe ich aber auch Mitleid mit ihm, daß er jetzt von dem Jungen, den ich liebe, getrennt ist. Ich habe ihm das niemals gesagt, aber wenn unsere Beziehung besser wäre, würde Jeff möglicherweise davon profitieren.»

Kinder, die abwechselnd bei beiden Eltern sind, mögen dennoch den Wunsch hegen, daß ihre leiblichen Eltern wieder beisammen sind oder daß die zwei neugebildeten Familien einander näherstehen. Dieses Kind machte einen Versuch, die Trennung zu lindern, indem es eine neuartige

Lösung vorschlug: «Warum kann Alexa (seine Halbschwester) nicht mit mir zu Mama nach Hause kommen, wenn ihr über das Wochenende fortfahrt? Ich verspreche, wir werden gut auf sie aufpassen.» Sein Vater und die Stiefmutter lachten, als sie diese Geschichte erzählten, und ergänzten:

> «Es spricht viel für Davids Vorschlag. Es wäre ganz einfach, Alexa in ‹seine Familie› zu schicken. Sie fühlt sich sowieso wie ein Familienmitglied. Sie ist möglicherweise sogar einverstanden ... Aber dann wäre der ganze Aufwand, den wir betrieben haben, um unsere Familien zu trennen, sinnlos.»

Mit einem Exgatten zu tun zu haben, ist ein Prozeß, der oft voll ist mit Loyalitätsproblemen und Abwehrgefühlen auf beiden Seiten:

> «Da Paula und Robert die gemeinsame Vormundschaft für die Kinder hatten, dachte ich, daß es einfacher wäre, wenn wir freundlich miteinander umgehen könnten. Das stimmte zwar mit meiner Ideologie überein, trug aber nicht der Intensität meiner negativen Gefühle zu Robert Rechnung.»

Eine Stiefmutter erzählt von ihren Gefühlen gegenüber der Exfrau ihres Mannes:

> «Es ist schmerzhaft, wenn man erkennen muß, daß ihre Mutter noch immer einen überwältigenden elterlichen Einfluß auf ihr Leben ausübt, gleichgültig, wie sehr ich sie liebe oder wie sehr ich sie beeinflussen möchte. Das ist wirklich ein Machtkampf zwischen ihr und mir. Es beeinflußt meine Beziehung zu Philip: Mit wem ist er loyal – mit mir, seiner Frau? Oder mit ihr, der Mutter seiner Kinder? Sie ruft ständig an, was mich stört. Eine Tages sagte sie am Telefon, als sie bemerkte, wie unangenehm es für mich war, daß sie so sehr Teil unseres neuen Haushalts war: ‹Schließlich und endlich erziehen Philip und ich unsere Kinder gemeinsam.› Mir wurde klar, daß das stimmte – daß die Kinder eine ständige Verbindung mit ihr herstellten. Ich muß mich sehr beherrschen, daß die Kinder nichts von meinen Gefühlen zu ihr abbekommen.»

Stiefeltern können die ursprüngliche Familie weder wiederholen noch ersetzen. Sobald sie diese Tatsache anerkennen, können sie beginnen, eigenständige Beziehungen mit ihren Stiefkindern aufzubauen:

> «Durch die Liebe zu meinem Stiefsohn habe ich wirklich gewonnen. Er hat einen wunderbaren Humor. Ursprünglich fühlte ich mich mit seinem Vater in Konkurrenz, aber das ist vorbei. Zwischen Joseph und mir ist etwas ganz Besonderes. Es macht uns wirklich Spaß, miteinander zu sein. Ich helfe ihm manchmal bei seinen Hausaufgaben, wir machen lange Spaziergänge mit unseren Hunden und kochen gerne miteinander. Ich kann auch ihm und seiner Mutter Elen helfen, wenn sie miteinander streiten. Ich habe den Abstand eines Freundes und

kann oft zwischen ihnen vermitteln, einfach deshalb, weil ich an Joseph nicht in der gleichen Weise hänge wie Elen.»

Eine Stiefmutter gibt ein Bild von ihrer Beziehung zu ihren Stiefkindern:

«Ich begann mit dem Versuch, eine Superstiefmutter zu werden, und es war, als ob ich eine Rolle spielte. Ich hatte zum Beispiel mit großem Bedauern ‹für die Kinder› den Luxus aufgegeben, samstags und sonntags lange im Bett zu bleiben. Als ich mir das wieder gönnte, halfen die Kinder ihrem Vater beim Frühstückmachen und brachten es mir ans Bett. Sie machten eine großartige Prozession, als sie ins Zimmer kamen – sie waren stolz auf das, was sie geleistet hatten, und für mich war es sehr angenehm.

Ich mußte auch lernen, Grenzen zu setzen und die Kinder wissen zu lassen, welches Benehmen ich akzeptieren konnte und welches nicht. Das war schwierig, denn ich konnte nicht auf die ‹instinktive› Liebe zwischen Kindern und leiblichen Eltern zurückgreifen. Deshalb hatte ich Angst, daß sie mich nicht mehr lieben würden, wenn ich Disziplin von ihnen verlangte. Eines Tages sprach ich mit meinem Stiefsohn darüber, warum sein Benehmen zu mir so beleidigend sei. Er reagierte sehr verletzt und verärgert: ‹Es ist mir egal, daß du meine Stiefmutter bist – von jetzt an werde ich mich um dich nicht mehr kümmern, für mich wirst du immer wie die Stiefmutter vom Schneewittchen sein!› Das hat mich wirklich gekränkt. Aber unsere Beziehung hat sich wieder erholt, vor allem, weil wir zueinander ehrlich waren.»

Genauso wie alleinstehende Erzieher sozial gekränkt sind, müssen sich auch Stiefeltern den Mythen der grausamen und hinterlistigen Stiefeltern stellen. Kinder, die diese Märchen kennen, haben Munition.

«Meine Freundin Ada sagte einmal zu mir: ‹Ich fürchte, wir müssen die Tatsache anerkennen, daß in diesen schrecklichen Stiefmüttergeschichten auch ein Körnchen *Wahrheit* steckt.› Ich war schockiert. Schließlich hatte ich hart an mir gearbeitet, ein guter Mensch zu werden, war immer liebevoll und freundlich und entschlossen, meinen Stiefkindern alles zu geben, was sie brauchten! Ich wollte ganz bestimmt *nicht* als böse Stiefmutter dastehen. Als ich aber dann doch akzeptierte, daß ich manchmal auch negative Gefühle hatte, und dann auch noch von leiblichen Müttern hörte, daß es ihnen manchmal auch so erging, fiel es mir leichter, mit meinen Stiefkindern umzugehen.»

Wenn Stiefeltern beginnen, «wirkliche» Eltern zu werden, müssen sie mit der Tatsache fertig werden, daß sie erst in einer späteren Phase im Leben des Kindes auf den Plan getreten sind. Ein Stiefvater sieht das so:

«Wenn ich mit meiner Stieftochter streite, habe ich nicht den Hintergrund der sehr intimen und grundlegenden Beziehung, die ihre Mutter hat. Ich habe sie nie als Baby gefüttert und habe nie die Verantwortung für ihr Leben oder ihren Tod getragen. Ich habe nie ihre Windeln gewechselt oder ihr den Hintern gepudert. Ich kann mich lediglich hier und jetzt den Problemen stellen. Das Ergebnis ist, daß Becky von mir anders geliebt wird als von Karla. Im Augenblick ist das Zusammensein mit Becky besonders schwer. Sie ist in keiner zärtlichen Stimmung und lädt nicht zur Liebe ein. Karlas Liebe kommt aus dem Wissen, daß sie ihr Kind ist und daß sie sich an ihre Zerbrechlichkeit als Kleinkind erinnert. Mit meinen Gefühlen ist der Kontakt schwerer herzustellen.»

Stiefeltern und Stiefkinder werden oft hin- und her gerissen. Sie möchten rasch Vertrauen herstellen und haben dennoch Angst, einander zu rasch nahezukommen. Zeit und Geduld sind für die meisten Stiefeltern das Wichtigste. Hier spricht eine lesbische Mutter über den langsamen Prozeß der Anpassung:

«Als wir zusammenzogen, war Stefan ungefähr vier Jahr alt. Anna zog bei mir ein, ohne über die Konsequenzen nachzudenken – daß sie nämlich Stefan gegenüber eine Mutterrolle einnehmen würde. Sie brauchte ungefähr ein Jahr, um sich daran zu gewöhnen. Und er brauchte dieselbe Zeit, um sich an sie zu gewöhnen. Zuerst war er der Meinung, daß sie sein Territorium besetzt hielt. Er war sehr eifersüchtig und feindselig. Sie schützte sich, indem sie leugnete, daß sich solche Dinge abspielten. Und ich stand dazwischen und ärgerte mich in erster Linie über sie, denn ich dachte: Also du bist doch erwachsen, du solltest es besser wissen. Und ich glaubte, ich mußte Schiedsrichter spielen und sie voreinander beschützen. Wir diskutierten sehr viel darüber. Sie begann, sich mehr mit ihm zu beschäftigen und ihn dabei liebzugewinnen. Innerhalb eines Jahres liebte auch er sie, wie ein Kind seine Eltern eben liebt.»

Ein Stiefvater zeigte auf, daß besondere Umstände das Fehlen der langen Geschichte ausgleichen können:

«Sehr bald nach unserer Hochzeit hatte Dorothé eine ungeheuer schwierige Schwangerschaft. Sie mußte so viel im Bett bleiben, daß ich für ihren Sohn der wichtigere aktive Elternteil wurde. Durch das enge Zusammensein in diesen Monaten wuchsen unser Vertrauen und unsere Liebe viel rascher, als es sonst möglich gewesen wäre.»

Stiefeltern brauchen eine starke Paarbeziehung, um sich selbst und ihre neue Familie zusammenzuhalten. Erwachsene, die gemeinsam Kinder erziehen, müssen sich klar verständigen können. Für Stiefeltern ist das ganz besonders wichtig. Dieses Paar machte gemeinsam eine Therapie, um einige ihrer Differenzen zu lösen:

«Simon und seine Kinder zogen in meine Wohnung ein, um mit mir und meinen drei Kindern zusammenzuleben. Es wurde für beide Seiten zur Hölle. Ich sah, wie sich unsere Lebensgewohnheiten veränderten, und sie fühlten sich im eigenen Heim wie Fremde. So mag ich zum Beispiel große formlose Familienmahlzeiten, wo jeder einfach dazukommt. Aber wenn Simons Kinder übers Wochenende da sind, möchte er ihnen etwas Besonderes bieten. Eines Morgens machten Debby und ich Pfannkuchen für alle, aber als dann Simons Sohn Dick kam, sagte Simon: ‹Kann ich dir ein Rührei machen?› Ich war wütend und stellte mir die Frage, ob nun seine Kinder Gäste sind oder zur Familie gehören? Er sieht sie so selten, daß er will, daß sie Gäste sind, ich hingegen will, daß sie zur Familie gehören. Wir machten deshalb die Therapie, die damit endete, daß wir eine Familie wurden.»

Pamela, eine andere Stiefmutter, hat noch immer widersprüchliche Gefühle ihrer neuen Familie gegenüber:

«Sal und ich lebten drei Jahre zusammen. In dieser Zeit war Mike jede Woche vier Tage lang bei uns. Aber für mich sind diese Tage, wenn er nicht hier ist, noch immer die normalen Tage, und jene, wenn er hier ist, sind außergewöhnlich. Für Sal ist es umgekehrt. Unsere unterschiedliche Betrachtungsweise verursacht eine Menge von Mißverständnissen zwischen uns.»

Manchmal kommen Spannungen an die Oberfläche und explodieren. Karola beschreibt einen solchen Vorfall:

«Einige Monate lang waren alle sehr höflich zueinander. Aber dann kam es an einem Sommerabend zu einem schrecklichen Krach zwischen meiner und seiner Tochter. Als die beiden Mädchen fortgingen, um bei einem Spaziergang zu versuchen, ihren Streit zu schlichten, schrie meine andere Tochter ihrer Stiefschwester nach: ‹Du warst schon immer ein selbstsüchtiges Luder!› Ted war fassungslos. ‹Ich dachte, du magst Marion›, sagte er. ‹Ich mochte sie nie, du hast mich nur immer dazu gezwungen›, war die erregte Antwort meiner Tochter. Danach hatten wir ein langes Gespräch.»

Manchmal ist es leichter, in einer kleinen Gruppe zusammenzukommen:

«Roberts Tochter und ich neigen dazu, um die Zustimmung ihres Vaters zu wetteifern, besonders weil er nicht immer damit einverstanden ist, wie ich mit ihr umgehe. Deshalb ist es für mich schöner, wenn wir ohne ihn zusammen sind.»

Es hat viele Vorteile, Familien zusammenzubringen. Die Kinder kriegen neue Geschwister. Sie können ihre Fähigkeiten miteinander teilen. Es macht ihnen Spaß, an den Wochenenden eine große Familie und während der Woche einen ruhigeren Haushalt zu haben. Auf diese Weise lernen die Kinder mehr Leute gut kennen.

Homosexuelle Eltern

Eine Anzahl von Eltern, die in diesem Buch zu Wort gekommen sind, sind homosexuell. Das wurde nicht immer dazu gesagt, außer wenn es von Bedeutung war.
Die homosexuellen Eltern, die wir interviewten, haben mit anderen Eltern ihre Liebe, ihre Fürsorge, ihre Hingabe, ihre Ängste und ihren Ärger gemeinsam. Aber homosexuelle Eltern leben in einer Gesellschaft, die sie mißtrauisch beobachtet und nicht glaubt, daß sie fähig sind, Kinder ordentlich zu erziehen. Dieser Unterschied bringt oft Isolierung und Kränkung mit sich, eine Kränkung sowohl für die Eltern als auch für die Kinder, die in vielen Fällen durch größere Offenheit und Ehrlichkeit innerhalb der Familie ausgeglichen wird.

Vormundschaft

Die Vormundschaft ist vielleicht für homosexuelle Eltern das Hauptproblem. Das Recht eines homosexuellen Erziehers, sein/oder ihr Kind zu behalten, kann vom anderen Elternteil, von Nachbarn, von seinen oder ihren Eltern und vom Jugendamt gerichtlich angefochten werden. Eine lesbische Mutter erzählt:

«Wir sind die einzigen Menschen, die ununterbochen Angst haben müssen, daß uns unsere Kinder weggenommen werden. Und zwar nicht, weil wir sie etwa vernachlässigen, sondern nur, weil wir homosexuell sind. Mit dem Vater wird man schon noch fertig, aber gegen den ganzen Staat kann man nicht ankämpfen. Wenn der Mann oder die Nachbarn es wollen, dann können sie den ganzen Staat auf dich hetzen.»

Lesbische Mütter berichten von schmerzhaften und aufreibenden Kämpfen um die Vormundschaft, die oft auf Kosten der Kinder ausgetragen werden:

«Während wir um die Vormundschaft kämpften, wurden meine Kinder vom Gericht hin und her geschickt, von mir zum Vater, und schließlich zu Zieheltern. Am Ende gewann er. Nach einem Jahr schickte er sie wieder zu mir zurück. In Wirklichkeit wollte er sie gar nicht, er wollte bloß verhindern, daß ich als Lesbe die Vormundschaft bekomme.»

Die Ablehnung der Homosexualität durch die Gesellschaft und das übliche Vorgehen der Gerichte, die Erziehungsberechtigung den Mütter zuzuschreiben bedeutet, daß sehr wenige offen homosexuelle Väter die Vormundschaft für ihre Kinder haben; und viele müssen sogar um ihr Besuchsrecht kämpfen. Alex, ein homosexueller Vater, der mit seinen Kindern zusammenwohnt, berichtet:

Frances Reid, IRIS Films

«Vor einem Jahr war ich bei einem Homosexuellenkongreß. Von all den homosexuellen Vätern, die es dort gab, lebte nicht ein einziger mit seinen Kindern – ausgenommen jene, die sich noch nicht offen zu ihrer Homosexualität bekannten und sich nicht von ihren Frauen getrennt hatten.»

Der Kampf um die Vormundschaft ist für Eltern und Kinder eine große Belastung:

«Um zu zeigen, daß ich würdig bin, meine Kinder zu bekommen, muß ich beweisen, daß ich viel *besser* bin als mein nicht homosexueller Partner. Ich muß eine Supermutter sein! Die Kinder bekommen meine Anstrengung, nur ja nicht nachzulassen, zu spüren.»

Lesbische Mütter werden vom Jugendamt so genau beobachtet, daß sie nicht das Recht haben, einfach eine mittelmäßige Mutter zu sein, so wie man es anderen Müttern zugesteht.

Homosexuelle Eltern müssen in beständiger Unsicherheit leben. Wann wird sich jemand das nächste Mal aufregen? Alex kennt diese Sorge, obgleich seine Situation in vieler Hinsicht gut ist:

«Ich bin nicht der gesetzliche Vormund der Kinder. Wir haben uns geeinigt, daß sie bei mir bleiben, wir sind nicht geschieden. Zu einer bestimmten Zeit hatte ich den starken Wunsch, geschieden zu werden, ich war nahe daran, einzureichen, aber ich zog die Scheidung wieder zurück, weil ich Angst hatte, daß meine Frau es sich dann vielleicht wieder anders überlegen und die Kinder beanspruchen könnte. Wenn dem Gericht bekannt würde, daß ich homosexuell bin, dann gäbe es sehr wenig Chancen für mich, die Kinder zu behalten.»

«Ich wußte, daß mein Ex-Mann die Kinder nicht wollte, denn sonst hätte er uns nicht allein gelassen, als unser Sohn ein Jahr alt war. Aber ich kann mir nicht helfen, ich muß immer daran denken, was, wenn, was, wenn, was, wenn??? Ich habe mir jahrelang darüber Sorgen gemacht, und als Anna und ich beschlossen, in eine andere Stadt überzusiedeln, bereitete ich mich auf die Schlacht vor. Ich zog mein schönstes Kleid an und ging mit ihm und seiner neuen Frau zum Abendessen, holte tief Luft und sagte: ‹Anna und ich werden wegziehen.› Und beide sagten: ‹Das ist ja großartig!› Erst da wurde mir klar, daß sie meinen Sohn wirklich nicht wollten.»

Coming out

Wegen dieser Probleme werden viele homosexuelle Eltern vom *Coming out*, das heißt, den Leuten von ihrer Homosexualität zu erzählen, abgehalten. Bonnie, die zwei Vorschulkinder hat, sprach mit Dankbarkeit in einer Gruppe von lesbischen Müttern:

«Ich bin so froh, daß ich es dem Vater meiner Kinder gesagt habe und daß er es versteht. Er ist einer meiner besten Freunde; er kommt sehr gut mit meiner Freundin aus. Ich werde es auch meinen Kindern sagen können, wenn sie alt genug sind, um es zu begreifen. Göttin sei Dank!»

Man hörte die Verkrampfung in Polls Stimme, als sie vom Gegenteil berichtete:

«Ich habe es meinen Kindern nicht erzählt, weil ich nicht sicher bin, wie sie es aufnehmen würden. Und vor allem habe ich eine riesige Angst, die Vormundschaft zu verlieren, wenn sie irgend etwas davon herumerzählen sollten. Und Kinder haben ganz subtile Möglichkeiten, Menschen etwas mitzuteilen.»

Aber auch ohne Angst vor der Schlacht um die Vormundschaft ist es für viele homosexuelle Eltern eine sehr große Hürde, ihren Kindern davon zu erzählen, zum Teil wegen der gesellschaftlichen Vorurteile und zum Teil deshalb, weil es viele von uns schwer finden, über Sexualität zu reden. Ted beschreibt, wie er seinen vier halbwüchsigen Kindern seine Homosexualität eröffnete:

«Die Beziehung von mir und meiner Frau zu unseren Kindern war immer sehr offen gewesen. Aber gerade hier spielte ich jahrelang Verstecken und behielt ein ganz großes Geheimnis für mich. Dann kam es zu einer echt schwierigen Situation, als ich zu einem Homosexuellentreffen fuhr und den Kindern aus Angst nicht sagte, wo ich war. Ich kam nach Hause und hatte ein entsetzlich schlechtes Gewissen. Die Vorstellung, daß ich ihnen nun mitteilen müßte, wo ich gewesen war, trieb mich in Panik. Ich begann nachzudenken, wie ich es ihnen sagen könnte. Ich kannte einige wenige Homosexuelle, deren Kinder es wußten. Aber wenn ich mit ihnen sprach, sagten sie: ‹Ich habe es ihnen nicht gesagt, sie haben es selbst herausgefunden.› Was mir dann half, war ein Seminar für homosexuelle Eltern und Eltern von Homosexuellen. Hier hörte ich so viele Eltern darüber reden, wie es ist, wenn man es den Kindern sagt, und erfuhr, daß fast alle darauf positiv reagiert haben. Jeder einzelne von ihnen sagte: ‹Mensch, es ging gut.› Und je früher sie es erfahren, desto besser. Das war das Gegenteil von dem, was ich gedacht hatte: Warte, bis sie alt genug sind, um alles zu begreifen. Also versuchte ich es zuerst mit einer Gruppe von Freunden, dann fand ich den richtigen Zeitpunkt, und ich muß sagen, es war eine der schönsten und aufregendsten Erfahrungen meines Lebens. Wie man vielleicht hätte erwarten können, sagte meine älteste Tochter, daß sie es schon seit mehreren Jahren wüßte. Mein ältester Sohn sagte: ‹Ich habe schon darauf gewartet, daß du es uns sagst.›»

Für Donna war es leichter:

«Als Stuart vier Jahre alt war, sagte ich ihm, daß ich mit Nan schlafe, weil ich sie liebe. Dann wartete ich mehrere Jahre ab, um über das Thema der Vorurteile genauer zu reden.»

Bob trennte sich von seiner Frau wenige Jahre bevor er sich zu seiner Homosexualität bekannte. Seine Kinder waren bei seiner Frau, deshalb war es nicht so schwer, es ihnen zu sagen – aber auch er war vorsichtig dabei:

«Ich begann damit, ihnen mein Leben zu zeigen. Sie trafen den Mann, mit dem ich lebe. Sie sahen, daß wir zueinander zärtlich waren und daß wir miteinander in einem Doppelbett schliefen. Nach einigen Jahren begann ich, von ihm als meinem Geliebten zu sprechen. Nach einiger Zeit begannen wir, über Homosexualität zu reden. Ich weiß, daß sie von meiner Homosexualität auf eine natürliche und alltägliche Weise erfuhren.»

Aber es gibt Konsequenzen, die berücksichtigt werden müssen. Eine Gruppe lesbischer Mütter formuliert das so:

«Es ist schwierig, es ihnen zu sagen, weil man dann auch ihnen diese Vorsicht und Angst auferlegt. Jetzt müssen sie sich überlegen, wie ihre Freunde reagieren werden. Wenn sie es einem Kind sagen, daß es vor seinem Vater oder vor den Großeltern geheimhalten muß, wird dieses Wissen zu einer großen Last. Es ist für ein Kind schwer zu verkraften, wenn man ihm sagt: ‹Was ich tue, ist gut und macht mich sehr glücklich, aber ein Großteil der Gesellschaft lehnt es trotzdem ab.› Wenn sie es verstecken müssen, werden sie sich fragen, ob es nicht doch schlecht ist. Wir müssen ihnen helfen, das Vorurteil zu sehen, müssen ihnen aber gleichzeitig vermitteln, daß unsere Liebe eine sehr positive Sache ist.»

Patricia erzählt:
«Eines Tages fragte mich Dave, ob mich die Polizei einsperren würde, wenn sie es wüßte. Also hatte er Angst. Er wußte, daß es draußen Leute gab, die seiner Mutter gegenüber feindselig eingestellt waren, und fragte sich, wie mächtig sie waren.»

Bei allen offen homosexuellen Eltern, mit denen wir sprachen, schien aber die Offenheit weit mehr Vorteile als Nachteile mit sich zu bringen. Tina spricht für viele:
«Wenn wir uns unseren Kindern in diesem einen Bereich öffnen, müssen wir es auf anderen Gebieten auch tun. Da ist etwas, was wir anders machen, und manchmal tut es weh, anders zu sein. Daß wir es ihnen anvertrauen, schafft eine ganz besondere Beziehung und hilft ihnen, auch andere Vorurteile zu verstehen. Sie beginnen zu begreifen, daß ein Kind, das ein anderes Kind wegen seiner Religion oder Rasse beschimpft, möglicherweise genauso bigott und engstirnig und voller Haß ist wie derjenige, der seine Mutter eine Lesbe nennt. Sie können dann Verbindungen herstellen, auf die viele Leute ihr ganzes Leben nicht kommen.»

Marlene erinnert sich:
«Ich sagte es meinem zehnjährigen Sohn, als ich eine Beziehung mit einer Frau begann, die er sehr gern mochte. Und ich fragte mich immer wieder, ist das für ihn alles wirklich so natürlich, wie es scheint? Wenige Monate später besuchten wir meine Eltern, und er versuchte, sich bei ihnen für mich einzusetzen. Dann kam er aus dem Zimmer heraus, schlug die Hände über dem Kopf zusammen und sagte: ‹Ich habe versucht, mit ihnen zu reden, aber sie haben ein Brett vor dem Kopf.›»

Bart freut sich:
«Seit ich es ihnen gesagt habe, sind auch sie zu mir ehrlicher. Meine älteste Tochter kam zu mir und sprach mit mir über ihr Sexualleben. Meine jüngste Tochter begann mir zögernd zu erzählen, daß ihre ersten Blutungen eingesetzt hatten. Und einer meiner Söhne erzählte mir Sachen, die er mir sicher nicht gesagt hätte, wenn ich damals nicht das Risiko auf mich genommen hätte.»

Alfred warnt jedoch vor der Annahme, daß Kinder der Homosexualität immer positiv gegenüberstehen.

«Die sechzehnjährige Tochter meines Freundes war ihrem Vater gegenüber wegen seiner Homosexualität ziemlich feindlich eingestellt. Sie hat die Beziehung zu ihm seit einem Jahr abgebrochen, und er hat nichts unternommen, um das Problem zu lösen. Ich bin nicht sicher, daß sie jemals sehr gut miteinander ausgekommen sind, und ich weiß auch nicht, ob sie nicht einfach ausprobieren will, wie weit sie gehen kann. Es scheint mir, daß Kinder immer irgendeinen Teil unseres Lebens auswählen, um sich auf dramatische Art von uns zu entfernen, und sie hat eben seine Homosexualität als Vorwand gewählt.»

Das Schlußwort über die Vorteile des Coming out für einen homosexuellen Erzieher kann man einem zehnjährigen Jungen überlassen, der in einem Video-Interview gefragt wurde: «Wie ist es für dich, wenn deine Mutter eine Frau liebt?» Und er antwortete: «Es ist, als ob ich zwei Mütter hätte.»

Dennoch ist das Dilemma nicht gelöst, wenn man es seinen Kindern erklärt hat. Marilyn dazu:

«Für Anna und mich ist es immer das Hauptproblem, wie wir unsere Beziehung gegenüber den Institutionen, mit denen wir als Stefans Eltern zu tun haben, darstellen sollen. Denn wenn es die falschen Leute herausfinden, dann können sie es ihn spüren lassen. Dennoch glaube ich nicht, daß Anna die Anerkennung als ein Elternteil versagt werden dürfte. In seinem Kindergarten hat niemand auch nur mit der Wimper gezuckt, aber seit heuer geht er in eine öffentliche Schule, und hier werden wir vorsichtiger vorgehen müssen.»

Konrad ergänzt:

«Meine Kinder wissen es, aber ich kann es meinen Nachbarn nicht sagen, das ist zu gefährlich. Es gibt in unserer Gegend einige Leute, die vielleicht kommen und mich bedrohen und meine Kinder lächerlich machen würden. Deshalb ist es gefährlich, homosexuelle Gäste zu haben. Als ich zum erstenmal einen homosexuellen Freund auf ein Glas Wein zu mir einlud, zitterte ich so stark, daß ich das Tablett mit den Gläsern fast fallen gelassen hätte. Ich hatte bis zu diesem Moment nicht erkannt, wie sehr ich davor Angst hatte, bloßgestellt zu werden. Denn das würde meine Kontakte in der Nachbarschaft zerstören. Und hier ist die Heimat meiner Kinder. Ich kann nicht umziehen, bloß um offen homosexuell zu sein.»

Intimität

Eines der Themen, die in diesem Buch immer wiederkehren, ist es, daß wir uns selbst lieben müssen, um liebende und sorgende Eltern sein zu können. Homosexuelle Eltern, die sich zu ihrer Homosexualität nicht bekennen können oder deren intime Beziehungen unter der Geheimnistuerei leiden, versäumen viel.

Die Frauen in einer Gruppe lesbischer Mütter finden, daß sie in ihren Beziehungen zu Frauen viel weniger zwischen Freundin und Kindern hin und her gerissen sind als bei ihren früheren Männerbeziehungen:

«Meine Kinder fühlen sich jetzt mit Alice viel besser, als sie sich mit meinen männlichen Freunden gefühlt haben. Sie ermöglicht ihnen, sie als Mensch kennenzulernen. Die Männer gaben ihnen ein Geschenk oder machten zwei Minuten lang Konversation, aber sie kamen in erster Linie, um mich zu sehen. Alice zwingt mich nie, mich zwischen meinen Kindern und ihr zu entscheiden, wie das bei den Männern immer war. Es hat etwas mit der Art zu tun, wie Frauen mit Menschen umgehen, vor allem mit Kindern. Da ist mehr Emotion dabei.»

Rollenvorbilder für Kinder homosexueller Eltern

Eine Frage, die vielen homosexuellen Eltern gestellt wird, ist: «Wo können eure Kinder Rollenvorbilder für das Verhalten des anderen Geschlechts lernen?» Lesbischen Müttern wird diese Frage öfters gestellt als homosexuellen Vätern: Mehr lesbische Mütter leben mit Kindern zusammen, und kleine Kinder haben im Kindergarten und in der Schule sehr viel täglichen Kontakt mit Frauen, weshalb das Kind eines homosexuellen Vaters wahrscheinlich genügend weibliche Rollenvorbilder hat. Männer in das Leben ihres Sohnes einzubeziehen war etwas, das Nadine sich erst erarbeiten mußte:

«Dennis sieht seinen Vater zweimal im Monat, und wo wir früher lebten, war einer unserer besten Freunde ein Mann. Auch sein Basketballtrainer ist für ihn sehr wichtig. Ich hoffe auch auf einige meiner männlichen homosexuellen Freunde, die sagten, daß sie gerne mit Kindern sein möchten. Ich halte es für wichtig, daß es im Leben von Dennis auch Männer gibt.»

Jennifer bringt ein Anliegen vieler lesbischer Mütter vor:

«Als Feministin, die bestimmte männliche Eigenheiten und die männliche Vormachtstellung in unserer Kultur ablehnt, frage ich mich, wie ich meinem Sohn meine Einstellungen erkläre, ohne daß er sich selbst ablehnen muß. Ich will weder, daß sich die Kinder selbst ablehnen, noch will ich, daß sie Menschen werden, die ich ablehne. Ich will, daß sie Menschen werden, die meine Wertvorstellungen kennen. Zum Beispiel glaube ich, daß Unempfindlichkeit gegenüber Gefühlen eine höchst verletzende männliche Eigenschaft ist, und ich glaube, hier kann ich ihnen helfen, anders zu werden. Es geht nicht darum, ihnen zu sagen, daß sie nicht stark sein dürfen, es ist mehr eine Angelegenheit

von Fairness, daß man nicht Frauen Beschränkungen auferlegt, die für Männer nicht gelten. Daß man nicht erwachsen wird und heiratet und dann erwartet, daß die Frau die ganze Dreckarbeit macht.»
Joyce sagte in einer Mütterrunde:
«Ich finde an dieser Gruppe so gut, daß wir entschlossen sind, Frauen zu lieben. Aber wir machen es nicht so, daß du ein Stück Papier unterschreiben mußt, wo drinsteht, daß du Männer haßt oder daß du eine radikale Separatistin bist. Vielleicht gibt es bei uns mehr Flexibilität und Toleranz, weil wir alle Kinder haben. Viele von uns haben Söhne, und es ist schwer, männerfeindlich zu sein, wenn man einen kleinen Mann liebt.»
Es gibt eine weitverbreitete Vorstellung, daß Kinder homosexueller Eltern Homosexuelle werden. Demgegenüber verwiesen die Frauen in der Müttergruppe auf Töchter, die ihnen mitteilten, daß sie heiraten und Kinder haben wollten. «Dennoch sind unsere Kinder aufgeschlossener», meinte Dorothé.
«Ich denke, daß sie alles im Leben ohne Schuldgefühle tun werden. Wenn sie heiraten, wird es eine Entscheidung sein, die sie sich reiflich überlegt haben. Sie werden nicht bloß heiraten, weil sie nichts anderes kennen.»

Die Bedeutung von Selbsthilfegruppen

Homosexuelle Eltern brauchen die Hilfe und Unterstützung anderer homosexueller Eltern ganz besonders, weil ihre Lebensweise gesellschaftlich so sehr geächtet wird.
«Es war wunderbar, in der Gruppe zu erfahren, wie viele lesbische Mütter es gibt. Und ich dachte, es gäbe bloß zwei oder drei in der ganzen Stadt.»
Andere Mütter sehen es ähnlich:
«Ich suchte für meine Kinder immer ein größeres Netz von Erwachsenen, die sich um sie kümmern. In dieser Gruppe müssen weder wir noch unsere Kinder einen Teil unseres Lebens verstecken. Und die Gruppe übernimmt Verantwortung für die Kinder. Man braucht nur hinzukommen und miteinander über das Leben als lesbische Mutter zu reden. Jetzt beziehen wir auch unsere Kinder mit ein, machen Feste für alle, fahren gemeinsam baden und fühlen uns viel wohler.»

Kernfamilien

Eine Kernfamilie besteht aus einem Elternpaar mit ihren Kindern. Diese allgemeine Definition kann auch für wiederverheiratete Paare, für Stiefeltern und homosexuelle Eltern zutreffen, aber auch für Kernfamilien, die in Gruppen oder anderen Gemeinschaften zusammenleben.

Eltern, die in Kernfamilien leben, in denen die Ehe halbwegs funktioniert, sind normalerweise relativ zufrieden mit dieser Lebensform. Probleme gibt es aber überall. Viele Leute meinen, daß sie von anderen Familienformen viel lernen können.

Kernfamilien brauchen auch andere Leute, mit denen sie Probleme besprechen können. Dieser Vater erklärt, wie er und seine Frau beschlossen, aus ihrer Isolation auszubrechen:

«Wir begannen mit mehreren Familien für unsere Tochter eine Spielgruppe zu organisieren. Durch die Spielgruppe gewannen wir einen neuen Kreis von Freunden. Wir konnten andere Eltern beobachten, und sie hatte andere Kinder und Erwachsene, von denen sie lernen konnte.»

Wegen der engstirnigen Familienideologie, derzufolge die Familie alles allein schaffen soll, empfinden manche Kernfamilien Außenseiter als bedrohlich. Doch Ronnie, die Mutter eines achtjährigen Kindes, bedauert, daß ihre Familie so isoliert ist:

«Vor kurzem wollte ich eine Schiwanderung mit meiner Tochter und meinem Mann machen. Aber Richard wollte nicht. So beschlossen wir, etwas anderes zu unternehmen, auf das wir uns alle einigen konnten. Wir kennen andere Familien, die auch schifahren, aber sie laden mich und meine Tochter nie ein, mitzukommen, weil sie annehmen, daß wir als Familie unser eigenes Programm haben. Und ich habe nicht den Mut, ganz einfach zu fragen, ob ich mitkommen könnte.»

Auch wenn unsere Gesellschaft heutzutage gegenüber anderen Familienformen toleranter geworden ist, werden viele dennoch weiterhin die Kernfamilie wählen, weil sie eine starke und dauerhafte Einheit für Eltern und Kinder sein kann.

Die gemeinsame Geschichte, die Rituale, die sich in jeder Familie bilden – um Geburtstage, Feiertage, Mahlzeiten, Krankheiten – all das trägt zu einer langfristigen Verbindlichkeit bei, die die Familienmitglieder aneinander bindet:

«Das sind Menschen, um die ich mich mein ganzes Leben sorgen werde, und sie sich um mich. Mein Mann macht sich gelegentlich darüber lustig, daß ich bewußt denkwürdige Ereignisse in der Familie herbeiführe, an die sich er und die Kinder erinnern müssen. Zum Beispiel, wenn ich zu Weihnachten besonders gute Brote und Kekse backe, wird uns die Sehnsucht nach diesen Leckerbissen wieder zu einer gemeinsa-

Austin deBesche

men Weihnachtsfeier im Kreis der Familie zusammenbringen, egal, wie weit entfernt die Kinder auch leben, wenn sie älter sind.»
In einer vollständigen Kleinfamilie zu leben ist bequem. Gleichgültig, wie neuartig man die Familienrollen aufteilt, man wird normalerweise nach außen hin niemandem die Familienstrukturen erklären müssen. Doch die Zeiten ändern sich.
«Erik kam eines Tages von der Schule heim und sagte Gina und mir, daß wir uns scheiden lassen sollten, damit er, wie seine beiden Freunde, zwei Wohnungen habe. Er meinte das ganz ernst.»
Das Leben in einer Kernfamilie hat auch wirtschaftliche Vorteile, die nicht übersehen werden dürfen. Die meisten Familien haben Geldprobleme, aber die wirtschaftlichen Vorteile, nur eine Wohnung und nur ein Auto zu brauchen, machen sich bei Paaren, die sich trennen, besonders bemerkbar.
Die negativen Aspekte des Lebens in der Kernfamilie sind genauso abschreckend, wie das Positive dafür spricht. Kernfamilien haben die Neigung, in sich selbst zu verwachsen und sich von anderen Leuten und Erfahrungen zu isolieren. Die Familienform beschützt, aber isoliert auch, so daß die Mitglieder leicht in festgefahrenen Rollen- und Verhaltensmu-

stern steckenbleiben. Manche Kleinfamilien erkennen dieses Problem und empfinden Außenseiter als nützliche Ergänzung zu ihrer Familie.
Weil die Kernfamilie von vielen von uns als die traditionelle Familienform verstanden wird, ist es vielleicht für Eltern in Kerngruppen leichter, in die traditionellen Mann-Frau-Rollen zu verfallen. Auch wenn beide Eltern arbeiten, erledigt die Mutter am Ende doch das Gros der Hausarbeit. Weil das System zu funktionieren scheint – besonders für den Mann –, sind große Anstrengungen erforderlich, um es zu verändern. Geschiedene oder alleinstehende Frauen haben es oft leichter, sich selbst aus den vorgeformten Rollenbildern zu befreien.
Manche Paare in Kernfamilien beginnen die Familienverantwortlichkeiten ihren Bedürfnissen entsprechend neu zu organisieren. Diese Umstellung kann schmerzhaft, aber auch sehr spannend sein, besonders wenn sie erst nach vielen Jahren erfolgt. Wie bei Alleinerziehern schaffen gewisse Notwendigkeiten mitunter neue Möglichkeiten, wie bei Phyllis und ihrer Familie:

«Nach 14 Jahren zu Hause beschloß ich, wieder zu studieren. Meine Familie war begeistert, daß ich etwas tun wollte, was mir wirklich Spaß machte, hatte aber gewisse Ängste wegen der Veränderungen im Haushalt. Einkaufen, Kochen, Putzen, bisher alles meine Verantwortlichkeiten, würden neu aufgeteilt werden müssen. Mit der Unterstützung meiner Frauengruppe begann ich, alle darauf vorzubereiten, noch bevor ich mich in die Semesterprüfungen stürzte.
Sehr zu meiner Überraschung standen wir einander bald näher als je zuvor. Wir stellten Listen von Dingen zusammen, die zu erledigen waren, und vereinbarten Termine, an denen wir diskutierten, wie der neue Haushalt jetzt lief. Es gab zwar viele Streitigkeiten zwischen John und mir, aber schließlich erreichten wir mit viel Mühe doch eine neue Ebene des gegenseitigen Verständnisses. Alles in allem ist unsere Familie durch die Veränderungen, die meine Rückkehr an die Uni mit sich brachte, stärker geworden.»

Kernfamilien können, wie andere Beziehungen auch, in der Alltagsroutine stagnieren, so daß die Familienmitglieder einander nichts mehr zu sagen haben:

«Mein Mann und ich sprachen eigentlich nicht mehr miteinander. Und wenn, dann war es lediglich über die Kinder oder indirekt durch die Kinder. Ich weiß, daß es für uns ganz wichtig wäre, uns über uns selbst zu unterhalten, aber es ist schwer, den geeigneten Zeitpunkt zu finden, und so verdrängen und verschieben wir es immer wieder. Später, morgen, nächste Woche ...»

Manche traditionelle Kernfamilien mit Vater, Mutter und Kind sind sehr selbstgefällig, intolerant und nach außen hin wenig offen. Die Routine schleift sich ein, und es gibt wenig äußeren Zwang zu einer Veränderung.

Probleme entstehen oft aus Kommunikationsmangel, Langeweile oder weil ein Kind Probleme hat und die Eltern nicht wissen, wie sie andere Menschen außerhalb der Familie erreichen können. Wenn eine Familie einmal Hilfe braucht, weil ein Familienmitglied in Schwierigkeiten ist, mag sich das auf die ganze Familie positiv auswirken:

«Als Karola und ich über Nickys Schulschwänzen sprachen, deckten wir einige unserer eigenen Probleme auf und beschlossen, in eine Gruppe für Ehepaare zu gehen. Die Treffen sind nicht leicht, aber zumindest sprechen wir einmal in der Woche miteinander. Unsere Beziehung wurde lebendiger, und das wirkte sich auch auf die Kinder aus.»

Wenn die Kernfamilie schlecht funktioniert, kann sie das gesamte Leben sehr stark einschränken; wenn sie gut funktioniert, kann sie als Kooperationsmodell zwischen Erwachsenen und zwischen Erwachsenen und Kindern verstanden werden. Viele Eltern betonen aber, daß die Kernfamilie keineswegs auf die Kleingruppe beschränkt bleiben muß.

Familiengemeinschaften

Der Zusammenschluß von Familien schafft eine Möglichkeit, den privaten Lebensraum aufrechtzuerhalten und gleichzeitig vieles gemeinsam mit anderen zu erledigen. Für viele Leute scheinen kooperative Lebensformen das jeweils Beste aus zwei Welten zu bieten: die kleine intime Familiengruppe, die Geborgenheit und Kontinuität bietet, ebenso wie eine größere Familiengruppe, die ein Leben in der Gemeinschaft ermöglicht. Eleanor, eine Mutter, die in einem Haus mit drei anderen Familien zusammenwohnt, erzählt:

«Die drei Familien, die dieses Haus kauften, waren sich einig. Uns waren unsere Familien wichtig, und wir wollten sie aufrechterhalten. Aber wir sahen auch die Möglichkeit, eine Gemeinschaft für uns und unsere Kinder herzustellen, eine Art von erweiterter Familie, in der es für die Kinder mehr Vorbilder gibt. Wir dachten auch an wirtschaftliche Vorteile, wie zum Beispiel gemeinsame Zeitschriftenabonnements, eine Waschmaschine, einen Wäschetrockner.»

Es ist oft schwierig, die Basis für ein gemeinschaftliches Leben zu schaffen, weil es schwer ist, Wohnungen in geringer Entfernung voneinander zu erschwinglichen Preisen aufzutreiben. Aber die Leute, mit denen wir sprachen, fanden, daß sich die Suche gelohnt hatte.

Gemeinschaftliches Wohnen ist ein Mittelding zwischen dem Leben in Kommunen oder Wohngemeinschaften und der isolierten Kleinfamilie.

Dieses Konzept ist nicht neu. Großfamilien hat es schon immer gegeben. Was neu ist, ist die freie Wahl der Leute, mit denen wir zusammenleben wollen.

Menschen kommen auf verschiedene Art zu Familiengemeinschaften. Manche Familien schaffen sich eine «Großfamilie», indem sie mit Freunden und Nachbarn eng zusammenarbeiten. Sie machen einmal in der Woche eine Kinderspielgruppe, wechseln einander bei der Kinderbetreuung ab oder kochen einmal wöchentlich gemeinsam.

Wenn Eltern merken, wie nützlich sie füreinander sein können, wachsen sich solche Beziehungen manchmal zu kooperativen Wohnformen aus. In einem Fall waren zum Beispiel zwei Paare mehrere Jahre lang befreundet, und als sie dann etwa zur selben Zeit Kinder bekamen, beschlossen sie, einander bei der Kinderbetreuung abzuwechseln – kurz darauf kaufte die eine Familie ein Haus und vermietete eine Wohnung an das andere Paar und ihr Kind. Familien, die auf dem Land leben, aber nicht isoliert sein möchten, kaufen manchmal gemeinsam Land und bauen auf dem Grund getrennte Häuser. Es gibt auch Fälle, wo sich etwa zehn Familien zusammentaten, um sich gemeinsam ein Grundstück zu kaufen, das sie dann nach ihren Bedürfnissen bebauen und gestalten konnten.

Für viele Familien besteht das Hauptproblem darin, eine Grenze zwischen Gemeinschaft und Privatsphäre zu ziehen. Familien, die gemeinsam leben, müssen sich mit den anderen Familien absprechen, wann sie zusammen und wann sie alleine sein wollen und wie der Strom der Kinder zwischen den verschiedenen Einheiten bewältigt wird.

Mary, die sich nach mehreren Jahren gemeinschaftlichen Wohnens nicht mehr vorstellen kann, einen Babysitter zu bezahlen, denkt an die Zeit zurück, als sie in ihr Haus einzog:

«Am Anfang war ich ganz verschlossen, ich wollte nicht, daß die anderen glauben sollten, sie könnten mich jederzeit als Babysitter in Anspruch nehmen. Ich wollte wenigstens 24 Stunden vorher verständigt werden. Seither habe ich mich sehr gelockert.»

Nach einiger Zeit lernen die meisten von uns, einander unsere Bedürfnisse mitzuteilen. George, ein Vater, der in einem großen Genossenschaftshaus wohnt, berichtet:

«Wir haben verschiedene Signale entwickelt: Wenn Leute wirklich Gesellschaft haben möchten, dann lassen sie einfach die Tür zu ihrer Wohnung offen. Das ist eine Einladung für jeden. Wenn die Tür geschlossen ist, dann wollen sie keinen Besuch. Es gibt Zettel mit ‹Bitte kommt später›, und da schaut man eben später noch mal vorbei. Und wenn man weiß, daß jemand in einer Krise steckt oder krank ist, das spricht sich auch herum. Für mich ist es sehr beruhigend, daß ich Raum für mich haben kann, wenn ich will. Ich schließe einfach die Tür, und da kommt dann niemand herein oder schickt seine Kinder.»

Dennoch entstehen Probleme, selbst wenn es klare Regeln und Kommunikationsformen gibt:

«Manchmal sind die Kinder anderer Leute für mich eine größere Belastung, als mir lieb ist. Zum Beispiel kam ein Nachbarskind um halb acht Uhr morgens, um zu spielen. Dann lag es an mir, ja oder nein zu sagen, wo doch auch die Eltern dem Kind hätten sagen können, daß es zu früh ist. Es ist eine zusätzliche Last, sich mit einem Kind auseinandersetzen zu müssen, das die Zurückweisung vielleicht nicht versteht. Ich ärgerte mich mehr über die Mutter als über das Kind und mußte einen Weg finden, mit ihr darüber zu sprechen.»

Dieser letzte Bericht wirft einen anderen Problemkreis auf: Unterschiedliche Erziehungsstile werden sichtbar und können Konflikte zwischen und innerhalb mancher Familien verursachen:

«Es war für mich schwer, die Kommentare anderer Leute über meinen Erziehungsstil zu akzeptieren. Wenn man mich wegen meines Kindes kritisiert, bin ich sehr empfindlich.»

Eine Gruppe, die sich häufig traf, bevor sie gemeinsam ein Gebäude kaufte, führte eine Diskussion über Erziehung. Karl beschreibt diese Versammlung:

«Es gab ungefähr gleich viele Leute mit Kindern und ohne. Diejenigen ohne Kinder sagten: ‹Wir wissen nicht, wie wir eure Kinder behandeln sollen, denn wir kennen eure Erziehungsprinzipien nicht.› Die Eltern antworteten: ‹Behandelt die Kinder so, wie ihr es für richtig haltet. Sie müssen lernen, daß verschiedene Menschen Sachen auf verschiedene Art machen. Und sie müssen lernen, sich auf euch als Personen einzustellen, die anders sind als wir.› Dann sagten die Eltern: ‹Wir haben Angst vor euch Kinderlosen, denn wahrscheinlich habt ihr euch bewußt dazu entschieden, keine Kinder zu haben, und unsere Kinder stellen für euch vielleicht eine Belästigung dar. Wir haben Angst, daß ihr euch nicht an der Kinderbetreuung beteiligen werdet, daß wir euch überfordern, wenn wir euch als Babysitter brauchen und daß unsere Kinder zuviel Lärm machen werden.› Und sie sagten uns: ‹Wir sind erwachsene Menschen, und wenn wir von euren Kindern genug haben, werden wir sie euch zurückbringen.›

Diese ursprüngliche Feststellung, die wir damals machten – Sei du selbst und setze dich direkt mit den Kindern auseinander –, ist eine, die wir uns immer wieder in Erinnerung rufen.»

Natürlich ist es nicht leicht, wenn Leute merken, daß ihr Erziehungsstil beobachtet wird.

«Ich hatte gerade mein erstes Kind und war mir als Mutter noch sehr unsicher. Einerseits war ich froh, daß unsere Freunde im Stockwerk unter uns wohnten, andererseits hatte ich Angst, wie in einem Aquarium zu leben. Ich ärgere mich über meine Tochter, sie aber scheinen niemals mit ihren Kindern zu schreien. Da setzte mich sehr unter Druck, eine Supermutter sein zu wollen.»

Wenn eine größere Anzahl von Personen zusammen ist, so bringt das mehr Rollenvorbilder für Kinder und Erwachsene. Laurel, ein kleines Mädchen, fand neue Leute, mit denen sie sprechen konnte:

«Laurel war immer ein relativ schüchternes Kind. Sie ließ sich kaum jemals mit anderen Erwachsenen ein. Laurel war vier Jahre alt, als wir übersiedelten. Am nächsten Tag nach unserem Umzug konnte wir sie plötzlich nicht mehr finden. Sie war oben in Glorias Küche. Sie saß auf einem Stuhl und unterhielt sich mit ihr, während Gloria das Abendes-

Peter Simon

sen bereitete. Sie war ganz einfach hinaufspaziert und hatte sich auf den Stuhl gesetzt. Plötzlich haben sie und die anderen Kinder so viele andere Erwachsene, mit denen sie gern zusammen sind und von denen sie lernen – das finde ich wunderbar. Sie lernen verschiedene Fähigkeiten kennen, verschiedene Arten, auf die gleichen Sachen zu reagieren, und das ist einer der echten Vorteile dieser Lebensform. Die Hilfen, die sich so viele Leute wünschen und um die zu bitten es so schwer ist, sind alltäglicher Bestandteil unseres Zusammenlebens.»
«Was für uns als Eltern so gut läuft, ist das Geben und Nehmen – ich gebe gern, weil ich weiß, daß ich nicht draufzahle, sondern daß es sich wieder ausgleicht. Die Fälle, wo es nicht klappt, sind relativ selten und so offensichtlich, daß sie meistens gleich besprochen werden.»
Zu einer großen Familie zu gehören kann einen auch stolz machen:
«Während der ersten beiden Jahre, die wir auf dem Land lebten, achteten unsere beiden Kinder sehr streng darauf, wer zu ihrer Familie gehörte und wer nicht. Ihre Familie, das war ausschließlich unsere Kernfamilie und sonst nichts. Aber jetzt sind sie auf die größere Gruppe stolz und fühlen sich mit den anderen Kindern und Erwachsenen, die hier leben, verbunden. Die Kommunikation ist lockerer geworden, aber natürlich gibt es auch die üblichen Streitereien zwischen den Kindern. Wenn während des Sommers einige Kinder weg sind, bilden sich

die Gruppen um. Wenn dann eines aus den Ferien zurückkommt, müssen sie sich erst wieder zusammenstreiten.»
Manchmal gehen die Erwachsenen intensiv aufeinander ein. Don sprach stolz über die Gruppentage, die sie zweimal im Jahr veranstalten:
«Dann verbringen wir ein Wochenende auf dem Land, um miteinander wieder besser in Kontakt zu kommen. Normalerweise erzählt an einem Abend jeder Erwachsener 15 oder 20 Minuten lang, was in seinem Leben gerade passiert, wie er sich fühlt und so weiter. Manche dieser Treffen waren die unglaublichsten zwischenmenschlichen Gruppenerfahrungen, die ich je erlebt habe. Wirklich bemerkenswert problemlösend, eine aufbauende gemeinsam verbrachte Zeit.»
Unsere Gemeinschaft funktioniert so gut, weil sie nicht überfrachtet ist. Wir gehen außerhalb der Gruppe unserer Arbeit nach oder studieren. Dadurch bekommen wir voneinander Abstand, der uns erlaubt, mehr Freude aneinander zu haben, wenn wir wieder heimkommen.»
Als Beatrice ihre Tochter fragte, wie sie das später einmal einschätzen wird, daß sie hier in dieser Gemeinschaft gelebt hat, antwortete diese: «Einschätzen? Wozu? Ich werde immer noch hier sein!»

Wohngemeinschaften

Manche Leute, mit oder ohne Kinder, wollen nicht mehr in isolierten Einheiten wohnen. Diese Gruppen verpflichten sich oft, auf längere Zeit zusammenzubleiben. Die Mitglieder der Gruppe geben einander im Alltag die gleiche Fürsorge und haben die gleichen Streitigkeiten wie Menschen, die in irgendeiner anderen Familieneinheit zusammenleben.
Diese Leute wollen enge tägliche Beziehungen mit mehr Erwachsenen, die sich umeinander kümmern. Sie wollen das für sich selbst und für ihre Kinder. Sie meinen, daß durch das Zusammenleben von mehreren Personen die Aufgaben und Kosten des Lebens – sowohl der Kinderpflege als auch des Haushalts – aufgeteilt werden können. Sie erwarten sich von diesen Lebensformen zugleich mehr Geselligkeit und mehr Zeit für sich allein.

«In einer Kommune lebt man viel billiger. Wir können den Haushalt untereinander aufteilen. Es gibt andere Erwachsene, mit denen wir nicht nur die Kinderbetreuung, sondern auch unsere Sorgen als Erzieher teilen können. Sowohl für Erwachsene als auch für Kinder gibt es an Ort und Stelle Hilfe, Unterstützung, wenn jemand eine Krise durchmacht.»

Julia, eine Mutter von zwei Vorschulkindern, erzählt, was es bedeutet, andere Erwachsene um sich zu haben:

Peter Simon

«Am ersten Tag, an dem mein Mann und ich allein fortgingen, konnte ich meine zwei Töchter zu Hause lassen, ohne schon eine Woche im voraus Vereinbarungen treffen zu müssen. Das war eine riesige Freude. Ein zusätzlicher Pluspunkt war, daß wir sie nicht bloß einem Babysitter überließen, sondern Freunden, die sich um ihr Wohlbefinden nicht nur an jenem Abend, sondern ständig kümmerten.»

Manche Gruppen treffen einander bereits viele Monate, bevor sie zusammenziehen, und sind dann in der Lage, einige der Probleme, die durch das Leben in einer Wohngemeinschaft entstehen, zu benennen und zu erkennen. Andere Leute haben wenig oder keine Vorbereitung. Gabriel erinnert sich an den Anfang:

«Wir stürzten uns voller Hoffnungen und Ideale in die Wohngemeinschaft und versuchten, eine völlig neue Lebenssituation ohne klare Regeln, Grenzen und Erwartungen zu schaffen. Diejenigen unter uns, die zuvor in Kleinfamilien gelebt hatten, kannten die Probleme des Zusammenlebens mit einer anderen erwachsenen Person und einem Kind, aber wir hatten nicht vorhergesehen, wie komplex unser Leben werden würde, wenn mehrere Erwachsene und Kinder zusammenleben. Die Bedürfnisse und Konflikte wuchsen oft in geometrischer Reihe.»

Ebenso wie viele Familien haben sich manche Wohngemeinschaften um

Unterstützung von außen, wie zum Beispiel Therapeuten, umgesehen. Diese können zu WG-Besprechungen beigezogen werden, um anfallende Konflikte lösen zu helfen. Andere haben es alleine geschafft.
Die schwierigsten Probleme entstehen oft aus der Beziehung zwischen den Erwachsenen und den Kindern der anderen. Manche Gruppen verlangen, daß alle Erwachsenen sich an der Betreuung der Kinder beteiligen, und dennoch sind es oft nur die leiblichen Eltern, oder gar nur die Mütter, die es am Ende wirklich tun. Nora, eine alleinstehende Mutter, spricht über den Unterschied zwischen Ideal und Wirklichkeit in ihrer Wohngemeinschaft:

«Wir beschlossen, das Kochen aufzuteilen. Wir machten einen Wochenplan, aber der größte Teil der Kindermahlzeiten fiel schließlich doch mir und der anderen Mutter im Haus zu. Wir waren die einzigen, denen aufzufallen schien, daß die Kinder Hunger hatten.»

In anderen Gruppen sind die Eltern die Hauptverantwortlichen für ihre eigenen Kinder, es sei denn, sie bitten ein anderes Gruppenmitglied um Hilfe:

«Nachdem wir einigen Streit über die Betreuung der Kinder hatten, haben wir jetzt in der Gruppe einen Plan aufgestellt, wonach jeden Abend ein Erwachsener für die Betreuung der Kinder nach 17.30 Uhr verantwortlich ist. Das heißt: essen, spielen, Märchen erzählen beim Einschlafen, die Kinder ins Bett bringen. Es erwies sich, daß das sowohl für die Eltern als auch für die Kinderlosen eine wirklich gute Vereinbarung war. Am Anfang war es für die Kinder etwas verwirrend. Deshalb trugen wir auf ein großes Plakat die Namen der ‹Nachteltern› ein, und so gewöhnten sie sich sehr rasch an diese Einrichtung.»

Aber auch wenn die Kinderbetreuung gleichmäßig aufgeteilt wird, gibt es oft Reibereien wegen unterschiedlicher Erziehungsmethoden. Wer soll das letzte Wort haben? Manche Wohngemeinschaften beschlossen, daß die ganze Gruppe die Elternverantwortlichkeit tragen soll. Langfristig gesehen haben aber die leiblichen Eltern oft bestimmte Meinungen darüber, wie ihre Kinder erzogen werden sollen, und sie haben auch ein stärker ausgeprägtes Gefühl von unveränderter Verantwortlichkeit. Dieser Vater erzählt von den Mahlzeiten in seiner Wohngemeinschaft:

«Ich mußte nur an einem Abend in der Woche kochen, und das war schön. Dennoch war ich oft überwältigt von der Aufgabe, eine Mahlzeit für acht Erwachsene und vier Kinder zu planen. Ein Mittel, das Chaos zu ordnen, war, spezielle Regeln für die Kinder aufzustellen. Da es mehr Erwachsene als Kinder gab, dominierten normalerweise die Bedürfnisse der Erwachsenen die Gespräche bei Tisch. Für mich war das, als ob wir in die Zeiten zurückgefallen waren, als ‹Kinder soll man sehen, aber nicht hören› galt. Deshalb hatte ich entweder das Gefühl, daß ich mich nicht genügend um meine Kinder kümmerte oder daß ich sie unterdrücken müßte, wenn sie sich nicht an die Regeln hielten. Mir war diese Einrichtung unangenehm, aber als einziger unter acht hatte ich keine Chance, mich durchzusetzen.»

Manche Gruppen haben das so gelöst, daß sie getrennte Mahlzeiten für Erwachsene und Kinder einführten. Die Kinder haben dann die Chance, Kinder zu sein, ohne sich um das Bedürfnis der Erwachsenen nach Ruhe oder Konversation kümmern zu müssen.

Ein weiterer Vorteil des Gruppenlebens ist, genügend Raum sowohl für die Bedürfnisse der Kinder als auch für die der Erwachsenen zu haben:

«In unserem Haus richteten wir den Kindern im Erdgeschoß einen riesigen Spielplatz ganz für sie allein ein, und wir hatten ein wunderschönes großes Zimmer für die Erwachsenen im ersten Stock. Keiner von uns hätte sich solche Räume oder solche getrennten Bereiche in unseren kleinen Wohnungen leisten können.»

In manchen Gruppen stehen die Kinder übermäßig im Zentrum:

«Wir hatten unendlich lange Haussitzungen, in denen wir über ‹die Kinder› diskutierten. Nach einer Zeit wurde mir klar, daß wir die Kinder benützten, um über uns selbst zu sprechen, oder wir benützten sie als Umweg, um einander Sachen zu sagen, die wir nicht wagten, direkt auszusprechen.»

Andere Gruppen schafften es, sich offen über schwierige Themen zu verständigen, wie etwa Kindererziehung und Sexualität. Dann entwickelten sich auch natürliche Grenzen, die es ermöglichten, die Bedürfnisse der einzelnen zu respektieren.

Trotz aller Probleme bleibt die Faszination des Lebens in Wohngemeinschaften bestehen. Es ist zwar anstrengend und wegen der fließenden Beziehungen innerhalb der Gruppe oft verwirrend, aber aus der Enge der Kleinfamilie auszubrechen kann sehr befriedigend sein.

Wenn Erwachsene fähig werden, Verantwortung für fremde Kinder zu übernehmen, bringt das viel Freude, aber auch Leid:

«In unserem Haus baute jedes Kind mit einem Erwachsenen, der selbst keine Kinder hatte, eine enge Beziehung auf. Scott wurde mein Freund. Wir beide sangen und dichteten Lieder miteinander. Er war ein prächtiges Kind, und es war ein bewegender Augenblick für mich, als er zu mir kam, um Hilfe und Zuwendung zu suchen, denn während seiner sechs Lebensjahre hatte er das bisher nur von seiner Mutter bekommen. Als ich ausziehen wollte, war er niedergeschlagen, wann immer ich in seiner Nähe war. Eines Tages schließlich, wir beide waren gerade in der Küche, kam es aus ihm heraus, und er fragte mich mit ganz trauriger Stimme: ‹Warum gehst du fort, warum verläßt du mich, du darfst nicht gehen, ich will nicht, daß du gehst.› Im nächsten Augenblick brachen wir beide in Tränen aus, wir saßen am Küchenboden, umarmten einander und weinten. Es war mir, als müßte ich das Zusammenleben mit einem Stiefsohn aufgeben, und das war ungeheuer schmerzlich. Dennoch, als wir miteinander trauerten, waren wir einander sehr nahe. Nach einiger Zeit schien mir meine Beziehung zu Scott, einschließlich des Abschieds, wie ein Geschenk.»

Gemeinschaft ist etwas, wonach Familien, welche Form sie auch immer haben mögen, ausgehungert sind. Früher waren die Menschen in Kirchen, Synagogen und in Großfamilien eingebettet. Da es diese Stütze für viele von uns nicht mehr gibt, sind wir auf der Suche nach neuen Lebensformen. Das Leben in der Gruppe ist Teil dieser Suche.

Kapitel 8
Familie und Gesellschaft
von Paula Brown Doress

In vielen Büchern und besonders in Erziehungsratgebern wird davon ausgegangen, daß das spätere Geschick unserer Kinder nur auf das zurückzuführen ist, was sich zwischen uns und unseren Kindern abspielt, und daß es fast ausschließlich von unserem Familienleben abhängt. Wir sind der Ansicht, daß das in dieser Ausschließlichkeit gar nicht möglich ist. Wir sind als Eltern in ein Netzwerk von Beziehungen zu anderen Menschen eingebunden. Unsere Familien bestehen innerhalb von Gemeinschaften und sind Teil eines umfangreichen Netzwerks gesellschaftlicher Institutionen, von denen jede wiederum einen Einfluß auf die Erfahrungen hat, die wir als Eltern machen.

In Elternratgebern wird der Einfluß elterlicher Macht oft überschätzt, sie lassen außer acht, wie es wirklich um die Hilfen und die Versorgung von Familien in einer Gesellschaft bestellt ist, in der den Eltern durch die Arbeitssituation, das Schulsystem und die Gesundheitsfürsorge eher Hindernisse in den Weg gelegt werden, als daß sie selbst Hilfe bekämen. Es kann zwar sehr lehrreich sein, wenn «Experten» für Kindererziehung uns mitteilen, was sie für den *idealen* Weg halten, um mit einer bestimmten Situation fertig zu werden, es wäre aber auch sehr hilfreich, wenn wir durch solche Bücher Hinweise erhielten, wie wir mit Institutionen zurechtkommen können, die alles andere als ideal sind, in denen Effizienz, Profite, Bestimmungen und Annehmlichkeiten für das dort maßgebliche Personal den Vorrang vor den Bedürfnissen von Eltern und Kindern haben.

Die Gesellschaft im allgemeinen und ihre Spezialisten für kindliche Entwicklung im besonderen neigen dazu, lediglich zu fragen: «Was sind die Bedürfnisse eines Kindes?», um dann davon auszugehen, daß Eltern alle diese Bedürfnisse befriedigen können und auch immer wollen. Es kommt uns fast so vor, als würde die Gesellschaft die Phantasievorstellung kleiner Kinder von den übermächtigen Eltern teilen, die jeder Situation gewachsen sind. Wenn wir statt dessen die Frage stellen: «Was sind die Bedürfnisse von Kindern *und* Eltern?» dann können wir vielleicht bewirken, daß sich in unserer Gesellschaft eine realistischere Einstellung durchsetzt, was die Unterstützung von Eltern durch die Allgemeinheit anbelangt.

Nancy Scanlan

In diesem Kapitel wollen wir uns unsere Situation als Eltern bewußter machen, indem wir uns zunächst damit auseinandersetzen, in welcher Weise unsere Erfahrungen als Eltern von den in unserer Gesellschaft vorherrschenden Einstellungen gegenüber Eltern und Kindern beeinflußt werden, und uns dann einige der wichtigsten sozialen Einrichtungen daraufhin betrachten, wie sie uns als Eltern entgegenkommen oder uns behindern.

Wenn Werte und Einstellungen in einer Gesellschaft allgemeine Zustimmung finden, dann überträgt sich ihre Macht auch auf einflußreiche gesellschaftliche Institutionen, und die so «institutionalisierten» Werte und Einstellungen verändern sich nicht so schnell, wie Menschen sich verändern. Sie bleiben als allgemeingesellschaftliche Haltung bestehen, auch wenn die Bedingungen, unter denen sie entstanden sind, schon überholt sind. Da wir und unsere Familien mit diesen Institutionen zu tun haben, beeinflussen sie unsere Erfahrungen als Eltern sehr stark.

Die Absonderung von Kindern und deren Pflegepersonen

Wir leben in einer Gesellschaft, in der Kinder gern gemocht und verhätschelt werden, solange sie dort bleiben, wo sie hingehören – das heißt, entweder zu Hause, im Kindergarten, in der Schule oder beim Einkaufen. In unserer Gesellschaft scheint die Einstellung zu herrschen, daß sowohl die Mutter wie auch die Kinder zu Hause bleiben sollten, damit «wichtige Angelegenheiten» oder die Erholung der Erwachsenen im «wirklichen Leben» durch sie nicht gestört werden.
Viele Erwachsene reagieren freudig auf Säuglinge und ganz kleine Kinder, sie behandeln sie wie Objekte oder Kuscheltiere, die sie niedlich finden und zu denen sie Kuckuck und Heiteitei sagen. Untersuchungen haben ergeben, das Eltern mit Kindern im Vorschulalter am wenigsten mit Unterstützung in der Öffentlichkeit rechnen können. Jennifer stellt fest, daß wir zudem weniger Anerkennung für unser Elternsein in der Öffentlichkeit finden, wenn unsere Kinder aus dem possierlichen Babyalter herausgewachsen sind:
 «Am Anfang waren die Leute plötzlich so freundlich. Ich wurde oft von völlig fremden Leuten angesprochen, nur damit sie das Baby anschauen konnten. Jetzt, wo Benni mit seinen zwei Jahren in seiner Trotzphase ist, werden mir oft eher vorwurfsvolle Blicke zugeworfen, als daß sich jemand voller Begeisterung mir zuwendet, wenn ich in einen Laden oder in ein Wartezimmer komme.»
In den verschiedenen Gesellschaften ist die Einstellung Kindern gegenüber unterschiedlich. Margot berichtet über ihre Reiseerfahrungen mit ihrem Mann und ihrer dreijährigen Tochter:
 «In Frankreich wurden wir oft mit der Einstellung behandelt: ‹Was haben Sie sich dabei gedacht, ein Kind mit ins Lokal zu bringen? Essen ist eine ernste Angelegenheit!› In Italien wurde Rachel von den Obern mit Beschlag belegt. Sie setzten sie in einen Kinderstuhl, banden ihr ein Lätzchen um und fütterten sie, so daß wir uns entspannen und unser Essen genießen konnten.»
Bei uns können wir sowohl das eine wie das andere erleben und auch noch alle Möglichkeiten dazwischen, wenn wir zum Einkaufen, in Freizeiteinrichtungen und zum Arzt gehen. In Lokalen oder zum Beispiel bei Versammlungen sind unsere Kinder meistens unerwünscht, häufig begegnet uns Verständnislosigkeit, wenn wir am öffentlichen Leben teilnehmen wollen.
In unserer heutigen Gesellschaft werden die Trennung und das Ausschließen der Kinder vom Erwachsenenleben stark betont. Die Arbeit wird in Gewerbegebieten, Bürohäusern, Fabrikgeländen, Universitäten und Ein-

kaufszentren verrichtet, die Kinder wachsen in Vororten oder in reinen Wohngegenden auf, in denen nichts mehr hergestellt wird und auch außer dem Supermarkt keine Läden mehr zu finden sind. Die Anwesenheit eines Kindes in Bereichen, wo sich sonst nur Erwachsene aufhalten, kann dann wirklich etwas Sensationelles an sich haben, wie Stan berichtet:

«Als ich noch studierte, nahm ich Michael ein paarmal mit in die Institutsbibliothek. Er las die Kinderbücher in der Pädagogikabteilung, während ich Material für eine Seminararbeit zusammenstellte. Die Universität befindet sich auf einem weitläufigen Gelände mit lauter Institutsgebäuden und Wohnheimen, und alle, denen du begegnest, sind so zwischen 19 und 29. Es war wirklich so, daß die Leute sich manchmal nach mir umdrehten und völlig verblüfft über den Anblick eines kleinen Kindes waren.»

Zwar wird von uns erwartet, daß wir unsere Kinder aus der Arbeitswelt fernhalten, doch in der Freizeit und im Urlaub ist es gesellschaftlich üblich, daß wir uns unseren Kindern widmen. Mit welcher Unterstützung können Eltern rechnen, wenn sie mit ihren Kindern verreisen? Miriam berichtet über ein Erlebnis bei einem Flug mit ihrem zweijährigen Sohn:

«Als wir uns anschnallten und das Flugzeug startete, begann Jamie, der auf meinem Schoß saß, zu schreien: ‹Raus, raus!› Ich wollte ihn davon abhalten, in diesem Moment seine Umgebung zu erkunden, und hielt ihn fest. ‹Nein, nein!› flüsterte ich ihm zu, während ich verzweifelt versuchte, ihn mit Spielen zu beschäftigen. Er war überhaupt nicht daran interessiert. Als er aus vollen Kräften zu schreien begann, meinte die ältere Frau, die neben mir saß, daß keine ihrer Nichten und Neffen jemals in der Öffentlichkeit geschrien hätten.

Die Stewardess erschien mit einer Saftflasche und schob sie, ohne ein Wort zu mir zu sagen, Jamie in den Mund. Ich nahm ihr die Flasche aus der Hand. Sie schaute mir streng in die Augen und meinte: ‹Sie müssen ihr Kind zur Ruhe bringen!› Natürlich wurde meine Anspannung noch größer und Jamies auch. Ich schaute mich vergebens nach einem mitfühlenden Gesicht um.

Endlich erlosch das Licht zum Anschnallen, und Jamie konnte herumlaufen. Er beruhigte sich und spielte dann ruhig auf meinem Schoß. Am liebsten hätte ich vor Erleichterung laut aufgeseufzt, aber ich ließ es lieber bleiben. Eine Stunde später bei der Gepäckabfertigung stellte sich eine freundlich aussehende Frau neben mich und meinte voller Mitleid: ‹Ich kann nachfühlen, was Sie gerade durchgemacht haben, ich habe selber vier Kinder. Ich saß direkt hinter Ihnen, doch ich wußte nicht, was ich machen sollte.› Ich lächelte freundlich, in meinem Inneren dachte ich, hätte sie doch bloß den Mut gehabt, etwas zu sagen, das hätte mir mehr geholfen.»

Diese freundliche, hilflose Frau hat sich sicherlich nach der gesellschaftlichen Verhaltensnorm gerichtet, sich nicht in die Angelegenheiten anderer Leute einzumischen. Kinder gelten als das persönliche Eigentum der Eltern, und Probleme gehen niemanden außer ihnen etwas an, es sei denn, es besteht Anlaß zu Beschwerden.

Die öffentliche Haltung gegenüber Eltern und Kindern, die nicht dort bleiben, «wo sie hingehören», grenzt an Feindseligkeit. Und dennoch herrscht der Mythos, daß jeder Erwachsene Kinder haben sollte. In unserer Gellschaft wird die Geburtenfreudigkeit zwar gefördert, doch das bedeutet nicht, daß ein günstiges Klima für Eltern und Kinder geschaffen wird.

Die Tatsache, daß in Wirtschaft und Industrie periodisch immer wieder Frauen als Arbeitskräfte gebraucht wurden, hat dazu beigetragen, daß Frauen nicht mehr so viele Kinder bekommen haben, die Kosten, die mit dem Großziehen von Kindern verbunden sind, haben es andererseits notwendig gemacht, daß Frauen Geld verdienen. In der Berufswelt bleiben die Bedürfnisse von Eltern unberücksichtigt, es gibt kaum Kinderkrippen oder Kindergärten am Arbeitsplatz, nicht genügend Halbtagsstellen, besonders nicht für Männer, und wenig flexible Arbeitszeiten. Das zeigt die Zweitrangigkeit von Eltern genauso wie die Tatsache, daß durch nicht vorhandene oder chaotische Planung Massen von Müttern und Vätern arbeitslos werden.

Das Bild von der Familie, das in den Schulen vermittelt wird, muß der Wirklichkeit angepaßt werden, denn niemand, der sich den Aufwand an Arbeit und das Maß an Verantwortung vorstellen kann, die mit dem Elternsein verbunden sind, würde sich für ein Kind entscheiden in der falschen Annahme, daß die bestehenden Einrichtungen zur Entlastung von Eltern ihrem Namen Ehre machen und es uns ermöglichen, unsere Kinder in unserer freien Zeit zu versorgen.

Auf dem Weg zu einer elternfreundlichen Gesellschaft?

Wie können wir in unserer Gesellschaft «Möglichkeiten finden, die Pflichten des Elternseins zu einer Aufgabe zu machen, die von den meisten Leuten, die sich für Kinder entschieden haben, mit Freude und wachsendem Selbstwertgefühl erfüllt werden kann?». [1] Eine wichtige Möglichkeit besteht darin, den bürokratischen Institutionen, die so viel Macht über unser Leben und das Leben unserer Kinder ausüben, einen Teil der Kontrolle zu entziehen. Das ist sehr schwer, denn die Institutionen, für die wir zum Beispiel arbeiten, haben einen großen Einfluß, und vielen von uns bleibt keine große Wahlmöglichkeit hinsichtlich unseres Arbeitsplatzes und unserer Arbeitszeit. Sogar Institutionen, die vor allem für Familien und Kinder da sind, die Krankenhäuser, in denen unsere Kinder geboren oder gepflegt werden, Kinderkrippen, Kindergärten und Horte, wo wir sie unterbringen müssen, sowie die Schulen, in denen so viel gelernt wird, sehen in den Bedürfnissen der Familien nicht ihre vorrangige Aufgabe. Wir Eltern erwarten von solchen Einrichtungen, daß sie uns bei unseren Erziehungsaufgaben unterstützen, und wollen gleichzeitig selbstverständlich die Bezugspersonen unserer Kinder bleiben und die primären Vermittler von Werten sein. Deshalb müssen wir Einfluß auf Einrichtungen haben, in denen unsere Kinder betreut und unterrichtet werden und ihre Sozialisation getrennt von uns erfahren.
Wenn wir uns Einfluß zurückerobern, ist die Entfremdung zu unseren Kindern nicht so groß. Wenn wir zum Beispiel Ärzte und Krankenschwestern dazu bringen können, uns ernst zu nehmen und uns an ihrem Wissen und ihren Kenntnissen teilhaben zu lassen, können wir verantwortungsvoller mit dem wertvollen Gut Gesundheit umgehen und uns aktiver an unserer eigenen Gesundheitspflege und der unserer Kinder beteiligen (siehe in diesem Kapitel «Eltern und Gesundheitswesen», Seite 377). Wir müssen uns vor den Rettungsphantasien jener Ärzte und medizinischer Fachleute in Sicherheit bringen, die in den Eltern Störfaktoren sehen, die sie davon abhalten wollen, ihre ‹Arbeit› zu tun.

Betsy Cole

In unserem Alltag begegnen wir zahllosen Kleinigkeiten, die besser auf die Bedürfnisse von Eltern abgestimmt sein könnten. Eine Bedienung zum Beispiel, die uns versichert, daß es nicht schlimm ist, daß unser Kind sein Glas umgeschüttet hat oder schreit, Verkaufspersonal, das uns einmal schnell in die «verbotenen» Toiletten hineinläßt, legen eine «elternfreundliche» Einstellung an den Tag, eine Bereitschaft, Menschlichkeit den Vorrag zu geben vor Effizienzdenken und willkürlichen Bestimmungen. Eine solche elternfreundliche Einstellung ist sehr unterstützend, und wenn sie sich in Behörden, öffentlichen Einrichtungen und bei den dort arbeitenden Menschen durchsetzte, wäre das Leben in dieser Gesellschaft für uns alle angenehmer.

Eltern, die mit ihren Kindern auf Reisen oder beim Einkaufen unterwegs sind, brauchen Platz, wo sie ihre Kinder füttern oder stillen und ihnen die Windeln wechseln können, und manchmal auch nur ein ruhiges Plätzchen, wo sie sich mit ihnen hinsetzen und sich ausruhen können. In einigen Restaurantketten und in Autobahnrestaurants gibt es mittlerweile Wikkeltische, doch oft ist das nur ein wackeliges Brett auf der Damentoilette (wo sonst!), und häufig ist es dort nicht einmal halbwegs sauber.

Supermärkte, Warenhäuser und Fachgeschäfte gehören zu den zahlreichen Unternehmen, die sehr viel an Eltern und Kinder denken, weil sie an ihnen eine Menge verdienen, doch tun sie wenig oder gar nichts, um bequemere Einkaufsmöglichkeiten für sie zu schaffen. Sie stellen höchstens Kaugummi- und Süßigkeitenautomaten auf oder mechanische Schaukeltiere, die natürlich etwas kosten. Viel besser wäre es, wenn in Supermärkten und Warenhäusern ein Spielbereich zur Verfügung stände, wo die Kinder auch beaufsichtigt werden, wie es das zum Beispiel in Dänemark schon gibt. Das würde den Eltern helfen, gezielter und billiger einzukaufen, was vielleicht mit ein Grund *dagegen* ist, daß diese Idee bisher verwirklicht wurde. Wenn Eltern in einer Wohngegend sich zusammentun, könnten sie mit den dort angesiedelten Supermärkten darüber verhandeln, daß die Süßigkeiten nicht immer gerade in den unteren Regalen zu finden sind, damit die Kinder weniger Versuchungen ausgesetzt sind und den Eltern viel Stress erspart bleibt. Auf diese Weise könnte vielleicht auch das Einrichten einer Kinderstube erreicht werden.
Es gibt noch viele Beispiele, wie besser auf die Bedürfnisse von Eltern und Kindern in der Öffentlichkeit eingegangen werden könnte. Drehtüren, schwere Pendeltüren und Bordsteine stellen für Eltern, die mit Kinderwagen oder -karre unterwegs sind, ärgerliche Hindernisse dar, ebenso wie für Behinderte und alte Leute. Die Ampelphasen sind so bemessen, daß der Autoverkehr flüssig bleibt, und sind keineswegs an das Tempo von Fußgängern angepaßt, schon gar nicht an das von Leuten, die noch nicht oder nicht mehr so schnell sind.
Es besteht auf allen gesellschaftlichen Ebenen ein Defizit, was die Bedürfnisse von Eltern anbelangt. Wir wissen zwar nicht, was genau zu mehr Rücksichtnahme auf unsere Bedürfnisse führen würde, ein wichtiger Faktor dabei ist sicherlich immer noch die eigene Erfahrung mit kleinen Kindern. Die Eltern, mit denen wir gesprochen haben und die sich sehr dafür eingesetzt haben, daß die Institutionen stärker auf die Bedürfnisse von Eltern und Kindern eingehen, waren alles Mütter, und die meisten waren während der Zeit, in der sie diese Arbeit leisteten, nicht berufstätig. Da der Trend immer mehr dahin geht, daß beide Eltern außer Haus Geld verdienen, fragt es sich, wer die Leute sein sollen, die die Anliegen von Eltern Institutionen gegenüber weiterhin zum Ausdruck bringen werden. Wird es darauf hinauslaufen, daß Kinder immer mehr auf sich gestellt sind, während die Eltern von ihrer Arbeit und anderen Interessen absorbiert sind? Diese Vorstellung ist ein wichtiger Grund, auf flexiblen Arbeitszeiten und Arbeitszeitverkürzungen zu bestehen. Die Aufgabe von Eltern beinhaltet mehr als die Arbeit im Beruf und innerhalb der Familie.

Unsere Kinder und die Gesellschaft als Ganzes können davon profitieren, wenn Eltern genügend Zeit bleibt, um ihre gesellschaftlichen Anliegen zum Ausdruck zu bringen und sich für Veränderungen einzusetzen.

Individualistisches Denken gegen das Familien- und Gesellschaftsinteresse

Wenn es um mehr Unterstützung für Eltern und Kinder geht, stellt die Überbetonung des Individualismus in unserer Gesellschaft eines der größten Hindernisse dar. Eltern tragen die alleinige Verantwortung für ihre Kinder, eine Bereitschaft zu gemeinsamer gesellschaftlicher Verantwortung, wie sie in vielen anderen Kulturen üblich ist, fehlt bei uns. Urie Bronfenbrenner, der sich mit den unterschiedlichen Erziehungspraktiken in der Sowjetunion und den Vereinigten Staaten beschäftigt hat, sind die verschiedenen Einstellungen in diesen beiden Kulturen gegenüber der von ihm als «Verteilung der mütterlichen (sic!) Verantwortung» bezeichneten Praxis aufgefallen. Es geht hierbei um die Bereitschaft anderer, neben den Eltern des Kindes, dessen Versorgung und Erziehung mit zu übernehmen. Er berichtet beispielsweise über ein Erlebnis, das er in Moskau auf der Straße gemacht hat:

«Unser jüngster Sohn, der damals vier Jahre alt war, ging ein paar Schritte voran. Eine Gruppe von Jungen im Teenageralter kam uns entgegen. Sobald der erste Stevie entdeckt hatte, breitete er seine Arme aus und rief: ‹Aj, malysch!› (He, Kleiner!), hob ihn hoch, gab ihm einen geräuschvollen Kuß und gab ihn an die anderen Jungen weiter, die genauso mit Stevie umgingen. Sie tanzten mit ihm herum und überschütteten ihn mit zärtlichen Worten und Gesten. Ein ähnliches Verhalten bei einem heranwachsenden amerikanischen Jungen würde seine Eltern sicherlich dazu veranlassen, einen Psychiater aufzusuchen.»[2]

Gesellschaftliche Verantwortung ist für uns etwas so Ungewöhnliches, daß wir vielleicht gar nicht wissen, wie wir auf soziale Hilfsbereitschaft reagieren sollen, wenn sie uns entgegengebracht wird. Joanne, eine Anthropologin und Mutter von zwei Kindern, beschreibt eine solche Situation:

«Zu Beginn der Frauenbewegung, als ich mit einigen meiner neuen Freundinnen, die alle in der Bewegung aktiv waren, unterwegs war, mußte sich meine Tochter im Auto übergeben. Alle halfen mir beim Saubermachen des Autos, und als ich mich bei ihnen bedankte, meinten sie: ‹Du brauchst dich nicht zu bedanken, denn für ein Kind tragen ja nicht nur allein die Eltern die Verantwortung.› Dieser Gedanke war mir noch nie gekommen.»

Besonders bei uns, wo es traditionell üblich ist, das Elternhaus zu verlassen (und damit auch jede Unterstützung hinter sich zu lassen), müssen wir uns aufs neue eine Situation schaffen, in der wir die Hilfe bekommen, die wir brauchen.

Um die fehlende Unterstützung wettzumachen, wenden sich die Eltern mit ihren Fragen an «Experten», um dort Informationen zu bekommen, die früher innerhalb der Familien und Gemeinschaften ausgetauscht wurden. Herkömmliche Frauenzeitschriften versuchen, sich gegenseitig dabei zu übertrumpfen, für ihre Beratungskolumnen berühmte Fachleute heranzuziehen. Nicht immer jedoch ist es notwendig oder wünschenswert, sich an Experten zu wenden.

Die Tatsache, daß die «Elternaufklärung» in den vergangenen Jahren sehr stark zugenommen hat, sowohl durch Fachleute als auch auf Grund von Eigeninitiativen, ist ein Hinweis auf das große Bedürfnis der Eltern nach Unterstützung. Einige der Möglichkeiten, wie Eltern sich gegenseitig unterstützen können, werden in Kapitel 9 behandelt.

Leistungsgesellschaft und Ungleichheit

Unser Festhalten am individualistischen Streben ist auf den Glauben an die Chancengleichheit zurückzuführen, auf die Überzeugung, daß ein einzelner, wenn er hart arbeitet, es zu etwas bringt und erfolgreich ist.

Doch wenn wir uns umschauen, dann müssen wir feststellen, daß die Hürden beim Erfolgsrennen nicht etwa abgebaut sind, sondern daß eine unterschiedliche Bewertung auf Grund des Alters, der Geschlechtszugehörigkeit, der Sexualpraktiken, der Hautfarbe und Staatsangehörigkeit, der Religion, der Schichtenzugehörigkeit und des Familienstandes das Gewinnergebnis bestimmen. Die Hindernisse bei der Chancengleichheit bekommen wir als Eltern, und mit uns auch unsere Kinder, auf mannigfaltige und schmerzhafte Weise zu spüren.

Sexismus

Sexismus beruht auf der pauschalen Beurteilung von Frauen und Männern, auf der Erwartung, daß wir uns entsprechend den gängigen Normen dessen, was typisch männlich oder weiblich ist, verhalten sollen. Sexismus wird durch einflußreiche gesellschaftliche Institutionen, wie zum Beispiel die Familie, den Arbeitsplatz, die Schule und so weiter gefördert. Frauen und Männer, die die herkömmlichen Rollenunterschiede abschaffen wollen, unter deren Diktat sie leben müssen, werden davon abgehalten oder sehr stark eingeschränkt. Die in unserer Gesellschaft herrschende Vor-

stellung darüber, wie Frauen und Männer sich verhalten sollen, beeinträchtigt uns als Eltern in vielerlei Beziehung. Dazu gehört zum Beispiel der Sexismus in der Einstellung gegenüber Frauen, die ihre Familie ernähren, und gegenüber Männern, die ihre Energie und Zeit für das Familienleben aufbringen.
Durch den technischen Fortschritt sind in unserem Jahrhundert viele der Tätigkeiten automatisiert worden, die früher beträchtliche Körperkraft (der Männer) erfordert haben; auf Grund der besseren Empfängnisverhütungsmethoden[3] ist die Zeit der Frauen nicht mehr in dem Maße von Schwangerschaften und Kinderversorgung in Anspruch genommen wie früher. Es könnte deshalb heute eine größere Gleichheit von Frauen und Männern herrschen. Doch trotz der gesetzlich verankerten Gleichbehandlung der Geschlechter sind einflußreiche Positionen für Frauen so selten, oder Frauen sind auf Berufe angewiesen, die so schlecht bezahlt sind, daß ein Besucher von einem anderen Stern den Schluß ziehen würde, daß Frauen und Männer zwei verschiedenen Kasten angehören. Entgegen der weitverbreiteten Ansicht, daß die Frauen infolge der Frauenemanzipation «aufholen», steigt die Arbeitslosigkeit der Frauen an, die Kluft zwischen dem Einkommen von Männern und Frauen wird größer, und die Chancen für eine Frau, in eine einflußreiche Position aufzusteigen, werden nicht größer.
Wir müssen uns also vermehrt dafür einsetzen, daß Frauen von ihrer Kindheit an die gleichen Chancen erhalten, ihre Ausbildungswünsche zu verwirklichen und ihre Lebensziele ernsthaft zu verfolgen. Gleichzeitig müssen wir dafür sorgen, daß Frauen bei der Einstellung in den Beruf und bei ‹Beförderungen› gleich behandelt werden, so daß sie ihre Ausbildung auch *nutzen* können und ein entsprechendes Einkommen erhalten.
In welcher Weise sind Eltern von dem in der Berufswelt herrschenden Sexismus betroffen? Im allgemeinen ernten Frauen Zustimmung, wenn sie sich ganz ihren Kindern widmen, doch dafür müssen sie in Kauf nehmen, daß ihre Leistungen als volkswirtschaftlich nicht produktiv erachtet werden und ihre Arbeit ihnen keinerlei Prestige verschafft. Auch die Väter sind von den Vorurteilen gegenüber Frauen bei der Besetzung freier Stellen betroffen, denn dadurch sind die Möglichkeiten für eine gemeinsame Kinderversorgung und Erziehung eingeschränkt.
Wir haben schon festgestellt, daß sich bei Untersuchungen über Paare, bei denen beide außer Haus berufstätig sind, ergeben hat, daß Männer nicht wesentlich mehr Hausarbeit verrichten, wenn ihre Frauen ebenfalls außer Haus beschäftigt sind. Mary Jo Bane zur Folge ist die Beseitigung der Ungleichheit der Geschlechter in der Arbeitswelt der erste Schritt zu einer Gleichberechtigung zu Hause. Solange Frauen nicht ebensoviel verdienen wie Männer, fehlt ihnen die Argumentationskraft, um daheim geteilte Kinderversorgung und Hausarbeit durchzusetzen.[4] Es ist ein Teu-

felskreis. Solange die Hausarbeit nicht aufgeteilt ist, können sich die Frauen nicht mit der gleichen Energie und dem gleichen Einsatz ihrem Beruf widmen und sind deshalb auch nicht in der Lage, beruflich genauso gut vorwärtszukommen.

Bei Frauen ist der Grund, weshalb sie nicht eingestellt oder nicht befördert werden, häufig der, daß sie Kinder haben, wogegen Männer manchmal von ihren Arbeitgebern gerade aus diesem Grunde besonders berücksichtig werden, weil von Vätern angenommen wird, daß sie zuverlässiger und beständiger sind als andere. Sie arbeiten für mehr als nur die eigene Existenz. Die herrschende Einstellung jedoch, daß ein guter Vater einfach nur ein guter Ernährer seiner Familie ist und daß «ein richtiger Mann» die Bedürfnisse seiner Familie gegenüber seinem Beruf immer hintanstellt, ist ein großes Hindernis für die Väter, die sich intensiver ihren Kindern widmen und sich aktiv an ihrer Versorgung und Erziehung beteiligen möchten. Während Frauen häufig eine nur unzulängliche Berufsausbildung erhalten, werden Männer mit der Einstellung erzogen, daß eine intensive Beschäftigung mit den Kindern ihre Männlichkeit beeinträchtigt und daß gerade wegen ihrer unzureichenden Vorbereitung auf die Erziehungsaufgaben ihr Beitrag zur Familie nicht viel Sinn hat.[5]

Bei der Sozialisation von Jungen werden die Fähigkeiten des Gebens und Nehmens auf emotionalem Gebiet, die Grundvoraussetzung bei der Fürsorglichkeit gegenüber Kindern, ganz zu schweigen von allen übrigen zwischenmenschlichen Beziehungen, unterbewertet. Bei der Sozialisation von Mädchen wird die Möglichkeit, daß sie die zukünftigen Versorgerinnen der Familie sein könnten, von vornherein ausgeschlossen, indem ihnen beruflicher Erfolg als nicht sehr erstrebenswert oder sogar als schädlich dargestellt wird. Wissenschaftler sind bei Akademikerinnen auf ein Syndrom gestoßen, das sie als «Erfolgsangst» bezeichnen.[6] Sie ist vergleichbar mit der Angst der Männer vor der Fähigkeit zur Fürsorglichkeit.

Es ist wirklich tragisch, daß die Sozialisation von Frauen und von Männern auf eine Weise verläuft, bei der uns getrennte Fertigkeiten beigebracht und unterschiedliche Stärken vermittelt werden. Auf ganz subtile Weise werden wir zu der Einstellung angehalten, daß für uns kein Bedürfnis nach den entsprechenden Fähigkeiten besteht, die dem anderen Geschlecht beigebracht werden. Unsere Sozialisation läuft so ab, als wären wir zwei verschiedene Spezies (und dann wird erwartet, daß wir miteinander auskommen!). Wie Jean Baker Miller zutreffend festgestellt hat, geht die Sozialisation von Frauen nicht nur so vonstatten, daß «Verschmelzung» gegenüber dem Streben nach Erfolg bei weitem das Übergewicht hat, schlimmer noch ist, daß sowohl Frauen wie auch Männer lernen, die Fähigkeiten der Frauen mit Geringschätzung zu betrachten, und das wirkt sich auf die gesamte Gesellschaft schädlich aus. In unserer Gesellschaft kommt dem Konkurrenzdenken und aggressiven Verhalten große Bedeutung zu und wird unverhältnismäßig belohnt; Fürsorge, Kooperationsbereitschaft und der Fähigkeit, gute zwischenmenschliche Beziehungen aufzunehmen, dagegen wird sehr viel weniger Wert beigemessen. Jean Baker Miller gelangt zu der Ansicht, daß «die Eigenschaften, die in Frauen am stärksten ausgeprägt sind und die zu den wichtigsten menschlichen Eigenschaften gehören, genau die Eigenschaften sind, die dem Erfolgreichsein» in dem Teil der Welt, der wiederum (wirtschaftlich) am erfolgreichsten ist, «am meisten im Wege stehen. Das ist offenbar kein Zufall. Vielleicht gehören sie jedoch zu den wichtigen Fähigkeiten, um die Welt zu verändern.»[7]

Viele der anscheinend unlösbaren Probleme in unserer heutigen Welt sind durch die Überbetonung «männlicher» Verhaltensweisen im Umgang mit Gesellschafts- und Umweltproblemen entstanden. Ein großer Vorteil durch das Aufgeben einer sexistischen Haltung in unserer Gesellschaft würde sich daraus ergeben, daß die Schaffung einer «elternfreundlicheren» Gesellschaft durch die Anerkennung und Wertschätzung der traditionell als weiblich geltenden Eigenschaften und Stärken wie Fürsorglichkeit möglich wäre. Dadurch hätten die Männer die Freiheit, solche Fähigkeiten zu entwickeln oder sie einzusetzen, ohne um ihren Männlichkeitsstatus fürchten zu müssen.

Der Einfluß gesellschaftlicher Institutionen auf unsere Möglichkeiten als Eltern

Weil in unserer Kultur nicht genügend berücksichtig wird, wie sehr die Familie in Wechselbeziehung mit der Gesellschaft steht und von ihr beeinflußt wird, neigen sowohl Außenstehende wie auch Angehörige einer Familie dazu, sie für ihre Probleme selbst verantwortlich zu machen. Die Familie ist jedoch Bestandteil eines umfassenden Systems voneinander abhängiger gesellschaftlicher Institutionen, jede einzelne von ihnen beeinflußt die Gesellschaft als Ganzes.

Die Wirtschaft bestimmt, welche berufliche Position Eltern erlangen und wieviel sie verdienen können, sie nimmt eine Schlüsselstellung in den voneinander abhängigen Subsystemen ein, aus denen sich unser Gesellschaftssystem als Ganzes zusammensetzt. Wie wir wohnen, welche Ausbildung unsere Kinder erhalten können, was wir uns materiell leisten können, alles das hängt davon ab, wieviel Geld uns zur Verfügung steht. Deshalb wollen wir uns zunächst mit der Institution beschäftigen, die den stärksten Einfluß auf unsere Familien hat – die Arbeitswelt in unserem Wirtschaftssystem.

Gail Bryan

Eltern und Berufstätigkeit

Eltern brauchen eine Arbeit – sowohl um Geld zu verdienen wie auch zu ihrer persönlichen Befriedigung. Traditionell ist es so, daß die Aufgabe des Vaters dadurch definiert ist, daß er das Geld verdient. Wie wir jedoch festgestellt haben, möchten viele Väter heute weniger Zeit und Energie auf ihren Beruf verwenden, um sich aktiver an den täglichen Aufgaben der Kinderversorgung und Erziehung beteiligen zu können. Für Mütter ist es zwar schwieriger, in ihrer Rolle als Ernährerinnen der Familie anerkannt zu werden, heute muß jedoch die Mehrzahl der Mütter ebenfalls die Sorge um die Familie mit dem Geldverdienen vereinbaren. Viel Mütter verdienen heute mit, so daß die Ernährung der Familie Bestandteil sowohl der Mutter wie auch der Vaterrolle geworden ist.

Sowohl Väter wie auch Mütter brauchen Zeit, um mit ihren Kindern, mit anderen Menschen oder mit sich allein zu sein, und außerdem auch Zeit, um neben der Kinderversorgung und -erziehung einer Beschäftigung nachzugehen. Wie wir schon beschrieben haben, sind viele Eltern dazu übergegangen, sich die Aufgaben als Eltern zu teilen, um einen Ausgleich zwischen ihren Bedürfnissen sowohl nach Arbeit wie auch nach liebevoller Zuwendung zu schaffen.[8] Durch die Situation am Arbeitsmarkt werden wir jedoch sehr stark darin behindert, diese beiden wichtigen Anliegen miteinander in Einklang zu bringen. In den meisten Berufen ist die Arbeitszeit in solchem Maße durchstrukturiert, daß unseren Interessen als Eltern größte Beschränkungen auferlegt sind. Dazu tragen unter anderem die Anzahl der Arbeitsstunden pro Woche, die Anfangszeiten und die Inflexibilität in der Arbeitseinteilung, die inhumanen Bedingungen der Arbeitsplätze in der Industrie und eine sexistische Einstellung gegenüber Müttern und Vätern bei, ebenso wie die Haltung, mit der Arbeitgeber davon ausgehen, daß ihre Arbeiter und Angestellten aufhören, Eltern zu sein, wenn sie das Firmengelände betreten.

Arbeitszeit und Anfangszeiten

In einer 1977 in Amerika durchgeführten Untersuchung, bei der es um die Einstellung und die Gefühle von Kindern gegenüber ihrer Familie und ihrem Leben ging, ergab sich, daß die Hälfte der befragten Kinder sich wünschten, daß ihre Väter sich mehr mit ihnen beschäftigten, über ein Drittel wünschte sich, daß ihre Mütter mehr Zeit für sie hätten.[9] Die Anzahl der Arbeitsstunden macht es vielen Eltern unmöglich, viel mit ihren Kindern zusammenzusein. Martina, Mutter von vier Kindern, die gerade eine Ausbildung macht, erzählt uns folgendes über ihr Familienleben:
«Während der Woche bekomme ich meinen Mann vom Aufstehen bis zum Schlafengehen nicht zu Gesicht. An den Wochenenden ist er so erschöpft, daß er nur noch vor dem Fernsehapparat sitzt. Wenn die Kinder zu laut sind, explodiert er. Ich muß ihnen immer wieder klarmachen, daß er sie sehr gerne hat, weil er sonst nicht so hart arbeiten würde, um für unseren Unterhalt zu sorgen. Das zu verstehen ist jedoch sehr schwierig für sie, denn er hat einfach keine Energie mehr übrig, um ihnen etwas Aufmerksamkeit zu schenken.»
Vom Standpunkt der Eltern stellt die Übergangszeit zwischen Arbeitsschluß und Heimkommen eine äußerst wichtige Zeit dar. Für viele von uns ist es mit großem Stress verbunden, uns von den häuslichen Sorgen auf die Arbeit umzustellen und dann unsere Arbeit hinter uns zu lassen, um wieder daheim anzukommen. Debby, eine Mutter von zwei schulpflichtigen Kindern, berichtet darüber:
«Die erste Zeit, nachdem ich wieder in meinen Beruf zurückgegangen war, machte ich mir ständig Sorgen, daß den Kindern etwas passiert sein könnte. Ich glaube, das hatte mit meinen Schuldgefühlen und meinen Zweifeln zu tun, ob ich auch das Richtige tat. Ich fuhr also zur

Gail Bryan

Arbeit, und die erste halbe Stunde war ich gar nicht so richtig da. Und umgekehrt war es genauso. Ich kam nach einer anstrengenden Fahrt von 40 Minuten durch den dicksten Berufsverkehr nach Hause und war den Kindern gegenüber dann gereizt und nervös. Es hat eine Weile gedauert, aber schließlich lernte ich es, meine häuslichen Sorgen daheim zu lassen und meine Spannungen in der Arbeit nicht mit nach Hause zu bringen.»

Joni, eine alleinerziehende Mutter zweier schulpflichtiger Kinder, hatte sich einen Arbeitsplatz in der Nähe ihrer Wohnung gesucht, damit sie im Notfall schnell daheim war. Da praktisch keine Zeit zwischen Arbeitsschluß und Heimkommen verging, war der Übergang für sie auch schwierig:

«Oft arbeitete ich bis Viertel nach zwei und mußte um halb drei daheim sein, weil dann die Kinder aus der Schule kamen. Manchmal glaube ich, es wäre besser gewesen, wenn ich einen längeren Weg zu meiner Arbeit gehabt hätte, denn es blieb mir nie genug Zeit, um einen Übergang zwischen meiner Arbeit und Zuhause zu finden. Schließlich mußte ich eine Lösung finden, die meine Kinder akzeptieren konnten, und zwar machte ich mit ihnen aus, daß ich erst mal eine Tasse Tee trinken und absolut allein gelassen werden wollte, oder ich sagte zu ihnen: ‹Ich bin jetzt fünf Minuten für euch da, und dann möchte ich Zeit für mich haben.›»

Norm ist selbständig und richtet seine Arbeitszeit so ein, daß er seine zwei schulpflichtigen Kinder dreimal in der Woche von der Schule abholen kann:

«Es macht mir Spaß, mehr Zeit mit meinen Kindern zu verbringen, doch am Anfang war es schwierig für mich, denn ich war noch völlig absorbiert von der liegengebliebenen Arbeit an meiner Arbeitsstelle. Manchmal rannte ich sofort, nachdem wir heimgekommen waren, zum Telefon, um ein geschäftliches Gespräch zu führen. Doch die Kinder machten mir unmißverständlich klar, daß ihnen das nicht gefiel, denn wir wollten diese Zeit miteinander verbringen. Jetzt versuche ich, diese Telefonate zu erledigen, bevor ich heimfahre, oder ich sage zu den Kindern: ‹Wenn wir heimkommen, muß ich ein wichtiges Telefongespräch führen, und dann habe ich Zeit für euch.› Dann können sie sich darauf einstellen. Außerdem habe ich zwischen zehn und zwei Uhr nachts einen richtigen Energieschub, und dann erledige ich die Arbeit, zu der ich tagsüber nicht gekommen bin.»

Die meisten von uns müssen eine andere Möglichkeit wählen, wenn sie mehr Zeit für ihre Kinder haben wollen. Sie verkürzen ihre Arbeitszeit (und sind mit einem geringeren Einkommen zufrieden), dafür können sie sich ihre Zeit besser einteilen. Diese Entscheidung bedeutet auch, daß wir einige unserer ehrgeizigen Pläne aufgeben müssen, wie dieser Vater berichtet:

«Mein Vater hat sich sehr viel um uns gekümmert, weil meine Mutter krank war. Das hat dazu geführt, daß ich ihn im Laufe meiner Kindheit gut kennenlernte – seine Art zu arbeiten, was ihm wichtig war, weshalb er gerade die Arbeit gewählt hatte, die er machte. Sonnabends und nach der Schule ging ich zu ihm in die Druckerei anstatt auf den Fußballplatz. Deshalb ist es mir auch so wichtig, daß ich meine Kinder gut kenne. Ich arbeite halbtags. Beruflich bin ich also kein großes Tier. Bei einigen Sachen muß ich halt Abstriche machen, zum Beispiel wird sich mein Jugendtraum nie erfüllen, daß ich als berühmter Mann in die Druckerei zurückkehre, wo mein Vater mich empfängt.»

Die meisten Eltern, mit denen wir gesprochen haben und die sich für eine verkürzte Arbeitszeit entschieden haben, arbeiten in einem Beruf, in dem sie überdurchschnittlich gut verdienen und deshalb noch genug Einkommen haben, um alle Bedürfnisse der Familie zu befriedigen. Für die meisten Familien gilt jedoch, daß jede verdiente Mark dringend benötigt wird.

Auch an Arbeitsplätzen, wo keine Überstunden von uns erwartet werden, ist nicht die Flexibilität vorhanden, die für uns als Eltern wichtig ist,

so daß unsere freie Zeit selten mit den Aktivitäten unserer Kinder zusammenfällt, an denen wir gerne teilhaben würden. Den wenigsten Arbeitgebern ist es ein Anliegen, daß sich ihre Angestellten und Arbeiter und deren Familien verwirklichen und entfalten können, und deshalb finden die Bedürfnisse von Eltern keinen Niederschlag in ihrer Arbeitsplatzpolitik. Wenn wir einen Arzttermin haben, bekommen wir frei, sehr viel schwieriger wird es, wenn wir mit unseren Kindern zum Arzt gehen wollen. Bei einer Familienkrise gibt es keinen bezahlten Urlaub. Wenn wir frei haben wollen, weil unser Kind eingeschult wird oder uns bei einer Schulaufführung dabeihaben möchte, dann reagieren viele Arbeitgeber ziemlich verständnislos, und häufig erfinden Eltern lieber eine

Ausrede, als daß sie ihrem Arbeitgeber oder Vorgesetzten einen so ‹unwichtigen› Grund angeben. Jeff, Vater zweier schulpflichtiger Kinder, hat uns über eine solche Situation berichtet, als er morgens ein paar Stunden Zeit brauchte, um seinem Sohn dabei zu helfen, in der Schule eine Ausstellung aufzubauen.

«Als Timmy die Bücher über die Hopi-Indianer von der Schule mit nach Hause brachte, hat er mich in sein Vorhaben eingeweiht. Ich las sie alle und überlegte mir dann, wie ich ihn unterstützen konnte. Er hatte sich etwas in den Kopf gesetzt, was ziemlich kompliziert herzustellen war, doch wenn ich ihm ein wenig half, ließ es sich verwirklichen. Als er fertig war, brauchte er jemanden, der ihm das alles zur Schule fuhr und ihm dort beim Zusammenfügen half. Natürlich konnte ich in meiner Arbeit niemandem erzählen, wo ich die ganze Zeit gewesen war, also rief ich an und sagte, daß ich eine Panne hätte und unterwegs liegengeblieben sei. Sobald das Auto abgeschleppt sei, würde ich kommen.»

Probleme bei Zukunftsplänen: Beruf und Elterninteressen geraten in Konflikt miteinander

Für viele Eltern besteht ein großes Problem bei ihren Zukunftsplänen darin, daß ihre Vorstellung über ihre Karriere oder ihre Beförderungsmöglichkeiten im Widerspruch zu den Anforderungen stehen, die durch die Versorgung und Erziehung ihrer Kinder an sie gestellt sind. Wenn wir in unseren Zwanzigern und Dreißigern sind, wird erwartet, daß wir besonders hart arbeiten, um uns eine Karriere aufzubauen, und in diese Zeit fallen für die meisten von uns auch die wichtigen ersten Lebensjahre unserer Kinder. Das sind also die Jahre, in denen sowohl beruflich wie auch familiär die größten Anstrengungen auf uns warten. Dan ist Vater von drei Kindern und ein Rechtsanwalt, der versucht, mit diesem Konflikt erfinderisch umzugehen:

«Bei der Rechtshilfe fing ich mit einer Teilzeitarbeit an, bei der ich vier Fünftel des Arbeitspensums einer Ganztagsstelle zu bewältigen hatte und für vier Arbeitstage bezahlt wurde. Ich hörte dort dann wieder auf, weil mir die Arbeit zuviel wurde, denn ich versuchte, die Arbeit von fünf Arbeitstagen in vier Tagen zu erledigen. Als sich herausstellte, daß ich ebenso viele Fälle wie meine Kollegen erledigte, wollten sie mir das volle Gehalt zahlen, ich hätte aber trotzdem nur vier Tage pro Woche zu kommen brauchen. Ich erkannte, daß das eine Falle für mich war. Jetzt habe ich mit einem anderen Rechtsanwalt zusammen eine Gemeinschaftskanzlei aufgemacht. Allein könnte ich sicherlich sehr viel mehr Geld verdienen, doch durch die Partnerschaft kann ich meine bisherige Zeiteinteilung beibehalten. Ich habe gleich von Anfang an festgelegt, daß ich dienstags an den Nachmittagen und freitags nicht ins Büro kommen würde. Wir vertreten uns gegenseitig. Ich mache einfach klar, daß ich an diesen Tagen andere Verpflichtungen habe. Ich würde kein Hehl daraus machen, um was es sich handelt, doch niemand fragt danach. Die Leute gehen, glaube ich, davon aus, daß es sich um eine andere berufliche Tätigkeit handelt. Zwei Tage in der Woche bin ich für die Kinder da, wenn sie von der Schule heimkommen. Einmal in der Woche kommt Jane früher von der Arbeit zurück, und zweimal haben wir eine Hilfe. Freitagmorgen habe ich ganz für mich alleine, und das ist wunderbar! Für mich ist es ganz wichtig geworden, diese Distanz zu meiner Arbeit zu wahren. Auch wenn die Kinder groß sind, glaube ich nicht, daß ich fünf Tage in der Woche arbeiten werde.»

Selbst wenn unser Beruf uns die nötige Flexibilität ermöglicht, besteht immer noch unser persönlicher Konflikt zwischen der Berufstätigkeit und unserem Elternsein. Wir möchten Zeit für unsere Kinder haben, gleichzeitig aber auch in unserem Beruf kompetent und verantwortungsvoll sein und von unseren Kollegen anerkannt werden.

Kinder und Berufstätigkeit

Es ist schon viel darüber geschrieben worden, wie schädlich sich die Berufstätigkeit der Mütter außer Haus auf die Kinder auswirkt. Wir sind der Ansicht, daß es nicht nur *keineswegs* schädlich ist, sondern sogar vorteilhaft für die Kinder, wenn ihre Mütter und Väter einer Beschäftigung nachgehen, aus der sie Befriedigung und Selbstwertgefühl ziehen können.[10] Viele Eltern, mit denen wir darüber gesprochen haben, waren sehr erfreut darüber, als sie feststellten, wie sehr sich ihre Kinder mit der Arbeit ihrer Eltern identifizierten und daraus lernten.

Dan, ein Rechtsanwalt, berichtet uns über seine Tochter, die zum Landratsamt ging, um ihren Namen ändern zu lassen:

«Sie hatte sich schon einige Jahre lang Beth genannt, und dieser Name gefiel ihr besser als der, den wir ihr gegeben hatten. Eines Tages faßte sie den Entschluß, daß sie ihren Namen auch offiziell ändern lassen wollte. Ich nahm sie mit aufs Amt und zeigte ihr, wie das geht. Sie war davon überzeugt, daß ihr Name etwas ist, das sie verändern können muß, wenn sie das will, und weil ich Rechtsanwalt bin, war es leichter für sie, mit der Überzeugung an die Sache heranzugehen, daß sie das auch *konnte*.»

Für uns Eltern bietet sich eine wichtige Möglichkeit, unsere tagtäglichen Erfahrungen und unsere Wertewelt unseren Kindern in einer Gesellschaft zu vermitteln, die in immer stärkerem Maße unterteilt wird und in der die Generationen mehr und mehr getrennt voneinander leben, wenn wir ihnen aus unserem Berufsleben berichten. Mel, der zwei erwachsene Kinder hat und zwei, die noch zu Hause leben, berichtet darüber, wie wichtig für ihn ein Berufswechsel in mittleren Jahren war:

«Einer der Gründe, weshalb ich überhaupt in Erwägung zog, zu unterrichten, anstatt weiterhin wissenschaftlich tätig zu sein, bestand darin, daß ich Kinder im schulpflichtigen Alter habe. Dieser Berufswechsel hat sich sehr stark auf meine Beziehung zu meinen Kindern ausgewirkt. In meine neue Arbeit konnte ich meine Kinder mit einbeziehen. Ich konnte mit ihnen auf eine Art und Weise darüber reden, wie das früher niemals möglich gewesen war. Die älteren Kinder konnten sich noch daran erinnern, wie sie manchmal zu mir ins Labor kamen und sahen, wie ich arbeitete. Ansonsten kam es mir nicht in den Sinn, in meiner Arbeit einen direkten Bezug zu den Kindern herzustellen. Doch jetzt kam ich auch zu ihnen in die Schule, was früher nur sehr selten der Fall gewesen war. Ich verbrachte einen Vormittag in der 7. Klasse meiner Tochter, weil ich wissen wollte, wie es in der Schule zugeht ... Ich nahm sie wiederum auch mit an meinen Arbeitsplatz und bezog sie in Lehrer-Workshops mit ein, in denen neue Unterrichtsmaterialien und neue Lehrmethoden ausprobiert werden. Sie lernten meine Kollegen und meinen Arbeitsplatz ziemlich gut kennen. Ich wechselte meinen Arbeitsplatz auch deshalb, weil ich das Gefühl hatte, daß eine große Kluft zwischen meiner Familie und meinem Freundes- und Bekanntenkreis und meinem ausgeübten Beruf bestand. Jetzt sind diese beiden Aspekte in meinem Leben stärker integriert. Das finde ich gut, es nützt den Kindern und wirkt sich vorteilhaft auf meine Beziehung zu ihnen aus.»

Wir sind schon an anderer Stelle darauf eingegangen, daß Kinder nicht mehr so intensiv in die Arbeit innerhalb der Familie mit einbezogen sind, wie das in Zeiten mit einem weniger durchrationalisierten Wirtschaftssystem der Fall war. Die meisten Kinder können zudem ihre Eltern gar nicht an deren Arbeitsplatz erleben und haben nur vage Vorstellungen über das, was ihre Mütter und Väter eigentlich tun, wenn sie in der Arbeit sind. Es ist beinahe so, als würden wir uns acht Stunden oder länger Tag für Tag in eine fremde Welt begeben, über die sie nichts wissen.

Für Kinder ist es nicht nur wichtig, daß sie an der in der Familie anfallenden Arbeit teilhaben, sondern sie sollten auch mehr über die andere Arbeit, die in unserer Gesellschaft verrichtet wird, erfahren. Der Unterrichtsstoff der Schule hat oft so wenig mit dem zu tun, was sich in der Arbeitswelt oder zu Hause in der Familie abspielt, daß es ihnen Schwierigkeiten bereitet, einen Zusammenhang zwischen ihrer Tätigkeit in der Schule und ihrer zukünftigen Rolle als lernende und berufstätige Erwachsene herzustellen. In der Sowjetunion ist es so, daß ein Geschäft, ein Büro oder eine Firma eine Gruppe von Kindern «adoptiert». Die berufstätigen

Erwachsenen besuchen die Kinder in der Schule, in der Kindertagesstätte oder im Krankenhaus, und die Kinder kommen an den Arbeitsplatz und erfahren etwas über die Erwachsenen und deren Tätigkeit. «Die Absicht besteht nicht in einer beruflichen Vorbildung, sondern die Kinder sollen Bekanntschaft mit Erwachsenen als Mitglieder der Arbeitswelt machen.»[11]

In Amerika wurde etwas Ähnliches unternommen, indem

«...zwei Gruppen von zwölfjährigen Kindern ... sechs bis sieben Stunden täglich drei Tage lang jede Abteilung der Zeitung Detroit Free Press kennenlernten und dabei nicht nur Zuschauer waren, sondern aktiv an der Arbeit in jeder einzelnen Abteilung beteiligt waren ... im Pressezimmer, in der Abteilung für den Lokalteil, in der Composer-Abteilung, der Werbeabteilung und im Vertrieb. Die bei der Free Press Beschäftigten standen diesem Experiment sehr skeptisch gegenüber. ‹Wir haben eine Menge zu tun. Es muß jeden Tag eine Zeitung fertig werden. Was haben diese Kinder vor, wollen sie bei uns herumsitzen?› ... Die Kinder langweilten sich nicht, auch für die Erwachsenen war es nicht eintönig. Und die Zeitung kam auch jeden Tag pünktlich heraus ...»[12]

Wir sind der Ansicht, daß Eltern, Vertreter der Arbeitsstellen und Schulen zusammenkommen sollten, um über Möglichkeiten nachzudenken, wie Kinder mehr Kontakt zur Berufswelt und berufstätigen Erwachsenen bekommen können und umgekehrt. Da es so etwas noch nicht gibt, versuchen viele von uns, unsere Kinder an unserer eigenen Arbeit und der unserer Freunde teilhaben zu lassen, indem wir sie gelegentlich mit an unseren Arbeitsplatz nehmen oder indem wir sie beim Einkaufen oder bei Gefälligkeiten gegenüber Freunden und Nachbarn mithelfen lassen. Viele von uns haben die Beobachtung gemacht, daß die Kinder wirklich Spaß an richtiger Arbeit haben, viel mehr als an den Aufgaben, die wir ihnen manchmal zuteilen, damit sie beschäftigt sind.

Das Prinzip des «So als ob»

Obwohl der Anteil der Frauen in der Arbeitswelt ständig zunimmt, sind die meisten Arbeitsplätze so strukturiert, daß sie den herkömmlichen Lebensgewohnheiten von Männern entsprechen, die alle familiären Verpflichtungen hinter sich zurücklassen konnten, wenn sie zur Arbeit gingen. Für die Familie war ja durch die unbezahlte Arbeitskraft der Frauen, die daheim blieben, gesorgt. Männer können sich eben gerade deshalb so verhalten, als wäre ihr Beruf das einzige, was zählt, weil in vielen Familien ein wichtiger Teil der Arbeit einer Ehefrau und Mutter darin besteht, alle gemeinsamen Unternehmungen und die Mahlzeiten so zu organisieren, daß sie auf die Arbeitszeit des Ehemanns und Vaters abgestimmt sind, egal, ob sie auch außer Haus berufstätig ist oder nicht. Für eine alleinstehende Mutter ist die Situation noch wesentlich problematischer.

Während der Mann an seinem Arbeitsplatz ist, tritt der «Mythos von den getrennten Welten» in Kraft: Sein Arbeitnehmer scheint ihm unmißverständlich klarzumachen: «Solange Sie an Ihrem Arbeitsplatz sind, werden Sie *so tun, als ob* Sie keinerlei andere Verpflichtungen, kein Leben neben dieser Berufstätigkeit haben.»[13]

Berufstätige Frauen begegnen diesem Prinzip des «So-tun-als-Ob» ebenso wie Männer:

«Ich schloß meine Ausbildung als Kindertherapeutin ab, als meine Tochter acht Monate alt war. Als die Praktikumsstellen verteilt wurden, bat ich darum, daß ich eine Stelle in der Nähe meiner Wohnung erhielt und sich die Stunden nach Möglichkeit mit der Arbeitszeit meines Mannes vereinbaren ließen. Meine Ausbilderin geriet in Wut! Mit eisiger Stimme wies sie mich zurecht, daß ich eine solche Forderung auf keinen Fall jemals wieder stellen dürfe. ‹Ich würde Ihnen wirklich empfehlen›, fuhr sie fort, ‹daß Sie im Zusammenhang mit dieser Ausbildung nie wieder erwähnen, daß Sie Mutter sind!› Sie machte mir unmißverständlich klar, daß ich zu dieser Ausbildung zugelassen worden war, *obwohl* ich Mutter war, als ob das ein Nachteil und nicht etwa ein großer Vorzug bei der Arbeit mit emotional gestörten Kindern wäre!»

Frauen möchten ihr Bewußtsein als Mutter am Arbeitsplatz nicht um jeden Preis leugnen. Leider gehen die Arbeitgeber davon aus, daß Frauen sich nicht so wie Männer in ihre Arbeit vertiefen, weil sie mit ihren Pflichten gegenüber ihrer Familie beschäftigt sind. Das ist eines der Argumente, die Arbeitgeber dafür anführen, daß Frauen auf eine bestimmte Zahl schlechter bezahlter Positionen festgelegt werden und keine Aufstiegschancen bekommen. Untersuchungen, bei denen es um die Leistungsbeurteilung ging, haben ergeben, daß Frauen und Männer, was zum Beispiel das Fernbleiben vom Arbeitsplatz anbelangt, in gleichem Maße zuverlässig sind.

Wir hoffen, daß es sich immer stärker durchsetzen wird, die Zugehörigkeit zu einer Familie am Arbeitsplatz mit einzubringen, je mehr Frauen ihren Platz in der Berufswelt einnehmen, und daß diese Einstellung als eine zuträglichere, weniger schizophrene Lebensweise akzeptiert wird. Linda, die in einer Kindertagesstätte arbeitet und von deren Kollegen berücksichtigt wird, daß sie Kinder hat, malt sich aus, wie es wäre, wenn ihr Mann an seinem Arbeitsplatz eine ähnliche Rücksichtnahme verlangen würde:

«Mir ist so stark bewußt geworden, wie wenig Entgegenkommen Bob an seinem Arbeitsplatz als Mitglied einer Familie und als Vater findet. Ich schlage ihm oft vor: ‹Warum kommst du nicht einfach mal dort mit den Worten hinein: Ich bin ein Vater!› Wenn mehr Väter hartnäckiger wären, würde sich in den Institutionen und am Arbeitsplatz etwas ändern.»
Wenn Frauen und Männer von ihren Arbeitgebern mehr Entgegenkommen und Unterstützung bei der Erfüllung ihrer familiären Pflichten zu fordern beginnen, dann könnte die Arbeitssituation in unserer Gesellschaft für Eltern und für alle Erwerbstätigen mit der Zeit humaner werden.

Was sind die Bedürfnisse berufstätiger Eltern?

Durch eine Reihe ganz simpler Umstellungen könnten berufstätige Eltern beträchtlich entlastet werden, ohne daß das große Kosten für die Industrie bedeuten würde. Andere Veränderungen wiederum würden höhere Kosten mit sich bringen, doch unserer Meinung nach wäre damit ein guter Anfang gemacht, die gesamte Gesellschaft an den Kosten zu beteiligen, die das Großziehen von Kindern verursacht. Einige dieser Kosten könnten vom Staat durch Steuererleichterungen oder direkte finanzielle Unterstützung getragen werden.
In der BRD sind die Steuerfreibeträge abgeschafft worden. Dadurch werden Familieen steuerlich so stark belastet, als wären Kinder überhaupt nicht vorhanden. Das bayerische Finanzministerium hat folgendes Beispiel errechnet: Bei einem Vergleich der verbleibenden Einkommen, nach Abzug der durchschnittlichen Lebenshaltungskosten für ein Kind, die im dritten Familienbericht der Bundesregierung mit 520,- DM veranschlagt worden sind, beträgt das Steueraufkommen einer Familie mit vier Kindern und einem zu versteuernden Jahreseinkommen von 40 000,- DM statt der durchschnittlichen 18,6 Prozent 34,4 Prozent. Prozentual muß damit eine Familie ebenso viele Steuern zahlen wie jemand, der über 110 000,- DM zu versteuerndes Einkommen im Jahr verfügt. Ein Bonner Politiker, der auf das Problem der Rentenfinanzierung einging, stellte fest, daß die heute arbeitende Bevölkerung nicht nur die laufenden Renten finanzieren, sondern durch das Großziehen von Kindern auch für die Finanzierung der Renten der nächsten Generation sorgen müsse: «Die Lasten bleiben privatisiert, der Nutzen wird sozialisiert.» [14]

Lohnfortzahlung bei Betreuung kranker Kinder
Die Leiterin des Arbeitsstabes Frauenpolitik im Familienministerium, Marlies Kutsch, hat Zahlen bekanntgegeben, nach denen immer mehr

Väter von der Möglichkeit Gebrauch machen, sich von der Arbeit freistellen zu lassen, um ihr krankes Kind zu pflegen. 1978 haben 10 427 Väter an 31 652 Tagen von dieser Möglichkeit Gebrauch gemacht. Nicht erfaßt sind hierbei die Väter, die die Lohnfortzahlung nicht von der Krankenkasse, sondern auf Grund von Firmentarifverträgen erhalten haben. Erwerbstätige Eltern können sich bis zu fünf Tage im Jahr von der Arbeit freistellen lassen, um ein erkranktes Kind bis zu acht Jahren zu pflegen.[15] Bei älteren Kindern wird offenbar erwartet, daß diese alleine zurechtkommen.

«Elternschaftsurlaub» statt «Mutterschaftsurlaub»
Seit Juli 1979 gibt es in der BRD Mutterschaftsurlaub. In diesen vier Monaten nach Ablauf der Mutterschutzfrist erhält eine Frau im Angestelltenverhältnis bis zu 750,– DM monatlich, jedoch nicht mehr als ihren bisherigen Nettolohn. Diese Bestimmung gilt auch für Heimarbeiterinnen und Arbeitslose, nicht aber für Hausfrauen und Selbständige. Die Möglichkeit, daß Väter nach der Geburt ihres Kindes von der Arbeit beurlaubt werden, wurde durch diese Gesetzesbestimmung nicht geschaffen.
Im Gegensatz dazu wird in Schweden ein Modell erprobt, nach dem Eltern sieben Monate lang nach der Geburt ihres Kindes bezahlten Urlaub erhalten. 95 Prozent ihres bisherigen Gehalts wird weitergezahlt. Wenn beide Eltern berufstätig sind, können sie diese sieben Monate teilen. Zwar haben bisher nur sieben Prozent aller jungen Väter in Schweden von dieser Möglichkeit Gebrauch gemacht, doch seit Einführung dieses Programms im Jahre 1974 hat sich die Zahl der Väter, die «Vaterschaftsurlaub» nehmen, immerhin vervierfacht.

Die Kinder mit zur Arbeit nehmen
Es gibt eine Menge von Gründen, weshalb Eltern vielleicht gelegentlich ihre Kinder mit an ihren Arbeitsplatz nehmen möchten. Manchmal müssen wir unsere Kinder mitbringen, weil Ferien sind, weil sie nicht ganz gesund sind oder weil wir mit ihnen zum Arzt gehen müssen. Wie wir schon festgestellt haben, interessieren sich Kinder meistens sehr für die Arbeit ihrer Eltern, und es macht ihnen Spaß, zu sehen, wo ihre Eltern arbeiten, und ihre Arbeitskollegen kennenzulernen. Und für uns Eltern bedeutet das, daß wir das Prinzip des «So-tun-als-Ob» ignorieren und Anerkennung als Eltern finden, wenn wir unsere Kinder mit an unseren Arbeitsplatz nehmen.
David unterrichtet an der Sporthochschule und hat vier Kinder. Er teilt sich die Kinderversorgung ihres kürzlich adoptierten zweijährigen Sohnes mit seiner Frau:
«Wenn ich Sam mit in die Hochschule nehme, dann beschäftigt er sich

stundenlang mit meiner großen Kiste voller Medaillen, die ich bei athletischen Wettbewerben gewonnen habe, und verstreut sie überall in meinem Büro, während ich Telefonate erledige oder mit Leuten rede. Wenn das uninteressant für ihn wird, sammele ich die Medaillen ein und tue sie wieder in die Kiste. Ich hatte eigentlich schon vorgehabt, Vaterschaftsurlaub zu nehmen, und war schon darauf eingestellt, doch ich merkte, daß das gar nicht nötig war, weil es an meinem Arbeitsplatz nicht sehr offiziell zugeht. Früher wäre mir so etwas nie in den Sinn gekommen, doch jetzt weiß ich, daß es völlig in Ordnung ist, wenn ein kleines Kind mit Medaillen herumschmeißt, während ich einige Sachen erledige.»

Doch selbst diejenigen von uns, die die Möglichkeit haben, ihre Kinder mit an den Arbeitsplatz zu nehmen, halten es zum Teil für unmöglich zu arbeiten, wenn ihre Kinder bei ihnen sind, und möchten das auch gar nicht. Viele Eltern möchten, daß ihr Arbeitsleben und ihr Familienleben klarer abgegrenzt sind.

«Viele von uns möchten diese Trennung – sie bringen nichts zustande, wenn die Kinder um sie herum sind. Wir sollten diese Dinge flexibler handhaben. Ich möchte mich entscheiden können, ob ich lieber zu Hause bleibe, wenn die Kinder krank sind, oder ob jemand anders bei ihnen bleibt und ich zur Arbeit gehe. Ich kann nicht beides gleichzeitig. Mit einem Säugling ist das vielleicht möglich. Später unterbrechen sie einen einfach zu oft.»

In unserem Freundeskreis waren wir die ersten, die ein Kind bekamen. Als dann einige unserer Freunde auch ein Kind erwarteten, berichteten sie uns von ihren Plänen, wie sie das machen würden, wenn das Kind da ist. Das hörte sich dann etwa so an: «Wenn das Baby drei Monate alt ist, fängt Lorna wieder an zu arbeiten, und dann nehme ich das Baby mit an meinen Arbeitsplatz und stelle es einfach auf meinen Schreibtisch.» Dann bleibt mir nichts anderes übrig, als zu sagen: «Jim, eines kann ich dir versichern, so wird das nicht gehen. Babies liegen nicht einfach so da wie kleine Katzen, die du nur ab und zu streicheln mußt.» Viele Leute können sich einfach nicht vorstellen, daß es wirklich Arbeit bedeutet, sich um ein kleines Kind zu kümmern. Wenn du dich für ein Kind entscheidest, dann bedeutet das, daß du einen großen Teil deiner Zeit deinem Kind widmest. Ein Tag läßt sich nicht endlos verlängern, indem du ständig früher aufstehst. Eltern brauchen Hilfe, und es sollte kein Druck auf zukünftige Eltern ausgeübt werden, so daß sie meinen, sie müßten alles schaffen.

Kinderbetreuung am Arbeitsplatz
Betriebe können Eltern auf eine sehr direkte Weise unterstützen, indem sie dafür sorgen, daß die Kinder am Arbeitsplatz betreut werden können. Bei dieser Art von Kinderbetreuung richtet die Firma auf dem Betriebsgelände einen Kindergarten oder eine Kindertagesstätte für die Kinder der Firmenangehörigen ein oder zahlt Zuschüsse. In dem Abschnitt über Kinderbetreuung ab Seite 431 wird das Für und Wider solcher und anderer Einrichtungen ausführlicher behandelt.

Teilzeitbeschäftigung und flexible Arbeitszeiten
1970 hat in Amerika eine Regierungskommission empfohlen, daß «flexible Arbeitszeiten eingeführt werden, damit sowohl männliche wie auch weibliche Arbeitnehmer bei ihren Kindern sein können, wenn die Kinder sie am meisten brauchen, zum Beispiel, wenn sie aus der Schule heimkommen oder wenn sie krank sind.» Es wurde außerdem empfohlen, mehr Teilzeitstellen einzurichten und diesen Stellen einen besseren Status zu verschaffen, so daß die Eltern, die mehr Zeit und Energie für ihre

Nancy Scanlan

Kinder haben wollen, nicht benachteiligt sind, weil sie schlechtere berufliche Möglichkeiten und kaum Aufstiegschancen haben.[16] (Hierbei fragt sich, weshalb immer wieder solche Kommissionen eingesetzt werden und dann so wenig Energie darauf verwendet wird, daß ihre Empfehlungen auch in die Tat umgesetzt werden.) In der BRD ist die Situation nicht sehr viel anders. Die Notwendigkeit von mehr Halbtagsstellen auch für Männer wird eingesehen, doch stehen deshalb nicht mehr Halbtagsstellen zur Verfügung als bisher. Dabei wäre das eine gesellschaftliche Veränderung, die nicht nur sehr wenig Kosten verursachen würde, sondern für viele Arbeitnehmer eine große Erleichterung bedeuten würde. Zahlreiche Untersuchungen über Halbtagsstellen in den verschiedensten Berufen haben ergeben, daß während der kürzeren Arbeitszeit im Vergleich zur Ganztagsbeschäftigung mehr geleistet wird und die Arbeitsergebnisse besser sind. Dafür spricht, daß Leute in einer kürzeren Arbeitszeit vergleichsweise mehr Energie in ihre Arbeit investieren und sich in dieser kürzeren Zeit besser auf ihre Arbeit konzentrieren können. Doch bei einer Halbtagsstelle sind die Aufstiegschancen häufig geringer. Besonders bei Frauen geht das außerdem mit einer Benachteiligung durch die Zuweisung

von monotonen Arbeiten einher. Flexible Arbeitszeiten bilden zwar immer noch die Ausnahme von der Regel, doch können in den Vereinigten Staaten immerhin schätzungsweise 300 000 Arbeitnehmer in etwa 1000 Firmen und Regierungsstellen in einem gewissen Rahmen über ihre Anfangs- und Arbeitsschlußzeiten selber entscheiden. Es wurden eine Produktionssteigerung, weniger Arbeitsausfall, weniger Verspätungen, kürzere Anlaufzeiten und eine bessere Arbeitsmoral hierbei verzeichnet.
Marian arbeitet in der Finanzabteilung einer großen Universität und kann sich dort inoffiziell ihre Arbeit selber einteilen. Dadurch kann sie öfter für ihre Kinder, die im Teenageralter sind, dasein, wenn sie sie brauchen:
«Ich kann eine Stunde vor oder nach offiziellem Arbeitsbeginn anfangen und ein oder zwei Stunden früher oder später aufhören. Ich kann eine längere Mittagspause machen oder sie ganz ausfallen lassen. Das ist sehr vorteilhaft. Als zum Beispiel mein Sohn morgens in der Früh Eislaufstunden hatte, konnte ich ihn hinbringen. Ich fing dann einfach eine Stunde später an, oder ich machte keine Mittagspause. Auf diese Möglichkeit möchte ich nicht verzichten. Mir ist schon ein paarmal angeboten worden, in eine andere Abteilung zu wechseln, wo ich mehr Gehalt bekäme, doch für eine berufstätige Mutter sind flexible Arbeitszeiten wichtiger als andere Vorteile.»
Gewisse Vorteile oder eine Gehaltserhöhung, vor diese Entscheidung sind berufstätige Mütter von jeher gestellt worden. Wir hoffen, daß sich die Arbeitszeitstruktur dahingehend verändert, daß alle Arbeitnehmer Anfang und Ende ihres Arbeitstages selber bestimmten können.

Verkürzte Arbeitszeiten
Ein Achtstundentag ist keineswegs etwas Unumstößliches. Für viele Eltern würden kürzere Arbeitszeiten eine große Entlastung bedeuten, denn sie wären nicht mehr gezwungen, Kinderversorgung und Berufstätigkeit gegeneinander abzuwägen, und könnten zum Beispiel schon mit der Arbeit fertig sein, wenn ihre Kinder von der Schule heimkommen, oder zumindest kurz darauf auch Arbeitsschluß haben. In Schweden wurde der Vorschlag in Erwägung gezogen, daß Eltern von kleinen Kindern nur sechs Stunden pro Tag arbeiten und der Verdienst für die übrigen beiden Stunden aus der Sozialversicherung abgedeckt würde. Interessanterweise wurde dieser Vorschlag jedoch am Ende abgelehnt, und zwar hauptsächlich aus dem Grund, weil die Gewerkschaften befürchteten, daß durch die Verabschiedung eines solchen Gesetzes die Perspektive eines Sechsstundentags für alle zunichte gemacht würde.[17] Angesichts der hohen Arbeitslosenzahlen wäre dies vielleicht eine Möglichkeit, die vorhandenen Arbeitsplätze unter einer größeren Zahl von Arbeitnehmern aufzuteilen.

Die tatsächlichen Bedürfnisse von Eltern und deren Berücksichtigung im öffentlichen Bewußtsein und der Arbeitswelt
Einige von uns können vielleicht an ihrem Arbeitsplatz erreichen, daß stärker auf ihre Bedürfnisse als Eltern eingegangen wird. Um jedoch auf breiter Basis Veränderungen zu bewirken, müssen wir bundesweit über geeignete Organisationen und Stellen aktiv werden. Was unternehmen die Gewerkschaften, damit die Arbeitswelt familienfreundlicher wird? In welchem Maße setzen sich Abgeordnete für diese Ziele ein? Eine weitere Möglichkeit, die in diesem Kapitel angesprochenen Veränderungen durchzusetzen, könnten Steuervorteile für die betreffenden Firmen oder andere gesetzgeberische Maßnahmen sein. Wir als Eltern müssen den Politikern klarmachen, was unsere Kriterien für eine Wirtschaftspolitik sind, die sich vorteilhaft auf unsere Familien, anstatt auf Konzerne und abstrakte finanzielle Interessen, auswirkt. Viele Maßnahmen, die damit begründet werden, daß durch sie Arbeitsplätze erhalten werden, dienen doch in erster Linie den Profitinteressen der jeweiligen Unternehmen.
In unserer Gesellschaft haben sich in den Moralvorstellungen und in den Formen des Zusammenlebens umwälzende Veränderungen abgespielt. Während Experten und Politiker händeringend den drohenden Untergang der Familie beklagen, entwickeln sich neue Lebensformen. Leute bilden Gemeinschaften, die ihren Bedürfnissen mehr entgegenkommen, und reagieren so auf die veränderte Situation in unserer Gesellschaft. Wir sind der Ansicht, daß die Entscheidung darüber, wie wir unsere Kinder aufwachsen lassen wollen, von der Gesellschaft respektiert und unterstützt werden sollte. Warum werden in unserem Staat die Ehe, die Kleinfamilie, die Anschaffung eines Eigenheimes unterstützt, andere gemeinschaftliche Lebensformen jedoch so behandelt, als hätten sie in unserer Gesellschaft keine Existenzberechtigung? Wir sprechen dieses Thema nicht nur aus einem idealistischen Glauben an die Entscheidungsfreiheit des einzelnen an, sondern denken dabei auch ganz pragmatisch. Wir können heute einfach noch nicht wissen, welche der gemeinschaftlichen Lebensformen sich in der Zukunft bewähren werden. Vielleicht kann die Freiheit bei der Wahl der eigenen Lebensform ebenso bereichernd für unsere Gesellschaft sein wie Religionsfreiheit oder das Nebeneinander verschiedener Kulturen in unserer Welt. Genügen die Horte und Kindergärten den Bedürfnissen von Eltern und Kindern?
Bisher ist es Psychologen und Soziologen in ihren Untersuchungen nicht gelungen, zu beweisen, daß Kinder generell besser zu Hause aufgehoben sind oder eine Betreuung in Gruppen ihnen mehr zugute kommt. Besonders Eltern, die ihre Kinder in Gruppen unterbringen, bevor sie drei Jahre alt sind, müssen sich mit herber Kritik auseinandersetzen und bekommen häufig ein schlechtes Gewissen, weil immer wieder Zweifel in ihnen aufkommen, ob das auch gut für ihr Kind ist, was sie da machen. Eine

Entscheidung hierüber muß sich nach dem jeweiligen Kind richten, eine große Rolle spielt dabei die Qualität der Betreuung, zum Beispiel die Größe einer Kindergruppe und die persönliche Zuwendung, die ein kleines Kind dort bekommen kann.
Die Bedingungen für das Großziehen von Kindern haben sich in den letzten Jahrzehnten grundlegend verändert. Früher arbeiteten häufig beide Eltern zu Hause, und die Verwandtschaft wohnte nahe beieinander, so daß immer mehrere Erwachsene daheim waren, die sich um die Kinder kümmern konnten.
Selbst Untersuchungen kommen zu dem Ergebnis, das jede Hausfrau-Mutter bestätigt, nämlich daß es keineswegs eine Ideallösung ist, wenn ein Elternteil daheim mit einem Kind oder auch mehreren isoliert ist, und zwar weder für den Erwachsenen noch für die Kinder. In einer Untersuchung, in der Beobachtungen über das Verhalten von Müttern und Kindern in sechs verschiedenen Kulturen miteinander verglichen werden, wird festgestellt, daß die Mütter in den Kulturen, wo sich die Gemeinschaft am allerwenigsten an der Kinderbetreuung beteiligte, am meisten zu Stimmungsschwankungen gegenüber ihren Kindern neigten und häufiger Groll ihnen gegenüber hegten, der mit dem Verhalten der Kinder unmittelbar gar nichts zu tun hatte.[18]
Alice, die ihr zweijähriges Kind bei einer Tagesmutter untergebracht hatte, war sehr dankbar für das Interesse und die Gedanken, die sich die Tagesmutter über ihr Kind machte.

«Es war fast so, als hätte Jerry zwei Familien und ich eine Mutter oder eine Schwester in meiner Nähe, die mir mitteilte, was ihr an Jerry auffiel. Als ich mir große Sorgen machte, weil ich meinte, daß Jerry ausgesprochen aggressiv sei, wies Margie mich darauf hin, daß viele Kinder sich in diesem Alter so verhalten. Ihre Ansichten und ihre Bereitschaft, mit uns zu reden, waren für uns als Jerrys Eltern ausgesprochen hilfreich.»

Kinder brauchen ihre Eltern nicht unbedingt 24 Stunden am Tag, was sie jedoch brauchen, ist tägliche ungeteilte Aufmerksamkeit von uns, wichtig für sie ist, daß wir uns ihnen jeden Tag längere Zeit ganz und gar widmen. Urie Bronfenbrenner vertritt folgende Ansicht:

«Meiner Meinung nach sieht die Idealsituation so aus: Für ein Kind ist es sehr schön, wenn es mit Leuten zusammen ist, die ganz vernarrt in es sind, und zwar täglich, eine gewisse Zeitlang. Davon bin ich überzeugt. Genauso wichtig ist es aber auch, daß es mit Leuten zusammen ist, die nicht so verrückt nach ihm sind. Es braucht mütterliche Zuwendung, väterliche Zuwendung, Gruppeninteraktionen und auch eine gewisse Distanz, die andere ihm gegenüber haben. Alles das sind wichtige Bedürfnisse. Leider werden sie in unserer Gesellschaft nicht alle ausreichend erfüllt. Oft kümmern wir uns so gut wie gar nicht um die Kinder.»[19]

Institutionalisierte Kinderbetreuung und elterlicher Einfluß
Selbst wenn wir einen Teil der Kinderbetreuung anderen überlassen, sind wir immer noch die primären Bezugspersonen und die wichtigsten Beschützer. Unsere Aufgabe als Eltern ist es, uns für die Art von Kinderbetreuung und -erziehung zu entscheiden, die wir für unsere Kinder für richtig halten, und unsere Familien vor «Dienstleistungen» zu bewahren, die wir gar nicht möchten. Wir wünschen uns, daß wir mehr Möglichkeiten vorfinden, um diese Verantwortung auch wahrnehmen zu können, so daß wir besser dazu in der Lage sind, unter den heute herrschenden Bedingungen für unsere Kinder zu sorgen und sie zu beschützen.
Eines sollte bei Kindergärten und ähnlichen Einrichtungen für Kleinkinder auf jeden Fall vermieden werden, eine Vorwegnahme
dessen, was die Kinder dann in der Schule erwartet... Kindergruppen, die selber organisiert werden oder auf eigene Initiative der Eltern hin entstanden sind und vielleicht auch von Eltern geleitet werden, bilden ein wichtiges Gegengewicht zu der Trennung zwischen Eltern und Kindern, die häufig Folge einer institutionalisierten Kinderbetreuung ist, und durch solche Gruppen kann auch die Abhängigkeit von Experten und Institutionen vermieden werden. Die meisten Baby- und Kindergruppen und gegenseitiges Babysitten funktionieren deshalb, weil die Eltern die Notwendigkeit solcher Möglichkeiten erkennen und sich zusammentun, um sie zu schaffen. Sie sollten dabei von der Gemeinde oder der Stadt unterstützt werden. Eine Gruppe von Müttern, die sich zusammengefunden hat, um gemeinsam eine größere Anzahl von Kindern zu betreuen, sollte auch die Mittel bekommen, die für die Kinder zur Verfügung ständen, wenn sie in einen städtischen Kindergarten oder eine Krippe gebracht würden. Diese Einrichtungen sind häufig hoffnungslos überfüllt, und unsere Kinder, gerade wenn sie noch klein sind, bekommen dort nicht die Zuwendung, die wir uns für sie wünschen.[20]

Kinderbetreuung am Arbeitsplatz
Eine Einrichtung zur Kinderbetreuung am Arbeitsplatz hat viele Vorteile: Für Eltern und Kinder ist es ein beruhigendes Gefühl, zu wissen, daß der andere ganz in der Nähe ist. Die Eltern können schnell mal hereinschauen und sehen, wie es den Kindern geht und was sie gerade machen. Im Notfall sind die Eltern sofort zu erreichen. Die zusätzliche Fahrzeit, um das Kind zum Kindergarten zu bringen, fällt weg. Ein weiterer Vorteil besteht darin, daß Mütter kleiner Babies ihre Säuglinge auch weiterhin ohne allzu große Hast stillen können, nachdem sie ihre Berufstätigkeit wieder aufgenommen haben, wenn sie das gerne möchten. Interessanterweise haben Untersuchungen gezeigt, daß auch die Unternehmer Vorteile von einer solchen Einrichtung haben. Es gibt nicht so viele Arbeitsaus-

fälle wegen Krankheit und Urlaub, und die Arbeitsmoral wird gehoben. Ein Bekleidungsfabrikant in Kalifornien hat in seinem Betrieb einen Kindergarten eingerichtet, weil es sehr teuer war, immer wieder neue Leute einzuarbeiten. Er stellte fest, daß gute Kindergärten für viele der in seinem Betrieb Beschäftigten ein *Grundbedürfnis* darstellte und daß der Mangel an guten Kindergärten der am häufigsten geäußerte Grund war, weshalb Eltern der Arbeit fernblieben oder ihre Stelle ganz aufgaben.[21]

Eltern und die Schule

Eltern möchten das Gefühl haben, daß ihre Kinder in der Schule, zu der sie sie schicken, gut aufgehoben sind. Wir möchten, daß unsere Kinder beim Lernen gute Erfahrungen machen, und wir möchten unserer eigenen Tätigkeit in dem Bewußtsein nachgehen, daß unsere Kinder sich an einem Ort befinden, wo sie qualifiziert unterrichtet und respektvoll und fürsorglich behandelt werden.
Jedoch haben wir weniger Einfluß auf die Schulsituation unserer Kinder, als uns das lieb wäre. Der Schulbesuch ist Pflicht, und deshalb haben Eltern nur einen begrenzten Entscheidungsfreiraum hinsichtlich des Zeitpunkts des Schulanfangs und der Schule, wo sie ihre Kinder anmelden. Nur wenige Eltern möchten ihre Kinder in Privatschulen schicken, nur ein geringer Teil kann sich das leisten. Waldorf-Schulen oder ähnliche Einrichtungen sind dünn gesät, die Anmeldungsfristen lang. Die meisten von uns sind also auf öffentliche Schulen angewiesen, doch häufig machen wir schlechte Erfahrungen, wenn wir uns für die Belange unserer Kinder zu engagieren versuchen oder Veränderungen herbeiführen möchten.
Schulen können besonders in größeren Städten zu riesigen, bürokratisch verwalteten Institutionen werden, und es kann schwierig sein, herauszufinden, wer zuständig ist, wenn wir ein bestimmtes Anliegen haben. Unter Umständen kann sich so etwas zu einem Kampf mit dem Kultusministerium auswachsen. Elternbeiräte werden an der Entscheidung über Sachfragen beteiligt, auf die Form des Unterrichts oder den Inhalt des Lehrplans können sie schwerlich Einfluß ausüben.
Auch wenn die Schulen unserer Kinder gut ausgestattet sind, haben wir Eltern vielleicht kein gutes Gefühl, was den Unterricht anbelangt, den unsere Kinder erhalten. Vielleicht stellt sich heraus, daß die Wertvorstellungen, die in der Schule vermittelt werden, unseren persönlichen Wertvorstellungen und denen unserer Familie widersprechen. Zwar ist uns klar, daß die in unserer Gesellschaft vorherrschenden Wertvorstellungen vielschichtig sind, doch im großen und ganzen hält unser Schulsystem überkommene Werte hoch. Eltern geraten über unterschiedliche Angelegenheiten mit den Schulen in Konflikt, sei es die Unterrichtsform (Grup-

Peggy Rothschild

penarbeit oder ausschließlich Frontalunterricht), Lehrinhalte, Autoritätsverhalten innerhalb und außerhalb der Schule, das Ausdrücken oder Zurückhalten von Gefühlen, Ansichten, die von Lehrern oder Schulbüchern über Minderheiten, bestimmte Lebensformen, geschlechtsspezifisches Rollenverhalten, politische Einstellungen oder schichtenspezifische Unterschiede vertreten werden, diese Aufzählung ließe sich endlos fortsetzen. Je größer das Spektrum der in unserer Gesellschaft anerkannten Wertvorstellungen und Lebensweisen wird, um so mehr Eltern fühlen sich dazu berechtigt, eine Anerkennung ihrer Wertmaßstäbe auch in der Schule zu fordern. Wie läßt sich das durchführen? Einige Eltern, die wir kennen, haben die Lehrer ihrer Kinder auf Bücher über Familien mit nur einem Elternteil oder Familien in Wohngemeinschaften aufmerksam gemacht, denn in den Schulbüchern werden nur Kleinfamilien dargestellt. Eine Mutter hat eine Collage über Frauen und Berufstätigkeit für die Klasse ihres jüngsten Kindes angefertigt und in der Klasse ihres ältesten Kindes eine Diskussion über Frauengeschichten angeregt.
Manchmal bietet sich uns die Gelegenheit, Anteil am Unterricht unserer Kinder zu nehmen, weil die Lehrer unsere Mitarbeit begrüßen. Eltern können eine Menge über das Leben ihrer Kinder in der Schule erfahren, wenn sie ab und zu dort auftauchen oder zum Beispiel bei Ausflügen anbieten, bei der Beaufsichtigung der Kinder mitzuhelfen. Doch viele von

uns möchten darüber hinaus mehr Einfluß haben. Wenn wir uns an Entscheidungen über das Unterrichtsmaterial für unsere Kinder beteiligen wollen, befürchten manche Lehrer, daß wir ihnen dreinreden wollen, und sehen sich in ihrer schulischen Erziehungsgewalt und als Experten in Frage gestellt. Wenn wir auf dieser Ebene etwas erreichen wollen, so bedeutet das im allgemeinen, daß wir uns mit anderen Eltern in einer Gruppe darüber verständigen müssen, um unsere Wünsche gemeinsam vorzubringen und wirkungsvoll auf das Erziehungssystem einwirken zu können.

Ein Hindernis, uns für die Belange unserer Kinder an der Schule zu engagieren, kann in unserem eigenen Unbehagen bestehen, das wir empfinden, wenn wir die Schule betreten. Die Ohnmacht, die wir selber als Kinder der Schule gegenüber empfunden haben, kann wieder zum Vorschein kommen, und wenn dazu noch das Gefühl kommt, daß wir keinen Einfluß ausüben können, kommen wir uns vielleicht völlig machtlos gegenüber der Schule vor. Vielleicht fühlen wir uns plötzlich nicht mehr so erwachsen wie in einer anderen Umgebung. Robbie, die an der Schule ihres Sohnes eine Elterngruppe ins Leben gerufen hat, berichtet über solche Empfindungen:

«Wir mußten uns gegenseitig den Rücken stärken, um die Verhaltensweisen zu überwinden, die die Schule in uns auslöste. Wenn du eine Schule betrittst, schlägt die Art, wie du als Kind zu einem bestimmten Benehmen angehalten worden bist, voll wieder durch. Du fragst dich: Darf ich hier überhaupt langgehen? Darf ich hier laut reden? Kann ich aufstehen und mich woanders hinsetzen? Und einige Lehrer und Direktoren haben ein untrügliches Gefühl dafür, wenn Eltern so empfinden, und verstärken das noch. Als wir begannen, in unserer Gruppe darüber zu reden, und lachen mußten, half uns das beim nächstenmal in einer ähnlichen Situation sehr, uns bewußt zu machen, daß wir erwachsen waren und uns nicht so hilflos zu fühlen brauchten.»

Dabei sollten wir jedoch nicht übersehen, daß ein Teil unserer Machtlosigkeit auf die sehr reale Macht zurückzuführen ist, die die Schulen über das Leben unserer Kinder und ihre Zukunft ausüben. Mary Howell beschreibt die Grundlagen dieser Macht und ihre eigene Reaktion als Mutter darauf:

«Viele Eltern (mich nicht ausgenommen) sind bestürzt über ein Zeugnis oder einen Brief der Schule, in denen auf die Unzulänglichkeiten und die schlechten Leistungen unserer Kinder hingewiesen wird. Uns wird klar, daß durch solche Beurteilungen für unsere Kinder eine Richtung bestimmt wird, die vielleicht nicht mehr zu ändern ist. Ich kenne nur wenige Situationen, in denen ich mir einem anderen Menschen gegenüber so ausgeliefert vorkomme wie bei einem Elternsprechtag, wenn der Lehrer meine eigenen Kinder beurteilt.»[22]

Trotz der vielen Hindernisse ist es hartnäckigen Eltern, die sich zusammengetan haben, gelungen, in der Schule Veränderungen herbeizuführen. Robbie beschreibt ihre Erfahrungen in einer Elterninitiative:
«Ich fing an, mich mit Schulproblemen auseinanderzusetzen, als mein Sohn sich in der Schule immer wieder erbrechen mußte. Das ist etwas, das niemand gern an die große Glocke hängt, denn das bedeutet, daß dein Kind neurotisch ist und daß seine Eltern versagt haben. Doch ich fand heraus, daß auch andere Kinder sich nach der Pause erbrechen mußten. Ich kam dahinter, daß sie nur zehn Minuten Pause hatten und daß sie erst dann mit Essen anfangen durften, wenn niemand mehr redete. Und dann mußten sie halt alles ganz schnell hinunterschlingen. Wegen dieses Pausenproblems entstand also unsere Elterngruppe. Es ist wichtig, mit einer solchen Sache anzufangen, denn dafür können sich alle Eltern einsetzen. Wenn du die Aufmerksamkeit aller Eltern auf irgendwelche Erziehungstheorien lenken willst, dann ist das nicht für alle gleichermaßen wichtig, und vielen Eltern fehlt auch das Verständnis dafür.

Das Wichtigste, was ich dabei gelernt habe, ist, daß du dich nicht einfach hinstellen kannst und sagen kannst: ‹An dieser Schule herrschen katastrophale Zustände›, denn es besteht ja keine andere Wahl, und dann kommen sich die meisten so vor, als wären sie schlechte Eltern.»

Eine andere Mutter hat uns berichtet, daß sich Eltern und Lehrer für einen offensichtlichen Mißstand erst dann interessierten, als ihr Leserbrief in einer großen überregionalen Wochenzeitung erschienen war:

«An die Redaktion der Zeit
Abt. Leserbriefe
Zeitlupe 20, Brennpunkt Schule
‹Vor drei Jahren ging unser jetzt zehnjähriger Sohn täglich singend und pfeifend in die Schule. Jetzt ist ihm das Singen vergangen: der äußerst lebhafte, wissensdurstige und intelligente Junge (ein Test ergab hohe kreative und abstrakt-logische Begabung, IQ 130) ist zum Schulversager geworden. Vermutliche Ursachen sind m. E. die hohen Klassenfrequenzen (etwa 35), damit verbunden die Disziplin, durch die jede Lebensäußerung erstickt und das Denunziantentum unter den Schülern (vom Lehrer verordnet!) gefördert wird, Strafen (20 x ich darf nicht ...), weiterhin das Notensystem statt Faszination als Lernantrieb, Stofffülle und Zeitdruck (Stoppuhr beim Rechnen in der Grundschule) – als ob wir nicht das ganze Leben lang Zeit hätten zum Lernen! Ferner von Bedeutung ist die Rationalisierung des Schulbetriebs durch Maschinen (Diktate durch Lautsprecher!), die Vernachlässigung der musischen Fächer, Betonung des Wissens an Stelle des Könnens und last not least unser Erziehungsstil: statt die schöpferischen Kräfte und die Intelli-

genz der Kinder zu entfalten, werden sie den Erfordernissen der Leistungsgesellschaft angepaßt, zurechtgestutzt und verstümmelt. Daß es auch anders geht, zeigte uns ein halbes Jahr Schule in Kanada: da sang unser Junge auf dem Weg zur Schule wieder.›

Dieser Leserbrief hat in unserer Kleinstadt einen ziemlichen Wirbel entfacht. Manche Leute kauften sich die Zeit extra wegen des Briefes, wurde mir berichtet. Der Direktor der Schule, in die mein Sohn damals ging, war empört, denn er fühlte sich selbst und die Schule, mit der er verwachsen war, stark angegriffen. Ziemlich wütend warf er mir einmal an den Kopf, daß mein Sohn Johannes auch in seinen Unterrichtsstunden finster dabeisäße, wenn andere lachten. Das müsse also am Kind liegen.

Dennoch änderte sich schlagartig einiges an der Schule: die Diktate durch den Lautsprecher wurden eingestellt. Nach dem vierten Schuljahr kam mein Sohn dann in die Hauptschule, glücklicherweise zu einem guten, jungen Lehrer in eine kleine Klasse mit 25! Kindern. Langsam entwickelte er wieder ein Verhältnis zur Schule und zum Lernen, er bekam wieder Lust dazu und geht jetzt auf die Realschule. Der musisch begabte Junge hat allerdings keinen Zeichen- und Musikunterricht: ab der 7. Klasse fällt das Zeichnen ganz weg, ein Musiklehrer konnte nicht gefunden werden. Das Erziehungsziel scheint mir noch ganz das gleiche zu sein, wie es von mir in dem Leserbrief formuliert worden war.»

In jedem Jahr nehmen sich bei uns 1500 junge Menschen das Leben. 10 000 bis 18 000 versuchen, Selbstmord zu begehen, unter ihnen immer mehr Zwölf- bis Vierzehnjährige. Die Schule ist an vielen dieser Verzweiflungstaten zwar nicht ursächlich schuld, gilt aber als Auslöser. Dies sollte für die Schulen ein Anlaß sein, über die Gründe nachzudenken. An unseren Schulen herrscht eine ständige Überforderung, sie führt zum Nicht-versetzt-Werden und zu dauernden Mißerfolgen. Sinnlose Lerninhalte lassen den Schülern das Lernen sinnlos erscheinen. Der Schritt vom sinnlosen Lernen zum sinnlosen Leben ist nicht weit. Weshalb nimmt die Schule die Infinitesimalrechnung wichtiger als die Lebensprobleme ihrer Schüler? Die Schule hat sich durch das für Kinder zerstörerische Leistungsprinzip ihre humane Aufgabe, eine Hilfe für das jetzige und künftige Leben zu sein, nehmen lassen. Der Leistungsehrgeiz vieler Eltern tut sein übriges.[23]

Vielleicht wäre die Angst der Kinder nicht so groß, wenn die Eltern Kontakt zu den Lehrern aufnähmen. Zu Beginn des Schuljahres werden von der Elternversammlung die Elternvertreter gewählt. Setzt euch mit ihnen in Verbindung. Regt an, daß eine Anschriften- und Telefonliste aller Eltern und Schüler einer Klasse angelegt werden. Auf diese Weise lassen sich schnell Kontakte herstellen, wichtige Vorgänge an der Schule können direkt weitergegeben und besprochen werden.

Eltern haben die Möglichkeit, nach Rücksprache mit dem Lehrer, am Unterricht teilzunehmen.[24] Vielleicht erfahrt ihr so auch mehr über die Veränderungen, die sich seit der Zeit, als ihr noch zur Schule gegangen seid, ergeben haben.

Auch die Schüler haben Mitwirkungsrechte. In vielen Schulen können die Schülervertreter an Fach- und Zeugniskonferenzen teilnehmen, so steht es jedenfalls in der Broschüre «Frauen», die vom Presse- und Informationsamt der Bundesregierung herausgegeben wird.

Wenn eine Lehrkraft, die neue Wege geht oder den Druck von oben nicht nach unten weitergibt, unseren Kindern oder uns selbst positiv auffällt, so sollten wir ihr das auch mitteilen und sie nötigenfalls unterstützen, denn nicht selten sind solche Lehrkräfte der Kritik der Schulleitung oder anderer Kollegen ausgesetzt. Der Rückhalt durch die Eltern der betroffenen Kinder kann ihnen in einer solchen Situation Auftrieb geben.

Das Fernsehen

Das Fernsehen ist zu einem wichtigen Bestandteil im Leben vieler Eltern und Kinder geworden, es dient der Entspannung, kann lehrreich sein, als Beschäftigung für die Kinder dienen, so daß die Eltern einmal Ruhe vor ihnen haben,[25] oder häufig auch nur eine Ablenkung sein. Viele Eltern machen sich Gedanken über die Qualität der Sendungen, die ihren Kindern da angeboten werden. In den USA, wo es private Fernsehsender mit sehr viel Werbung gibt, hat sich eine Aktionsgruppe gebildet, die versucht, Einfluß auf die einzelnen Sender auszuüben, damit mehr kindergerechte Programme gesendet werden und die Werbung in den Kindersendungen wegfällt.[26] Diese Gruppe existiert seit 1968. Peggy Charren, die die Gruppe ins Leben gerufen hat, meint, daß es sehr wichtig ist, die Eltern besser aufzuklären:

«Unserer Meinung nach ist es unrealistisch und nicht sehr hilfreich, wenn Eltern zum Beispiel in Zeitungsartikeln oder Büchern geraten wird: ‹Schaffen Sie Ihr Fernsehgerät ab, denn Fernsehen schadet und wirkt sich negativ auf das Familienleben aus.› Statt dessen möchten wir den Eltern Vorschläge machen, was sie mit ihren Kindern gemeinsam machen können, um Einfluß auf die Erfahrungen zu nehmen, die Kinder beim Fernsehen machen: Zum Beispiel raten wir, die Fernsehzeit zu begrenzen, Sendungen schon im voraus auszuwählen, Kinder im Schulalter dabei zu unterstützen, sich ihr eigenes Programm im Rahmen dieser zeitlichen Begrenzung auszusuchen, einige der Sendungen gemeinsam mit dem Kind anzuschauen, *besonders die, gegen die sie Einwände haben*, also zum Beispiel Filme mit brutalen Szenen oder voller Klischees. Die Eltern sollten mit ihren Kindern nachher über die

Zusammenhänge und Wertvorstellungen reden, die in der Sendung vermittelt worden sind, was für Gefühle das in ihnen ausgelöst hat und was für eine Meinung sie darüber vertreten.
Wir sind davon überzeugt, daß das Einschreiten der Eltern und ihre Kommentare einen großen Einfluß haben. Untersuchungen haben gezeigt, daß das Kind ganz andere Sachen aufnimmt und verinnerlicht, wenn Eltern Anteil nehmen und mit den Kindern über die Sendungen sprechen. Wenn die Eltern zum Beispiel bei Filmen, in denen sehr viele Gewalttätigkeiten vorkommen, Bemerkungen machen, wie zum Beispiel: ‹Der benimmt sich aber merkwürdig!› oder ‹Warum zieht der eigentlich gleich die Pistole, warum versuchen sie nicht, miteinander zu reden?› entstehen beim Kind völlig andere Eindrücke, selbst wenn es sich durch die Bemerkungen gestört fühlt. Nicht jedesmal, wenn das Kind vor dem Fernseher sitzt, ist so etwas notwendig. Doch wenn es sich so ergibt, hat das günstige Auswirkungen.»
Wenn wir Kritik am Kinderprogramm oder überhaupt am Fernsehprogramm üben möchten, warum schreiben wir nicht direkt an den Sender? Einen Durchschlag dieses Briefes könnten wir gleich noch an eine überregionale Zeitung, die das Fernsehprogramm abdruckt, senden, einen weiteren ans Familienministerium. Wenn wir unserem Unmut keinen Ausdruck verleihen, wie soll sich dann etwas ändern? Wenn zum Beispiel bei Rundfunksendungen ein Hörerbrief eingeht, wird davon ausgegangen, daß 1000 weitere Hörer eine ähnliche Meinung verteten. Es hat also einen Effekt, wenn wir uns dort Gehör verschaffen, wo die Ursachen für unseren Ärger liegen.

Der Einfluß der Gesellschaft auf den Gesundheitszustand in Familien

Selbstverständlich wollen wir alle unseren eigenen Gesundheitszustand und den unserer Kinder erhalten und verbessern. Unsere Gesundheit wird jedoch durch die gesellschaftlichen Bedingungen und Umwelteinflüsse beeinträchtigt, die sich unserer Kontrolle entziehen. Wir leben in einer Gesellschaft, die es versäumt hat, die Verantwortung für ihre Mitglieder oder ihre Umwelt zu übernehmen. Wenn wir die Gesundheit unserer Kinder und unsere eigene Gesundheit schützen wollen, müssen wir uns gegenüber Einflüssen aus der Gesellschaft und unserer Umwelt schützen, die gegen uns gerichtet zu sein scheinen. Was für eine Bedeutung kommt der Gesundheit in einer Gesellschaft zu, die nichts dagegen unternommen hat, daß unsere Flüsse, Seen und Meere und sogar die Luft, die wir atmen, verschmutzt sind und unsere Nahrung Gifte und an-

Betsy Cole

dere schädliche Stoffe enthält? Nach Schätzungen der Weltgesundheitsorganisation sind 85 bis 95 Prozent aller Krebserkrankungen auf Umweltschädigungen zurückzuführen, um nur ein Beispiel für den Zusammenhang zwischen Umweltverschmutzung und der Gesundheit einzelner zu nennen.

Gesetzliche Bestimmungen zum Schutz der Gesundheit

Viele sind der Ansicht, daß es Eltern heute leichter haben, weil es so viele technische Hilfen und Annehmlichkeiten gibt. Doch die vielen Gefahren, die die Urbanisierung und Technisierung mit sich gebracht haben, wiegen deren Vorteile wahrscheinlich wieder auf. Ein amerikanischer Regierungsausschuß hat festgestellt, daß die Verhinderung von Unfällen, die die Haupttodesursache bei Kindern über ein Jahr sind, eher durch eine entsprechende Planung und Einrichtungen in den Städten als durch biochemische Untersuchungen bewirkt werden kann. Ein Zeichen dafür, wie sehr die Bedürfnisse von Kindern und Familien in unserer Gesellschaft vernachlässigt werden, ist unsere Verkehrsplanung. Die Ampelphasen für Fußgänger sind zu kurz, es gibt zuwenig Radwege, Geschwindigkeitsbegrenzungen werden nicht eingehalten, Radfahrer werden als Behinderung im Straßenverkehr angesehen.

Doch gesetzliche Regelungen, die ohne Beteiligung der Betroffenen beschlossen werden, haben wenig Sinn. Obwohl es entsprechende Behörden gibt, hören wir täglich neue Berichte über gefährliche oder schädliche Stoffe in unseren Nahrungsmitteln oder im Trinkwasser. In den USA dürfen die Pharmahersteller 100 Prozent mehr Barbiturate und Amphetamine herstellen, als jährlich verschrieben werden, auch wenn bekannt ist, daß der Restbestand seinen Weg auf die Straße findet und dort als Suchtmittel verkauft oder in Ländern der Dritten Welt abgesetzt wird.[27]

Wir können davon ausgehen, daß die Industrielobby mehr Einfluß auf gesetzgeberische Maßnahmen hat, die den Freiraum der betreffenden Hersteller einschränken würden, als die Verbraucher, zu deren Schutz gesetzgeberische Maßnahmen getroffen werden sollen.

Das Problem ist, daß Entscheidungen über Sicherheitsbestimmungen und Maßnahmen zum Schutz der Gesundheit unserer Kinder von Leuten getroffen werden, die nicht direkt mit Kindern zu tun haben. Wenn auf allen Entscheidungsebenen mehr Eltern beteiligt wären und wenn die Leute, die die Entscheidungen treffen, mehr Zeit mit Kindern verbringen würden, würden die gesetzlichen Bestimmungen den Bedürfnissen von Familien mehr entsprechen, und die Behörden wären eher bereit, auf diese Bedürfnisse einzugehen.

Familienzentrierte Gesundheitsfürsorge

Vorbeugung ist am wichtigsten, um uns und unsere Familie gesund zu erhalten. Im Vordergrund stehen hierbei unsere Lebens- und Eßgewohnheiten sowie vorbeugende Maßnahmen, die wir selber treffen können, ohne uns deswegen mit Experten oder bestimmten Einrichtungen in Verbindung setzen zu müssen. Zwar haben wir zweifellos mehr Einfluß auf unser eigenes Gesundheitsverhalten, unsere Ernährung, darauf, ob wir uns viel bewegen und wieviel Schlaf wir uns gönnen, als über die Maßnahmen im Rahmen unseres Gesundheitswesens, aber auch hier sind uns Grenzen durch Umwelteinflüsse und die uns zur Verfügung stehenden Möglichkeiten gesetzt. Neben der Wichtigkeit, die die Nahrung als Lebensspender und zur Gesunderhaltung hat, kommen ihr zahlreiche symbolische Bedeutungen zu. Unsere ersten Erinnerungen daran, wie wir versorgt worden sind, haben mit Nahrungsaufnahme zu tun, und in vielen von uns können bestimmte Gerichte Gefühle des Geborgenseins hervorrufen. Deshalb ist es wirklich nicht in Ordnung, daß es erlaubt ist und sogar unterstützt wird, Kindern, die noch zu klein sind, um selber beurteilen zu können, welche Nahrung sie in ihrem Körper aufnehmen wollen und welche nicht, Appetit auf fragwürdige Leckereien zu machen. Nahrungsmittel, besonders Gebäck und Süßigkeiten, die speziell für Kinder

hergestellt werden, sollten auf Reinheit, ihren Nährwert, Verträglichkeit, ihren Geschmack und ihre Aufmachung hin überprüft werden. Kinder haben zuwenig Erfahrung und Wissen, um verführerischer Werbung und dem Drängen anderer zu widerstehen. Es ist natürlich, daß wir Eltern sie vor gesundheitsschädlichen Nahrungsmitteln schützen möchten. Wir möchten es ihnen ersparen, daß sie zu dick werden, chemische Zusätze zu sich nehmen, Akne oder schlechte Zähne bekommen, doch wir werden dabei durch eine Gesellschaft behindert, in der sich unwahre oder irreführende Werbung sogar direkt an Kinder richten darf, in der ungesunde Nahrung gegenüber wertvoller Nahrung viel mehr gepriesen wird. Oft werden sogar in Schulen oder anderen öffentlichen Einrichtungen nur Erfrischungsgetränke und Süßigkeiten in Automaten angeboten! Wenn wir preiswert essen gehen wollen, müssen wir uns meist mit fettigen Speisen wie Würstchen, Pommes frites oder Hamburgern zufriedengeben – frisches Gemüse und Vollkornprodukte sind in Gaststätten oder Selbstbedienungsrestaurants etwas ebenso Besonderes wie Kaviar und Trüffel.
Wenn wir unsere eigene Ernährungsweise und die unserer Kinder verändern wollen, haben wir mit einer Menge von Schwierigkeiten zu kämpfen. In welchem Maße möchten wir zum Beispiel riskieren, daß unsere Kinder als ‹anders› abgestempelt werden? Die meisten von uns mußten für sich selber einen Kompromiß hinsichtlich ihrer Ernährung finden, deshalb wäre es unrealistisch, zu meinen, daß es uns mit unseren Kindern da sehr viel besser geht. Sind wir selber dazu bereit, auf Süßspeisen zu verzichten, das Rauchen aufzugeben oder auf Festen Saft zu trinken? Für unsere Kinder mag ein ähnlicher «Zwang» bestehen, nicht aus dem Rahmen zu fallen, und sie möchten deshalb wie die anderen Kinder Kekse und Bonbons mit in die Schule nehmen. Sogar wenn Eltern in vielen Dingen ähnlich eingestellt sind, gibt es häufig große Meinungsverschiedenheiten darüber, welche Ernährung für die Kinder gut ist. Melissa berichtet uns über die Auseinandersetzungen, die es darüber in ihrer Kindergruppe gab:

«Eine Mutter hatte den Kindern zum Essen Kekse gegeben. Bei uns gibt es Keksmütter, Puddingmütter und Müslimütter. Eine der Müslimütter war entsetzt darüber, daß die Kinder mit Keksen ernährt werden sollten. Es ist kaum zu glauben, wie emotional wir alle auf diese Frage reagierten. Es entbrannte ein Riesenstreit darüber, was die Kinder zu essen bekommen sollten, und wir mußten uns eine Regelung ausdenken, mit der sich alle einverstanden erklären konnten.»

Wir machen uns nicht nur darüber Gedanken, daß unsere Kinder gehaltvolle Nahrung zu sich nehmen, die ausgewogen ist, viele von uns sind auch über gesundheitsschädliche chemische Stoffe und Zusätze in unseren Nahrungsmitteln besorgt. Wir sind beunruhigt über Berichte von krebserregenden Stoffen in unserer täglichen Nahrung, doch andererseits wollen wir unseren Kindern keine Angst damit machen, weil wir nichts

Genaues darüber wissen. Wir möchten uns nicht bei jedem Bissen überlegen müssen, wieviel chemische Zusätze oder Kalorien darin enthalten sind. Wir geben hier ein Gespräch von zwei Müttern wieder, die berichten, wie es ihnen ergangen ist, als sie versuchten, ihre Kinder über Zusätze in Nahrungsmittel aufzuklären:

«Meine Tochter mußte für die Schule einen Bericht über Nahrungsmittelzusätze zusammenstellen. Sie lehnt es zum Beispiel ab, Würstchen oder Götterspeise zu essen. Eines Tages meinte sie nachdenklich: ‹Was können wir eigentlich überhaupt essen? In fast allen Sachen ist irgend etwas Schädliches drin.›

Ich habe darauf geachtet, keine Lebensmittel mit künstlichem Farbstoff zu kaufen, und meinen Kindern auch gesagt, warum. Eines Tages waren wir eingeladen, und es gab knallbunten Wackelpudding. Die Kinder fragten mich, ob sie das essen können, und ich versicherte ihnen: ‹Ab und zu mal macht es nichts aus.› Später jedoch klagte die Jüngste über Bauchschmerzen, und ich wußte, daß sie einfach beunruhigt war, weil sie die Speise mit dem Farbstoff darin gegessen hatte. Ich fühlte mich sehr unwohl bei der ganzen Sache. Wie kann ich meine Kinder davon abhalten, solche Sachen zu wollen, ohne ihnen unnötig Angst einzujagen?»

Wenn wir nicht möchten, daß unsere Kinder bestimmte Sachen essen, müssen wir etwas Vergleichbares zur Hand haben, was wir ihnen statt dessen anbieten können, zum Beispiel Rosinen, Trockenobst oder frisches Obst statt Bonbons und Zuckerzeug. Und schließlich müssen wir dafür sorgen, daß unsere Kinder auch wissen, warum wir bestimmte Nahrungsmittel ablehnen und warum wir gegen bestimmte Werbesendungen sind, während wir ihnen gleichzeitig Gelegenheit geben müssen, selber zu entscheiden, was sie essen wollen.

Die Ernährung kann wirklich zu einem emotionsgeladenen Problem werden, besonders, wenn ein Elternteil die Hauptverantwortung dafür trägt. Die Kinder möchten natürlich selber bestimmen, was sie essen. Wenn wir jedoch viel Zeit darauf verwendet haben, ein bestimmtes Gericht zuzubereiten, dann kann uns das wie eine persönliche Zurückweisung vorkommen, wenn sie sich weigern, es zu essen. In Familien, wo alle einmal das Essen zubereiten, kann diese emotionale Belastung verteilt werden, besonders, wenn die Kinder an der Entscheidung über den Küchenzettel beteiligt sind, beim Kochen helfen oder auch selber das Essen zusammenstellen und kochen.

Wie wir uns ernähren, ist auch eine Geldfrage und eine Zeitfrage. Lila, die sich und ihre zwei Kinder mit Sozialhilfe durchbringen muß, hat folgende Möglichkeiten:

«Am Tag, wo ich das Geld bekomme, gibt es zum Frühstück Eier. Am nächsten Tag Roggentoast. Danach gibt es Marmeladenbrot oder Haferflocken, bis ich das nächste Mal Geld kriege. Ich versuche, täglich frisches Obst im Haus zu haben, und kaufe zu jeder Jahreszeit jeweils die Sorte, die am billigsten angeboten wird.»

In anderen Familien, wo genügend Geld da ist, reicht die Zeit nicht. Heutzutage, wo sehr viele Frauen berufstätig sind, sind die traditionellen Frauenzeitschriften dazu übergegangen, Rezepte vorzuschlagen, die schnell gehen oder die für ein ganzes Wochenende reichen, es gibt zum Beispiel Hinweise, wie die Frauen vorkochen können, doch ist es so, daß einfach wenig Zeit zum Kochen bleibt. Wenn der Vater und die anderen Familienmitglieder sich daran beteiligen, dann addierten sich die Phantasie der einzelnen Köche und die Anzahl der Standardgerichte.

Viel körperliche Bewegung ist eine weitere Möglichkeit für Eltern, gemeinsam mit ihren Kindern etwas zu unternehmen, und außerdem bringt sie auch gesundheitlichen Nutzen.

Eltern von Säuglingen und Kleinkindern fehlt jedoch häufig die Gelegenheit, Sport zu treiben, weil in den Turnhallen oder Schwimmbädern eine Beaufsichtigung der Kinder nicht vorgesehen ist. Eltern haben zwar viel Bewegung, wenn sie Babies versorgen oder hinter Kleinkindern herrennen, doch ist diese Betätigung meistens nicht so erfrischend oder regenerierend wie Tennis oder Schwimmen.

Berufstätige Eltern sind natürlich zeitlich sehr eingeschränkt. Wenn unsere Kinder größer werden, dann kommen wir wieder öfter dazu, Sport zu treiben, wenn wir sie in unsere Aktivitäten mit einbeziehen, wenn sie es dann aber vorziehen, mit Gleichaltrigen zusammenzusein, fehlt dieser Anreiz, und dann ist es wichtig, daß wir uns für uns selbst Zeit dafür nehmen, um uns allein oder zusammen mit anderen Erwachsenen Bewegung zu verschaffen. Es tut Familien sehr gut, wenn Eltern und Kinder gemeinsam etwas Erholsames, Spielerisches unternehmen. Veranstaltungen, Spiele und Wettbewerbe sind häufig entweder nur für Erwachsene oder nur für Kinder bestimmt. Für Eltern und Kinder bedeutet es jedoch sehr viel Spaß, wenn sie sich zusammen an sportlichen Veranstaltungen beteiligen, bei denen es nicht um Leistung geht. Für Eltern, die den ganzen Tag konzentriert gearbeitet haben, und für Kinder, die den ganzen Tag still sitzen mußten, kann das eine gute Gelegenheit sein, Dampf abzulassen und Zeit miteinander zu verbringen.

Es gibt eine Menge Möglichkeiten, sich zu bewegen, auch ohne teure Ausrüstungen oder Geräte. Viele Eltern haben sich selber etwas einfallen lassen:

«Wir sind drei bis vier Familien und machen alle zwei Wochen oder so zusammen ein Picknick. Danach spielen wir Fußball oder Handball. Es spielen alle mit, auch die ganz Kleinen – keiner entwickelt bei diesen Spielen allzu großen Ehrgeiz, der andere entmutigt.

Zusammen mit Freundinnen haben wir ein Korbballteam aufgestellt, und einmal in der Woche spielen wir in der Turnhalle einer Schule. Die Frauen, die kleine Kinder haben, nehmen sie mit, und sie spielen dann so lange an der Kletterwand.»

Abschließend finden wir es ganz wichtig, in diesem Zusammenhang zu erwähnen, daß sich das Fernsehen in vielerlei Hinsicht schädlich auf die Lebensgewohnheiten auswirkt. Das Fernsehen zieht viele Kinder und Erwachsene so sehr in seinen Bann, daß sie passiv vor dem Apparat hocken und sich nicht mehr genug Zeit für Bewegung und zum Schlafen nehmen. Viele verbringen ihre Wochenenden damit, sich die Sportsendungen anzuschauen, anstatt selber Sport zu treiben. Im Werbefernsehen wird sehr viel mehr Reklame für süße Sachen, Weißmehl- und Stärkeprodukte als für nahrhafte Lebensmittel gemacht. Viele von uns stopfen beim Fernsehen obendrein noch süße Sachen oder Gebäck in sich hinein.

Eltern und Gesundheitswesen

Häufig wenden wir uns an Ärzte oder medizinische Einrichtungen, wenn wir eigentlich Informationen oder Unterstützung brauchen. Ärzte sind heutzutage so zahlreich wie noch nie und genießen besonders viel Ansehen, weil ihre Äußerungen, ob sie nun auf Tatsachen oder ihrer eigenen Meinung beruhen, mit der Aura des Wissenschaftlichen umgeben sind. Außerdem leben heutzutage viele Eltern mit ihren Kindern in Kleinfamilien und sind isoliert von den Erfahrungen, die andere Eltern oder die Generationen vor ihnen gesammelt haben. Auch dadurch wird unsere Abhängigkeit von Experten verstärkt. Ein Kritiker unseres Gesundheitswesens hat das auf den Nenner gebracht, daß ein großer Teil des Wissens, das früher in den Familien von einer Frau an die andere weitergegeben wurde, von den Experten neu verpackt worden ist und an die Frauen weiterverkauft wird.[28]

Auf den Tatbestand, daß das erste Lebensjahr des Kindes «medizinischer Aufsicht untersteht», hat Norma Swenson hingewiesen. Sie war jahrelang aktiv, um bessere Geburtsbedingungen zu erwirken, und ist in dieser Zeit zu der Überzeugung gelangt, daß die Funktion der medizinisch kontrollierten Geburt, durch die die Frauen in eine ganz und gar passive Rolle gedrängt werden, unter anderem darin besteht, sie auch bei der Kinderversorgung in ein ähnliches Abhängigkeitsverhältnis zu den Ärzten hineinzumanövrieren. Norma Swenson meint dazu:

«In anderen Kulturen ist die Geburt Lebensbestandteil der Frauen in einer Gemeinschaft. Bei uns findet die Geburt in der uns fremden Umgebung der Kliniken und in Anwesenheit von Männern als Geburtshelfer statt. Dadurch wird das Selbstvertrauen der Frauen als Individuen

und als Eltern erschüttert, wir haben nach einer solchen Erfahrung das Gefühl, daß wir nicht selber für unseren Körper sorgen können und daß es sich bei unseren Körperfunktionen um eine sehr rätselhafte Angelegenheit handelt. Das überträgt sich natürlich auch auf unser Verhalten dem Neugeborenen gegenüber, für das wir sorgen müssen.»[29]
Ein Artikel,[30] der sich mit der Einstellung von Ärzten gegenüber Frauen beschäftigte, wie sie in Lehrbüchern der Kinderheilkunde zum Ausdruck kommen, enthält die Vermutung, daß die Mutter als ein Störfaktor angesehen wird, der sich zwischen dem Kind und dem Arzt befindet. Der Arzt wird angewiesen, der Mutter klarzumachen, was sie falsch macht und warum sie mit dem Kind nicht richtig umgeht. Auf diese Weise wird der Weg für den Therapeuten bereitet, der dann später auf der Bildfläche erscheint, und zwar doch wohl deshalb, weil die Mutter alles so völlig falsch gemacht hat. So sieht die Entwicklung aus, bei der die Mutter alle Zweifel verinnerlicht, die der Arzt über ihre Fähigkeiten und ihr Urteilsvermögen bei der Kinderversorgung und -erziehung äußert, und ebenso auch seine Einstellung übernimmt, daß jedes Problem des Kindes auf sie zurückzuführen ist. Wie können wir selber, Mütter, Väter und auch Kinder, es erreichen, daß wir uns mehr auf unser eigenes Urteilsvermögen verlassen und die tägliche Verantwortung für unsere Gesundheit selber übernehmen? Wir können eine Menge dazulernen und sehr viel mehr unternehmen, wenn die Ärzte und Experten uns besser informieren und uns an ihrem Wissen teilhaben lassen. Und wir können uns selber das Wissen darüber wieder aneignen, wie wir für unsere Gesundheit Sorge tragen können. Es ist noch gar nicht so lange her, daß die Ärzte dieses Wissen für sich allein beansprucht haben.
Kinder können in der Schule lernen, wie sie bei sich selber Fieber messen, ihre eigenen Kratzer, Schrammen und kleinen Wunden versorgen, was für lebenswichtige Stoffe ihr Körper braucht, und einfache Tests, zum Beispiel zur Feststellung von TB, Diabetes und zu hohem Blutdruck, selber durchführen. Wir alle können lernen, wie wir unsere Wohnung kindersicher machen. In Nachbarschaftszentren, Schulen oder Gesundheitseinrichtungen können kostenlose Kurse für Eltern über Gesunderhaltung der Familie und Erste Hilfe abgehalten werden. Es gibt auch einige gute Bücher über Selbsthilfe, Medikamente und Hausmittel.

Ambulante Behandlungen: Arzt- und Klinikbesuche

Wir sind zwar der Ansicht, daß Lebensgewohnheiten und Umweltbedingungen entscheidend für unsere Gesundheit sind, das schließt jedoch nicht aus, daß wir oder unsere Kinder aus bestimmten Anlässen unser Gesundheitssystem in Anspruch nehmen, sei es für Vorsorgeuntersu-

chungen, Impfungen, Abstriche und so weiter oder weil wir bei Krankheit in der Familie einen Arzt brauchen.
Wie ergeht es uns, wenn wir auf zwischenmenschlicher Ebene zu erreichen versuchen, daß das medizinische Personal uns respektvoll behandelt und uns das, was wir wissen wollen, so vermittelt, daß wir es verstehen können? Betsy berichtet über die herablassende Art, in der sie bei den Vorsorgeuntersuchungen in der Schwangerschaft behandelt worden ist:

«Ich hatte mir eine Liste mit wichtigen Fragen gemacht. Als der Arzt zu mir sagte: ‹Haben Sie noch irgendwelche Fragen?›, sagte ich also: ‹O ja, die habe ich.› Als ich meine kleine Liste hervorzog, konnte ich sehen, daß er das als Affront auffaßte, sosehr ich mich auch bemühte, besonders freundlich zu sein. Ich sagte zu ihm: ‹Ich habe diese Fragen deshalb aufgeschrieben, weil ich sie vergesse, wenn ich mir keine Notizen mache.› Ich merkte, daß er immer noch ungehalten war. Er schien mir klarmachen zu wollen: ‹Werden Sie nicht ausfallend. Stellen Sie mir besser nicht so viele Fragen, und tun Sie, was ich Ihnen gesagt habe, ich kann das besser beurteilen, also bitte!›»

Die Autorität und Machtposition, die einem Arzt in unserer Gesellschaft zukommen, kann uns völlig aus der Fassung bringen, besonders wenn wir in der Klinik oder in der Praxis als Patientinnen mit ihm zu tun haben. Wenn wir beim Arzt sind, reagieren wir nicht nur wegen unserer Krankheit oder weil wir Angst haben, empfindlich, sondern auch wegen unserer Körperhaltung bei der Untersuchung, wenn wir flach auf dem Rücken liegen. Wenn wir als Eltern wegen unserer Kinder mit Ärzten zu tun haben, kann das unsere Empfindlichkeit sogar noch verstärken, wie Tina uns das berichtet hat:

«Es bereitete mir Schwierigkeiten, den operierenden Arzt dazu zu bringen, daß er auf alle meine Fragen einging, und ich wollte nicht zu hartnäckig sein, weil mir sehr stark bewußt wurde, daß das Leben meines Kindes von ihm abhing. Gleichzeitig war mir aber auch klar, daß er nicht der richtige Arzt für Mark war, wenn er kein Verständnis für unsere Sorgen aufbrachte.»

Wir müssen nicht nur mit unseren eigenen Ängsten und Befürchtungen und denen unserer Kinder umgehen, sondern müssen uns vielleicht auch neue Fertigkeiten aneignen, was unser bestimmtes Auftreten anbelangt – Fertigkeiten im Umgang mit Institutionen und Autoritätspersonen, denn solche Fähigkeiten sind uns in unserer Gesellschaft nicht beigebracht worden.
Unsere Kinder werden vielleicht nicht mehr so autoritätshörig erzogen. Anita ist in der Frauengesundheitsbewegung aktiv und hat eine zehnjährige Tochter:

«Susan hatte sich beim Korbball die Nase verletzt, und der Kinderarzt erklärte uns die Röntgenaufnahmen. Es lief darauf hinaus, daß es ein ganz einfacher Bruch war, der selber wieder zusammenheilen würde. Ein Spezialist sollte sich das Ganze aber noch einmal anschauen, doch wahrscheinlich war keinerlei Behandlung notwendig. Das hört sich sehr einfach an, aber er drückte sich sehr verklausuliert aus und benutzte unheimlich viele medizinische Fachausdrücke. Ich mußte ihn ein paarmal unterbrechen und ihn bitten, mir dies und jenes noch einmal zu erklären. Dann wurde es Susan zuviel, und sie sagte: ‹Wissen Sie, Herr Dr. Soundso, würde es Ihnen etwas ausmachen, uns das ins Deutsche zu übersetzen?› Mir wurde ganz warm ums Herz, denn sie legte die Bestimmung an den Tag, die wir Mütter uns anzueignen versuchen, und Susan mit ihren zehn Jahren gelang das völlig natürlich.»

Ein weiteres Problem stellen die überfüllten Wartezimmer und der Zeitmangel der Ärzte dar. Eine Gruppe berufstätiger Mütter diskutierte über das Problem, trotz eines vorher ausgemachten Termins ewig lange warten zu müssen:

«Mir ist aufgefallen, daß ich selten länger als fünf Minuten warten muß, wenn ich zu einem Internisten gehe. Beim Frauenarzt warte ich manchmal bis zu zwei Stunden. Und anderen Frauen, die ich kenne, geht es genauso. Ich bin überzeugt davon, daß das daher kommt, weil Gynäkologen und Kinderärzte, also Leute, die mit Müttern und werdenden Müttern zu tun haben, davon ausgehen, daß Frauen, die ein Kind bekommen oder kleine Kinder haben, sowieso nichts Besseres zu tun haben, als sich im Wartezimmer die Zeit zu vertreiben. Das bringt mich auf, ganz besonders auch deshalb, weil es mir in der gleichen Praxis passiert ist, daß ich wieder heimgeschickt wurde und mir einen neuen Termin geben lassen mußte, als ich einmal eine Viertelstunde später als vereinbart kam. Sie konnten mich nicht drannehmen, weil ich mich verspätet hatte. Beim nächstenmal mußte ich eineinhalb Stunden warten, bis ich ins Sprechzimmer gerufen wurde.

Ich habe mal von einer Frau gehört, die trotz vorheriger Terminvereinbarung eindreiviertel Stunden im Wartezimmer sitzen mußte. Sie arbeitete freiberuflich und war privat versichert. Sie schickte dem Arzt daraufhin eine Rechnung über eindreiviertel Stunden ihrer Arbeitszeit. Für den Arztbesuch hat sie nie eine Rechnung bekommen.

Ich wollte für mich und meine Tochter einen Termin für eine Augenuntersuchung ausmachen. Am Telefon sagten sie mir, daß sie nicht zwei Personen aus derselben Familie am selben Tag vormerken, denn wenn eine krank wird, sagen beide ab, und dann ist die entstandene Terminlücke zu groß. Ich kann das schon einsehen, doch berufstätige Eltern sind durch solche Maßnahmen ganz schön benachteiligt.»

Wenn wir ärztliche Hilfe brauchen, sind die Einstellungen und Verhaltensweisen des medizinischen Personals ein weiteres Hindernis. Wie oft haben wir schon darüber gehört oder am eigenen Leibe erfahren, daß Kinderärzte die Besorgnis der Eltern als übertrieben abtun. Wenn wir allein mit einem kranken Kind zu Hause sitzen und niemand da ist, den wir um Rat fragen können, dann fangen wir vielleicht selber an, uns zu fragen, ob unsere Eindrücke über den Zustand des Kindes auch wirklich zutreffend sind. Da viele Ärzte nur ungern Hausbesuche machen, bedeutet das für uns, das Für und Wider bei der Entscheidung abzuwägen, ob wir unser Kind der Kälte und einer anstrengenden Fahrt zum Arzt aussetzen, damit der Arzt das Kind untersuchen kann, weil das entweder dringend erforderlich ist oder damit wir bei einer harmlosen Krankheit beruhigt sind.

«Als unsere Tochter vier war, bekam sie eines Tages hohes Fieber. Ich rief den Kinderarzt an, und er meinte, ich solle mir keine Sorgen machen, weil gerade eine Viruserkrankung umgehe, bei der fünf Tage lang hohes Fieber ganz normal sei. Er meinte, ich solle mich beruhigen und mir keine Sorgen mehr machen. Ich versuchte, seinem Rat zu folgen, wobei ich ein Kind zu versorgen hatte, das Tag und Nacht zwischen 39 und 40 Grad Fieber hatte. Ich rief ihn mehrmals an, und er riet mir, sie in die Badewanne zu stecken, wenn das Fieber zu sehr ansteigen sollte, dann würde es gleich wieder zurückgehen. Als sie am sechsten Tag immer noch hohes Fieber hatte, rief ich ihn wieder an, und er meinte: ‹Bringen Sie sie zur Notaufnahme ins städtische Krankenhaus.› Es wurde festgestellt, daß unsere Tochter eine Blaseninfektion hatte. Sie und ich blieben fünf Tage lang im Krankenhaus.»

Wenn wir andere Eltern kennen, die so etwas erlebt haben, dann hilft uns das, uns nicht abweisen zu lassen, sondern darauf zu bestehen, daß unsere Kinder die notwendige ärztliche Hilfe bekommen.

Viele von uns finden es sehr hilfreich, sich alle Fragen vorher aufzuschreiben, wenn wir zum Kinderarzt oder zu anderen Ärzten gehen. Wenn wir nervös sind, uns Sorgen machen oder mit dem Arzt plaudern, vergessen wir sehr leicht die Hälfte. Wenn wir möchten, daß unsere Kinder bei bestimmten Fragen lieber nicht anwesend sind, sollten wir mit Bestimmtheit darum bitten, allein mit dem Arzt reden zu können, wenn es nicht anders geht, zumindest telefonisch. Bei Medikamenten sollten wir uns auf jeden Fall über die Wirkungsweise und die Gegenanzeigen aufklären lassen. Wir sollten dem Arzt sagen, welche Medikamente unser Kind sonst noch einnimmt. Im allgemeinen ist es am besten, zunächst einmal herauszufinden, ob Medikamente oder ein operativer Eingriff wirklich unbedingt notwendig sind, und uns über die Konsequenzen aufklären zu lassen, wenn wir eine solche Behandlung nicht durchführen lassen. Dann können wir die Vor- und Nachteile gegeneinander abwägen. Wenn das Kind operiert werden soll, kann es sehr wichtig sein, die Meinung eines zweiten Arztes darüber einzuholen. Eine operative Entfernung der Mandeln oder von Polypen gehört zum Beispiel zu den Eingriffen, die an Kindern am häufigsten vorgenommen werden, obwohl sie gar nicht immer notwendig sind.

Im Krankenhaus

Daß die Bedürfnisse der einzelnen so hingebogen werden, daß sie den Erfordernissen der Institution und den Annehmlichkeiten des Personals entsprechen, ist eine in unseren modernen Kliniken übliche Praxis. Bis vor kurzem hat das Argument in den Krankenhäusern kaum Gehör gefunden, daß die enge Beziehung in der Familie und die emotionalen Bedürfnisse der Patienten ein hinreichender Grund sind, um die Regelungen und Maßnahmen in den Kliniken darauf einzustellen. Die Patienten einschließlich Neugeborener und ganz kleiner Kinder werden rücksichtslos von den Menschen getrennt, die ihnen gefühlsmäßig nahestehen, bei denen sie sich geborgen fühlen. Die Eltern müssen sich mit kurzen Besuchen während der Besuchszeiten begnügen und können nur manchmal mit der beruhigenden Gewißheit ihr Kind wieder verlassen, daß ein Teil des Klinikpersonals den kleinen Patienten gegenüber aufrichtige Gefühle hegt und sich ihnen gegenüber fürsorglich verhält. In der Regel ist es jedoch so, daß die Krankenschwestern und andere Angestellte, die mit den Kindern zu tun haben, so überarbeitet sind, daß sie sich den Kindern nicht so zuwenden können, wie sie das gerne möchten.
Viele Eltern bestehen heute darauf, bei ihrem Kind in der Klinik zu bleiben, denn sie selber oder Freunde und Bekannte haben Erfahrungen gemacht, aus denen klar wird, daß weder wir noch unsere Kinder uns immer darauf verlassen können, daß wir vom Klinikpersonal die Unterstützung oder die Aufmerksamkeit bekommen, die wir brauchen. Anne berichtet über die Krankenhausaufenthalte ihrer Tochter in zwei verschiedenen Kliniken und vergleicht die Praktiken und das Klima, die gefühlsmäßige Beteiligung und das Interesse des Personals dort:
«Der Anlaß für Jessicas ersten Klinikaufenthalt waren eine Routineuntersuchung des Blutbildes und eine Röntgenaufnahme ihrer Nieren. Soweit Rob und ich das beurteilen konnten, bestand überhaupt kein Grund, das Kind deshalb zweieinhalb Tage in der Klinik zu behalten. Für mich gab es keine Unterbringungsmöglichkeit, obwohl man mir vor der Einlieferung versichert hatte, daß die Eltern bei ihren Kindern bleiben können. Mir war nicht klar gewesen, daß das bedeutete, die ganze Nacht auf einem harten Stuhl zu verbringen.
Am Tag, als die Röntgenaufnahme gemacht werden sollte, hatten wir einen Termin um acht Uhr früh. Jessica hatte seit Mitternacht gefastet, aber erst um halb zwölf wurde endlich die Röntgenaufnahme gemacht.

Wie willst du einem einjährigen Kind erklären, daß es weder Milch noch Saft, noch irgend etwas zu essen haben darf? Ich wurde sehr nervös und bat die Schwester mehrmals, herauszufinden, warum es so lange dauerte. Nachdem ich lange genug mit angesehen hatte, wie Jessica litt und weinte, sagte ich den Schwestern schließlich, daß sie uns jetzt entweder in den Röntgenraum brachten oder ich ansonsten zusammen mit Jessica die Klinik auf der Stelle verlassen würde. Innerhalb von zehn Minuten wurden wir dann hineingerufen. Ich wage gar nicht, mir vorzustellen, wie das alles abgelaufen wäre, wenn ich nicht dabeigewesen wäre und die Schwestern unter Druck gesetzt hätte. Hätten sie sie dann einfach weinend und hungrig in ihrem Bettchen liegengelassen? Wir haben nachher einen Brief an den Chefarzt geschrieben. In dem Antwortschreiben fand sich kein Hinweis darauf, daß die Unterbringungsmöglichkeiten für Eltern verbessert würden. Es war keinerlei Bedauern aus dem Brief herauszuhören.

Das zweite Mal mußte Jessica wegen einer Augenoperation ins Krankenhaus, und zwar in eine Privatklinik in der nächsten Stadt. Jessica war damals zwei Jahre alt, und wir waren diesmal sehr viel entspannter und auch besser vorbereitet. Einige Wochen vor dem Krankenhausaufenthalt waren Jessica und ich und noch weitere fünfzehn Kinder mit ihren Eltern in die Klinik eingeladen. Wir besichtigten die Kinderstation, schauten uns einen Film über Operationen an, sprachen mit den OP-Schwestern und Ärzten, durften die Masken und die Kittel anziehen und konnten jede Menge Fragen stellen.

Jessica hatte sich dazu entschieden, daß ihr Vater mit ihr in der Klinik bleiben sollte. Die Operation verlief erfolgreich. Alle Leute in der Klinik, mit denen wir zu tun hatten, waren freundlich und hilfsbereit. Was mir außerdem sehr gefiel, war, daß die Geschwister jederzeit zu Besuch kommen konnten, dadurch waren auch beiden Eltern die Besuche leichter möglich.»

Inzwischen haben sich die Bedingungen für Kinder, die ins Krankenhaus müssen, in vielen Kliniken schon wesentlich verbessert. Das ist zum Teil auch auf die Arbeit einer Organisation zurückzuführen, die sich «Kind im Krankenhaus» nennt. Ursprünglich ist diese Organisation in der Blütezeit der Studentenbewegung in Frankfurt aus dem Weiberrat hervorgegangen. Seit 1970 ist das Aktionskomitee «Kind im Krankenhaus» ein eingetragener Verein. Eines der Gründungsmitglieder ist Irmgard Folkers, deren Kinder inzwischen erwachsen sind. Das macht es ihr möglich, sehr viel Zeit in dieses Projekt zu investieren. Sie und alle anderen Mitarbeiter üben ihre Tätigkeit ehrenamtlich aus. «Kind im Krankenhaus» hat sich immer wieder mit Ärzten und Schwestern in Verbindung gesetzt, um auf die Probleme kleiner Kinder in der Klinik hinzuweisen. Der Verein betreibt außerdem Elternaufklärung, denn vielen Müttern und Vätern ist gar nicht bewußt, wie sehr ihren Kindern eine längere Trennung und der Aufenthalt unter fremden Menschen schaden. Viele geben sich mit den Argumenten der Ärzte und Schwestern, daß häufige Besuche die Kinder nur aus dem Lot bringen, zufrieden und nehmen sie unbesehen für bare Münze. Der Verein verschickt gegen einen Unkostenbeitrag umfangreiches Informationsmaterial, unter anderem auch Erfahrungsberichte von Eltern, eine Liste von Kliniken, in denen es ganztägige Besuchszeiten gibt und/oder die Mitaufnahme der Eltern möglich ist, eine Liste mit Kontaktadressen und Tips für Eltern, deren Kinder ins Krankenhaus müssen. «Kind im Krankenhaus» hat sich folgende Ziele gesetzt:

- Unbegrenzte Besuchszeiten für Eltern oder einen anderen vertrauten Menschen.
- Mitpflegemöglichkeit durch die Eltern oder eine Bezugsperson.
- Anwesenheit der Eltern oder einer Bezugsperson bei Untersuchungen, Visiten, kleineren Eingriffen, bei der Operationsvorbereitung und in der Aufwachphase nach einer Operation.
- Mitaufnahme eines Elternteils, Übernahme der Kosten durch die Krankenkassen.
- Familien- und kinderfreundliche Krankenhausbedingungen.
- Einrichtung von Fachambulanzen bzw. Tageskliniken zur Vermeidung oder Verkürzung von Krankenhausaufenthalten.
- Rooming-in für Neugeborene, natürliche Geburt und Stillen.

(Adressen siehe Anhang, Kapitel 9, Seite 486).

Die zahlreichen Erziehungsbücher und die Literatur über Geburt und Stillen, die in letzter Zeit auf dem Markt erschienen sind, ebenso auch das Angebot an Elternseminaren, sind ein Indiz für die Bedürfnisse, die Ängste und die Isolation von Eltern, sie sind aber auch ein Zeugnis dafür, daß uns unsere Fähigkeit zur Selbsthilfe und zu gegenseitiger Hilfe immer stärker bewußt wird. Die Erfahrungen der Eltern, mit denen wir gesprochen haben, geben Aufschluß darüber, daß es große Auswirkungen hat, wenn Eltern sich zusammenfinden, um sich gegenseitig zu unterstützen und Veränderungen in den Institutionen zu bewirken, die einen negativen Einfluß auf unser Elterndasein ausüben.

Damit uns das gelingt, müssen wir den individualistischen, auf Selbstgenügsamkeit ausgerichteten Rahmen der Kleinfamilie zu durchbrechen versuchen. Wir müssen uns dafür einsetzen, daß die Familie stärker ins Bewußtsein der Gesellschaft insgesamt rückt. Dabei hilft uns die Überzeugung, daß wir uns und unseren Kindern gegenseitig helfen können. Wenn wir Ärzte, Lehrer und andere Fachleute dazu bringen können, auf die Bedürfnisse von Eltern und Kindern einzugehen, dann erhalten wir von ihnen die spezielle Unterstützung und Hilfe, die wir brauchen. Gleichzeitig müssen wir jedoch auch immer wieder versuchen, in der Schule unserer Kinder, im Kindergarten, in unserer Nachbarschaft, beim

Arzt, in der Klinik oder am Arbeitsplatz Kontakt zu anderen Eltern aufzunehmen. Ob wir uns nun innerhalb bestehender Einrichtungen betätigen möchten oder lieber selbständig aktiv werden, auf jeden Fall müssen wir bei der Entstehung von Netzwerken für Eltern die Bedürfnisse unserer Kinder *und* unsere eigenen Bedürfnisse im Auge behalten. Wenn sich die Institutionen so wandeln, daß sie für Eltern und Kinder da sind, bedeutet das für die Familie und die gesamte Gesellschaft eine große Bereicherung.

Anmerkungen

1 Mary Howell: «Helping Ourselves: Families and the Human Network», Boston 1975 (Beacon Press), S. 141
2 «Two Worlds of Childhood: U. S. and U. S. S. R.», New York 1972 (Simon & Schuster), S. 10
3 Viele der zuverlässigen Empfängnisverhütungsmittel haben jedoch schädliche Nebenwirkungen und führen zu Komplikationen. Siehe «Unser Körper – unser Leben», Ein Handbuch von Frauen für Frauen, Reinbek bei Hamburg 1980, Rowohlt Taschenbuch Verlag (Sachbuch 7271/72)
4 Mary Jo Bane: «Here to Stay: The American Family in the Twentieth Century», New York 1976 (Basic Books)
5 Siehe Kapitel 6 über geteilte Kinderversorgung und -erziehung, wo diese Probleme eingehender behandelt werden
6 Siehe Martina S. Horner: «Towards an Understanding of Achievement-Related Conflicts in Women», in: Stacey, Bereaud and Daniels (Hg.): «And Jill Came Tumbling After: Sexism in American Education», New York 1974, (Dell)
7 Jean Baker Miller: «Toward a New Psychology of Women», Boston 1976 (Beacon Press), S. 124
8 Siehe Mary P. Rowe: «Finding the Way to Work and Love», in: «Child Care Reprints», Vol. IV, «Mothers in Paid Employment», Day Care and Child Development Council of America, Inc., 1012 14. St., N. W., Washington, D. C. 21115
9 Nicholas Zill: «Foundation for Child Development», 345 E. 46 St., New York, N. Y. 10017
10 Siehe Mary C. Howell: «Employed Mothers and Their Families», in: »Pediatrics», Vol. 52, No. 2 (August 1973) and Vol. 3 (September 1973)
11 Bronfenbrenner, a. a. O., Einleitung
12 ebda., ein Dokumentarfilm über dieses Experiment, «A Place to Meet, a Way to Understand», ist zu beziehen über The National Audiovisual Center (GSA), Washington, D. C. 20409
13 Rosabeth Kanter: «Work and Family in the United States: A Cristical Review and Agenda for Research and Policy», New York 1977 (Russell Sage Foundation)

14 Zitiert nach einem Artikel in der Süddeutschen Zeitung vom 24. 12. 1980, Volker Wörl: «Familien im Abseits»
15 dpa-Bericht in der Süddeutschen Zeitung vom 1. 10. 1980 «Väter pflegen ihre kranken Kinder»
16 Arbeitspapier des «Report of Forum 15», 1970 White House Conference on Children: Children and Parents Together in the World (n. d.), zitiert in Bernard, Jessie: «The Future of Motherhood», Baltimore, Md. 1975, (Penguin), S. 337–339
17 Urie Bronfenbrenner: «Who Cares for America's Children?», Vortrag, gehalten am 26. Februar 1976 vor der College of Human Ecology Alumni Association, Michigan State University, S. 15
18 Leigh Minturn and William L. Lambert: «Mothers of Six Cultures: Antecedents of Child Rearing», New York 1964 (Wiley), zitiert in Bernard, a. a. O. S. 9
19 Bronfenbrenner: «Two Worlds of Childhood», S. 43
20 Margaret O'Brien Steinfels: «Who's Minding the Children: The History and Politics of Day Care in America», New York 1973 (Simon & Schuster)
21 «Child Care at Joshua Tree», Karol Hope and Nancy Young, Hg., in: Momma: The Sourcebook for Single Parents», New York 1976 (New American Library), S. 308
22 Howell: «Helping Ourselves», S. 151 f.
23 Die Zahlen und Aussagen sind zwei Artikeln in der Süddeutschen Zeitung vom 17. Februar 1981 im Zusammenhang mit den Selbstmorden von vier Schülern nach der Verteilung der Zwischenzeugnisse entnommen: Herbert Kunisch: «Vier Schüler gehen in den Tod, Fragen nach dem Notensystem», Kurt Singer: «Selbstgerechte Schule?», S. 13
24 Nachzulesen in «Frauen Informationen, Tips und Ideen zum Nachschlagen und Weitersagen», S. 64, zu beziehen über Presse- und Informationsamt der Bundesregierung, Postfach, 53 Bonn 1
25 Das Fernsehen ist als der beinahe wichtigste Kinderhüter unseres Jahrhunderts bezeichnet worden, schon allein wegen der Stundenzahl, die Kinder vor dem Fernseher verbringen. In den USA sieht ein Kind im Vorschulalter durchschnittlich 33 Stunden pro Woche fern, also ein Drittel der Zeit, in der es nicht schläft. Schüler schauen durchschnittlich 31 Stunden Fernsehen, also länger, als ihre wöchentliche Unterrichtszeit beträgt (zitiert nach Bane).
26 Action for Children's Television, 46 Austin Street, Newtonville, Mass. 02160
27 Sidney Wolfe, M. D., «The New Drop-Dead Diets», in: «Mother Jones», Juni 1978. Artikel über die Überproduktion von Amphetaminen, die landläufig als «Appetitzügler» bezeichnet werden, und wie sie nicht nur in Amerika, sondern auch in anderen Staaten auf den Schwarzmarkt gelangen.
28 John McKnight, in: Ivan Illich et al.: «Disabling Professions», London 1978, (Marion Boyars)
29 Aus einem Interview mit Norma Swenson, die Mitglied des Boston Women's Health Book Collective ist und zu den Autorinnen von «Unser Körper, unser Leben, Ein Handbuch von Frauen für Frauen» gehört, (Reinbek bei Hamburg 1980, Rowohlt Sachbuch 7271/72)
30 Howell: «Pediatricians and Mothers»

Kapitel 9
Selbsthilfe und Hilfe durch Institutionen
von Jane Kates Pincus und Peggy Nelson Wegman

Bald nach einer nur kurzen Zeit der Vorbereitung während der Schwangerschaft im einen Fall, während wir auf den Abschluß der Adoptionsformalitäten warten oder unsere zukünftigen Stiefkinder kennenlernen im anderen, kommt der Moment, wo wir Eltern werden. Obwohl wir jetzt in der Realität Eltern sind, kann es Wochen, Monate, sogar Jahre dauern, bis diese Tatsache auch in unsere Gedanken und Gefühle Eingang gefunden hat und sich in unseren Fähigkeiten und Erfahrungen niederschlägt. Nicht selten brauchen wir dabei Hilfe für uns selbst und für unsere Kinder.
Daß das so ist, liegt ganz einfach daran, daß *Elternsein harte Arbeit bedeutet und niemand schon mit dem Wissen, wie sich diese Arbeit bewältigen läßt, geboren wird.* Wir brauchen Informationen, Unterstützung und Kontakt mit anderen. Bestimmte Fähigkeiten müssen wir uns erst aneignen. Manchmal brauchen wir den Rat von Fachleuten. Wenn wir ständig in gedrückter Stimmung sind, wenn unser Baby nachts ständig aufwacht, wenn unser zehnjähriges Kind regelmäßig Bauchweh hat, bevor es zur Schule geht, wenn unser Kind von zu Hause wegläuft, dann ist es sehr natürlich, daß wir Hilfe brauchen und uns darum bemühen.
Oft kommt es uns allerdings nicht in den Sinn, uns nach Hilfe umzuschauen. Um Hilfe zu bitten, ist für uns nichts Selbstverständliches. Wir machen nur selten die Erfahrung, daß es für uns am besten ist, wenn wir uns nach Hilfe umschauen. Wir sind mit der Vorstellung groß geworden, daß das, was bei uns zu Hause vor sich geht, unsere ureigene Angelegenheit ist. Häufig kommt uns unser Problem viel zu unbedeutend vor. Wir wissen, die Institutionen, die für uns in Frage kämen, medizinische oder psychologische Einrichtungen und Sozialdienste, sind auf kritische ‹Fälle› eingestellt und meist völlig überlastet, es fehlt ihnen das menschliche Interesse oder die finanzielle Möglichkeit, uns in belastenden Alltagsproblemen zu unterstützen. Also behalten wir unsere Probleme für uns, ziehen uns zurück und wissen gar nicht, daß sich andere Eltern in ähnlichen Notlagen befinden.
In diesem Kapitel wollen wir uns gegenseitig dazu ermuntern, unsere privaten Grenzen zu überschreiten, zu anderen Menschen Kontakt aufzunehmen, und zwar besonders dann, wenn unser Leben gerade relativ ru-

Abigail Heyman / Magnum

hig verläuft, denn gerade dann verfügen wir über genügend Zeit und Energie. Überall, in jeder Stadt, in Vorstädten und auf dem Land gibt es Möglichkeiten, die es zu entdecken und kennenzulernen gilt. Manchmal werden wir uns unsere eigenen Organisationen schaffen müssen.

Möglichkeiten nicht organisierter Hilfe gibt es in unserer unmittelbaren Umgebung, wir können Kontakt zu den Eltern in unserer Nachbarschaft, am Arbeitsplatz, im Supermarkt, im Waschsalon, in der Post oder in der Bücherei, im Kindergarten, bei Stadtteilfesten, Parties, bei Volkshochschulkursen oder im Frauenzentrum aufnehmen. Da wir in derselben Gegend wohnen, tauchen ähnliche Fragen auf, und die Antworten und Lösungen anderer Eltern können für uns nützlich sein, wir können von ihren Erfahrungen Gebrauch machen.

Wie können wir uns an andere um Hilfe wenden? Wir können zum Beispiel die Frau ansprechen, die uns schon öfter im Park aufgefallen ist und die uns sofort sympathisch war. Oder wir rufen den alleinerziehenden Vater an, von dem wir gehört haben, daß er mit seiner Situation ganz gut zurechtkommt. Wir können die Leute, die unter uns wohnen, darum bitten, eine Stunde auf unsere Kinder aufzupassen, und überlegen, wie wir ihnen einen Gefallen tun können. Wir können ein Problem, das wir gerade haben, an unserem Arbeitsplatz zur Sprache bringen oder einen Zettel ans schwarze Brett im Supermarkt hängen: «Bin an Treffen mit anderen Eltern interessiert, um über unsere Situation, unsere Probleme und deren Lösungen zu diskutieren.»

Gemeinsam mit einem Familienmitglied, einer Freundin, zwei Freundinnen oder einer Gruppe können wir eine kleine oder große Selbsthilfegruppe bilden. Solche Gruppen haben viele Vorteile: Wir können über alltägliche Situationen in unserem Elterndasein sprechen und dabei Lösungen für unsere Probleme finden, vielleicht aus einer Eingebung heraus, vielleicht aber auch erst im Lauf der Zeit, wenn wir uns gegenseitig besser kennen. Wir setzen ungenutzte Kräfte in uns frei. Zusammen können wir uns *vorbeugend* helfen und etwas füreinander tun. Wir können Telefonhilfen einrichten, Babygruppen und Spielgruppen bilden, Treffpunkte für Teenager oder für Eltern schaffen.

Wenn wir selbst und unsere Freunde bei unserem Problem nicht mehr weiterwissen, können wir uns gegenseitig dabei helfen, die richtige Hilfsadresse zu finden, zum Beispiel einen Therapeuten, eine Ärztin, Kliniken, soziale Einrichtungen, Vereine für besondere Probleme. Wir können diese zahlreichen, nützlichen Einrichtungen viel wirksamer gemeinsam nutzen, als allein zu einem Zeitpunkt dort Hilfe zu suchen, wenn wir gerade total angespannt sind.

Es wäre großartig, wenn wir einfach eine Freundin, Verwandte oder eine Gruppe um Hilfe bitten könnten, wenn wir sie dringend brauchen und uns auch ebenso einfach geholfen wird. So etwas gibt es:

«Ich rief bei Amanda an und bat sie: ‹Hol mein Kind ab! Beruhige ihn! Wir haben schon wieder eine schreckliche Auseinandersetzung! Ich brauche Hilfe!› Zehn Minuten später ist sie da und schleppt John mit sich ins Auto (er scheint über die Rettung erleichtert zu sein). Zum Abendessen kam er wieder heim. Wir schauten einander an, und dann lachten wir und lachten und redeten darüber, wie großartig wir Amanda finden.»

In diesem Kapitel wollen wir unsere Ansichten und Erkenntnisse darüber, wie wirksame Hilfe aussehen kann, mit einer Beschreibung der Abläufe und Schwierigkeiten verbinden, die sich ergeben können, wenn wir um Hilfe bitten. Die Möglichkeiten zur Selbsthilfe, die dadurch entstehen (siehe bis Seite 407), sind vielleicht ausreichend. Vielleicht brauchen wir aber auch offizielle Stellen (siehe ab Seite 407) oder halten sie für effektiver.

Hilfe einholen

Ein erster Schritt in diese Richtung bedeutet, daß wir unser Problem *beim Namen nennen* und Abstand von der Sache gewinnen. Eine Frau aus unserer Gruppe erinnert sich an die Zeit, als ihre Kinder klein waren:

«Wir drei verbrachten den ganzen Tag auf engem Raum. Wenn Hank abends nach Hause kam, schrie ich ihn häufig an und war unausstehlich. Ich machte ihm zum Vorwurf, daß er kommen und gehen konnte, wann er wollte, und sehnte mich nach mehr Aufmerksamkeit mir und den Kindern gegenüber. Wenn ich mich rückblickend anschaue, sehe ich mich als typische isolierte junge Mutter, die ständig reizbar, manchmal sogar hysterisch ist, sich in ihrer Einsamkeit treiben läßt und der gar nicht klar ist, daß sie unter einer Depression leidet. Ich wünschte, ich hätte damals eine kluge Freundin gehabt, die ein bißchen liebevoll zu mir hereingeschaut und gesagt hätte: ‹Also Anne, du siehst wirklich kaputt aus! Es ist ganz klar, was dir fehlt. Du brauchst 1. Hilfe im Haushalt, 2. eine Stunde für dich allein, 3. jemanden, der dich in den Arm nimmt, 4. jemanden, mit dem du reden kannst, 5. eine Möglichkeit, dich mit Hank zu verständigen, 6. jemanden, der dir sagt, daß du großartige Kinder hast und Großartiges leistest!› Wenn es mir heute mies geht, dann komme ich meistens dahinter, warum. Damals nicht!»

Zählen wir einmal bestimmte Situationen auf, wo wir Hilfe dringend notwendig haben:

Neue oder spannungsgeladene Situationen
Wir brauchen Hilfe, wenn wir neuen Situationen gegenüberstehen, von denen wir überrascht werden, die uns lähmen – wie zum Beispiel Wut oder Eifersucht bei Geschwistern:

«Sie kam die Treppe heruntergerannt und schrie hysterisch: ‹Ich drehe durch, ich drehe durch!› Ich rannte nach oben, um festzustellen, was passiert war. Bei einem Spiel im Dunkeln (mit Mördern!) war sie so wütend auf ihn geworden, daß sie angefangen hatte, ihn zu würgen. Das machte ihr Angst, ihm Angst und mir Angst. Zu einem solchen extremen Vorfall war es bisher noch nie gekommen.»

Es kann zu Situationen kommen, die immer wiederkehren, zum Beispiel, wenn ein Kind beim Schlafengehen immer wieder etwas von einem will:

«Jede Nacht braucht er -zig Sachen – Spielzeug, etwas zu essen, noch eine Geschichte, bis er endlich einschläft. In der nächsten Nacht braucht er das alles wieder und noch mehr. Jetzt schläft er nicht ein, wenn ich nicht bei ihm bleibe.»

Nach einem Elternsprechtag haben wir vielleicht das Gefühl, daß unser

Sohn der schlimmste Störenfried in der Klasse ist. Oder unsere dreizehnjährige Tochter schließt sich jeden Nachmittag in ihr Zimmer ein.
Wir sollten nicht vergessen, wir haben eigentlich mit dem alltäglichen Kleinkram genauso große Schwierigkeiten wie mit wirklich dringenden, ernsten Problemen. Es gibt kein Alarmsignal, das uns auf den Beginn eines chronischen Problems aufmerksam macht, das uns anfangs einfach wie eine vorübergehende Erscheinung vorgekommen ist. Zum Beispiel kann es am Anfang einfach nur ärgerlich sein, wenn dein Kind nachts ständig aufwacht und will, daß du dableibst. Doch mit der Zeit stellst du fest, daß du immer weniger Schlaf bekommst und schließlich jeden Tag so erschöpft bist, daß du eine Stinkwut bekommst, weil du nichts dagegen tun kannst. Gleichzeitig hast du Angst, weil du nicht weißt, was los ist, und bist drauf und dran, durchzudrehen. Für beide von euch müßte etwas getan werden.
Die meisten unserer Erfahrungen bei der Kinderversorgung und -erziehung bestehen aus solchen situationsbedingten Problemen, die irgendwo in der Mitte angesiedelt sind zwischen belanglos und dramatisch. Das ist das normale, sich von Minute zu Minute, von Stunde zu Stunde abspielende Elterndasein. Und gerade bei diesen «Alltäglichkeiten» brauchen wir die dringende *ständige* Hilfe – Kontakt zu Erwachsenen, Rat, psychologische Einsichten. Oft wissen wir jedoch nicht, wen wir darum bitten können und wie wir das am besten machen; vielleicht fühlen wir uns auch überhaupt nicht dazu berechtigt, um Hilfe zu bitten: Schließlich handelt es sich ja nicht um eine *wirkliche* Krise, oder etwa doch?

Fertigkeiten
Wir müssen uns bestimmte *praktische* Fertigkeiten aneignen, zum Beispiel beim Füttern, Baden und Ankleiden und der Versorgung eines kranken Kindes. Da unsere Familien in den meisten Fällen isolierte Einheiten sind und die meisten nur wenig Erfahrungen mit Kindern haben, brauchen wir zuerst Tips für Dinge, die später routinierte Handgriffe sind.
Auch auf emotionalem Gebiet müssen wir dazulernen. Wir müssen lernen, zwischen streitenden Kindern zu vermitteln, unseren Kindern zu helfen, wenn sie durcheinandergeraten sind, und zu wissen, wann wir sie besser in Ruhe lassen. Weinen, Jammern, Wut, Eifersucht, sexuelle Gefühle, alle diese starken Empfindungen, für die wir Jahrzehnte gebraucht haben, bis wir damit umgehen konnten, werden uns in unseren Kindern wieder vor Augen geführt. Vielleicht brauchen wir Hilfe, um uns bei unseren eigenen Reaktionen gegenüber unseren Kindern zu beobachten, sie besser zu verstehen und unter Kontrolle behalten zu können, oder wenn wir nach einer Möglichkeit suchen, destruktiven Situationen vorzubeugen:
«Wenn meine Tochter weinte oder Wutanfälle hatte, dann dachte ich

mir: ‹Heul nur! Das Leben ist hart und unerfreulich, also heul so wie ich früher!›, und ich ließ sie weinen. Einmal verlor ich die Fassung, als sie wieder einen Wutanfall hatte. Ich knallte die Tür vor ihrer Nase zu und ließ sie allein zurück (sie war zwei), um die Wäsche aus dem Waschsalon abzuholen, ich ließ dabei eine meiner größten Ängste als Kind zurück. Während einer dreijährigen Therapie bei einer Frau erhielt ich dann so viel Zuwendung und Aufmerksamkeit wie nie zuvor in meinem Leben. Dort lernte ich es, meine Tochter aus ihrem einsamen Weinen herauszuholen, sie mit meinen Armen und meiner Liebe zu umfangen. Bevor ich mich meinem Kind zuwenden konnte, hatte ich zunächst einmal selber Zuwendung gebraucht.»

Organisationstalent
ist für Eltern besonders wichtig. Wir müssen lernen, unsere Zeit zu nutzen, die Arbeit im Haus durchzuorganisieren, und herausfinden, wer was am besten kann und – so ist zu hoffen – am liebsten macht.

Gesundheitliche Probleme
tauchen in jeder Familie auf – es kann uns passieren, daß unser zweijähriger epileptische Anfälle hat oder unsere Tochter hörgeschädigt ist. Vielleicht bekommt unser Kind in der Pubertät eine Allergie, oder wir selber leiden immer wieder unter Rückenschmerzen. Was für Auswirkungen hat das auf das Leben unserer Kinder und unser eigenes Leben? Was für Hilfen sind erforderlich? Wo bekommen wir sie? Wie finden wir am besten heraus, welche Behandlungsmethode am wirkungsvollsten ist?
Auch *Unfälle* können sowohl den Eltern wie den Kindern zustoßen, Verbrennungen, Knochenbrüche, Autounfälle, Arbeitsunfälle – das ist ein Schock, ein Einschnitt in unser Leben. Alles andere muß zurückstehen, bis wir entsprechende medizinische Hilfe für uns gefunden haben und jemanden, der die Kinder daheim betreut und versorgt. Es ist mit zahlreichen Umstellungen verbunden, bis alle in der Familie sich an eine Zeiteinteilung gewöhnt haben, die es den Eltern und den Geschwistern ermöglicht, Krankenbesuche zu machen oder ein krankes Familienmitglied zu Hause zu versorgen. Wenn uns so etwas passiert, brauchen wir auf jeden Fall praktische Hilfe, vielleicht eine warme Mahlzeit, die Freunde oder Nachbarn für uns gekocht haben, jemanden, der für die Kinder da ist, Hilfe im Haushalt und vielleicht jemanden, der uns chauffieren kann, ebenso wichtig ist aber auch moralische Unterstützung.

Psychische Belastungen
Wenn wir uns in einer finanziellen oder emotionalen Krisensituation befinden, sind wir besonders hilfsbedürftig, denn unsere Bedürfnisse machen sich intensiver bemerkbar. Arbeitslosigkeit, Überstunden, Druck

durch einen unsicheren Arbeitsplatz oder weil wir befördert werden wollen, ein Wohnortwechsel, der durch unseren Beruf bedingt ist, Geldmangel und ein schlechter Gesundheitszustand, eine Trennung vom Partner gehen mit psychischen Belastungen einher, sowohl für die Eltern wie auch für die Kinder.

«Als mein Mann seine Stellung verlor, war er den ganzen Tag zu Hause, saß bedrückt herum und machte nichts. Ich hatte sowieso schon Schwierigkeiten, meine Halbtagsstelle bei einer Telefongesellschaft mit der Versorgung unserer dreijährigen Tochter Nellie zu vereinbaren. Unser älterer Sohn Bart hatte große Schwierigkeiten in der Schule. Wir hatten dauernd Streit. Erics Trägheit ging uns allen auf die Nerven, und wo sollte schließlich jetzt das Geld herkommen? Wir hatten bisher ein friedliches Familienleben geführt, doch ich befürchtete, daß wir daran auseinanderbrechen würden.»

In diesem Fall ist es leichter, unsere Sorgen beim Namen zu nennen, als sie zu lösen, denn die Bedingungen, die dazu geführt haben, entziehen sich unserem Einfluß. Auch sind unsere Konflikte in solchen Situationen vielschichtig und lassen sich häufig nicht miteinander vereinbaren.

«Ich verhaute meine Tochter, ich mißhandelte sie richtiggehend. Ich konnte mir selbst und anderen das nicht eingestehen. In einem Jahr habe ich sie zwanzigmal in dieselbe Ambulanz gebracht, um ihre Verletzungen behandeln zu lassen. Eine andere Möglichkeit, Hilfe zu suchen, sah ich damals nicht. Es dauerte ein Jahr lang, bis sie dahinterkamen, was mit meinem Kind passierte. Schließlich verwiesen sie mich an eine Organisation anonym arbeitender Eltern.»

Wenn wir ziemlich klar sagen können, warum wir Hilfe benötigen, dann ist der nächste Schritt, *unsere Hemmungen beim Hilfeeinholen zu überwinden*. Warum fällt es uns so schwer, um Hilfe zu bitten? Es bedeutet, daß wir unsere Verletzlichkeit zeigen, unsere Bedürfnisse anderen gegenüber offenbaren, wie das eine Mutter zu einer von uns sagte:

«Ich bin sicher, wenn ich erst einmal anfinge damit, zu sagen, was ich brauche, wenn ich alle meine Bedürfnisse aufzählen würde, angefangen mit mehr Geld bis zu mehr Leben, dann wäre das wie eine Flut, die nicht mehr aufhört. Und was würdest du dann von mir denken? Würdest du noch mit mir befreundet sein wollen? Würdest du mich noch für voll nehmen?»

Viele von uns befürchten, daß sie sich einem Urteil preisgeben und für fordernd gehalten werden. Je persönlicher und komplizierter unsere Bedürfnisse sind, um so schwieriger ist es, um Hilfe zu bitten. Wenn es dabei um unser Selbstbild geht, fällt uns das Fragen besonders schwer. Wenn zum Beispiel unsere Kinder in Schwierigkeiten sind, dann identifizieren wir uns oft so sehr mit ihnen, daß ein Eingeständnis der Tatsache, daß mit ihnen etwas nicht stimmt, ist, als würden wir sagen, daß mit uns etwas nicht in Ordnung ist. Unser Stolz und unser mangelndes Vertrauen behindern uns.

Einige von uns können die Vorstellung nicht verkraften, wie sie zugeben, an einem Punkt angekommen zu sein, wo Hilfe notwendig ist, denn das würde bedeuten, daß wir hart arbeiten müssen, um zu ändern, was nicht in Ordnung ist. Vielleicht geht es nicht nur darum, daß *wir selbst* uns ändern, sondern daß auch Mitglieder unserer Familie davon betroffen sind. Solche Veränderungen kosten Zeit und erfordern viel Energie zu einem Zeitpunkt, wo wir vielleicht sehr beschäftigt und erschöpft sind.

«Wenn ich am dringendsten Hilfe brauche, dann meide ich die Leute, von denen ich weiß, daß sie mir am ehesten helfen könnten, denn das sind Momente, wo ich mich wirklich miserabel fühle und keine Kraft mehr habe. Wenn ich deprimiert bin, dann ziehe ich mich in mich selbst zurück.»

Um Hilfe zu bitten, ist auch deshalb problematisch, weil wir unsere gewohnte Rolle aufgeben müssen. Eine Krankenschwester und Mutter von sieben Kindern meint:

«Ich bin daran gewöhnt, anderen zu helfen und für sie zu sorgen. Wenn meine Kinder Hilfe brauchen, dann weiß ich gleich einen Rat. Doch wenn es um *meine* Bedürfnisse geht, dann kann ich niemanden um Hilfe bitten. Ich habe darüber nachgedacht und bin dahintergekommen, warum: ich würde dann von einer Helferin zur Hilfsbedürftigen. Ich müßte eine andere Person werden als die, die ich zu sein gewohnt bin. Das kann ich nicht. Jedenfalls bisher nicht.»

Von Frauen als den «Umsorgenden» wird erwartet, daß sie keine Hilfe brauchen. Das gleiche gilt auch für Männer, von denen erwartet wird, daß sie stark sind, sich selbst helfen können und sehr viel Selbstvertrauen haben. Häufig kommen wir uns in dieser Rolle sehr isoliert vor:

«Am Wochenende besuchte ich zwei Freunde von mir. Janet erzählte mir, daß sie schreckliche Auseinandersetzungen mit ihren Kindern habe. Sie komme sich wie in einer Falle vor und habe das Gefühl, daß keiner von ihnen heil davonkäme. Sie war sicher, daß es in keiner anderen Familie zu solchen Gefühlsausbrüchen kommt. Am Samstag traf ich Don ganz aus der Fassung und einsam bei sich zu Hause an, und er erzählte mir fast das gleiche über seine Familie. Auch er war der Meinung, daß er Hilfe brauche, doch er schämte sich deswegen und dachte, daß außer ihm niemand solche Sorgen habe!»

Wir isolieren uns. Manchmal meinen wir, daß wir mit allem allein fertig werden, egal, was auch kommen mag. Wenn dieses Gefühl aus unserer inneren Stärke heraus stammt, dann gelingt uns das vielleicht wirklich jedesmal besser. Wenn wir jedoch den Eindruck haben, wir *sollten* selber zurechtkommen, wenn wir uns gerne selbst bestrafen und meinen, daß wir Hilfe gar nicht verdient haben, dann reiben wir uns auf und werden immer deprimierter. Wir ziehen uns dann vielleicht in uns selbst zurück und suchen die Schuld bei uns. Der Druck kann sich dann so verdichten, daß es zu einer Krise kommt, die wie eine Explosion sein kann, durch die unser Leben erschüttert wird; das kann eine Verletzung, eine Krankheit, ein Nervenzusammenbruch oder eine andere Erschütterung sein, von der wir selbst oder ein Mitglied unserer Familie betroffen werden. Wir haben es dazu kommen lassen, daß die Situation so extrem, dramatisch und auffallend wie möglich wird, damit wir uns erlauben können, um Hilfe zu bitten.

Ein dritter Schritt, um Hilfe zu bekommen, besteht darin, *erkennen zu lernen, wen wir am besten darum bitten.* Viele Menschen sind selber zu sehr beschäftigt oder haben eine Menge eigene Probleme. Manchmal reagieren sie nicht, weil sie mit unserem Problem nichts anfangen können, da sie in ihrem Leben noch keine ähnliche Erfahrung gemacht haben. Oder aber sie identifizieren sich so sehr mit uns, daß sie noch mehr aus der Fassung geraten als wir selber. Vielleicht möchten sie sich auch nicht zu sehr auf uns einlassen: Menschen zum Beispiel, die ständig unterwegs sind, haben gelernt, nirgends Wurzeln zu fassen, niemals zu intim mit Nachbarn zu werden, denn sie haben sich in ihrem Leben schon so oft von so vielen verschiedenen Menschen trennen müssen, daß ein Abschied für sie zu schmerzlich sein würde.
Wenn wir um Hilfe bitten, sind wir vielleicht überrascht, was für Reaktionen wir auslösen. Vielleicht werden wir von Leuten im Stich gelassen, von denen wir am ehesten Hilfe erwartet hatten, und wir erhalten mehr Hilfe, als wir je erwartet hätten, von Leuten, die wir zufällig kennengelernt haben, oder durch eine zufällige Begebenheit wird uns Hilfe zuteil.

«Letzten Sommer brach ich mir das Bein. Ich bekam einen Gips und ging an Krücken und mußte meine Kinder vier Tage in der Woche allein versorgen. Ich brauchte jemanden, der mir Dinge tragen und kochen half. Freunde, von denen ich angenommen hatte, daß sie sofort zur Stelle wären, mußten andere Dinge erledigen. Eine Freundin kam zu mir, um mir zu helfen. Sie brachte ihre ganze Familie mit, was mich anfangs sehr irritierte. Ich war einfach zu erschöpft, um so viele Menschen um mich herum ertragen zu können. Doch wider Erwarten wirkte ihre Anwesenheit beruhigend auf mich. Unsere Kinder spielten friedlich miteinander. Als sie begann, die Blumen zu gießen und die Küche aufzuräumen, merkte ich, wie wohl auch ihre Anwesenheit mir tat. Nachdem sie wieder weg waren, versuchte ich die nächsten Tage dadurch zu überbrücken, daß ich Leute anrief und ihnen meine Situation schilderte. Laura, eine alte Freundin von mir, brachte eines Abends Essen vorbei, und mein Nachbar fuhr mich zum Arzt. Meine

Kinder kümmerten sich um die schmutzige Wäsche. Anfangs hatte ich die völlig unrealistische Vorstellung gehabt, daß alle meine Freunde sofort zu meiner Rettung herbeieilen würden, auch wenn ich mich in keiner ausgesprochenen Krisensituation befand. Die Realität sah so aus, daß ich hier ein bißchen Hilfe bekam und da ein bißchen, doch es stellte sich heraus, daß das ausreichte.»

Noch etwas können wir lernen, wenn wir um Hilfe bitten: Wir müssen uns darüber klarwerden, *daß es sich dabei um einen Prozeß handelt.* Dieser Prozeß, den wir auslösen, kann zu sofortiger Hilfe durch einen oder mehrere Menschen führen, wir können jedoch nicht davon ausgehen, daß wir in dem Augenblick, wenn wir unseren Wunsch aussprechen, schon die Hilfe bekommen, die wir suchen. Wenn wir uns ärgern, nachdem wir gefragt haben, dann müssen wir entweder einfach noch einmal fragen oder uns über unsere Bedürfnisse klarwerden und sie modifizieren, bevor wir es noch einmal versuchen. Wenn wir nicht aufgeben, können wir daraus etwas lernen, praktische Erfahrungen sammeln und an Stärke gewinnen. Es kann aber auch eine negative, enttäuschende Erfahrung sein. Vielleicht werden wir immer verzweifelter, es kann uns gehen wie einem größeren Kind, das von den Eltern geschlagen wird und beherzt um Hilfe bittet. Keiner, an den sich dieses Kind wendet, glaubt ihm seine Geschichte.
Die Hilfesuche als Prozeß kann mehrere Schritte beinhalten, indem wir uns sowohl an Freunde und Bekannte wenden, also nichtorganisierte Hilfe suchen, wie auch zu berufsmäßigen Helfern gehen, also uns an offizielle Stellen wenden.

«Mein Kind leidet unter einer chronischen Bluterkrankung. Zunächst ging ich mit ihm zu einem Arzt, der die Situation als sehr kritisch diagnostizierte und eine äußerst ‹aggressive› Behandlungsmethode anwenden wollte. Ich war sehr beunruhigt und sprach mit Freunden darüber. Sie gaben mir den Rat, mich nicht sofort auf solche drastischen Maßnahmen einzulassen, sondern zu einem anderen Arzt zu gehen, um dessen Meinung zu hören. Ich befolgte diesen Rat und fand heraus, daß der erste Arzt nicht die gesamten Unterlagen über Jamies Krankengeschichte herangezogen hatte und die ihm zur Verfügung stehenden Unterlagen falsch interpretiert hatte. Der zweite Arzt untersuchte Jamie eingehend und stellte fest, daß mit ihm soweit alles in Ordnung war. Er sagte mir, daß ich auf mögliche Anzeichen für den Beginn eines akuten Problems achten solle. Ich berichtete meinen Freunden darüber, damit auch sie bei ähnlichen Vorkommnissen hellhörig würden.»

Ein weiterer Schritt besteht darin, uns darüber klar zu sein, daß *jeder von uns eine andere Art hat, um Hilfe zu bitten*. Manche von uns fragen sehr indirekt, andere sagen direkt, was sie wollen:

«Meine Mutter rief mich an und sagte mir, daß sie sich einer Augenoperation unterziehen müsse. Ganz nebenbei und im Plauderton meinte sie, daß es nichts Ernstes sei. Ich fragte sie, ob ich nicht zu ihr kommen und bei ihr bleiben solle. ‹Mach dir keine Sorgen›, war alles, was sie dazu meinte. Nach der Operation jedoch machte sie mir und meinen Brüdern heftige Vorwürfe, daß wir uns nicht sofort um sie gekümmert hatten, um zu erfahren, wie es ihr geht. Mir wurde klar, daß sie sich große Sorgen wegen der Operation gemacht hatte. Entweder hatte sie sich gar nicht eingestanden, wie beunruhigt sie gewesen war, oder sie war nicht imstande gewesen zu sagen: ‹Helft mir! Ich möchte euch gerne bei mir haben!›

Eine Nachbarin, die ich noch nie zuvor gesehen hatte, kam ganz außer Atem ins Haus gestürzt, nachdem sie draußen meine Kinder spielen gesehen hatte. ‹Wissen Sie vielleicht einen Babysitter für mich?› fragte sie mich. ‹Ich muß in ein paar Stunden zur Arbeit, und mein Babysitter ist krank geworden.›»

Wenn wir möglichst direkt um Hilfe bitten, kann es sein, daß wir von anderen unmittelbar eine Reaktion erhalten. Die Frau aus dem obigen Erfahrungsbericht gab der Frau die Adresse einer Babysitterin, und die beiden Familien haben sich angefreundet.
Schließlich sollten wir uns folgende Fragen stellen: Sind wir in der Lage, Hilfe anzunehmen, wenn sie uns jemand anbietet? Wie reagieren wir selber, wenn wir um Hilfe gebeten werden? Wenn wir noch nie Hilfe gebraucht oder angenommen haben, fällt es uns vielleicht schwer, die Bedürfnisse anderer zu erkennen und darauf einzugehen. Wenn wir direkt gefragt werden, überkommt uns vielleicht eine merkwürdige Trägheit, und wir finden viele Gründe, weshalb wir uns nicht engagieren möchten. Wenn wir nicht direkt gefragt werden, jedoch gerne helfen möchten, befürchten wir vielleicht, eine Abfuhr zu bekommen. Wenn wir jedoch einmal die Entscheidung getroffen haben, einen nützlichen Beitrag zu leisten, eine Mahlzeit zuzubereiten, auf die Kinder aufzupassen, uns als Chauffeur zur Verfügung zu stellen, zuzuhören, Kleidung zur Verfügung zu stellen, dann haben wir uns aus unserer eigenen Isolation hinausbegeben und finden Zugang zu einer Welt, wo Bedürfnisse, Humor, Füreinander-Sorgen und Einanderhelfen auf Gegenseitigkeit beruhen.
Selbst wenn wir in schweren Zeiten Hilfe von Freunden und dafür ausgebildeten Leuten bekommen, gibt es Augenblicke, in denen wir uns einsam fühlen. Einige finden dann Rat bei einem Geistlichen oder ihrem geistigen Lehrer. Manche finden Kraft, wenn sie im Wald oder am Meer

sind und dort die Erfahrung sowohl der Einsamkeit wie auch der erstaunlichen immer wiederkehrenden Erneuerung der Natur machen. Wir können Kraft aus einer Verbindung mehrerer Möglichkeiten der Hilfe mit jeglicher Form des Gebets oder der Meditation finden, die uns in den Sinn kommen. Wir können Wege ausfindig machen, um in uns selbst Trost und Ruhe zu finden.

Informelle Hilfe

Freunde, unsere Familie, Bekannte, Leute, die wir noch gar nicht kennen, sind die Menschen, an die wir uns um gegenseitige Hilfe wenden können. Wenn wir Eltern werden, hat das zur Folge, daß wir mehr in die Gemeinschaft eingebunden sind, besonders dann, wenn wir uns unser Bedürfnis nach Gesellschaft, Unterstützung und praktischer Hilfe eingestehen und deshalb Kontakt zu anderen aufnehmen. Zunächst einmal gehört dazu Offenheit und die Fähigkeit, um Hilfe zu bitten und Hilfe anzunehmen:

«In den ersten drei Monaten, nachdem meine Tochter Cassie geboren war, wurde ich von der Intensität ihrer Bedürfnisse ganz einfach überwältigt. Ich ging nicht aus dem Haus, es war Winter und sehr kalt draußen. Freunde hatten sich in dieser Zeit bereit erklärt, mir bei der Versorgung dieses wunderbaren Babys zu helfen, doch ich konzentrierte mich völlig auf mich selbst und das Baby. Eines Tages kam Ruth, eine Nachbarin, vorbei. Wir gingen zusammen in den Park. Ich fühlte eine Zentnerlast von mir genommen, als sie Cassie auf den Arm nahm und ihr etwas vorsang. Wir lachten sehr viel an diesem Tag. Danach begannen Cassie und ich, unter Menschen zu gehen und Leute zu uns einzuladen. Es war so, als wäre ich eine lange Zeit unter Wasser gewesen und dann plötzlich ins Sonnenlicht aufgetaucht.»

Ganz allmählich entwickeln sich Beziehungen. Sie können ganz unterschiedlich sein, vielleicht oberflächlich oder im Moment sehr hilfreich. Möglicherweise hören sie schnell wieder auf, oder es wird eine enge, dauerhafte Freundschaft daraus, oder sie sind irgendwo dazwischen angesiedelt:

«Als meine Tochter noch klein war, war ich mit ihr beim Arzt gewesen, und sie hatte gerade eine Spritze bekommen, als wir auf dem Heimweg einen Bekannten trafen. Die Kleine war schlecht aufgelegt und hatte leichtes Fieber. Er war voller Mitgefühl, nahm sie auf den Arm und meinte: ‹Du armes Kind! Ich kann mich noch erinnern, wie schlecht es mir in der Armee gegangen ist, als ich diese Spritzen bekommen habe.› Ich war erstaunt, wie schnell er sich in dieses kleine Kind einfühlen konnte und wie sanft er sie im Arm hielt.»

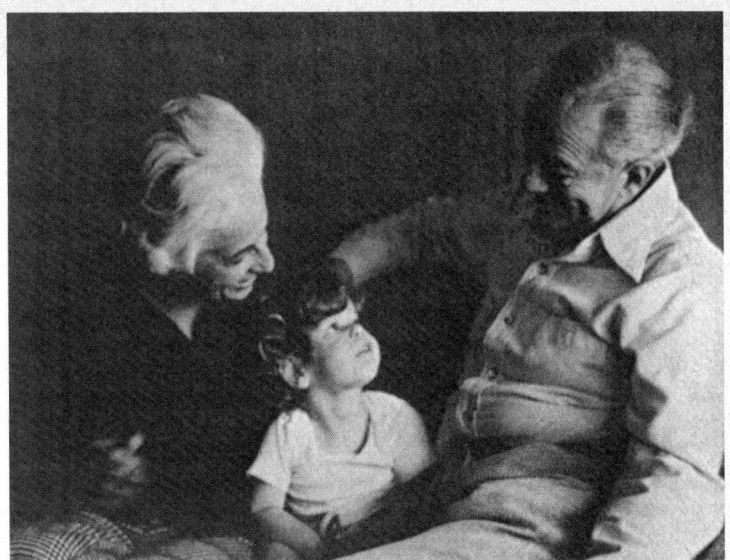

Ellen Shub

«Ich hatte Sarah vor zwölf Jahren in einem Geburtsvorbereitungskurs kennengelernt. Wir stellten fest, daß sie vier Straßen von uns entfernt wohnte. Unsere Töchter waren im Abstand von einem Monat geboren worden. Sie freundeten sich sehr bald an, ebenso auch Sarah und ich. Wir machten Höhen und Tiefen miteinander durch und bleiben gute Freundinnen. Als mein Sohn sich verbrannt hatte, wartete sie mit mir in der Klinik. Sie war mir eine große Stütze, als in meinem Leben und in meiner Ehe totales Chaos herrschte. Ich war an ihrer Seite, als ihr Baby gestorben war. Wir unterstützen uns noch immer gegenseitig.»

Die Familie

Wenn unsere Familie in der Nähe wohnt und wir gut mit ihr auskommen, kann sie uns eine große Hilfe bei der Kinderversorgung sein, und wir können gemeinsam das Familienleben mit Großeltern, Eltern und Kindern genießen. Es kann problematisch sein, daß unsere Familie in unserer Nähe lebt, wenn wir zwar gerne die Nähe zu ihr aufrechterhalten möchten, gleichzeitig aber unsere Unabhängigkeit nicht aufgeben wollen.

«In dieser Stadt gibt es Familien, wo drei Generationen unter einem Dach leben. Die Cousinen, Tanten und Onkel wohnen gleich um die

Ecke. Ich bin mit meinem Mann hierhergezogen. Seine Familie wohnt ein paar Häuser weiter. Ich betrachte es mit gemischten Gefühlen, daß wir so nahe beieinander wohnen. Ich mag sie gerne, und ich möchte, daß unser Sohn ein gutes Verhältnis zu ihnen hat. Manchmal lasse ich ihn dort. Doch es geht bei ihnen immer so hektisch und laut zu, und sie befinden sich ständig am Rande einer Krise. Gewöhnlich nehme ich ihn mit, wenn ich zum Arbeiten in das Lebensmittelgeschäft gehe. Frau Olsen hat im Hinterzimmer einen Laufstall aufgestellt. Wir nennen sie Oma Olsen. Ich habe also die Familie meines Mannes, und ich weiß, daß seine Mutter ihre Enkel gerne öfter bei sich hätte, und Frau Olsen, die für mich auch so etwas wie Familie ist, bei ihr ist es jedoch ruhiger und friedlicher.»

Nachbarn

In der Nachbarschaft läßt sich sehr viel Unterstützung finden:
«Nach Walts Geburts ging es mir sehr schlecht. Ich mußte drei Wochen lang im Bett bleiben. Die Frauen von der Kirche brachten mir Essen vorbei und besorgten den Haushalt. Noch nie in meinem Leben habe ich so gute Sachen zu essen bekommen.

Wir waren drei Familien mit Kindern in einem Mietshaus. Unsere Wohnungen waren durch Feuerleitern miteinander verbunden, und die Kinder waren dauernd von einer Wohnung zur anderen unterwegs. Zwei Monate lang hintereinander war Kyra zum Frühstück bei uns. Sie kam morgens schon im Schlafanzug zu uns herauf. Nela war häufig bei ihnen unten. Manchmal kam der Mann, der direkt unter uns wohnte, hinauf und meinte: ‹Heute geht es bei Ihnen hier oben ja wieder heiß her. Warum schicken sie die Kinder nicht mal für ein paar Stunden zum Spielen nach draußen?›
Hilfe in der Nachbarschaft ist für Eltern, die zur Arbeit gehen, besonders wichtig. In der Arbeit hast du nicht immer nur Freude. Wenn du heimkommst, bist du mit deinen Kindern zusammen, und das stellt wiederum hohe Anforderungen an dich. Nach der Arbeit brauchen wir eigentlich erst mal Ruhe und Zeit für uns selbst. Es ist eine große Hilfe, wenn du in einer Gegend wohnst, wo die Kinder draußen spielen können, und du weißt, sie sind gut aufgehoben. Wir haben Glück mit unserer Wohngegend. Es ist zwar kein Park da, aber die Kinder können auf dem Gehweg oder in den Vorgärten spielen. Ich habe wirklich das gute Gefühl, daß alle in unserer Straße nach den Kindern schauen, egal, ob sie selbst Kinder haben oder nicht.
In unserer Nachbarschaft sprechen wir über Dinge, die uns alle ange-

hen. Da tauchen Fragen auf, wie: ‹Warten Sie abends ungeduldig, bis die Kinder nach Hause gekommen sind? Was machen Sie, wenn sie nicht wie abgemacht heimkommen? Was könnten wir gegen die Drogen in der Schule unternehmen? Darf er ihr Auto benutzen? Welche Erziehungsmaßnahmen sind sinnvoll, welche nicht?› Manche Eltern lassen dich abblitzen, indem sie sagen: ‹Sie macht uns keine Probleme, wir haben keine Schwierigkeiten mir ihr.› Das ist nicht sehr hilfreich. Doch viel häufiger kommt es vor, daß wir uns gegenseitig unser Leid klagen, und daraus ergeben sich dann unsere Fragen: ‹Was machen Sie, wenn ...?›»

Der Arbeitsplatz

Auch der Arbeitsplatz kann ein Ort sein, wo wir über uns selbst sprechen, einander Erfahrungen mitteilen und Unterstützung bekommen:
«Meine Mutter arbeitet im Büro. Sie ist dort schon sieben Jahre beschäftigt, ebenso auch die anderen Frauen. Sie sind alle um die vierzig, fünfzig Jahre alt. Sie essen miteinander zu Mittag, tauschen Rezepte und mitgebrachte Brotzeiten aus und reden über ihre Kinder, und das ist auch eine Art, über sich selbst zu sprechen. Sie erzählen sich, was ihre Kinder machen und wie sie das finden. Es ist für sie eine große Erleichterung, sich über ihre Probleme aussprechen zu können. Die Tochter einer der Frauen war sehr stark drogenabhängig und sehr selbstzerstörerisch veranlagt. Manchmal geben sie einander Rat und helfen sich auch außerhalb der Arbeit, fahren mit ins Krankenhaus oder zu einem Arzttermin, damit eine Frau nicht allein hinfahren muß.
Meine Freundin und ich arbeiten an der Kasse eines Supermarktes. Ich kannte sie vorher nicht. Wenn nicht viel Betrieb ist, reden wir über uns, unsere Familie und unsere Kinder. Ich bin sehr froh, daß sie da ist.»
Der gleiche Arbeitsplatz bedeutet, daß wir den gleichen Tagesablauf gemeinsam mit anderen erleben. Wir lernen uns als Erwachsene außerhalb unserer Familie kennen. Dadurch, daß wir miteinander reden, können wir uns ausdrücken, wir finden Erleichterung und Kameradschaft, ohne ausdrücklich um Hilfe bitten zu müssen.

Organisierte informelle Hilfe

Wenn unsere Kinder größer werden, können wir einander helfen, indem wir selber etwas organisieren. Gruppen, in denen die Mutter und das Neugeborene besondere Aufmerksamkeit und Hilfe bekommen, Spielgruppen, Babysitterdienste, gegenseitige Kinderbetreuung oder Betreuung gegen Bezahlung, Treffpunkte für Teenager und Eltern sind einige der Möglichkeiten selbstorganisierter Hilfe.

Hilfe während der ersten drei Monate: Die symbolische Mutter oder «Doula»

Viele Mütter können sich sicherlich sehr gut vorstellen, wie schön das wäre, wenn in den ersten drei Monaten nachdem das Baby geboren ist, Leute da wären, die für einen sorgen. In einigen Kulturen wird davon ausgegangen, daß eine Frau vor der Geburt, vor allem aber nach der Geburt in besonderem Maße Unterstützung braucht, und eine symbolische Mutter steht ihr zur Seite. Das kann ihre eigene Mutter sein, häufiger ist es eine Verwandte oder eine Freundin. Gewöhnlich handelt es sich um eine Frau, und zwar um eine, die selber schon geboren hat. In ihrem Buch «The Tender Gift»[1] bezeichnet Dana Raphael diese Frauen als Doulas. Eine Doula richtet zum Beispiel das Geburtsbett her, unterstützt die Frau während der Wehen und bei der Geburt, beruhigt sie, backt Kuchen und bringt ihr kleine Geschenke. Sie kämmt und frisiert ihr das Haar, badet das Baby und versorgt es, kocht Essen für die Mutter und vermittelt ihr das Wissen und die Traditionen ihrer Kultur. Sie betreut die Mutter, gibt ihr Rat und hilft ihr bei der Umstellung auf ihre neue Rolle. Auf welche Weise können Frauen (und Männer) in unserer Zivilisation Doulas füreinander sein?

«Ich war zwar glücklich darüber, ein Baby bekommen zu haben, doch es gab tausenderlei Dinge, die ich nicht wußte. Die Situation erreichte ihren Höhepunkt, als mein damals wenige Monate altes Baby eines Tages besonders unruhig war. Mein Mann war wegen einer Operation im Krankenhaus. Ich war allein mit dem Kind, machte mir Sorgen und war völlig erschöpft. Durch eine glückliche Fügung (mein Baby brüllte, ich konnte keinen klaren Gedanken fassen) besaß ich die Geistesgegenwart, meine Freundin Barbara anzurufen. Sie sagte: ‹Vergiß nicht, daß dein Mann im Krankenhaus ist, daß du müde und beunruhigt bist und daß dadurch die Milch vorübergehend weniger werden kann. Deinem Kind fehlt nichts. Gib ihm Tee oder Saft, wenn es sich nicht beruhigen will, vor allem aber mußt du für dich selber etwas tun. Leg dich hin, trink ein Glas Milch, ruh dich aus, und zeig dem Baby, daß alles in Ordnung ist. In einer halben Stunde möchte ich dich gern hier bei mir haben, damit wir zusammen zu Abend essen.› Obwohl ich mit Barbara gar nicht so vertraut war, schluchzte ich während des ganzen Essens. Ich fühlte mich, als wäre eine Zentnerlast von mir gewichen. Von dem Tag an rief ich Barbara häufiger an. Wir redeten über alles mögliche,

über unsere Situation als Mütter. Mehr als einmal versicherte sie mir, daß sie mit ihren Kindern das gleiche durchgemacht hatte, daß es einfach zu der Entwicklung dazugehöre. Hin und wieder gab sie mir Sachen, aus denen ihre Kinder rausgewachsen waren, einen Kinderstuhl oder Spielzeug, das sie nicht mehr brauchten. Ich hatte das Gefühl, daß sie sich wirklich um mich kümmerte.
Allmählich spielten sich die Dinge ein. Ich lernte andere Leute mit kleinen Kindern kennen. Als mein Sohn ein Jahr alt war, bekam ich einen Anruf von einer Frau, die ich vor kurzem kennengelernt hatte. Sie hatte gerade ein Kind bekommen und kannte sonst niemanden mit kleinen Kindern. Sie fühlte sich sehr verlassen. Ich sprach ihr Mut zu und berichtete ihr von meinen eigenen Erfahrungen. Ich konnte im Verlauf des Gesprächs die immer größer werdende Erleichterung aus ihrer Stimme heraushören. Zu irgendeinem Zeitpunkt des Gesprächs wurde mir plötzlich klar, daß der Kreis sich geschlossen hatte. In den nächsten Monaten blieben wir miteinander in Kontakt. Irgendwann einmal meinte sie zu mir: ‹Nancy, ich weiß nicht, wie ich diese Zeit ohne deine Hilfe und Unterstützung überstanden hätte. Wie kann ich dir dafür danken?› ‹Gib deine Erfahrungen weiter›, antwortete ich ihr.»

Spielgruppen

Die Teilnahme an einer Spielgruppe ist eine Möglichkeit, wie sich Eltern von kleinen Kindern zusammentun und einander helfen können. Dadurch haben sie etwas mehr Zeit für sich oder können eine Halbtagsstelle annehmen, denn sie wissen, daß ihre Kinder gut versorgt sind.
Vielleicht haben wir das Geld für einen Kindergarten nicht übrig, oder wir sind mit den Kindergärten in unserer Gegend nicht zufrieden. Oder es ist uns lieber, daß unsere Kinder von Freunden beaufsichtigt werden. Mit gleichgesinnten Eltern können wir in Kontakt kommen, indem wir einen Zettel ans Schwarze Brett im Supermarkt hängen oder zum Beispiel eine Anzeige in der Zeitung aufgeben. Beginnen können wir mit dieser Spielgruppe, wenn zwei, drei oder mehr Kinder zusammengekommen sind. Die Eltern wechseln sich entweder bei der Betreuung in ihrer jeweiligen Wohnung ab, oder sie legen Geld zusammen und bezahlen jemanden dafür, daß er oder sie drei bis sechs Stunden mit den Kindern spielt. Spielgruppen treffen sich so oft, wie die Eltern das wollen und für gut halten. Mit drei bis fünf Kindern läuft eine solche Spielgruppe sehr gut, doch wenn genug Eltern und Bezugspersonen da sind, geht es auch mit einer größeren Gruppe.

«Mein Sohn ging mit einem Jahr in eine Kindergruppe. Zusammen mit dem Sohn meiner Nachbarin und zwei anderen Mädchen, die alle im gleichen Alter waren, hatten wir vier Babies, mit denen wir spielten, die wir zum Einschlafen bringen mußten, und es waren vier Windeln zu wechseln. Die vier wuchsen praktisch zusammen auf. Mit der Zeit kamen neue Kinder hinzu und gingen wieder, der Kern der Gruppe blieb jedoch bestehen. Wir kauften ihnen Spielzeug und Malstifte, kochten ihnen Mittagessen, schauten ihnen beim Spielen zu, schlichteten Streitigkeiten und gingen mit ihnen in den Park oder ins Museum. An manchen Tagen war es schwierig, andere Tage verliefen ruhig. Hin und wieder gab es Meinungsverschiedenheiten zwischen den Eltern, oder ein Kind war zu destruktiv. Doch im großen und ganzen waren wir alle mit der Gruppe zufrieden. Wir bemühten uns alle sehr um die Kinder.

Als Jack und ich uns trennten und ich auszog, fand ich eine Wohnung in einem Mietshaus, in dem zwei Familien eine Spielgruppe eingerichtet hatten. Das kam für mich wie gerufen. Andy konnte regelmäßig mit Kindern zusammensein, die er seit seinem ersten Lebensjahr kannte. Ich kann gar nicht sagen, was für eine Hilfe das für mich war.»

Babysitterdienste

Manche Eltern wechseln sich dabei ab, abends nach den Kindern zu schauen. Sie merken sich die Stundenzahl, so daß jeder ungefähr gleich viel Zeit dafür aufwendet. Auf diese Weise können wir abends ausgehen und brauchen keinen Babysitter zu bezahlen.

Kinderbetreuung gegen Bezahlung

Manche von uns brauchen für ihre Kinder eine Betreuung, die regelmäßiger stattfindet und verläßlicher ist als eine Spielgruppe, besonders, wenn wir ganztags arbeiten gehen. Vielleicht können Freunde uns eine geeignete Bezugsperson empfehlen. Wenn wir uns auf Zeitungsanzeigen verlassen, ist Vorsicht geboten.

«Einmal suchte ich eine Frau auf, die sich als Kinderfrau für Jimmie gemeldet hatte, bei der ich kein gutes Gefühl hatte. Der Fernseher lief die ganze Zeit, und ihre Wohnung war einfach zu sauber und aufgeräumt. Sie redete ununterbrochen. Ich fand sie kein bißchen sympathisch und sah zu, daß ich so schnell wie möglich wieder gehen konnte.»

Manche finden jedoch auf diese Weise auch ein «zweites Zuhause» für ihre Kinder:

«Als ich wieder zu arbeiten begann, ging Denise jeden Tag zu Frau Jans, und es gefiel ihr dort so gut, daß sie manchmal auch dort übernachtete. Mit der Tochter dieser Frau freundete sie sich so gut an, daß sie beinahe wie Schwestern waren, sie spielten zusammen und stritten miteinander, als würden sie sich schon seit Ewigkeiten kennen.»

Wir können eine Anzeige im Stadtteilanzeiger oder der Lokalzeitung aufgeben oder in Second hand-Läden oder an anderen geeigneten Orten einen Zettel aushängen:

«Als wir in einer großen Universitätsstadt wohnten, gab ich jeden Sommer folgende Anzeige in einer Studentenzeitung auf: ‹Kinderlieber Mensch gesucht, der meine zwei Kinder im Alter von ... betreut ...›» Es kam vor, daß zwanzig Leute anriefen. Ich hörte ihnen aufmerksam zu, und wenn sich ihre Stimmen warm und freundlich anhörten und sie mir geeignet vorkamen (übers Telefon läßt sich einiges beurteilen), dann bat ich sie, vorbeizukommen. Dann fragte ich sie aus, was für beide Teile nicht besonders angenehm war. Mir war wichtig, ob sie danach zu den Kindern gingen oder nicht. Jedesmal war es so, daß eine/r der Bewerber/innen mir besonders auffiel, zum Beispiel gleich ins Kinderzimmer ging und mit den Kindern redete und mit ihnen spielte. Dann stand meine Entscheidung fest. Alle meine Bekannten und Freunde waren erstaunt darüber, daß das wirklich funktionierte.»

Zentren für Eltern und Kinder

Vielleicht haben wir zusammen mit unseren Kindern Lust, ein Zentrum zu schaffen, wo wir uns in verschiedenen Zusammensetzungen treffen könnten – die Kinder, Eltern und Kinder oder hin und wieder auch nur die Eltern. Vielleicht brauchen unsere Kinder im Teenageralter einen Ort, wo sie unter sich sein können. Mit gemeinsamen Anstrengungen und viel Öffentlichkeitsarbeit und indem wir private und kommunale Geldgeber finden, vielleicht noch ein leerstehendes Gebäude oder eine leerstehende Wohnung ausfindig machen, können wir ein solches Zentrum einrichten.

Selbsthilfegruppen und Selbsterfahrungsgruppen

sind eine gute Möglichkeit, um zusammenzukommen und Fragen zu besprechen, die für uns in unseren eigenen Entwicklungsphasen und der unserer Kinder von Bedeutung sind, wo wir Zuwendung und Auftrieb bekommen und über das Nehmen und Geben überrascht sein mögen. Die Treffen finden vielleicht wöchentlich statt, die Gruppe, die aus drei oder auch mehr Leuten besteht, spricht über gemeinsame Probleme und unterstützt sich gegenseitig. Wir finden unsere Gemeinsamkeiten und unsere Unterschiede heraus und lernen, uns mit den Augen anderer zu betrachten. Wir erfahren, welche Entwicklungen die Kinder anderer Eltern in den verschiedenen Stadien durchlaufen und wie Eltern die verschiedenen Phasen in ihrem eigenen Leben und im Leben ihrer Kinder angehen. Wir erfahren, was sie für Wege gefunden haben, welche Hilfen sie in Anspruch nehmen. Vielleicht erhalten wir in solchen Gruppen moralische und praktische Unterstützung, um in unserem eigenen Leben Veränderungen vorzunehmen. Es können sich dauerhafte Freundschaften entwickeln.

Für schwangere Frauen kann es eine große Hilfe sein, wenn sie sich mit anderen Schwangeren zusammentun, um über ihre Hoffnungen, Ängste und Fragen zu sprechen, die sie in Bezug auf die Wehen, die Geburt und Kinderpflege haben:

«Als ich im dritten Monat schwanger war, machte ich einen Aushang im Frauenbuchladen unserer Stadt, daß ich an einer Selbsthilfegruppe für Schwangere interessiert sei. Es meldeten sich sieben Frauen, zwei von ihnen hatten schon Kinder. Wir trafen uns regelmäßig einmal in der Woche. Ich freute mich schon jedesmal darauf. Wir sprachen über unsere Kindheit, unsere sexuellen Gefühle und setzten uns mit unserem Frausein und unserer Schwangerschaft auseinander. Nach und nach kamen unsere Kinder zur Welt, das erste im Mai, das letzte im Oktober. Wir trafen uns weiterhin einmal in der Woche und halfen uns gegenseitig bei Stillproblemen und bei der Kinderbetreuung. Es gab uns allen Auftrieb, einmal in der Woche unabhängig, ohne unsere Kinder etwas zu unternehmen. Als das älteste Kind eineinhalb Jahre alt war, begannen wir gemeinsam mit einer Babygruppe, die von einer der beiden Frauen, die schon ältere Kinder hatten, geleitet wurde.»

Ein Vater berichtet über seine Gruppe:

«Wir sind vier Väter. Drei von uns sind ganztags berufstätig. Wir hatten mit unseren Treffen schon begonnen, bevor unsere Kinder auf der Welt waren, und sind zusammengeblieben, um mehr übereinander zu erfahren. Wir sprechen über alles mögliche, zum Beispiel darüber, wieviel Zeit wir gerne mit unseren Kindern verbringen, wie wir uns in unserer Rolle als Vater sehen, und darüber, daß unsere Frauen in den ersten Monaten nach der Geburt anscheinend kein besonders großes sexuelles Interesse haben, was für uns ziemlich belastend ist. Ich bin wirklich gerne mit meinem Sohn Jake zusammen und beobachte, wie er sich verändert, doch manchmal bin ich es auch leid. Ich bin sehr froh darüber, daß ich die Gruppe habe, wo ich häusliche Ereignisse und Sorgen zur Sprache bringen kann.»

Ein weiteres Beispiel für eine Selbsthilfegruppe ist eine «Zweckfamiliengemeinschaft»:
> «Nachdem wir umgezogen waren, kamen wir uns richtig entwurzelt vor. Wir suchten Anschluß an die dortige Kirchengemeinde. Dabei fanden wir heraus, daß diese Gemeinde die Bildung von familienähnlichen Zweckgemeinschaften fördert. Es werden Leute verschiedener Altersstufen zusammengebracht, die sich nicht kennen, und daraus entstehen Gruppen, die eine Familie bilden. Wir entschlossen uns, an einer solchen Gruppe teilzunehmen, weil wir neugierig waren, was wohl dabei herauskäme. Es hat eine ganze Weile gedauert, bis wir uns kennengelernt hatten. Wir wohnen nicht zusammen, und alle haben ihren eigenen Bekannten- und Freundeskreis. Doch wir haben uns einverstanden erklärt, unsere Familie füreinander zu sein. Wir helfen uns gegenseitig, wenn jemand einen Fußboden verlegen oder sein Haus neu streichen will, betreuen gegenseitig unsere Kinder, verbringen Feiertage gemeinsam und treffen uns auch sonst häufig.»

Hilfe durch Institutionen

Manchmal brauchen wir auf Grund einer besonderen Situation, in der wir uns befinden, mehr Hilfe oder eine andere Art von Hilfe, als sie die informellen persönlichen Hilfskontakte bieten können. Dann wenden wir uns am besten an schon existierende Einrichtungen und offizielle Stellen.[2] Darunter verstehen wir Vereine, bestimmte Institutionen, staatliche Stellen und örtliche Hilfsdienste oder ähnliche Einrichtungen, bei denen entweder Leute mit einer entsprechenden Fachausbildung beschäftigt sind oder aber über ehrenamtliche Helfer verfügen. Es besteht auf jeden Fall die Möglichkeit, viel Hilfe zu bekommen, wohin du dich auch wenden magst. Wir möchten auf ein paar allgemeine Gesichtspunkte hinweisen, die dir vielleicht nützen, wenn du dich an solche Stellen wendest.

Die informellen Hilfsmöglichkeiten sollten nicht in Vergessenheit geraten.
Besonders ausgebildete Helfer und soziale Einrichtungen können eine große Hilfe sein, sehr viel mehr können sie dir jedoch nützen, wenn du gleichzeitig auch Kontakt zu selbstorganisierten Hilfsnetzen hast, mit denen wir uns in diesem Kapitel schon beschäftigt haben. Dadurch können wir verhindern, daß wir allzu abhängig von Institutionen werden und persönliche Erwartungen an sie haben, die sie eigentlich gar nicht erfüllen können. Eine Therapeutin oder ein Therapeut kann zum Beispiel ausgesprochen hilfsbereit und unterstützend sein, Freunde können sie jedoch nicht ersetzen. Ein Kinderarzt weiß sehr viel über die einzelnen

kindlichen Entwicklungsphasen, doch um mit ihr oder mit ihm laufend unsere alltäglichen Erziehungsprobleme zu besprechen, sind wir nicht an der richtigen Adresse. Wenn wir uns dafür einsetzen, informelle Hilfskontakte einzurichten oder aufrechtzuerhalten, dann bekommen wir ein umfassenderes Bild von uns selbst, und wir können auch manchmal die Gebenden und Helfenden sein und nicht nur immer die, die nehmen und denen geholfen wird. Wichtig ist auch der Umstand, daß wir bei unserem Umgang mit Ärzten oder Therapeuten manchmal auf Probleme stoßen, was das Verhältnis zu diesen Leuten anbelangt, und dann sehen wir nicht mehr klar. Gute Freunde, die uns lange kennen, unsere Familie oder unsere Kinder können uns dabei helfen, zu klären, wo die Schwierigkeit liegt, und uns zu einer anderen Sicht verhelfen, so daß wir die Möglichkeit haben, die Situation auch noch anders zu betrachten als die jeweiligen Experten, mit denen wir es zu tun haben.

Es gibt keine Patentlösung. Häufig wird die Frage gestellt, welche Einrichtung optimal ist. Das führt dann oft zu Verallgemeinerungen wie zum Beispiel der Feststellung: «Städtische Kindergärten sind abweisend und restriktiv, die Kinder bekommen dort nicht genügend Aufmerksamkeit.» Oder es wird behauptet: «Wenn du zu einem wirklich guten Therapeuten gehen willst, mußt du ein kleines Vermögen bezahlen.» Solche Gemeinplätze sind nicht sehr hilfreich. Es gibt viele gute städtische Kindergärten, wo eine herzliche Stimmung herrscht und die Kinder sehr viel Zuwendung bekommen, und es gibt zahlreiche Möglichkeiten, zu einer guten Therapie zu kommen, ohne 70,– Mark für die Stunde aus eigener Tasche zahlen zu müssen. Die Stelle ist die beste, wo du am meisten Hilfe bekommst, und das hängt von den einzelnen Möglichkeiten dieser Stelle, von deinen persönlichen Besonderheiten, deinen Bedürfnissen und von den Wahlmöglichkeiten ab, die dir in deiner Umgebung zur Verfügung stehen. Die einen Eltern, deren Kind unter einer sehr ernsten Krankheit leiden, finden vielleicht großen Trost in einem Gespräch mit einem Geistlichen, während andere Entlastung finden, indem sie eine überregionale Organisation aufbauen, die sich mit der Erforschung der Krankheit befaßt, unter der ihr Kind leidet. Die einen suchen vielleicht lieber Kontakt zu einer Selbsthilfegruppe von Eltern, deren Kinder unter derselben Krankheit leiden, während andere sich lieber einer Einzeltherapie unterziehen. Das alles sind völlig gerechtfertigte Möglichkeiten, mit einem ähnlich gelagerten Problem fertig zu werden.

Ärzte, Therapeuten und andere Experten sind von einem Mythos umgeben. Durch diesen Mythos wird die Bedeutung des Wissens und der Fähigkeiten dieser Leute überhöht, und sie erscheinen uns dann mächtiger, erfahrener und über mehr Wissen verfügend, als das der Fall ist oder sein kann. Zu dieser Einstellung tragen sowohl die Fachleute selbst wie auch die Laien bei, und das führt zu einer Konstellation, bei der die Stärke des Patienten oder Klienten und sein Wissen und seine Intelligenz heruntergespielt und die Ungleichheit zwischen ihm und Ärzten und Therapeuten verstärkt werden. Ein Teufelskreis entsteht, in dem die Hilfe von Fachleuten als die einzig wirksame Hilfe gilt und die Ansicht dieser einzelnen Leute über eine Situation die einzig gültige ist.

Gesellschaftliches Bewußtsein in sozialen Einrichtungen und Institutionen. Es ist traurig, aber wahr, daß Institutionen, Experten und soziale Stellen oft nicht dazu fähig sind, die allgemeinen gesellschaftlichen Mißstände zu erkennen, auf die das individuelle Problem manchmal zurückzuführen ist. Das hat zur Folge, daß wir nach Aufsuchen einer solchen Stelle uns noch schwächer, noch isolierter und noch ‹anders› als andere Menschen vorkommen, anstatt daß uns geholfen wurde, den wirklichen, sehr komplexen Ursprung der Probleme zu erkennen, mit denen viele Eltern in unserer Zeit zu kämpfen haben. Es wurde uns also nicht dabei geholfen, die allgemeine Ursache dieses ‹persönlichen› Problems zu erkennen, unter dem außer uns viele leiden. Die meisten Institutionen werden sich nur dann umstellen, wenn wir Veränderungen in der Gesellschaft bewirken, in der wir leben. Und hierauf kommt es wohl an, wenn wir über soziale Verantwortung reden: Jeder von uns muß dazu beitragen, daß wir uns genügend Wissen angeignen, um gesellschaftliche Zusammenhänge und die sich daraus ergebenden Probleme zu verstehen. Wir selber müssen etwas tun, damit die Gesellschaft ihre einzelnen Angehörigen besser behandelt und mehr unterstützt. Die Frauenbewegung ist ein gutes Beispiel dafür, von welchem Nutzen diese Art sozialen Bewußtseins für die gesamte Gesellschaft sein kann. Die Frauenbewegung hat dazu beigetragen, daß viele Menschen (Frauen und ebenso auch Männer) die Verbindung zwischen ihren ‹häuslichen› Problemen und ‹öffentlich anerkannten› Problemen klarer erkannt haben, was zum Beispiel die geschlechtsspezifischen Rollen, die wirtschaftliche Benachteiligung und viele andere Dinge anbelangt. Diese Erkenntnisse haben in vielen Fällen zu persönlichen Veränderungen, gesellschaftlichen Aktivitäten und sozialen Veränderungen geführt.

Unzulänglichkeiten und Vorurteile. In vielerlei Hinsicht sind die Hilfeleistungen für Eltern unzulänglich oder schwer zugänglich. Väter fühlen sich häufig sehr deplaciert, wenn sie die Elternrolle gegenüber ihren kleinen Kindern wirklich ausüben und sich um Hilfe bemühen. Leute in finanzieller Not und gesellschaftliche Außenseiter bekommen häufig Verachtung zu spüren oder werden geradezu ignoriert, wenn sie sich an Behörden und andere Institutionen wenden. Für Väter, für alleinerziehende Eltern, für

Eltern von Teenagern und für berufstätige Eltern gibt es wenige oder gar keine Hilfen. Eines der augenfälligsten Versäumnisse, von dem wir alle betroffen sind, besteht darin, daß relativ wenig Geld und Energie für vorbeugende Hilfsmaßnahmen und Elternaufklärung aufgewendet wird. Das trifft sowohl auf staatliche Stellen wie auch auf andere Hilfsorganisationen zu. Eltern, die keine schwerwiegenden Probleme haben, jedoch gerne Hilfe und Unterstützung haben möchten, müssen erst so lange warten, bis wirklich ein akutes Problem vorliegt!

Einige Tips für den Umgang mit Institutionen

Die meisten von uns haben zwar mehr oder weniger häufig mit Behörden, Institutionen, Ärzten und so weiter zu tun, doch nur wenige von uns haben je gelernt, wie sie so mit ihnen umgehen, daß sie wirklich ihr Ziel erreichen. Es folgen einige Vorschläge, die vielleicht nützlich für dich sind. Einige davon beziehen sich möglicherweise auf deine Situation, mit anderen kannst du wenig anfangen. Bestimmt fällt dir auch noch was dazu ein. Der Sinn all dieser Tips soll der sein, daß du dich stärker fühlst, so daß du für dich selbst, dein Kind oder deine Familie wirklich etwas erreichst.

Verschaffe dir Klarheit über dein Problem. Der erste Schritt zur Lösung eines Problems besteht darin, daß wir die Tatsache, daß wir eines haben, akzeptieren können. Vielleicht handelt es sich darum, eine Möglichkeit zu finden, bei der Kinderversorgung entlastet zu werden, zum Beispiel einen Kindergartenplatz zu finden. Oder wir gestehen uns ein, daß wir die meiste Zeit über durcheinander sind und uns häufig Sorgen machen, oder unsere Kinder sind oft in Schwierigkeiten, und wir werden damit allein nicht mehr fertig.
Haben die Schwierigkeiten hauptsächlich mit unseren Kindern oder mit uns selbst zu tun? Wodurch kommt uns unsere Situation noch schlimmer vor, wodurch wird sie besser – das heißt, welche Art von Hilfe nützt uns? In welchem Umfang brauchst du Hilfe?
Wenn es dir schwerfällt, diese Fragen zu beantworten, dann wende dich an Freunde. Mach ihnen klar, daß du keine Lösung deines Problems von ihnen erwartest, sondern hauptsächlich Zuhörer brauchst, um deine Schwierigkeiten laut zu durchdenken. Du kannst sie vielleicht sogar bitten, daß sie dir mit ihren eigenen Worten das wiedergeben, was du gesagt hast. Das trägt vielleicht dazu bei, dein Problem oder deine Bedürfnisse zunächst einmal in Worte zu fassen. Im Laufe der Zeit findest du möglicherweise eine andere Formulierung dafür. Es handelt sich hierbei hauptsächlich um eine Möglichkeit, einen Anfang zu finden. Wo deine Schwie-

Gail Bryan

Gail Bryan

rigkeiten wirklich liegen, wird dir wahrscheinlich erst klarer, nachdem du eine Adresse aufgesucht hast, auf jeden Fall kannst du schon mit konkreten Vorstellungen dort hingehen. Verlier dabei nie aus den Augen, daß du dich am *Beginn eines Prozesses* befindest.

Greif auf die Möglichkeiten zurück, die dir schon zur Verfügung stehen. Überlege, wen du gut genug kennst und zu wem du genügend Vertrauen hast, um Hilfe zu erbitten. Eine Freundin oder die Lehrerin deines Kindes? Eine Berufskollegin? Die Kindergärtnerin? Bitte sie um ein Gespräch, oder erkundige dich bei ihnen, welche Stellen sie dir empfehlen können. Vielleicht kennst du jemanden, der gerne alle möglichen Informationen speichert. Manche Leute erinnern sich an Dinge, die sie über bestimmte Programme oder Einrichtungen gehört haben, und geben diese Informationen gerne an andere weiter, die etwas damit anfangen können. Wende dich an andere Eltern, die in einer ähnlichen Situation sind. Du kannst zum Beispiel Leute fragen, die du im Park oder auf dem Spielplatz triffst, ob sie einen guten Kindergarten oder eine Babygruppe kennen, die noch Plätze frei hat. Du kannst Berufskollegen darüber ausfragen, welche Möglichkeiten der Kinderbetreuung sie gefunden haben. Sehr nützlich kann auch ein Blick ins Telefonbuch sein: vielleicht findest du dort genau die Organisation, die für dich in Frage kommt.

Schau dich nach Gleichgesinnten um. Einige Leute, die das gleiche erreichen wollen, können mehr in Bewegung setzen als eine Person allein. Wenn Väter sich weiter für bezahlten Vaterschaftsurlaub einsetzen, bestehen mehr Aussichten, diese politische Forderung in naher Zukunft tariflich durchzusetzen.

Mach dir eine Gedächtnisstütze. Gerade wenn wir Hilfe brauchen, sind wir ziemlich durcheinander und unkonzentriert. Wir vergessen, was wir sagen wollten, wir stellen wichtige Fragen nicht und hören nur mit halbem Ohr zu, wenn uns Vorschläge gemacht werden, die sehr nützlich für uns sein können. Es kann eine Weile dauern, bis du wirklich die Hilfe findest, die du brauchst. Bis dahin kann es eine große Hilfe für dich sein, wenn du alle wichtigen Informationen in ein kleines Notizbuch schreibst, zum Beispiel in Frage kommende Stellen mit Telefonnummer und Adresse, vielleicht auch, wer sie dir empfohlen hat. Schreib auf, wann du angerufen hast und mit wem du gesprochen hast, außerdem, was du dort in Erfahrung gebracht hast. Dadurch erreichst du mehrerlei:
1. Du kannst rekonstruieren, was sie tatsächlich zu dir gesagt haben, wenn du dich nicht mehr so genau erinnerst.
2. Du bist dadurch besser auf Gespräche mit Fachleuten vorbereitet und kannst sie klarer über das informieren, was du in Erfahrung gebracht hast.

3. Du vergißt deine Fragen nicht.
4. Dir gehen keine Informationen verloren, du kannst dein Wissen über die zur Verfügung stehenden Hilfsmöglichkeiten besser ordnen und darauf aufbauen.
5. Wenn du durch diese Vorbereitungen sicher auftreten kannst, beeindruckst du die Leute, mit denen du zu tun hast, sie werden dich mit mehr Respekt behandeln und sich um mehr Klarheit bemühen, wenn sie mit dir reden.

Stelle einen Kontakt her. Leute anzurufen oder bestimmte Stellen aufzusuchen ist nicht immer leicht, und es gehört einige Praxis dazu, bis wir die wirkungsvollsten Methoden herausgefunden haben. Vielleicht mußt du dabei zwei Barrieren überwinden, deine eigene, die dich dabei behindert, ohne weiteres um Hilfe zu bitten, und eine weitere, mit der sich viele Institutionen umgeben, indem sie abweisend sind, anstatt einladend auf Hilfesuchende zu wirken. Einige Stellen wissen darum, wie bedeutsam die erste Begegnung ist, und sorgen dafür, daß eine einladende Atmosphäre herrscht. Es kann aber auch passieren, daß du mit Leuten zu tun hast, die selber überarbeitet sind, sich den Leuten gegenüber nicht verantwortlich fühlen, die zu ihnen kommen oder auch gar kein Interesse an ihnen haben. Gib nicht auf. Geh nicht davon aus, daß du hinter dieser Barriere sowieso nichts zu erwarten hast oder daß es nicht auch noch andere Einrichtungen gibt, die wirklich dazu bereit sind, die nötige Hilfe zu gewähren.

Laß dich nicht abweisen. Oft ist schwer herauszufinden, wo du am besten anrufst oder mit wem du dich am besten verbinden läßt. Geh davon aus, daß du nicht gleich beim ersten Versuch Glück hast, sondern ein paarmal anrufen mußt. Das ist hart, denn manchmal geht es dir in dem Moment, wo du anrufst, vielleicht so schlecht, daß du deine Sorgen einfach bei jemandem loswerden möchtest, und dann gerätst zu vielleicht an einen Anrufbeantworter, der sagt: «Bitte nennen Sie Ihren Namen und Adresse, und hinterlassen Sie eine kurze Nachricht.» Auch wenn du die richtige Stelle ausfindig gemacht hast, gewinnst du vielleicht den Eindruck, daß deine Anwesenheit überhaupt nicht erwünscht ist, so zum Beispiel, wenn du bei deinem kranken Kind in der Klinik bleiben möchtest oder wenn du versuchst, mit dem Sozialarbeiter des Freizeitheims zu reden, wo dein Kind häufig hingeht. Besonders Väter haben häufig das Gefühl, nicht für voll genommen zu werden, wenn sie Institutionen aufsuchen, die doch dafür da sind, um *Eltern* zu helfen. Laß dich davon nicht abschrecken.

Sei neuen Informationsquellen gegenüber aufgeschlossen. Manchmal erhältst du da Hilfe, wo du es gar nicht erwartet hättest. Im Jugendamt erhältst du vielleicht nur eine Liste von Kliniken, obwohl doch anzunehmen wäre, daß das die richtige Stelle ist, wenn Eltern bestimmte Informationen brauchen, die Sozialarbeiterin bei der Nachbarschaftshilfe kann dir aber vielleicht die Stellen nennen, die für Eltern von Teenagern in Frage kommen, dir also genau die Auskunft geben, die du haben wolltest. Lokalzeitungen, Büchereien, Anschlagbretter in Supermärkten oder an anderen Orten, Gemeindeämter, Telefonseelsorgen und andere Telefondienste können ein guter Ausgangspunkt sein, um dir den Weg zu weisen. Auch Parteigruppen oder Abgeordnete können eine große Hilfe sein, wenn es um den Bürokratismus geht, der in manchen Behörden herrscht. Wünschenswert wäre jemand, der sich persönlich für dein Problem engagieren kann und sich für dich einsetzt. Komm dir auf keinen Fall lästig vor. Die Leute, die in sozialen Einrichtungen und ähnlichen Stellen arbeiten, werden dafür bezahlt, und viele helfen dir auch wirklich gern weiter.

Laß dir von Freunden helfen. Bitte Freunde und Verwandte darum, für dich einzuspringen, wenn du nicht mehr weiterweißt. Sie können sich um deine Kinder kümmern, während du telefonierst, damit du dich konzentrieren kannst, sie können dich aufmuntern oder mit dir zusammen die zuständigen Stellen ausfindig machen. Bitte jemanden, dich bei einem Behördengang zu begleiten, wenn dir das hilft. Geh mit einer Freundin zu Untersuchungen, zum Elternsprechtag oder zum Sozialamt. Vielleicht fühlst du dich dann stärker und sicherer, kannst bestimmter auftreten und dir ein klareres Bild von dem machen, was vor sich geht.

Laß dich weiter verweisen. Wie wenig hilfsbereit die Stelle auch sein mag, wo du anrufst, laß dich nicht einschüchtern und leg nicht entmutigt den Hörer auf. Frag sie, ob sie dir nicht drei weitere Stellen nennen können, die dir ihrer Meinung nach weiterhelfen können. Du kannst zum Beispiel sagen: «Sie schienen meine letzte Rettung zu sein. Wen, meinen Sie, könnte ich sonst noch anrufen? Ich wäre Ihnen für jeden Vorschlag sehr dankbar.» Sie können dir bestimmt andere Stellen nennen, und es kann dir dann nicht passieren, daß du gar nicht mehr weißt, an wen du dich noch wenden kannst.

Verliere dein Anliegen nicht aus den Augen. Vergiß nicht, daß berufsmäßige Helfer auch Menschen sind und ihre persönlichen Schwierigkeiten und Bedürfnisse haben. Manchmal stellst du aus den unterschiedlichsten Gründen fest, daß du dich sehr unbehaglich in Gegenwart von jemandem fühlst, den du um Hilfe aufgesucht hast. Vielleicht wird dir der Eindruck vermittelt, daß etwas mit dir nicht stimmt, daß deine Gefühle und Wahrnehmungen nicht berechtigt sind, daß du keine Hilfe «verdient» hast.

Vielleicht hast du das Gefühl, daß das Kräfteungleichgewicht zwischen dir und deinem Gegenüber größer ist, als es durch die Situation gerechtfertigt erscheint, oder du stellst fest, daß du gegen persönliche oder von der Institution ausgehende Vorurteile ankämpfen mußt, daß du grob behandelt wirst oder es mit unfähigen Leuten zu tun hast.
Gib dann nicht auf. Laß dir die Dinge erklären, die du nicht verstehst, und teile du wiederum mit, wie du das aufgefaßt hast. Wiederhole deine Anliegen, bis du sicher bist, daß du gehört worden bist. Wenn du mit einer bestimmten Person überhaupt nicht weiterkommst, laß dir einen Termin mit jemand anderem geben. Du kommst dir vielleicht etwas komisch dabei vor, doch ist das ein ganz normales und ganz und gar gerechtfertigtes Verhalten, und das kann sich sehr entscheidend auf die Hilfe auswirken, die du bekommst. Oftmals können Schwierigkeiten in der Beziehung zwischen berufsmäßigem Helfer und Klienten erfolgreich beigelegt werden. Denk daran, daß es Zeit braucht, bis ein gutes Arbeitsverhältnis zustande kommt.

Laß dich nicht einschüchtern. Vergiß nicht, daß es ein Zeichen von Stärke sein kann, wenn du dich um Hilfe an andere wendest, ebenso, wie es ein Zeichen von Stärke ist, wenn du anderen hilfst. Genügend Informationen und bestimmte Verhaltensweisen können dir eine Menge Rückhalt geben. Sie sollen als Werkzeuge, nicht als Waffen dienen. Eine gute Beziehung bei der Hilfeleistung sollte weder dazu führen, daß der, dem geholfen wird, noch, daß der Helfer sich klein macht. Auch sollte dadurch keine allzu große Abhängigkeit des einen vom anderen entstehen. Zwar ist es manchmal schwierig und aufwühlend, wenn wir um Hilfe bitten müssen, der Sinn liegt aber schließlich darin, daß du dich besser dazu fähig *fühlen* sollst und besser dazu fähig *sein* sollst, mit deinem Leben umzugehen.
Die folgenden Informationen sollen dazu dienen, daß du dort nachschlägst, wenn du sie brauchst. Vielleicht möchtest du sie im Moment nur überfliegen, um zu sehen, welche Themen wir darin behandeln.

Informationstext zum Nachschlagen bei verschiedenen Situationen und Problemen der verschiedenen Altersstufen

1. Schwangerschaft, Geburt und die ersten Monate danach

Die Schwangerschaft ist eine Zeit der Veränderungen – eine Vorbereitungszeit, eine Zeit des Unbekannten und der Fragen. Wie wird die Geburt sein? Ist mit dem Baby alles in Ordnung? Was für Veränderungen werden sich ergeben? Wir haben ein großes Bedürfnis nach wirklicher Information und einer guten Vorbereitung. Für Frauen sowohl wie auch für Männer ist das eine Zeit äußerst intensiver Gefühle. Wahrscheinlich empfinden wir Freude, Liebe und Stolz sehr viel stärker als je zuvor in unserem Leben. Und vermengt mit diesen angenehmen Gefühlen sind wir oft sehr unglücklich, womit wir nicht gerechnet haben, und wir meinen dann, daß wir solche Empfindungen eigentlich nicht haben dürften.

Wo finden wir Verständnis für diese körperlichen und emotionalen Veränderungen in der Schwangerschaft und während der Geburt? Am besten wendest du dich zunächst an Freundinnen, die schon Kinder haben. Wenn du mit ihnen über deine Gedanken sprichst und dich mit ihren Babies oder kleinen Kindern beschäftigst, werden dir deine Fragen klarer, und du kommst dir nicht mehr so unvorbereitet vor. Es kann aber sein, daß wir keine Leute mit Kindern kennen oder daß uns das als Hilfe nicht ausreicht. Dann können wir uns an offizielle Stellen und bestehende Einrichtungen wenden.

Frauenärzte. Sie sind häufig die ersten «Fachleute» mit denen wir als werdende Eltern zu tun haben. Vielleicht suchen wir sie mit der Erwartung auf, daß sie alle unsere Fragen beantworten und alle unsere Ängste zerstreuen können. Zwar wissen einige von ihnen sehr viel und sind auch sehr einfühlsam, doch viele haben leider nicht die Zeit oder sind nicht entsprechend ausgebildet, oder es fehlt ihnen auch die Bereitschaft, sich mit werdenden Eltern so auseinanderzusetzen, daß sie wirklich helfen. Als Frau hast du wahrscheinlich das Gefühl, daß du durch die Praxis geschleust wirst, daß dir väterlich über den Kopf gestreichelt wird, wenn du beunruhigt Fragen stellst, und daß du im allgemeinen wie ein nicht besonders intelligenter, überängstlicher Störenfried bei einem medizinischen Vorgang behandelt wirst, der nur ganz entfernt mit dir als Person zu tun hat. Als Mann kommst du dir vielleicht so vor, als hättest du dich auf feindliches Gebiet gewagt.

Anstatt dich damit zufriedenzugeben, daß deine Fragen unbeantwortet und deine Bedürfnisse unerfüllt bleiben, kannst du diese Zeit sehr gut

nützen, um zu lernen, wie du mit offiziellen Stellen und bestehenden Einrichtungen so umgehst, daß du auch wirklich Hilfe bekommst. Sieh dir die Tips von Seite 390 bis 398 noch einmal an und wende einige davon auf deine Situation an. Folgendes kannst du noch tun:
- Sprich mit Freunden. Frag andere Frauen, wie sie mit deiner Ärztin, deinem Arzt zurechtgekommen sind. Wenn sie nicht zufrieden sind, dann frag sie, wen sie dir empfehlen können. Frag Väter, ob sie das Gefühl hatten, gerne in der Arztpraxis gesehen zu werden.
- Sei sachlich. Erwarte nicht, daß dein Frauenarzt alle deine Bedürfnisse erfüllen kann. Wende dich an Freunde, die Arzthelferin, andere Leute mit medizinischer Ausbildung, besorg dir gute Bücher (siehe Seite 481).
- Kläre die Dinge. Schreib dir deine Fragen auf, bevor du zum Arzt gehst. Sag der Sprechstundenhilfe Bescheid, daß du beim nächsten Termin mehr Zeit haben möchtest, um mit dem Arzt zu reden. Geh den Dingen auf den Grund. Wenn deine Frage nicht beantwortet worden ist oder du über etwas, das sie/er gesagt hat, beunruhigt bist, dann sag es.
- Laß dich nicht überrumpeln. Wenn sich zum Beispiel ein Gespräch über deine Wünsche und die ärztlichen Maßnahmen bei der Geburt ergibt, dann laß dich nicht mit medizinischen Fachausdrücken bombardieren, während du ergeben mit gespreizten Beinen auf dem Untersuchungsbett liegst. Sag, daß du mit dem Gespräch warten möchtest, bis du wieder angezogen bist und ihr/ihm im Sprechzimmer gegenübersitzt und dein Mann oder eine Freundin dabei sind.

Dein Interesse ist es, ein gutes partnerschaftliches Verhältnis herzustellen, das auf gegenseitigem Respekt und Vertrauen zwischen dir und deinem Arzt beruht. Wenn es in einem gegnerischen Verhältnis zu Meinungsverschiedenheiten kommt, ist normalerweise die Patientin im Nachteil.

Alternative Ansprechpartner in der Medizin. Vielleicht kannst du mit Hilfe von Freundinnen, deinem Arzt oder der Klinik andere Leute mit medizinischer Ausbildung finden, an die du dich außer deinem Arzt wenden kannst. Dazu gehören zum Beispiel Hebammen, Wochenpflegerinnen und Krankenschwestern. Sie haben eine besondere Ausbildung auf dem Gebiet und sind in der Lage, auf die meisten oder alle deine Bedürfnisse in dieser Zeit einzugehen. Jene Frauen unter ihnen, die die Schwangerschaft nicht nur unter medizinischen Gesichtspunkten betrachten, können besser auf deine Fragen eingehen und dir Antworten geben, mit denen du etwas anfangen kannst. In einigen Kliniken ist es jetzt üblich, daß Hebammen die Paare auf die Geburt vorbereiten und dann auch die Geburt leiten. Einige dieser Kliniken gehen auf die Bedürfnisse der Familie ein und unterstützen es, wenn die Frau und auch der Mann die Geburt aktiv erleben. Dort ist Rooming-in üblich, der Mann kann jederzeit zu seiner Frau und seinem Kind, manchmal sind auch die Geschwister gern

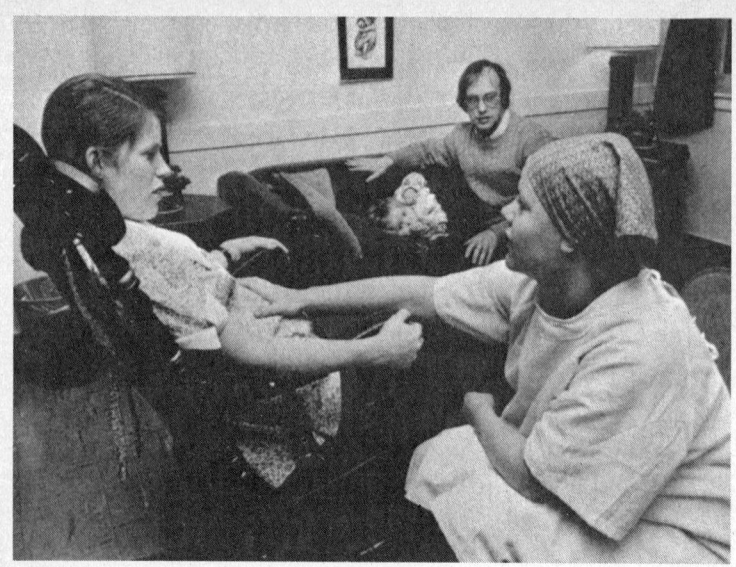

Abigail Heyman/Magnum

gesehen. Mehr und mehr Frauen entscheiden sich wieder für eine Hausgeburt. Es wird jedoch immer schwieriger, eine niedergelassene Hebamme und gegebenenfalls auch einen Arzt zu finden, die bereit sind, zu uns nach Hause zu kommen. Durch gesetzgeberische Maßnahmen und eine restriktive Politik bei der Erteilung von Lizenzen soll diese Möglichkeit ganz und gar beschnitten werden. Nur wenn wir gemeinsam etwas dagegen unternehmen, läßt sich diese Entwicklung vielleicht noch aufhalten.

Bücher. Wenn du den Eindruck hast, daß in den Heften über Schwangerschaft und Geburt, die du in der Arztpraxis in die Hand gedrückt bekommst, Gefühle in der Schwangerschaft mit Zuckerguß überzogen oder verniedlicht werden, dann solltest du nicht meinen, daß mit dir etwas nicht stimmt – mit diesen Heften stimmt so einiges nicht. Lies eines der Bücher, die in der Bücherliste S. 481f angegeben sind. Wenn eine Frau über ihre Gefühle berichtet und du stellst fest, daß du von ähnlichen Dingen beunruhigt wirst, dann sind sie vielleicht weniger bedrohlich. Dann entdeckst du vielleicht auch den Humor und die Freude, die mit einigen dieser Ängste einhergehen.

Geburtsvorbereitung. Die Teilnahme an einem Geburtsvorbereitungskurs bietet die Möglichkeit, mit anderen Eltern in Kontakt zu kommen, du bekommst das nötige Wissen vermittelt und kannst dort über deine Gefühle und Ängste reden. Ein solcher Kurs kann sehr hilfreich und unterstützend sein und großen Spaß machen. Vielleicht meinst du, daß du sowieso schon alles weißt oder daß dir dort eine «natürliche» Geburt aufgedrängt werden soll, bei der du auf Medikamente verzichten sollst, was für dich eine beängstigende Vorstellung ist. Viele setzen sich heute dafür ein, daß Eltern mehr über eine «vorbereitete Geburt» erfahren (das wäre vielleicht ein treffenderer Ausdruck), doch es ist nichts Geheimnisvolles oder Übermenschliches dabei, auf diese Art zu gebären. Es geht hierbei vielmehr darum, mit unzutreffenden oder sogar schädlichen Vorstellungen und Verhaltensweisen aufzuräumen, die in den letzten Jahrzehnten um die Geburt herum entstanden sind. Bei Kursen für Paare, die wir hier empfehlen (dabei kann der Partner; der Ehemann oder auch eine Freundin oder eine andere Vertrauensperson mit dir am Kurs teilnehmen), erfahren die Schwangere und ihre Bezugsperson alles Wichtige über den Geburtsvorgang, lernen Entspannungstechniken und werden sich ihrer Atmung bewußter, so daß die Angst vor der Geburt abgebaut wird. Ein solcher Kurs kann eine große Hilfe sein, damit du während der Geburt bei dir bleiben kannst und nicht aus der Fassung gebracht wirst, wenn du mit allen möglichen Geräten und Maßnahmen oder Medikamenten konfrontiert wirst. Du hast dich mit dem Für und Wider verschiedener geburtshilflicher Maßnahmen ausreichend beschäftigt, um selber entscheiden zu können, ob du Medikamente und bestimmte Eingriffe willst oder nicht, du brauchst also nicht alles über dich ergehen zu lassen, was zur Klinikroutine gehört. Dann kann eine Geburt ein freudiges Erlebnis sein, bei dem du aktiv bist und nicht deine Geburtshelfer dein Kind zur Welt bringen, sondern du selber. Auch wenn du dich für Medikamente und Spritzen während der Geburt entscheidest, weil du von den Schmerzen überrollt wirst, oder wenn dein Mann oder deine Freundin nicht dabei sein können, dann hast du im Kurs genügend Informationen und Unterstützung bekommen, um mit den Wehen zurechtzukommen und die Geburt als eine positive Erfahrung zu erleben. Leider sind solche Kurse für Paare bei uns noch schwer ausfindig zu machen. Bei der Schwangerengymnastik steht meist die körperliche Bewegung im Vordergrund, auf die psychischen Bedürfnisse wird kaum oder überhaupt nicht eingegangen. Im Anschluß an dieses Kapitel findest du einige Adressen, über die du vielleicht einen solchen Kurs in deiner näheren Umgebung ausfindig machen kannst. Günstig ist es, wenn an einem solchen Kurs nicht mehr als sechs bis sieben Paare teilnehmen. Wenn der Kurs von einer Hebamme oder einer Krankengymnastin geleitet wird, übernimmt die Kasse auf Rezept die Kosten. Zwölf Stunden «Schwangerschaftsgymnastik» stehen dir als Krankenversicherter zu. Auch von der Volkshochschule, von

Elizabeth Hamlin/Stock, Boston

Familienbildungsstätten und ähnlichen Einrichtungen werden Kurse für Paare veranstaltet. Acht bis zehn Doppelstunden, die wöchentlich stattfinden, sind ausreichend. Sehr gut ist es, wenn keine neuen Leute mehr dazukommen, denn in einem geschlossenen Kurs stellt sich eher ein Vertrauensverhältnis zwischen den Teilnehmern her. Viele Paare treffen sich auch noch, nachdem ihre Kinder geboren sind, manche beginnen gemeinsam mit einer Babygruppe, ziehen zusammen in eine Wohngemeinschaft oder bleiben auf andere Weise in Kontakt. Kümmere dich rechtzeitig um einen solchen Kurs, denn oft sind sie ausgebucht. Behandelt werden sollten körperliche und emotionale Veränderungen während der Schwangerschaft, die Vorgänge während der Wehen und bei der Geburt, es sollten Atmungs- und Entspannungsübungen gemacht und bequeme Positionen während der Wehen und bei der Geburt ausprobiert werden. Ein weiteres Thema sollten Medikamente und ihre Wirkungen und geburtshilfliche Maßnahmen sein. Eine große Schwierigkeit für die Kursleiterinnen besteht darin, daß sie die Kurse einerseits mit der in vielen Kliniken herrschenden Routine bekanntmachen müssen, andererseits aber auch auf Möglichkeiten hinweisen möchten, die dann vielleicht bei einer Klinikgeburt völlig ausgeschlossen sind. Zum Beispiel ist es in den meisten Kliniken noch üblich, daß die Frauen während der Geburt auf dem Rücken liegen und mit aller Kraft pressen müssen. Wenn du im Kurs die Hockstellung geübt hast und darauf eingestellt bist, so zu atmen, wie es sich für

dich in der Phase am besten anfühlt, dann kann es passieren, daß du hinterher enttäuscht bist. Erkundige dich deshalb vorher genau über die Möglichkeiten, die du in verschiedenen Kliniken hast, und besprich deine Wünsche mit dem Arzt und den Hebammen. Laß dich nicht mit vagen Antworten abwimmeln, und nimm deine Freundin oder deinen Partner mit, die auch bei der Geburt dabeisein werden.
In dem Kurs sollten auch Komplikationen bei der Geburt und der Kaiserschnitt zur Sprache kommen. Es muß genügend Zeit für Gespräche bleiben, damit Ängste ausgesprochen werden können und es zu einem Erfahrungsaustausch kommt. Auch die Zeit nach der Geburt mit allen ihren Schwierigkeiten und Umstellungen, das Stillen und die Versorgung des Babys sollten in einem solchen Kurs besprochen werden.
Wenn du einen Vorbereitungskurs in einer Klinik besuchst, kann es passieren, daß du vor allem auf die dort übliche Routine vorbereitet wirst, damit du alle Maßnahmen widerspruchslos akzeptierst. Wenn du den Eindruck hast, daß dein Arzt oder das Klinikpersonal irritiert oder abweisend ist, weil du angeblich zuviel weißt oder zu eigenwillig bist, hast du immer die Möglichkeit, dich nach einem Arzt umzuschauen, der dich bei deinen Wünschen unterstützt, und sicherlich hast du auch mehrere Kliniken zur Auswahl.

Emotionale Unterstützung. Wenn du Glück hast, findest du in einem Geburtsvorbereitungskurs alles, was du brauchst. Vielleicht möchtest du aber außerdem noch Kontakt zu Schwangeren oder werdenden Eltern aufnehmen. Eine solche Möglichkeit bietet sich in der Schwangerenberatung des Frauenzentrums deiner Stadt, oder du wendest dich an die Pro Familia. Von den Familienbildungsstätten werden Seminare und Begegnungen für Paare und Familien durchgeführt. Solche Einrichtungen sind zum Beispiel dem Deutschen Paritätischen Wohlfahrtsverband angeschlossen. Auch von manchen Erziehungsberatungsstellen werden entsprechende Programme durchgeführt.

Wenn du alleinstehend bist und ein Kind erwartest. In dieser Situation wird es dir, besonders wenn du noch sehr jung bist, sicherlich schwerfallen, so weiterzuleben wie bisher. Auf keinen Fall solltest du dich isolieren oder verstecken. Wahrscheinlich benötigst du jetzt besonders viel Aufmerksamkeit und Hilfe, und in der Schwangerschaft hast du genügend Zeit, dich darum zu kümmern. Am besten versuchst du, ein Programm ausfindig zu machen, das besonders auf alleinstehende werdende Mütter abgestimmt ist, das erleichtert dir vielleicht die Anfangszeit zusammen mit deinem Baby. (Ein solches Programm kann auch dann sehr hilfreich sein, wenn du dich dafür entscheidest, dein Baby nicht bei dir zu behalten.) Informationen hierüber erhältst du von einem der Verbände allein-

erziehender Eltern (siehe Adressen S. 462f). Außerdem können staatlich oder kirchlich anerkannte Beratungsdienste dir weiterhelfen. Zum Beispiel hat die katholische Kirche Sozialdienste eingerichtet, die Konfliktberatung durchführen, die Möglichkeit zu therapeutischen Gesprächen geben, finanziell weiterhelfen und Wohnheime für Mutter und Kind unterhalten. Schau im Telefonbuch nach, oder erkundige dich zum Beispiel bei der Caritas. Schwanger sein und allein dastehen kann eine sehr einsame Erfahrung sein. Wenn du Zeit mit anderen verbringst, die in der gleichen Situation sind, und mit Beratern, die wissen, was du durchmachst, dann kann diese schwierige Zeit zu deinem persönlichen Wachstum beitragen und dir Möglichkeiten aufzeigen, wie du realistisch für das Leben vorausplanen kannst, das vor dir liegt.
Wenn das Baby da ist, bist du vielleicht sehr isoliert und sehnst dich nach der Gesellschaft anderer Frauen, denen es ebenso geht wie dir. Vielleicht kannst du dich einer Gruppe alleinstehender Eltern anschließen.

Die ersten Monate nach der Geburt. Die erste Zeit mit dem neugeborenen Baby kann zu den aufregendsten und schönsten Abschnitten in unserem Leben gehören. Es ist jedoch auch eine sehr belastende Zeit, sowohl körperlich wie psychisch. Diese Belastung kann uns unerträglich erscheinen, wenn wir uns nicht um entsprechende Hilfe und Unterstützung bemühen. (In Kapitel 2 wird diese Zeit ausführlich behandelt.) Es ist schwierig, uns im voraus klarzumachen, daß ein Kind zu bekommen eine der größten Veränderungen darstellt, die wir je in unserem Leben mitmachen werden. Unser normaler Tagesablauf, unsere Familienstruktur und unser Selbstbild geraten in Bewegung, und wenn wir in dieser Zeit uns selbst nicht aus den Augen verlieren, hat das eine direkte, positive Auswirkung auf das Baby und auf die ganze Familie. Versucht, es so einzurichten, daß Freunde, Bekannte oder ein Babysitter euch regelmäßig entlasten, auch wenn das am Anfang vielleicht bedeutet, daß ihr einfach daheim bleibt und versäumten Schlaf nachholt. Am besten regelt ihr das schon, bevor das Baby geboren ist. Es fällt sehr viel schwerer, wenn ihr nicht mehr aus noch ein wißt.
Mütter müssen nicht die ganze Zeit mit ihrem Baby zusammensein. Es tut dem Baby und dir sogar gut, wenn du dir Zeit für dich nimmst (siehe das 6. Kapitel über geteilte Kinderversorgung und -erziehung zu diesem Thema). In den ersten Wochen wäre es gut, wenn jemand da wäre, der beim Kochen, Einkaufen und Waschen hilft, so daß du dich beruhigt um das Baby kümmern und dich ans Stillen gewöhnen kannst, wenn du das vorhast. Dann bleibt dir auch Zeit für deinen Partner und ganz für dich allein.
Wenn du schon ein Kind hast, kannst du bei der Krankenkasse einen Antrag auf Kostenerstattung für eine Haushaltshilfe stellen. Dein Frauenarzt muß die Notwendigkeit einer solchen Hilfe bescheinigen. Wenn du Geld dafür übrig hast, kannst du dir vielleicht für die erste Zeit eine Hilfe fürs

Saubermachen und den Haushalt leisten, die du mit etwas Glück über eine Zeitungsannonce findest. Auf jeden Fall solltest du darauf achten, daß Leute, die dir helfen wollen, dir vor allem Arbeit und nicht das Baby abnehmen, was besonders bei Müttern und Schwiegermüttern passieren kann. Wenn du die Arbeit machst und sie sich in der Zeit um das Baby kümmern, kannst du kein Selbstvertrauen im Umgang mit dem Baby gewinnen und fühlst dich immer weniger in der Lage, es selbst zu versorgen.
In vielen Gemeinden gibt es Nachbarschaftshilfen, die die Kinderbetreuung übernehmen. In den Pfarrämtern kannst du die Adressen der Sozialstationen erfahren, die in einigen Fällen auch Familienpflege durchführen. Der Notmütterdienst e. V. in Frankfurt vermittelt bundesweit Ersatzmütter für die Zeit des Wochenbetts und im Krankheitsfall.
Ebenso wie in der Schwangerschaft wirst du wahrscheinlich bei anderen Eltern, die wissen, wie dir zumute ist, am meisten Verständnis und Hilfe finden. Vielleicht stellst du fest, daß du mit alten Freunden, die selber keine Kinder haben, nicht mehr so viel anfangen kannst und sie ihrerseits auch das Interesse an euch verlieren. Dagegen kann es dir sehr viel Auftrieb geben, wenn du dich mit Eltern, die du überhaupt nicht kennst, am Kinderspielplatz oder auf einer Parkbank unterhältst. Vielleicht kannst du dich regelmäßig mit Freunden treffen, die auch kleine Kinder haben, oder eine Selbsthilfegruppe ausfindig machen. Von den Familienbildungsstätten werden Kurse für Eltern mit Kindern und Erholungsaufenthalte veranstaltet. Die Deutsche Arbeitsgemeinschaft Selbsthilfegruppen in Gießen gibt eine Broschüre über Selbsthilfegruppen heraus, hilft bei der Gründung und vermittelt Kontakte.

Zwillinge. Die Versorgung von Zwillingen macht viermal soviel Arbeit wie bei einem Kind. Du kannst damit rechnen, daß die ersten sechs Monate sehr aufreibend sind. In dieser Zeit brauchst du regelmäßig tatkräftige Unterstützung. Setz dich mit den Sozialstationen oder der Nachbarschaftshilfe in Verbindung. Wenn du in einer Universitätsstadt wohnst und das Geld erübrigen kannst, frag beim Studentenschnelldienst um einen Babysitter an. Allmählich wirst du allein zurechtkommen und mehr Freude mit deinen zwei Kindern erleben.

Kaiserschnitt. Für viele Frauen steht am Anfang ihres Mutterseins eine manchmal völlig unerwartete größere Krise – ihr Kind kommt durch einen Kaiserschnitt zur Welt. Durch einen solchen Eingriff können Leben gerettet und tragisch ausgehende Geburtskomplikationen verhindert werden, doch oft bleiben auch seelische Wunden zurück, durch die die Zeit nach der Geburt noch schwieriger werden kann als sonst.
Sicherlich bist du dankbar, wenn alles gut verlaufen ist. Du bist froh, daß das Kind auf der Welt ist, und deine Enttäuschung, daß du das Kind nicht

durch eine vaginale Geburt zur Welt bringen konntest, ist vielleicht nicht allzu groß. Wenn du jedoch überhaupt nicht mit einem Kaiserschnitt gerechnet hast und nicht sehr einfühlsam behandelt worden bist, haderst du vielleicht mit dem, was dir passiert ist. Wenn du dich auf eine aktive, natürliche Geburt mit möglichst wenig Medikamenten eingestellt hattest, fühlst du dich vielleicht um eine wichtige Erfahrung betrogen. Und möglicherweise empfindest du Ärger über die Ärzte, das Klinikpersonal, deinen Partner, über die Reaktion deiner Freunde wegen deiner Enttäuschung, vielleicht auch über das Baby, durch das es zu dieser Situation gekommen ist. Manche Frauen kommen sich wie Versagerinnen vor und glauben, daß mit dem Kind etwas nicht in Ordnung ist. Manche Eltern erleiden durch einen Kaiserschnitt einen so großen Schock, daß sie erst nach einiger Zeit eine Beziehung zu ihrem Baby herstellen können.
Wenn der Arzt dir in der Schwangerschaft sagt, daß vielleicht ein Kaiserschnitt notwendig ist, ist es eine gute Idee, eine zweite Meinung dazu einzuholen. Die Zahl der Kaiserschnitte ist in den letzten Jahren erheblich angestiegen, darunter sind viele Fälle, in denen ein solcher Eingriff nicht unbedingt nötig gewesen wäre. Erkundige dich eingehend, und laß dich gut beraten. Mit guter Vorbereitung und wenn die Geburtshelfer sich nicht in erster Linie auf die technischen Geräte, sondern auf ihre Erfahrung und ihr Urteilsvermögen verlassen, kann ein Kaiserschnitt vermieden werden. Wenn ein Kaiserschnitt aber doch unumgänglich ist, dann bist du dir der Notwendigkeit bewußt und bist über die Maßnahmen und die Gründe dafür informiert. Nach einem Kaiserschnitt besteht kein Grund, weshalb du nicht stillen können solltest.

Stillen. Keine Frau sollte zum Stillen überredet werden. Wichtig ist, daß du über die Vorteile und Nachteile des Stillens und der Ernährung mit der Flasche informiert bist und wirklich eine eigene Entscheidung treffen kannst. In unserer Gesellschaft ist es üblich, dem Säugling die Flasche zu geben, und Vorurteile und falsche Vorstellungen über das Stillen sind weit verbreitet. Bei der Ausbildung der Ärzte und Schwestern ist die Wissensvermittlung über das Stillen zu kurz gekommen. Es gibt also viele Einflüsse, die dem Erfolg beim Stillen direkt entgegenwirken. Viele Frauen werden sogar davon abgehalten, es überhaupt zu versuchen.
Eine wichtige Rolle beim Stillen spielt deine eigene Einstellung dazu, außerdem sind deine körperliche und psychische Verfassung von Bedeutung. Der Schlafmangel und die Aufregung, die in den ersten Wochen zu Erschöpfungszuständen führen können, tragen dazu bei, daß manche Frauen das Stillen aufgeben, wenn sie in dieser Zeit keinen Rat und keine Unterstützung beim Stillen bekommen und vielleicht obendrein noch dazu gedrängt werden, doch endlich mit der Flasche zuzufüttern.
Körperlich sind fast alle Frauen fähig, ihr Kind zu stillen. Sehr kleine oder

sehr große Brüste, Hohlwarzen, ein Kaiserschnitt oder eine Frühgeburt sind keine Stillhindernisse. Wenn wir jedoch in der ersten Zeit von Leuten umgeben sind, die sich nicht auskennen und uns etwas Falsches sagen, die uns bei unserem Vorhaben, unser Kind zu stillen, überhaupt nicht unterstützen oder uns sogar davon abhalten wollen, dann kann es sehr schwierig sein, daß das Stillen in Gang kommt. Selbst wenn wir emotionale Unterstützung haben, können uns einige Schwierigkeiten (das Kind schreit viel und scheint nicht satt zu sein, die Milch läuft dauernd, die Milch staut sich, und es kommt zu einer Brustentzündung) so unüberwindlich erscheinen, daß wir das Stillen sehr bald aufgeben.

Wenn du stillen möchtest oder Probleme beim Stillen hast, dann wende dich an die La Leche League, oder setz dich mit einer Freundin in Verbindung, von der du weißt, daß sie ihr Kind erfolgreich gestillt hat, also in der ersten Zeit nicht zugefüttert hat. Laß dir von ihr alles Wichtige erzählen, und ruf sie an, wenn du Unterstützung und Ermutigung brauchst.

Sei sehr skeptisch gegenüber Stillratschlägen von Leuten, die selber nicht gestillt haben oder bei denen du den Eindruck hast, daß sie dem Stillen gegenüber ablehnend eingestellt sind. Schwestern, Frauen- und Kinderärzte, die unter Zeitdruck stehen und mit deinen Stillproblemen nicht behelligt werden möchten, können ebenfalls sehr viel verderben.

Schon in der Schwangerschaft kannst du eines der wirklich hilfreichen Bücher übers Stillen lesen, die in letzter Zeit herausgekommen sind (Seite 482).

Die La Leche League ist ein Beispiel dafür, wie stark sich eine Selbsthilfegruppe ausweitet, wenn ein Bedürfnis dafür vorhanden ist. Die La Leche League ist 1957 in Amerika entstanden und wurde von sieben Müttern ins Leben gerufen. Heute gibt es in 43 Ländern La Leche League-Stillgruppen. Inzwischen gibt es 12000 als Leiterinnen ausgebildete Frauen, die alle ihre Kinder voll gestillt haben und meistens selber sehr viele Schwierigkeiten überwinden mußten. In der Bundesrepublik existieren etwa zehn aktive Gruppen, außerdem zahlreiche Informationsdienste, über die Stillbroschüren bezogen werden können.

Die Gruppen treffen sich einmal im Monat. Viele Gruppen haben eine kleine Bücherei, die alles Wissenswerte über Geburt und Stillen enthält. Bei den monatlichen Treffen wird jedesmal ein bestimmtes Thema behandelt, außerdem werden jede Menge Fragen beantwortet und Erfahrungen ausgetauscht.

Der persönliche Einsatz der La Leche League-Leiterinnen ist bemerkenswert. Sie sind bereit, jederzeit telefonisch mit Rat weiterzuhelfen (in größter Not auch nachts). Alle Frauen sind ehrenamtlich tätig, viele zahlen auch die Telefongebühren und das Porto aus eigener Tasche, weil die Unkosten über Mitgliedsbeiträge nicht gedeckt werden können. Die La Leche League ist ein eingetragener Verein und freut sich über jedes neue

Mitglied. Im Mitgliedsbeitrag ist das Abonnement für eine zweimonatlich in der Schweiz erscheinende Zeitschrift, «das Bulletin», enthalten (Adresse S. 463).
Neben den La Leche League-Gruppen gibt es über das ganze Bundesgebiet verteilt Stillgruppen, die keiner Organisation unterstehen und sich lose unter der Bezeichnung freie Stillgruppen zusammengeschlossen haben (Kontaktadresse s. S. 465).

Hausgeburt. Wenn du dich für eine Hausgeburt entschieden hast, schau dich möglichst früh nach einer niedergelassenen Hebamme um, die ins Haus kommt. Adressen bekommst du vom Bund Deutscher Hebammen oder auch vom Gesundheitsamt deiner Stadt. Setz dich auch mit einer Ärztin oder einem Arzt in Verbindung, die/der kommen kann, falls du eine Dammnaht brauchst, denn die darf die Hebamme nicht machen. Günstig ist es, wenn du auch einen Kinderarzt findest, der die Neugeborenenuntersuchungen und die Blutabnahme für den Phenylketonurietest[3] bei dir zu Hause durchführt.

2. Der Elternalltag

Das Elterndasein bedeutet nicht, daß unsere Probleme und Sorgen nicht mehr abreißen und wir nur noch mit gerunzelter Stirn herumlaufen und den Kopf hängen lassen. Für alle Eltern gibt es jedoch Zeiten, wo es uns guttut, wenn wir uns über das, was wir tun, bewußt werden. Durch ein intensives Gespräch mit anderen Eltern sehen wir bestimmte Situationen vielleicht in einem anderen Licht, oder wir erhalten Informationen, die uns der Lösung eines Problems näherbringen. Durch die Verständigung mit anderen Eltern kann unser Leben erfüllter und fröhlicher werden.
Wir sollten nicht vergessen, daß wir unsere Aufgaben als Eltern nicht automatisch und instinktiv erfüllen, sondern daß wir uns mit der Zeit bestimmtes Wissen, Erfahrungen und Fähigkeiten angeeignet haben. Ein großer Teil dieses Lernprozesses ergibt sich ganz natürlich aus dem Elterndasein, in Gesprächen mit Freunden, mit unserem Partner und im Umgang mit unseren Kindern. Doch in der heutigen Zeit, in der viele unserer grundlegenden Überzeugungen in Frage gestellt sind, in der sich die Lebensformen der Familien und die typischen Rollen für Frauen und Männer verändern, brauchen wir Hilfe bei unseren Überlegungen und wenn wir neue Wege einschlagen, um unser Elterndasein so zu leben, wie es uns entspricht.
Es gibt Zeiten, in denen wir gerne etwas Neues dazulernen oder uns anderen mitteilen möchten, und vielleicht kommt das daher, weil wir als Eltern Schwierigkeiten haben. Vielleicht macht es uns Sorgen, oder wir är-

gern uns darüber, wie sehr uns unsere Kinder fordern. Vielleicht fühlen wir uns dem nicht gewachsen. Möglicherweise kommen wir uns wie in einer Falle vor, doch möchten wir das nicht zugeben, denn wir haben es ja selber so gewollt, oder wir meinen, daß es ‹nicht richtig› ist, solche Gedanken zu haben. Es kann sein, daß wir uns häufig sehr über unsere Kinder ärgern und uns manchmal fragen, ob wir sie wirklich so gern haben, wie sich das gehört. Wir fühlen uns dann nicht nur sehr schuldig und bekommen ein schlechtes Gewissen, sondern halten uns manchmal auch für ein bißchen verrückt, denn niemand in unserem Bekanntenkreis scheint ebensolche Gefühle zu haben. Vielleicht können wir auch einfach kein Verständnis für die Entwicklung unserer Kinder aufbringen, oder uns ist nicht so richtig klar, was Elternsein eigentlich noch bedeutet.

Es gibt verschiedene Möglichkeiten, wie Eltern mit diesen alltäglichen Sorgen sich Rat holen können. Diejenigen von uns, die tagaus, tagein von morgens bis abends daheim oder außer Haus mit Arbeit eingedeckt sind, haben sehr wenig Zeit für sich. Während dieser knapp bemessenen Freizeit möchten sie sich nicht auch noch mit Dingen beschäftigen, die die Kinder betreffen. Doch die Zeit, die wir damit verbringen, etwas über uns selbst und unser Elternsein zu erfahren, kann wiederum freie Zeit für uns bedeuten, denn sie befähigt uns dazu, Entscheidungen zu treffen, die uns froher und freier machen, wenn wir die Zeit für uns selber und mit unseren Kindern zusammen besser nutzen.

Weiterbildung: Zusammen lernen. Von den Familienbildungsstätten der Wohlfahrtsverbände und Kirchen und von manchen Volkshochschulen werden Veranstaltungen für Eltern durchgeführt. Es gibt Gruppen über Partnerschaft in der Familie, Gesprächskreise für Eltern von Kleinkindern, Diskussionsabende über bestimmte Entwicklungsphasen, Gesprächskreise für Alleinerziehende, Bewegungsspiele für Eltern und Kinder und noch einiges mehr.

Die meisten Eltern, die an solchen Kursen teilgenommen haben, berichten, daß die Gruppenerfahrung sehr eindrucksvoll für sie war, daß sie die erlernten Techniken auch anwenden und daß sich das Verhalten und die Beziehungen in der Familie verbessert haben. Durch ein gutes Seminar zum Beispiel können Eltern dazu angeregt werden, kreativer mit ihrer Elternrolle umzugehen. Sie fühlen sich besser dazu in der Lage, mit den alltäglichen Schwierigkeiten zurechtzukommen.

Ihr sollt euch dabei nach einem Programm umschauen, das nicht einfach nur eine starre Methode im Umgang mit Kindern vermittelt, sondern das zum Verständnis vieler verschiedener Möglichkeiten beiträgt, zum besseren Verstehen der eigenen Person und der Familie, in der ihr lebt. Ein solches Programm oder eine Gruppe sollte dazu beitragen, daß ihr Methoden im Umgang miteinander herausfindet, die euch entsprechen. Eine Vorstellung davon, wie so etwas aussehen kann, vermittelt zum Beispiel das Buch «Familienkonferenz» von Thomas Gordon (siehe Bücherliste Seite 483).

Selbsterfahrungsgruppen für Eltern. Alle, die intensiv mit Kindern zu tun haben, wissen, daß es bestimmte Situationen gibt, in denen wir einfach nicht mehr weiterwissen. In solchen Momenten kann ein geringfügiger Anlaß uns in Wut bringen, wir machen uns Sorgen oder ziehen uns in uns selbst zurück. Zu solchen Zeiten sind wir oft völlig ratlos, wie es weitergehen soll. Viele von uns Eltern sind der Meinung, daß wir keine Unterstützung bei unseren Erziehungsproblemen brauchen, solange wir uns nicht in einer wirklichen Krise befinden, zum Beispiel, wenn wir erfahren, daß unser Kind Drogen nimmt, in der Schule nicht mitkommt oder straffällig geworden ist.

Wenn wir nach außen den Anschein aufrechtzuerhalten versuchen, daß alles in Ordnung ist, dann werden wir irgendwann feststellen müssen, daß wir uns hinter der Fassade, die wir um uns herum errichtet haben, von unserer Umwelt isoliert haben. Vielleicht meinen wir dann, daß alle anderen mit ihrer Situation gut zurechtkommen, nur wir nicht. Diese Angst, daß wir anders sind als andere Leute und daß wir als einzige Schwierigkeiten mit unseren Kindern haben, kann uns sehr zu schaffen machen und uns lähmen. Das ist auf die große Isolation zurückzuführen, in der die meisten von uns ihre Kinder großziehen und ihr Leben leben. Es gibt die Möglichkeit, diese Isolation im Alleingang Schritt für Schritt zu durchbrechen oder einen schon etwas vorgeebneten Weg zu beschreiten, indem du dich einer Gruppe von Leuten anschließt, die sich ebenfalls mit den Problemen auseinandersetzen möchten, die sie als Eltern haben oder die ihnen das Leben bereitet.

Wenn du dich einer Selbsterfahrungsgruppe für Eltern (oder nur Mütter/ Väter) anschließt, kannst du dort Menschen kennenlernen, die an sich selber arbeiten möchten und einen Weg suchen, wie sie ihr Elternsein mit ihrer eigenen Persönlichkeit in Einklang bringen können. Sie sind bereit, sich auf die Gruppe einzulassen und sich eine unbestimmte Zeitlang regelmäßig zu treffen.

Wenn du selber eine solche Gruppe ins Leben rufen möchtest, dann überleg dir, ob es sinnvoll wäre, Eltern der Schulkameraden oder der Freunde deines Kindes aus dem Kindergarten anzusprechen. Vielleicht findest du am Arbeitsplatz, im Geburtsvorbereitungskurs oder sogar auf dem Spielplatz interessierte Eltern.

Ganz abgesehen davon, ob ihr euch für eine/n Psychotherapeutin/en als Gruppenleiter/in entscheidet oder eine ungeleitete Gruppe durchführen wollt, könnt ihr dabei äußerst wertvolle Erfahrungen machen, wenn eine Atmosphäre der Offenheit herrscht, wenn ihr aneinander interessiert seid und euch gegenseitig unterstützt (Kontakte vermittelt «Eltern helfen Eltern», siehe Anhang S. 478).

Nachbarschaftszentren für Eltern mit kleinen Kindern. Sicherlich ist es dir auch schon einmal so ergangen, daß du vor einem Haufen unerledigter Arbeit gesessen hast, sich das schmutzige Geschirr im Spülbecken türmte und die ungewaschene Wäsche aus der Maschine hervorquoll, während dein Kind quengelte und ständig auf den Arm genommen werden wollte, und du hast dich dann sonstwo hingewünscht, nur nicht an den Ort, wo du gerade warst. Dort, wo du dich dann vielleicht in deinen Träumen hinbegeben hast, ist jemand für die Kinder da, so daß du auch mal etwas anderes machen kannst. Du könntest dich dort mit anderen Eltern unterhalten, hättest Gesellschaft, könntest Ideen und Informationen austauschen und die Freuden und Frustrationen des Elternseins mit anderen teilen. Es gäbe dort ein interessantes Programm für dich und dein Kind, und es kostete auch nicht viel oder gar nichts.

In einigen Städten gibt es Einrichtungen, in denen solche Träume ein wenig Wirklichkeit werden.[4] Es kann sehr ärgerlich sein, über eine solche Einrichtung zu lesen, die dir jedoch überhaupt nichts nützt, weil du 400 km davon entfernt wohnst. Wir gehen trotzdem kurz darauf ein, weil wir finden, daß das Modelle sein können, die dir eine Vorstellung davon vermitteln, was für Möglichkeiten bestehen. Vielleicht machst du etwas Vergleichbares in deiner näheren Umgebung ausfindig, oder du bringst die Energie und Entschlossenheit auf, selber so etwas in Gang zu bringen.

In der evangelischen Familienbildungsstätte München wird zum Beispiel ein Frauenforum durchgeführt. Das Thema ist «Frauen im Stress», es geht darum, wieviel ich arbeite, wie ich mir meine Zeit einteile, wie ich Zeit für mich gewinnen kann und was ich für mich tun kann. Die Kinder können mitgebracht werden. In dem Frauendiskussionskreis «Wer bin ich?» geht es darum, sich klarer über sich selbst in der Familie, der Umwelt und der Gesellschaft zu werden. Die Kinder werden während dieser Zeit betreut. Kostenlos sind diese Veranstaltungen jedoch nicht, und wahrscheinlich werden viele Frauen das Geld dafür nicht übrig haben. In der Paritätischen Familienbildungsstätte gibt es einen Familienstammtisch, der als Streit- und Gesprächsrunde für Eltern und Jugendliche gedacht ist. Diese beiden Einrichtungen haben zum Beispiel in mehreren Stadtteilen Münchens Kursräume, einige der Veranstaltungen finden auch außerhalb Münchens statt.

Vorstellbar wäre auch ein Nachbarschaftszentrum mit Teestube, wo wir jederzeit vorbeischauen können. Dort gäbe es interessante Beschäftigungsmöglichkeiten für unsere Kinder, so daß wir uns einmal ungestört und ohne dauernde Unterbrechungen mit anderen Erwachsenen unterhalten können.

3. Wo bekomme ich Informationen, wer hilft mir weiter oder kann mich beraten?

Welche Einrichtungen für Eltern und Kinder gibt es in deiner Umgebung? Wie kannst du das herausfinden? Welches ist die beste Anlaufstelle? Es ist fast so schwierig, die verschiedenen Einrichtungen und Veranstaltungen ausfindig zu machen, wie der Umgang mit dem eigentlichen Problem, weswegen wir nämlich Kontakt suchen.

Einige der Informationen, die du brauchst, kannst du vielleicht in deiner unmittelbaren Nähe in Erfahrung bringen, nämlich indem du Freunde, Nachbarn oder Verwandte fragst oder am Schwarzen Brett in Supermärkten, Arztpraxen, Kneipen oder im Frauenzentrum nachschaust. Du kannst Eltern auf dem Spielplatz oder im Kindergarten ansprechen. In den Regionalzeitungen oder im Regionalteil der Tageszeitungen gibt es Veranstaltungskalender, durch die du auf Organisationen und Einrichtungen aufmerksam wirst. In einigen größeren Städten gibt es alternative Stadtzeitungen mit Kontaktadressen. Das Münchener «Blatt» bringt jedes Jahr ein Stadtbuch heraus, in dem alle wichtigen Adressen zu finden sind.

Kompliziert, aber dennoch aussichtsreich ist es, wenn du dich an die Freien Träger der Wohlfahrt wendest, unter deren Dach zahllose Vereine und soziale Einrichtungen tätig sind. Die Spitzenverbände, die als Träger fungieren, sind:

Arbeiterwohlfahrt
Ollenhauerstr. 3
5300 Bonn

Diakonisches Werk – Innere Mission und Hilfswerk der Evgl. Kirche in Deutschland
Staffelbergstr. 76
7000 Stuttgart

Deutscher Caritasverband e. V.
Karlstr. 40
7800 Freiburg

Deutscher Paritätischer Wohlfahrtsverband
Heinrich-Hoffmann-Str. 3
6000 Frankfurt

Deutsches Rotes Kreuz
Friedrich-Ebert-Allee 71
5300 Bonn

Zentralwohlfahrtsstelle der Juden in Deutschland
Hebelstraße 17/III
6000 Frankfurt

Diese Verbände lassen beim Deutschen Zentralinstitut für Soziale Fragen in Berlin alle Informationen und Erkenntnisse über soziale Einrichtungen sammeln. Dort sind selbst der kleinste Verein und dessen Arbeit erfaßt.[4]
Ein Anruf oder ein Besuch der Sprechstunden der Erziehungs-, Familien- und Eheberatungsstellen, die vom Landkreis, von der Stadt, den Wohlfahrtsverbänden oder den Kirchen eingerichtet sind, kann dir enorm weiterhelfen. Die Adresse findest du im Telefonbuch oder erfährst sie von der Bundeskonferenz für Erziehungsberatung
Amalienstr. 6
8510 Fürth

Besonders bei sehr großen Einrichtungen kann es dir passieren, daß du nur sehr allgemeine und unpersönliche Auskünfte erhältst. Der Anfang ist dann aber immerhin gemacht.
Vielleicht kommst du dir manchmal wie der Buchbinder Wanninger vor, wenn du zum viertenmal weiterverbunden worden bist und immer noch nicht mehr weißt. Hin und wieder wirst du es mit sehr desinteressierten und nicht gerade hilfsbereiten Leuten zu tun haben.
Vielleicht hältst du es für eine gute Idee, im Rathaus anzurufen und dich mit den für die Ressorts Familie, Soziales, Kultur, Jugend zuständigen Politikern verbinden zu lassen. Die Abgeordneten in den Landesregierungen, die den jeweiligen Ausschüssen angehören, können dir sicherlich alles Wissenswerte mitteilen, was ihren politischen Kompetenzbereich betrifft.

4. Kinderbetreuung

In jeder Familie mit Kindern taucht früher oder später das Problem der Kinderbetreuung auf. Nur wenige finden gleich das Richtige, die meisten von uns sind nicht völlig zufrieden. Auch nachdem wir uns über unsere widersprüchlichen Gefühle hinsichtlich der Fragen, ob wir unsere Kinder von fremden Leuten betreuen lassen wollen und wenn ja, ab wann, wie lange und in welcher Einrichtung, Klarheit verschafft haben, kommen noch zahlreiche Entscheidungen auf uns zu.

Einiges Wissenswerte über die Inanspruchnahme von Kinderbetreuung.
● Kinderbetreuung ist für alle Familien mit Kindern notwendig. Für Familien mit einem alleinerziehenden Elternteil oder für Familien, in denen

beide Eltern außer Haus erwerbstätig sind, ist Kinderbetreuung unumgänglich. In den Familien, wo ein Elternteil daheim bleibt, bedeutet Kinderbetreuung Vorteile für Eltern und Kinder.
- In Familien mit zwei Elternteilen sollten beide gleichermaßen für geeignete Kinderbetreuung sorgen.
- Kinder brauchen ebensosehr wie Erwachsene Zeit für sich allein. Sie sollten eine bestimmte Zeit ungestört ohne Spielkameraden und außerhalb von Institutionen verbringen können. Sie sollten regelmäßig gemeinsame Zeit mit der Familie verbringen, damit sie die Erfahrung machen, enge Beziehungen zu anderen Menschen einzugehen.
- Wir sind der Ansicht, daß zu viel Kinderbetreuung nicht guttut. Wann von «zu viel» die Rede sein kann, hängt von der jeweiligen Situation ab und richtet sich nach den Bedürfnissen der Familie und des Kindes, außerdem auch nach der Art und der Qualität der Kinderbetreuung.
- Es läßt sich keine Faustregel darüber aufstellen, welche Art der Kinderbetreuung am besten ist. Es richtet sich nach deinen Bedürfnissen, dem Alter und der Persönlichkeit deines Kindes und den vorhandenen Einrichtungen in deiner Umgebung, was dir am meisten entspricht.

Es ist oft ziemlich schwierig und erfordert auch sehr viel Zeit, das Richtige herauszufinden, besonders, wenn du gerade eine neue Stelle angefangen hast oder deine Arbeitsstelle nicht kündigen willst oder wenn du mehrere kleine Kinder hast. Diese Aufgabe ist jedoch von großer Bedeutung. Es gibt ausgezeichnete Einrichtungen und aber auch unzumutbare Bedingungen, und es kommt sehr darauf an, daß du dein Kind an einem sicheren Ort weißt, daß es sich geborgen fühlt und es ihm gutgeht, während du nicht bei ihm bist.

Bezahlte Kinderbetreuung bei dir daheim. Vielleicht entscheidest du dich für diese Möglichkeit, wenn du ein sehr kleines Kind hast oder wenn du jemanden brauchst, die oder der vor und nach der Schule für deine größeren Kinder da ist. Leute, die dafür geeignet sind, kannst du zum Beispiel über eine Zeitungsanzeige im Stadtteilanzeiger oder im Lokalblatt finden. Frag auf jeden Fall auch im Freundes- und Bekanntenkreis herum, und wende dich an die Eltern der Klassen- oder Spielkameraden deiner Kinder. Sei erfinderisch, ruf bei der Kirche, in den Schulen oder im Altersheim an, wo vielleicht ältere Leute gerne eine solche Aufgabe übernehmen möchten. Frag bei der Nachbarschaftshilfe an. Die Kosten sind unterschiedlich, hör dich in deiner Gegend um, was die üblichen Preise sind. Die Vorteile dieser Art von Kinderbetreuung bestehen darin, daß du die Zeit selber bestimmen kannst, daß dein Kind in der gewohnten Umgebung bleibt und es von jemandem betreut wird, die oder der sich nicht um mehrere Kinder gleichzeitig kümmern muß. Du sparst dir auch viele Wege, da du dein Kind nirgends hinbringen und wieder abholen

Karen Kahn

mußt. Wenn du jemanden findest, die oder der gut mit Kindern umgehen kann, zuverlässig ist und diese Arbeit gerne macht, erweist sich diese Art der Kinderbetreuung als sehr zufriedenstellend, so daß die Betreuerin oder der Betreuer beinahe mit zur Familie gehört.

Wenn du genügend Platz hast, ist es dir vielleicht möglich, jemanden in deiner Wohnung aufzunehmen, die oder der eine Art Kindermädchen, wie sie früher angestellt wurden, für euch sein kann. Studentinnen und Studenten oder andere junge Leute in der Ausbildung nehmen vielleicht gerne die Möglichkeit wahr, bei euch zu wohnen und dafür die Kinder zu betreuen. Eine weitere Möglichkeit sind Au-pair-Gäste, die gerne eine gewisse Zeit im Ausland verbringen möchten, um die Sprache zu lernen, aber nicht viel Geld haben. Ob du ihnen zusätzlich zu freier Wohnung und freiem Essen etwas zahlst, hängt davon ab, wieviel Kinderbetreuung du von ihnen erwartest. Das ist eine großartige Möglichkeit, die eigene Familie in einer Zeit, wo andere Erwachsene dringend benötigt werden, zu erweitern.

Worauf du bei der Wahl einer Kinderbetreuerin oder eines Betreuers achten solltest. Bei jeder Bewerberin bzw. jedem Bewerber wirst du bestimmte Beurteilungskriterien heranziehen müssen. Durch ein Telefongespräch gewinnst du einen ersten Eindruck, vereinbare aber auf jeden

Fall ein Treffen mit den in Frage kommenden Bewerbern, bevor du dich endgültig entscheidest. Bei einem solchen Gespräch wirst du sicherlich nicht nur über Gehaltsvorstellungen, die Arbeitszeit und den Aufgabenbereich sprechen wollen, sondern auch einen Eindruck zu gewinnen versuchen, wie die Person mit deinem Kind umgehen wird. (Wenn dein Kind in der Wohnung der Bewerberin betreut werden soll, dann trefft euch dort. Was für einen Eindruck macht die Wohnung auf dich? Fühlst du dich dort wohl? Hast du das Gefühl, daß dein Kind dort sicher aufgehoben und willkommen ist, daß es dort ruhig einmal laut zugehen darf und Unordnung möglich ist? Gibt es genügend Spielmöglichkeiten für dein Kind? Achte darauf, wie die Bewerberin mit ihrem eigenen Kind umgeht. Hast du den Eindruck, daß sie Freude an ihrem Kind hat? Hast du ein gutes Gefühl dabei, wenn du siehst, wie sie mit ihrem Kind umgeht, oder empfindest du Unbehagen? Diese Punkte sind auch sehr wichtig, wenn du auf der Suche nach einer Tagesmutter für dein Kind bist.)
Sprich solche Themen wie Disziplinierung, Sauberkeitserziehung und die Beschäftigung des Kindes direkt an. Mehr darüber, mit wem du es zu tun hast, erfährst du, indem du sie im Umgang mit deinem Kind beobachtest oder ein Gespräch über ihren Alltag, ihr Familienleben und ihre bisherigen Berufserfahrungen oder ihre Beschäftigung mit Kindern beginnst. Vielleicht fühlst du dich nicht wohl dabei, wenn du solche persönlichen Dinge ansprichst, doch es ist wichtig, daß du einen Eindruck davon bekommst, was für ein Mensch die zukünftige Betreuerin deines Kindes ist. Du mußt wissen, ob sie wirklich gerne mit Kindern zusammen ist oder ob ihr das als einzige Möglichkeit erscheint, Geld zu verdienen.
Wenn du mit einem älteren Menschen zu tun hast, dann überleg dir, ob er oder sie über genügend Reserven verfügt, um einem lebhaften Kind gewachsen zu sein. Wenn die Bewerberin oder der Bewerber noch sehr jung ist, solltest du herausfinden, ob er oder sie genug Erfahrung mit Kindern hat. Ist sie/er sich der Verantwortung bewußt? Wenn dein Kind noch sehr klein ist, brauchst du jemanden, der zu körperlicher Nähe bereit ist, dem es Freude macht, dein Kind im Arm herumzutragen, zärtlich zu ihm zu sein und es zu trösten, denn das ist die Ebene, auf der der Kontakt zu einem kleinen Kind stattfindet.
Wenn du mit mehreren Leuten gesprochen hast und deine Entscheidung gefallen ist, dann vereinbare am besten eine Probezeit, während der du nach Möglichkeit noch anwesend bist. Fang möglichst mit ein bis zwei Stunden an, und dehne die Zeit erst allmählich länger aus. Nimm den weiteren Verlauf nicht einfach als gegeben hin, sondern behalte im Auge, was vor sich geht. Frag zum Beispiel nicht einfach: «Wie ging es denn heute?», sondern erkundige dich danach, womit sich dein Kind beschäftigt hat, stell also Fragen, die nicht einfach mit Ja oder Nein oder mit Gut oder Prima zu beantworten sind. Wenn du den Eindruck hast, daß es

Schwierigkeiten gibt, dann schau öfter mal unerwartet herein. Du solltest sehr hellhörig gegenüber Warnzeichen sein, zum Beispiel, daß dein Kind bei der/dem Betreuer/in sehr viel länger schläft, als wenn du da bist, oder wenn du gesagt bekommst, daß dein Kind «sehr anhänglich» oder «sehr aggressiv» ist und du diesen Eindruck von deinem Kind nicht hast, wenn du mit ihm zusammen bist. Es ist zwar nicht ungewöhnlich, daß kleine Kinder weinen, wenn ihre Eltern fortgehen, oder auch, wenn sie zurückkommen, doch wenn dein Kind die meiste Zeit, während du fort bist, traurig ist, dann stimmt etwas nicht, und du mußt eine Lösung für dieses Problem finden.

Tagesmütter. Tagesmütter sind eine Alternative zu Kinderkrippen und Horten. Eine Tagesmutter betreut neben ihren eigenen Kindern in ihrer Wohnung Kinder von berufstätigen Eltern und Eltern in der Ausbildung. Mit dem vom Ministerium für Jugend, Familie und Gesundheit geförderten Modellprojekt wurde 1974 begonnen. Dieses Projekt war auf Initiative von Frauen in Zusammenarbeit mit einer Zeitschrift in Gang gekommen. Es wurde und wird auch immer noch versucht, den Beruf «Tagesmutter» in der Bundesrepublik durchzusetzen. Das Modellprojekt ist beendet, so daß die Kosten für beratende Pädagogen/innen, Psychologinnen/en, Sozialarbeiter/innen usw. vom Ministerium nicht mehr getragen werden. Die bestehenden Tagesmüttergruppen haben in vielen Fällen Vereine gegründet, um weiterbestehen zu können. Diese Vereine haben sich in der Arbeitsgemeinschaft Tagesmütter (Adressenliste Seite 465) zusammengeschlossen.

Alle beteiligten Tagesmütter und Eltern fanden die Beratung zum Beispiel durch Psychologen, also durch Außenstehende, und die regelmäßigen Treffen der Eltern äußerst wichtig und hilfreich und versuchen, diese Gemeinsamkeit und die Betreuung der Tagesmütter aufrechtzuerhalten. Viele Eltern scheuen zwar anfangs den Zeitaufwand für die regelmäßigen Treffen mit den Tagesmüttern ihrer Kinder, stellen dann im Lauf der Zeit aber fest, wie wichtig auch für sie dieser Austausch ist. Sie merken, daß sie sich durch diese Elterngruppen aus ihrer Isolierung als vereinzelte Eltern und Kleinfamilie lösen können, daß ihre privaten Probleme häufig gemeinsame Probleme sind. Dadurch entsteht ein Solidaritätsgefühl mit anderen Eltern, und individuelle Interessen können gemeinsam organisiert und nach außen hin vertreten werden. Das ist eines der Ziele, die sich die Arbeitsgemeinschaft Tagesmütter gesetzt hat. Beim Jugendamt, bei der Nachbarschaftshilfe oder auch direkt bei der Arbeitsgemeinschaft kannst du erfahren, ob es an deinem Ort einen Tagesmütterverein gibt. Ansonsten kann die Sozialarbeiterin/der Sozialarbeiter vom Jugendamt einen Kontakt mit anderen Tagesmüttern ermöglichen. Tagesmütter werden in Anlehnung an die Pflegesätze des zuständigen Jugendamtes bezahlt. Höhe und Abwicklung der Zahlung werden meistens zwischen Eltern und Tagesmutter geregelt. Vielen Tagesmüttern fällt es allerdings schwer, finanzielle Forderungen zu stellen, denn es ist ungewöhnlich, daß mütterliche Arbeit bezahlt wird. Außerdem besteht die Furcht vor dem moralischen Vorwurf, sie würden die Kinder nicht aus Liebe, sondern wegen des Geldes betreuen. Das ergab der Abschlußbericht der wissenschaftlichen Begleitung des Modellprojekts. Deshalb hat sich die Arbeitsgemeinschaft Tagesmütter das Ziel gesetzt, für bessere Beratung und Ausbildung der Tagesmütter, für Erfahrungsaustausch, Zusammenarbeit mit den Trägern der Jugendhilfe und für soziale Besserstellung der Tagesmütter zu sorgen. Sie beantragt öffentliche Mittel, veranstaltet Seminare, gibt eine Zeitung heraus und hilft bei der Gründung neuer Initiativen und Vereine. Gegen Erstattung der Unkosten verschickt sie umfangreiches Informationsmaterial.

Kinderkrippen. Dort werden kleine Kinder bis zum Kindergartenalter betreut. Für vier bis sechs Kinder ist eine Betreuungsperson da. Die einzelnen Krippen sind sehr unterschiedlich, die Atmosphäre reicht von sehr organisiert und reglementiert bis zu einem warmherzigen und spielerischen Umgang mit den Kindern. Krippenplätze werden über die Jugendämter vermittelt. Dabei werden Eltern mit geringem Einkommen bevorzugt berücksichtigt. Das Betreuungspersonal arbeitet in solchen Einrichtungen im Schichtdienst, und du hast wenig Einfluß darauf, wer dein Kind betreut und wie. Da dein Kind einen beträchtlichen Teil der Zeit, in der es wach ist, dort verbringt, solltest du wirklich von der Qualität der Einrichtung, in der du dein Kind anmelden möchtest, überzeugt sein. Das gilt auch für private Baby-, Spiel- und Krabbelgruppen.

Kindergärten. Es gibt viele Kindergärten, in denen sich die Kinder wohl fühlen, die ihnen Wärme und Geborgenheit geben, so daß sie gerne täglich dort hingehen. Ein guter Kindergarten sollte eine Art erweiterte Familie sein, der dem Kind die Möglichkeit bietet, mit anderen Kindern der gleichen Altersgruppe zusammenzusein, andere Erwachsene kennenzulernen und mehr über die Welt zu erfahren, die es umgibt. Das ist besonders in unserer Zeit der Kleinfamilien von großem Wert.
Leider sind die Kindergärten häufig hoffnungslos überfüllt, so daß die Kinder ständig zur Disziplin ermahnt werden und nicht genügend Wärme, Geborgenheit und Anregung bekommen. Auch sind die Eltern oft überhaupt nicht an Entscheidungen oder an der Gestaltung des Programms beteiligt. Schlechte Kindergärten schaden unseren Kindern und im Endeffekt der ganzen Familie.
Wie bei allen Möglichkeiten der Kinderbetreuung kannst du dir am besten ein Urteil bilden, wenn du an Ort und Stelle einen Eindruck ge-

winnst. Vertrau dabei auf deine Eingebung. Wenn du dein Kind irgendwo hinbringst und gar kein gutes Gefühl dabei hast, verschwendest du sehr viel wichtige Energie damit, dir Sorgen zu machen und dich ständig zu fragen, ob auch alles in Ordnung ist. Und vielleicht stimmt dann auch wirklich etwas nicht. Tu deshalb alles, was dir möglich ist, damit du und dein Kind mit der Lösung, die du findest, zufrieden sein könnten.

Worauf du bei der Wahl eines Kindergartens (Babygruppe, Krippe) achten solltest. Es gibt private, städtische und von den Kirchen eingerichtete Kindergärten. Wenn private Kindergärten Zuschüsse bekommen wollen, müssen sie staatlich anerkannt sein und deshalb bestimmte Voraussetzungen erfüllen, pro Kind muß eine bestimmte Quadratmeterzahl an Platz vorhanden sein, und es muß Kindertoiletten geben. Weil es für private Einrichtungen, besonders wenn sie von einer Elterninitiative ins Leben gerufen worden sind, schwierig ist, einen Träger zu finden oder irgendwie an öffentliche Mittel heranzukommen, kosten sie meistens erheblich mehr als städtische oder kirchliche Kindergärten. Zumeist ist in den privaten Einrichtungen die Einflußmöglichkeit der Eltern sehr viel größer, die Gruppen können kleiner sein, auf die einzelne Persönlichkeit der Kinder kann mehr Rücksicht genommen werden. Oft ist Elternbeteiligung sehr erwünscht oder sogar die Voraussetzung für die Aufnahme in einen privat organisierten Kindergarten. Diese Vor- und Nachteile mußt du gegeneinander abwägen und dann die in Frage kommenden Kindergärten unter die Lupe nehmen.

Nachdem du dich über die Zeiten, die Kosten und andere für dich wichtige organisatorische Fragen informiert hast, solltest du den Kindergarten, der dir am besten geeignet erscheint, und mindestens noch eine alternative Möglichkeit zum Vergleich besuchen. Nimm dein Kind nach Möglichkeit beim erstenmal nicht mit. Dann kannst du dich auf deine Eindrücke konzentrieren und wirst nicht von deinem Kind in Anspruch genommen. Wenn du dich dann entschieden hast, geh zu einem anderen Zeitpunkt noch einmal hin, und nimm dein Kind diesmal mit.[5] Es kann sein, daß du gebeten wirst, nur zu bestimmten Zeiten zu erscheinen oder zu einem bestimmten Zeitpunkt auf gar keinen Fall vorbeizukommen, was auch bis zu einem gewissen Grad verständlich ist. Wenn man dir jedoch zu verstehen gibt, daß du nur nach Voranmeldung im Kindergarten erscheinen darfst, wenn dein Kind dort angemeldet ist, dann ist das nicht der richtige Kindergarten für dein Kind.

Plane beim ersten Besuch mindestens eine Stunde ein. Auf folgende Dinge solltest du achten, wenn du versuchst, dir ein Urteil über einen Kindergarten zu bilden (dir fällt sicherlich noch mehr ein):

Die allgemeine Atmosphäre. Macht der Kindergarten einen warmen, einladenden Eindruck, und geht es dort lebendig zu? Gehen die Kinder aufeinander und ebenso auch auf die Erwachsenen zu? Herrscht ein angemessener Lärmpegel, und sind die Kinder mit interessanten Dingen beschäftigt? Herrscht ein großes Durcheinander, rennen die Kinder unbeaufsichtigt durch die Räume? Sind die Kinder zu still, zu sehr kontrolliert? Wenn dein Kind noch im Säuglingsalter ist, dann schau dir die Räume der Babygruppe oder der Krippe genau darauf hin an, ob sie sauber sind. Wirken die Räume farbenfroh und freundlich? Gibt es genügend freie Bodenfläche, ist dein Baby dort sicher aufgehoben, und gibt es Gegenstände, die es erkunden kann? Hast du den Eindruck, daß die Kinder oft in den Arm genommen und zärtlich behandelt werden?

Die Räumlichkeiten und die Einrichtung. Ist für ältere Kinder genügend Platz, haben sie ausreichende Bewegungsfreiheit? Sind die Räume freundlich und anregend? Gibt es genügend gutes, elementares Spielzeug wie zum Beispiel Zeichenblöcke, Bücher, Farben, Kreide und Stifte, Puppenecken, Puppenhäuser, Bausteine und -klötze, Musikinstrumente und Klettergeräte? Ist dieses Spielzeug für die Kinder gut zugänglich? Sind die Dinge, an die Kinder nicht herankommen sollten (Reinigungsmittel, scharfe Gegenstände und Werkzeuge, elektrische Leitungen), gesichert oder verschlossen?
Vielleicht fällt es dir schwer, Antworten auf diese Fragen zu finden. Schau dich nach einem Kind um, das dich an deine Tochter oder deinen Sohn erinnert, und beobachte es dabei, wie es die Zeit dort verbringt.

Die Erzieher/innen und Säuglingspfleger/innen. Wie gehen sie auf die Kinder ein? Bist du damit einverstanden, wie sie mit Streitigkeiten, weinenden Kindern, der Sauberkeitserziehung, den Eßgewohnheiten und dem Füttern umgehen? Wie reagieren sie, wenn ein Kind etwas kaputtmacht oder etwas anstellt? Sind sie einfühlsam, besonders auch, wenn ein Kind quengelig oder traurig ist? Hören sie den Kindern zu und nehmen deren Gefühle und Ideen ernst? Haben sie untereinander ein gutes Verhältnis, und respektieren sie sich gegenseitig? Welche Werte vermitteln sie den Kindern durch die Art, wie sie sich in bestimmten Situationen verhalten? Wie viele Bezugspersonen sind für wie viele Kinder da?

Die Kinder. Es geht ihnen nicht sehr gut, wenn sich keine starke Beziehung zu dem Menschen entwickeln kann, der für sie sorgt. Gerade bei Säuglingen und sehr kleinen Kindern ist es nicht gut, wenn ständig Schichtwechsel stattfinden. Ein sehr ruhiges Kind oder auch ein sehr lebhaftes bekommt dann vielleicht nicht die Aufmerksamkeit, die es braucht. Wie wirken die Kinder? Sind sie fröhlich und entspannt, und beschäftigen sie sich intensiv mit etwas? Oder kommen sie dir ruhelos und gelangweilt vor, sind sie unsicher und scheu? In Kindergärten oder Gruppen und Krippen, in denen dauernd das Personal wechselt, können keine starken emotionalen Beziehungen entstehen. Für die Kinder bedeutet das Unruhe und Unsicherheit. Frag die Betreuer, wie lange sie schon dort arbeiten und was ihre Pläne für das nächste Jahr sind.

Weltanschauung und Einbeziehung der Eltern. Von wem wurde der Kindergarten, die Gruppe, die Krippe eingerichtet? Was für einen Einfluß hat das auf die Qualität des Kindergartens? Wenn es sich um eine kommerziell betriebene Einrichtung handelt, richten sich Entscheidungen danach, was dem Geschäft förderlich ist, und nicht so sehr danach, was den Kindern guttut. Bring in Erfahrung, wie sehr auf die Beteiligung der Eltern Wert gelegt wird. Das gibt dir eine Menge Aufschluß darüber, wie der Kindergarten einzuschätzen ist. Können die Eltern bei bestimmten Fragen mit entscheiden? Je mehr Einflußmöglichkeiten die Eltern haben, desto besser läuft wahrscheinlich der Kindergarten.

Nachdem du eine Entscheidung getroffen hast, wirst du dich trotzdem immer wieder vergewissern müssen, daß es deinem Kind dort gutgeht. Denk daran, die Bezugspersonen über Ereignisse daheim zu informieren, von denen das Kind betroffen ist, zum Beispiel Krankheiten in der Familie, besondere Belastungen und Veränderungen. Wenn du von ihnen etwas über dein Kind und den Tagesablauf im Kindergarten erfahren möchtest, dann laß dir erzählen, was dein Kind gemacht hat, und gib dich nicht damit zufrieden, daß du einfach nur zu hören bekommst: «Er war brav», oder «Sie macht uns keine Schwierigkeiten». Du solltest einige Male einfach so vorbeikommen, ohne vorherige Anmeldung. Besonders wenn dein Kind ganztags in dem Kindergarten untergebracht ist oder relativ viel Zeit dort verbringt, dann solltest du dir vergegenwärtigen, daß die Betreuer Bezugspersonen und Ersatzeltern sein und nicht nur als Aufsichtspersonen fungieren sollten. Wenn du ganztags berufstätig bist, ist es häufig schwierig, dich stark zu engagieren, doch wenn du dir die Mühe machst, kann das zu wesentlichen Verbesserungen in der von deinem Kind besuchten Einrichtung führen.

Kinderbetreuung am Arbeitsplatz (siehe dazu auch Kapitel 8). Ein solches Anliegen sollte beim Betriebsrat zur Sprache gebracht werden. Der kann feststellen, wie groß der Bedarf dafür ist, und die Forderung danach der Geschäftsleitung vortragen. Steuerlich läßt sich ein Betriebskindergarten als «Verbesserung der Arbeitsbedingungen» deklarieren.[6]

Kinderhorte. Dort können Kinder nach der Schule bis zu dem Alter betreut werden, in dem sie die Pflichtschulzeit erfüllt haben. Sie bekommen dort ein Mittagessen und werden pädagogisch betreut. Einige Lehrer haben sich bereit erklärt, nebenberuflich die Hausaufgabenbetreuung zu übernehmen.

Tagesheime. Manchen Schulen ist ein Tagesheim angeschlossen. Auch dort können die Schüler essen und werden beaufsichtigt. Auskunft darüber kann die Schule geben, zu der dein Kind geht.

Ganztagsschulen. Es gibt städtische und private Ganztagsschulen. Manchmal bieten integrierte Gesamtschulen diese Möglichkeit. Einzelheiten darüber erfährst du an Schulen oder beim Kultusministerium.

5. Teenager

Kennzeichnend für dieses Alter sind Veränderungen jeder Art: Unsere Kinder machen körperliche Veränderungen durch, ihre Rolle innerhalb der Gesellschaft und die Beziehung zwischen Kind und Eltern ändern sich. Wir als Eltern sind daran gewöhnt, daß wir die Verantwortung für unsere Kinder tragen und bis zu einem gewissen Grad Einfluß auf ihr Leben haben. Doch in der Zeit der Pubertät erreicht der Kampf zwischen Festhalten und Loslassen seinen Höhepunkt. Die gewohnte Art, miteinander umzugehen, ist in Frage gestellt. Es kommt zu Verständigungsschwierigkeiten, wenn Eltern und Heranwachsende versuchen, Verhaltensweisen herauszufinden, die für beide Seiten annehmbar sind. Wir Eltern machen uns vielleicht Sorgen, daß unsere Kinder in Schwierigkeiten geraten sind, und fragen uns, was sich in ihrer plötzlich so heftig verteidigten Privatsphäre abspielt. Unsere Kinder nehmen die Meinung Gleichaltriger und ihre beginnende Unabhängigkeit äußerst wichtig. Jeden Versuch, ein Gespräch zu beginnen, halten sie vielleicht für Einmischung, sie fühlen sich «wie ein Kind behandelt» oder bezeichnen uns als hoffnungslos hinter dem Mond.
Verstärkt wird das alles noch durch den komplizierten Zusammenhang, daß Heranwachsende in unserer Gesellschaft oft die Spitze des Eisbergs bei gesellschaftlicher Veränderung darstellen: Sie agieren auf sehr überzogene Art alles das aus, was sich unter der Oberfläche unserer gesamten Gesellschaft abspielt. Ihr Benehmen erscheint ihren Eltern ungewöhnlich und versetzt sie in Alarmstimmung, unter Gleichaltrigen jedoch gilt es als selbstverständlich. Den Eltern fällt es häufig sehr schwer, zu unterscheiden, ob dieses Verhalten ein Hinweis auf ernste Schwierigkeiten ist oder ob es eine Begleiterscheinung dieser Entwicklungsphase ist und kein Grund zur Aufregung besteht. Es kann sein, daß wir dann Wertmaßstäbe und Erfahrungen aus unserer eigenen Teenagerzeit heranziehen, die zwangsläufig überholt sind und uns nicht weiterhelfen.
Wohin können wir uns aber wenden, wenn wir Schwierigkeiten mit unse-

Cary Wolinsky/Stock, Boston

ren heranwachsenden Kindern haben und Hilfe brauchen? Welche Hilfen sind wirklich nützlich? Wie in anderen Bereichen hängt es auch hier sehr stark von deiner Persönlichkeit ab, was für dich in Frage kommt. Im großen und ganzen scheinen Eltern von Jugendlichen sich jedenfalls erst dann an Institutionen und therapeutische Einrichtungen zu wenden, wenn wirklich ein konkretes, ernstes Problem vorliegt.

Das bedeutet keinesfalls, daß es vorher keine Hilfe für dich gibt, wenn du welche brauchst. Vielleicht kannst du über bestimmte Themen mit deiner Tochter oder deinem Sohn nicht reden, aber du kennst eine Lehrerin oder einen Lehrer, eine/n Trainer/in im Sportverein oder eine/n Gruppenleiter/in, zu denen dein Kind Vertrauen hat und die ihm besonders sympathisch sind. Möglicherweise hat dein Kind zu einer Nachbarin, zu Verwandten oder zu Freunden von dir ein besonders gutes Verhältnis. Manchmal sind unsere Kinder bei Außenstehenden zu einem sehr offenen Gespräch bereit, wenn wir selber im Moment überhaupt keinen Zugang zu ihnen haben. Vielleicht kannst du mit diesen Menschen direkt über deine Sorgen sprechen und erfahren, was für einen Eindruck andere von deinem Kind haben. Das solltest du aber nicht ohne Wissen deines Kindes machen, und du mußt so vorgehen, daß sich dein Kind nicht betrogen fühlt oder meint, es würde hintergangen.

Vielleicht wird dir in einem solchen Gespräch klar, daß andere die Situation deines Kindes ganz anders einschätzen als du, daß sie Seiten an deinem Kind kennen, von denen du als Mutter oder als Vater kaum etwas weißt.
Durch Gespräche mit Eltern von Teenagern in deiner Umgebung kannst du sicherlich wichtige Informationen bekommen und erfährst mehr darüber, wie es anderen Eltern geht. Manche Eltern haben jedoch festgestellt, daß sie sich dadurch einem Leistungsdruck ausgesetzt fühlen, weil sie sich als Eltern keine Schwäche eingestehen möchten. Ein solches Hilfsnetzwerk kommt deshalb für sie nicht in Frage. Wenn es dir ebenso geht und du Schwierigkeiten hast, mit anderen Eltern von Teenagern in der Nachbarschaft unbefangen ein offenes Gespräch über deine Sorgen zu führen, hilft dir vielleicht ein Diskussionskreis oder eine organisierte Gruppe für Eltern von Teenagern, auf die wir schon auf Seite 427 in dem Abschnitt «Alltagsprobleme» hingewiesen haben. Wenn du an einer solchen Gruppe teilnehmen möchtest, aber keine Veranstaltung dieser Art in deiner Nähe ausfindig machen kannst, dann bring dein Anliegen beim nächsten Elternabend zur Sprache, oder mach einen Aushang in der Schule deines Kindes. Auf diese Weise lernst du vielleicht andere interessierte Eltern kennen. Setz dich mit «Eltern helfen Eltern» (Adressenliste) in Verbindung.
Manchmal handelt es sich bei den Schwierigkeiten, die junge Leute und deren Familie durchzustehen haben, nicht einfach um «Wachstumsschmerzen», sondern es handelt sich um ernste und gefährdende Situationen.
Wenn dein Kind in großen Schwierigkeiten steckt, dann wendest du dich am besten an Einrichtungen, die entstanden sind, um bei der Lösung dieses speziellen Problems zu helfen. Viele von uns haben schon einmal von den Anonymen Alkoholikern gehört. Das ist eine bundesweite Organisation, die Selbsthilfegruppen für Alkoholiker durchführt. Die Wirksamkeit dieser Gruppen hat allgemeine Anerkennung gefunden. In der Adressenliste sind weitere Organisationen angegeben.
Wenn dein Kind Probleme mit anderen Drogen hat, dann kannst du dich an eine Drogenberatungsstelle in deinem Stadtteil oder in deiner Nähe wenden. Das Bundesministerium für Jugend, Familie und Gesundheit hat eine Adressenliste «Drogenberatung wo?» herausgegeben.[7] Es ist sehr schwierig, allgemeine Aussagen über die einzelnen Einrichtungen zu machen, denn die Qualität der Therapie oder der Beratung hängt sehr stark von den Menschen ab, mit denen ihr es dort zu tun habt. Drogenmißbrauch ist ein äußerst komplexes Problem, bei dem gesellschaftliche und persönliche Einflüsse eine große Rolle spielen. Vielleicht sind mehrere Anläufe nötig, bis ihr die Hilfe findet, die ihr braucht.
Außer den Drogenberatungsstellen gibt es Freundes- und Elternkreise. Die Adressen kannst du entweder in den Drogenberatungsstellen erfah-

ren, oder du setzt dich mit den Zentralstellen der Selbsthilfegemeinschaften in Verbindung (Adressenliste).

Wenn deine Tochter schwanger ist (oder die Freundin deines Sohnes), dann kannst du dich an folgende Einrichtungen wenden: an die Pro Familia, an die Beratungsstellen der Kirchen und an städtische Beratungsstellen. Wenn du die Adressen nicht im Telefonbuch findest, kannst du dir den von der Bundeszentrale für gesundheitliche Aufklärung herausgegebenen «Beratungsführer» schicken lassen.[8] Wenn sich deine Tochter für eine Abtreibung entscheidet, muß sie wahrscheinlich einige Tage in der Klinik verbringen. Ambulante Abtreibungen werden selten vorgenommen. Versuche, in Erfahrung zu bringen, welche Kliniken empfehlenswert sind. Hört euch in deinem Freundeskreis und im Freundeskreis deiner Tochter um. Wir sollten nicht vergessen, daß die emotionalen und psychischen Aspekte bei einer Abtreibung ebenso wichtig sind wie die körperlichen. Dieser Gesichtspunkt wird in einer solchen Situation oft außer acht gelassen. Ausführlich wird das Thema Abtreibung in «Unser Körper, unser Leben» behandelt (siehe Bücherliste unter Boston Women's Health Book Collective). Auch im Frauenzentrum deiner Stadt kann euch weitergeholfen werden. Kontakte für junge, alleinstehende Mütter sind auf Seite 462f angegeben. In vielen Fällen helfen Erziehungsberatungsstellen weiter.

Wir stehen auf jeden Fall vor der Frage, wie stark wir als Eltern uns in einer solchen Situation einbringen sollten. Es ist schwierig, hierfür eine Antwort zu finden. Je mehr Unterstützung und Rückhalt du deinem Kind geben kannst, um so besser ist das in jedem Fall. Häufig ist es jedoch so, daß unsere Kinder uns gar nicht mit einbeziehen wollen, vielleicht sagen sie uns nicht einmal, was los ist. Es ist wichtig, diese Entscheidung zu respektieren und dazusein, wenn wir um Hilfe gebeten werden. Keinesfalls sollten wir unsere Rolle darin sehen, die Lösung dieses Problems zu bestimmen oder beeinflussen zu müssen. Es kann sehr schwierig und schmerzlich sein, bis wir uns zu einem solchen abwartenden Verhalten durchgerungen haben, besonders wenn wir uns große Sorgen um das Wohlergehen unserer Kinder machen und wenn ihre Entscheidung dem widerspricht, was unserer Meinung nach das beste wäre.

Juristische Probleme, mit denen Familien von Teenagern konfrontiert sein könnten, werden auf Seite 453 f behandelt.

Wenn du in Erfahrung bringen möchtest, welche Freizeiteinrichtungen es für Jugendliche in deiner Nähe gibt, wendest du dich am besten an den Stadtjugendring oder den Kreisjugendring. Das örtliche Jugendamt hat vielleicht eine Adressenliste der einzelnen Einrichtungen und Jugendverbände. Alle großen Jugendverbände sind im Bundesjugendring zusammengeschlossen (Adresse siehe Anhang).

6. Behinderte Kinder

Wenn dein Kind behindert ist, dann ist das wahrscheinlich für dich anfangs ein großer Schock, wenn deine Vorstellungen von einem geordneten und normalen Leben plötzlich völlig in Frage gestellt werden, ganz abgesehen davon, wie stark dein Kind behindert ist und welcher Natur die Behinderung ist. Mit den Gefühlen von Kummer, Sorge und Liebe für dein Kind gehen andere, sehr verwirrende Empfindungen einher. Vielleicht hast du Schuldgefühle, fragst dich, was du getan oder nicht getan hast, damit dir so etwas passiert. Vielleicht fragst du dich, ob du diesem verletzlichen Kind eine ausreichend gute Mutter oder ein ausreichend guter Vater sein kannst. Manche Eltern von behinderten Kindern berichten, daß ihr ganzes Leben anfangs von Ärger durchdrungen war. Sie empfanden Ärger über ihren Partner, daß er so ein Kind hervorgebracht hat, Ärger über die Ärzte, die den Schaden nicht beheben oder verhindern konnten, Ärger über die Umwelt, die so gedankenlos, so wenig hilfsbereit und ohne Verständnis ist. Am schwersten zu ertragen ist wohl der Schmerz, nicht nur was einen selbst, sondern was das Kind betrifft, das wahrscheinlich viele Verletzungen, Enttäuschungen und Frustrationen wird ertragen müssen. Diese und ähnliche Gefühle sind ganz normal, und wahrscheinlich müssen Eltern von behinderten Kindern sie unweigerlich durchmachen. Sie können als gesunde Reaktion auf belastende Ereignisse angesehen werden. Dir klarzumachen, daß diese Gefühle ihre Berechtigung haben, ist ein wichtiger Schritt dazu, Möglichkeiten der Hilfe ausfindig zu machen, die sowohl für dein Kind wie auch für dich selbst am besten sind.

Wichtig ist auch, daß du dir klarmachst, daß diese äußerst schwierige Gefühlslage nicht ständig weiterbestehen wird, auch wenn dir das am Anfang so vorkommt. Bei der Versorgung eines behinderten Kindes geht ein Prozeß vor sich, in dessen Verlauf sich zahlreiche Veränderungen ergeben können. Du eignest dir eine Menge Wissen sowie neue Fertigkeiten an und gewinnst neue Kraft. Dadurch verändert sich deine Situation positiv, und du bekommst eine neue Einstellung dazu.

Deine Bedürfnisse sind genauso wichtig wie die deines Kindes. Deine Gefühle und deine Bedürfnisse hängen zu einem großen Teil von dem Problem ab, das dein Kind hat. Vergiß dabei jedoch nicht, daß du selbst als eigenständige Persönlichkeit Unterstützung brauchst, also nicht völlig in den Hintergrund trittst. So wie dein Kind eine direkte Behandlung braucht, hast du Rückhalt und Aufmerksamkeit nötig. Die Mutter eines mehrfach behinderten Kindes hat das so ausgedrückt:

 «Euer Problem mag euch unüberwindlich und erdrückend erscheinen, und ein großer Teil eurer Kraft wird der Fürsorge für euer Kind gelten, doch ist es wichtig, sich von Anfang an darum zu bemühen, auf sich

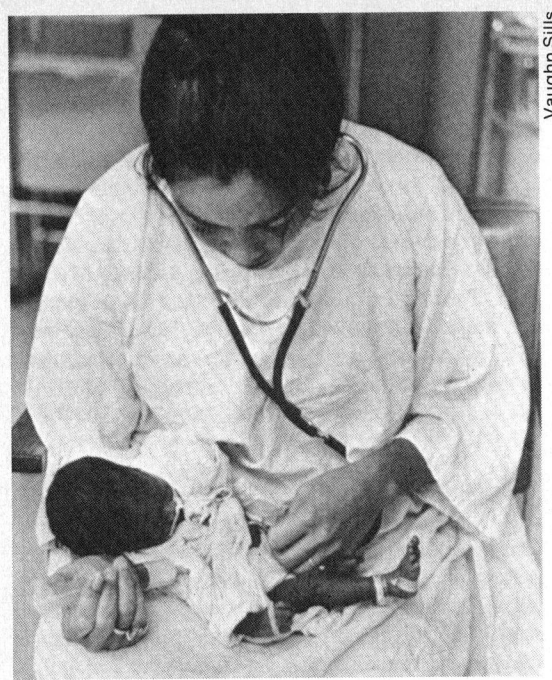

selbst zu achten und zwischen sich selbst und ›dem Problem‹ trennen zu können. Es ist notwendig, daß ihr euch nicht ausschließlich als ‹die Eltern eines behinderten Kindes› seht, daß eure Identität nicht darauf beruht, sonst wird es euch schwerfallen, aus der Isolation, den Ängsten und der Einsamkeit herauszukommen, die euch vielleicht umgeben.»

Laß dich nicht entmutigen. Neben der notwendigen Unterstützung brauchen wir Fertigkeiten, die uns helfen, Kraft zu schöpfen. Einige dieser Fertigkeiten sind auf Seite 410f beschrieben worden. Hier sind einige Möglichkeiten zur Anwendung dieser Fertigkeiten aufgeführt, wenn du ein behindertes Kind hast. Sicherlich fällt dir noch mehr ein.

Wenn du den Verdacht hast, daß mit deinem Kind etwas nicht stimmt, dann schreib das, was du dir denkst und beobachtest, auf. Das braucht nicht besonders ausführlich zu sein, es genügen ein paar Notizen über wichtige Entwicklungsschritte, über Dinge, die dir merkwürdig oder besorgniserregend erscheinen, und darüber, was das für Gefühle bei dir auslöst. Vielleicht handelt es sich bei den Beobachtungen, die dir Sorgen bereiten, um ganz normale Verhaltensweisen. Wenn deine Beunruhigung jedoch über längere Zeit andauert, solltest du etwas unternehmen. Mach deinen Kinderarzt auf das, was dir aufgefallen ist, aufmerksam. Deine eigenen Beobachtungen sind von allergrößter Bedeutung, wenn du also das Gefühl hast, daß sie nicht ernst genommen werden, höre auf jeden Fall die Meinung eines anderen Arztes dazu. Laß dir von deinem Kinderarzt die Adresse eines Spezialisten geben, oder laß dir von Freunden einen Arzt empfehlen. Wende dich an das Krankenhaus und sprich dort mit jemandem, der sich auf das Gebiet spezialisiert hat, über das du dir Sorgen machst. Falls eine Universitätsklinik in deiner näheren Umgebung ist, kannst du wahrscheinlich dort einen Arzt ausfindig machen, der dein Kind untersucht.

Laß dir immer, ganz unabhängig vom Untersuchungsergebnis, einen schriftlichen Bericht darüber geben, was mit deinem Kind gemacht worden ist.[9] Leg einen Ordner an, und bewahre darin jeden Bericht auf. Das kann eine große Hilfe für dich sein, denn wahrscheinlich wirst du immer wieder die gleichen Fragen zu hören bekommen. Es ist dir dann möglich, einem/r neuen Arzt/Ärztin oder Therapeut/in Fotokopien aller Unterlagen zur Verfügung zu stellen.

Besser noch als andere Eltern mußt du über das Funktionieren von Institutionen und bürokratischen Einrichtungen Bescheid wissen und dir darüber klar sein, wie sehr sich das ungleiche Machtverhältnis zwischen medizinischen Fachleuten und Laien als hinderlich erweisen kann, wenn es darum geht, die Hilfe zu bekommen, die du brauchst und die dir zusteht. Dieses Wissen kann dir dazu verhelfen, ein gut informiertes und nützliches Mitglied des Teams zu sein, das sich der Probleme deines Kindes annimmt, anstatt dir wie ein völlig verwirrter Störenfried vorzukommen.

Vielleicht geht es dir so, daß du bei einem Arzttermin mehr Mut hast, zu sagen, was du denkst oder was du auf dem Herzen hast, wenn du deine/n Partner/in oder eine/n gute/n Freund/in mitnimmst, und du stellst nachher fest, daß mehr dabei herausgekommen ist als sonst. Du hast auf jeden Fall das Recht dazu. Laß dich durch Fachausdrücke nicht durcheinanderbringen. Wenn du ein Wort oder eine Erklärung nicht verstehst, dann frag nach. Gib dich nicht mit dem Hinweis zufrieden, daß das zu kompliziert ist, daß du es sowieso nicht verstehen würdest. In diesem Bereich gibt es nichts, was nicht so dargelegt werden könnte, daß jemand, der wirklich Bescheid wissen möchte, es nicht versteht. Du brauchst diese Informationen, damit du zwischen solchen Entscheidungen trennen kannst, die technische Vorgehensweisen betreffen, und solchen, bei denen es um deine Gefühle, deine Meinung und deine Bedürfnisse als Mutter oder Vater deines Kindes geht. Wenn du dir Unterlagen aufhebst, deine eigenen Beobachtungen beschreibst und dir Erklärungen dafür geben läßt, kennst du dich mit der Zeit immer besser aus und wirst von den Fachleuten wegen deines Verhaltens und deines Wissens mit mehr Respekt behandelt.

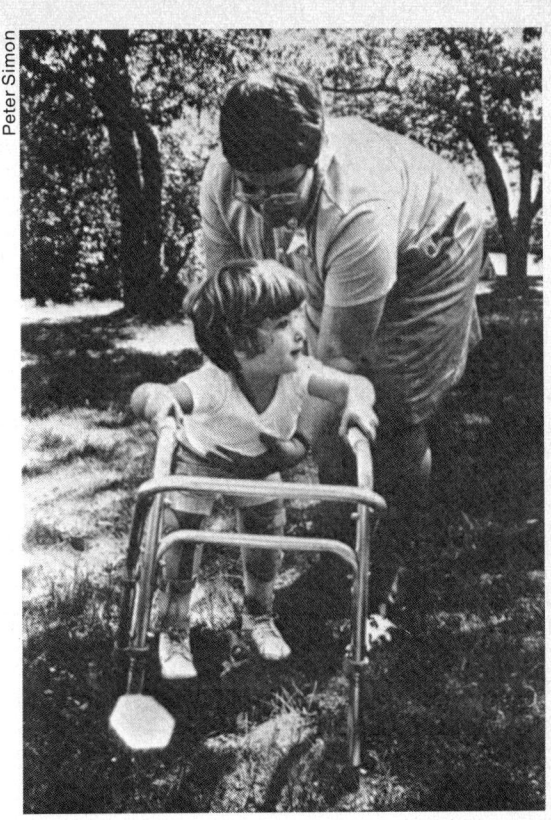

An wen kannst du dich um Hilfe wenden? Sprich mit deinem Kinderarzt. Er kann dir sicherlich sagen, an welche Stellen du dich am besten wendest. Auch ein Anruf bei der Krankenkasse kann dir weitere Aufschlüsse geben. Im großen und ganzen wirst du jedoch wie viele Eltern feststellen, daß du in deiner Situation ziemlich allein gelassen und isoliert bist. Vielleicht hast du den Wunsch, andere Eltern kennenzulernen, deren Kinder unter einer ähnlichen Behinderung leiden, um mit ihnen Erfahrungen und Wissen auszutauschen und euch gegenseitig zu unterstützen.
Es gibt einige Selbsthilfegruppen, die gewöhnlich von Eltern, die sich zu einem Hilfsnetz zusammengefunden haben, ins Leben gerufen worden sind. Die Adressen erfährst du bei deinem Arzt, im Gesundheitsamt oder in der Klinik, in der dein Kind behandelt wird. Du kannst auch an die Verbände und Arbeitsgemeinschaften schreiben und Adressen in deiner Nähe anfordern (siehe Anhang).

Wenn du für dein Problem keine schon bestehende Gruppe ausfindig machen kannst, gründest du vielleicht selber eine. Einfach ist das nicht, besonders, wenn du selber in einem ziemlichen Aufruhr bist. Vielleicht kann dein Arzt oder die Klinik Kontakte zu anderen Eltern vermitteln, denen es ähnlich wie dir geht. Allein schon ein Telefongespräch mit betroffenen Eltern kann äußerst hilfreich und tröstlich sein. Wir haben von einer Selbsthilfegruppe erfahren, die im Warteraum einer Klinik ihren Anfang genommen hat. Dort sind die Eltern miteinander ins Gespräch gekommen, während sie auf ihre Kinder warteten, die dort an einer Bewegungstherapie teilnahmen.

In mehreren großen Städten gibt es Kinderzentren. Die Adressen findest du im Anhang. Auch Einrichtungen wie die Lebenshilfe oder die Pfennigparade oder andere von den Freien Wohlfahrtsverbänden getragene Institutionen können weiterhelfen. Es gibt ein Verzeichnis über die verschiedenen Einrichtungen wie Stätten zur Frühförderung, Kindergärten, Vorschulen, Sonderschulen, Grund-, Haupt-, Real- und Oberschulen sowie Rehabilitationszentren (siehe Bücherliste).

Als Mutter oder Vater eines behinderten Kindes wirst du sehr viel mehr Kontakt mit Ärzten und anderen medizinischen Fachleuten haben, und zwar oft unter sehr viel ungünstigeren und belastenderen Bedingungen als andere Menschen. Deshalb ist es für dich besonders wichtig, daß du lernst, wie du am besten mit ihnen umgehst, damit du den größtmöglichen Nutzen aus ihrem Wissen ziehen kannst, während du dir gleichzeitig deine eigenen Stärken und deine eigenen Fähigkeiten nicht nehmen läßt.

7. Krankheit, Mißhandlung, juristische Probleme und andere Krisensituationen

Im Verlauf unseres Elterndaseins tauchen viele Krisensituationen auf, mit denen wir uns auseinandersetzen müssen. Krankheit, Gewalttätigkeit, Ehescheidung, ein Todesfall, juristische Probleme – das alles sind Ereignisse, die plötzlich über eine Familie hereinbrechen können und Ratlosigkeit und Chaos verbreiten. Was können wir tun, wenn wir in eine solche Lage geraten? Welche Möglichkeiten gibt es, Hilfe zu bekommen? In diesem Abschnitt gehen wir auf einige Krisensituationen und die vorhandenen Hilfsangebote ein. Wir sollten uns jedoch darüber im klaren sein, daß wir uns gerade in solchen Situationen, in denen wir Hilfe am dringendsten nötig haben, Hilfeleistungen oft am meisten selbst versperren. Vielleicht haben wir das Gefühl, daß wir alle Kräfte sammeln, um der Herausforderung gewachsen zu sein, doch gelingt es uns auf diese Weise lediglich, uns selber und andere davon zu überzeugen, daß wir keine Hilfe brauchen. Oder aber wir werden hektisch und verlieren die Übersicht,

das Problem nimmt für uns solche Dimensionen an, daß wir gar keine Möglichkeit mehr sehen, wie andere uns helfen könnten.
Krisensituationen sind auf jeden Fall Zeiten, in denen jeder Mensch Hilfe braucht, ganz gleich, in welcher besonderen Lage er sich gerade befindet. Die folgenden Vorschläge helfen dir vielleicht dabei, einen Anfang zu finden.

Klinikaufenthalt. Stell dir vor, daß dein Kind krank wird oder sich verletzt und in ein Krankenhaus eingeliefert werden muß. Vielleicht möchtest du dann bei ihm bleiben. Wie kannst du deinem Kind am besten erklären, was mit ihm los ist und was geschehen wird? Welche Bestimmungen herrschen in der Klinik? Welche Rechte hast du als Elternteil dort?
Seit unserer eigenen Kindheit hat sich auf diesem Gebiet viel geändert. Wenn sich die Situation ergibt, daß dein Kind ins Krankenhaus muß, weißt du unter Umständen gar nicht, wie du dich am besten verhältst, oder aber du weißt, was du willst, stößt dabei aber auf den Widerstand der Ärzte und des Klinikpersonals. Diese Situation war vor ein paar Jahren der Anlaß, daß sich eine Gruppe von Eltern zusammengefunden hat, um das Aktionskomitee Kind im Krankenhaus ins Leben zu rufen. Das ist ein gemeinnütziger Verein, der es sich zur Aufgabe gemacht hat, über die Bedürfnisse von Kindern und Eltern im Falle eines Krankenhausaufenthaltes zu informieren. Diese Gruppe (die im Kapitel 8 «Familie und Gesellschaft» ausführlicher beschrieben wird) kann eine große Hilfe bedeuten.
Bring in Erfahrung, wie es in der Klinik, in die dein Kind eingeliefert werden soll, zugeht. Vielleicht kannst du die Station vorher mit deinem Kind schon einmal anschauen, damit es sich mit der ungewohnten Umgebung ein wenig vertraut macht. Je mehr Fragen du stellst, je mehr du versuchst, darauf einzuwirken, daß sich die Dinge ändern, die dir nicht gefallen, je stärker du dich also engagierst, mit um so mehr Hilfe kannst du normalerweise rechnen. (Kind im Krankenhaus verschickt nützliches Informationsmaterial und eine Literaturliste. Du erhältst Hinweise, wie du am besten vorgehst, Adresse siehe Anhang.)
Die gleichen Gesichtspunkte sind auch zu beachten, wenn nicht das Kind, sondern ein Elternteil ins Krankenhaus muß. Es ist wichtig, daß du die Verbindung zu deinem Kind aufrechterhältst, während du im Krankenhaus bist (falls das geht), daß du ihm zu erklären versuchst, was dir fehlt und wann du wieder heimkommst. Dadurch wird dein Klinikaufenthalt für die ganze Familie vielleicht etwas leichter.
Wenn ein Elternteil längere Zeit krank ist oder ins Krankenhaus muß, ist daheim wahrscheinlich Hilfe notwendig, um die Arbeit in der Familie zu bewältigen. Erkundige dich, ob in deiner Nähe eine Nachbarschaftshilfe besteht. Frag bei der Kirche an. Auf dem Land besteht die Möglichkeit, eine Dorfhelferin zu sich zu bitten. Vielleicht kann das Gesundheitsamt

nähere Auskunft geben. Seit 1969 besteht der Notmütterdienst. Er vermittelt im ganzen Bundesgebiet familienerfahrene, zuverlässige Frauen, die für ein paar Tage oder Wochen in einer Familie die Versorgung des Haushalts übernehmen oder alte Menschen betreuen. Die Bezahlung beträgt 300,– DM pro Woche, oft übernehmen die Krankenkassen oder das Sozialamt die Kosten. Der Notmütterdienst berechnet die entstandenen Unkosten für die Vermittlung und auch den Beitrag für eine Unfallversicherung für die Ersatzmutter.

Wenn ein Familienmitglied stirbt. Die meisten von uns können sich zwar vorstellen, wie tief ihre Trauer und ihre Gefühle des Verlusts wären, wenn in unserer Familie jemand sterben würde, die wenigsten von uns sind jedoch darauf vorbereitet, daß solche Gefühle lange anhalten können, und wissen nicht, auf welche verschiedenen Arten sich Trauer äußern kann. Verstärkte Ängste, sich in sich selbst zurückzuziehen, Wut, Verdrängung der Ereignisse, auffällige Verhaltensänderungen, eine starke Abhängigkeit und Regression, das sind einige der vielen Formen der Trauer, die sowohl bei Kindern wie auch bei Erwachsenen auftreten können. Da es Sache der Eltern ist, der Familie über eine solche schwierige Zeit hinwegzuhelfen, sollten wir uns klar darüber sein, daß wir mit Hilfe von außen rechnen können. Auf jeden Fall können wir uns an Freunde, Verwandte und gute Bekannte wenden. Auch von der Schule und besonders von einer Lehrerin oder einem Lehrer, zu der/m unsere Kinder ein gutes Verhältnis haben, können wir Hilfe erwarten. In einigen Gemeinden gibt es Sozialstationen, die möglicherweise eine Hilfe im Haus zur Verfügung stellen können, wenn ein Elternteil gestorben ist. Wende dich an die Einrichtungen, die in dem Abschnitt über Klinikaufenthalt aufgeführt sind. Wenn bei einem Kind oder bei einem Elternteil nach Ablauf einer anfänglichen Phase großer Trauer und großen Schmerzes der seelische Zustand sich weiterhin verschlimmert, ist es vielleicht ratsam, sich um therapeutische Hilfe zu bemühen. Kleine Kinder werden häufig von heimlichen Ängsten im Zusammenhang mit dem Tod eines Elternteils oder eines Geschwisters heimgesucht, die sich Jahre später sehr zerstörerisch auswirken können, wenn keine Gelegenheit vorhanden ist, sie in der Krisensituation zu verarbeiten.

Kindesmißhandlung. Wir alle machen als Eltern schwierige Phasen durch. Es gibt Zeiten, in denen wir meinen, alles ginge schief. Es kommt uns so vor, als befänden wir uns in einem ständigen Kampf mit unseren Kindern. Wir können sie einfach nicht dazu bringen, sich so zu benehmen, wie wir das für richtig halten, ganz gleich, mit was für Erziehungsmethoden wir es versuchen. In solchen Situationen schreien wir sie vielleicht an, ohrfeigen sie oder greifen zu anderen Mitteln, um sie empfindlich zu bestrafen. Wir haben den Eindruck, daß sie durch ihr Verhalten förmlich um eine solche Behandlung betteln und uns herausfordern, doch gleichzeitig spüren wir innerlich, daß etwas nicht in Ordnung ist, daß wir nicht vernunftsmäßig reagieren. Vielleicht dämmert uns, daß Ärger, Frustrationen oder andere Umstände in unserem Leben in Wut auf unsere Kinder umschlagen und daß wir sie zu unserem Blitzableiter machen.

Alle, die mit Kindern umgehen, durchleben solche Zeiten. Es kann jedoch sein, daß irgendwo in deinem Innern ein Alarmsignal ausgelöst wird, um dich darauf hinzuweisen, daß ernsthafte Schwierigkeiten vorliegen, daß du dein Kind zu häufig ohrfeigst oder zu heftig zuschlägst. Wenn deine Kinder deine Wut ausbaden müssen, wenn du dich oft gar nicht mehr auskennst, Schuldgefühle hast oder im Umgang mit deinen Kindern die Gewalt über dich verlierst, wenn es dir so vorkommt, als würdest du das wiederholen, was du als Kind erlebt hast, als du selber grausam behandelt oder vernachlässigt worden bist, dann ist der Zeitpunkt gekommen, wo du Hilfe brauchst und auch Anspruch darauf hast.

Es gibt eine Menge falscher Vorstellungen über Eltern, die ihre Kinder schlagen: Es heißt, daß das Leute mit geringem Einkommen und mangelhafter Schul- und Ausbildung sind, daß diese Leute unberechenbar, gewalttätig und «geistesgestört» sind, daß sie ihre Kinder nicht lieben. Das alles stimmt nicht. Kindesmißhandlungen kommen in allen Einkommensschichten vor. Die Umstände, unter denen es dazu kommt, lassen sich vorhersagen, und es ist möglich, sie zu durchschauen. Die Eltern, die in eine solche Situation geraten, empfinden in vielen Fällen zu ihren Kindern große Zuneigung. Kindesmißhandlung muß im Gesamtzusammenhang familiärer und persönlicher Belastungen gesehen werden, häufig passiert so etwas den Menschen, die noch mit Problemen aus ihrer eigenen Kindheit zu kämpfen haben. Das hindert sie daran, ihrer eigenen Aufgabe als Eltern gewachsen zu sein.

Eltern, die ihre Kinder mißhandeln, durchleben die gleichen Gefühle wie andere Eltern auch, sie sind jedoch nicht in der Lage, sich zurückzuhalten und Abstand zu der Situation zu gewinnen, in der sie sich mit ihren Kindern gerade befinden. Häufig kommen folgende Umstände zusammen:

- Sie sind isoliert und haben keine engen Beziehungen zu anderen Menschen, von denen sie Unterstützung erwarten könnten, sie haben niemanden, mit dem sie reden können.

- Als Kinder sind sie selber gewalttätig behandelt oder vernachlässigt worden.

- Sie haben Schuldgefühle wegen der Art, wie sie ihre Kinder behandeln, und schämen sich deswegen.

- Beschwichtigende Anteilnahme bedeutet für sie keine Hilfe, sondern bewirkt eher, daß es ihnen noch schlechter geht; für sie ist es so, als gebe die Umwelt ihnen zu verstehen, daß sie ja nicht auf Hilfe rechnen sollen.

Jedes Jahr werden Tausende von Fällen bekannt, in denen Kinder mißhandelt und manchmal zu Tode gequält wurden, und dennoch ist das ein Thema, über das wir nicht gerne reden. Für Eltern ist es sehr schwierig, sich dem Problem zu stellen, und Ärzte oder andere, die merken, was los ist, wissen nicht, wie sie helfen können.
Oft wenden sich Leute, die ihre Kinder mißhandeln, an andere, um Hilfe zu bekommen. Vielleicht gehen sie immer wieder zum selben Kinderarzt oder in die Ambulanz desselben Krankenhauses, doch dort werden ihre Probleme entweder nicht wahrgenommen, oder sie werden beschwichtigt und abgespeist. Diese Eltern haben oft noch weniger Vertrauen zu Ärzten und dem Klinikpersonal, als das üblicherweise bei uns der Fall ist, und dadurch fällt es ihnen noch schwerer, um Hilfe zu bitten. Diese Menschen, die häufig großen Belastungen ausgesetzt sind, müssen also von sich aus dahinterkommen, was ihnen nottut, und dann die Schranken überwinden, die sie davon abhalten, sich Hilfe zu holen.
Es gibt Möglichkeiten, wirklich Hilfe zu bekommen, wenn du deine Kinder grob schlägst und mißhandelst oder Angst hast, daß es dazu kommen könnte. In einem Gespräch mit einer Psychologin oder einem Psychologen einer Erziehungsberatungsstelle kannst du klären, was für Möglichkeiten es in deiner Situation gibt. Auch der Kinderschutzbund nimmt sich dieses Problems an. Die Kinderschutzzentren in Berlin, Gütersloh und München unterhalten eine spezielle Beratungsstelle für Kindesmißhandlung. Hier werden Laienhelfer und Familienhelfer ausgebildet, die dann in der Lage sind, unterstützend einzugreifen. Vielleicht läßt es sich einrichten, daß du dein Kind in einer Tagespflegestelle oder einer Kindertagesstätte unterbringst, so daß du Zeit für dich selber gewinnst und mehr Distanz zu dem Problem bekommst. Ein Gespräch mit einer Therapeutin oder einem Therapeuten, und wenn es auch nur ein oder zwei Stunden pro Woche sind, können für dich wie ein Ventil für den Druck sein, unter dem du stehst, und dir dazu verhelfen, daß du besser verstehst, woher dieser Druck kommt und wie du damit umgehen kannst.
Außerdem gibt es noch zwei recht drastische Lösungen, die aber manchmal notwendig sein können. Entweder du oder dein Kind muß eine Zeitlang stationär behandelt werden, entweder aus physischen oder aus psychischen Gründen. Oder aber du mußt dein Kind eine Zeitlang zu Pflegeeltern geben, bis sich die Situation bei euch daheim wieder normalisiert hat. Beide Lösungen bringen neue Probleme mit sich. Im allgemeinen hast du wenig Einfluß darauf, wo dein Kind untergebracht wird, und wahrscheinlich fühlst du dich dem juristischen und bürokratischen Amtsschimmel hilflos ausgeliefert. Doch wenn eure familiäre Situation unerträglich geworden ist, kann sie sich durch jedes Hinwenden nach außen nur bessern.

Geschlagene Frauen. Alle Eltern streiten sich mehr oder weniger oft und heftig. Berufliche und finanzielle Probleme, sexuelle Schwierigkeiten und die Anforderungen des Familienlebens können eine schwere Belastung bedeuten. Es kommt jedoch vor, daß Männer ihre Wut, ihre Frustrationen und ihre Machtlosigkeit dadurch ausagieren, daß sie tätlich werden. (Manchmal sind es die Ehefrauen, die zuschlagen, aber das sind sehr seltene Fälle.)
Häufig erträgt eine Frau solche Mißhandlungen, weil sie sehr reale Ängste hat: Sie weiß nicht, wo sie hingehen soll, wenn sie ihren Mann verläßt, und sie weiß auch nicht, wie sie ihre Kinder allein durchbringen kann. Vielleicht hofft sie auch immer wieder, daß sich ihre Situation bessert, oder hat Angst davor, ihren Mann noch mehr zu reizen, wenn sie Widerstand zeigt. Vielleicht schreckt sie auch davor zurück, die Familie auseinanderzureißen oder sich von dem Mann zu trennen, den sie liebt. Manche Frauen meinen, daß ihre Kinder unter dem Zustand nicht leiden, denn was sie nicht mit ansehen müssen, kann ihnen ja nicht schaden. Bei kleinen Kindern glauben sie, daß sie ja sowieso noch nichts davon mitbekommen. In einer Familie, in der Gewalt herrscht, muß jedoch jeder darunter leiden, auch wenn nur einen in der Familie diese Gewalt körperlich trifft. Selbst ein kleines Baby ist von solchen Vorkommnissen betroffen.
Wenn du in einer solchen Situation lebst, ist es dringend notwendig, daß du dir Hilfe holst, damit du selber geschützt bist und auch deine Kinder. In vielen größeren Städten sind Frauenhäuser entstanden, wo du zusammen mit deinen Kindern eine Zeitlang bleiben kannst, bis du weißt, was du in Zukunft machen willst. Einige dieser Frauenhäuser sind im Telefonbuch zu finden und operieren auch sonst in aller Öffentlichkeit (so daß die verlassenen Ehemänner ihre Frauen sehr schnell ausfindig machen können), andere halten ihre Adresse und oft auch die Telefonnummer geheim. Einige dieser Frauenhäuser sind aus der Frauenbewegung heraus entstanden und werden auch von Frauen aus der Bewegung unterhalten, andere sind von der Stadt oder von sozialen Trägern eingerichtet. In allen diesen Häusern findest du vorübergehend eine Unterkunft, Verpflegung und Schutz. Du bekommst dort die nötigen Informationen, findest Rückhalt und Unterstützung. Wenn du herausfinden willst, ob es in deiner Nähe ein Haus für geschlagene Frauen gibt, wende dich ans Frauenzentrum, ans Sozialreferat der Stadtverwaltung oder an eine Familienberatungsstelle. Die Telefonnummern der Frauenhäuser sind im Anhang aufgeführt.

Juristische Probleme. Aus den verschiedensten Gründen können Jugendliche mit dem Gesetz in Konflikt geraten, sei es, daß sie mit Haschisch erwischt worden sind, im Straßenverkehr aufgefallen sind oder einen Unfall gebaut haben, daß sie betrunken waren und randaliert haben, daß sie bei einem Warenhausdiebstahl ertappt worden sind, bei einer

Demonstration oder Hausbesetzung festgenommen wurden oder wirklich etwas Schlimmes angestellt haben. Vielleicht haben wir selber mit der Polizei lediglich etwas zu tun gehabt, weil wir falsch geparkt haben, und plötzlich, vor allem, wenn unsere Kinder Jugendliche sind, müssen wir uns mit den Gesetzeshütern auseinandersetzen. Wir müssen dann nicht nur eine Lösung für sehr ernste faktische Probleme finden, sondern auch mit unseren eigenen Gefühlen fertig werden, wenn wir es zum Beispiel als demütigend empfinden, daß unsere Kinder uns durch ihr Verhalten in Mißkredit oder sich selber in Gefahr gebracht haben. Vielleicht sind wir dann hin und her gerissen zwischen dem Bedürfnis, unsere Kinder zu schützen, und der Regung, uns auf die Seite der Behörden zu schlagen und unsere Kinder bestrafen zu wollen. Vielleicht haben wir das Gefühl, bloßgestellt worden zu sein, haben aber auch große Angst um unsere Kinder und sind voller Wut auf diejenigen, die «hinter uns her» sind. Eltern, die eine solche Situation erlebt haben, berichten, daß sie all ihre Kraft zusammennehmen mußten, um nicht die Ruhe zu verlieren. In solchen Zeiten ist es sehr wichtig, sich um Hilfe von außen zu kümmern.

Wenn dein Kind mit dem Gesetz in Konflikt geraten ist, solltest du dich juristisch beraten lassen, und zwar so früh wie möglich. Wenn du nicht viel verdienst, hast du gesetzlichen Anspruch auf Rechtsberatung. Beim Amtsgericht erhältst du einen Berechtigungsschein, gegen dessen Vorlage du dich von einem Rechtsanwalt deiner Wahl beraten lassen kannst. Schwierig ist es herauszufinden, wer dir am besten helfen kann. Vielleicht erhältst du im Frauenzentrum oder in einer Familienberatungsstelle die Adresse einer Rechtsanwältin oder eines Rechtsanwalts, der sich auf dein Problem spezialisiert hat. Sicherlich fällt es dir schwer, das alles richtig in die Hand zu nehmen, wenn du den Belastungen durch die Probleme mit der Polizei und dem Gericht ausgesetzt bist. Je besser du beraten oder vertreten wirst, um so mehr kannst du aber für dein Kind erreichen.

Wenn es sich um eine geringfügige Angelegenheit handelt, dann wird ein guter Rechtsanwalt dich wissen lassen, daß es nicht notwendig ist, seinen Beistand dabei in Anspruch zu nehmen, und dir sagen, wie du die Sache allein vertreten kannst. In bestimmten Fällen kann alles ohne Eingreifen eines Rechtsanwaltes geregelt werden, zum Beispiel vor dem Jugendrichter. Oft reagiert das Jugendgericht sehr positiv auf Eltern, die sich um ihre Kinder kümmern und sich für sie einsetzen oder auch auf eine/n Sozialarbeiter/in, die/der das Kind gut kennt und offensichtlich an dessen Problemen interessiert ist.

8. Therapie

Wenn es darum geht, ein Urteil über den Wert von vorhandenen Möglichkeiten der Hilfe abzugeben, fällt das wahrscheinlich bei der Psychotherapie am schwersten. Der Zusammenhang, in dem die Psychotherapie steht, ist äußerst komplex. Die Fragen, die sich hierbei stellen, betreffen den gesellschaftlichen, den politischen, ethischen und auch den persönlichen Bereich. Es gibt eine Menge Leute, die eine sehr entschiedene Meinung darüber haben, ob Psychotherapie von Nutzen ist oder nicht, ob sie uns wirklich dabei helfen kann, uns auf die Weise zu ändern, wie wir uns das wünschen. Oft bemühen wir uns aber gerade zu einem Zeitpunkt in unserem Leben um therapeutische Hilfe, wenn wir sie besonders nötig haben, sehr verletzlich und aus der Fassung geraten sind. Selbst in einer Situation, in der wir darum ringen, fremden Menschen ganz private Einzelheiten aus unserem Leben mitzuteilen, müssen wir gleichzeitig auch wachsam und bewußt sein und unsere Wahl so treffen, daß unseren Interessen auch wirklich gedient ist. Schließlich fällt uns die Entscheidung manchmal sehr schwer, wann wir uns wirklich in eine Therapie begeben wollen oder sie nötig haben, denn die Situationen und Probleme, an denen wir dort arbeiten, bilden mit den Alltagssituationen und -problemen ein Kontinuum.

Wir sind der Ansicht, daß eine gute Therapie von unschätzbarem Wert sein kann und daß die Fertigkeiten, die wir uns dort aneignen, zu einem wichtigen Bestandteil in unserem Leben werden können.

Was kann Therapie bewirken?

Vereinfacht dargestellt kann eine gute Therapie uns im Idealfall zu dreierlei verhelfen:

● zu verstehen, «was gerade ist» – uns selber und andere besser zu verstehen, zu erfahren, wer wir sind, was uns wichtig ist, warum wir bestimmte Dinge so und nicht anders machen, wie wir uns anderen gegenüber verhalten, herauszufinden, was wir von anderen bekommen und was wir ihnen geben;

● eine Entscheidung zu treffen, was wir wollen – die verschiedenen Möglichkeiten in Betracht zu ziehen, uns vorzustellen, wie wir uns unsere Situation wünschen, herauszufinden, was an unserem Leben wir gerne beibehalten und was wir gerne ändern würden;

● zu lernen, wie wir das erreichen – das Selbstvertrauen und die Fähigkeiten zu entwickeln, die wir brauchen, um mit Problemen fertig zu werden und unser Leben so zu verändern, daß es glücklicher, erfüllter, weniger isoliert und nicht sinnlos verläuft.

Eine Therapie ist nicht der einzige und auch nicht immer der beste Weg, um dorthin zu kommen. Es gibt etliche andere Möglichkeiten: wir können uns mit Freunden aussprechen, eine Selbsthilfegruppe bilden, uns einer spirituellen Gemeinschaft anschließen, meditieren oder uns intensiv mit uns selber beschäftigen und auseinandersetzen. Jeder dieser Wege einschließlich der Therapie hat seine Vor- und Nachteile. Wir wollen auf

einige der Merkmale eingehen, durch die sich eine gute Therapie von den Möglichkeiten der Hilfe unterscheidet, die wir auch auf andere Weise bekommen können:
● Therapeutinnen und Therapeuten haben eine Ausbildung hinter sich und haben Kenntnisse über die emotionale Entwicklung und die Probleme von einzelnen und ganzen Familien. Ihre Kenntnisse und ihr Wissen können sie einsetzen, um uns dabei zu helfen, daß wir unsere Situation klarer sehen.
● Wenn Therapeuten auch daran interessiert sind, was mit uns geschieht, haben sie doch keinen persönlichen Anteil an unserem Leben und können uns gegenüber deshalb eher objektiv sein als Freunde oder Familienmitglieder. Außerdem haben wir den Vorteil, daß wir an unseren Schwierigkeiten arbeiten und sie aber gleichzeitig für uns behalten können.
● Therapeuten werden dafür bezahlt, daß sie uns ihre Zeit widmen, um mit uns zu arbeiten, so daß wir von ihnen Zuwendung und Aufmerksamkeit erwarten können, ohne gleichzeitig das Gefühl haben zu müssen, daß von uns Zuwendung erwartet wird oder daß wir unserer Therapeutin oder unserem Therapeuten bei ihren/ seinen eigenen Problemen helfen müssen. Das kann für uns sehr wichtig sein, wenn wir uns überfordert und kraftlos fühlen.
● Therapeuten wissen meistens über andere Hilfsmöglichkeiten in der näheren Umgebung Bescheid und können uns bei der Kontaktaufnahme mit solchen Einrichtungen wegen gesundheitlicher, finanzieller und beruflicher Probleme behilflich sein. Therapeuten haben auch Zugang zu flankierenden Maßnahmen, die für einzelne oder Familien in einer Krisensituation zur Verfügung stehen.
● Wenn wir wissen, daß uns regelmäßig Zeit zur Verfügung steht, um mit einer Therapeutin oder einem Therapeuten an unseren Problemen zu arbeiten, gelingt es uns vielleicht, etwas Abstand zu der Situation zu gewinnen und mehr Überblick zu bekommen, so daß wir vielleicht nicht nur eine Lösung für unsere unmittelbaren Probleme finden, sondern auch Kräfte gewinnen und uns Fähigkeiten aneignen können, die uns helfen, mit zukünftigen Situationen besser fertig zu werden.
Manche Menschen haben Scheu davor, eine Therapie zu beginnen, auch wenn sie meinen, daß ihnen das helfen würde. Sie befürchten, daß das heißen würde, daß sie «verrückt» oder krank sind oder daß sie als Eltern versagt haben. Oder sie haben Angst, daß ihr Kind wirklich «gestört» oder als «Problemkind» anzusehen ist. Manche Leute meinen, daß allein schon die Tatsache, sich um Hilfe nach außen zu wenden, ein Beweis dafür ist, daß ihre Probleme einzigartig und sehr viel ernster sind als bei anderen. Wir sollten nicht vergessen, daß jede/r von uns im Leben Entwicklungen durchmacht, die es mit sich bringen, daß wir Hilfe brauchen oder aber auch sehr gut allein zurechtkommen. Wenn wir Hilfe wirklich

nötig haben und sie uns holen, so ist das kein Zeichen für Unzulänglichkeit, sondern ein Zeichen von Reife und ein erster Schritt zu einer Lösung des Zustandes, der uns Sorgen bereitet.

Wie läßt sich unser Problem am besten einschätzen? Es gibt keine deutliche Trennungslinie zwischen solchen Problemen, die therapeutische Hilfe erfordern, und solchen, die wir ohne Hilfe von außen lösen können. Du kannst dir aber ein paar bestimmte Fragen stellen, wenn du mit dem Gedanken an Therapie spielst, und versuchen, dahinterzukommen, was los ist.

- Gibt es eine erkennbare Ursache für dein Problem? Sind durch die Geburt eines Kindes ältere Geschwister verdrängt worden? Ist jemand in der Familie arbeitslos geworden? Ist jemand in der Familie gestorben? Oder ist das Problem komplizierter und nicht auf einen bestimmten Vorfall oder eine bestimmte Entwicklungsphase zurückzuführen?
- Hast du schon auf andere Weise versucht, das Problem zu lösen, und es hat sich aber an deiner Situation nichts geändert?
- Wie lange besteht das Problem schon? Sind die Zusammenhänge auf kurze, eingrenzbare Ereignisse zurückzuführen, oder schlägst du dich schon lange damit herum und bist auf verschiedenen Ebenen davon betroffen?
- Hast du in verschiedenen Situationen deines Lebens wiederholt mit dem gleichen Problem zu kämpfen gehabt?
- Wie schwerwiegend und außergewöhnlich kommt es dir vor? Klagen Freunde mit Kindern im gleichen Alter über ähnliche Sorgen, oder befindest du dich deiner Meinung nach in einer ganz anderen, sehr viel extremeren Situation?
- Und die allerwichtigste Frage: Wie belastend ist das Problem für dich, für dein Kind, für deine Familie, ganz abgesehen davon, wie ernst es zu sein scheint? Es kann zum Beispiel sein, daß du eine Angelegenheit für sehr geringfügig hältst, die für dein Kind große Bedeutung hat und ihm große Probleme bereitet, so daß es sich nachteilig auf seine Beziehungen zu Freundinnen und Freunden auswirkt oder seine schulischen Leistungen und sein Selbstwertgefühl beeinträchtigt. Auf der anderen Seite kann es so sein, daß dein Kind eine ganz normale Entwicklungsphase durchmacht, die für die meisten deiner Freunde kein Problem darstellt, während du äußerst beunruhigt bist. In beiden Fällen ist es angebracht, sich nach Hilfe umzusehen.

An wen wendest du dich am besten? Frag zunächst einmal Freunde, ob sie dir eine/n Therapeutin/en oder eine Einrichtung empfehlen können, mit der sie gute Erfahrungen gemacht haben. Du kannst dich auch an deinen Arzt, eine psychiatrische Klinik oder an eine Beratungsstelle wenden. Wenn ein Gutachter eine Therapie für dich befürwortet, trägt deine Kran-

kenkasse die Kosten. Das setzt voraus, daß du einen Psychotherapeuten mit Kassenzulassung ausfindig machst. Häufig sind das Ärzte mit einer psychotherapeutischen Zusatzausbildung, die vor allen Dingen Psychoanalysen und Gesprächstherapien durchführen. Die Kosten für spezielle Therapien: Bioenergetik-, Gestalt-, Encountertherapie und so weiter, mußt du in der Regel selber übernehmen.
Es gibt viele verschiedene Therapie- und Beratungsformen und zahlreiche Möglichkeiten, um sie deinen Bedürfnissen anzupassen. Bei einigen Methoden läuft die Therapie hauptsächlich über Gespräche, während sich inzwischen auch andere Methoden durchgesetzt haben, bei denen eine Vielzahl anderer Techniken eingesetzt wird. Du kannst eine Langzeittherapie beginnen und eine Vielzahl von Problemen bearbeiten oder dich in ein paar Sitzungen auf ein ganz bestimmtes Problem konzentrieren. Entweder dein Kind oder du selber machst die Therapie allein, oder dein/e Partner/in nimmt daran teil. Es gibt auch Therapien für die ganze Familie oder einen Elternteil und eines oder mehrere der Kinder. Die Ansätze und die Ausbildung der Therapeuten sind sehr unterschiedlich. Es gibt Therapeuten, die nur mit Kindern arbeiten, andere, die nur mit Erwachsenen oder mit Familien arbeiten. Es ist nicht nötig, daß du vorher schon genau weißt, wie lange du eine Therapie machen möchtest und was für eine Therapie du machen willst. Zunächst mußt du jemanden finden, zu dem du Vertrauen hast und bei dem du dich wohl fühlst.
Wie findest du eine/n gute/n Therapeutin/en? Von einer/m Therapeutin/en erwarten wir, daß sie/er uns zuhört, uns das widerspiegelt, was sie/er hört oder beobachtet und uns dabei hilft, bestimmte Abläufe in unserem Leben besser zu erkennen und zu verstehen und schließlich mehr Einfluß darauf zu haben.
Es kommt sehr darauf an, was für einen Ruf ein/e Therapeut/in oder ein Therapiezentrum hat. Frag Freunde und Bekannte, die in einer Therapie waren, was für Erfahrungen sie mit der/m Therapeutin/en oder der Einrichtung gemacht haben. Wenn du eine Therapeutin suchst, wirst du dich zunächst einmal umtun müssen, was wahrscheinlich bedeutet, daß du mit mehreren sprichst, bis du jemanden findest, bei dem du dich gut aufgehoben fühlst.
Erkundige dich, ob die Therapeutin ganz bestimmte Techniken anwendet, denn das hat einen sehr wesentlichen Einfluß auf deine Therapieerfahrung. (Die besten Therapeuten sind diejenigen, die bei der Anwendung von Techniken flexibel sind.) Im Verlauf der Arbeit mit einer Therapeutin solltest du dir ein Urteil über die Beziehung bilden, die sie zu dir und deiner Familie entwickelt. Kannst du die Art, wie deine Therapeutin deine Probleme sieht, nachvollziehen? Gelingt es dir dadurch, dein Problem aus Blickwinkeln zu sehen, die neu für dich sind, die du aber sehr treffend findest? Du solltest das Gefühl haben, daß du in einem Team mitarbeitest, das ein

bestimmtes Ziel anstrebt, und dir nicht etwa wie ein passives Behandlungs- oder Studienobjekt vorkommen. Sei deinen eigenen Reaktionen gegenüber aufmerksam. Deine Grundstimmung sollte in Vertrauen gegenüber der Therapeutin bestehen, du solltest das Gefühl haben, daß du weißt, was vor sich geht. Auf deine Fragen und Sorgen sollte mit Respekt und Achtung dir gegenüber eingegangen werden. Zwar kannst du von einer Therapie weder eine sofortige Lösung deiner Probleme noch irgendwelche Wunder erwarten, doch nach einer gewissen Zeit sollte sich für dich ein Ergebnis abzeichnen. Allmählich solltest du das Gefühl bekommen, daß es dir bessergeht, so daß du den Therapeuten oder das Therapiezentrum immer weniger brauchst.

Behalte bei der Auswahl einer/s Therapeutin/en folgende Punkte im Auge:

Individuelle Fähigkeiten. Dies ist wahrscheinlich der allerwichtigste Gesichtspunkt. Es gibt eine Menge Möglichkeiten, wie sich Therapeuten als unfähig erweisen können oder für dich einfach nicht geeignet sind. Skeptisch werden solltest du zum Beispiel,

- wenn du das Gefühl hast, daß Werturteile über dich gefällt werden, daß du beschuldigt, abgestempelt, ignoriert, ausgefragt oder auf andere Weise mit Mißachtung behandelt wirst,
- wenn du das Gefühl hast, daß du zu einer Anpassung an ein bestimmtes Verhaltensmuster oder eine bestimmte Rolle gedrängt wirst (ein Problem, mit dem besonders Frauen in einer Therapie zu kämpfen haben) oder daß du dich mit einer für dich unzumutbaren Lebenssituation abfinden sollst,
- wenn du dich dazu gedrängt fühlst, sehr viel schneller vorzugehen oder tiefer vorzudringen, als du das möchtest, weil du dich sonst nicht mehr sicher fühlst oder auf der anderen Seite bevormundet und beschwichtigt oder mit Allgemeinplätzen abgespeist wirst.

Vielleicht ist die Therapeutin/der Therapeut, zu der/dem du gehst (oder bei der/m du eine Therapie beginnen könntest), ganz in Ordnung, aber nicht überragend, und du fragst dich, ob du überhaupt hingehen sollst. Wenn du jemand Besseren finden kannst, dann mach das auf jeden Fall. Doch denk daran, daß ein wenig Hilfe besser ist als gar keine, denn dadurch gelangst du allmählich dahin, daß du für dich selber etwas tust.

Wie du die richtige Wahl triffst. Da sich im Grunde jeder als Therapeut bezeichnen kann, bieten auch solche Leute Therapie an, die das besser bleiben lassen sollten. Für andere Aufgaben wären sie sicherlich gut geeignet, doch für den Beruf des Therapeuten sind sie ungeeignet oder richten sogar Schaden an. Manche Leute wenden sich zum Beispiel an einen Geistlichen, wenn sie in seelischen Nöten sind. Das kann ihnen sehr gut tun oder aber auch nicht. Von Geistlichen ist zwar von jeher erwartet worden, daß sie in Zeiten der Erschütterung Trost spenden, die Richtung weisen und Ratgeber sind, doch die meisten von ihnen sind nicht dafür ausgebildet, Leute zu therapieren, die sich in einem großen Aufruhr befinden. So verfügen zum Beispiel auch die Psychologinnen und Psychologen in Beratungsstellen über eine bestimmte Ausbildung, die sie zum therapeutischen Umgang mit Kindern befähigt, doch kann niemand von ihnen erwarten, daß sie bei einem Kind, das stottert, die Diagnose stellen und es behandeln. Ein weiteres Beispiel dafür, daß wir uns an die falsche Adresse gewandt haben, liegt vor, wenn wir von einem Gynäkologen erwarten, daß er bei einer ernsten Depression nach der Geburt Abhilfe schafft. Vielleicht sind das die Leute, an die wir uns direkt wenden, weil das für uns naheliegt, doch nicht immer ist das eine gute Entscheidung.

Der größere Zusammenhang. Wichtig ist, sich klarzumachen, daß manche Schwierigkeiten, die wir auf emotionale Probleme zurückführen, eher mit unseren Lebensumständen als mit unserem Innenleben zu tun haben. In den verschiedenen Kapiteln dieses Buches haben wir öfter darauf hingewiesen, vor allen Dingen im Kapitel über unsere Gesellschaft. Beispiele für persönliche Probleme, die in großem Maße auf gesellschaftliche Ursachen zurückzuführen sind, stellen ‹Überaktivität› bei Schulkindern, die gesellschaftliche Isolation und die Überforderung, über die viele Mütter klagen, und der Drogenmißbrauch bei Jugendlichen dar. Es ließen sich noch viele andere anführen.
Diese umfassenden Probleme sind nicht erst von Therapeuten ‹erfunden› worden, doch liegt es in ihrer Verantwortung, daß sie die Probleme ihrer Klienten für diese verstehbar in diesen umfassenden Zusammenhang stellen und ihnen sehen helfen, wie verbreitet von einzelnen erlebte seelische Störungen und Probleme sind. Ihnen obliegt es, ihren Klienten vor Augen zu führen, welche Stärke darin liegt, überhaupt – auf welche Weise auch immer – Kontakt zu anderen Menschen aufzunehmen und sich ihnen zuzuwenden.

Für welche Lösung du dich auch entscheiden magst, denk daran, daß die meisten von uns zu dem Zeitpunkt, wo wir glauben, daß wir Hilfe brauchen, sehr überlastet sind, daß es uns schlechtgeht und wir mit unseren Kindern und ‹Alltagspflichten› nicht gut zurechtkommen. Es kann sehr anstrengend sein, einen Menschen zu finden, mit dem wir gerne zusammenarbeiten, bei dem wir zuversichtlich sind, daß sich etwas zum Positiven verändert. Es ist deshalb wichtig, uns klar darüber zu werden, daß allein schon der Prozeß, der dazu führt, daß wir uns eingestehen, Hilfe zu brauchen, der Prozeß, herauszufinden, was nicht in Ordnung ist, der Prozeß, daß wir uns nach außen wenden, einen Freund oder eine Therapeutin ausfindig machen und eine Entscheidung treffen, ein wichtiger Bestandteil entweder unserer Selbsthilfe oder der Therapie ist. Das ist für uns der allerwichtigste Aspekt, der in unserem Buch immer wieder vorkommt, denn was für uns bei unsrer Suche nach einem hilfreichen Kontakt herauskommt, hängt zum großen Teil von der Energie ab, die wir darauf verwenden, uns aufrichtig unser Leben anzuschauen, und von der Bereitschaft, das, was uns daran nicht gefällt, ‹in Unordnung› zu bringen, damit es nicht immer so bleibt.

Anmerkungen

1 Dana Raphael: «The Tender Gift», New York 1976 (Schocken).
2 Die Adressen der Organisationen und Einrichtungen, auf die wir in diesem Abschnitt eingehen, sind im Anhang am Ende dieses Kapitels angegeben.
3 Phenylketonurie ist eine Stoffwechselanomalie, die zu geistiger Retardierung führt, wenn sie nicht frühzeitig erkannt wird und durch phenylalaninarme Kost zum Stillstand oder eventuell zur Heilung gebracht wird. Der Test, auch Guthrie-Test genannt, wird in den ersten Lebenstagen routinemäßig durchgeführt.
4 Artikel in der Frankfurter Rundschau vom 28. 1. 81, Dillmann, Claudia: «‹Da schaut kein Rechnungshof durch›. Die Freien Träger der Wohlfahrt: Riesen im sozialpolitischen Geschäft.»
5 Wir sind schon darauf eingegangen, daß es vielleicht schwierig für dich ist, dir Zeit dafür zu nehmen, dich so eingehend zu informieren und umzutun. Wir halten das jedoch für so wichtig, daß wir dir dringend raten, das so intensiv zu machen, wie du kannst.
6 Informationsbroschüre «Frauen», herausgegeben vom Presse- und Informationsamt der Bundesregierung, S. 14.
7 Drogenberatung wo? Einrichtungen der Beratung, Behandlung und Wiedereingliederung für Drogen-, Alkohol- und Medikamentengefährdete und -abhängige mit Anhang über Grundlagen und Rechtshilfen für diesen Personenkreis, zu beziehen vom Bundesministerium für Jugend, Familie und Gesundheit, Postfach 200490, 53 Bonn 2
8 Bundeszentrale für Gesundheitliche Aufklärung
  Postfach, 5000 Köln 100
9 Patienten haben das Recht auf Einsicht sämtlicher Krankenunterlagen ihres Arztes. Sie können ihren Arzt auffordern, ihnen zu ihren Kostenlasten Kopien sämtlicher Krankenunterlagen anzufertigen und auszuhändigen oder zu übersenden. (Aus einem Artikel in der Frankfurter Rundschau vom 19. März 1981, «Der gegen Ärzte klagende Patient als unterprivilegiertes Opfer» von Dr. Georg Meinecke. In diesem Artikel wird auf eine Broschüre aus der Schriftenreihe des Deutschen Verbraucherschutzbundes «Ärztepfusch und die Folgen» hingewiesen, die gegen eine Schutzgebühr vom DVS, Fichtenstraße 2, 6272 Niedernhausen, bezogen werden kann.)

Adressenliste

Geburt und die erste Zeit mit dem Baby:
Geburtsvorbereitung
Adressen von Geburtsvorbereiterinnen in deiner Nähe kannst du von folgenden Stellen erfahren (bitte adressierten Rückumschlag und Porto beilegen):
Arbeitsgemeinschaft für psychoprophylaktische Geburtsvorbereitung
c/o Frau Dr. Edeltraud Sießl
Amtsstr. 1
6719 Kirchheim-Bolanden

Beratungsstelle für Natürliche Geburt
Richard-Wagner-Straße 9
8000 München 2

ELTERN
Neherstr. 9
8000 München 80

Gesellschaft für Geburtsvorbereitung e. V.
Postfach
6104 Seeheim bei Darmstadt

Schwangerenberatung im Kulturladen Nord
Wurzelbauerstr. 35
8500 Nürnberg 10

Seminare zur Ausbildung von Geburtsvorbereiterinnen führen die Arbeitsgemeinschaft für Psychoprophylaktische Geburtsvorbereitung (s. o.) und die Beratungsstelle für Natürliche Geburt durch (s. o.) sowie
Gerlinde Wilberg
In den Wintergärten 2
7321 Schladt

Alleinstehende Mütter und Väter
Verband alleinstehender Mütter e. V.
Horber Str. 19
7033 Herrenberg

Verband alleinstehender Mütter und Väter e. V.
Kasernenstr. 79
5300 Bonn 1
T. 0228/638585
(Verschickt die Broschüre «So schaffe ich es allein», die auch eine Literaturliste zum Thema enthält.) Die Adressen der Landesverbände bitte dort erfragen (adressierten Rückumschlag und Porto beilegen).

Beratungsstelle in München:
Thierschstr. 21
8000 München 22, T. 089/224709

Weitere Adressen für München bzw. Bayern:
«Alleinerziehende Mütter und Väter»
c/o Frau Gertrud Peuschel
Rochusstr. 5–7
8000 München 2

Arbeitsgemeinschaft Alleinerziehende Mütter und Väter e. V. Bayern
Landwehrstr. 11/III
8000 München 2

Pro Familia
Deutsche Gesellschaft für Sexualberatung und Familienplanung e. V.
Cronstettenstr. 30
6000 Frankfurt 1

Evangelische Konferenz
für Familien- und Lebensberatung e. V.
Matterhornstr. 84
1000 Berlin 38

Katholisches Zentralinstitut
für Ehe- und Familienfragen
Hohenzollernring 38–40
5000 Köln 1

Deutsche Arbeitsgemeinschaft
für Jugend- und Eheberatung e. V.
Birkenhahnweg 91
4400 Münster-St. Mauritz

Versorgung bei Krankheit und Kontakte
Notmütterdienst e. V.
Hamburger Allee 54
6000 Frankfurt 90

Deutsche Arbeitsgemeinschaft
Selbsthilfegruppen
Friedrichstr. 28
6300 Gießen

La-Leche-League-Stillgruppen
(bitte adressierten Rückumschlag und
Porto beilegen):

La Leche League Deutschland e. V.
c/o Elise Hellwig
Kastellweg 21
6900 Heidelberg

Margarete Korporal
Leonhardtstr. 1
1000 Berlin 19

Petra Cordis
Arswalder Str. 34 c
2000 Hamburg 73

Heidi Hohenstein
Zur Freiheit 55
4370 Marl

Christiane Pfitzenmaier
Martin-Wohmann-Str. 23
6238 Hofheim

Sonia Holzwarth-Welter
Unterste Eisengasse 32
6392 Neu-Anspach 2

Edda Langmann
Goerdelerstr. 35
6400 Fulda

La Leche League Österreich:
Waltraud Kovacic
Sperrgasse 3/15
1150 Wien

Brigitte Langenmantel
Peierlhang 9 b
8042 Graz

La Leche Liga Schweiz:
BASEL:
Rosmarie Zanoni
Steinackerstr. 32
4147 Aesch

Monika Messner
Largitzenstr. 21
4056 Basel

KT. BASEL:
Sandra Naehrig
Thiersteinerstr. 22
4153 Reinach

KT. BERN:
Vreni Marchand
Rabbentaltreppe 2
3013 Bern

Heidi Hug
Bernstr. 171 g
3258 Seedorf

Lisa Schneider
Ellenmoos
3258 Baggwil

GENF:
Catherine Schucan
32rted'Aire-la-Ville
1233 Bernex

ST. GALLEN:
Marlies Mühlestein
Ringstr. 5
9302 Kronbühl

Annelies Oswald
Beuschenbündt 826
9472 Grabs

SCHAFFHAUSEN:
Ingrid Klumpp
Mühlengasse 97
8215 Hallau

THURGAU:
G. Bregenzer
Burgstr. 9
8570 Weinfelden

ZÜRICH:
Maja Niedermann
Riedmühlestr. 10
8306 Brütisellen

Margit Roth
Stettbachstr. 127 f
8051 Zürich

Maria Voser
Breitistr. 7
8953 Dietikon

Die La-Leche-League-Stillgruppen veranstalten monatliche Treffen, bei denen du mehr über das Stillen erfährst und Erfahrungen austauschen kannst. Die Gruppen treffen sich in Privatwohnungen, die Mütter bringen ihre Kinder mit. Die LLL verschickt gegen einen Unkostenbeitrag Broschüren und hat das «Handbuch der stillenden Mutter» herausgegeben (s. Bücherliste).

Arbeitsgemeinschaft Freier Stillgruppen:
AFS
c/o Sylvia Brunn
Am Brückenberg 6
5307 Wachtberg-Oberbachem

Zu einer Arbeitsgemeinschaft freier Stillgruppen sind derzeit ca. 95 Stillgruppen aus dem gesamten Bundesgebiet zusammengeschlossen. Die AFS sieht ihre primäre Aufgabe in der Vermittlung theoretischer und praktischer Informationen zum Stillen an alle Interessenten, in erster Linie an Eltern und Gesundheitspersonal. Jede Gruppe arbeitet in Eigenverantwortung, die AFS ist also ein lockerer Zusammenschluß. Es werden Gesprächskreise und Gruppentreffen veranstaltet, um durch Aufklärung schon während der Schwangerschaft, durch gegenseitige Unterstützung während der Stillzeit und eine breite Öffentlichkeitsarbeit Informationen zu vermitteln.

Die Frauen der AFS geben gerne schriftlich und telefonisch weitere Auskunft zum Stillen und zu angrenzenden Themen und helfen, auch durch eigene Erfahrung, Unsicherheiten oder Schwierigkeiten beim Stillen abzubauen. Adressen in deiner Nähe erfährst du, wenn du einen ausreichend frankierten Rückumschlag (auf Wunsch werden auch Literaturhinweise und Informationen verschickt) an obige Adresse schreibst.

Kinderbetreuung

Oma-Mütter-Dienst
Kontaktadresse:
Deutscher Familienverband
– Ortsverband Bayreuth –
c/o Frau Hirschle
Maxstr. 46
8580 Bayreuth

Informationsschriften versendet gegen Unkostenbeitrag:
Arbeitsgemeinschaft Tagesmütter
Ursula Trimpin
Neckarstr. 6
7032 Sindelfingen

Oma-Hilfsdienst
2000 Hamburg 70
Am Wasserturm 1
(Obige Einrichtungen zur Kinderbetreuung sind regional tätig.)

Arbeitsgemeinschaft Tagesmütter
Bundesverband für Eltern, Pflegeeltern und Tagesmütter e. V.
An der Lister Kirche 1
3000 Hannover 1

Zum Thema Schulen:
Bundeselternrat
c/o Dr. Diether Walz
Riedenweg 14
2875 Ganderkesee 1

Die Adressen der einzelnen Landeselternbeiräte sind in der Informationsschrift «ber» abgedruckt, die in zwangloser Folge erscheint.

Aktion Humane Schule
Bundesverband
Prof. Dr. Herbert Selk
Kloster-Langheim-Str. 44,
8600 Bamberg

Aktion Humane Schule Bayern
Renate Schmitter-Schrödter
Schwaiger Str. 14
8018 Grafing
Verschickt gegen 2,- DM in Briefmarken «Leitziele für eine Humane Schule»

Kommission «Anwalt des Kindes»
Vors. Prof. Dr. Bernhard Hassenstein
Runzstr. 86
7800 Freiburg

Elterninitiative Schulnotstand
Kielkamp 23
2000 Hamburg 50

Arbeitsgemeinschaft Grundschule e. V.
Büro für Elternarbeit
Schloßstraße 29
6000 Frankfurt
Beschäftigt sich mit Grundschulfragen und Zusammenarbeit zwischen Schule und Elternhaus

Bundesverband für Legasthenie e. V.
Lutherstr. 14
3000 Hannover 1

Teenager
Alkohol- und Drogenabhängigkeit:
Von folgenden Zentralstellen der Selbsthilfegemeinschaften kannst du Adressen von Freundes- und Elternkreisen, örtlichen Hilfseinrichtungen und Gruppen der Selbsthilfeorganisationen erfahren:
Anonyme Alkoholiker
Zentrale Kontaktstelle
Wildenbruchstr. 31
4650 Gelsenkirchen, Tel. 0209/206736

Anonyme Alkoholiker
Deutsche Kontaktstelle
Postfach 422
8000 München 1 Tel. 089/55 56 85

Blaues Kreuz in Deutschland
Freiligrathstr. 27
5600 Wuppertal-Barmen, Tel. 0202/62 10 99

Blaues Kreuz in der evangelischen Kirche
Mathiasstr. 1
4630 Bochum, Tel. 0234/49 04 27

Bundesarbeitsgemeinschaft der Freundeskreise
Brüder-Grimm-Platz 4
3500 Kassel, Tel. 0561/1 70 27

Bundesverband der Elternkreise drogengefährdeter und
-abhängiger Jugendlicher
Jägerallee 5
4700 Hamm 1, Tel. 02381/87 68 und 87 69

Deutscher Guttemplerorden
Adenauerallee 45
2000 Hamburg 1

Kreuzbund e. V.
Selbsthilfeorganisation und Helfergemeinschaft
für Suchtkranke
Jägerallee 5
4700 Hamm 1, Tel. 02381/87 68 und 87 69

In der Broschüre Drogenberatung wo? Einrichtungen der Beratung, Behandlung
und Wiedereingliederung für Drogen-, Alkohol- und Medikamentengefährdete
und -abhängige mit Anhang Grundlagen und Rechtshilfen für diesen Personen-
kreis sind alle mit Fachkräften besetzten Spezialeinrichtungen im ganzen Bundes-
gebiet aufgeführt. Sie ist zu beziehen über
Bundesminister für Jugend, Familie und Gesundheit
Referat 343
Postfach 200490
5300 Bonn 2
Speziell auf die Probleme von Jugendlichen aus Familien mit alkoholabhängigen
Eltern hat sich folgende Gruppe konzentriert:
Alateen
c/o Alanon, Kontaktadresse:
Alanon
Zentrales Dienstbüro
Postfach 100192
5000 Köln 1

Alanon – das sind anonyme Familiengruppen, Verwandte und Freunde von Alkoholikern, die sich regelmäßig treffen, um über ihre Probleme zu sprechen. Alateen- und Alanon-Gruppen gibt es im ganzen Bundesgebiet. Bitte Kontaktadressen bei obiger Adresse erfragen.

Österreich:
Alanon
Postfach 43
1080 Wien

Schweiz:
Alanon
Postfach 88
4802 Strengelbach

Jugendliche und Sexualberatung
Pro Familia
Deutsche Gesellschaft für Sexual- und Familienberatung e. V.
Cronstetterstr. 30
6000 Frankfurt 1

Jugendliche und Freizeit
Deutscher Bundesjugendring
Haager Weg 44
5300 Bonn – Venusberg
Tel. 0228/28 50 25

Im Bundesjugendring sind alle großen Jugendverbände zusammengeschlossen. Hier eine kleine Auswahl:
Arbeitsgemeinschaft der Evangelischen Jugend
Porschestr. 3
7000 Stuttgart 40

Bund der Deutschen Katholischen Jugend
Carl-Mosterts-Platz 1
4000 Düsseldorf 30

Gewerkschaftsjugend/DGB
Hans-Böckler-Str. 39
4000 Düsseldorf 1

Bund der Deutschen Landjugend
Godesberger Allee 142–148
5300 Bonn 2

DJO – Deutsche Jugend in Europa
Poppelsdorfer Allee 19
5300 Bonn 1

Sozialistische Jugend Deutschlands
– Die Falken –
Kaiserstr. 71
5300 Bonn 1

Bund der Pfadfinderinnen und Pfadfinder
Marburger Str. 18
6300 Gießen

Naturfreundejugend Deutschland
Großglocknerstr. 28
7000 Stuttgart 60

Deutsche Sportjugend
Otto-Fleck-Schneis 12
6000 Frankfurt 71

Außerdem gibt es den Arbeitskreis zentraler Jugendverbände, Buchstr. 4, 2000 Hamburg 76
Hierzu gehört die:
Deutsche Esperanto-Jugend
Gruninger Str. 5
4790 Paderborn

Behinderte Kinder
Bundesarbeitsgemeinschaft «Hilfe für Behinderte» e. V.
Kirchfeldstr. 149
4000 Düsseldorf 1
Tel. 0211/340085/86
Diese Arbeitsgemeinschaft ist die Dachorganisation von z. Zt. 31 Eltern-, Behindertenselbsthilfe- und Fachverbänden auf Bundesebene. Sie will die Anliegen von Behinderten in der Öffentlichkeit vertreten, fördert den Erfahrungsaustausch und die Koordinierung gleichartiger Bestrebungen und gemeinsame Aktionen und strebt eine Anregung und Unterstützung von Wissenschaft und Forschung an. Sie unterhält einen Literaturdienst sowie einen Filmdienst und veranstaltet Tagungen und Seminare.
Hier einige Adressen der Organisationen, die sich dieser Arbeitsgemeinschaft angeschlossen haben: (Bitte bei Anfragen adressierten Rückumschlag – DIN-A-5 – und Rückporto beilegen.)
Arbeitsgemeinschaft «Allergiekrankes Kind» e. V.
Hoffmannstr. 21
6348 Herborn
Tel. 02772/41237

Arbeitsgemeinschaft Spina bifida und Hydrocephalus
(ASbH) e. V.
Kaiserstr. 6
5750 Menden
Tel. 02373/1 01 83

Bund zur Förderung Sehbehinderter e. V.
Kirchfeldstr. 149
4000 Düsseldorf 1

Bundesverband für spastisch Gelähmte
u. a. Körperbehinderte e. V.
Kölner Landstr. 375
4000 Düsseldorf 13
Tel. 0211/79 30 68/69

Bundesverband «Hilfe für das autistische Kind» e. V.
Bebelallee 141
2000 Hamburg 60
Tel. 040/5 11 56 04

Bundesverband Selbsthilfe Körperbehinderter e. V.
7109 Krautheim/Jagst
Tel. 06294/561–565
Aufgabe dieses Verbandes ist die Betreuung von Körperbehinderten in allen Bereichen des täglichen Lebens sowie die Schaffung und Unterhaltung von Betreuungspersonen im ganzen Bundesgebiet. Es werden Maßnahmen für die Erholung, Freizeit und Nachbehandlung getroffen und Einrichtungen für diese Maßnahmen sowie Wohnungen, Wohnsiedlungen und Wohn- und Pflegeheime unterhalten. Der Verband fördert außerdem den Behindertensport.

Bundesvereinigung Lebenshilfe für geistig Behinderte e. V.
Raiffeisenstr. 18
3550 Marburg, Tel. 06421/4 30 07–9
Diese Vereinigung will erreichen, daß die Hilfe für Behinderte als Gemeinschaftsaufgabe anerkannt und jeder geistig behinderte Mensch als gleichberechtigtes Glied in unsere Gesellschaft integriert wird.

Deutsche Gesellschaft «Bekämpfung der Muskelkrankheiten e. V.»
Hohenzollernstr. 11
7800 Freiburg, Tel. 0761/27 79 32

Deutsche Gesellschaft zur Bekämpfung der Mucoviscidose e. V.
Dr.-Wacker-Str. 31
8501 Leerstetten, Tel. 09170/84 62

Deutsche Gesellschaft zur Förderung der Hör- und Sprachgeschädigten e. V.
Rothschildallee 16 a
6000 Frankfurt 60
Tel. 0611/45 40 36

Deutsche Hämophiliegesellschaft zur Bekämpfung von Blutungskrankheiten e. V.
Rathausgasse 7
8000 München 60
Tel. 089/83 30 39

Deutsche Multiple Sklerose Gesellschaft e. V.
Auf der Körnerwiese 5
6000 Frankfurt
Tel. 0611/55 54 59

Deutsche Sektion der Internationalen Liga gegen Epilepsie e. V.
Postfach 6
7640 Kehl-Kork
Tel. 07851/31 44 (8.00–10.00 h)

Deutsche Zöliakie-Gesellschaft e. V.
Ganzenstr. 13
7000 Stuttgart 80
Tel. 0711/71 39 69

Interessengemeinschaft Phenylketonurie und verwandter angeborener Stoffwechselstörungen
Bergstr. 139
6900 Heidelberg
Tel. 06221/47 31 91

Schutzverband für Impfgeschädigte e. V.
Postfach 1330
5912 Hilchenbach/Siegerland
Tel. 02733/48 60

Weitere Adressen und eine kurze Beschreibung ihrer Aufgaben und Ziele sind in der Schriftenreihe Band 9 der Bundesarbeitsgemeinschaft «Hilfe für Behinderte» enthalten.

Einrichtungen zur Früherkennung und Behandlung von Behinderungen
Sozialpädiatrische Abteilungen und Zentren in der BRD:
Werner-Otto-Institut der Altersdorfer Anstalten
Altersdorfer Str. 440
2000 Hamburg 60

Kliniken der Freien Hansestadt Bremen
Zentralkrankenhaus
St.-Jürgen-Str.
2800 Bremen 1

Sozialpädiatrisches Zentrum Hannover
Lindenallee 11
3000 Hannover 1

Kliniken der Stadt Düsseldorf
Gräulinger Str. 120
4000 Düsseldorf-Gerresheim

Städtische Krankenanstalten
Lutherplatz 40
4150 Krefeld 1

Västische Kinderklinik
4354 Datteln/Westfalen
Lloydstr. 5

Früherkennungszentrum
Waldenburger Ring
5300 Bonn 1

Frühförderungseinrichtung
Diakonieanstalten
6500 Bad Kreuznach

Sozialpädriatisches Kinderzentrum der
Landeskinderklinik Neunkirchen-Kohlhof
6680 Neunkirchen/Saar

Kinderneurologisches Zentrum des
Landes Rheinland-Pfalz
Ambulanz und Klinik für behinderte Kinder
Hartmühlenweg 2–4
6500 Mainz

Kinderzentrum Maulbronn e. V.
Knittlinger Steige 21
7133 Maulbronn

Städtische Krankenanstalten Esslingen/Neckar
Akademisches Lehrkrankenhaus der Uni Tübingen
Hirschlandstr. 97
7300 Esslingen

Regensburger Zentrum St. Martin
Goessnerstr. 42
8400 Regensburg

Kinderzentrum München
Lindwurmstr. 131
8000 München 2

Krankheit
Aktionskomitee
Kind im Krankenhaus e. V.
Vogelsbergstr. 4
6370 Oberursel 1

Notmütterdienst e. V.
Hamburger Allee 54
6000 Frankfurt 90

Die Kassenärztliche Vereinigung Bayerns, Bezirksstelle München Stadt und Land, Brienner Str. 23, 8000 München 2, hat für München und Umgebung ein Verzeichnis der Sozialstationen, Nachbarschaftshilfen und ambulanter Haus- und Krankenpflege herausgegeben.

Vergiftungen:
Zentren mit 24-Stunden-Dienst, Kinderkliniken:
Beratungsstelle für Vergiftungserscheinungen
an der Universitäts-Kinderklinik
Heubnerweg 6
1000 Berlin 19
Tel. 030/30 23 02 22

Universitätskinderklinik und Poliklinik Bonn
Informationszentrale gegen Vergiftungen
Adenauerallee 119
5300 Bonn
Tel. 02221/21 35 05 Pforte, 21 70 51 Zentrale

Universitätskinderklinik Freiburg
Informationszentrale für Vergiftungen
Mathildenstr. 1
7800 Freiburg
Tel. 0761/27 01

Universitäts-Kinderklinik Homburg-Saar
Informationszentrale für Vergiftungen
6650 Homburg
Tel. 06841/161

Kindesmißhandlung
Kinderschutzzentrum Berlin
Karl-Marx-Str. 262
Tel. 030/68430 64

Kinderschutzzentrum Gütersloh
Schulstr. 26
4830 Gütersloh
Tel. 05241/14999

Kinderschutzzentrum München
Pettenkoferstr. 10 a
8000 München 2
Tel. 089/555356

Träger dieser Zentren ist der Deutsche Kinderschutzbund e. V.
Laportestr. 24 a
3000 Hannover 91
Tel. 0511/440121

Österreich:
Verein für gewaltlose Erziehung
Rennweg 75
1030 Wien

Eine Liste aller Familien-, Ehe- und Erziehungsberatungsstellen hat die
Bundeskonferenz für Erziehungsberatung zusammengestellt:
Amalienstr. 6
851 Fürth

Geschlagene Frauen
Frauenhäuser

AACHEN: Frauen helfen Frauen
Tel. 0241/35917

AUGSBURG: Frauenhaus Augsburg
Tel. 0821/793450

BERLIN: Frauenhaus Berlin I
Postfach 330634
1000 Berlin 33
Tel. 030/8263018

Frauenhaus Berlin II
Postfach 201 167
1000 Berlin 20
Tel. 030/3733008

BIELEFELD:	Frauenhaus Bielefeld Tel. 0521/17 73 76
BOCHUM:	Frauen helfen Frauen e. V. Frauenzentrum Schmidtstr. 12 4630 Bochum 1
BONN:	Frauenhaus Bonn Tel. 01 28/67 24 94
BREMEN:	Frauenhaus Bremen Tel. 0421/34 95 73
BREMERHAVEN:	Frauenhaus Bremerhaven Postfach 100 246 2850 Bremerhaven
DARMSTADT:	Frauen helfen mißhandelten Frauen e. V. Lauteschlägerstr. 44–46 6100 Darmstadt
DORTMUND:	Frauen helfen Frauen e. V. Postfach 150 167 4600 Dortmund Tel. 0231/33 50 88
DÜREN:	Frauen helfen Frauen e. V. Frauenhaus Düren Postfach 100 702 5160 Düren
DUISBURG:	Frauenhaus Duisburg Tel. 0203/622 13
DÜSSELDORF:	Frauenhaus Düsseldorf Tel. 0211/71 03 34 88
ERLANGEN:	Frauenhaus Tel. 09131/258 72
ESSEN:	Frauen helfen Frauen e. V. T. 0201/66 86 86
FLENSBURG:	Hilfe für Frauen in Not e. V. Tel. 0461/463 63
FRANKFURT:	Haus für Frauen und Kinder der Stadt Frankfurt Tel. 0611/50 30 61

	Frauen helfen Frauen Tel. 0611/439541
HAMBURG:	Frauen helfen Frauen e. V. Tel. 040/226478 und 6772833
HANNOVER:	Frauenhaus Frauen helfen Frauen e. V. Tel. 0511/664477
HEIDELBERG:	Frauenhaus Tel. 06221/833088 und 81282
HERFORD:	Frauenhaus Tel. 05221/56881
KASSEL:	Frauenhaus Kassel e. V. Tel. 0561/86868
KOBLENZ:	Frauenhaus Tel. 0261/38685
KREFELD:	Frauenhaus Initiative Krefeld mit Notruf für mißhandelte Frauen Tel. 02151/52119 und 790645 und 778971
LEVERKUSEN:	Frauenhaus Tel. 0214/49408
LÜBECK:	Frauenhaus Tel. 0451/73100
MAINZ:	Frauenhaus Tel. 06131/18358
MÖNCHENGLADBACH:	Frauenhaus Tel. 02166/46041–2
MÜNCHEN:	Frauen helfen Frauen Tel. 89/526677 Frauenhilfe München Tel. 089/3519031–3
MÜNSTER:	Frauen helfen Frauen Tel. 02504/5155

NEUMÜNSTER:	Frauenhaus Tel. 04321/46733
OBERHAUSEN:	Frauenhaus Tel. 0208/804512
OLDENBURG:	Frauenhaus Tel. 0441/45874
PADERBORN:	Frauenhaus Tel. 05251/29525
RENDSBURG:	Frauenhaus Tel. 04331/72695 und 6802 und 32076
REUTLINGEN:	Frauenhaus Reutlingen e. V. Tel. 07121/30078
SALZGITTER:	Frauen in Not e. V. Tel. 05341/52150
SIEGEN:	Frauenhaus-Initiative Frauen helfen Frauen Postfach 223232 59 Siegen 21
SOLINGEN:	Ladenlokal «Frauen helfen Frauen» Brühlerstr. 31 5650 Solingen Nottelefon: 02122/819600
STUTTGART:	Verein zum Schutz mißhandelter Frauen und ihrer Kinder e. V. Kerner Str. 31 7000 Stuttgart 1
ULM:	Initiativgruppe «Frauen helfen Frauen» Frauenzentrum Ulm Küfergasse 1 7900 Ulm (Beratung Mo. 18–20 h)
WARENDORF:	Frauenhaus Warendorf T. 02581/6750
WÜRZBURG:	Hilfe für mißhandelte Frauen e. V. T. 0931/709400

Diese Adressen und Telefonnummern sind dem Frauenkalender '81 entnommen. Zu beziehen über Frauenkalender Selbstverlag c/o Bärbel Gruhle, Bernhard-Mannfeld-Weg 10, 6000 Frankfurt 70. (9,- DM in Scheck oder Briefmarken beilegen).

Therapie
Kontakte zu Therapie-Selbsthilfegruppen vermittelt

Emotions Anonymous
EA-Kontaktstelle in Deutschland
Hohenheimer Str. 75
7000 Stuttgart 1
Tel. 0711/24 35 33

Österreich:
Emotions Anonymous
Bindergasse 4/II
8010 Graz

Schweiz:
Emotions Anonymous
Postfach 228
4056 Graz

Postfach 1409
7302 Landquart

Postfach 158
8004 Zürich

Adoptiv- und Pflegekinder
Bundesverband der Pflege- und Adoptiveltern e. V.
Vogelrohrsheide 60
4400 Münster
Tel. 0251/61 66 60

GESO e. V.
Hörsterplatz 5
4400 Münster
Tel. 0251/439 18
Die Gesellschaft für Sozialwaisen (GESO) sieht ihre Hauptaufgabe darin, familienlosen Kindern Eltern und hilfsbereiten Familien Kinder zu vermitteln. Die Gesellschaft hilft bei der Gründung von Adoptiv- und Pflegeelterngruppen.

Weitere Adressen, die für Eltern wichtig sein können:
Aktion «Eltern helfen Eltern»
im Bundesverband Neue Erziehung e. V.
Weberstr. 33
5300 Bonn 1
Tel. 0228/53 42 02 und 07

Diese Aktion stellt Kontakte zwischen Eltern und schon bestehenden Elterngruppen am jeweiligen Ort her. Der Kontakt und Erfahrungsaustausch zwischen Elterngruppen wird gefördert. Die Aktion will interessierten Eltern durch Information und Beratung bei der Bildung von Elternselbsthilfegruppen helfen und alle praktischen Initiativen von Elterngruppen unterstützen.

Wenn du in dieser Adressenliste die Adressen, nach denen du suchst, nicht gefunden hast, dann wende dich an die Trägerverbände der Freien Wohlfahrt. Alle diese Verbände sind in der Bundesarbeitsgemeinschaft der Freien Wohlfahrtspflege e. V. zusammengeschlossen:
Franz-Lohe-Str. 19
5300 Bonn
Die Adressen einzelner Vereine erfährst du vom
Deutschen Zentralinstitut für soziale Fragen
Miquelstr. 83
1000 Berlin 33
Kontakt zu Selbsthilfegruppen kann dir folgende Stelle vermitteln:
Deutsche Arbeitsgemeinschaft Selbsthilfegruppen
Friedrichstr. 28
6300 Gießen
Die Arbeiterwohlfahrt setzt in ländlichen Gebieten eine «Mobile Elternschule» ein, eine Art Erziehungsberatung auf Rädern. Folgende Einsätze sind geplant: Sept. 81–Juni 82 Kreis Borken (NRW), Sept. 82–Juni 83 Ortenaukreis, Sept. 83–Juni 84 Bruchsal, Sept 84–Juni 85 Hessen (Kreisgebiet ist noch nicht festgelegt). Nähere Informationen: Arbeiterwohlfahrt, Bundesverband e. V.
Postfach 1149, 53 Bonn

Familienferien in Deutschland
Folgende Verbände und Institutionen erteilen Auskunft über Möglichkeiten für Familienferien:

Diakonisches Werk
Evangelischer Arbeitskreis für Familienerholung
Stafflenbergstr. 76
7000 Stuttgart 1
Tel. 0711/21591

Katholischer Arbeitskreis für Familienerholung
im Familienbund der Deutschen Katholiken
Kolpingplatz 5–11
5000 Köln 1
Tel. 0221/2038221

Paritätischer Arbeitskreis für Familienerholung
Deutscher Paritätischer Wohlfahrtsverband e. V.
Heinrich-Hoffmann-Str. 3
6000 Frankfurt 71
Tel. 0611/67061

Deutscher Familienverband
Poppelsdorfer Allee 86
5300 Bonn
Tel. 0228/65 32 15

Sozialer Dienst Familie e. V.
Rhöndorfer Str. 89
5340 Honnef
Tel. 02224/43 50

Paritätisches Bildungswerk
Arbeitsgemeinschaft Familienfreizeiten
Leinenweberstr. 52
7000 Stuttgart 80
Tel. 0711/71 36 60

Allgemeine Ratschläge für Familien mit behinderten Kindern erteilen:
Redaktion
«Das behinderte Kind», Weißdornweg 11, 5300 Bonn-Bad-Godesberg
und die Bundesarbeitsgemeinschaft «Hilfe für Behinderte e. V.»
(Adresse Seite 469).
Auskünfte über einen *deutsch-französischen Familienaustausch* sind in einem ausführlichen Angebot enthalten, das gegen 1,50 DM in Briefmarken von folgenden Stellen versandt wird:

Deutscher Paritätischer Wohlfahrtsverband
Heinrich-Hoffmann-Str. 3
6000 Frankfurt 71
Tel. 0611/67 06 2 62

Evangelische Landeskirche in Baden
– Deutsch-frz.-Familienaustausch –
Blumenstr. 1
7500 Karlsruhe
Tel. 0721/14 72 97

Familienerholungswerk der
Diözese Rottenburg e. V.
Heusteigstr. 86 A
7000 Stuttgart 1
Tel. 0711/60 30 77

Unsere Adressenliste ist keineswegs vollständig. Wenn du Adressen kennst, die deiner Meinung nach für Eltern allgemein wichtig sind, schreib sie uns bitte.

Bücherliste

Bücher
Schwangerschaft und Geburt:
Bewußt fruchtbar sein, Irisiana 1977
Bing, Elisabeth/Colman, Libby: Sex während der Schwangerschaft, Ullstein
Dick-Read, Grantley: Mutterwerden ohne Schmerz, Hoffmann & Campe
Kitzinger, Sheila: Natürliche Geburt, Kösel 1980
 Geburtsvorbereitung. Ein Buch für Kurse, Gruppen und Beratung, Kösel 1981
Lang, Raven: Kinderkriegen ist keine Krankheit, zu beziehen über Transpress-Verlag, Schudomastr. 50, 1000 Berlin 44
Leboyer, Frédérick: Geburt ohne Gewalt, Kösel 1981
 Weg des Lichts, Yoga für Schwangere, Kösel 1980
MacFarlane, Aidan: Die Geburt, Klett-Cotta 1978
Mutterfrust – Mutterlust. Handbuch für Schwangere und Mütter, zu beziehen über Frauenbuchladen, Abt. Versand, Luxemburgstr. 2, 6200 Wiesbaden
Odent, Michel: Die sanfte Geburt, Kösel 1978
 Die Geburt des Menschen, Kösel 1980
Stark, Eva-Maria: Geboren werden und Gebären, Frauenoffensive
Vogt-Hägerbäumer, Barbara: Schwangerschaft ist eine Erfahrung, die die Frau, den Mann und die Gesellschaft angeht, rororo Nr. 7078
Wilberg, Gerlinde: Zeit für uns, Fischer 1981

Muttersein, Elternsein:
Barber, Virginia/Skaggs, Merrill M.: Die Mutter, rororo Nr. 7342
Berninghausen, Jutta: Der Traum vom Kind – Geburt eines Klischees, Ullstein
Chesler, Phyllis: Mutter werden, rororo Nr. 4655
Erler, Ursula: Mütter in der BRD. Ideologie und Wirklichkeit, Frauenbuchverlag
Frauen und Mütter – Beiträge zur dritten Sommeruniversität von und für Frauen, Frauenbuchvertrieb, Mehringdamm 32–34, 1000 Berlin 61
Kitzinger, Sheila: Frauen als Mütter. Mutterschaft in verschiedenen Kulturen, Kösel
Pross, Helge: Die Wirklichkeit der Hausfrau, rororo 6989
Stössinger, Verena/Leuthold, Beatrice/Mattmann, Franziska: Muttertage. Leben mit Mann, Kindern und Beruf, Kösel

Entwicklung des Kindes:
Flanagan, Geraldine Lux: Die ersten neun Monate des Lebens, rororo Nr. 6605
Fraiberg, Selma: Die magischen Jahre in der Persönlichkeitsentwicklung des Vorschulkindes, rororo Nr. 6794
Montagu, Ashley: Körperkontakt, Klett
Nilsson, Lennart: Ein Kind entsteht, Mosaik
Pearce, Joseph: Die magische Welt des Kindes, Diederichs 1977
Renggli, Franz: Angst und Geborgenheit, rororo Nr. 6958

Ritter, Paul und Jean: Freie Kindererziehung in der Familie, rororo Nr. 7162
Zimmer, Katharina: Das einsame Kind. Für ein neues Verständnis der kindlichen Urbedürfnisse, Kösel

Stillen:
La Leche League: Womanly Art of Breastfeeding – Handbuch der stillenden Mutter, zu beziehen über die LLL-Gruppen, siehe Seite 464 [10,– DM in Scheck oder Briefmarken + Porto]
Lothrop, Hanny: Das Stillbuch, Kösel
Mitchell, Ingrid: Stillen, rororo Nr. 7363

Alleinerziehende Mütter und Väter:
Eine Literaturliste zu diesem Thema verschickt der Verband alleinstehender Mütter und Väter, siehe Seite 462
Alleinstehende Mütter:
Behr, Sophie/Häsing, Helga: Ich erziehe allein, rororo Nr. 7373
Bronnen, Barbara: Mütter ohne Männer, rororo Nr. 7348
Caine, Lynn: Auf sich gestellt. Wie eine Frau ihr Leben meistern kann, Ehrenwirth
Hoffmann, Freia: Ledige Mütter. Protokolle, Analysen, Juristische Informationen, Sozialarbeit, Selbstorganisation, Verlag Roter Stern
Hoffmann, Riele: Chance im Alltag. Informationen für die alleinerziehende Mutter, Klens

Schulen:
Bois-Reymond, M. du: Verkehrsformen zwischen Elternhaus und Schule, Suhrkamp
Büchner, P.: Die Eltern und die Schule, Juventa
Buschbeck, M.: Scheitern inbegriffen, Berichte zur Lage der deutschen Schule, List
Dauber, H./Weber, H.: Eltern aktiv. Handbuch für eine humane Schule, rororo Nr. 6993
Doormann, Lottemi: Verändert die Schule jetzt, Beltz
Evangelische Akademie Bad Boll (Hg.): Arbeitshilfen I. Mitverantwortung in der Schule, Handbuch für Elternvertreter, Dillingen 1976
Evangelische Akademie Tutzing (Hg.): Schule und Schülermitverantwortung. Tutzinger Studien 1/1975
Evangelische Akademie Tutzing (Hg.): Handbuch für Elternvertreter an Volks- und Sonderschulen in Bayern, Ehrenwirth Verlag. (Behandelt wird das Elternrecht im Schulbereich, Gesetze und Vorschriften sind auszugsweise abgedruckt. Auf die Praxis der Elternvertretung und Probleme und Situationen im Schulalltag wird eingegangen. Die im Anhang angegebenen Adressen beziehen sich nur auf Bayern, umfangreiche Literaturliste)
Illich, Ivan: Schulen helfen nicht. Über das mythenbildende Ritual der Industriegesellschaft, rororo Nr. 6778

 Die Entschulung der Gesellschaft. Entwurf eines demokratischen Bildungssystems, rororo Nr. 6828
Schleicher, K.: Elternmitsprache und Elternbildung, Schwann

Singer, Kurt: Verhindert die Schule das Lernen?, Ehrenwirth
Speichert, Horst: Umgang mit der Schule, rororo Nr. 7150
Zeitschrift *Klasse*, (erscheint 2monatlich), Beltz

Eltern-Kind-Beziehung:
Dreikurs, Rudolf: Kinder fordern uns heraus, Klett
Fröhlich, Roswitha: Ich und meine Mutter. Mädchen erzählen. O. Maier
Gordon, Thomas: Familienkonferenz, rororo Nr. 7347
Müller, Gerd/Moskau, Gaby: Elterntraining, Familienleben als Lernprozeß, Kiepenheuer u. Witsch
Müller, Alice: Am Anfang war Erziehung, Suhrkamp

Behinderte Kinder:
Arnold, Katrin: Anna macht mit, Ellermann Verlag. (Das Buch ist für Kinder geschrieben und behandelt den Alltag eines an Mucoviscidose erkrankten Kindes. Das Bilderbuch ist das gemeinsame Werk einer betroffenen Elterngruppe)
Häusler, Ingrid: Kein Kind zum Vorzeigen?, Erfahrungsbericht der Mutter eines autistischen Kindes, rororo Nr. 4524
Herzka, H.: Spielsachen. Auswahl und Bedeutung für das gesunde und das behinderte Kind. E. Schwabe & Co.
Klee, Ernst: Behinderten-Report II. Wir lassen uns nicht abschieben, Fischer
Der Zappler. Der körperbehinderte Jürgen erobert seine Umwelt, Schwann

Der Literaturdienst der Bundesarbeitsgemeinschaft «Hilfe für Behinderte» e. V., Kirchfeldstr. 149, 4000 Düsseldorf, Tel. 0211/340085/86 umfaßt Veröffentlichungen zu verschiedenen Themen aus dem Gesamtbereich der Rehabilitation.
Die einzelnen Interessengemeinschaften und -verbände haben Literatur über die Behinderungen herausgegeben, für deren Bekämpfung sie sich einsetzen.
Umfangreiche Literatur für Behinderte gibt der Reha-Verlag, Roonstr. 30, 5300 Bonn 2. Postfach 200561, heraus. Dort erscheinen auch die Zeitschriften *das behinderte kind* und *Columbus*. Verlagsprogramm anfordern.

Krankheit:
Becker/Niggemeier: Ich bin jetzt im Krankenhaus, Fotobilderbuch ab 5J., Maierina
Biermann, G. und R.: Gabi geht ins Krankenhaus, Bilderbuch zum Ausmalen, Reinhardt
Gydal, M.: Ole kommt ins Krankenhaus, Carlsen
Hipp, R.: Handbuch des Gesundheitswesens. Kinder sehen die Berufe ihrer Eltern, Moos
Scherbarth, E.: Beim Arzt. Bilderbuch. O. Maier

Kindesmißhandlung:
Arbeitsgruppe Kinderschutz: Gewalt gegen Kinder, Internationale Texte zur Theorie von Gewalt in Familien, rororo Nr. 6934
Bleuel, Hans-Peter: Kinder in Deutschland, Beschreibung der Lebensbedingungen von Kindern und deren Familien in der BRD, dtv

Haffner, Sarah: Gewalt in der Ehe. Zusammenhänge zwischen Gewalt gegen Kinder und gegen Frauen wird dargestellt, Wagenbach

Helfer, Ray/Kempe, Henry: Das geschlagene Kind. Das Problem wird aus überwiegend medizinisch-psychiatrischer Sicht dargestellt, Suhrkamp

Horn, Klaus: Dressur oder Erziehung. Auseinandersetzung mit der Funktion von Schlägen in der Erziehung, Suhrkamp

Jahrbuch des Münchener Kinderschutzzentrums, zu beziehen über Kinderschutzzentrum München, Pettenkoferstr. 10 a, 8000 München 2, gegen Voreinsendung von DM 6,– + 2,50 DM Porto und Versand auf Postscheck-Kto. 9922 – 801 (Dt. Kinderschutzbund) München, Stichwort Jahrbuch

Kempe, Ruth und Henry: Kindesmißhandlung, Klett-Cotta

Kostenlos vom Bundesministerium für Jugend, Familie und Gesundheit, Kennedyallee 105, 5300 Bonn 2:

Kindesmißhandlung – Kinderschutz. Ein Überblick, und Mißhandlung von Säuglingen und Kleinkindern. Erkennen und Helfen, eine praktische Anleitung

Petri, Horst: Lauterbach, Mathias, Gewalt in der Erziehung. Auseinandersetzung mit Erziehungsnormen, Strafpraktiken und Literatur zur Kindesmißhandlung, Athenäum

Sartorius, Wolf: ... auch wenn das Kind schon blau geschlagen ist ..., zu beziehen über Kinderschutzzentrum München, Pettenkoferstr. 10 a, 8000 München 2

Zenz, Gisela: Kindesmißhandlung und Kindesrechte. Habilitationsschrift einer Juristin und angehenden Psychoanalytikerin zu diesem Thema, Suhrkamp

Gewalt gegen Frauen:

Benard, Cheryl/Schlaffer, Edit: Die ganz gewöhnliche Gewalt in der Ehe, rororo Nr. 4358

Fischer, Erica/Lehmann, Brigitte/Stoffl, Kathleen: Gewalt gegen Frauen, Kiepenheuer u. Witsch

Frauen gegen Männergewalt, Berliner Frauenhaus für mißhandelte Frauen, Erster Erfahrungsbericht, Frauenselbstverlag

Haffner, Sarah: Gewalt in der Ehe und was Frauen dagegen tun können, Wagenbach

Lau, Susanne/Boss, Sieghild/Stender, Ursula: Aggressionsopfer Frau: körperliche und seelische Mißhandlung in der Ehe, rororo Nr. 7241

Pizzey, Erin: Schrei leise. Mißhandlungen in der Familie, Fischer

Pletscher, Marianne: Weggehen ist nicht so einfach, Limmat

Selbsthilfe:

Moeller, Michael Lukas: Selbsthilfegruppen, Rowohlt 1978, und Anders helfen – Selbsthilfegruppen und Fachleute arbeiten zusammen, Klett 1981

Adoptiv- und Pflegeeltern:

Lapsley, Susan/ Charlton, Michael: Ich bin ein Adoptivkind, (Bilderbuch), Carlsen 1976

Napp-Peters, Anneke: Adoption. Das alleinstehende Kind und seine Familien. Geschichte, Rechtsprobleme und Vermittlungspraxis, Luchterhand

Roth-Stielow, Klaus: Adoptionsgesetz, Adoptionsvermittlungsgesetz, Kommentar, Kohlhammer

SCHINK, HANS DIETER: Kleine Schule für Adoptiv- und Pflegeeltern, E. Reinhardt 1976
WAGNEROVA, ALENA K.: Wir adoptieren ein Kind, Herder 1980

Broschüren
Familien:
Beratungsführer. Psychosoziale Beratung, Ehe-, Familien- und Lebensberatung, Familienplanungsberatung, Sozialberatung, Schwangerschafts- und -konfliktberatung, Sexualberatung, Erziehungsberatung
Das Fernsehen und Ihr Kind. Hinweise zum Umgang mit dem Fernsehen
Eltern helfen Eltern. Anregungen für Eltern zu gemeinsamem Erfahrungsaustausch
Familienbilder. Was manchen Familien heute den Alltag schwermacht
Hilfen für die Familie. Rechte, finanzielle Hilfen, soziale Sicherung
Jedes Kind hat ein Recht, erwünscht zu sein. Mehr Wunschkinder, weniger Sorgenkinder
Ratgeber für Eltern, Sicherheitsfibel. Zur Verhütung von Kinderunfällen
Diese Broschüren, die zum Teil auch in diesem Buch erwähnt sind, verschickt die Bundeszentrale für gesundheitliche Aufklärung, Postfach, 5000 Köln 1

Familie heute. Was der Staat für unsere Kinder tut und was wir selber anpacken können. Presse- und Informationsamt der Bundesregierung
Familiengründungsdarlehen. 5000,– DM Darlehen bei Eheschließung ab 29. 6. 78 und Geburten ab 3. 9. 77, Bayr. Staatsministerium für Arbeit und Sozialordnung (gibt es nur in Bayern)
So geht's auch. Kinder- und familienfreundliche Initiativen zum Nachmachen, Bayrisches Staatsministerium für Arbeit und Sozialordnung, Winzererstr. 9, 8000 München 40
So schaffe ich es allein, Verband alleinerziehender Mütter und Väter, Kasernenstr. 79, 5300 Bonn 1
Sozialfibel für den Bürger, Ein Lexikon über soziale Hilfen, Leistungen und Rechte, Bayrisches Staatsministerium für Arbeit und Sozialordnung, Winzerer St. 9, 8000 München 40

Drogen- und Alkoholabhängigkeit:
Alltagsdrogen und Rauschmittel. Informationen über Alkohol, Nikotin, Arzneimittel, Haschisch, Halluzinogene, Opiate, Kokain, Schnüffelstoffe, Bundeszentrale für gesundheitliche Aufklärung, Postfach, 5000 Köln 1
Drogenberatung wo? Bundesminister für Jugend, Familie und Gesundheit, Referat 343, Postfach 200490, 5300 Bonn 2

Behinderte:
Leitfaden für Behinderte, Bundesminister für Arbeit und Sozialordnung, Referat Presse- und Öffentlichkeitsarbeit, Postfach, 5300 Bonn
Die Rechte der Behinderten und ihrer Angehörigen. Schriftenreihe Bd. V
Ferienführer, Bundesarbeitsgemeinschaft «Hilfe für Behinderte e. V.», Kirchfeldstr. 149, 4000 Düsseldorf

Frauen:
Frauen. Informationen, Tips und Ideen zum Nachschlagen und Weitersagen, Presse- und Informationsamt der Bundesregierung, Welckerstr. 11, 5300 Bonn
Mutterschaftsurlaub. Leitfaden zum Mutterschaftsurlaub und zum Mutterschutz, Der Bundesminister für Arbeit und Sozialordnung, Postfach, 5300 Bonn

Geschlagene Frauen:
Geschlagen, getreten, gedemütigt, Frauenhaus-Initiative Berlin
Gewalt gegen Frauen, Frauenzentrum Berlin
§ 72 BSHG für Frauenhäuser – nein danke. Zur Finanzierung von Frauenhäusern, Nationale Frauenhaus-Broschüre, Selbstverlag

Kindesmißhandlung:
Kindesmißhandlung. Erkennen und Helfen. Eine praktische Anleitung, und
Kindesmißhandlung – Kinderschutz. Ein Überblick, zu beziehen vom Bundesminister für Jugend, Familie und Gesundheit, Postfach 200490, 5300 Bonn 2

Jugendliche:
frag mal. Tips für junge Leute, Presse- und Informationsamt der Bundesregierung, Postfach, 5300 Bonn

Krankheit:
Kinder im Krankenhaus. Ein kleiner Ratgeber für Eltern, deren Kinder krank sind und vielleicht ins Krankenhaus müssen, Aktionskomitee Kind im Krankenhaus, Vogelsbergstr. 4, 6370 Oberursel 1
Patientenheft. Für eigene Aufzeichnungen über Krankheiten, Medikamente und Eingriffe, Hg. vom Hartmannbund, Godesberger Allee 54, 5300 Bonn 2, und Marburger Bund, Riehler Str. 6, 5000 Köln
Ärztepfusch und dessen Folgen, Deutscher Verbraucherschutzbund, Fichtenstr. 2, 6272 Niedernhausen (gegen Schutzgebühr)

Teilweise liegen die von den Bundes- und Landesministerien herausgegebenen Ratgeber und Broschüren in den Behörden und Ämtern deiner Stadt oder Gemeinde aus.

Die Übersetzerinnen, Bearbeiterinnen und Autorinnen der deutschen Ausgabe

Inge Wacker, geboren 1947, ist verheiratet und hat zwei Kinder. Sie arbeitet freiberuflich als Übersetzerin und lebt auf dem Land in der Nähe von München.

Ulla Ernst, geboren 1946, ist verheiratet und hat ein Kind. Nach einem Englisch- und Philosophiestudium arbeitet sie als Übersetzerin und Lehrerin in der Erwachsenenbildung in Wien.

Erica Fischer, geboren 1943, arbeitet als Übersetzerin in Wien. Sie ist Mitautorin des Buches «Gewalt gegen Frauen», ist nicht verheiratet, hat keine Kinder und lebt in einer Frauenwohngemeinschaft.

Sachregister

Abhängigkeit 98, 117, 124, 126, 145, 166, 210, 212, 214f, 264, 278
Abtreibung 26, 36, 44, 47, 49, 173, 443
Adoption 9, 22, 49f, 53ff, 62, 67, 240, 307, 387
Aggression 47, 69, 89, 105, 120, 143, 145, 190
Aktionskomitee Kind im Krankenhaus 383f, 449
Alkohol 156, 158, 181, 442
Alleinerziehende Eltern 21, 120, 122f, 140, 149, 152, 177, 219f, 261ff, 294f, 298ff, 309, 322, 409, 421f, 427, 431
Alleinerziehende Mutter 20f, 24, 30, 64, 123, 177, 193, 199, 219, 262, 264f, 285, 288f, 306, 330, 348, 355, 421, 443
Alleinerziehender Vater 30, 193, 262f, 265, 282, 288, 303, 388
Arbeitsgemeinschaft Tagesmütttter 435f
Arbeitsmarkt 166, 213, 347
-platz 17, 20, 26f, 166, 195, 242, 284, 287, 338, 342, 347ff, 353ff, 361f, 385, 388f, 393, 401, 428
-platzstruktur 234
-situation 250, 333, 356
-welt 20, 27f, 34, 86, 90, 165f, 235, 249, 253, 336f, 343, 345, 353ff, 362
-zeit (s. a. Flexible Arbeitszeit) 229, 234, 240, 244, 247, 255, 268, 271, 338, 347, 349, 355, 360
-zeitverkürzung 340, 361
Autorität 114, 128, 131, 135f, 139f, 181, 235

Babygruppe 389, 406, 436ff
Babyschock 82

Behindertes Kind 22, 444f, 448
Berufsausbildung 234, 343ff, 347, 355, 435
Berufstätigkeit 15ff, 19ff, 31, 34f, 40, 42f, 45, 60, 64, 85, 89f, 92ff, 115ff, 119, 121, 165ff, 186, 199f, 213, 230, 234, 244, 250f, 262, 284, 288f, 343f, 346f, 349, 351ff, 360f, 364
Besitzanspruch 122, 235
Bezugsperson 167, 228, 241, 259, 261, 277, 304, 338, 364, 384, 403f, 419, 438f

Chancengleichheit 342

Depression 19, 27, 79, 81ff, 120, 126, 275, 284, 390, 460
Doppelmoral 25, 175
Droge 156, 158, 181, 428, 442, 460

Eifersucht 57, 95, 147, 149, 177, 292, 310, 390f
Einzelkind 58, 60, 147, 264
Elterngruppe 11, 19, 21, 298, 367f, 435, 442
-rolle 98, 163f, 167, 169, 187, 193, 214, 409, 427
-schaftsurlaub 357
Emanzipation 62, 91f, 343
Emotionales Lernen 280
Empfängnisverhütung 26, 47, 49, 158, 173, 175, 343
Entfremdung 28, 117, 193, 200, 216, 223, 338
Ernährung 46, 67f, 79, 373ff, 424
Ersatzmutter 423, 450
Erziehungsaufgabe 15, 233, 238, 267, 338, 344

487

-beratungsstelle 421, 431, 443, 452
-methode 30, 108, 135, 140f, 326, 330, 341, 368, 450

Familienberatungsstelle 47, 158, 431, 453f
Familienideologie 288f, 292, 320
Feminismus 29ff, 189, 191
Fernsehen 37, 370f, 377
Flexible Arbeitszeit 17, 234, 251, 300, 337, 340, 359, 361
Frauenarzt 380, 416f, 422, 425, 460
-bewegung 25, 29, 32, 62, 189, 238, 341, 409, 453
-gesundheitsbewegung 379
-gruppe 9, 21, 24f, 30, 322
-haus 453
-rolle 115, 133, 247, 322, 426
-zentrum 388, 421, 430, 443, 453f

Ganztagsschule 262, 440
Geburt 36f, 47, 49, 53, 64f, 68, 70ff, 77ff, 81ff, 94f, 98, 183f, 223, 232f, 247, 257, 377, 384, 402, 406, 416ff, 460
Geburtenkontrolle 49, 173, 176
Geburtsvorbereitung 419
Geschlagene Frau 453
Geschlechtsspezifische Rolle 69, 233f, 366, 409
Gesundheitswesen 25f, 74, 333, 373, 377f
Gewalt 32, 110, 136, 139, 156, 275, 448, 453
Gewerkschaft 361f
Großfamilie 291, 324, 332

Hausarbeit 15ff, 31, 93, 115f, 164, 182, 189ff, 235f, 238, 258, 286, 322, 343f
-geburt 74, 232, 418, 426
-haltshilfe 422
Hebamme 73, 232, 417ff, 421, 426
Homosexualität 175, 257, 312ff
Homosexuelle Eltern (s. a. Lesbische Mutter) 274, 294, 312ff
Homosexueller Vater 312f, 318

Identitätssuche 155, 160f, 166, 191

Individualismus 24, 341f, 384
Institution 9, 13, 19, 34, 68, 136, 233, 255, 300, 317, 333f, 338ff, 342, 345, 356, 365, 379, 382, 384f, 387, 407, 409f, 413ff, 432, 441, 446, 448

Jugendamt 413, 435f, 443

Kaiserschnitt 74f, 421, 423ff
Kinderarzt 46, 88, 224, 233, 255, 379ff, 407, 425f, 446f, 452
-betreuung am Arbeitsplatz 17, 337, 359, 364, 439
-erziehung 13, 15, 22f, 31, 43, 71, 93, 111, 116ff, 121, 174,, 214, 216, 218f, 228ff, 232ff, 238, 240, 242, 244f, 247f, 252, 259, 261f, 266f, 269f, 326, 331, 333, 343f, 346, 351, 364, 378, 391
Kindergarten 17, 19, 34, 113ff, 122, 278, 284, 292, 300, 317f, 335, 337f, 359, 363, 364f, 384, 388, 403, 408, 410, 412, 428, 430, 436f, 439
-gruppe 19, 115, 122f, 363f, 374, 404
-hort 246, 278, 338, 362, 435, 439
-krippe 278, 337f, 364, 435ff
-tagesstätte 246, 262, 354f, 359, 452
-versorgung 22, 120, 229ff, 232ff, 240, 242ff, 266f, 269f, 343f, 346, 351, 357, 361, 377f, 391, 399, 410
Kindesmißhandlung 145, 448, 450ff
Kleinfamilie 11, 20, 26, 201, 264, 266f, 274, 276, 288f, 291, 294, 321ff, 329, 331, 362, 366, 377, 384, 435f
Konkurrenzprinzip 13, 23f, 27, 94, 109, 114, 136, 345
Krankenhaus 19, 34, 64, 74, 257, 338, 354, 377, 382ff, 389, 417, 420f, 446, 449, 452
Krankenhausaufenthalt 382ff, 449
Krankheit 87, 136, 214, 227, 284, 320, 379, 395, 408, 448

La Leche League 425f
Lebensinhalt 161, 165, 197, 213
Lehrer/in 21, 43, 106, 109, 128, 132ff, 138, 162, 185, 233, 263, 280, 366f, 384, 412, 439, 441, 450

Lesbische Mutter 310, 312 ff, 318 f
Lohnfortzahlung 356 f

Machtkampf 106, 130, 308
Männerrolle 233, 250, 253, 322, 426
Männlichkeit 51, 344 f
Medikament 381, 419 f, 424
Mutter-Kind-Beziehung 15, 88, 117, 259, 261
Mutter-Tochter-Beziehung 191, 223
Mutterinstinkt 38 ff, 199
 -rolle 166, 197, 242, 244, 249, 260, 310, 346
 -schaftsurlaub 17, 81, 357

Nachbarschaftszentrum 429
Natürliche Geburt 384, 419, 424
Norm 23, 36, 55, 114, 146, 175, 189, 203, 255, 259, 290, 294, 337, 342
Notmütterdienst 450

Psychotherapie 454 ff
Pubertät 71, 91, 120, 149, 154 ff, 159, 161, 164, 166, 168, 174, 181, 183 ff, 284, 392, 440

Rechtsberatung 454
Rollenänderung 13, 17, 129, 164, 192, 258, 285, 293, 440
 -muster 29, 164, 191, 239, 321 f
 -verteilung 24 f, 62, 111, 119, 195, 229, 233, 238, 245, 284, 321, 342

Scheidung 22, 28, 31, 143 f, 149, 201, 235, 238, 254, 262 f, 267, 269, 281, 294, 299, 303, 314, 448
Scheidungsrate 45, 56
 -recht 235
Schuldgefühl 13, 16, 23, 25, 27 f, 47, 50, 69, 89, 119, 122, 146, 166, 207, 319, 347, 444, 451
Schule 19, 34, 94, 113 f, 133 ff, 141, 156 ff, 180 f, 198, 233, 242, 255, 263 f, 268, 317 f, 333, 335, 338, 342, 349, 351, 353 f, 364 ff, 374, 378, 384, 387, 393, 428, 432, 440, 442, 450
Schutz der Gesundheit 338, 371 ff, 378
Schwangerschaft 9, 36 f, 44, 46 ff, 62, 66 f, 69 f, 72, 79, 173, 176, 310, 343, 379, 387, 406, 416 ff, 420 f, 423 ff
Selbständigkeit 117, 124, 127 ff, 156, 183, 195, 198, 212, 277
Selbsterfahrungsgruppe 28, 405, 428
 -hilfe 19, 22, 263, 378, 384, 387, 389, 461
 -hilfegruppe 19, 22, 24 f, 33, 298, 319, 389, 405 ff, 423, 425, 442, 447 f, 455
 -wertgefühl 51, 186, 250 f, 257, 338, 352, 457
Sexismus 13, 26, 29, 31, 38, 189, 235, 342 f, 345, 347
Sexualität 25 f, 51 ff, 69, 77 f, 94 f, 118 f, 147 ff, 156, 162, 169 f, 172 ff, 203, 214, 220, 223, 255, 314, 316, 331, 406
Sorgerecht 235
Soziale Struktur 13, 20, 30
Sozialhilfe 44, 262, 300, 375
Sozialisation 234, 253, 338, 344
Spielgruppe 264, 300, 320, 324, 389, 401 ff, 436
Sport 376 f
Sterilisation 49
Stiefeltern 21, 221, 274, 294, 305, 307 ff, 320
 -kind 21, 305 ff, 387
 -mutter 196, 306, 308 f, 311
 -vater 237 f, 248, 252, 254, 258, 309 f
Stillgruppe 425 f
Symbolische Mutter 402

Tagesheim 440
 -mutter 246, 363, 434 ff
Teilzeitarbeit 93 f, 234, 243 f, 251, 262, 300, 337, 351, 359 f, 393, 403
Todesfall 284, 448, 450
Trennung 22, 30, 124, 134, 183 f, 186 ff, 193, 195, 197 f, 238, 259 f, 262 f, 267, 269, 271, 296 ff, 303, 307, 384, 393

Unfruchtbarkeit 52 f
Unterhaltszahlung 262, 266
Unterricht 365 f, 370

Väterlichkeit 253
Vater-Kind-Beziehung 15, 88
Vaterrolle 86, 167, 250, 253 ff, 346, 406

-schaftsurlaub 17, 81, 357f, 412
Verbot 105ff, 113, 131, 171, 174, 178f, 181, 183
Verhaltensmuster 276, 278, 282, 321f, 459
Verhütungsmittel 36, 49, 52, 69
Vorbild 106, 113, 128, 133, 140, 153, 173, 191, 318, 326
Vormundschaft 235, 295, 308, 312ff
Vorsorgeuntersuchung 46, 68, 378f

Wechseljahre 214
Weiblichkeit 51, 53, 110
Wertvorstellung 18, 55, 58, 109, 112, 135, 137, 172, 177, 181, 184, 189, 245, 292, 318, 365f, 371
Wirtschaftliche Struktur 17, 20, 26, 34
Wohngemeinschaft 11, 30, 55, 237, 274, 276, 301, 323, 328ff, 366, 420

Zwilling 423

Taschenbücher für Eltern

Virginia Barber, Merrill Maguire Skaggs
Die Mutter
Erfahrungen und Vorschläge für ein
besseres Selbstverständnis
rororo sachbuch 7342

Angelika Blume
Andere Umstände
Eine Orientierungshilfe für Vorsorge,
Gebirtsvorbereitung und Geburt.
Mit einem kompletten Vorbereitungskurs.
rororo sachbuch 7473

Laura P. Broad/Nancy T. Butterworth
Die Spielgruppe – ein Spaß für Kinder, Hilfe für Eltern
Organisaton und Spielideen. Herausgegeben und eingeleitet von Ruth Dirx
rororo sachbuch 7333

Barbara Bronnen
Mütter ohne Männer
Gespräche und Informatonen über eine
neue Lebensform
rororo sachbuch 7348

Ulrich Dieckmeyer
Das Elternbuch 1–6
Unser Kind im ersten Lebensjahr
bis sechsten Lebensjahr
rororo sachbücher 6951, 6952, 6953,
6980, 6981, 6982

Lieselott Diem
Bewegungsspiele mit Kindern
Körperlich und seelisch intakt durch
motorische Erfahrungen
rororo sachbuch 7232

Louis L. Fine
Die Rebellion der großen Kinder
Konflikte zwischen Heranwachsenden
und Eltern. Ursachen und Lösungen
rororo sachbuch 7409

Geraldine Lux Flanagan
Die ersten neun Monate des Lebens
Mit einem Nachwort von Adolf Portmann
und 115 ungewöhnlichen Abbildungen
rororo sachbuch 6605

Lucille K. Forer/Henry Still
Erstes, zweites, drittes Kind ...
Welche Bedeutung hat die Geschwisterfolge
für Kinder, Eltern und Familie?
rororo sachbuch 7471

Senta Fricke/Michael Klotz/Pete Paulich
Sexualerziehung
Handbuch für die pädagogische Gruppenarbeit, für Berater und Eltern
rororo sachbuch 7684 (Febr. 83)

Haim G. Ginott
Eltern und Kinder
Elternratgeber für eine verständnisvolle
Erziehung
rororo ratgeber 6081

Thomas Gordon
Familienkonferenz in der Praxis
Wie Konflikte mit Kindern gelöst werden
rororo sachbuch 7461

Familienkonferenz
Die Lösung von Konflikten
zwischen Eltern und Kind
rororo sachbuch 7347

Lehrer-Schüler-Konferenz
Wie man Konflikte in der Schule löst
rororo sachbuch 7399

Irene Hardach-Pinke/Gerd Hardach (Hg.)
Kinderalltag
Deutsche Kindheiten in
Selbstzeugnissen 1700–1900
rororo sachbuch 7436

**Prof. Dr. K. Hofmeier/
Prof. Dr. W. Schwidder/Dr. F. Müller**
Alles über dein Kind
Auskunfts- und Nachschlagewerk nach
Altersstufen über die körperliche und
seelische Entwicklung, Pflege und Erziehung
des Kindes. Band I u. II
rororo sachbücher 6702, 6703

Jürg Jegge
Dummheit ist lernbar
Erfahrungen mit „Schulversagern"
rororo sachbuch 7680 (Jan. 83)

Helmut Kentler
Eltern lernen Sexualerziehung
rororo sachbuch 7440

Ekkehard Kloehn
Schwierige Kinder
Woher Verhaltensstörungen kommen
und was man dagegen tut
rororo sachbuch 7400

Ronald D. Laing
Gespräche mit meinen Kindern
rororo sachbuch 7643

Taschenbücher für Eltern

Ursula und Peter Lauster
Ist mein Kind schulreif?
Eltern testen und fördern die Schulreife ihres Kindes
rororo sachbuch 6856

Ingrid Mitchell
Wir bekommen ein Baby
Ein praktisches Kursusprogramm für Übungen zu Hause während der Schwangerschaft
rororo sachbuch 6698

Eberhard Möbius
Die Kinderrepublik
Bemposta und die Muchachos
rororo sachbuch 7445

Napier/Whitaker
Die Bergers
Beispiel einer erfolgreichen Familientherapie
rororo sachbuch 7652

A. S. Neill
Neill, Neill, Birnenstiel
Erinnerungen des großen Erziehers
rororo sachbuch 7483

A. S. Neill
Theorie und Praxis der antiautoritären Erziehung
Das Beispiel Summerhill
rororo sachbuch 6707

Das Prinzip Summerhill:
Fragen und Antworten, Argumente, Erfahrungen, Ratschläge
rororo sachbuch 6690

Summerhill: Pro und Contra
15 Ansichten zu A. S. Neills Theorie und Praxis
rororo sachbuch 6704

Gisela Oestreich
Elternladen
Familie zwischen Klischee und Wirklichkeit
rororo sachbuch 7415

Reimar Oltmanns
Du hast keine Chance, aber nutze sie
Eine Jugend steigt aus
rororo sachbuch 7683 (Febr. 83)

Geneviève Painter
Baby-Schule
Entwicklungsanregungen für Kleinkinder
rororo sachbuch 6894

Joseph Chilton Pearce
Die eigene Welt des Kindes
Aufwachsen nach innerem Antrieb
rororo sachbuch 7370

Kurt Werner Peukert
Sprachspiele für Kinder
rororo sachbuch 6919

Franz Renggli
Angst und Geborgenheit
Soziokulturelle Folgen der Mutter-Kind-Beziehung im ersten Lebensjahr
rororo sachbuch 6958

Prof. Dr. Dr. Horst-Eberhard Richter
Eltern, Kind und Neurose
Die Rolle des Kindes in der Familie
rororo ratgeber 6082

Patient Familie
rororo sachbuch 6772

Paul und Jean Ritter
Freie Kindererziehung in der Familie
Selbstbestimmung als Erziehungsprinzip.
Ein ermutigendes Experiment.
rororo sachbuch 7162

Lee Salk
Wie helfe ich meinem Kind, wenn ich mich scheiden lasse
rororo sachbuch 7692 (März 83)

Arthur D. Sorosky/Annette Baran/ Reuben Pannor
Adoption
Zueinander kommen – miteinander leben
Eltern und Kinder erzählen
rororo sachbuch 7483

Horst Speichert
Schulangst
Das Eltern-Schüler-Trauma.
Ursachen und Auswege.
rororo sachbuch 7101

The Boston Women's Health Book Collective
Unsere Kinder – unser Leben
(Ourselves and Our Children)
Ein Handbuch von Eltern für Eltern
rororo sachbuch 7441

rororo Elternrat
Herausgegeben von Horst Speichert

Behr, Sophie / Häsing, Helga
„Ich erziehe allein"
Problemlösungen und
Ermunterungen für die
Erziehung ohne Partner (7373)

Doormann, Lottemi
„Babys wachsen gemeinsam auf"
Mütter entlasten sich selbst und
helfen ihren Kindern (7447)

Fritsch, Ina
„Eltern trennen sich"
Kinder und Erwachsene meistern
gemeinsam die Krise (7344)

Gerber, Gisela
„Umzug tut weh"
Probleme in Schule und
Familie – Eltern helfen ihren
Kindern (7336)

Gilliotte-Redlich, Elke
„Gefunden oder geklaut?"
Ein ganz normales Entwicklungs-
problem und wie damit umzugehen
ist (7380)

Grüttner, Tilo
„Legasthenie ist ein Notsignal"
Verstehen und wirksam
helfen (7324)

Herz, Otto
Schulkonflikte lösbar machen
Kooperation von Schülern, Eltern,
Lehrern (7486)

Hopf, Hans H.
„Kinderträume"
Traumbilder verstehen und
auf sie eingehen (7325)

Keyerlingk, Linde von
„Naschen, trödeln, träumen..."
Die tiefere Bedeutung von
„Unarten". Möglichkeiten der
Verständigung mit Kindern (7386)

Mann, Iris
„Aus der Behinderung ins Leben"
Sorgenkinder entfalten ihre
Fähigkeiten (7433)

Nordhoff, Inge
„Erste Liebe"
Kinder lösen sich aus der Familie –
Eltern entdecken sich selbst (7359)

Müller-Kaldenberg, Rieke
„Mütter im Beruf"
Die Doppelrolle meistern – gegen
Vorurteile und Selbstzweifel (7418)

Münchmeier, Anne-Bärbel
Kleinkinder-Treff
Anregungen für die Zeit zwischen
Krabbelalter und Kindergarten
(7475)

Rossberg, Ewa
„Einzelkinder"
Eltern mit nur einem Kind haben
mit vielen Vorurteilen der Umwelt
zu leben (7452)

Scheilke, Christel
„Das Beste
fürs Baby"
Verhaltenstips und Einkaufsführer für
Notwendiges und Erprobtes (7403)

Speichert, Horst
„Hausaufgaben
sinnvoll machen"
Anregungen zum
Lernerfolg (7326)
Süße Sachen
Ein Rezeptbuch für gesunde
Naschereien (7481)

Walter, Paul
Ideen für Gruppenspiele
Für Feste und Freizeit
(7459)

Fallgeschichten und Problemlösungen aus dem Alltag, erläutert von einfühlsamen Fachleuten und von erfahrenen Eltern: Hilfe, sich und die Kinder zu verstehen, gelassen zu bleiben und dadurch besser mit den Kindern und sich selbst zurechtzukommen.

Frauen schreiben für Frauen...
Über: Sexualität, Körper, Schwangerschaft

Virginia Barber/Merrill Maguire Skaggs
Die Mutter
Erfahrungen und Vorschläge für ein besseres Selbstverständnis
rororo sachbuch 7342

Ruth Bell u. a.
Wie wir werden – was wir fühlen
Ein Handbuch für Jugendliche über Körper, Sexualität, Beziehungen.
rororo sachbuch 7676 (Dez. 82)

Angelika Blume
Andere Umstände
Eine Orientierungshilfe für Vorsorge, Geburtsvorbereitung und Geburt. Mit einem kompletten Vorbereitungskurs. rororo sachbuch 7473

Phyllis Chesler
Über Männer
rororo sachbuch 7477

Annemarie Droß
Die erste Walpurgisnacht
Hexenverfolgung in Deutschland.
rororo sachbuch 7427

Stephanie Dowrick/
Sibyl Grundberg (Hg.)
Will ich wirklich ein Kind?
Frauen erzählen.
rororo sachbuch 7498

John Guilleband
Die Pille
rororo sachbuch 7657

Dr. med. Lucienne Lanson
Ich bin eine Frau
Gespräch mit einer Ärztin über Sexualität.
rororo sachbuch 7295

Ingrid Mitchell
Wir bekommen ein Baby
ein Kursusprogramm für Übungen zu Hause während der Schwangerschaft
rororo sachbuch 6698

Ingrid Mitchell
Stillen rororo sachbuch 7363

Rosetta Reitz
Wechseljahre
Ein neues Verständnis
rororo sachbuch 7356

The Boston Women's Health Book Collective
Unser Körper – Unser Leben
Ein Handbuch von Frauen für Frauen
rororo sachbuch 7271/7272

Unsere Kinder – Unser Leben
(Ourselves – Our Children)
Ein Handbuch von Eltern für Eltern
rororo sachbuch 7441

Barbara Vogt-Hägerbäumer
Schwangerschaft ist eine Erfahrung, die die Frau, den Mann und die Gesellschaft angeht.
rororo sachbuch 7078

Alena K. Wagnerovà
Mutter – Kind – Beruf
Praktischer Ratgeber
rororo sachbuch 6965